KB160814

영업비밀보호법의 철학적·규범적 토대와 현대적 적용

- 존 로크의 재산권 철학을 바탕으로 -

몇 해 전 영면하신 아버지,
두 달 전 갑작스럽게 영면하신 장인어른,
두 분 영전에 이 책을 바칩니다.

유민총서
16

영업비밀보호법의 철학적·규범적 토대와 현대적 적용

- 존 로크의 재산권 철학을 바탕으로 -

The Philosophic and Normative Foundation of the Law of
Trade Secrets and Its Contemporary Applications

- with Emphasis on the Philosophy of the Right of Property by John Locke -

| 나종갑 지음 |

홍진기법률연구재단

책 머리에

글을 쓰고 그 글이 출판되어 나오면 항상 후회를 하게 된다. 좀 더 좋은 내용을 담을 수 없었을까하고 후회를 하게 된다. 그러나 그와 같은 생각을 하다 보면 아무것도 완성을 할 수 없을 것이다. 본서는 지금까지 연구한 것을 정리한 것일 뿐이고 그 이상은 아니다. 아직도 부족하고 모자란 것이 너무 많다. 나의 능력에 비해 너무 거창한 주제를 연구하고자 한 것인지 두려움을 느끼기도 한다. 법의 해석도 그 출발점은 역사와 철학을 고찰하는 것으로부터 시작되어야 한다는 것은 본인의 소신이다. 영업비밀보호법도 어느 누군가는 그와 같은 작업을 시작하여야 우리나라에서도 역사, 철학을 바탕으로 한 학문적 담론과 그를 바탕으로 법해석에 도움이 될 수 있을 것이라는 무모한 생각으로 본 연구를 시작했다.

본서는 영업비밀보호법의 규범 형성의 역사적 과정과 그 철학적 배경을 고찰한 것이다. 영업비밀보호법은 90년대 말 박사학위 논문을 작성하면서 틈틈이 자료를 기술하고 모았는데, 2001년 학위를 마치고 귀국하여 '법무법인 세창'에 복귀하면서 좀 더 정리를 하였지만, 결국 그 후 20년 동안 그대로 방치하게 되었다. 예전에 정리한 자료를 모두 버리고 다시 시작하였다. 예전에 정리한 것에 집착을 하지 않고 처음부터 다시 집필을 시작한 것이 전화위복이 되었다고 생각한다. 대학으로 전직하면서 시간이 많이 걸리고 국내에 아무런 선행연구가 되어 있지 않았던 역사, 철학적 연구를 하게 되어 그나마 좀 더 나은 결과를 가져왔다고 생각한다.

　영업비밀보호법은 본질적으로 인간사의 초기부터 존재할 수 밖에 없는 특성이 있지만, 개인주의적이고 근대적인 법규범으로는 특허나 상표보다 상대적으로 늦게 발전하였다. 그 법리형성에 존 로크(John Locke)의 개인주의적 자유주의(liberalistic individualism[1]) 뿐만 아니라, 로크의 개인주의적 자유주의에 대한 피에르 조제프 프루동(Pierre-Joseph Proudhon)의 평등한 노동이념과 사회주의에 기반한 비판, 그리고 개인이 아닌 단체주의적 관점에서 최대다수의 최대행복이라는 공리주의와 실용주의 철학의 영향을 받게 되었다. 그리하여 법규범적으로도 영업비밀의 핵심인 비밀성의 개념은 19세기에 절대적 비밀성(absolute secrecy)에서 상대적 비밀성(relative secrecy) 개념으로 변화했다. 이는 단순히 비밀성 개념의 변화가 아니라 사회경제적으로는 산업혁명이라는 거대한 산업구조의 등장과 로크의 자유주의적 개인주의와 지식과 정보의 공유는 사회적 효용을 증가시킨다는 공리주의적(Utilitarian)-실용주의적(Pragmatic) 단체주의(communitarianism[2]) 이념이 영업비밀보호규범의 변화에 영향을 미친 것이라 할 수 있다.

　그리고 가내수공업에서 산업혁명을 통한 거대 기업의 등장은 비밀정보의 단체(기업)적 공유와 확산, 그러한 비밀정보의 공유와 확산 과정에서 필연적으로 부딪히는 '비밀성' 개념의 변화라는 관점에서 영업비밀보호법규

---

1) 자유주의적 개인주의(liberalistic individualism)는 본인의 생각을 옮긴 것이다. 정치철학과 존 로크의 개인주의에 대하여는 보통 C.B. Macpherson의 소유적 개인주의(possessive individualism)를 언급하고 있으나, 로크의 사상은 개인의 자유를 최고의 가치로 삼았다고, 재산권도 결국 개인의 자유를 위한 것이라는 생각으로 그와 같은 용어를 사용했고, 윤리학에서 언급하는 개인주의나 자유주의적 개인주의와는 무관하다.

2) '단체주의(communitarianism)'는 필자가 명명한 것일 뿐, 20세기 후반에 등장한 '공동체주의(communitarianism)'와는 관련이 없다. 공리주의와 실용주의는 개인의 후생이 아닌 '최대다수의 최대행복'이라는 공동체의 이익의 최대화를 최대의 가치로 내세웠고, 그 이념은 개인의 자유와 권리를 최고의 가치로 삼는 로크의 사상과 구별되는 의미로 사용한 용어일 뿐임을 주지하고자 한다.

범의 변화를 읽어야 하고, 그와 같은 비밀정보의 공유과정에서 발생하는 비밀성의 유지는 유지비용과 보호의 효율성 사이의 최적의 균형(equilibrium)이란 새로운 쟁점에 대하여 상도덕적 윤리와 법경제학적인 접근이라는 관점에서 바라보아야 한다. 그리하여 '상당한 또는 합리적인 비밀성 유지노력'(reasonable effort to maintain secrecy)은 최적의 균형(equilibrium)으로 인정받게 되었다. 이러한 역사적, 철학적 및 법경제학적 변화를 읽지 않고서는 영업비밀보호법에 대한 올바른 이해와 법 해석을 할 수 없다고 생각된다.

다만, 위와 같은 내용을 거시적 관점에서 본서에 정리하였을뿐 구체적으로는 많이 담지 못했다. 그와 같은 내용을 법학서적으로 기술하기에는 여러 문제가 있었는데 특히, 정치철학적인 방법론상 추상적인 부분이 너무 많아 구체성을 중요시하는 법학에 옮기기에는 본인의 연구가 너무 부족하기 때문이다. 더 깊은 연구를 수행하여 본서의 후속으로 예정된 '특허, 특허권 및 특허법의 연구: 서구의 자연법과 공리주의적 도구주의 그리고 경제윤리의 형성'에서 그와 같은 내용을 좀 더 자세하게 연구할 것이다.

본 연구는 로크의 재산권 철학과 공리주의와 실용주의, 그리고 상도덕적 정당성이 영업비밀보호법의 규범 형성에 어떤 영향을 미쳤는지에 대하여 고찰하였고, 공리주의와 실용주의의 시험장이라고 할 수 있는 미국에서의 영업비밀보호법 규범의 형성에 대하여 고찰했다. 나아가 담론으로 그치다 보면 실무적 효용성이 떨어지기 때문에 미국의 영업비밀보호법의 해석론과 그에 관련된 우리법상의 쟁점을 언급하였다. 미국에서 영업비밀은 기본적으로 주법에 의해 보호되어 왔고 법규범의 형성도 각 주마다 다르기 때문에 모든 주의 법을 고찰할 수는 없었다. 주요 판결례와 그 법리를 제시하여 영업비밀보호법리를 이해할 수 있도록 하였다.

본서의 전반부에는 로크의 노동가치론을 토대로 한 재산권 철학과 프루동에 의한 로크의 노동가치이론의 비판, 그리고 공리주의와 실용주의의 철학에 의한 영업비밀보호의 정당성을 고찰하였다. 그리고 로크와 윌리엄 블랙스톤(William Blackstone)의 자연법과 실정법상의 권리를 구별하는 정치철학과 법이론을 통하여 영업비밀보호법규범의 본질을 다루었다. 그 다음 실제 국가 정책에서 드러나는 공리주의와 실용주의를 기반으로 한 법경제학적 분석, 영업비밀보호정책의 방향과 실제 사례를 분석하였고, 후반부에는 실정법상 영업비밀보호에 관한 해석론을 다루었다. 마지막에 영업비밀보호의 국제적인 쟁점으로 국가안보와 기술이전의 통제, 그리고 미국 국제무역위원회(USITC)에서 영업비밀보호에 관한 법적 쟁점으로 마무리를 하였다. 국제적 쟁점은 학문적인 담론이나 법해석으로서의 필요성이 아니라 순전히 실무에서의 필요성에 의해 부가한 것이다.

주제를 좀 자세하게 다루다 보니 각 주제에서 논리적으로 필요한 부분이 중복되게 언급되었다. 본서를 일독하는 독자는 중복된 서술로 인하여 불편함을 느낄 수 있다. 그러나 보통 일독하는 독자보다는 필요에 따라 주제별로 읽는 독자들이 많으므로 각 주제에 필요한 부분과 논거를 자세히 언급하지 않을 수 없었다. 그러하다 보니 전체적으로는 중복되는 부분이 많아졌다. 독자들께 미리 양해를 구하고자 한다. 어떤 독자들은 원문을 그대로 발췌하는 본인의 글쓰기 스타일에 불편함을 호소하기도 한다. 그러나 본 서적은 단순히 법이론을 간단하게 정리를 한 개인 생각을 담은 수필집이 아니라 연구서이므로 발췌문을 통하여 실제 중요 법리에 관한 판결이나 글을 읽음으로써 본인이 전달할 수 없는 법이념이나 법리 등을 직접 이해하고, 그 발췌문을 통하여 본인이 구체적으로 논증하고자 한 내용을 독자들이 직접 검증할 수 있을 뿐만 아니라 독자들이 후속 연구를 할 때 직접 해당 판결의 핵심 쟁점부분인 발췌된 내용을 참고할 수 있도록 하는 목적이 있다. 본인의 개인적인 경험에 의하면 직접 판결문을 읽은 부분은 법리이해가 더 쉬웠고 그 기억도 오래갔다. 그리고 그 발췌문 전후에 그 발췌문의 내용을 간단하게 나마 설명하였으므로 발췌문을 읽지 않고도 법리를 이해할 수 있을 것이다. 미국의 로스쿨에서는 이와 같은 발췌된 판결문을 통하여 구체적인 법논리를 형성하도록 교육한다. 만일 본서의 스타일의 글을 읽기가 불편하다면 다른 글을 읽으시길 권한다.

본서는 원래 본인이 소속한 연세대학교에서 학술지원을 받아 한편의 연구 논문으로 끝마치는 것으로 생각하고 시작을 하였는데, 후에 '홍진기법률연구재단'으로부터 학술서 발간지원을 받게 되어 한 편의 서적으로 마감을 하게 되었다. 본서는 영업비밀에 관련하여 그동안 학술지에 발표한 논문을 발췌하고, 많은 부분을 새롭게 기술하여 완성하였다. 거창한 주제에 비하여 아직은 부족하고, 이를 공개하기에 부끄럽기 짝이 없다. 독자께 그 부족함에 대하여 용서를 구하고자 한다.

본 연구를 시작할 수 있게 한 연세대학교와 동료 교수님들께 감사드린다. 그리고 홍진기법률연구재단에서 본서의 출간을 도와 주셨다. 경제적으로 전연 쓸모없는 서적이 세상의 빛을 볼 수 있게 한 홍진기법률연구재단과 관계자 여러분께 감사드리고, 편집 등 실무적으로 도와 준 경인문화사 김지선 실장님께도 감사드린다. 마지막으로 무능한 가장에게 인내하는 가족들에게도 감사한다.

2022. 8.

안산 자락에서

x

목 차

제1장

서 문

영업비밀의 보호에 관련된 실정법은 '부정경쟁방지 및 영업비밀보호에 관한 법률'(이하 '영업비밀보호법'[1])이 기본적인 규범이라고 할 수 있다. 그 이외에도 '산업기술의 유출방지 및 보호에 관한 법률'이나 '방위산업기술 보호법' 등의 단행법이 있고, '대외무역법', '대·중소기업 상생협력 촉진에 관한 법률', '하도급거래 공정화에 관한 법률'과 '외국인투자 촉진법' 등에 관련 규정들이 존재한다. 이와 같은 법률들과 그 관련 조항들은 최근 30여년 내에 제정된 것들이어서 영업비밀과 기술보호는 최근 우리 사회의 관심사로서 기술발전에 따른 필요한 법령을 제정한 것이라고 볼 수 있다.

영업비밀보호의 역사를 보면, 기록상으로는 중세때에는 매우 활발하게 나타났지만 그 이전에도 기술보호제도는 존재하였던 것으로 나타난다. 그러나 본격적인 보호는 산업혁명에 따라 산업기술이 발전하고 산업의 거대화와 팽창에 따른 산업기술의 확산과 이전의 필요성에 따라 보호제도가 발전한 것으로 볼 수 있다.

우리 대법원은 영업비밀 침해행위를 금지시키는 것은 경쟁자보다 '유리한 출발(headstart)' 내지 '시간절약(lead time)'이라는 우월한 위치에서 부당하게 이익을 취하지 못하도록 하고, 영업비밀 보유자로 하여금 그러한 침해가 없었더라면 원래 있었을 위치로 되돌아갈 수 있게 하는 것이라고 한다.[2] 이러한 영업비밀보호에 대한 이해는 영업비밀보호가 영업비밀의 재산적 속성을 보호하는 것이라기보다는 시장에서의 공정한 경쟁을 보호하는

---

1) 부정경쟁방지 및 영업비밀보호에 관한 법률 중 '부정경쟁방지법' 부분을 따로 강조하고자 할 때는 부정경쟁방지법이라고 한다.
2) 대법원 1998. 2. 13. 선고 97다24528판결; 대법원 1996. 12. 23. 선고 96다16605 판결 등

데 초점이 맞추어진 것으로 판단된다.

영업비밀의 침해에 대하여 금지명령을 인정하는 것은 타인의 재산권에 침해로 인하여 침해상태가 지속되고 영업비밀 보유자에게 직접적인 손해나 침해자에게 부당이득이 발생하는데, 침해상태가 계속되는 부당한 상태를 해소하기 위한 것이다. 이러한 금지명령의 범위를 어느 정도로 인정할 것인가에 대하여는 미국에서 세 가지 법리(Shellmar Rule, Conmar Rule, Winston Rule)이 확립되어 있다.3) 우리 대법원이 취하는 '유리한 출발' (headstart) 내지 '시간절약'(lead time) 이론은 미국 제9연방순회법원이 Winston 사건4)에서 취한 법리(Winston Rule)로서, 영업비밀을 침해함으로써 영업비밀을 침해당한 경쟁자보다 개발 시간을 절약함으로써 유리한 출발(head start)이라는 공정한 경쟁에 어긋나는 것을 방지하는 한도 내에서 영업비밀침해 금지명령을 인정하는 이론이다.

19세기 전반에 재산권을 보호하기 위한 법리(property theory)로 형성되었던 영업비밀보호법리는 19세기 후반에 당사자 간의 신뢰관계와 계약관계를 보호하여 거래에 있어 공정성을 확보하려는 상사불법행위법리 (commercial tort theory)가 등장하여 20세기 대부분은 상사불법행위 법리에 의해 발전되어 왔다. 영업비밀은 그 본질상 신뢰관계나 계약관계 하에서 이전되므로 그러한 신뢰관계나 계약관계를 불법적 또는 기망적으로 침해하여 신뢰관계 당사자나 계약 상대방의 영업비밀을 취득하거나 공개하는 것은 불법행위가 되었고, 상거래상에서 발생하는 신뢰관계나 계약관계 침해행위는 상사불법행위를 이루게 되었다. 상사불법행위는 불공정경쟁행위 (unfair competition)으로 불리게 되었다.

18세기 영국 법원은 커먼로상 신뢰관계위반에 대하여 금지명령을 인정

---

3) Shellmar rule, Conmar rule, Winston rule에 대해서는 본서 "제7장 제2절 2. 금지명령의 금지기간의 계산" 참조.

4) Winston Research Corp. v. Minn. Min. MFG, 350 F.2d 134 (9th Cir. 1965).

하기 시작하였고, 19세기 초반 신뢰관계나 계약관계의 파기에 의한 영업비밀의 공개에 의한 침해를 사전에 방지할 형평적 이익(equitable interests)을 인식하게 되었다. 그러한 형평적 이익을 고려함에 따라 영업비밀 침해에 대하여 금지명령을 인정하게 되었고, 형평적 이익을 보호하기 위한 금지명령은 점차 영업비밀의 재산적 이익을 보호하는 법리로 변화한다.

산업혁명에 따라 산업이 팽창하기 시작하던 19세기 초반 미국에서는 영업비밀에 대하여 재산적 이익을 보호하는 법리로 인식하였다. 이러한 법리는 19세기 후반과 20세기 초반까지 지속되었다. 예컨대 1883년 Champlin v. Stoddart 사건[5])에서 Smith 판사는 "a secret of trade is fully recognized in equity as property, the disclosure of which will be restrained by injunction"라고 판시했다.[6]) 즉 영업비밀보호는 재산적 이익에 대한 권리를 보호하는 것이므로 금지명령의 대상으로 인정한 것이다.

영업비밀의 재산적 가치는 그 비밀성이라는 속성에서 발생하는데, 영업비밀의 비밀성은 재산적 이익을 뒷받침할 절대적 비밀성(absolute secrecy)을 요구하게 되었다. 절대적 비밀성은 영업비밀인 정보를 보유자 이외의 다른 사람과 공유하는 것을 허락하지 않는 강한 권리의 바탕이 되었지만, 영업비밀의 본질상 절대적 비밀성은 산업혁명이라는 사회경제적 변화를 수용할 수 없었으므로 절대적 비밀성은 사회의 효용증진을 목표로 하는 공리주의철학을 바탕으로 상대적 비밀성으로 변화할 수 밖에 없었다. 산업의 규모확대와 기업의 거대화는 영업비밀을 당해 기업 직원이나 관련 기업과 공유할 필요가 있었고,[7]) 영업비밀보호법은 이러한 사회경제적 변화를 수용

---

5) Champlin v. Stoddart, 30 Hun, 300 (1883).

6) Eastman Co. v. Reichenbach, 20 NYS 110, 115 (1892)에서 재인용.

7) Peabody v. Norfolk, 98 Mass. 452 (1868) ("A secret of trade or manufacture does not lose its character by being confidentially disclosed to agents or servants, without whose assistance it could not be made of any value." Id., 461.); Robert G. Bone, A New Look at Trade Secret Law: Doctrine in Search of Justification, 86 Cal. Law. Rev.

하면서 발전해왔다.

상대적 비밀성만으로도 영업비밀의 비밀성을 충족할 수 있었지만 상대적 비밀성 법리하에서 영업비밀의 재산적 속성이 상대적으로 중요하지 않게 된 것은 아니었다. 경쟁자가 알지 못하는 비밀정보가 경제적 가치를 발생시키는 것은 경쟁자가 영업비밀인 정보를 알기 위해서 자본을 투자하거나 노력을 투자하여야 한다.[8] 반대로 경쟁자가 해당 정보를 알기 위해 자본이나 노력을 투자하여야 한다면 그 정보는 경제적 가치가 있다. 이러한 점에서 보면 영업비밀의 비밀성은 절대적일 필요는 없는 것이다. 영업비밀에 대하여 비밀성 유지노력을 한다면, 이는 또한 타인에게 자신의 의도를 나타내는 것으로서 영업비밀로 보호받을 수 있는 근거가 된다. 결국 영업비밀성을 유지하기 위한 '상당한 또는 합리적인 노력'(reasonable effort to maintain secrecy)은 절대적 비밀성 하에서는 필요없는 요건으로서 절대적 비밀성을 상대적 비밀성으로 대체하기 위해 필요한 것으로, 비밀성 유지노력은 상대적 비밀성을 그 보호요건으로 취하는 현대 영업비밀보호법에서 핵심적인 개념이 되었다.

절대적 비밀성 하에서는 비밀성을 유지하기 위한 노력이 증가하게 되어 영업비밀의 거래비용을 증가시켜 그 효용성을 저하시킨다. 그러나 상대적 비밀성 하에서 비밀을 공유하여 다수의 자가 이를 사용한다면 영업비밀의 효용가치는 증가하게 된다. 따라서 영업비밀보호법은 법경제학적으로 비밀성을 유지하기 위한 상당한 노력이나 합리적인 노력(reasonable effort to maintain secrets)을 하면서 영업비밀의 가치를 유지하도록 진화해 왔다.

한편, 영업비밀의 법적 본질의 문제는 19세기 말과 20세기가 시작될 무렵에 신뢰관계상의 보호관계로 인식되기 시작하여 마침내 20세기 초반에 미국 법원에서 영업비밀의 보호는 순수한 신뢰관계나 계약관계의 문제로

241, 248 (1998).
8) Restatement of Unfair Competition §39.

보는 견해가 주도적으로 자리잡게 되었다.9) 그러나 여전히 20세기와 21세기에도 영업비밀을 자연권에 기한 재산권으로 보는 견해는 지속된다. 특히 20세기 후반 이후 정보기술의 발전에 따라 영업비밀로 보호되는 정보의 경제적 가치가 증가되었고, 이로 인해 영업비밀은 재산으로서의 가치가 중요시 되어 일부에서는 영업비밀의 재산권성이 더욱 강조되고 있다.10)

그러나 법리상 재산권으로 인정되기 위해서는 영업비밀은 제3자에게도 자신이 권리를 주장할 수 있는 배타적인 권리가 되어야 하지만 그 성질상 배타적인 권리로는 인식되기 어렵다. 나아가 정보는 경합성이 존재하지 않는다. 다만 영업비밀의 보호대상인 정보나 아이디어에 대한 배타적인 점유와 통제 및 관리 이용할 수 있고, 법은 영업비밀 보유자의 평온한 점유와 사용 및 통제를 보호할 수 있다. 이러한 점에서 영업비밀은 배타적인 속성이 존재한다. 따라서 영업비밀은 그 배타적 통제와 관리 및 그에 의한 배타적인 사용 및 수익을 보호할 필요성이 증가하므로 재산권으로서의 속성이 강화되고 있는 것으로 볼 수 있다.

영업비밀의 본질상 자신이 가진 정보를 외부에 공개할 수 없는 비밀성을 그 본질적 속성으로 하므로 배타적 권리, 즉 물권적 권리를 인정받는다는 것은 영업비밀임을 포기하는 것일 수 밖에 없다. 물권적 권리는 그 권리의 대세적 효력이라는 속성상 외부에 그 내용을 공시하는 것이 본질적으로 필요하기 때문이다. 그러한 점에서 보면 영업비밀의 요건으로 요구되는 상당한 또는 합리적인 영업비밀의 관리(reasonable effort to maintain secrecy under the circumstances)는 외부에 영업비밀의 존재를 공시하는 것이므로 영업비밀의 재산권으로서의 속성을 나타낸다고 할 수 있다.

예컨대 E.I. du Pont de Nemours & Co. v. Christopher 사건에서 미국 제5순회법원은 비밀성을 유지하기 위한 상당한 또는 합리적인 노력(reasonable

---

9) E I Du Pont de Nemours Powder Co v Masland, 244 U.S. 100, 37 S. Ct. 575 (1917).
10) Ruckelshaus v. Monsanto Co., 467 U.S. 986 (1984).

precautions)에 대하여

> Reasonable precautions against predatory eyes may [be] require[d], but an impenetrable fortress is an unreasonable requirement, and we are not disposed to burden industrial inventors with such a duty in order to protect the fruits of their efforts.[11]

라고 하여, 외부의 침해로부터 자신의 가진 영업비밀을 주의하도록 하지만, 그러한 주의는 절대적인 주의(an impenetrable fortress is an unreasonable requirement)가 아니더라도 자신이 행한 노력의 결과를 보호하기 위한 의무(duty)를 부과하는 것이라고 하였다. 만일 영업비밀의 보호를 순수한 신뢰관계나 계약관계로만 보면 신뢰관계상 계약상의 의무위반이 있었는지만을 보면 된다. 그러나 현대의 영업비밀보호법리는 자신의 노력으로 취득한 결과에 대하여 외부에 그 존재를 나타내고 그것을 보호하는 노력과 그러한 노력 의무를 다한 경우에 상대방의 취득은 불법적인 것으로 인정하고 있다. 세상에 주장할 수 있는 배타적인 속성 대신에 그 보유자로 하여금 보호할 의무를 다하도록 한 것이다.

영업비밀은 경제발전에 따라 그 경제적 가치가 증가할 수 밖에 없기 때문에 단순히 정보만이 아닌 그 재산적 속성을 가진 것으로 인식하기 시작하였다. 그럼에도 불구하고 영업비밀인 정보에 대하여 배타적인 속성을 지닌 재산권, 즉 물권으로서 인정 받기 어려운 점이 있다. 자신이 가진 정보를 세상에 대하여 자신만의 독점적인 권리로 주장할 수 없기 때문이다.

영업비밀과 같은 무체물이나 인간의 지적노동의 결과에 대한 재산적 권리에 대한 정당성을 인정하는데 로크는 많은 영향을 미쳤다. 로크(Locke)가 제시한 신(God)의 명령과 신의 인간에 대한 선물인 자연, 그리고 인간의 평

---

11) E.I. du Pont deNemours & Co. v. Christopher, 431 F.2d 1012, 1017 (5th Cir. 1970).

온한 생존을 위한 인간의 노동을 통한 재산권의 취득[12]은 노동의 결과물에 대한 영업비밀 보호의 강한 정당성을 부여한다. 그러나 영업비밀은 그 보호대상인 정보에 대한 배타적인 권리를 인정하는 것이 아니라 평온한 점유를 보호하는 것이어서 배타적인 재산권으로 보호하는 것은 본질적인 한계가 있다. 그와 같은 평온한 점유는 비밀성 유지의무를 다함으로써 지켜질 수 있다.

영업비밀은 계약적 속성하에서 신뢰관계위반[13]이나 계약위반법리에 따라 신뢰관계나 계약관계 당사자 사이에서 보호받을 수 있었지만, 이는 영업비밀의 본질에 재산적 속성을 인정하는 것은 아니었다. 재산적 속성의 법리를 인정하는 것은 비밀성을 전제로 한 것으로서 그 비밀성에 관해서는 절대적 비밀성[14]의 법리에서 상대적 비밀성의 법리로 변화했다.[15] 절대적

---

12) John Locke, Two Treatises of Government, (Peter Laslett ed.,) Oxford Univ. Press, 1988, (이하 "Locke, Second Treatise of Government") § 26.

13) Fraser v. Evans, 1 All E.R. 8 (1969). 계약위반과 신뢰관계위반은 구별된다. 신뢰관계위반은 형평법의 관할이고, 계약위반은 커먼로의 관할이다.

14) 영업비밀의 비밀성의 의의를 절대적 비밀성과 상대적 비밀성으로 구분하는 경우에, 절대적 비밀성은 그 보유자 이외의 자에게 알려져서는 안되지만, 상대적 비밀성은 비밀성을 유지하기 위한 상당한/합리적인 노력을 동반하여 피용인 등에게 알려진 경우에도 비밀성을 인정한다. 경쟁자에게 알려진 경우에도 다른 제3자에게 알려지지 않았다면 비밀성을 인정하여 영업비밀로서 보호한다. 절대적 비밀성은 19세기 초반에 문제가 되었지만, 초반기가 지나면서 상대적 비밀성으로 변화된 것으로 판단된다. 절대적, 상대적 비밀성에 관해서는 Vulcan Detinning Co. v. American Can Co., 72 N. J. Eq. 387, 67 Atl. 339 (1907); K-2 Ski Co. v. Head Ski Co., 506 F.2d 471, 473-74 (9th Cir. 1974); Tri-Tron Int'l v. Velto, 525 F.2d 432, 435 (9th Cir. 1975); Data General Corp. v. Digital Computer Controls, Inc., 357 A.2d 105, 188 U.S.P.Q. (BNA) 276 (Del. Ch. 1975) 사건 등에서 언급되지만, 미국에서 영업비밀의 요건중 비밀성요건은 상대적 비밀성을 요건으로 하고 있다. 다만, 절대적 비밀성에 관하여 시장의 경쟁 및 경쟁자의 개념에 따라 비밀성유지의무를 부과하면서 피용인 등에게 알린 경우에는 절대적 비밀성을 유지하는 것으로 보는 견해도 있다. 예컨대, Roger M. Milgrim, Milgrim on Trade Secrets (이하 "Milgrim, Milgrim on Trade Secrets") §1.07. Milgrim은 한 경쟁자나 한 법인 등 한 기업을 이루는 기업단위 등의 경우에는 내부 직원에게

비밀성과 상대적 비밀성의 법리의 차이는 재산적의 속성의 차이[16]와 그 금
지기간[17]에 대한 차이로 이어진 것으로 판단된다.

  연혁적으로 신뢰관계나 계약관계를 침해하여 타인의 영업비밀을 침해하
는 것은 상사불법행위, 즉 불공정경쟁행위로 인정되었지만, 산업혁명이 시
작되어 산업이 본격적으로 발전하여 그 기술 정보들에 대한 가치의 중요성
이 본격적으로 부각되던[18] 20세기에 영업비밀의 비밀관리성의 요건이 부
각되면서 영업비밀의 재산권성이라는 속성이 다시 강화되기 시작하였다고
볼 수 있다. 영업비밀에 대한 상당한 또는 합리적인 관리, 영어로 'reason-

알릴 수 있고 이렇게 하더라도 절대적 비밀성을 충족한 것으로 이해한다. 그러나 다
른 경쟁자에게 알려지는 것은 절대적 비밀성을 충족하지는 못하나 상대적 비밀성을
충족한 것으로 이해한다. 그러나 일반적으로 알려지는 것은 상대적 비밀성을 포함하
여 비밀성 자체를 충족하지 못한다. ("Absolute" secrecy would be illustrated, at the
extreme, by being known to only a single individual, but here, recognizing that a trade
secret can be known by the employees of the owner, we employ "absolute secrecy"
to denote matter known to only one enterprise and "relative secrecy" to denote that
matter may be known to more than one competitor in a trade or industry, but not
to all." Id.).

15) 절대적 비밀성과 상대적 비밀성의 구분과 구별되는 것은 complete secrecy와 incom-
plete secrecy이다. 전자의 경우에는 영업비밀에 후자의 경우에는 know-how에 사용한
다. know-how에 대한 complete secrecy는 한 기업에만 알려진 경우를 의미하는데, 현
재의 법리에서는 complete secrecy를 요구하지 않는다. Fairchild Engine & Airplane
Corp. v. Cox, 62 USPQ 98, 131(N.Y. Sup. Ct., 1944).

16) 부정취득시, 사용 또는 공개시, 소송제기시, 사실심변론종결시가 논쟁이 된다. D. Kirk
Jamieson, Just Deserts: A Model to Harmonize Trade Secret Injunctions, 72 Neb. L.
Rev. 542 이하 (1993).

17) 이에 대해서 미국은 그 항소법원 관할에 따라 소위 Conmar Rule, Shellmar Rule,
Winston Rule이 존재한다. 자세한 내용은 본서 "제7장 제2절 2. 금지명령의 금지기간
의 계산" 참조.

18) Restatement of Unfair Competition §39 cmt. a (1995). 19세기에 산업발전에 따라 노하
우, 기술정보가 중요해지고, 기술자의 전직 등이 본격화 되기 시작하여 영업비밀보호
법이 발전하였음을 시사하고 있고, 미국의 경우에도 19세기 중반에 영업비밀이 중요
해지고 19세기 말에 그 기본 법리가 형성되었다고 하고 있다.

able effort to maintain secrecy'[19]를 요구하고 이를 충족한 경우 재산으로서의 속성을 인정하는 법 개념으로 발전하였음에도, 우리나라에서는 상당한 노력과 합리적인 노력을 구분하는 견해까지 제시되었을 뿐만 아니라 과거 영업비밀보호에 관한 법률에서는 '상당한 노력'에서 '합리적인 노력'을 요구하는 것으로 개정되었다가 이제는 그러한 정도를 요구하지 않고, 단순히 '비밀로 관리된'이라고 하여 마치 상당한 정도나 합리적인 정도의 비밀성 유지노력이 없이도 비밀성만 있으면 영업비밀보호요건을 충족하는 것으로 규정되어 있다. 그러나 현재의 조항에서도, 영업비밀이 보호되어야 하는 그 상황하에서 상당한 노력이나 합리적인 노력(reasonable effort)이 요구되어야 하는 것으로 해석되어야 한다. 이와 같이 해석하여야 하는 이유는 영업비밀의 비밀성을 유지하기 위해 상황을 고려한 상대적인 보호 노력을 요구하는 것으로서 영업비밀보호법의 본질이나 체계상 당연히 그와 같은 노력이 요구되는 것으로 해석하여야 하기 때문이다.

타인의 부정취득으로부터 영업비밀을 보호하기 위해서는 우선 보호되고자 하는 영업비밀을 특정하여야 하는데, 영업비밀의 비밀성의 관리노력은 영업비밀을 외부에 특정하는 역할을 한다. 영업비밀의 비밀성 유지노력은 그 영업비밀의 가치에 따른 상당한 노력이나 합리적인 노력이 요구되는 이유이다. 영업비밀의 관리 노력을 많이 하면 많이 할수록 그 영업비밀의 존재가 외부에 알려지고, 그 영업비밀의 가치가 많다는 것을 의미하기 때문에 영업비밀을 보호받을 이유가 강화된다. 따라서 영업비밀의 비밀관리성을 낮추어야 중소기업의 영업비밀을 보호받을 가능성이 높아진다는 견

---

19) "reasonable precautions to maintain the secrecy" 등으로도 표현된다. 다만 핵심적인 것은 'reasonable'이고, 영어의 'reasonable effort/precaution'은 우리말로 '상당한 노력/조심' 또는 '합리적인 노력/조심'으로 번역되기 때문에 그 차이가 없다고 할 수 있다. 'reasonable effort/precaution'은 절대적 노력이 요구되는 경우에는 요구되지 않고, 가능한 모든 노력을 요구한다.

해[20])와 그러한 요구에 따른 현행 우리나라 영업비밀보호법은 그동안 확립된 영업비밀보호의 법이론과 조화되지 않는다.

지식사회와 정보사회로 변화하면서 영업비밀의 중요성은 매우 높아지고 있다. 미국의 경우 주법의 영역이던 영업비밀의 민사적 보호는 연방법(The Federal Defend Trade Secrets Act)을 제정하고 연방법원의 재판관할을 창설하여 그 이전보다 적극적인 보호를 하고 있다.

본 서에서는 영업비밀보호에 관한 역사적인 발전과정을 고찰하여 법리의 철학적, 규범적으로 확립된 내용을 정리하고, 현행 영업비밀보호법을 미국에서 시행되는 법리를 중심으로 분석하였고, 필요한 쟁점에 대해서는 우리 법을 분석했다.

---

20) 의정부지방법원 2016. 9. 27. 선고 2016노1670 판결. 본 판결은 '2014. 10. 특허청 부정경쟁방지 및 영업비밀보호에 관한 법률 일부개정법률(안) 법안설명자료'를 인용하고 있는 바, 이하에서는 재인용하여 언급한다.

제2장

영업비밀 보호의 철학적 토대

제1절 자연법 및 도덕적 정의론

1. 재산권 이론

가. 자연법 사상

토마스 아퀴나스(Thomas Aquinas)의 자연법 사상은 스콜라 철학이 그렇듯이 신학을 바탕으로 하였는데 그로티우스(Hugo Grotius)는 개인의 권리를 강조하여 자연법을 실제 정치사회의 영역으로 가져왔다.

자연법(natural law)은 실정법(institutional law)과 구분되는 것으로 시민사회의 구성에 따라 인간에 의해 제정된 실정법 이전에 존재하는 인류에게 보편적이고 불변의 법칙이다. 자연법사상은 인간의 이성이나 경험을 중시하는 계몽주의 형성에 많은 영향을 주었고, 이러한 영향을 받은 계몽주의 철학자들에는 대표적으로 로크(John Locke), 몽테스키외(Baron Montesquieu), 루소(Jean-Jacques Rousseau) 등 정치철학자들이 있다. 이들은 인간의 존엄과 평등, 자유권과 보편성 그리고 생존과 재산에 관한 권리를 강조함으로써 중세를 지배한 압제, 즉 전제군주와 중세 가톨릭교회의 만행으로부터 인간의 해방을 주장했다.

계몽주의 철학에서 재산이란 매우 중요한 역할을 한다. 재산권이 인정된다는 의미는 독립된 시민으로서 지위를 획득하는 것일 뿐만 아니라 자유시민임을 의미했다. 그리하여 계몽주의자들은 재산의 역할을 중요시 하였고,[21] 재산권 철학의 형성에 영향을 미쳤다.

---

21) Stanley C. Brubaker, Coming into One's Own: John Locke's Theory of Property, God, and Politics, The Review of Politics, v. 74, 2012, pp. 207-32.

　　그러한 영향 중에서 가장 중요한 것은 자연권에 기초한 재산권 법리의 형성과 사회계약론에서 출발하는 계약법적 사고이다. 자연권은 그 법리에 기초한 재산권 철학을 형성한 존 로크의 영국보다도 프랑스에 결정적 영향을 미쳤다. 물론 이에 대해서는 논쟁은 있지만, 영국은 이웃 프랑스 보다는 자연법과 자연권에 거리를 두고 있었던 것으로 보인다. 1624년 영국은 근대 특허법의 초석을 쌓은 독점법(the Statute of Monopolies)을 제정하였다. 왕의 특권을 폐지하고 의회에서 제정한 법에 의하여 특허권을 부여하도록 하였다. 그러한 점에서 영국의 독점법은 선구자적인 역할을 하였다.

　　물론 1474년 베니스의 특허법에도 근대 특허법의 사상이 스며들어 있었다. 신규성의 관념이나 공시 및 등록제도와 같이 베니스 특허법에는 공개 시연과 공무소에 대한 통지를 요구하였다는 점을 들 수 있다. 또한 "any new ingenious contrivance"(새롭고 창의적인 발명)과 같이 신규성의 정도는 상당한 수준의 것을 요구하였고[22) 완성된 발명(reduced to perfection)이 되어야 했고, 그러한 경우에는 무단으로 그 발명을 실시하는 것이 금지되었다. 이러한 특허제도는 사회에 이득이 된다(which would be of no small utility and benefit to our State)는 공리주의와 실용주의적 관념을 표시했다.

　　그러나 1624년 영국의 독점법은 특허제도를 왕의 특권에서 의회 통제하에서 법으로 제정하였다는 점과 신규성의 의미를 명확히 하는 등 현대의 특허법 제도의 초석이 되었다. 위대한 커먼로 법률가인 윌리암 블랙스톤(William Blackstone)도 재산권은 자연권에 기초하여 지배할 수 있는 절대적인 권리로 이해했다. 블랙스톤은 그의 저서 Commentaries on the Laws of England에서

---

22) 베니스의 특허법에서 진보성을 요구하였고, 그 후 이에 영향을 받은 영국에서도 같은 개념을 요구하였다고 주장하는 견해도 있으나(윤권순, 영국 특허법상 발명성 (inventiveness) 개념의 역사적 기원 법학연구(인하대학교 법학연구소), Vol.25 No.1, pp. 409-442 (2022)), 이는 당시 현상에 대하여 과도한 평가라고 판단된다.

By the absolute rights of individuals we mean those which are so in their primary and strictest sense; such as would belong to their persons in a state of nature, and which every man is entitled to enjoy, whether out of society or in it.[23]

라고 자연권으로서 소유권을 언급하였다. 블랙스톤은 로크(Locke)의 재산권 철학과 같은 절대권이자 자연권에 기초한 재산권을 주장했다. 시민사회의 형성과 관계없이 자연상태에서 자신에게 속한 것에 대하여 절대적인 권리가 있다고 하였다. 블랙스톤에게 있어서 재산권이란 로크가 주장한 바와 같이 신이 부여한 절대적 권리이자 지배권이라고 한 것이다. 블랙스톤의 사고는 커먼로의 원리라고 할 수 있다. 따라서 커먼로상으로도 재산권이란 자연권에 기초하는 절대적 권리라고 할 수 있다. 다만 뒤에서 보는 바와 같이[24] 18세기 후반기 이후에 영국에서는 발명이나 저작물에 관한 권리에 대하여 자연권으로 인정하려고 하지 않았다.

나. 선점이론(the First Occupancy Theory)

자연법을 바탕으로 선점이론이 주장된다. 물론 선점은 실정법상의 원칙

---

23) William Blackstone, Commentaries on the Laws of England, Univ. of Chicago Press, 1st ed. 1979, (이하 "Blackstone, Commentaries"), Book I. p. 119. 블랙스톤은 영구적인 권리로서 커먼로 저작권이 존재하는지가 문제된 Tonson v. Collins, 1 Sir W. Blacks. 301, 321 (1762) 사건에서 커먼로 저작권을 주장한 원고를 대리하여 존 로크의 철학적 사상을 바탕으로 재산권의 자연적 근원은 발명과 노동으로서 창작적 저작(original composition)은 창작과 노동의 결합으로서 작가의 문학적 사고는 그 자체로서 재산권의 대상이 될 수 있다고 주장했다. Simon Stern, From Author's Right to Property Right, The University of Toronto Law Journal Vol. 62, No. 1 (Winter 2012), pp. 29-91. Tonson v. Collins 사건에 관하여는 본서 "제3장 제1절 3. 나. (2) (라) Tonson v. Collins 사건" 참조.
24) 본서 "제3장 제2절 6. 가. '발명'과 '특허'의 이분법" 참조.

이기도 하지만 그 토대는 자연법이다. 유체물의 경우에 있어서 재산권 인
정의 근거는 선점이지만[25] 영업비밀에 있어서도 영업비밀인 정보에 대한
점유를 함에 있어 방해를 받지 않아야 한다. 발명이나 발견을 한 자는 자신
의 발명이나 발견에 대하여 배타적으로 사용할 수 있어야 한다.[26]

발명이나 발견이 비밀로서 보호받는 영업비밀인 경우에 그 배타적인 권
리의 의미는 달라진다. 영업비밀을 이루는 정보에 대한 외부로부터의 침해
에 대하여 보호하는 것이다. 그로 인하여 자신이 점유한 그 정보를 절대적
비밀성(absolute secrecy)을 유지하는 한 사실상 독점적으로 이용할 수 있다.

선점에 의한 재산권의 취득은 실정법적 근거를 갖는 것이 아니라 자연법
적 근거를 갖는다. 이러한 권리는 '인간의 권리'(rights of man)로서 인간이
기 때문에 가지는 권리이다.[27] 이러한 점에서 선점에 의한 소유의 정당성
은 제정법상의 규범이거나 사회의 효용을 증진시키기 위한 도구로써 정책
적인 고려(incentive)라기보다는 도덕에 근거한다.

점유에 의한 재산권[28]의 취득은 세가지 요건을 필요로 한다고 할 수 있

---

25) 선점의 원칙(the Rule of First Possession)이 효율적인지에 대하여 Cohen은 이를 부인
한다. Morris R. Cohen, Property and Sovereignty, 13 Cornell L. Q. 8 (1927); 그러나
Epstein은 선점의 원칙은 효율적이라고 한다. Richard A. Epstein, Possession as the
Root of Title, 13 Ga. L. Rev. 1221 (1979).

26) Lawrence C. Becker, Property Rights Philosophic Foundations, Routledge, 1977,
pp. 24-30.

27) 인간이기 때문에 권리를 가진다는 이론을 'Right based Theory'라고 한다. A. Samuel
Oddi, Trips-Natural Rights and a Polite form of Economic Imperialism, 29 Vand. J.
Transnat'l L. 415, 427 (1996). 이러한 원칙은 1791년 프랑스 특허법에서 찾아 볼 수
있다. Id. "The National Assembly, considering that any new idea, the manifestation
or development of which may become useful to society, belongs basically to the one
who has conceived it, and that it would be a violation of the Rights of Man, in their
essence, not to regard an industrial discovery as property of its author." 영어 번역문
은 Frank D. Prager, A History of Intellectual Property From 1545-1787, 26 J. Pat.
Off. Soc'y. 711, 756 (1944)에서 참조함.

28) Lawrence C. Becker, Property Rights Philosophic Foundations, Routledge, 1977,

는데, ⅰ) 점유대상이 타인에 의하여 배타적으로 소유되지 않아야 한다. 영업비밀로 보호받기 원하는 정보를 타인의 배타적 점유를 침해하여 취득되지 않아야 한다. 타인이 배타적으로 점유하고 있는 경우에는 선점자가 될 수 없다. 이러한 경우는 타인이 특허에 의하여 해당 정보에 대하여 배타적인 권리가 있는 경우이다. 다만, 특허법은 "특허출원 시에 그 특허출원된 발명의 내용을 알지 못하고 그 발명을 하거나 그 발명을 한 사람으로부터 알게 되어 국내에서 그 발명의 실시사업을 하거나 이를 준비하고 있는 자는 실시하거나 준비하고 있는 발명 및 사업목적의 범위에서 그 특허출원된 발명의 특허권에 대하여 통상실시권을 가진다."라고 선사용자의 권리를 인정하여 선점의 원칙을 반영하고 있다.[29]

선점의 원칙은 지적재산권에서 요구된다. 저작권의 창조성(originality), 특허권의 신규성(novelty)은 선점과 관련되어 있다. 상표권의 경우에는 선점의 원칙이 다른 모습으로 나타나는데, 이는 식별력(distinctiveness)이다. 다만 상표권의 목적은 신용(goodwill)에 대한 혼동방지가 그 핵심이고, 그 헌법상의 근거도 다르므로 특허권이나 저작권과 같은 정도로 창작(creativity)이 핵심적인 쟁점이 아니다.

저작권의 창작성과 특허권의 신규성은 선점의 원칙과 관계있다고 할 수 있지만 그 모습은 다르다. 저작권의 경우, 표현(expression)이 보호되므로 같은 저작물에 대해서도 독립적인 창작이 이루어질 수 있다. 왜냐하면 저작권은 사상과 감정의 표현이므로 저작자의 고유의 개성이 표현에 반영되기 때문이다. 타인의 표현이나 감정을 선점할 수는 없다. 따라서 저작권은 저작자가 스스로 창작하였다는 의미의 창작성(originality)이 문제가 된다.[30]

---

pp. 24-30; M. Nimmer & D. Nimmer, 1 Nimmer on Copyright §§ 2.01[A], [B]; Alfred C. Yen, Restoring the Natural Law: Copyright as Labor and Possession, 51 Ohio St. L. J. 517, 522 (1990).

29) 특허법 제103조.

이는 미국 헌법에서 명시하는 요건이다.[31]

특허는 저작권의 창작성(originality)에 대응되는 신규성(novelty)이 필요하다. 영업비밀의 경우에는 비밀성과 비밀성으로부터 발생하는 독립된 경제적 가치가 필요하다. 영업비밀의 비밀성(secrecy)과 독립된 경제적 가치(independant economic value)요건은 특허의 신규성에 대응한다. 예컨대 비밀이고 경제적 가치가 있는 정보는 새로운 것임이 필요하다. 새롭지 않은, 즉 모두에게 알려진 것은 비밀일 수가 없고, 독립된 경제적 가치가 존재하지 않는다. 다만 특허에서 요구하는 신규성 만큼의 새로움을 요구하지 않는다.

특허권은 아이디어를 보호하게 되므로 창작자의 사상이나 감정과는 관련이 없다. 신규성(novelty)이 창작성(originality)과 다른 점은 가치중립적이라는 점이다. 즉 가치중립적인 아이디어를 그 대상으로 하므로 보편적으로 새로운 것인지만 문제가 된다. 따라서 특허권의 경우에는 창작물의 개성이 반영이 되지 않는다. 저작자가 독자적으로 만들었다는 의미의 창작성을 요구하지 않고 보편적으로 새롭다는 의미로 신규성을 요구한다. 물론 신규성도 발명자로부터 기원(originate)하여야 그 발명자의 자연권으로서의 재산권이 인정된다. 이러한 점에서 개성이 반영되고, 발명자만이 원시적인 권리를

---

30) 저작물의 창조성을 의미하는 originality는 출처와 관련되어 있고, 저작자로부터 기원한다는 의미이다. 따라서 이는 주관적인 의미이다. 발명의 novelty는 모두에게 새롭다는 의미이다. 이는 객관적인 의미이다. 그러나 최대다수의 최대행복을 도덕적 목표로 하는 공리주의의 영향에 따라 영업비밀의 비밀성은 상대적 비밀성 개념이라 함은 이미 언급한 바 있다. 다만 특허의 신규성도 영업비밀의 비밀성에서의 상대적 비밀성과 같이 상대적인 개념이다.

31) 미국헌법은 "the exclusive Right to their respective Writings."(Article I, § 8, cl. 8)라고 하고 있는 바, "their respective Writings"에서 저작물이 저작자로부터 출처하여야 (originate)한다는 요건을 찾아 볼 수 있다. 우리의 경우에는 헌법이 아니라 저작권법에서 그 근거를 찾아 볼 수 있는데, 저작권법 제2조 제1호의 인간의 사상 또는 감정의 표현이라는 저작물의 개념과 제10조 이하의 저작권 규정이 그 근거가 된다고 할 수 있다.

갖는다.

상표권의 경우에는 저작권이나 특허권과 다른 형태로 나타난다. 상표법의 문제는 상품을 혼동시키지 않고 다른 상품과 구별시키는가이다. 상표는 출처혼동을 방지하기 위하여 타인의 상품과 구별을 할 수 있도록 하는 식별력(distinctiveness)을 요구한다. 식별력은 저작권의 창작성이나 특허권의 신규성에 대응하는 개념이다. 상표의 식별력의 강약에 따라 그 상품에 대한 창작/조어, 임의선택, 암시, 기술 그리고 일반(관용)명칭 순으로 나열할 수 있는데[32] 식별력은 창작/조어표장이 가장 강하고 일반명칭은 존재하지 않는다. 특정 상품에 대하여 사용하는 창작/조어표장은 기존에 존재하는 것이 아니라 새롭게 만들어 낸 것이기 때문에 식별력이 가장 강하다. 예컨대 KODAK은 세상에 없었던 표지를 창작하여 상표로 사용하는 것이므로 식별력으로 보면 가장 바람직한 상표이다. KODAK은 기존에 존재하는 동일하거나 유사한 표지가 없다. 그리하여 상표법은 이러한 창작/조어표장이 혼동가능성이 높으므로 가장 강하게 보호한다. 창작/조어 표장은 새롭게 만들어 낸 것이라는 점에서 그 표장에서 발생하는 식별력의 '선점'이라 할 수 있다.

식별력은 로크의 재산권 이론으로도 설명할 수 있는데, 식별력을 취득하는 것은 노력을 하는 것으로 자연에 노동을 가하는 것이다. 언어, 기호 등 표장은 신이 인간에게 부여하는데, 상표의 식별력의 정도는 표장과 상품과의 관계에서 인간이 얼마나 많이 식별력을 창작해 내는데 있다. 그리하여 창작, 조어 표장 상표는 그 언어에서 의미하듯이 창작성이 가장 많으므로 재산권도 많이 부여된다. 그 상품의 일반명칭으로 된 상표는 신의 창작물인 그 상품의 일반명칭에 대하여 인간이 아무런 노력이나 창작을 한 것이

---

32) 이 분류는 Abercrombie & Fitch Co. v. Hunting World, 537 F.2d 4 (2nd Cir. 1976) 사건에서 분류한 방법을 기초로 하고 있다. 물론 상표의 식별력에 대한 분류는 다양한 방법이 있는데 위 사건에서 분류한 방법을 많이 참조하여 사용하고 있다.

없으므로 상표권이라는 재산권을 부여하지 않는다.

ii) 실제 점유를 하고 있어야 한다. 실제 점유없이 점유의사가 있다는 것만으로는 불충분하다. 영업비밀의 경우, 이를 착상하여 구체화 하거나 창작한 경우에 그 점유를 인정할 수 있다. 구체화 된 아이디어에 자연법상 재산적인 권리를 가지게 된다. 실정법에 의해 그 권리가 구체화 된 특허와 구별된다. (영업비밀과 특허의 이분법; 자연법과 실정법의 이분법; 발명과 특허의 이분법)[33]

iii) 실제적인 점유의 범위가 재산권의 범위를 정한다. 실정법상의 재산권인 특허의 경우, 부동산에 대하여 등기를 하듯이 특허청구범위는 등록을 하게 된다. 그리고 상표권도 지정상품과 함께 사용할 상표나 사용상표를 등록해야 한다. 상표 사용에 의한 상표권의 발생은 사용의 범위에 의하여 정해진다. 영업비밀은 그 내용을 외부에서 알 수 없으므로 점유하고 있다는 자체에서 타인을 배제하는 효과가 없다. 대신에 영업비밀의 경우에는 외부에 자신이 영업비밀로 관리하고 있음을 알려야 한다. 그러한 영업비밀 관리를 많이 하면 할수록 해당 영업비밀의 경제적 가치가 많다는 것을 나타내는 것이다.[34] 영업비밀로 보호받는 정보의 점유를 함에 있어 그 정보에 대하여 배타적인 권리를 가지게 되는 것이 아니라 그 정보의 '점유'를 함에 있어 타인으로부터 방해를 받지 않을 권리가 된다. 위와 같은 요건이 갖추어지면 점유자는 실제 점유하는 범위내에서 재산권을 인정받는다.

선점의 원칙에 의한 절대적 비밀성 법리하에서는 영업비밀에 대하여 복수의 주체에 의한 점유를 인정하지 않는다.[35] 따라서 동일한 정보에 대하

---

33) 이분법에 관하여는 "제3장 제2절 6. 자연권과 재산권에 기초한 '발명'과 '특허'" 참조.

34) Rockwell Graphic Systems, Inc. v. DEV Industries, Inc., 925 F.2d 174, 179 (7th Cir. 1991).

35) 다만, 영업비밀인 정보를 독립적으로 개발하여 점유하는 경우에는 절대적 비밀성 및 선점의 원칙과 충돌한다.

여 다수가 영업비밀을 인정받을 수 없다. 절대적 비밀성 법리는 유체물에 대하여 선점에 의해 그 점유자만의 권리가 확립되듯이 무체물도 선점에 의해서만 완전한 소유권이 발생한다는 것에서 요구된 것으로 판단된다. 그러나 상대적 비밀성 법리하에서는 영업비밀을 점유하는 복수의 주체가 동일한 정보에 대한 영업비밀을 인정받을 수 있다. 그 뿐만 아니라 비밀유지의무를 부과하고 자신의 직원에게 영업비밀인 정보를 알려 줄 수 있다. 비밀로 유지한다는 의미에서의 배타적 점유에 의한 재산권을 인정받을 수 있다. 따라서 이러한 범위내에서 영업비밀에 있어서 선점은 중요하지 않다. 상대적 비밀성하에서는 영업비밀인 정보에 대하여 실제적 점유에서 관념적 점유로 변경된 것을 의미한다.

상표법에서 말하는 혼동과 부정경쟁방지법에서 말하는 혼동은 그 의미가 다르다. 상표법은 '식별력'에 대한 혼동을 말함에 비하여 부정경쟁방지법에서 말하는 혼동은 'goodwill'에 대한 혼동이다.[36] 상표법상의 식별력은 선출원이나 선사용에 의한 선점의 요소가 강하지만 부정경쟁방지법상의 goodwill은 인적 속성이 반영되어 있어 각자가 goodwill을 형성할 수 있으므로 상대적으로 선점의 요소가 약하다.[37] 이는 저작권에서 표현과 유사하다. 예컨대, 미국에서 ASPIRIN 상표는 일반명칭화되어 상표로서는 보호받지 못하지만 상품주체에 대한 혼동은 발생할 수 있으므로 아스피린 상품에 대하여 ASIPRINE 상표를 사용한다면 부정경쟁행위로 인정될 수 있다.[38]

---

36) 대법원 2002. 9. 24. 선고 99 다 42322 판결 (버버리 병행수입 사건).
   병행수입업자가 적극적으로 상표권자의 상표를 사용하여 광고·선전행위를 한 것이 실질적으로 상표권 침해의 위법성이 있다고 볼 수 없어 상표권 침해가 성립하지 아니한다고 하더라도, 그 사용태양 등에 비추어 영업표지로서의 기능을 갖는 경우에는 일반 수요자들로 하여금 병행수입업자가 외국 본사의 국내 공인 대리점 등으로 오인하게 할 우려가 있으므로, 이러한 사용행위는 부정경쟁방지법 제2조 제1호 (나)목 소정의 영업주체혼동행위에 해당되어 허용될 수 없다고 볼 것이다.
37) 그러한 점에서 보면 역혼동이나 역사칭행위는 이례적인 것이다.

우리 대법원도 같은 취지로 판시한 판결이 있다.[39]

보통 특허법이나 저작권법은 선점의 원칙을 명시적으로 규정하고 있지는 않지만, 본질적으로 특허는 신규성을 요구하고 저작권은 창작성을 요구한다는 점에서 선점의 원칙에 입각하고 있다고 할 수 있다.[40] 특허의 신규성은 객관적으로 새롭다는 의미이므로 선점의 원칙과 부합한다. 다만 앞서 본 바와 같이 저작물의 창조성은 보편적인 의미는 아니지만, 창작 그 의미 자체로도 최초의 것을 의미하고, 그 창작 이후에 그 어느 누구라도 그 저작물을 복제한 경우에는 창작으로 인정되지 않는다는 점에서 선점의 원칙과 관련되어 있다.

권리부여방식에 있어서 특허의 경우에는 발명주의와 출원주의, 상표의 경우에는 사용주의와 출원주의가 있다. 선점의 원칙에 부합하는 원칙은 실제의 발명이나 사용에 대하여 권리를 부여하는 발명주의와 사용주의라고 할 것이다. 다만 재산권이 제3자와의 관계에 있어서 대세적인 효력을 갖는다는 점에서는 출원을 통하여 제3자에게 자신의 발명이나 상표의 존재를 알리는 출원주의의 정당성을 찾을 수 있다. 저작권의 경우에는 저작권을 취득함에 있어서 특별한 형식이나 방식을 요구하지 않는데, 저작권은 저작자의 독창성(originality)을 보호하기 때문에 제3자의 창작물과 충돌의 여지가 없기 때문이다.

영업비밀의 경우, 영업비밀로 보호받는 정보를 창작하거나 알아낸 경우에 그것을 영업비밀로 보호받을 수 있다. 즉 영업비밀보호는 영업비밀로 보호받을 정보의 점유를 바탕으로 이루어진다.

영업비밀에 있어서 보호받을 정보의 점유는 점유하여야 할 정보에 대한 창작이나 발견을 하는 노력이 전제가 되므로 노동에 의하여 창조된 가치에

---

38) Bayer Co. v. United Drug Co., 272 F. 505 (S.D.N.Y. 1921).

39) 대법원 2002. 9. 24. 선고 99 다 42322판결 (버버리 병행수입 사건).

40) 물론 특허법상의 선점과 저작권법상의 선점은 그 의미가 다르다.

대하여 재산권을 인정하는 로크의 재산권 철학과 결합할 수 밖에 없다. 로 크나 헤겔 그리고 칸트 등의 '권리기반이론'(right based theory)은 인간이기 때문에 자연법상의 자연권으로서 인간의 창작에 대하여 생래적인 권리를 인정하게 된다. 그것이 왜 인간의 권리인지에 대하여 증명할 필요가 없다. 인간이라는 이유로 가지는 권리이기 때문이다.

프랑스의 무정부주의자이자 사회주의자인 피에르 조제프 프루동(Pierre-Joseph Proudhon)은 '재산은 도둑질'('property is theft')이라고 했다. 그는 1840년 저술한 그의 저서, '재산이란 무엇인가? 권리와 정부의 원리에 대한 연구'[41]에서 특히 토지의 선점 원칙에 의한 재산권의 취득에 대하여 많은 비판을 가했는데, 그의 비판의 핵심은 세 가지이다. 첫째, 토지는 신이 만든 것으로서 신의 소유물이므로 인간이 사유할 수 없다는 것이다. 둘째, 토지는 공기나 물과 같이 인간의 생존에 필수적인 것이므로 사유화 할 수 없다는 것이다.[42] 셋째, 소유를 정하는 원칙은 로크의 노동가치설이나 선점의 원칙이 아니라 노동에 따른 분배이고, 재산권은 소유하는 것이 아니라 노동의 비율에 따른 점유를 하여야 한다는 것이다. 사실 19세기 철학자들은 토지의 유한성으로 인하여 로크의 재산권 철학이 적용될 수 없음을 주장해왔다. 특히 허버트 스펜서(Herbert Spencer)는 그러한 입장을 대표한다

---

41) Pierre-Joseph Proudhon, What Is Property? Or, an Inquiry into the Principle of Right and Government(Qu'est-ce que la Propriété ? Qu'est-ce que la propriété? Recherche sur le principe du droit et du gouvernement) edited and translated by Donald R. Kelley and Bonnie G. Smith, Cambridge Univ. Press, 1994 (이하, "Proudhon, What Is Property?"), 프루동은 발명가에 대한 임시적 보호는 필요하다고 하였다. Fritz Machlup and Edith Penrose Source, The Patent Controversy in the Nineteenth Century, The Journal of Economic History, Vol. 10, No. 1 (1950), pp. 8-9.

42) 인간 생존에 필수적인 것에 대하여 공리주의적 실용주의적 입장은 사적소유를 허용하지 않는다. 뿐만 아니라 공정거래법상 필수설비에 대해서는 권리에 대한 제한이 가해진다. 로크의 재산권 철학에서는 충분하고 동등하게 남겨두어야 한다는 단서를 적용한다. Mayo v. Prometheus, 566 U.S. 66 (2012); Assoc. for Molecular Pathology v. Myriad Genetics, Inc., 569 U.S. 576 (2013).

고 할 수 있다.[43)

  그러나 프루동(Proudhon)의 노동이론은 노동과 비노동을 구별하지 않는 문제점이 존재한다. 노동은 그 객관적 가치에 있을 때 노동의 존재를 확인할 수 있고, 그 객관적 가치가 존재하지 않는다면 노동이라고 할 수 없다. 예컨대, 광산에서 아무 가치 없는 돌을 채굴했다고 할 때 노동을 하였다고 할 수 있을까? 그 노동의 가치는 어떻게 평가되어야 하는가?

  프루동은 재산권의 토대에 관한 자연권설, 본인도 노동가치설에 입장이었지만 특히 로크의 노동가치설을 비판하였는데, 다수가 동일한 노동을 하였음에도 불구하고 두 사람 이상에게 동일한 재산권이 부여될 수 없는 것을 비판했다. 그는 그의 저술 '재산이란 무언인가?'에서 1793년 프랑스 헌법에서 선언했던 로크의 재산권 철학을 바탕으로 한 자연권적 재산권에서 수용한 노동의 결과를 가질 권리(the right to enjoy the fruit of one's labor)를 부정하고, 그 대신에 재산이란 타인의 물건 스스로 즐기고 처분할 수 있는 것(Property is the right to enjoy and dispose at will of another's good.)이라고 하면서[44)] 사적 재산권에 대하여 반대를 하고 베니스 길드에서 장인의 기술과 지식에 대하여 인정되었던 것과 같은 사회적 공동재산 또는 사회재산(social property)을 주장하였다. 이러한 공동 재산 또는 사회 재산의 개념은 로크의 노동가치에 의한 재산권 철학을 비판하는 근거로 사용되었다.

---

43) 스펜서는 다음과 같이 지구상의 토지가 차례로 소유화 되면 결국에는 전체가 사유화되어 추후에 토지를 소유하지 못한 인간은 지구에서 추출되고, 일부 인간이 지구 전부를 소유하고 토지를 소유하지 못한 나머지 인간은 토지소유자의 동의에 의해서만 지구에 존재할 수 있을 것이므로, 토지에 대한 배타적인 소유는 '평등하게 자유라는 법'("the law of equal freedom")에 위반된다고 주장한다. 스펜서의 로크의 재산권 철학에 대한 비판에 대하여는 나종갑, 로크, 스펜서, 노직, 파레토, 및 칼도-힉스: 특허권에 대한 자연권적 정당성과 실용주의적 정당성의 합체, 산업재산권, 66호: pp. 1-39 (2021) 및 본서 "제2장 제1절 1. 다. (4) (가) 선점 원칙에 의한 재산권 취득의 타당성에 대한 프루동의 비판" 참조.

44) Proudhon, What Is Property? Ch. III. §§4-5. pp. 81-94.

다. 로크의 재산권 철학

(1) 서론

자연권 철학을 절대 왕정의 권력구조를 타파하기 위한 이론으로 사용한 정치철학자는 영국 경험론의 선구자인 존 로크(John Locke)이었다. 로크는 자연법 철학에 의하여 영국의 정치상황을 개선하려고 하였다. 로크는 절대 왕조의 군주의 권력을 제한하여 시민의 자유와 권리를 확보하기 위해 자연권 철학을 바탕으로 그의 유명한 '통치론'(Two Treatises of Government)을 저술하였다.

로크는 하느님의 인간에 대한 말씀인 성경을 재해석하면서 그의 통치론을 저술하였고, 그 통치론 인간의 재산권 형성의 정치철학적 토대를 제공하였다. 그의 재산권 철학에 대한 저술의 궁극적인 목적은 왕의 전제로부터 인간의 해방이었고, 인간으로 하여금 주체적인 인간이 되고 자유시민의 지위를 획득하게 하는 것이었다. 그리하여 그는 자연법 철학을 바탕으로 재산권에 관하여 저술하였는데, 그의 재산권 철학은 왕권신수설을 주장한 로버트 필머(Robert Filmer)에 대한 반박으로부터 시작되었다.

서구의 재산권 이론은 신학적인 자연법론으로부터 기원하고 있다. 중세 스콜라 철학자인 토마스 아퀴나스(St. Thomas Aquinas)는 "[t]he natural law is promulgated by the very fact that God instilled it into man's mind so as to be known by him naturally"라고 하여[45] 자연법은 신이 인간 본성에 부여한 것이라고 하였다. 자연법은 시간이나 사회변화에 따라 변화하는 것이 아니라 불변의 진리이고, 모든 인간은 이성(reason)에 의하여 확립된 준칙

---

45) St. Thomas Aquinas, Treatise on Law (Summa Theologica Questions 90-97), with an introduction by Stanley Parry(South Bend: Regnery/Gateway, Inc., no date), p. 11. S.T. 90:4. in Thomas K Johnson, Thomas Aquinas on the Natural Moral Law, Chapter 1, p. 16.

에 접근할 수 있고, 법이 법이기 위해서 법은 진리와 정의에 부합하여 한다고 하였다. 즉 자연권은 우주 전체를 지배하는 보편적 질서이고 법원리이었으므로 절대자인 신(God)의 말씀과 부합했다.

로크의 재산권 이론은 인간과 왕 사이의 관계 확립을 위한 정치철학적 목적을 가지고 있지만, 그의 이론은 절대자인 신(God)의 명령에서 재산권의 근본적 뿌리를 찾았다는 점에서 보편적으로 타당한 자연권에 기초한 것이라고 할 수 있다. 그의 재산권 철학은 유체재산권 뿐만 아니라 무체재산권의 법적 정당성과 법리형성에 대한 강한 철학적 토대를 제공한다.

로크의 그의 통치론 중에 제1론(the First Treatise)[46]에서 로버트 필머(Robert Filmer)의 가부장제를 비판하였고, 제2론(the Second Treatise)의 제5장 재산권(V. Of Property)에서도 필머의 주장을 비판하는 것으로부터 시작한다. 로크의 아래 주장을 보면 그는 분명히 로버트 필머의 왕권신수설을 부정하고 있다.

> But this being supposed, it seems to some a very great difficulty, how any one should ever come to have a property in any thing: I will not content myself to answer, that if it be difficult to make out property, upon a supposition that God gave the world to Adam, and his posterity in common, it is impossible that any man, but one universal monarch, should have any property upon a supposition, that God gave the world to Adam, and his heirs in succession, exclusive of all the rest of his posterity. But I shall endeavour to shew, how men might come to have a property in several parts of that which God gave to mankind in common, and that without any express compact of all the commoners.[47]

---

46) Locke, First Treatise of Government.
47) Locke, Second Treatise of Government § 25.

로크는 한 사람이 모든 재산권을 가지고 있다는 것을 아담과 그 후손들, 즉 인간에게 공유물로 부여했다고 하면 재산임을 입증하기 어렵고, 아담과 그를 상속한 후계자(Adam, and his heirs in succession)에게 자신의 재산을 배타적으로 부여했다고 하면 그 한 사람의 보편적 군주(one universal monarch)를 제외한 나머지 인간들 어느 누구도 재산을 가질 수 없다고 하고 있다. 이러한 언급을 통하여 로크는 필머의 왕권신수설을 부정하기 위한 전제를 제공하고 있다. 로크는 로버트 필머의 왕권신수설을 부정한 다음, 곧바로

> But I shall endeavour to shew, how men might come to have a property in several parts of that which God gave to mankind in common, and that without any express Compact of all the Commoners.[48]

라고 함으로써 재산권은 신(God)이 인간에게 부여한 신성불가침의 권리, 즉 자연권임을 명확히 하고 있다. 시쳇(時體)말로 재산권은 신이 왕을 패스(pass)하고 직접 인간에게 부여한 신성불가침의 권리가 된다. 따라서 왕도 신이 부여한 시민의 재산권을 침해할 수 없다.[49]

로크는 필머(Filmer)의 왕권신수설을 부정하고 왕에 의해서도 침해할 수

---

48) Id.
   [번역] 그러나 나는 인간들이 신이 인간에게 부여한 자연의 일부에서 자연상태를 구성하는 모든 구성원들의 명시적 동의없이 재산권을 가질 수 있는지를 보이고자 한다.
49) 이러한 사상의 기반은 사회계약설이다. 로크의 사회계약설은 아리스토 텔레스(B.C384~322)의 사회계약설을 계승하였다고 한다. 아리스토 텔레스(Aristotle)는 그의 정치학에서, 논란이 있지만, 사회계약설을 주장하였고, 이를 매우 비판적으로 수용한 정치사상가 토마스 홉즈(Thomas Hobbes; 1588-1679)로서 그의 리바이어던(Leviathan)에서 사회계약설을 명확하게 체계화하여 주장했는데, 이를 로크(Locke)가 받아들여, 영국의 명예혁명(1688)의 기초를 세웠다.

없는 신(God)이 왕(king)이 아닌 인간에게 직접 부여한 불가침의 재산권을 인정하고 이에 왕의 전제로부터 독립된 주체적인 시민과 그 시민의 재산권을 확립하고자 하였다.[50] 로크는 신(God)이 왕이 아닌 인간에게 인간의 평온함과 안락함을 위해 자연(the Common)을 직접 하사하셨고,[51] 인간에게 노동을 할 것을 명하였고, 인간이 자연에 노동을 하여 얻는 결과물에 대하여 재산권을 취득함을 허락 하였다고 함으로써[52] 재산권은 왕이 침해할 수 없는 강한 재산권이 되었다. 이는 신이 인간에게 부여한 재산권이므로 로크의 재산권은 자연권이 될 수 밖에 없다.

재산에 대한 권리가 자유, 평등 또는 안전과 같이 자연권으로 인정되는 것은 재산은 자유와 평등 그리고 평온함의 바탕이 되기 때문이다. 로크는 인간의 자유는 자유, 생명 그리고 재산을 보장함으로써 이루어진다고 믿었다. 그리하여 그는 자유, 생명 및 재산(liberty, life and property)을 신이 부여한 권리라고 하고 있다. 재산권은 인간의 자유와 생명과 같이 자연권으로서, 인간에게 재산권을 인정하는 것은 인간이 진정한 주권자로서의 자유로운 시민이 될 수 있기 때문이다.

20세기의 위대한 법학자 중의 한 사람으로 일컬어지는 모리스 코헨(Morris Cohen)은 개인에게 있어서 재산권은 국가에 있어서 주권과 같이 섬김과 복종을 요구하기 때문에 재산권은 주권이라고 강조하고 있다.[53] 즉

---

50) 로크의 재산권 이론은 저자의 과거에 발표한 논문을 바탕으로 정리하였다. 나종갑, 로크, 스펜서, 노직, 파레도, 및 칼도-힉스: 특허권에 대한 자연권적 정당성과 실용주의적 정당성의 합체, 산업재산권, 한국지식재산학회, 2021, 제66호, 1-39면; 나종갑, 4차 산업혁명과 인간을 위한 지식재산보호제도 연구, 법학연구, 연세대학교 법학연구원, 2020, 통권 85호 355-398면.

51) 성경, 시편 115장 16절: 하늘은 여호와의 하늘이라도 땅은 사람에게 주셨도다.

52) Locke, Second Treatise of Government § 26 ("God, who hath given the world to men in common, hath also given them reason to make use of it to the best advantage of life, and convenience. The earth, and all that is therein, is given to men for the support and comfort of their being.").

재산을 가진 인간은 왕의 전제 권력이나 외부의 간섭으로부터 독립된 존재
로서 독립된 소유를 할 수 있기 때문이다.

물론 재산권을 자연권으로 인정하는 것은 많은 반대에 부딪혔지만, 18세
기와 19세기 산업혁명을 통하여 재산을 획득한 자본가들의 지지를 얻었다.
1789년 프랑스 대혁명 후 토지를 받은 농민들도 자신의 토지에 관한 권리
는 자연권으로부터 기초하였음을 주장했다. 이러한 자연권적 재산권에 대
해서는 프루동(Proudhon)과 같은 사회주의자나 마르크스(Marx)와 같은 공
산주의자 들로부터 많은 비판을 받았다. 물론 모리스 코헨은 재산권의 주
권임을 계속 주장하지는 않았는데, 그 이유는 현대 정치권력에 있어서 국
가는 국민의 복지향상을 위해 재산권의 한계를 정하거나 제한할 수 있다는
점을 인정하고 있기 때문이다.[54] 그러나 코헨의 주장대로 개인이 재산권을
취득하고 그 개인의 재산이 국가의 주권과 같이 최고의 권력이자 외부의
압제와 속박으로부터 독립적 되기 위해서 그 재산권은 자연권으로 인정하
는 것이 가장 강력한 무기가 된다. 이러한 자연권적 재산권을 취득함으로
서 자유와 인간성을 회복할 수 있음은 분명하다.[55] 로크 시대에는 전제 왕
권으로부터 인간의 해방을 이루기 위해서는 생존의 기초로서 재산권을 보

---

53) Morris R. Cohen, Property and Sovereignty, 13 Cornell L. Q. 8, 11-14 (1927-1928).
   The classical view of property as a right over things resolves it into component
   rights such as the jus utendi, jus disponendi, etc, But the essence of private
   property is always the right to exclude others … In a regime where land is the
   principal source of obtaining a livelihood, he who has the legal right over the
   land receives homage and service from those who wish to live on it.
   The character of property as sovereign power compelling service and obedience
   may be obscured for us in a commercial economy by the fiction of the so-called
   labor contract as a free bargain and by the frequency with which service is
   rendered indirectly through a money payment.

54) Id., 12-13.

55) 나종갑, 로크, 스펜서, 노직, 파레도, 및 칼도-힉스: 특허권에 대한 자연권적 정당성과
   실용주의적 정당성의 합체, 산업재산권, 한국지식재산학회, 2021, 제66호, 8-9면.

장할 필요가 있었다. 따라서 재산권은 자연권이어야만 했다.

자연권에 기초한 재산권 이론은 18세기 후반 프랑스 혁명에서 정점을 이루었다. 프랑스 혁명의 이념을 담았던 1991년 프랑스 헌법56) 제2조는 "모든 정치적 결사의 목적은 자연적이고 소멸될 수 없는 인간의 권리를 보장하는 데 있다. 그 권리란 자유, 재산, 안전, 그리고 압제에 대한 저항이다."라고 규정하여 자연권과 자연권의 일부인 재산에 대한 권리를 규정하였다.

프랑스 헌법의회가 제정한 1791년 프랑스 특허법(Loi relative aux découvertes utiles et aux moyens d'en assurer la propriété à ceux qui seront reconnus en être les auteurs57)은 그 전문에 다음과 같이 규정되어 있었다.

> Every novel idea whose realization or development can become useful to society belongs primarily to him who conceived it, and that it would be a violation of the rights of man in their very essence if an industrial invention were not regarded as the property of its creator.

> [사회에 유용하게 구체화하거나 발전시킬 수 있는 모든 새로운 아이디어는 본질적으로 그 아이디어를 착상한 사람에게 속하고, 만일 산업적 발명이 그 창작자의 재산으로 인정되지 않는다면 인간의 매우 본질적인 권리를 위반하게 된다.]

사회에 유용한 아이디어에 대한 권리는 그것을 창작한 자에게 속하고 그것을 창작한 자에게 속하지 않는다면, 그것은 인간의 기본적인 권리를 위

---

56) 1791년 프랑스 헌법에 제정되었는데, 1791년 프랑스 헌법은 1793년 인권선언(1793년 프랑스 헌법 전문)으로 개명되었고, 1795년 인간과 시민의 권리 및 의무에 관한 선언 (1795년 프랑스 헌법 전문)이 되었다.

57) 영문명은 "An act concerning useful discoveries and the means of securing their property to those who shall be recognized as their authors" 이다.

반하는 것이라고 규정했다. 이 당시 발명이나 아이디어는 자연법상의 권리
(natural right)로서 제도법상의 제도와 권리(institutional right)인 특허나 특
허제도와는 구분이 되었다. 프랑스 혁명당시 입헌자들은 인간이기 때문에
자신의 생각해 낸 아이디어나 발명에 대한 근본적인 권리를 가진다고 생각
하였다. 그러한 권리는 제도법상의 권리인 특허와 달리 정부가 보증하는
배타적인 권리가 될 수는 없었다. 자연법상의 권리인 발명에 대한 권리는
정부의 보호없이 영업비밀로서 자신 스스로 보호해야 하는 결과가 된다.
이와 같은 '발명과 특허의 이분법'의 법리는 로크(Locke)와 윌리엄 블랙스
톤(William Blackston)에 기원을 두는 것으로서 대서양 넘어 19세기 미국의
아이디어와 발명의 보호에 관한 법리 형성에 영향을 미쳤다.[58]

　　로크의 노동가치설을 바탕으로 한 자연권적 재산권 이론은 발명가의 아
이디어의 법적 속성에 대해서도 영향을 미쳤다. 1624년 영국의 독점법(the
Statute of Monopolies)이 제정되기 이전, 영국 왕이 부여한 특허는 제정법
상 권리가 아닌 커먼로상의 권리이었다.[59] 그 뿐만 아니라 로크가 출생하
기 이전인 1624년 제정된 영국의 독점법은 '최초의 진정한 발명가'(first
and true invention)에 대하여 특허를 부여한다고 하여 자연권에 기초한 특
허법 철학의 출발점이다. 이는 인간만이 최초의 진실한 발명가가 될 수 있
기 때문이다. 그러나 이러한 자연권에 기초한 재산권이나 발명에 대한 권
리는 로크의 고국인 영국이 아니라 프랑스에서 가장 적극적으로 인정되고,
대서양 건너 미국의 법리 형성에 영향을 미쳤다.

---

58) 발명과 특허의 이분법에 대하여는 본서 "제3장 제2절 6. 가. '발명'과 '특허'의 이분
법" 참조.

59) Allan. A. Gomme, Patents of Invention: Origin and Growth of the Patent System in
Britain, Longmans, Green and Co. Ltd., 1946, p. 15.

(2) 노동의 결과에 대한 재산권의 취득

로크의 재산권 이론은 지적재산권 법이론 형성에 많은 영향을 끼쳤다.[60] 인간의 노력과 노동의 결과에 대해서는 그것이 창작한 것인지 아니면 알아낸 것인지를 불구하고 노동과 노력에 의하여 창조한 결과(창작; creation, invention)와 취득한 결과(勞作; sweat of the brow)에 대하여 재산권을 부여할 수 있는 강한 근거가 되었다. 로크에게 있어서 노동은 재산권을 취득하는 것에 대하여 선행하는 것이다. 로크의 재산권 이론이 독점에 대하여 강한 정당성을 부여하는 것은 재산권을 취득하는 인간의 평온한 삶을 위한 것이었기 때문이다.[61] 즉 로크에게 재산권은 인간의 행복을 위하여 필요조건이라고 할 수 있다. 재산권이 인간을 위한 것이라는 점에서 공리주의

---

60) 노동가치이론에 대해서는 대표적으로 다음을 참조: Edwin C. Hettinger, "Justifying Intellectual Property," Philosophy and Public Affairs, 18: pp. 31–52 (1989); L. Becker, 1993, "Deserving to Own Intellectual Property," The Chicago-Kent Law Review, 68: pp. 609–629 (1993); Wendy J. Gordon, "Property Right in Self Expression: Equality and Individualism in the Natural Law of Intellectual Property," Yale Law Journal, 102: pp. 1533–1609 (1993); Adam D. Moore, "Intangible Property: Privacy, Power, and Information Control," American Philosophical Quarterly, 35: pp. 365–378 (1998), Saving Locke from Marx: The labor Theory of Value in Intellectual Property Theory, Social Philosophy and Policy 29 (2):pp. 283-317 (2012); Justin, Hughes, "The Philosophy Of Intellectual Property," Georgetown Law Journal, 77: pp. 287–366 (1988); Tom G. Palmer, "Are Patents and Copyrights Morally Justified? The Philosophy of Property Rights and Ideal Objects," Harvard Journal of Law and Public Policy 13 pp. 817-865 (1990); Ken Himma, "The Legitimacy of Protecting Intellectual Property Rights: The Irrelevance of Two Conceptions of an Information Commons," Journal of Information, Communication and Ethics in Society, (2013) 11: pp. 210-232, "The Justification of Intellectual Property Rights: Contemporary Philosophical Disputes" (Perspectives on Global Information Ethics), Journal of the American Society for Information Science and Technology, 59: pp. 2–30 (2008); Robert P. Merges, Justifying Intellectual Property, Cambridge, MA: Harvard Univ. Press, 2011, pp. 31-67.

61) Locke, Second Treatise of Government § 25.

(Utilitarianism)에 기초한 법이론과 통하는 점이 있다.62)

로크의 재산권 철학은 노동이 아니라 노동에 의하여 발생하는 가치(the fruit of labor, the value of labor)에 대하여 재산권을 부여한다는 점에서 유체물 뿐만 아니라 무체물에 대하여도 재산권을 부여할 수 있는 토대를 제시한다. 특허권의 대상인 창작적인 발명이나 영업비밀의 대상인 창작(創作, invention, creation) 뿐만 아니라 노작(勞作, sweat of the brow)에 대하여도 재산권을 취득할 수 있다. 노작에 해당하는 것은 단순한 발견, 수집, 조합 뿐만 아니라 자연과학적 발견, 자연현상의 발견, 자연법칙의 발견, 데이터베이스의 수집, 공지사실의 조합, 역사적 사실이 발견, 인위적인 법칙의 구상 등이 이에 해당한다. 자연에 있는 동물의 울음 소리나 비오는 소리를 녹음한 것은 창작적 요소는 없지만 노동과 노력에 의하여 취득한 결과물이다.63) 이러한 것도 로크의 철학에 의해서는 보호되어야 한다. 이러한 결과를 부당하게 취득하여 간다면 커먼로상의 법리로는 부정취득(misappropriation)에 해당한다.64)

영업비밀로 보호하는 법리적 토대에도 노동가치이론이 존재하고 있다.

---

62) 나종갑, 로크, 스펜서, 노직, 파레도, 및 칼도-힉스: 특허권에 대한 자연권적 정당성과 실용주의적 정당성의 합체, 산업재산권, 한국지식재산학회, 2021, 제66호, 1-39면; A. P. Brogan, John Locke and Utilitarianism, Ethics, Jan., 1959, Vol. 69, No. 2 (Jan., 1959), pp. 79-93.

63) U.S. Sporting Products v. Johnny Stewart Game Calls, 865 S.W.2d 214 (Tex. App.-Waco 1993, writ denied).

64) 커먼로상 부정취득이 성립되기 위해서는 (1) the creation of plaintiff's product (i.e., the trade secret information) through extensive time, labor, skill, and money(노력이나 자본 투자에 의하여 상품을 생산하여야 하고); (2) the defendant's use of that product in competition with the plaintiff, thereby gaining a special advantage in that competition (i.e., a "free ride") because defendant is burdened with little or none of the expense incurred by the plaintiff(피고가 원고의 상품을 사용한 것이 부당한 경쟁상의 이익을 취득하고); (3) commercial damage to the plaintiff (원고가 피고의 부당한 경쟁행위로 인하여 손해를 입은 경우) Id., 218.

특히 19세기까지 영업비밀과 특허에 관한 미국 법원 판결은 로크의 노동가
치설에 근거하여 인간이 창작한 발명은 그의 재산이 됨을 인정하고 있
다.[65] 다만 뒤에서 보는 바와 같이 같은 커먼로 국가이고 미국의 법이론
형성에 많은 영향을 끼친 영국의 경우에는 18세기 후반기 이후부터[66] 실정
법적 권리로 이해하기 시작하였는데 이는 특허제도의 폐해에 대한 인식
(patent monopoly phobia)과 공리주의의 영향으로 인한 것으로 판단된다.[67]
　중세 길드에서는 현대적 의미의 지적재산권이라는 관념이 존재하지는
않았다. 그러나 인간의 노력(labor)에 의하여 만들어낸 실크 디자인이나, 창
작한(invent) 디자인의 경우에 그 인간의 것이라는 법 정신이 존재했다.
1474년 플로렌스의 실크 길드의 규약은 노동가치이론을 반영한 것으로 볼
수 있는데

> It has been noted that certain fabricators of figured serge, by their own
> efforts, have invented designs and patterns for figured serge, and that
> many other fabricators of such material are trying by means of fraud
> and deceit to steal such patterns from said fabricators.

라고 규정하여, 플로렌스의 실크 길드가 취한 것은 장인(master)이 자신의
노력에 의하거나(by their own efforts) 새롭게 발명한 패턴 디자인(invented
designs)은 그의 것이라고 하고 있다. 이와 같이 규정한 것의 바탕에는 인간
의 노력에 의한 결과는 그와 같이 노력한 인간의 재산이라는 사고로 인한
것이다.[68] 이러한 사고는 노동에 의하여 발생하는 가치에 대하여 재산권을

---

65) 이에 대하여는 본서 "제3장 제1절 3. 다. 미국" 참조.
66) Donaldson v Becket, 2 Brown's Parl. Cases (2d ed.) 129, 1 Eng. Rep. 837; 4 Burr.
　　2408, 98 Eng. Rep. 257 (1774) 사건 이후라고 할 수 있다.
67) 이에 대하여는 본서 "제3장 제1절 3. 나. (2) (가) 서적상들의 전쟁(the Battle of
　　Booksellers)" 참조.

인정하는 로크의 재산권 철학과 동일하다. 나아가 당시 베니스에는 노동에 대한 인식과 노동의 산물인 지식과 정보에 대한 재산권 개념이 형성되어 있었다.[69] 다만 길드의 경우에는 개인의 재산(private property)이라기 보다는 그 장인이 속한 길드와 도시의 재산(communal property)이라는 개념이 강했다. 중세에는 자연권적 재산권 철학이 강한 정당성을 인정받기 이전이었다. 그렇지만 중세의 사회적 재산권 개념은 기술유출에 대한 도시나 국가적 대처라는 측면에서 보았을 때 사회적 재산과 같이 인정하였다는 의미이다. 개인의 재산권 개념이 발전한 현대에도 사기업의 기술유출에 대하여 국가의 경쟁력과 안보차원에서 접근하는 것은 중세 때나 같다.[70]

로크의 철학은 실정법이론으로는 세 가지로 방향으로 접근할 수 있다. 첫째는 신이 인간에게 부여한 자연(the Common)은 만인 공유의 것으로[71] 인간이 자연에 노동을 가하여 얻은 결과물에 대하여 적극적으로 재산권을 취득한다. 이러한 노동의 결과(the fruit of labor)는 창작적인 것(invention)도 있지만 노작(勞作, sweat of the brow)도 있다. 앞서 언급한 바와 같이 노작에는 과학적 원리의 발견 등 자연에서 알아낸 지식이 이에 해당한다. 자연과학적 발견은 새로운 창작에는 해당하지 않아 발명은 아니지만 자신의 노력에 의한 취득물이므로 이에 대하여 배타적이지는 않지만 재산권을 취

---

68) Frank D. Prager, The Early Growth and Influence of Intellectual Property, 34 J. PAT. OFF. Soc'y 106, 127 (1952).

69) Christopher May, The Venetian Moment: New Technologies, Legal Innovation and the Institutional Origins of Intellectual Property, 20 (2) Prometheus, pp. 159-160 (2002).

70) 중세의 사회적 재산의 관념에 의해 국가적, 도시적으로 관리한 법리는 현재 우리나라에도 존재하는데, 산업기술의유출방지및보호에관한법률, 방위산업기술보호법 등이 사적재산에 대한 국가적 관리를 인정하는 법률이라고 할 수 있다.

71) 마태복음 10장 8절
   Heal the sick, raise the dead, cleanse those who have leprosy,[a] drive out demons. Freely you have received; freely give.(환자들을 고쳐 주고, 죽은 사람을 일으켜 세워라. 문둥병 환자를 깨끗하게 하고, 귀신을 내쫓아라. 너희가 거저 받았으니, 거저 주어라.)

득한다. 선점의 법리는 이때 적용되는 원칙이다. 타인을 해하지 않을 것이라는 로크의 단서(no harm proviso)를 통하여 두 번째와 세 번째 법리를 제공한다. 둘째, 타인의 재산권을 침해하는 행위에 대하여 불법행위법리를 적용할 수 있을 뿐만 아니라 셋째, 타인의 노력에 의한 결과에 대하여 무임승차하는 것에 대하여 부당이득의 법리를 적용할 수 있다. 두 번째 법리는 고의 또는 과실에 기한 행위라는 점에서 법상의 원리이지만 세 번째는 고의 과실을 요구하지 않는 형평에 기한 원칙이 된다. 그리하여 로크의 재산권 철학에서 재산권의 취득과 그 제한의 법리와 보호법리(불법행위, 부당이득)를 찾을 수 있다.

로크에 의하면 신은 인간의 편안함과 생존을 위해[72] 인간에게 자연(the Common)를 하사하였고,[73] 인간에게 노동을 할 것을 명령하였다.[74] 인간은 자연상태의 토지를 개량하고, 작물을 경작하고, 집을 짓고, 새로운 발명을 하면 그러한 결과는 인간의 신체에서 나온 노동이 자연에 가해진 결과이므로 노동의 결과로 얻은 것들은 인간의 재산이 된다. 인간의 노동이 자연에 있는 사물에 가해지는 것은 헤겔(Hegel)의 개성이론(Personality Theory)에서와 같이 자유의지를 가진 인간이 자신의 개성을 불어 넣는 행위와 유사하다. 인간이 노동을 하고, 생산을 하고, 발명과 창작을 하는 것은 자발적

---

72) Locke, Second Treatise of Government § 26.
   God, who hath given the world to men in common, hath also given them reason to make use of it to the best advantage of life and convenience.
73) Id., § 25.
   [I]t is very clear, that God, as King David says, Psal. cxv. 16. has given the earth to the children of men; given it to mankind in common.
74) Id., § 32.
   God, when he gave the world in common to all mankind, commanded man also to labour, and the penury of his condition required it of him. God and his reason commanded him to subdue the earth, i. e. improve it for the benefit of life, and therein lay out something upon it that was his own, his labour.

인 것이고, 물론 신의 명령에 의한 것이기는 하지만, 인간의 신체는 인간에게 속하는 것으로서 인간의 신체에 의한 노동의 결과물은 결국 그 인간의 재산이 된다.

자연에 노동을 가하는 것은 로크의 재산권 철학에 있어 핵심적인 것이다. 또한 이는 생산활동에 대한 은유(metaphor)로서, 그 진정한 의미는 노동은 가치창조의 원천이다. 인간의 신체는 그 인간의 것이듯이 그의 신체에 의한 노동은 그의 소유로서, 재산권 부여의 정당성을 강하게 한다.[75] 노동은 인간을 풍요롭게 하고 재산권 취득의 원천이 되고, 이러한 인간의 노동활동은 인간사회의 부와 사회적 효용을 증가시키는 행위이다.[76] 이러한 점에서 로크의 노동가치론은 후생경제학적 사회적 효용의 증가와 같은 토대를 가진다.[77]

로크의 재산권 취득의 명제를 정리해보면,[78]

ⅰ) 모든 사람은 자신의 신체에 대하여 (소유)권리를 가지고 있다.(yet every man has a "property" in his own "person".)[79]

ⅱ) 신은 인간의 평온한 삶을 위해 인간에게 공유물로 자연을 하사했다.(God, who hath given the world to men in common, hath also given them reason to make use of it to the best advantage of life and convenience.)[80]

---

75) Adam Mossoff, Saving Locke from Marx: The labor Theory of Value in Intellectual Property Theory, Social Philosophy and Policy, Vol. 29, No. 2, 2012. 283, pp. 294-307.

76) 다만 로크의 노동에 의한 가치는 자연적이라는 점에서 경제적 교환가치가 아니라고 하는 견해도 있다. Id., 311 이하.

77) 나종갑, 로크, 스펜서, 노직, 파레도, 및 칼도-힉스: 특허권에 대한 자연권적 정당성과 실용주의적 정당성의 합체, 산업재산권, 한국지식재산학회, 2021, 제66호, 1-39면.

78) 본 명제는 학자마다 좀 다르게 제시하지만 기본적인 아이디어는 같다.

79) Locke, Second Treatise of Government § 26.

iii) 인간의 신체는 인간의 것이고 인간의 신체활동(노동)을 통해 얻은
결과물은 그 신체의 소유자인 인간의 것이다.(The "labour" of his
body and the "work" of his hands, we may say, are properly his.)[81]

라고 할 수 있다.

신은 인간에게 노동을 명하였고, 인간이 자연에 노동을 가하여 얻은 결
과를 취득하도록 허락하셨다. 노동을 가하여 얻은 결과물은 그의 재산이
된다. 이 점에서 재산은 헤겔의 재산권 철학과 같이 인적 속성을 가지고 있
다. 그러나 헤겔(Hegel) 철학에서의 개성(personality)이 체화된 것이 아니라
노동의 결과에 대한 가치에 대하여 재산권을 취득하게 된다는 점에서 헤겔
의 철학과 다르다.

(3) 재산권 취득의 단서(provisos)

노동의 결과에 대하여 취득을 함에 있어서 ⅰ) 타인에게 해하지 않을 것
(no harm proviso), ⅱ) 충분하고 동등하게 남겨둘 것(enough and as good
left), ⅲ) 필요한 것 이상을 취득하여 낭비하지 않을 것(non waste)이라는
단서를 충족하여야 한다. 위 단서 중에서 낭비하지 않을 것은 화폐를 도입
함으로써 필요 이상으로 축적한 재산은 화폐로 보존할 수 있게 되었고, 이
로써 본 단서는 포기된 것으로 주장된다.[82]

나아가 지적재산으로 불리는 무체재산에 관하여 보건대, 무체재산의 경
우에 일부는 충분하고 동등하게 남겨둘 것이라는 단서와 무관한 경우가 있

---

80) Id., § 25.

81) Id., § 26.

82) 다수의 견해는 'non waste proviso'가 포기되었다고 하지만, 포기된 것이 아니라 여전
히 유효한 것으로 판단된다. 왜냐하면 화폐로 보존하는 행위는 낭비가 아니라 보존이
될 수 있기 때문이다.

고, 낭비하지 않을 것이라는 단서도 문제가 되지 않는다. 유체물과 달리 무체물의 경우에는 로크의 예로 제시된 사과나 도토리와 달리, 썩어 낭비(spoil)가 되지 않는다. 독립된 창작(creation)이나 노작(勞作, sweat of the brow)을 허용하는 저작물이나 영업비밀의 경우에는 충분하고 동등하게 남겨둘 것이라는 단서는 항상 충족된다. 자신의 노동으로 인하여 취득한 결과를 특허나 상표로 출원하여 실정법상 배타적인 권리를 취득하는 경우가 문제되지만, 실정법은 선발명자나 선사용자의 권리를 인정하여 그 충돌관계를 해소한다.[83] 즉, 실정법은 자연법상의 원칙을 존중한다.

(4) 프루동(Proudhon)의 비판

(가) 선점 원칙에 의한 재산권 취득의 타당성에 대한 프루동의 비판

로크의 재산권 철학에 대하여는 다수의 비판이 제기되고, 이는 지적재산권, 특히 특허와 관련되어 있다. 아이디어를 특정인이 배타적으로 독점하는 특허와 관련하여서 프루동(P. J. Proudhon)이 제기한 비판이 강력한 비판으로 인정되어 왔다. 앞서 언급한 저작권이나 영업비밀과는 달리 특허는 동일한 발명에 대해서는 복수의 특허권이 존재하지 않는다.

프루동은 물건의 지배에 관한 소유를 부정한다. 그는 그의 저서 '재산이란 무엇인가?'(What is Property? Qu'est-ce que la propriété?)의 제1장의 말미에 '인간은 날 때부터 법 앞에 평등하다'고 주장한다. 그는 1789년 프랑스 대혁명과 1830년 7월 프랑스 혁명은 사실 혁명이 아니라고 하면서 부역, 상속불능, 지배권, 공지에서의 노동자와 농민의 배제는 사라졌으나 단지 재산에 관해서는 재산의 향유 형태만 바뀐 것으로 권리의 할당만 변경된 것, 즉 프랑스 혁명을 통하여 재산권이 왕과 귀족에서 농민과 노동자에

---

83) 이에 관해서는 아래 "제3장 제2절 7. 선발명자의 권리와 학문의 자유" 참조.

게 이전된 것으로, 그 소유의 주체만 바뀌었을 뿐 재산권의 부당함은 그대
로 남아 있다는 것이다. 즉 재산권의 취득에 있어서 진정한 것은 노동에 따
라 분배되어야 하는데 실제는 그렇지 못하다는 것이다. 프루동은

> The conclusion of these two chapters will be, on the one hand that the
> right of occupation forbids property, and on the other hand that the right
> of labour destroys it.[84]

라고 하면서 재산권이란 소유하는 것이 아니라 점유하는 것으로 노동에 의
한 권리가 그와 같은 재산권 개념을 부정할 것이라고 하였다.

　프루동은 그의 위 저서 중 "3번째 명제: 재산권은 불가능하다. 왜냐하면
주어진 자연상태/자산에서 노동에 대하여 안분하여야 하는 것으로 재산에
안분해서는 안된다"[85]를 통해 첫째의 노동과 두 번째의 노동은 같은 가치
를 가지기 때문에 각 노동을 평등하게 취급하여 재산권을 부여하여야 하지
만 실상은 그러하지 못하다고 주장하였다. 특히 선점의 원칙을 적용하는
경우에 먼저 노동을 한 사람이 모든 재산권을 가져가는 것은 불합리하다고
주장했다. 이와 같은 프루동의 비판은 특허와 상표의 선점의 원칙에 대한
비판으로 연결된다.

　프루동의 비판을 무체재산권의 영역으로 옮겨온다면 어떤 발명에 대하
여 특허를 선취득한 자만이 노동을 한 것이 아니라, 후속적으로 같은 아이
디어에 대한 발명을 한 자도, 그가 발명을 먼저 하였건 나중에 하였건 노동
을 하였다는 점에서는 같으므로, 특허를 취득한 자와 같이 노동을 한 것이
므로 재산권, 즉 특허권을 인정받아야 한다. 즉, 로크나 헤겔의 자연권설에
의하면 나중에 발명을 한 자도 노동을 하였거나 자신의 인격을 체화시켰기

---

84) Proudhon, What Is Property? Ch. I. p. 33.
85) Id., Ch. IV. § 3. pp. 133-36.

때문에 재산권인 특허권을 인정하여야 한다고 주장한다.[86]

그러나 현실은 최초로 발명을 한 자나 최초로 출원을 한 자만이 특허를 받는다. 즉 프루동은 자연권 이론에 의하여 첫 번째 노동을 한 자나 그 이후에 노동을 한 자는 노동을 한 것은 모두 같으므로 그 결과물인 발명에 대하여 모두에게 동일하게 재산권을 인정하여야 함에도 불구하고, 첫 번째 노동을 한 자에 대하여만 재산권을 인정하는 모순을 가져온다고 비판하고 있다.

이와 같은 비판은 프루동이 로크와 같이 노동가치설에 입각하고 있지만, 로크와는 달리 인간의 노동 자체를 중요시하고 있기 때문에 노동의 결과에 대한 가치에 중점을 두고 있는 로크를 비판하게 된 것이다. 프루동의 비판은 일본의 학자에 의해서도 인용되고 자연법을 토대로 한 이론을 비판하고 있다. 그는 로크의 철학(기본권설)에 대하여 "특허권이 최선발명자나 최선출원자에게만 부여되는 것"이란 비판[87]을 하고 있는데, 이는 프루동의 재산권에 대한 비판[88]을 특허권의 문제로 가져온 것이다.

그러나 프루동의 노동가치설은 노동을 한다는 자체가 아니라 노동의 결과에 대한 사회적 가치평가, 즉 교환가치에 의하여 재산권이 형성된다는 것을 간과했다. 프루동의 주장은 유체물에 대해서 어느 정도 타당한 면이

---

86) Lawrence Becker의 노동에 따라 비례하여야 한다는 주장도 프루동의 주장과 어느 면에서 일치한다고 할 수 있지만, Lawrence Becker는 로크주의자(Lockean)라는 점에서 프루동과 다르다. Lawrence Becker는

And what counts as a "proportional" return is limited by an equal sacrifice principle: the sacrifice we make in satisfying your desert-claim should not exceed your level of sacrifice in producing (our part of) the good.

라고 하고 있다. Lawrence C. Becker, Deserving to Own Intellectual Property, 68 Chi.-Kent L. Rev. 609, 625 (1992).

87) 吉藤幸朔(유미특허법률사무소 번역), 특허법개설, 제13판, 대광서림, 2000, 29면. 국내에도 같은 비판을 제기하는 견해들이 다수 존재한다.

88) Proudhon, What Is Property? Ch. III. §§ 1-8, pp. 67-116.

있음을 부인할 수는 없다. 그러나 공개된 아이디어는 첫 번째 아이디어만이 사회적 가치, 즉 교환가치가 있을 뿐이며 동일한 두 번째의 아이디어는 전혀 교환가치가 없다. 특허제도가 선출원주의나 선발명주의에 의해 유지되는 이유가 된다.

다음 장에서 서술하는 바와 같이[89], 미국의 경우, 발명과 특허를 구분하여 발명에 대하여는 발명을 한 자의 자연권적 재산권을 인정하고 있고, 특허의 경우에는 제정법인 특허법상 특허출원을 하여 특허요건을 충족한 자가 특허법에 의하여 배타적인 재산권을 취득한다는 법리를 취하여 발명을 한 자의 재산권을 인정하고 있다.[90] 우리나라의 경우에도 특허출원시에 발명자를 기재하도록 하고 있고, 직무발명의 경우에는 발명자에게 발명에 대한 본래적 권리를 인정하여[91] 자연법 철학을 반영하고 있다.

물론 프루동의 로크의 재산권 철학에 대한 비판은 재산으로 인정되는 아이디어가 공개되는 것을 전제로 한 것이므로 프루동의 주장은 특허제도에 관한 것이다. 특허는 실정법상의 법제도이지만 자연권을 토대로 이루어진 것이라면 자연권 철학에 의한 재산권이 반영된 특허법 제도가 되어야 한다.

공유인 아이디어 또는 사회 재산인 아이디어는 자연과학적 법칙의 발견처럼 선점이 중요하게 된다. 그 아이디어가 비밀로 유지되지 않고 공개되는 경우에는 최초의 발견자, 최초의 공개자만이 그 가치를 인정받을 수 있기 때문이다. 그러나 앞서 언급한 바와 같이 프루동은 선점제도는 노동을 반영하지 못하므로 선점원칙에 따른 재산제는 불평등을 야기한다고 비판한다. 따라서 프루동은 소유가 아닌 노동의 비율에 따른 점유제도로 바뀌어야 한다고 주장한다. 그러나 정보가 비밀로 유지되는 경우, 즉 영업비밀

---

89) 본서 "제3장 제1절 3. 다. 미국" 참조.
90) 이러한 논리는 로크와 윌리엄 블랙스톤의 이론에 기반한다고 함은 앞서 언급했다. 본
　　서 "제3장 제2절 6. 가. '발명'과 '특허'의 이분법" 참조.
91) 발명진흥법 제10조 제1항 참조.

의 경우에는 동일한 정보에 대한 복수의 주체가 영업비밀을 보유할 수 있으므로 프루동의 주장은 타당하지 않다. 이 점에서는 저작권 제도도 같다. 프루동의 주장과 같이 영업비밀보호법리는 모든 노동에 의한 결과의 가치에 대하여 동등하게 재산적 권리를 인정하기 때문이다.

(나) 로크의 충분하고 동등하게 남겨둘 것이라는 단서의 의의

로크도 프루동이 제기한 바와 같은 문제를 예정하여 이미 그 답을 제시하였다. 로크는 자연에 노동을 가하여 가치를 증가하는 경우에 그 가치증가는 신의 명령에 따라 그의 소유물이라고 하였다. 그러나 재산권을 취득하기 위해서는 세가지 단서(provisos)를 충족하여야 하는데, '타인을 해하지 않을 것'(no-harm proviso), '충분하고 동등하게 남겨둘 것'(enough and as good left proviso) 및 '낭비하지 않을 것'(non-waste proviso)이다. 낭비하지 않을 것이라는 단서는 자신의 생존에게 필요한 이상으로 취득한 노동의 결과물에 대하여 재산권의 취득을 허용하지 않는다. 물론 로크도 화폐경제를 도입하였기 때문에 인간은 자신의 잉여물을 화폐로 교환하여 보유할 수 있게 되었다. 타인을 해하지 않을 것이란 단서는 재산권 취득에서의 단서이기 전에 자연상태에 적용되는 일반원칙으로서의 단서이다.

로크의 '충분하고 동등하게 남겨둘 것'이란 단서는 프루동이 제기하는 비판에 대한 로크의 답변이다. 또한 앞서 본 허버트 스펜서(Herbert Spencer)[92]의 딜레마에 대한 일부 답변이기도 하다. 첫 번째로 노동을 하여 재산권을 선점한 자 이외에 두 번째나 그 이후로 노동을 한 자가 취득할 것이 없어

---

92) 허버트 스펜서(Herbert Spencer)의 문제 제기는 본서 "제2장 제1절 1. 나. 선점이론 (the First Occupancy Theory) 참조." 다만 허버트 스펜서의 질문에 대한 답변은 충분하고 동등하게 남겨둘 것이란 단서 이전에 토지는 자연상태를 구성하는 것으로, 로크에 의하면 인간의 공유에 속하는 것으로 노동을 할 대상이지, 인간의 소유가 될 수 없는 것이다. 이는 신이 만든 것으로 인간이 노동을 가해 만든 것이 아니기 때문이다. 본 논의에 대해서는 본서 "제2장 제1절 1. 가. 자연법 사상" 참조.

충분하고 동등하게 남겨줄 것이란 단서를 충족하지 못한다는 주장은 타당
하지 않다. 프루동이나 스펜서가 가정한 상황에서는 로크의 충분하고 동등
하게 남겨둘 것이라는 단서를 충족하지 못할 수 밖에 없기 때문이다. 따라
서 그들에 의하면 그 단서를 충족하지 못하기 때문에 첫 번째로 노동을 한
자는 재산권을 취득할 수 없다. 로크는

> For this *labour* being the unquestionable Property of the Labourer, no
> man but he can have a right to what that is once joyned to, at least
> where there is enough, and as good left in common for others.[93]

라고 하여, 로크의 '타인을 위해 충분하고 동등하게 남겨둘 것'이라는 단
서[94]로 인하여 타인을 위해 충분하고 동등하게 남겨두지 않는다면 재산권
취득을 인정하지 않는다.

(다) 공개된 아이디어 또는 발명의 가치

로크는 노동을 하였다는 것에서 재산권의 정당성의 토대를 제공하는 것
이 아니라 노동이 가져오는 결과, 즉 노동에 의하여 창작된 가치에 대하여
재산권을 인정한다.[95] 그리하여 로크의 노동을 노동에 의하여 창작되는 가
치를 대상으로 하므로 노동가치이론(value added theory)이라고 한다. 앞서

---

93) Locke, Second Treatise of Government § 27.
94) 충분하고 동등하게 남겨두어야 한다는 단서는 성경의 마태복음 25:22와도 일치한다.
이는 로크가 성경을 재해석하여 자신의 통치론(Two Treatises of Government)을 저술
하였기 때문이다.
  마태복음 25:22: 두 달란트 받았던 자도 와서 이르되 주인이여 내게 두 달란트
  를 주셨는데 보소서 내가 또 두 달란트를 남겼나이다
95) 이에 대하여 노직이 답변을 하고 있다. Robert Nozick, Anarchy, State and Utopia,
Basic Books, 1974, pp. 174-75.

언급한 바와 같이 아이디어의 경우에 첫 번째의 아이디어가 공개되면 두 번째의 아이디어의 사회적 가치는 없게 된다. 두 번째로 공개된 아이디어는 아무런 가치증가가 없으므로 재산권의 객체가 존재하지 않게 된다. 따라서 첫 번째 발명의 아이디어를 공개하더라도 타인에게 충분하고 동등하게 남겨둘 것이라는 단서를 위반하지 않게 되고, 먼저 발명한 사람 또는 먼저 출원한 사람이 특허권이라는 권리를 갖는 것은 자연법 원리에 위반되지 않게 된다. 이점은 로버트 노직(Robert Nozick)의 좋은 특허(good patent), 약한 단서(weak proviso)의 예에 의하여 증명이 된다.

또한 자신이 발명이 선발명인 경우에 많은 나라는 선발명자의 권리를 인정하고 있는데 이러한 선발명자 제도는 자연법 원리를 준수하는 원칙이 된다. 자신의 노력의 결과물에 대해서는 자연권에 의한 재산권이 인정되어야 하기 때문이다.

(5) 허버트 스펜서(Herbert Spencer)의 딜레마

(가) 토지의 사유화는 타인에게 충분하고 동등하게 남겨둘 수 있는가?

20세기 최고의 철학자 중의 한 사람으로 버트란트 럿셀(Bertrand Russell)을 꼽는다면 19세기 최고의 철학자 중의 한 사람으로는 허버트 스펜서(Herbert Spencer)를 꼽는다. 스펜서는 로크적 노동이론에 의한 재산권 취득에 대하여 강한 비판을 제기했다. 그는 지구상의 토지가 차례로 소유화 되면 마지막 토지까지 사유화 될 것이고, 지구 전체가 사유화 된 후에는 남은 토지가 없으므로 토지를 소유하지 못한 인간은 지구에서 추방될 것이라고 한다. 스펜서는 평등하게 자유라는 법(the law of equal freedom)원칙을 주장하면서 인간 사회의 재산권 인정은 로크의 충분하고 동등하게 남겨 둘 것이라는 단서를 충족하지 못할 것이라고 하였다.

지구가 모두 사유화 된 이후에 지구는 토지를 소유한 일부 인간의 사적

재산이 되어 토지를 소유하지 못한 나머지 인간은 토지소유자의 동의에 의해서만 지구에 존재할 수 있을 것이므로 토지에 대한 배타적인 소유는 허버트가 주장한 '평등하게 자유라는 법'(the law of equal freedom)에 위반될 수 밖에 없다. 결국 한 사람의 재산권의 인정은 다른 사람의 지위를 악화시키기 때문에 충분하고 동등하게 남겨둘 것이라는 로크의 단서를 충족할 수 없으므로 로크는 재산권을 인정할 수 없다는 결과가 된다.

스펜서는 다음과 같이 유한한 토지소유의 문제를 제기한다:

> Equity, therefore, does not permit property in land. For if one portion of the earth's surface may justly become the possession of an individual, and may be held by him for his sole use and benefit, as a thing to which he has an exclusive right, then other portions of the earth's surface may be so held; and eventually the whole of the earth's surface may be so held; and our planet may thus lapse altogether into private hands. Observe now the dilemma to which this leads. Supposing the entire habitable globe to be so enclosed, it follows that if the landowners have a valid right to its surface, all who are not landowners, have no right at all to its surface. Hence, such can exist on the earth by sufferance only. They are all trespassers. Save by the permission of the lords of the soil, they can have no room for the soles of their feet. Nay, should the others think fit to deny them a resting-place, these landless men might equitably be expelled from the earth altogether. If, then, the assumption that land can be held as property, involves that the whole globe may become the private domain of a part of its inhabitants; and if, by consequence, the rest of its inhabitants can then exercise their faculties - can then exist even - only by consent of the landowners; it is manifest, that an exclusive possession of the soil necessitates an infringement of the law of equal freedom. For, men who cannot "live

and move and have their being" without the leave of others, cannot be equally free with those others.[96)]

스펜서가 주장하는 '평등하게 자유라는 법'(the law of equal freedom)은 로크의 충분하고 동등하게 남겨 둘 것이라는 단서와 같은 의의를 가지게 된다. 그러나 스펜서가 제시한 문제점을 분석해 보면 스펜서의 우려는 로크의 노동가치이론의 문제점이 되지는 않는다. 로크는 자연에 대한 재산권, 스펜서가 염려하는 토지에 대하여 재산권을 인정한 것이 아니라 토지에 노동을 가하여 생성되는 부가가치에 대하여 재산권을 인정하고 있으므로 자연 그 자체(지구), 자연현상 또는 자연법칙 등에 대하여 재산권을 취득할 수 없다. 그리하여 로크의 이론을 노동가치이론(value added theory) 라고 하는 것이다. 이점은 로크의 재산권 편을 보면 분명해진다.

로크는 신은 인간에게 자연(the Common)을 하사하셨고,[97)] 자연에서 인간의 평온하고 안락한 생존을 위해 노동을 할 것을 명하셨고,[98)] 자연에, 자연에서 노동을 가하여 취득한 산물은 그의 재산으로 하여 삶과 편의를 위해 사용을 목적으로 주신 것이고 언급하고 있다.[99)] 즉 자연이나 자연상태

---

96) Herbert Spencer, Social Statics, British Polymath, 1851, CHAPTER IX. the right to the use of the earth. IV. §2, pp. 114-15.

97) Locke, Second Treatise of Government § 25.
   [I]t is very clear, that God, as King David says, Psal. cxv. 16. has given the earth to the children of men; given it to mankind in common.

98) Id., § 26.
   God, who hath given the world to men in common, hath also given them reason to make use of it to the best advantage of life and convenience.

99) Id., § 32.
   God, when he gave the world in common to all mankind, commanded man also to labour, and the penury of his condition required it of him. God and his reason commanded him to subdue the earth, i. e. improve it for the benefit of life, and therein lay out something upon it that was his own, his labour.

에 대하여 재산권 취득을 허락한 것은 아니다. 자연은 신이 창작한 것으로써 인간의 공유일 뿐이다. 따라서 로크에 의하더라도 자연은 고갈되지 않는다. 자연에 대하여 노동을 가하여 얻은 생산물에 대하여 재산권 취득을 인정한 것이지, 자연 자체(자연현상이나 자연법칙 등을 포함)에 대하여 재산권 취득을 허락한 것은 아니기 때문이다. 로크는 이에 대하여 "That labour put a distinction between them and common. That added something to them more than Nature, the common mother of all, had done, and so they became his private right."라고 하여[100] 자연에 노동을 가한 결과에 대하여 재산권을 취득함을 분명히 하고 있다.

자연 자체에 대하여 재산권을 인정하지 않으므로 자연법칙에 대하여 사유와 사유를 전제로 한 특허를 인정하지 않는다.[101] 즉 토지는 인간에게 이용하라고 준 것이지 인간의 창작물이 아니므로 인간의 소유의 대상이 될 수 없다. 자연은 자연법칙이나 자연현상 등과 같은 것으로, 자연법칙이나 자연현상은 자연 그 자체이므로 배타적인 소유권, 즉 특허의 대상이 될 수 없다.[102] 그와 마찬가지로 토지는 인간이 창조한 것이 아니라 신(God)이 창조한 것이므로 배타적 소유의 대상이 되지 않는다. 이점은 프루동의 지적과 같다.

그러나 스펜서의 딜레마는 특정인의 소유는 타인의 미래의 기회의 상실이라는 문제에 대해서는 타당한 지적이 될 수 있다. 예컨대, 에디슨이 백열전구에 대하여 특허를 취득함으로써 내가 동일한 백열전구에 대한 발명을 하여 특허를 취득할 기회를 상실케 하지 않았는가? 그럼으로써 에디슨은 나에게 충분하고 동등하게 남겨두지 않은 것이 아닌가?

---

100) Id., § 28.
101) Funk Bros. Seed Co. v. Kalo Inoculant Co., 333 U.S. 127, 130 (1948) (자연법칙 그 자체로는 특허가 되지 않고, 자연법칙을 이용해야 한다.).
102) 특허법 제2조 발명의 정의 참조.

(나) 로버트 노직(Robert Nozick)의 답변

스펜서가 제기한 로크의 노동가치이론의 문제점에 대하여 로버트 노직 (Robert Nozick)은 로크의 충분하고 동등하게 남겨둘 것이라는 단서를 강한 단서(a strong proviso)와 약한 단서(a weak proviso)로 나누어 로크의 단서 는 강한 단서가 아닌 약한 단서를 충족하면 된다고 한다. 로버트 노직은 자 신의 저서인 Anarchy, State and Utopia[103](무정부, 국가 그리고 유토피아) 에서 소유권리론(entitlement theory)을 주장하면서, 로크의 재산권의 정당성 을 강화하고자 하였다.

인간의 재산권 취득이 평등하게 자유라는 법(the law of equal freedom)에 위반된다는 스펜서의 문제 제기에 대하여 노직(Nozick)은 충분하고 동등하 게 남겨둘 것이라는 단서를 위반하지 않는다는 논증하면서, 로크의 재산권 은 토지 자체가 아니라 토지를 경작하여 수확하는 농작물, 사과나무 아래 에서 사과를 모은 자는 사과나무가 아니라 자신이 모은 사과에 대하여, 도 토리 나무 아래에서 도토리를 모은 자는 도토리 나무가 아니라 주워 모은 도토리에 대하여 재산권을 취득한다는 것을 강조하고 있다. 이는 지구의 토지는 소유화를 할 수 없으므로 지구는 고갈되지 않는다는 것을 의미한 다. 만일 어떤 이가 지구를 만들었다면 그는 지구를 소유할 수 있을 것이 다. 노직에 의하면 그 어떤 이란 신(God) 이외는 없다.

노직에 따르면, 토마토 주스를 바다에 부어 넣은 것, 달나라에 갔다 온 것만으로는 바다에 노란 물감을 풀어 넣은 것만으로는 바다에, 달나라에 어떤 권리도 취득하지 못한다. 이와 같은 행위는 가치를 증가시킨 것이 아 니라 오히려 가치를 감소시키는, 즉 오염시킨 것이다.[104] 지구에 나무를 한 그루 심었다고 지구 전체를 소유할 수는 없지 않은가? 나무를 심은 사람이 소유하는 것은 그가 지구에 심은 나무 한 그루인가? 지구 전체인가? 지구

---

103) Robert Nozick, Anarchy, State and Utopia, Basic Books, 1974, pp. 150-182.
104) Id., pp. 174-75.

는 소유할 수 없다. 노동에 의해 부가된 가치만이 소유의 대상이다. 스펜서
의 딜레마는 존재하지 않는다.

　로크주의자(Lockean)라고 할 수 있는 에드윈 헤팅어(Edwin C. Hettinger)
는 노직의 주장을 뒷받침하는데, 헤팅어는

> More importantly, assuming that labor's fruits are valuable, and that
> laboring gives the laborer a property right in this value, this would
> entitle the laborer only to the value she added, and not to the total value
> of the resulting product. Though exceedingly difficult to measure, these
> two components of value (that attributable to the object labored on and
> that attributable to the labor) need to be distinguished.[105]

라고 하여, 노동의 결과물 전체가 아닌 노동이 부가한 가치에 대해서만 재
산권을 취득함을 강조하고 있다.

　물론 이에 대해서 노직(Nozick)의 문제 제기, 특정인의 재산권 획득은 다
른 사람의 미래의 기회의 상실에 해당되기 때문에 충분하고 동등하게 남겨
둘 것이라는 단서를 충족하지 못한다는 주장[106]에 대해서는, 노직 스스로
답변하듯이, 충분하고 동등하게 남겨둘 것이라는 단서는 미래의 기회를 보
장하는 것을 포함하지 않고, 과거의 자유를 유지하면 충분하다는 것[107]으
로 해결할 수 있다. 예컨대, 에디슨이 축음기 발명에 대하여 특허를 취득하
여 내가 축음기를 발명하여 특허를 취득할 기회를 상실케 했다는 주장은
나는 그 축음기를 이용하여 더 개선된 발명을 할 수 있기 때문에[108] 자신

---

105) Edwin C. Hettinger, Justifying Intellectual Property, 18 PHIL. & PUB. AFF. 31, 37
　　 (1989).
106) Robert Nozick, Anarchy, State and Utopia, Basic Books, 1974, p. 175.
107) Id., p. 176.
108) 예컨대, 특허법 제98조 참조.

을 개선할 기회를 상실케 하지 않았으므로 충분하고 동등하게 기회를 남겨
두었다고 할 수 있겠다.[109]

　노직의 논거에 따르면 기존에 누리던 자유를 제한하는 것은 그 사람의
처지를 이전 보다 악화 시키는 것이므로 충분하고 동등하게 남겨둘 것이라
는 단서를 위반하는 것이라고 한다. 예컨대, 16세기 영국의 엘리자베스 여
왕 시절에 여왕이 부여하였던 특허의 거의 대부분이 기존의 자유를 박탈하
는 특허에 해당한다.(소위 'bad patent') 그러나 신규성이 존재하는 발명에
대한 특허는 기존에 존재하지 않았던 새로운 것에 대하여 부여하는 것이라
는 점에서 기존에 누리는 자유를 제한하는 것은 아니다. 새로운 약품에 대
한 발명은 이전에 존재하였던 것이 아니므로 사회는 약품을 가지지 못했
다. 따라서 이전에 존재하지 않았던 새로운, 즉 신규한 발명에 부여하는 특
허는 기존에 사회가 누리는 자유를 박탈하는 것이 아니다.(소위 'good
patent') 새로운 약품의 발명으로 인하여 사회는 새로운 약품을 이용할 수
있는, 이전에 존재하지 않던, 새로운 이익을 얻게 된다. 따라서 그러한 발
명에 대하여 특허를 부여하는 것은 충분하고 동등하게 남겨둘 것이라는 로
크의 단서를 위반하는 것은 아니다.

　로크의 충분하고 동등하게 남겨두어야 한다는 단서의 의미는 노직이 말
하는 약한 단서를 의미하게 된다. 노직의 약한 단서는 기존의 누리던 자유
를 박탈하지 않아야 한다. 1624년 영국 독점법 제6조에서 새로운 것에 대
하여만 특허를 부여하겠다고 규정한 것의 의의를 위와 같은 논변에서 찾아
볼 수 있다.

　VI. Proviso for future Patents for 14 Years or less, for new Inventions.

---

109) 사실 특허는 실정법상의 권리이고, 실정법상의 권리는 자연법상의 권리를 일부 포기
　　와 교환하여 취득한다는 윌리엄 블랙스톤의 주장(물론 이 주장도 로크에 기원을 두
　　고 있다.)이 답변이 될 수 있다.

Provided alsoe That any Declaracion before mencioned shall not extend to any tres Patents and Graunt of Privilege for the tearme of fowerteene yeares or under, hereafter to be made of the sole working or makinge of any manner of new Manufactures within this Realme, to the true and first Inventor and Inventors of such Manufactures, which others at the tyme of makinge such tres Patents and Graunts shall not use, soe as alsoe they be not contrary to the Lawe nor mischievous to the State, by raisinge prices of Commodities at home, or hurt of Trade, or generallie inconvenient; the said fourteene yeares to be [X1accomplished] from the date of the first tres Patents or Grant of such privilege hereafter to be made, but that the same shall be of such force as they should be if this Act had never byn made, and of none other.

1624년 영국의 독점법은 제6조에서 새로운 제조방법(the sole working or makinge of any manner of new Manufactures)과 진정하고 최초의 발명가(the true and first Inventor and Inventors)에 대하여 특허를 부여함을 명백히 하고 있다. 1624년 독점법으로 인하여 특허는 로크의 자연권에 기초하는 재산권이 되었고, 자연법 원리에 의해 정당화 되었다.

노직의 강한 단서, 미래의 기회의 박탈은 로크의 충분하고 동등하게 남겨두어야 한다는 로크의 단서가 되지 못한다. 에디슨이 백열전구를 발명하여 특허를 취득하였으므로 내가 미래에 같은 백열전구를 발명하여 특허를 취득할 기회를 박탈한 것인가? 그렇다면 신이 지구를 창조한 것은 내가 지구를 창조할 기회를 박탈한 것인가? 에디슨의 백열전구의 아이디어는 나에게는 기존에 존재하는 것으로 나는 이에 대하여 권리를 주장할 수 없다. 마태복음 제10장 제8절을 소환해보자:

Freely you have received; freely give.(너희가 거저 받았으니, 거저 주어라.)

앞 성경 구절은 노직의 강한 단서는 로크의 충분하고 동등하게 남겨둘 것이라는 단서의 의미가 되지 못하는 이유를 제시하고 있다. 1676년 아이 삭 뉴튼은 그의 경쟁자였던 과학자 로버트 후크와 공로에 관한 논쟁 중에 인용한 선현의 말씀인 'If I have seen further it is by standing on the shoulders of Giants'(내가 멀리 볼 수 있다면 이는 거인의 어깨 위에 서 있 기 때문이다)을 언급했는데 그 언급은 위 성경문구와 같은 의미를 지니고 있다. 특허권자의 특허발명은 거인의 어깨를 이루는 것이고, 인류의 공동자 산이 되었다. 인류가 혜택을 보는 것에 대하여 나의 미래의 기회를 박탈했 다고 할 수는 없을 것이다. 서구의 재산권 철학, 특히 로크의 재산권 철학 은 이와 같은 이념을 토대로 하고 있다.

나아가 실정법인 현대의 특허법은 프루동(Proudhon)이 제기하는 문제, 첫 번째 발명자가 특허출원전에 이루어진 두 번째 발명에 대해서는 특허출 원전의 선발명자의 권리를 인정함으로써[110] 실질적으로 자신의 노력에 의 한 창작이나 노력의 결과에 대한 재산권을 인정하고 있다. 특허를 취득하 지 못한 선발명자의 실시권을 인정하는 취지는 자신의 발명을 실시하는 것 은 자연법상의 권리이기 때문이다. 따라서 선발명자의 권리를 인정하기 위 해서는 법리적으로는 특허발명과 그 발명의 선후를 따질 것은 아니다. 저 작권과 같이 자신 스스로 발명을 했는지가 중요하다. 영업비밀에서 각자가 독립적으로 영업비밀인 정보를 취득하는 것과 같다.

저작권법은 타인의 저작물을 복제한 것이 아닌 한 그의 독자적 저작물로 인정하여 저작권 침해를 인정하지 않는다. 그러나 자연 그 자체는 신(God) 이 만든 것으로서 노동에 의해 재산권을 취득할 수 없다. Feist v. Rural 사 건[111]에서 미국 연방대법원은

---

110) 미국 특허법 273조, 영국 특허법 제64조, 프랑스 지적재산권법 L613-7, 독일 특허법 제12조, 중국 특허법 제62조 제3항. 우리나라 특허법 제103조는 선사용자의 통상실 시권을 인정하고 있는데, 이는 선발명자의 권리를 부여하는 법리와 일부 일치한다.

> The distinction is one between creation and discovery: The first person
> to find and report a particular fact has not created the fact; he or she
> has merely discovered its existence. To borrow from Burrow-Giles, one
> who discovers a fact is not its "maker" or "originator." 111 U.S., at 58,
> 4 S.Ct., at 281. "The discoverer merely finds and records." Nimmer §
> 2.03[E]. Census takers, for example, do not "create" the population
> figures that emerge from their efforts; in a sense, they copy these
> figures from the world around them. Denicola, Copyright in Collections
> of Facts: A Theory for the Protection of Nonfiction Literary Works, 81
> Colum.L.Rev. 516, 525 (1981) (hereinafter Denicola). Census data
> therefore do not trigger copyright because these data are not "original"
> in the constitutional sense. Nimmer § 2.03[E]. The same is true of all
> facts — scientific, historical, biographical, and news of the day. "[T]hey
> may not be copyrighted and are part of the public domain available to
> every person."[112]

라고 하여 그와 같은 철학을 언급하고 있다. 연방대법원은 창작과 발견의
구별은 단순한 것으로, 특정 사실은 창작할 수 있는 것이 아니라 단지 그
사실을 발견하여 보고할 수 있을 뿐이라고 하면서, 사실을 발견한 사람은
사실의 '존재'('its existence')를 발견했을 뿐이고, 그는 그 사실을 만들거나
(make) 창작한 것(originator)이 아니라고 강조하고 있다.

　그 뿐만 아니라 영업비밀의 경우에도 같은 정보에 대하여 다수의 독립적
인 영업비밀을 인정하고 있다. 이는 자신의 노력이나 창작으로 얻은 결과
물은 자신의 재산권이라는 자연법 원리에 기초하고 있음을 보여준다.

---

111) Feist v. Rural, 499 U.S. 340 (1991).
112) Id., 347-48.

(6) 타인을 해하지 않을 것(no harm proviso)의 단서와 불법행위 및 부당이득의 법리[113]

로크의 첫 번째 단서인 타인을 해하지 않을 것(no harm proviso)이라는 단서는 실정법상 불법행위와 부당이득의 법리의 토대이다. 로크는

> But though this be a state of liberty, yet it is not a state of licence; though man in that state have an uncontrollable liberty to dispose of his person or possessions, yet he has not liberty to destroy himself, or so much as any creature in his possession, but where some nobler use than its bare preservation calls for it. <u>The state of Nature has a law of Nature to govern it, which obliges every one, and reason, which is that law, teaches all mankind who will but consult it, that being all equal and independent, no one ought to harm another in his life, health, liberty or possessions;</u> … [114]

라고 하여, 자연은 자연법이 지배하는 곳으로 자연법과 자연법인 이성(reason)은 모든 사람에게, 모든 인간은 평등하고 독립적인 존재이므로 어느 누구도 인간의 생명, 건강, 자유 및 소유를 침해하면 안 된다고 가르친다고 언급한다.

그리하여 로크는 타인을 해하지 않아야 한다(no one ought to harm)고 하여, 타인을 해하지 않을 것이라는 단서(no harm proviso)를 제시한다. 따라서 자연상태의 인간은 타인의 재산(possessions)에 대하여 손해를 가하거나 자신의 이익으로 가져와서는 안된다.

---

113) 'No Harm Proviso'에 의한 불법행위 및 부당이득 법리는 본인의 '불공정경쟁법의 철학적 규범적 토대와 현대적 적용', 연세대학교 출판부, 2021, 68면 이하 참조.
114) Locke, Second Treatise of Government § 6.

십계명은

8. 도적질하지 말지니라
10. 네 이웃의 집을 탐내지 말지니라 네 이웃의 … 그의 소나 그의 나
귀나 무릇 네 이웃의 소유를 탐내지 말지니라

라고 말씀하시고, 마태복음 제25장은

24 그리고 한 달란트를 받았던 종이 주인에게 와서 말했다. '주인님,
저는 주인님이 심지 않은 데서 거두고, 씨 뿌리지 않은 데서 거두
는 완고한 분이라 생각했습니다.
25 그래서 두려운 마음으로 밖에 나가 돈을 땅에 숨겼습니다. 이제 주
인님이 제게 주신 돈을 도로 받으십시오.'
26 주인이 대답했다. '이 악하고 게으른 종아! 너는 내가 심지도 않은
데서 거두어 들이고, 씨 뿌리지 않은 곳에서 거두어 들인다고 생각
했느냐?
27 그렇다면 너는 내 돈을 은행에 넣어 두었어야 했다. 그러면 내가
다시 돌아왔을 때 이자와 함께 내 돈을 돌려받았을 것이다.115)

---

115) Matthew 25:24-27.

24 Then the man who had received one bag of gold came. 'Master,' he said,
'I knew that you are a hard man, harvesting where you have not sown and
gathering where you have not scattered seed.
25 So I was afraid and went out and hid your gold in the ground. See, here
is what belongs to you.
26 His master replied, 'You wicked, lazy servant! So you knew that I harvest
where I have not sown and gather where I have not scattered seed?
27 Well then, you should have put my money on deposit with the bankers, so
that when I returned I would have received it back with interest.

라고 말씀하셨다. 타인의 노력에 의한 결과물에 대하여 무임승차(free riding) 하는 것은, 정의에 어긋나는 부당한 것(unjust enrichment)이 되고, 고의나 과실에 의하여 타인의 재산을 가져가거나 손해를 입히는 것은 불법행위 (torts)가 된다. 위 성경 말씀 또한 두 법리에 대한 근거가 된다. 서구에서, 특히 커먼로는 불법행위법리를 발전시켜왔고, 형평의 원리에서 부당이득이 론을 발전시켜왔다. 두 법리의 출발점은 전자는 커먼로이고 후자는 형평이 라는 점에서 차이가 있다. 그러나 두 법리를 구별하는 것은 예전의 법리이 고 현재에는 두 법리가 하나의 법원리로 합체되었다.116)

---

116) Tilghman v. Proctor, 125 U.S. 136, 143-144, 8 S.Ct. 894, 31 L.Ed. 664 (1888). 영국 은 입법으로 커먼로와 형평의 원리를 통합하였다. 1854년 영국 의회는 the Common Law Procedure Act 1854를 제정하여 커먼로 법원이 임시적 금지명령 뿐만 아니라 영구적 금지명령을 하는 것을 허용하였고, 1858년 the Chancery Amendment Act 1858를 제정하여 형평법원이 커먼로상 구제원칙이었던 손해배상을 인정하는 것도 허용하였다. 따라서 커먼로 원칙과 형평의 원칙은 각자가 독립적인 원칙이 아니라 하나의 법원칙으로 인정된 것이다. 이러한 커먼로와 형평원칙의 합체 경향을 반영하 여 1873년 의회는 the Supreme Court of Judicature Act 1873를 제정했다. 이 법에 따라 형평법원을 해체하고 커먼로 법원과 통합하여 the High Court of Justice를 설립 하였다. 이러한 일련의 입법적 노력에 의해 커먼로와 형평법리는 하나의 법원 체제 하에서 발전하게 되었다. 1836년 미국특허법 제17조는 법원에 금지명령을 명할 수 있는 형평관할을 부여했다. 그리고 그에 관련된 판결은 다음과 같다: Livingston v. Woodworth, 15 How. 546 (1853); Dean v. Mason, 20 How. 198 (1857); Rubber Co. v. Goodyear, 9 Wall. 788 (1869); Mowry v. Whitney, 14 Wall. 620 (1872); Littlefield v. Perry, 21 Wall. 205 (1875); Mason v. Graham, 23 Wall. 261(1875); Tremolo Patent, 23 Wall. 518 (1874); Cawood Patent, 94 U.S. 695 (1876); Mevs v. Conover, 131 U.S. 142 (1877); Elizabeth v. Pavement Co., 97 U.S. 126 (1878); Root v. Railway Co., 105 U.S. 189 (1881).

(7) 인간(자연인)의 권리

(가) 발명의 주체

로크의 재산권 철학을 보면, 재산권이란 인간의 권리임이 분명하다. 하느님이 인간에게 평온하고 안락한 삶을 위하여 자연을 하사하시고, 인간에게 노동을 할 것을 명하셨다. 즉 재산권이란 인간의 권리를 의미하게 된다.

재산권이 인간의 권리임은 헤겔의 재산권에 관한 법철학이나 칸트의 재산권 철학에서도 같은데, 특히 헤겔의 인간의 자유의지에 기한 주관적 재산권론117)은 인간의 정신작용의 산물에 대하여 재산권을 취득한다고 하고 있으므로 개성이라는 개개인의 속성이 반영된 것으로 볼 수 있다. 따라서 자연인의 불가침의 권리로 볼 수 있고, 개성의 반영으로써 인적속성이 강하므로 저작인격권과 같이 타인에게 양도가 상속할 수 없는 일신전속적 권리가 된다.118)

재산권이 인간의 권리임을 나타내는 미국 법원 판결들이 존재한다. 특히 지적재산권이 문제된 미국 법원 판결은 특허권 등 인간의 정신작용에 의해서 발생하는 권리임을 강조하여 자연인 만이 발명의 주체, 창작의 주체 및 노력의 산물에 대한 귀속주체가 될 수 있음을 강조한 판결들이 존재한다.

Townsend v. Smith 사건119)에서 미국 법원은 발명이나 아이디어의 착상/착안(conception)은 발명활동에 대한 정신작용을 수행하는 결과(the complete

---

117) 로크의 재산권 철학에 비하여 헤겔의 재산권 철학은 인간의 개성이라는 속성에 기하는 것으로서, 인간 개개인의 주관성과 내면성의 반영이라고 하고 있으므로 주관적 재산권(론)이라고 할 수 있다. 이에 대비하면 로크의 재산권 철학은 노동의 결과물인 그 가치에 대하여 인정하므로 객관적이라고 할 수 있다. 따라서 로크의 재산권 철학은 객관적 재산권(론)이라고 할 수 있다.

118) 저작권법 제14조 (저작인격권의 일신전속성), "① 저작인격권은 저작자 일신에 전속한다".

119) Townsend v. Smith, 36 F.2d 292 (CCPA 1930).

performance of the mental part of the inventive act)이고 자연인인 인간만이 발명의 착상(conception)을 할 수 있다는 것을 강조하면서, "the formation in the mind of the inventor of a definite and permanent idea of the complete and operative invention as it is thereafter to be applied in practice that constitutes an available conception within the meaning of the patent law." 라고 판시[120]하여 발명의 착상이란 발명자의 마음에 형성되는 것임을 강조하고 있고, Hiatt v. Ziegler 사건[121]에서 법원은 "[C]onception is established when the invention is made sufficiently clear to enable one skilled in the art to reduce it to practice without the exercise of extensive experi- mentation or the exercise of inventive skill."[122] 라고 하여, 많은 실험이나 고난도의 기술을 연습함이 없이 해당 분야의 기술자(one skilled in the art)가 발명을 구체화 할 수 있는 것이라고 하여 해당분야의 기술자라는 자연인에 의해 발명이 이뤄지는 것임을 분명히 하고 있다. 그 이외에도 Gunter v. Stream 사건[123]에서 법원은 착상이란 발명의 실제화 함(exercise of the inventive faculty)이 없이 기술자(one skilled)로 하여금 발명을 실제화 할 수 있도록 하는 것이라고 판시하고, 착상은 발명가의 생각에 발명을 완성시켜 작동하도록 완성하는 것[124]이라고 판시하여 발명이란 결국 자연인의 생각으로부터 발생하는 것임을 강조하고 있다.

우리나라 특허법도 특허를 받을 수 있는 자는 "발명을 한 사람 또는 그 승계인" 이라고 규정하여[125] 발명이라는 창작은 자연인만이 할 수 있음을 전제로 규정하고 있다. 영업비밀은 영업비밀보호법에서 그 취득의 주체를

---

120) Id., 295.
121) Hiatt v. Ziegler, 179 USPQ 757 (Bd. Pat. Inter. 1973).
122) Id., 763.
123) Gunter v. Stream, 573 F.2d 77 (CCPA 1978).
124) Hybritech Inc. v. Monoclonal Antibodies Inc., 802 F. 2d 1367 (Fed. Cir. 1986).
125) 특허법 제33조.

명시하지 않고 있으나 영업비밀인 정보를 생성할 수 있는 것은 자연인이라고 할 것이다. 물론 생성한 결과물에 대한 '귀속'은 자연인 뿐만 아니라 법인 또는 법인격이 없더라도 어떤 실체적 존재이면 가능하다고 할 것이다. 예컨대 교회나 학회, 단체도 가능하다고 할 것이다.

UTSA(Uniform Trade Secret Act)는 영업비밀의 귀속주체, 즉 person에 대한 정의규정을 두고, 자연인 뿐만 아니라 법인을 포함한 다양한 실재적 존재를 영업비밀을 보유할 수 있는 주체를 명시하고 있다.126) 그러나 이는 영업비밀의 귀속이나 취득 주체로서 권리를 행사하고, 부정취득하거나 부정취득자 등을 상대로 소송을 할 수 있다는 것을 의미하지 영업비밀인 정보를 생성하는 주체를 의미하는 것으로 보이지 않는다.

(나) 인공지능에 의한 발명은 가능한가?

우리나라 특허법의 경우에도 발명자가 될 수 있는 것은 인간을 전제로 하고 있다. 따라서 발명자는 법인(法人)이나 인공지능 등이 될 수 없다. 최근 인공지능이 창작이 주체가 될 수 있는지에 대해서 외국 법원이나 국내외 특허청은 부정적으로 보고 있다. 실제로 인공지능에 의한 발명이 문제된 사안인 DABUS 사건에서 우리나라 특허청은 발명자는 자연인 만이 될 수 있고, 자연인 이외는 발명자가 될 수 없다는 이유로 발명자를 인간으로 보정하여 달라고 인공지능을 발명자로 하여 출원한 출원자에게 보정 요청을 하였다.

2018년 10월 경 미국 소재 인공신경망 연구 기업 이매지네이션 엔진스 (Imagination Engines) 설립자이자 컴퓨터 과학자인 스테판 테일러(Stephen Thaler) 박사는 자신을 특허출원자로 하고, 자신이 개발한 인공지능을

---

126) UTSA §1 Definition, (3) ""Person" means a natural person, corporation, business trust, estate, trust, partnership, association, joint venture, government, governmental subdivision or agency, or any other legal or commercial entity."

DABUS라고 이름지어 DABUS를 '발명자'로 하여 유럽 특허청(EPO)과 영국 특허청(UKIPO) 그리고 우리나라 특허청 등 많은 국가에 특허출원을 하였다.

DABUS는 인공지능으로, 다중신경망을 연결해서 새로운 아이디어를 구상하고 그 아이디어의 효과를 계산해 내는 인공지능이었다. 테일러 박사에 의하면 DABUS가 한 발명은 '레고처럼 오목·볼록부가 반복된 프랙털 구조를 가져 손에 쥐기 쉬운 식품용기'와 '신경 동작 패턴을 모방해 집중도를 높여주는 램프' 두가지라고 했다.

테일러 박사는 DABUS 자체가 실체가 없는 인공지능일 뿐이므로 DABUS의 소유자인 자신이 특허 권리의 승계인이므로 자신을 특허발명의 출원인으로 기재해서 출원하였다. 테일러 박사가 발명자와 그 승계인 및 출원인을 달리한 것은 인공지능 자체는 법적으로 특허권 등 어떤 권리를 가질 수 있는 주체가 될 수 없으므로 자신이 DABUS의 소유자가 되고, DABUS가 발명하는 것에 대하여도 자신이 소유할 수 있도록 하기 위함이었던 것이었다. 테일러 박사는 직무발명의 경우와 같이 피용인이 발명자가 되고 고용주가 출원자가 되어 발명을 승계하는 것처럼 자신이 DABUS 소유자로서 DABUS가 창작하거나 발명한 것에 대한 특허권의 승계인에 해당한다고 주장했다.

2020년 1월 28일 유럽특허청 접수부(Receiving Section of the European Patent Office)는 DABUS의 인격을 인정할 수 없는 이상 승계를 통한 특허 권리의 이전 역시 인정할 수 없다고 하여 특허를 거절하였다.

유럽 특허청은 유럽특허협약(European Patent Convention)에 근거해 발명자는 사람이어야 한다는 요건이 충족 되지 않았다는 이유로 각하 결정하였고, 이에 대하여 테일러 박사는 유럽특허청(EPO)의 법률심판부(Legal Board of Appeal)에 불복하였는데 법률심판부도 불복심판청구를 기각하였다. 법률심판부는 어떤 인간도 발명자로 확인되지 않았지만, 자연인이 인공지능시스템인 DABUS의 "소유자 및 창작자이기 때문에 유럽특허에 대한 권리"를 가지는 것이 바람직하다고 하여 자연인 만이 발명자가 될 수 있음을 확인했다.

2019년 12월 4일 영국 특허청도 인간만이 특허를 취득할 수 있다는 이유로 테일러 박사의 주장(the applicant identified no person or persons whom he believes to be an inventor as the invention was entirely and solely conceived by DABUS)을 인정하지 않았다. 이에 테일러 박사가 영국 법원에 항소했는데 2021년 9월 21일 영국 항소법원도 1977년 영국 특허법 제13조 제2항[127)]을 근거로 DABUS의 특허청구를 기각했다.

2019년 7월 29일 테일러 박사는 미국 특허청에도 특허출원하였으나 2019년 8월 8일 미국 특허청은 발명자를 보완을 하도록 통지하였지만 테일러 박사가 이를 거절하여 결국 2020년 4월 22일 미국의 특허출원은 최종 거절되었다.

미국 특허청은 미국 특허법에 따르면 인간만이 발명자가 될 수 있다는 이유로 인간으로 보정할 것을 명했지만 테일러 박사가 이를 보정하지 않아 거절하였다. 미국 특허청은 미국 특허법상 개인(individual)이나 개인들(individuals)이 공동으로 특허를 취득할 수 있다고 규정하고 있는데, 연혁

---

127) The Patents Act 1977 (as amended)

    Section 13: Mention of inventor

    Right to apply for and obtain a patent and be mentioned as inventor.

        (2) Unless he has already given the Patent Office the information hereinafter mentioned, an applicant for a patent shall within the prescribed period file with the Patent Office a statement -

            (a) identifying the person or persons whom he believes to be the inventor or inventors; and

            (b) where the applicant is not the sole inventor or the applicants are not the joint inventors, indicating the derivation of his or their right to be granted the patent; and, if he fails to do so, the application shall be taken to be withdrawn.

적으로 보면 그와 같은 규정은 자연인을 전제로 규정한 것이라고 판단하였다.

특허법상 발명의 착상(conception)이나 발명가의 마음속에 고안(formation in the mind of the inventor)한다고 규정한 것은 자연인을 전제로 규정하고 있는 것으로 인간만이 발명의 착상을 할 수 있다고 강조했다.

그러나 2021년 7월 남아프리카 공화국과 오스트레일리아의 경우에는 DABUS를 발명자로 인정했다. 다만 남아프리카 공화국은 발명자의 정의가 없다. 그러나 기계가 발명자가 될 수 있다는 것은 카메라와 프린터가 저작권자가 될 수 있다는 것과 다를 것이 없다. 위 두나라에서는 발명자를 정함에 있어서 법이라는 형식의 문제가 아닌 실질의 문제라는 점을 간과한 것으로 판단된다.

(다) 인간이 아닌 원숭이는 저작권의 주체가 될 수 있는가?

인간이 아닌 다른 실체가 저작권의 주체가 될 수 있는지에 대하여 저작권은 인간의 권리를 전제로 부정하여야 할 것이다. 다만 우리 저작권법상 제9조(업무상저작물의 저작자)는 "법인등의 명의로 공표되는 업무상저작물의 저작자는 계약 또는 근무규칙 등에 다른 정함이 없는 때에는 그 법인 등이 된다." 라고 규정하고 있다. 본 조항은 업무상 저작물의 주체가 법인 등으로 규정하고 있는데, 이는 저작권의 본질이나 저작권법 체계와 맞지 않는 저작자나 지적재산권의 본질을 전혀 고려하지 못한 조항이다. 저작함으로써 발생하는 저작인격권 같은 경우에는 법인이 주체가 될 수 없음은 명백하다. 나아가 본질상 법인이 표현을 할 수 없음은 당연하므로 법인을 저작자로 의제할 것이 아니라 저작재산권을 양도받아 행사하는 자로 변경해야 한다. 발명진흥법 제10조는 발명자를 인간을 전제한 조항인데 발명진흥법 규정과도 조화되지도 않는다.

저작자가 인간만이 될 수 있다는 것은 소위 NARUTO 사건에서 문제되었다. 2008년 영국 사진작가 데이비드 슬레이터(David Slater)가 인도네시아의 술라웨시 섬의 정글을 사진을 찍으면서 여행을 하던 중에 잠시 자신의 카메라를 바닥에 내려놓았는데, 그 사이에 NARUTO로 명명한 원숭이가 그의 카메라 앞에서 놀다가 스스로 NARUTO 자신의 사진을 찍었다. NARUTO는 다수의 사진을 찍었는데, 그 중 하나는 아래 사진이다.

NARUTO로 명명된 원숭이가
자신을 찍은 사진

2011년 슬레이터는 영국 언론에 원숭이 셀카 사진을 그 사진이 찍히게 된 설명과 함께 사진을 공개하였다. 그 후 3년이 지난 뒤에 NARUTO 사진은 무료 사진만 게시되는 위키미디어 커먼스(Wikimedia Commons)에 게시되었다. 2014년 1월 슬레이터는 NARUTO 사진이 위키미디어 커먼스의 인터넷 웹에 공개돼 있다는 사실을 알게 되어 위키미디어에 NARUTO 사진을 삭제하여 달라고 요청했다. 위키미디어는 처음에 슬레이터의 요청에 따라 원숭이 사진을 웹페이지에서 삭제했지만, 그 후 NARUTO의 사진을 찍은 것이 슬레이터가 아니라 원숭이에 불과한 NARUTO이기 때문에 슬레이터가 그 사진을 찍은 저작자가 아니라는 이유로 다시 웹페이지에 게시하기 시작했다. 그동안 슬레이터는 미국 샌프란시스코에서 블러브(Blurb)라는 출판사를 통해 "Wildlife Personalities"라는 책 제명으로 NARUTO 사진들을 출판했다.

2015년 9월 22일 People for the Ethical Treatment of Animals(이하 "PETA")이라는 시민단체가 슬레이터와 블러브 출판사를 상대로 NARUTO에게 그 사진의 저작권을 양도할 것과 PETA가 NARUTO와 술라웨시 섬의 다른 원숭이들의 이익을 위해 사진의 관리 권한을 부여하여 달라는 소송을 캘리포니아 북부지구 연방법원에 제기했다.

2016년 1월 캘리포니아 북부지구 연방지방법원 판사 William Orrick은 미국 연방헌법 제3조는 동물이 소송의 주체가 되는 것을 금지하지 않는다는 선례[128]를 인용하면서, 다만 실제로 소송의 주체가 되기 위해서는 구체적인 법률에 소송주체가 될 수 있음을 규정하여야 하는데 연방저작권법상 저작자(author)의 개념에는 동물이 포함되지 않는다고 해석하면서 저작권은 인간에게만 인정되는 것으로 원숭이에게 불과한 NARUTO에게 저작권이 인정되지 않는다고 하여 원고의 청구를 기각했다.[129]

2016년 3월 20일 PETA는 제9항소법원에 항소하였는데, 슬레이터, 블러브 및 PETA는 슬레이터가 사진으로 얻는 이익의 25%를 동물을 위해 기부하겠다는 합의를 하였다. 항소법원은 슬레이터에게 저작권이 인정되지 않는다는 이유로 승인하지 않았다. 항소법원은 인간의 창작물만이 저작권을 인정받을 수 있는데, 문제된 사진을 찍은 것은 NARUTO이고, NARUTO가 사진을 찍는데 슬레이터가 기여한 바가 없으므로 해당 사진에 대하여 슬레이터는 저작권자가 될 수 없다고 판시했다.[130]

NARUTO가 사진을 찍도록 하는데 있어서 슬레이터가 창작적으로 기여를 하였다면 슬레이터에 부분적으로라도 저작권이 인정될 수 있다. 그렇지만 동물은 창작을 할 수 없다는 원칙은 저작권법 뿐만 아니라 모든 지식재산권법을 아우르는 원칙이라고 할 것이다.

(라) 창작의 권리

인간의 노동이나 정신적 기여만에 의해 창작을 할 수 있다. 이러한 점에

---

128) Cetacean Cmty. V. Bush, 386 F.3d 1169, 1175 (9th Cir. 2004).
129) Naruto v. Slater, 2016 WL 362231 (N.D.Cal., 2015).
130) Naruto v. Slater, 888 F.3d 418 (9th Cir. 2018).

서 보면 NARUTO 사건 판결의 근본적인 법정신은 자연법이론에 바탕을
두고 있다.

처음 카메라가 발명되고, 그 이후 자동카메라가 계속적으로 발전하였지
만 카메라에 의해 담기는 사진은 인간만이 저작권을 행사할 수 있었다. 나
아가 컴퓨터의 기술발전과 컴퓨터의 발전에 따른 프린터도 발전해 왔지만
프린터에 의한 인쇄물에 표현된 저작물에 대한 저작권은 인간만의 권리로
인정되었다. 카메라의 소유자도 저작권자가 될 수 없다. 발명(invention)과
창작(creation)은 인간의 권리의 대상으로 인정된다.

로크가 해석한 성경도 그와 같은 말씀을 적고 있다. 창세기 제1장 29절은

> 하나님이 이르시되 내가 온 지면의 씨 맺는 모든 채소와 씨 가진 열매
> 맺는 모든 나무를 너희에게 주노니 너희의 먹을 거리가 되리라

라고 하여, 자연을 인간에게 준 것임을 명확히 하고 있다. 신은 그러한 자
연에 노동을 하도록 한 것도 신의 명령이고, 그 노동의 결과물은 인간의 소
유가 된다. 로크의 이론은 창작 뿐만 아니라 노작에 대하여도 그 소유의 정
당성을 부여한다는 점에서 정보를 그 보호대상으로 하는 영업비밀에 대하
여 강한 정당성을 부여한다.

2. 도덕적 정의론(The Theory of Moral Justice)[131]

불공정경쟁법의 철학적 토대에 도덕적 정의가 존재하듯이 불공정경쟁법
으로 출발한 영업비밀의 철학적 토대에도 도덕적 정의가 존재한다. 타인을

---

131) 도덕적 정의론에 대해서는 본서 "제3장 제2절 9. 부적절한 수단(improper means)과
상도덕(commercial morality) 기준의 등장" 참조.

해하지 않을 것(no harm proviso)이라는 로크(Locke)의 단서는 영업비밀보
호법리의 정당성을 부여한다.

타인의 노력에 의한 결과물에 대하여 그 타인이 재산권을 취득하고 그러
한 타인의 재산권의 침해는 도덕적으로 정당화 되지 않는다. 따라서 영업
비밀의 본질을 재산권으로 인식하던 때에도 영업비밀의 침해는 재산권의
침해가 될 뿐만 아니라 도덕적 정의론에 의해서도 그 재산권 침해를 정당
화 할 수 없었다.

그러나 영업비밀보호법리의 발전과정에서 보면, 19세기 후반을 거쳐 20
세기 초반에 이르기까지 재산권 보호에서 신뢰관계보호법리로 변화했다.
타인의 재산권 침해라는 도덕적으로도 용인할 수 없는 행위의 불법성의 변
화도 불가피하였다. 아래 "(나) 영업비밀의 '부당한' 침해행위"[132]에서 보
는 바와 같이 20세기 초반이 되면 영업비밀을 재산으로 보기보다는 계약관
계에서 보호되거나 신뢰관계에서 보호되는 것이라는 이론이 강해지기 시
작한다.

1917년 E. I. Du Pont de Nemours Powder Co. v. Masland 사건[133]에서
홈즈 대법관은 영업비밀을 신뢰관계에 의하여 보호되는 것이라고 판시하
면서,[134] 도덕적 정의에 바탕을 둔 신뢰관계이론은 20세기 말엽까지 영업

---

132) 본서 "제3장 제1절 3. 다. (나) 영업비밀의 '부당한' 침해행위" 참조.
133) E. I. Du Pont de Nemours Powder Co. v. Masland, 244 U.S. 100 (1917).
134) Id.

> The word "property," as applied to trademarks and trade secrets, is an
> unanalyzed expression of certain secondary consequences of the primary fact
> that the law makes some rudimentary requirements of good faith. Whether the
> plaintiffs have any valuable secret or not, the defendant knows the facts,
> whatever they are, through a special confidence that he accepted. The property
> may be denied, but the confidence cannot be. Therefore, the starting point for
> the present matter is not property or due process of law, but that the defendant
> stood in confidential relations with the plaintiffs, or one of them.
> Id., 102.

비밀의 본질론에 대한 주류적 이론이 된다.

이와 같은 영업비밀보호의 법리의 변화를 수용하였던 1939년 Restatement of Torts는

> Its protection is not based on a policy of rewarding or otherwise encouraging the development of secret processes or devices. The protection is merely against breach of faith and reprehensible means of learning another's secret.[135]

라고 언급하고 있는데, 이는 영업비밀의 보호는 비밀인 공정이나 장치의 발전을 장려하거나 보상을 하기 위한 정책이 아니라는 점을 명확히 하고 있다.[136] 다른 사람의 비밀을 취득하는 수단의 비난가능성(reprehensible means)과 신뢰관계의 침해(breach of faith)에 있다는 점을 명확히 하고 있다.

포스너(Richard Posner) 판사가 아래와 같이 지적하는 바와 같이,

> A trade secret is really just a piece of information (such as a customer list, or a method of production, or a secret formula for a soft drink) that the holder tries to keep secret by executing confidentiality agreements with employees and others and by hiding the information from outsiders by means of fences, safes, encryption, and other means of concealment, so that the only way the secret can be unmasked is by a breach of contract or a tort.[137]

---

135) Restatement of Torts § 757, cmt. b.

136) 그러나 앞서 본 바와 같이 Kewanee Oil Co. v. Bicron Corp., 416 U.S. 470 (1974) 사건에서 미국 연방대법원은 영업비밀은 특허와는 또 다른 발명의 장려책이라고 하고 있다. ("Trade secret law will encourage invention in areas where patent law does not reach, and will prompt the independent innovator to proceed with the discovery and exploitation of his invention.") Id., 484-85.

영업비밀은 비밀로 유지되기 때문에 그 취득이나 공개는 계약위반이나 불법행위라는 도덕적으로 옳지 못한 행위에 의하여 행해질 수 밖에 없다.

영업비밀에 관한 상세한 법률서적을 저술한 Melvin F. Jager는 영미법은 상도덕과 신의성실한 상거래를 증진시키기 위하여 영업비밀 보호법을 발전시켜 왔다([t]he Anglo-American common law also began to develop protection for business secrets to enhance commercial morality and good-faith dealings in business.)[138]고 하고 있다.

이러한 상도덕을 규범으로 수용하는 도덕적 정의론의 수용은 절대적 비밀성에서 상대적 비밀성의 변화로 연결된 것으로 보인다. 즉 상거래와 기업가 정신의 윤리적 변화를 수용하지 않으면 기업의 규모를 키워 산업화를 이룩하기 어렵고 궁극적으로 사회에 더 큰 이익을 가져올 수 없기 때문이다.

그러나 상대적 비밀성에 의하여 영업비밀을 피용인에게 알리는 경우, 그 피용인과 고용주는 새로운 문제에 부딪히게 된다. 피용인이 고용중에 배운 지식등과 함께 고용주의 영업비밀이 경쟁자에게 공개될 위험에 부딪힌다. Wexler v. Greenberg 사건[139]에서 법원은

> [t]o the fore a problem of accommodating competing policies in our law: the right of a businessman to be protected against unfair competition stemming from the usurpation of his trade secrets and the right of an individual to the unhampered pursuit of the occupations and livelihoods for which he is best suited. There are cogent socio-economic arguments in favor of either position. Society as a whole greatly benefits from technological improvements. Without some means of post-

---

137) Confold Pacific v. Polaris Industries, 433 F.3d 952, 959 (7th Cir. 2006).
138) Melvin Jager, Trade Secrets Law, Clack Boardman Co., (이하 "Jager, Trade Secrets")
　　§ 1:03.
139) Wexler v. Greenberg, 399 Pa. 569, 160 A.2d 430 (1960).

employment protection to assure that valuable developments or improvements are exclusively those of the employer, the businessman could not afford to subsidize research or improve current methods. In addition, it must be recognized that modern economic growth and development has pushed the business venture beyond the size of the one-man firm, forcing the businessman to a much greater degree to entrust confidential business information relating to technological development to appropriate employees. While recognizing the utility in the dispersion of responsibilities in larger firms, the optimum amount of "entrusting" will not occur unless the risk of loss to the businessman through a breach of trust can be held to a minimum.

On the other hand, any form of post-employment restraint reduces the economic mobility of employees and limits their personal freedom to pursue a preferred course of livelihood. The employee's bargaining position is weakened because he is potentially shackled by the acquisition of alleged trade secrets; and thus, paradoxically, he is restrained, because of his increased expertise, from advancing further in the industry in which he is most productive. Moreover, as previously mentioned, society suffers because competition is diminished by slackening the dissemination of ideas, processes and methods.[140]

라고 판시하고 있는데, 위 판시에 의하면 영업비밀의 보호는 단순히 특정인이 가진 영업비밀을 보호하는 것이 아니라 영업비밀을 보호함으로써 기술발전을 가져오고 그러한 기술발전이 산업발전을 가져와 결국 사회 전체가 이익을 받게 된다는 것이다. 이는 자본주의적 공리주의의 정신을 나타낸다고 하겠다.

---

140) Id., 399 Pa. 569, 578-79, 160 A.2d 430, 434-45.

그러나 다른 한편으로 법원이 그와 같은 자본주의적 공리주의를 강조하다 보면, 피고용인 자신의 능력을 키우면 키울수록 그가 영업비밀을 침해할 가능성이 높아진다는 이유로 그의 이직이나 전직이 금지되어야 하는 모순적 상황이 강해지고, 그러한 이유로 인하여 그의 이직이나 전직 제한으로 인하여 기술확산이 제한되고 산업의 경쟁력은 떨어질 것이라는 점을 강조하고 있다. 자본주의 윤리관은 이러한 충돌하는 이해관계에 균형적인 시각을 요구한다.

1950년대 영업비밀양도 계약을 체결하기 위한 양도 협상 중에 양도 협상을 위해 영업비밀인 정보가 협상 상대방에게 이전되었지만, 결국 협상이 결렬되어 영업비밀 침해가 문제된 사건으로서, 'Arrow's Information Paradox' 상황에 있었던 Smith v. Dravo Corp. 사건141)에서 법원이

> The foregoing is the essence of plaintiffs' cause of action. Stripped of surplusage, the averment is that defendant obtained, through a confidential relationship, knowledge of plaintiffs' secret designs, plans and prospective customers, and then wrongfully breached that confidence by using the information to its own advantage and plaintiffs' detriment.

라고 판시하여, 영업비밀의 본질을 도덕적 정의에 토대를 둔 상거래상의 신뢰관계 또는 정직함(honest)을 목적으로 'wrongfully breached' 라고 판시할 수 있었던 것도 이 사건 판결 당시에 형성된 20세기 중반의 신뢰관계보호를 목적으로 한다는 영업비밀 보호법리의 영향이 있었을 것으로 판단된다.

Kewanee Oil Co. v. Bicron Corp. 사건142)에서 연방대법원은

---

141) Smith v. Dravo Corp., 7 Cir., 203 F.2d 369, 373 (7th Cir. 1953).
142) Kewanee Oil Co. v. Bicron Corp., 416 U.S. 470 (1974).

> The maintenance of standards of commercial ethics and the encouragement of invention are the broadly stated policies behind trade secret law. "The necessity of good faith and honest, fair dealing, is the very life and spirit of the commercial world."[143]

라고 판시하여, 영업비밀이 상도덕을 유지시키기 위한 것임을 명시하고 있고, 나아가

> A most fundamental human right, that of privacy, is threatened when industrial espionage is condoned or is made profitable; the state interest in denying profit to such illegal ventures is unchallengeable.[144]

라고 판시하여, 스파이 활동으로 부터 사생활의 자유가 침해받지 않도록 하는 것도 영업비밀보호법의 목적이자 정신임을 강조하고 있다.

　이러한 상도덕 법리는 영업비밀보호법 발전의 원시적 단계인 로마시대부터 존재하여 왔는데, 19세기 후반부터 20세기에 이르는 영업비밀보호법의 발전시대에 영업비밀보호법의 외연을 확장하는데 기여한 측면이 있다. 도덕적 정당성은 그 불확정적 개념에도 불구하고 영업비밀의 요건을 해석하는데 탄력적이고 유연한 기준을 제시하여 영업비밀의 외연을 확장시켰다고 할 수 있기 때문이다.

　부적절한 수단(improper means)에 의한 영업비밀의 취득은 영업비밀의 부정취득행위에 해당하는데, 취득 행위의 부적절성을 판단하기 위해 제시된 도덕적 기준이라고 할 수 있다. E.I. duPont deNemours & Co. v.

---

143) Id., 481-82 ("National Tube Co. v. Eastern Tube Co., 3 Ohio C.C.R. (n.s.), at 462"를 인용).
144) Id., 487.

Christopher 사건[145])에서 제5순회법원도 영업비밀 취득행위의 판단기준으로 상도덕을 제시하고 있다:

> we realize that industrial espionage of the sort here perpetrated has become a popular sport in some segments of our industrial community. However, our devotion to free wheeling industrial competition must not force us into accepting the law of the jungle as the standard of morality expected in our commercial relations. Our tolerance of the espionage game must cease when the protections required to prevent another's spying cost so much that the spirit of inventiveness is dampened. Commercial privacy must be protected from espionage which could not have been reasonably anticipated or prevented.[146]

즉 상거래에서의 경쟁은 과도해서도 또는 과소해서도 안 된다는 정신을 위 판결에서 언급하고 있다. 상거래상 요구되는 상도덕은 영업비밀의 효율성과 효용성을 결정하는 기준이 된다. 위 사건에서 제5순회법원은

> To require DuPont tout a roof over the unfinished plant to guard its secret would impose an enormous expense to prevent nothing more than a school boy's trick. We introduce here no new or radical ethic since our ethos has never given moral sanction to piracy.[147]

라고 판시하고 있는데, 비밀성 유지노력은 상당하거나 합리적인 노력

---

145) E.I. duPont deNemours & Co. v. Christopher, 431 F.2d 1012 (5th Cir.1970), cert. denied 400 U.S. 1024, 91 S.Ct. 581, 27 L.Ed.2d 637 (1971).
146) Id., 1016.
147) Id., 1016-17.

(reasonable effort)을 요구하는 것이지 완전한 노력(complete effort)을 요구하는 것은 아니다. 영업비밀의 비밀성을 유지하기 위한 노력은 결국 경쟁자의 정당한 방법에 의한 취득, 즉 역분석(reverse engineering)을 제한하는 역할을 하게 된다. 즉 영업비밀의 비밀성을 유지하기 위해 상당하거나 합리적인 노력을 한 경우에 그 영업비밀의 역분석에 의한 취득은 부적절한 수단에 의한 영업비밀의 취득이 된다.

도덕적인 의무는 계약이나 신뢰관계를 위반하여 부당하게 이득을 취득하는 것을 금지하는데, 비록 시중에 판매된 물품을 조사 관찰하여 영업비밀을 취득할 수 있음에도 불구하고 명시적인 계약에 위반하여 고용주의 설계도면이나 청사진 등을 통하여 쉽게 영업비밀을 취득하고, 그로 인하여 경쟁자가 조사, 관찰에 대한 노력과 비용을 절약하는 것은 상도덕상 허용되지 않는 행위가 된다. 예컨대, Schreyer v. Casco Products Corp. 사건[148]에서 법원은

It is true that matters which are completely disclosed by goods on the market are not trade secrets. Relying on this proposition, the defendants contend that all the information revealed by the blueprints and blanks could have been ascertained by careful analysis of the Steam-O-Matic iron which was obtainable on the market. By measuring the component parts, they say, blueprints could have been prepared and the most efficient productive method deduced. The fact remains, however, that the defendants took unwarranted advantage of the confidence which the Schreyers reposed in them and obtained the desired knowledge without the expenditure of money, effort and ingenuity which the experimental analysis of the model on the market would have required. Such an

---

148) Schreyer v. Casco Products Corp., 97 F Supp 159 (D.C. Conn 1951).

advantage obtained through breach of confidence is morally reprehensible and a proper subject for legal redress.[149]

라고 하여, 의무를 위반하여 자신의 고용주의 희생으로 자신의 이익을 취해가는 것은 도덕적으로 허용되지 않는 것(morally reprehensible)이라고 판시하였다. 이러한 도덕적 정의는 영업비밀보호계약이 아닌 보통의 계약에 의하여 영업비밀을 취득한 경우에는 그와 같이 취득한 정보가 알려진 자료나 공개된 자료에 있다고 하더라도, 알려지거나 공개된 자료에 의해 취득한 것이 아니라 그 계약에 위반하여 취득한 경우에는 신뢰관계 위반에 의한 영업비밀침해라고 한 판결[150] 등으로 나타나고 있다. Kamin v. KUHNAU 사건[151]에서 오레곤 주 대법원은 다음과 같이 묵시적인 비밀유지의무를 인정했다:

Whether the information disclosed was intended to be appropriable by the disclosee will depend upon the relationship of the parties and the circumstances under which the disclosure was made. It is not necessary to show that the defendant expressly agreed not to use the plaintiff's information; the agreement may be implied. And the implication may be made not simply as a product of the quest for the intention of the parties but as a legal conclusion recognizing the need for ethical practices in the commercial world.[152]

법원은 묵시적인 비밀유지의무는 상거래에서 윤리적 거래를 위해 법적

---

149) Id., 168.
150) SI Handling Systems, Inc. v. Heisley, 753 F.2d 1244 (3d Cir. 1985).
151) Kamin v. KUHNAU, 232 Or. 139 (1962).
152) Id., 152.

으로 필요한 것이라고 강조하고 있다. 이와 같은 도덕적인 정의에 의한 비밀보호의무의 인정은 정보의 소통을 원활히 하여 정보의 확산과 이로 인한 거래를 활성화 한다는 기능을 하는 것이다. 영업비밀의 윤리성은 뒤에 보는 고용관계종료후와 발명의 귀속에 관한 추적조항(trailer clause)의 유효성이나 경업금지(non competition), 유인금지(non solicitation)의 유효성 등 영업비밀의 전반에 반영되고 있다.

우리 대법원도 다음과 같이 묵시적 영업비밀보호의무를 인정하고 있다:

> 피고는 제일엔지니어링으로부터 위 조립식 접속함을 제작·납품할 것을 하청받았는데 당시 금형 제작기술을 보유하고 있지 않았으므로 태백정밀이란 상호의 업체에게 위 조립식 접속함에 대한 금형제작 의뢰를 하였고, 피고를 포함한 위 제일엔지니어링, 태백정밀은 일의 진행 결과를 팩스 등을 통해서 서로 주고받은 사실을 인정한 다음, 피고와 태백정밀은 제일엔지니어링으로부터 이 사건 조립식 접속함 제작과 관련하여 지정된 하청업체들로서 제일엔지니어링의 필요한 지시에 따라야 할 위치에 있었을 뿐만 아니라, 위 제일엔지니어링이 시작품 제작에 관여하게 된 경위 등에 관하여 잘 알고 있었거나 알 수 있었던 상태에 있었다고 추정함이 상당하므로 적어도 위 제일엔지니어링이 비밀유지의무를 지고 있음을 잘 알고 있었다고 보이고, 피고나 태백정밀 또한 위 제일엔지니어링이나 <u>피고에 대하여 상관습상 이러한 비밀유지의무를 부담한다 할 것이므로,</u> ⋯153)

위 판결과 같이 묵시적인 영업비밀보호의무의 인정은 상거래에 있어서 도덕적 정의를 확립하는데 중요한 역할을 하고 있다고 할 수 있다.

---

153) 대법원 2005. 2. 18. 선고 2003후2218 판결, 그 외 대법원 1996. 12. 23. 선고 96다16605 판결(모나미 사건) 등.

제2절 법적 도구주의(Legal Institutionalism)

1. 서론

미국 매사추세스 주의 초기 영업비밀보호법리에 관한 1868년 Peabody v. Norfolk 사건154)에서 Gray 판사는

> It is the policy of the law, for the advantage of the public, to encourage and protect invention and commercial enterprise.155)

라는 문장으로 위 사건의 판결문을 시작하고 있는바, 이 한 문장은 미국 법의 정신, 특히 기술에 관련된 영업비밀보호법의 또 다른 정신을 나타내고 있다. 19세기 중기에서 후기로 넘어가는 시점에 내려진 위 판결은 영국의 공리주의 철학과 미국의 실용주의 철학의 영향을 받은 것으로 판단된다.

특허나 영업비밀 등은 과학기술과 산업발전을 위한 도구로서 궁극적으로 사회의 효용을 증가시키기 위한 법적 제도, 즉 법적 도구로 이해하는 견해는 영국에서 발전한 공리주의와 이를 미국에서 수용한 실용주의 철학에 나타나 있다. 나아가 도덕적 정의론과 공리주의의 수용은 상대적 비밀성의 수용으로 연결될 수 밖에 없다.

---

154) Peabody v. Norfolk, 98 Mass. 452 (1868).
155) Id., 452.

2. 공리주의적 도구주의(Utilitarian Institutionalism)

가. 제레미 벤담(Jeremy Bentham)의 공리주의: The Reward for Devotion of Labor

개인의 자유를 중요시하는 로크적 개인주의, 자유주의적 재산권 철학과 집단의 권리를 옹호한 공리주의적 철학의 교차점에서 영국은 개인주의적 특허제도의 폐해를 심각하게 고려하여 공리주의(Utilitarianism)를 따른 것이 아닌가 생각된다. 공리주의는 특허제도의 발명가의 노력과 투자의 회수 수단, 그리고 다수에게 가져오는 특허의 유용성으로 인하여 특허와 특허제도의 사회적 효용성을 강조하였으면서도[156) 특허를 가지지 못한 다수를 위해 강한 특허권을 창설하는 것을 반대한 것으로 판단된다.

공리주의의 창시자인 제레미 벤담(Jeremy Bentham)은 1825년 출간된 그의 '보상의 원리'(The Rationale of Reward)라는 저술에서

> With respect to a great number of inventions in the arts, <u>an exclusive privilege is absolutely</u> necessary in order that <u>what is sown may be reaped</u>. In new inventions, protection against imitators is not less necessary than in established manufactures protection against thieves. He who has no hope that he shall reap will not take the trouble to sow.

라고 언급하였다.[157) 그는 노력과 투자에 대한 회수 수단(in order that what is sown may be reaped)으로 특허제도(an exclusive privilege)는 절대적으로 필요하지만, 새로운 발명에 대해서는, 산업의 도둑으로부터 보호하는 것[158)

---

156) Jeremy Bentham, The Rationale of Reward, John and H. L. Hunt, 1825, p. 318.
157) Id.
158) 벤담이 말한 "established manufactures protection against thieves"에는 영업비밀로 보

보다는 발명자를 발명을 모방하는 도둑으로부터 보호하는 것이 더 필요하다고 하였다. 그 이유에 대하여 벤담은 회수가능성이 없는 노력과 투자를 하려는 사람은 발명을 위한 투자 자체를 하지 않을 것(He who has no hope that he shall reap will not take the trouble to sow.)이기 때문이라고 한다. 즉 발명을 하기 위한 '희생'(devotion)에 대하여 권리로서 보호하는 것이 중요하다고 언급한 것이다.

그러나 벤담은 법학자이자 변호사답게 실정법 제도하에서 특허와 특허제도를 운영하는 것을 전제로 하였다. 특허제도는 발명에 대한 보상으로서 발명자는 특허를 취득함으로서 국가의 보호하에서 자신의 노력과 투자에 대한 대가를 보호받을 수 있었기 때문이다. 그리고 그러한 특허가 가져오는 최대 다수에 대한 효용성은 개인의 권리를 보장하는 토대 위에서 형성되는 공리주의 철학에 매우 중요했다. 따라서 법 제도하에서의 특허보다 특허법제도 밖에 있어 법의 보호를 받을 수 없는 영업비밀로 보호되는 '발명'은 벤담에게는 선호되는 제도는 아니었다고 할 수 있다.

그리하여 벤담의 사고로는 지식재산제도는 인간이기 때문에 가지는 생래적인 권리, 즉 인간이기 때문에 자연권을 가진다는 권리기반이론(right based theory)이 될 수 없는 것이다. 위와 같은 필자의 결론은 벤담의 다음과 같이 앞서의 발췌문에 이어 계속되는 그의 언급에서 뒷받침 된다:

> But that which one man has invented, all the world can imitate. Without the assistance of the laws, the inventor would almost always be driven out of the market by his rival, who, finding himself without any expense in possession of a discovery which has cost the inventor much time and expense, would be able to deprive him of all his deserved advantages, by selling at a lower price. An exclusive privilege is of all rewards the

---

호되는 것을 포함하는 것으로 판단된다.

best proportioned, the most natural, and the least burthensome. It produces an infinite effect, and it costs nothing. "Grant me fifteen years," says the inventor, "that I may reap the fruit of my labours; after this term, it shall be enjoyed by all the world." Does the sovereign say "No, you shall not have it? what will happen? It will be enjoyed by no one, neither for fifteen years nor afterwards: everybody will be disappointed; inventors, workmen, consumers, every thing will be stifled, both benefit and enjoyment.

Exclusive patents in favour of inventions have been long established in England; an abuse, however, has crept into the system of granting them, which tends to destroy the advantage derivable from them. This privilege, which ought to be gratuitous, has afforded an opportunity for plundering inventors, which the duration of the custom has converted into a right. It is a real conspiracy against the increase of national wealth.[159]

벤담의 생각으로는, 발명에 대한 배타적인 권리를 부여하는 것은 오래된 영국의 전통인데, 특허제도의 가치를 손상시키는 특허권의 남용(an abuse) 이 특허제도에서 발생을 하였고, 무상이어야 하는 특권(privilege)은 발명자 에게 국민과 경쟁자를 약탈하는 기회를 제공하였고, 관행적으로 제공된 보 호기간은 특권(privilege)을 권리(right)로 만들었다.

이로부터 공리주의자들에게 '특허가 아닌 발명'에 대한 권리는 자연권을 토대로 한 강한 권리가 아닌 법의 보호밖에 있는 약한 권리가 될 수 밖에 없고, 특허도 그 폐해("an abuse, however, has crept into the system of

---

159) Jeremy Bentham, The Rationale of Reward, John and H. L. Hunt, 1825, pp. 318-19. (이탤릭체는 원문).

granting them, which tends to destroy the advantage derivable from them.")로 인하여 은전에 의하여 부여되는 약한 권리("This privilege, which ought to be gratuitous, … converted into a right.")가 될 수 밖에 없다. 특허권이나 지식재산권에 대한 벤담의 공리주의 철학의 절정은 아래에서 인용한 그의 저술의 마지막 문장에서 찾을 수 있다. 특허제도("It": 특허)는 국가의 부를 증진시키기 위한 '음모'(a real conspiracy), 즉 '도구'라는 점이다.

It is a real conspiracy against the increase of national wealth.

벤담에게 있어서 발명가 개인에게 부여되는 특허는 사회 전체, 즉 최대 다수의 최대 효용 증진을 위해 중요한 수단이 되었다.

나. 존 스트어트 밀(John Stuart Mill): the Reward for Contribution of Labor

제레미 벤담을 승계한 공리주의 철학자인 존 스튜어트 밀(John Stuart Mill)은 독점을 혐오했지만, 일정기간의 독점은 선호했다. 그의 생각은 독점, 즉 특허는 법에 의해 인정되는 '공헌'에 대한 보상(reward for contribution)이고, 새로운 발명을 도입하기 위해서는 그와 같은 보상제도가 필요하다고 하였다. 특허제도에 관하여 일시적인 독점이 필요하다는 생각은 아래의 인용부분에 기술되어 있다.

The condemnation of monopolies ought not to extend to patents, by which the originator of an improved process is permitted to enjoy, for a limited period, the exclusive privilege of using his own improvement. This is not making the commodity dear for his benefit, but merely postponing a part of the increased cheapness which the public owe to the inventor, in order to compensate and reward him for the service. That he ought to be both compensated and rewarded for it, will not be denied, and also that if all were at once allowed to avail themselves of his ingenuity, without having shared the labours or the expenses which he had to incur in bringing his idea into a practical shape, either such expenses and labours would be undergone by nobody, except by very opulent and very public-spirited persons, or the state must put a value on the service rendered by an inventor, and make him a pecuniary grant. This has been done in some in stances, and may be done without inconvenience in cases of very conspicuous public benefit; but in general an exclusive privilege, of temporary duration, is preferable; because it leaves nothing to any one's discretion; because the reward conferred by it depends upon the invention's being found useful, and the greater the usefulness the greater the reward; and because it is paid by the very persons to whom the service is rendered, the consumers of the commodity.[160]

밀(Mill)은 독점은 나쁜 것이지만 특허는 특허 발명에 대한 수요자에게 이익을 주는 것(contribution)이므로 이에 대하여 보상으로 특허를 부여해야 한다고 하였다. 즉 독점을 부여함으로써 일시적으로 가격을 올릴 수 있지만, 이는 발명가에 대한 보상(compensate and reward)이므로, 그러한 보상을 하기 위해, 특허독점에 의한 독점이익이 없는 낮은 가격으로 소비자가 이익을 보는 것은 일시적으로 연기할 수 있다고 한다.

밀(Mill)은, 벤담과 같이, 특허제도는 장려설/동기설(incentive theory)보다는 보상설(reward theory)의 입장에서 발명의 사회적 기여나 발명을 하기

---

160) John Stuart Mill, Political Economy with Some of Their Applications to Social Philosophy, Vol II. London, Hohn W. Parker, West Strand, 1848. p. 497.

위한 희생에 대한 보상을 상대적으로 강조한다고 할 수 있다. 다만 두 학설
은 기본적인 출발점이 같기 때문에 많은 부분을 공유한다. 벤담의 철학에
는 희생(sacrifice, devotion)에 대한 보상이 나타나 있다면, 밀의 철학에는
사회공헌이나 수익자에 대한 공헌(contribution)이 강조되어 있다.

로크주의자(Lockean)라고 할 수 있는 에드윈 헤팅어(Edwin C. Hettinger)
는 desert theory를 통하여 고통스런 노동을 통한 희생에 대한 보상으로 재
산권을 인정하여야 한다고 하고 있다. 헤팅어는

> The harder one tries, the more one is willing to sacrifice, and the
> worthier the goal, the greater are one's deserts.[161]

라고 하여 도덕적 정의를 토대로 하고 있다. 헤팅어의 도덕적 보상은 로크
의 노동가치설을 토대로 하는 것이라면 벤담의 도덕적 정의는 실용주의적
가치를 토대로 한다는 점에서 차이가 있다.

Mazer v. Stein 사건[162]에서 미국 연방대법원은

> Sacrificial days devoted to such creative activities deserve rewards
> commensurate with the services rendered.[163]

라고 판시하여 희생에 대한 보상이 필요하다고 하고 있는데, 위 연방대법
원 판결이 언급하는 보상이란 벤담이 주장하는 공리주의적 보상을 의미한
다고 하겠다.

---

161) Edwin C. Hettinger, Justifying Intellectual Property, 18 PHIL. & PUB. AFF. 31, 42
(1989).
162) Mazer v. Stein, 347 U.S. 201 (1954).
163) Id., 219.

3. 실용주의적 도구주의(Pragmatic Institutionalism): The Incentive to Labor

영국의 공리주의는 미국에서는 실용주의로 나타났다. 제레미 벤담 이후 미국의 찰스 샌더스 퍼스(Charles Sanders Peirce)와 윌리엄 제임스(William James)[164]는 벤담의 공리주의를 미국의 실용주의로 확립시켰고, 존 듀이 (John Dewey)가 실용주의를 완성했다고 볼 수 있다. 실용주의적 관점에서 영업비밀은 과학기술발전을 위한 장려 내지 동기(incentive)라고 한다.

영업비밀보호법은 일반적으로 알려지지 않는 정보나 경쟁자에 의해 쉽게 알 수 없는 정보에 대하여 그 점유, 통제 및 관리에 대하여 배타적인 권리를 부여함으로써 기술 등에 관한 정보 개발에 대한 유인을 제공하는 것으로[165] 궁극적으로는 과학기술발전을 목적으로 한다. 특허나 저작권이 공리주의적 목적에 의해 배타적인 권리를 부여하는 것이다.[166]

미국 연방헌법은 과학과 순수예술의 발전을 증진시키기 위해(to Promote the Progress of Science and useful Arts) 연방의회로 하여금 입법을 할 권한을 부여한다고 규정하고 있다.[167] 나아가 1958년 Mazer v. Stein 사건[168]에서 연방대법원은 저작자나 발명가에 대한 보상은 부차적인 목적이고 궁극적인 목적은

---

164) Pragmatism 이라는 용어는 윌리엄 제임스가 처음 사용했다고 알려졌다.

165) Mark A. Lemley, The Economics of Improvement in Intellectual Property Law, 75 Tex. L. Rev. 989, 993-1000 (1997).

166) Mark A. Lemley, The Surprising Virtues of Treating Trade Secrets as IP Rights, 61 Stan. L. Rev. 311, 327 (2008).

167) U.S. CONST., ART. I, § 8, CL. 8. ("To promote the Progress of Science and useful Arts, by securing for limited Times to Authors and Inventors the exclusive Right to their respective Writings and Discoveries").

168) Mazer v. Stein, 347 U.S. 201 (1954).

The economic philosophy behind the clause empowering Congress to grant patents and copyrights is the conviction that encouragement of individual effort by personal gain is the best way to advance public welfare through the talents of authors and inventors in "Science and useful Arts."[169]

라고 하여, 공중의 복지증진(to advance public welfare)에 있다고 판시하였다. 즉 궁극적으로는 공리주의에 따른 공중의 복지증진이지만, 특허 등 지적재산제도는 그러한 공중의 복지증진을 위한 하나의 수단 내지 도구(institution)로서 유인 또는 동기(incentive)인 것이다.

이러한 유인 또는 동기에 대하여 Washingtonian Pub. Co. v. Pearson 사건[170]에서 미국 연방대법원은

[i]ntended definitely to grant valuable, enforceable rights to authors, publishers, etc., without burdensome requirements: 'to afford greater encouragement to the production of literary [or artistic] works of lasting benefit to the world.'

라고 판시하였다.[171] 연방대법원은 세상에 지속되는 이익을 위해 문학적 예술적 작품의 생산을 장려 하기 위한 것(to afford greater encouragement)이라고 판시하여, 미국의 전통적인 실용주의적 장려 또는 유인설(incentive theory)을 명확히 하고 있다.

Kewanee Oil Co. v. Bicron Corp. 사건[172]에서 연방대법원은

---

169) Id., 219.
170) Washington Pub. Co. v. Pearson, 306 U.S. 30 (1939).
171) Id., 36.
172) Kewanee Oil Co. v. Bicron Corp., 416 U.S. 470 (1974).

the patent policy of encouraging invention is not disturbed by the existence of another form of incentive to invention. In this respect, the two systems are not and never would be in conflict. Similarly, the policy that matter once in the public domain must remain in the public domain is not incompatible with the existence of trade secret protection. …

Trade secret law will encourage invention in areas where patent law does not reach, and will prompt the independent innovator to proceed with the discovery and exploitation of his invention. Competition is fostered, and the public is not deprived of the use of valuable, if not quite patentable, invention.[173]

라고 판시하여, 특허와 같이 영업비밀도 발명에 대한 동기부여(encourage invention)라는 점을 강조하고 있다.

영업비밀보호가 동기부여라고 하는 것은 영업비밀의 본질은 재산이라는 점이 좀 더 부각이 된다. 영업비밀보호는 그 법적 방법이 재산법리로 보호하든, 불법행위나 부당이득을 포함한 부정취득(misappropriation) 법리에 의해 보호하든, 계약에 의해서 보호하든, 보호를 하는 것 자체가 인센티브가 된다. 자신이 생산한 정보가 영업비밀로 보호된다면 영업비밀로 보호되는 정보를 생산할 유인과 동기가 되기 때문이다.[174] 그러나 영업비밀인 정보를 재산으로 보호하는 것은 추가적인 유인과 동기를 제공한다. 재산은 배타적인 통제, 관리 및 이용할 수 있도록 하고,[175] 거래비용에 비용에 따라 효용가치를 극대화 하기 위한 최적의 선택을 할 수 있게 하기 때문이다.[176]

---

173) Id., 484-85.

174) Id.

175) Mark A. Lemley, The Surprising Virtues of Treating Trade Secrets as IP Rights, 61 Stan. L. Rev. 311, 327 (2008).

William M. Landes 교수와 Richard A. Posner 판사는

[R]atonal investors choose trade secret protection when they think that patent protection is too costly in relation to the value of their invention or will yield them a profit substantially less than that value (as reflected in part, by the length of time that it takes before anyone else duplicates the invention) either because it is not patentable or because the length and breadth of patent protection is insufficient.[177]

라고 언급하고 있는데, 영업비밀과 특허는 합리적인 발명가에 의한 투자비용과 거래비용 등을 고려한 선택임을 지적하고 있다.

영업비밀의 법적 보호는 새롭고 가치있는 정보의 생산을 유발하고 기업에게는 이를 이용한 경제적 이익을 가져올 것이다.[178] 예컨대, 비밀인 고객 리스트(customer list)를 영업비밀로 보호한다면, 새로운 고객정보를 발굴하여 이를 자신이 독점적으로 점유하고, 통제하고 이용할 것이다. 만일 비밀인 새로운 고객 리스트를 보호하지 않는다면 새로운 고객을 발굴할 유인이 발생하지 않는다. 비밀인 고객 리스트를 보호한다면 새로운 고객을 발굴하기 위한 비용을 상품에 전가 등을 하여 외부화(externalization)시킬 수 있어, 경쟁력을 확보할 수 있다. 기술정보에 대한 영업비밀의 보호는 신기술을 개발시키는 유인과 동기(incentive)가 되기 때문에 기술혁신을 가져올 수 있다.[179]

---

176) E.I. duPont deNemours & Co. v. Christopher, 431 F.2d 1012 (5th Cir.1970), cert. denied 400 U.S. 1024, 91 S.Ct. 581, 27 L.Ed.2d 637 (1971).

177) William M. Landes & Richard A. Posner, The Economic Structure of Intelletual Property Law, Harvard Univ. Press, 2003, p. 359.

178) Jon Chally, Note, The Law of Trade Secrets: Toward a More Efficient Approach, 57 Vand. L. Rev. 1269, 1270-71 (2004).

179) Michael Risch는 혁신에 대한 동기/유인은 영업비밀보호에 대한 정당성을 부여하기

4. 공리주의와 상대적 비밀성

공리주의는 산업혁명 이후 영업비밀의 비밀성을 절대적 비밀성에서 상대적 비밀성으로 변화하는데 철학적 토대를 제공하였다는데에 그 의의가 있다. 최대다수의 최대행복이라는 철학적 가치는 영업비밀의 비밀성을 유지한 채 지식과 정보를 공유하여 협업에 의한 영업비밀의 경제적 가치를 최대화 하도록 요구 한 것이다. 공리주의는 산업혁명에 의한 경제규모의 확대와 그 규범적 변화에 대하여 철학적으로 그 토대를 제공하였다고 할 수 있다. 상대적 비밀성은 특허법에서 자기공지 예외제도와 그 기본이념과 법리가 공리주의를 바탕으로 한다는 점에서 같다고 할 수 있다.

개인이 독점적 절대적 비밀로 점유하던 영업비밀은 상대적 비밀성하에서 이를 신뢰관계나 비밀유지계약 하에서 피용인이나 타인과 공유함으로써 협업을 가능케 하였고, 협업을 통하여 그 경제적 가치를 최대화하게 하여 공리주의의 목적을 실현할 수 있도록 하였다. 이러한 면에서 보면 상대적 비밀성 개념은 실용주의보다는 공리주의에 상대적으로 좀 더 강한 근거를 두고 있다고 할 수 있다. 다만, 뒤에서 보는 바와 같이 상대적 비밀성이론은 하인이나 노예의 노동을 인정한 로크의 재산권 철학과도 부합한다. 다만 결과적인 것인지, 목적된 것인지의 차이가 있다.

에는 약하다고 한다. Michael Risch, Why Do We Have Trade Secrets?, 11 Marq. Intell. Prop. L. Rev. 1, 26 (2007) 참조.

제3장

영업비밀보호법규범의 형성

제1절 영업비밀보호의 역사와 규범의 형성

1. 지적재산권의 보호와 침해: 그 역사[180]

고대 그리스 시대에는 특정한 벽돌에 관한 정보는 비밀로 보호되어 통제되었고, 이러한 정보를 외부에 누설할 경우에 엄한 처벌을 받았다고 추측된다.[181] 그리스 시대의 소피스트(sophist)들은 공개강연을 통하여 수입을 얻었고, 그러한 강연은 지식의 확산과 공유를 하는 계기가 되었다. 그러나 그러한 강연의 내용이 기록되더라도 이를 보호하는 제도는 존재하지 않았다.[182] 그 뿐만 아니라 그와 같은 지적재산으로서의 관념은 문학이나 예술분야에 존재했지만, 기능이나 과학분야에서는 거의 존재하지 않았다.[183] 그리스에서는 기원전 5-6세기 경이 되어서야 지식도 소유할 수 있다는 관념이 발생하기 시작했다.[184]

지적재산을 보호해야 한다는 관념이 존재한 것으로 알려진 것은 기원전 500년대 로마의 식민지이었고, 기원전 720년부터 510년까지 존재하였던 Sybaris로 소급된다. Athenaeus는 그의 책(The Deipnosophists)에서 기원전 3

---

180) 본 제목하에 일부 내용은 "특허제도와 신규성 개념의 형성, 그리고 특허권자의 수출할 권리"(산업재산권, 55호, 2018)를 수정 보완함.

181) Christopher May, Antecedents to Intellectual Property: The European pre-history of the 'ownership' of knowledge, 24 History of Technology 1 (2002); Christopher May and Susan K. Sell, Intellectual Property Rights, a Critical History, Lynne Rienner Pub., 2006, p. 45.

182) Id.

183) Frank D. Prager, The Early Growth and Influence of Intellectual Property, 34 J. PAT. OFF. Soc'y 106, 112 (1952).

184) Id.

세기에 활동한 그리스의 역사학자인 Phylarchus를 인용하였는데, Phylarchus
에 따르면 음식문화를 존중하던 Sybaris는 맛있는 음식을 개발한 요리사에
게 일정기간 독점을 주어 경쟁요리사들이 맛있는 음식을 개발하도록 장려
했다고 언급하고 있다.[185] 고대의 특허제도 등 특허의 역사에 대하여 많은
저술을 남긴 F. D. Prager는 중국이나 페르시아에서 예술적이고 기능적인
일을 장려하기 위하여 보상을 하였다고 언급하고 있다.[186]

그리스 철학자인 플라토(Plato)는 자신의 이상세계(ideal state)에서 순수
학문적 연구가 장려되었기 때문에 산업적인 아이디어에 대하여 사회적 가
치를 인정하는 것에 대하여 부정적이었다고 한다.[187] 플라토는 대부분의
미술에 대하여 반대하였고, 모든 기능인은 단 하나의 기능만을 수행하여야
한다고 하였는데 이는 물품의 영원한 이상(idea)에 대하여 더 가까워질 수
있기 때문이라고 생각하였기 때문이다.[188]

그러나 플라토 이후의 아리스토틀(Aristotle)은 밀레투스(Miletus) 계획으
로 불리는 도시계획(Milesians plan)을 만들었다. 건축가이자 철학자이었던
밀레투스(Miletus)의 히포다무스(Hippodamus)는, 페리클레스(Pericles)와 동
시대의 사람으로, 그는 그리스의 법체계를 구상하였는데, 도시를 위해 좋은

---

185) Michael Witty, Athenaeus Describes the Most Ancient Intellectual Property,
    PROMETHEUS, 3 (2018); Bruce Bugbee, The Genesis of American Patent and
    Copyright Law, p. 166 n.5. Phylarchus는 다음과 같이 기록하고 있다고 한다.:
    The Sybarites, giving loose rein to luxury, made a law that * * * if any
    confectioner or cook invented any peculiar and excellent dish, no other artist
    was allowed to make it for a year. But he alone who invented it was entitled
    to all the profits to be derived from the manufacture of it for that time in order
    that others might be induced to labor at excelling in such pursuits.
    Frank D. Prager, The Early Growth and Influence of Intellectual Property, 34 J.
    PAT. OFF. Soc'y 106, 114 (1952).
186) Id., 111.
187) Id., 113.
188) Id.

것을 발명한 사람은 발명가의 특권으로 기억되어야 하고 발명에 대한 상을 받아야 한다고 기록하였다고 한다.[189]

위와 같은 사회적 분위기에도 불구하고 그리스 시대에는 지적인 노력에 대하여 경제적 가치나 상업적 가치의 인정에 적극적이지 않았지만, 로마시대에 들어오면서 지적인 노력에 대하여 경제적 가치나 상업적 가치에 대한 인식이 나아졌다. 다만 그리스나 로마시대에는 지적인 노력의 결과물이나 지적 노력의 산물에 대해서는 그 가치를 인정했지만, 특허 등의 독점적인 권리를 부여하는 사회적 제도가 나타나지는 않았다.

로마시대에는 저작물에 있는 표현 등에 대하여는 저작자의 권리가 인정되었지만 이를 상업적으로 이용할 수 있는 권리는 인정되지 아니하였다. 따라서 저작물에 대한 상업적 복제는 저작자의 권리침해가 되지 않았지만 타인의 표현에 대한 표절은 비난의 대상이 되었다.[190] 그러나 로마시대에 저작권의 원형과 같은 법적 개념이 형성되었다고 보는 견해도 있다.[191] 로마의 정치인이자 법률가, 작가인 키케로(Marcus Tullius Cicero)가 자신의 저술에 대하여 금전을 대가로 교환을 했었고, 그의 사망후에는 그의 저술에 대한 출판의 권리가 양도되었다고 한다. 그와 같은 현상은 저작물을 재산과 같은 것으로 인식하였던 것으로, 현대의 저작권 제도와 같은 것은 아니지만 저작권의 원형으로 평가할 수 있다.[192]

그 이외에 노예의 지식은 그 주인에게 권리가 인정되었고,[193] 비록 현재

---

189) Id., 112. 다만 그 기록도 분실되어, 그의 제안은 잃어버리게 되었다. Id.
190) Christopher May and Susan K. Sell, Intellectual Property Rights, a Critical History, Lynne Rienner Pub., 2006, p. 48.
191) Id.
192) Salathiel C. Materson, Copyright: History and Development, 28 Cal. L. R. 620, 622 (1940).
193) 노예 노동의 결과가 그 주인에게 귀속되는 법리는 직무발명에 있어 사용자 주의의 기원이 되었다고 보인다.

의 지적재산권과 같은 권리는 존재하지 않았지만 지식의 소유에 대하여 그 권리가 인정되었다.[194] 로마시대에는 지적인 노력의 산물에 대하여 이루어 진 사적 소송에 대한 기록은 보고되지 않지만, 정보나 비밀정보에 대한 권 리는 인정되었던 것으로 평가된다.

지적재산에 대한 침해라고 알려진 것은 기원전 이집트 알렉산드리아에 서 열렸던 문학경연에서라고 알려져 있다. 로마의 작가였던 Vitruvius[195]는 그 문학경연에 심사위원으로 참가하여 그 경연에 참가한 일부 시인들이 타 인의 저작물을 표절한 것으로 평가했다.[196] 기원후 로마의 두 번째 황제이 었던 티베리우스 케사르 아우구스투스(Tiberius Caesar Augustus)는 깨지지 않는 컵의 발명자가 아우구스투스 앞에서 그 컵에 대하여 실제 시연을 하 였다고 알려져 있으나, 아우구스투스는 그의 지식이 알려질 경우, 가치있는 지식이 무용지물이 될 것을 우려하여, 그를 사형에 처하고 그에 관한 기록 은 공공기록물에서 모두 지웠다고 한다.[197] 그 기술자의 지식을 비밀로 유 지하기 위해 그를 사형에 처했다는 다소 황당한 기록으로, 가치있는 발명 에 대한 독점을 부여하거나 보상하는 제도는 존재하지 않았지만 영업비밀 이나 현대의 기술이전을 통제하는 제도의 관념이 존재한 것이다. 그 이외 상품의 표장에 관한 제도로서 로마시대에는 비록 상품에 부착한 상표에 대 한 권리는 인정되지 않았지만, 허위의 상표를 부착한 상품을 구입한 자는 판매한 자에게 소송을 제기할 수 있었다.[198]

---

194) Christopher May and Susan K. Sell, Intellectual Property Rights, a Critical History, Lynne Rienner Pub., 2006, p. 48.

195) 257-180 B.C.E.

196) Bruce W. Bugbee, The Genesis of American Patent and Copyright Law, Public Affairs Press, 1967, pp. 166-7 n.13.

197) Kenneth W. Dobyns, The Patent Office Pony, Docent Press, 2016 (2nd ed.) p. 9. (황제가 가진 금,은의 가치가 떨어질 것을 우려했다는 설도 있다.)

198) 로마시대에는 Lex Cornelia de iniuriis c. 81 B.C. 원칙하에 다른 사람의 이름을 이용 하여 이익을 취득하는 것은 금지되었지만, 이로 인해 침해까지 인정되는 것은 아닌

동로마의 경우에 특허제도와 같은 독점을 부여하는 제도는 금지되었다.[199] 서기 480년 동로마 황제였던 Flavius Zeno는 다음과 같이 선포했다고 한다:

No one shall exercise a monopoly over any ⋯ material, whether by his own authority or under that of an imperial heretofore or hereafter promulgated.[200]

위와 같은 선포는 로마시대에는 특허와 같은 독점에 대하여 공평하지 않은 제도(inequitable)라고 간주되어[201] 매우 적대적이었다는 것을 나타내고 있다.

이와 같이 지적 노력에 대하여 독점을 부여하는 공적 제도는 존재하지 않았지만 사적인 독점이 존재했다. 재산의 소유자는 자신의 재산을 보호하기 위하여 협상을 하고 계약을 체결하여 자신의 재산에 대한 독점을 인정받았다. 발명가나 저작자에 대하여 법적인 독점을 부여하지는 않았다. 따라서 계약에 의해 자신의 재산이나 기술, 노하우를 보호하는 것이었으므로 계약이나 신뢰관계형성을 통하여 영업비밀의 한 형태로서 보호한 것으로 판단된다. 뒤에서 언급하는 바와 같이 주인과 계약한 노예로부터 영업비밀을 취득하여 간 사람에 대해서는 "actio servi corrupti"[202] 소송이 허용되었

것으로 판단된다. 다만 이러한 제도는 passing off의 기원적 제도로 인정될 수 있다. Christopher May and Susan K. Sell, Intellectual Property Rights, a Critical History, Lynne Rienner Pub., 2006, p. 47.

199) Frank D. Prager, The Early Growth and Influence of Intellectual Property, 34 J. PAT. OFF. Soc'y 106, 113 (1952).

200) Id., 114.

201) Id.

202) A. Arthur Schiller, Trade Secrets and the Roman Law; The Actio Servi Corrupti, 30 Columbia Law Review, 837-845 (1930).

다. 즉 로마시대에서는 자신의 지적 재산에 대하여 국가가 독점을 부여하는 특허 등의 제도는 존재하지 않았으므로 사적 계약에 의해 자신의 노하우(know how)를 보호한 것이다.

6세기 아일랜드에서는 비밀자료와 저작물에 대한 권리가 함께 문제된 사례가 존재한다고 알려져 있다. 성(聖) Columbia는 아일랜드의 선교사이자 아일랜드의 12사도 중의 한 사람이었는데 공부를 매우 열심히 하여 죽을 때까지 300권의 책을 저술한 것으로 알려져 있다.203) 그는 아일랜드의 Clonary에 위치한 Clonary Abbey의 성(聖) Finnian의 제자가 되었다. 서기 567년 그는 Finnian으로 부터 최초로 아일랜드로 수입된 라틴 성서인 Vulgate를 빌려, Finnian으로부터 허락 받지 않은 채 시편(psalter)을 복제하였다. 이에 Finnian이 Columbia에게 그 복제본을 이전하여 달라고 요구하였지만 Columbia가 거절하자, 아일랜드의 왕이었던 Diarmait mac Cerbaill (c.545 - c.565/8)에게 중재를 부탁했다. 그 왕은 원본과 복제본은 같은 것으로서 Finnian의 소유라고 판단하면서 다음과 같이 언급했다:

To every cow her calf, and accordingly to every book its copy.204)

위 사건(Finnian v. Columbia)은 비밀자료에 관한 것이기도 했지만 저작권에 관한 최초의 사건 사례라고 주장된다.205) 왕이었던 Diarmait mac

---

203) Suehle Ruth, The Story of St. Columba: A Modern Copyright Battle in Sixth Century Ireland. (https://opensource.com/law/11/6/story-st-columba-modern-copyright-battle-sixth-century-ireland)

204) Laurie Stearns, Copy Wrong: Plagiarism, Process, Property, and the Law, 80 Cal. L. R. 513, 535 (1992).

205) Alexander Lindey, Plagiarism and Originality, pp. 62-72 (1952); Christopher May, The Global Political Economy of Intellectual Property Rights: The New Enclosures?, Routledge, 2020, p. 129도 있지만 이에 대하여 그 존재를 의심하는 반대의 견해도 있다. Brendan Scott, Copyright in a Frictionless World: Toward a Rhetoric of

Cerbaill은 모든 송아지는 암소 [주인]의 것이듯이 책의 복제본은 그 책 원본의 주인의 것(To every cow her calf, and accordingly to every book its copy)이라고 판정했다. 이는 저작이 되어 있는 기록 매체의 소유에 관한 영구적인 권리를 인정하는 커먼로 저작권(Common law copyright)과 같은 권리로서, 커먼로상의 발명에 대한 권리와 저작권(common law copyright)의 기원으로 볼 수 있다. 물론 이러한 기록 매체에 대한 권리가 중세 유럽의 전역에서 인정되었던 보편적인 것은 아니었다.206) 다만 본 사건에서의 저작물에 대한 영구적인 권리의 개념은 영국에서는 1774년 Donaldson v Becket 사건207)에서 변경되게 된다.

로마시대 이후 중세는 암흑기로 불리지만 영업비밀에 관해서는 발전이 있었다. 중세 길드는 길드가 축적한 지식과 기술을 사회재산으로 간주하여 외부에 공개되는 것을 금하였다.208) 이는 길드의 지식과 기술이 그 사회에 이익이 된다는 공리주의와 실용주의적 전통이 뿌리내리는 과정 중의 하나로 보인다.209) 물론 중세에는 자연법 원리가 확립되었고 자연법 원리가 17

Responsibility, First Monday 6. no. 9. note 9.

206) Christopher May and Susan K. Sell, Intellectual Property Rights, a Critical History, Lynne Rienner Pub., 2006, p. 50.

207) Donaldson v Becket, 2 Brown's Parl. Cases (2d ed.) 129, 1 Eng. Rep. 837; 4 Burr. 2408, 98 Eng. Rep. 257 (1774).

208) K. B. Saleena, Evolution of Pre-Statutory Limitations to Patent Rights: Analytical Study, 2 (11) East African Scholars J Econ Bus Manag, 696, 697 (2019).

209) Id.(초기에는 특허 부여로 인한 산업의 발전에 따른 세금수입증가의 목적이 있었다. 그러나 새로운 물품의 도입으로 인하여 사회가 혜택을 볼 수 밖에 없다.) ("The Venetian history showed instances of a series of patent grants and a number of regulations to control the monopoly of which two deserves mention.11 First is a law passed in 1297 by the Great Council of Venice, a noticeable event in Patent history which showed a reflection of the state control for meeting the public inertest. This illustrates the principle of urban regulation combined with communal encouragement of innovation" Id.).

세기에 로크(Locke)에 의해 재산권의 토대 법리가 되었다. 중세에 시행되었던 기술에 대하여 독점을 부여하는 제도에 의하여 영업비밀과 특허제도가 발전하는 계기가 되었다고 할 수 있다.

2. 길드와 영업비밀

가. 사회재산(communal property)으로서 영업비밀

특허제도가 국가 제도로 처음 나타난 유럽에서 특허제도는 자국 기술과 산업을 발전시키기 위하여 외국의 기술자에 대한 유인책, 즉, 기술자를 스카웃하는 한 방법으로 사용되었다.[210] 외국의 기술 수입은 특허제도의 기원을 이루었다.[211] 목숨을 걸고 기술을 가져온 기술자에 대한 보상이었다. 1615년 영국의 Cloth Workers of Ipswich 사건[212] 판결에는 "But if a man hath brought in a new invention and a new trade within the kingdom, in peril of his life, and consumption of his estate or stock, &c."라고 언급하고 있는데, 그 당시 기술과 함께 외국에 이민을 하는 것은 목숨을 건 행위라는 것을 알 수 있고, 특허는 그의 목숨을 건 행위에 대한 보상이란 의미도 있었음을 알 수 있다.

일정기간 특허부여를 통한 외국 기술자의 이민정책은 이미 베니스와 유럽대륙에서 시작된 정책이었다.[213] 베니스는 투르크 제국에 패망한 동유럽

---

210) E. W. Hulme, The History of the Patent System under the Prerogative and at Common Law, 12 L.Q.R. 141-154 (1896).

211) Edward C. Walterscheid, Novelty in Historical Perspective (Part I), 75 JPTOS 689, 691 (1993).

212) The Cloth Workers of Ipswich, Godb. R. 252 (1614).

213) Bruce W. Bugbee, Genesis of American Patent and Copyright Law, Public Affairs

과 서아시아 및 아랍권의 영역에 거주하던 기술자를 이민으로 유치하기 위해 보상정책으로 특허제도를 운영하고 특허법을 제정하였다.[214] 그 뿐만 아니라 경쟁자 유럽대륙보다 기술발전에서 뒤쳐져 있던 영국에서의 특허는 기술수입을 장려하는 것에 그 목적을 두고 있었다.[215] 따라서 영국에서도 유럽과 마찬가지로 기술의 수입은 장려되고, 반대로 기술의 수출은 엄격히 금지되었다.[216]

중세 기술의 발전은 장인과 장인이 속한 길드에서 이루어졌다. 그러나 다른 한편 길드는 자신들의 기술을 영업비밀로 유지함으로써 기술과 지식의 사회적 확산을 제한하는 역할을 하였다. 그러한 기술에 대한 통제가 오히려 기술자들의 타 지역으로 이민가는 것을 부추긴 면이 있고, 이는 기술확산에 기여한 면이 있다.

중세가 끝나가던 무렵 1414년 영국에서 발생한 "Dyer's Case"[217] 사건에서 길드에서 일한 도제가 어떤 상황에 있었는지를 잘 알 수 있다. 본 사건은 마스터(master)와 도제(apprentice)사이에 도제기간이 끝나고 도제의 직업자유의 제한을 하는 사적 계약이 위법행위가 되는지 문제가 된 사건이다. 도제였던 John Dyer는 자신의 마스터인 원고에게 도제기간이 종료된 후 원고가 영업하는 마을에서 6개월 동안 원고의 영업과 동종의 영업거래

Press, 1967, pp. 12-42.

214) L. R. Bradford, Inventing Patents: A Story of Legal and Technical Transfer, 118 W. Va. L. Rev. 267, 270 (2015).

215) Justine Pila, The Requirement for an Invention in Patent Law, Oxford Univ. Press, 2010, p.14.

216) Joanna Kostylo, Commentary on the Venetian Statute on Industrial Brevets (1474) in edited by L. Bently & M. Kretschmer, 「Primary Sources on Copyright (1450-1900)」, www.copyrighthistory.org., 2008 (마지막방문 2018.3.12.). 프랑스는 스웨덴의 철기술자를 납치하기까지 했다. David J. Jeremy, Transatlantic Industrial Revolution: The Diffusion of Textile Technologies between Britain and America, 1790-1830s, MIT Press, 1981, pp.185-189.

217) Dyer's Case (1414) 2 Hen. V, fol. 5, pl. 26.

행위를 하지 않겠다는 약속을 원고에게는 피고에 대한 아무던 부담이 없이 피고의 일방적인 부담으로 하였다. 도제 수업이 종료된 후 원고가 피고를 상대로 법원에 위 계약의 이행을 청구하였으나, 법원은 위와 같이 일방의 영업을 제한하는 계약은 커먼로와 신(God)의 명령에 위반된다는 이유로 원고의 청구를 인정하지 않았다. 법원이 자연권적 권리로서 직업의 자유를 인정하였다는 점은 그 이후 영국에서 자연법과 이에 기초한 로크의 재산법 이론의 발전으로 이어진 것으로 판단된다. 다만 1624년 이후 영국에서 자연법에 기초한 특허권 이론은 이웃 프랑스에 비해 발전되지 않았다. 오히려 영국에서는 특허권을 자연권으로 보는 것에 대한 강한 반감이 존재했던 것으로 보이는데,[218] 자연권을 기초로 하여 1624년 독점법을 제정한 영국이 자연권에 기초한 특허권이론을 발전시키지 않은 것은 매우 흥미롭다.

그 당시 도제는 위 계약에서 알 수 있는 바와 같이 자신의 직업을 수행하기 위해서는 다른 도시로 이주할 수 밖에 없었지만 다른 도시로의 이주는 기술유출이라는 문제에 부딪히게 된다. 길드가 발달한 베니스에서 시(市)와 길드는 자신들의 전문성을 확보하기 위하여 기술의 외부유출에 대하여 엄격한 규제를 하였다. 예컨대 유리세공기술을 가진 베니스의 베트라이(Vetrai) 길드는 자신들의 이익을 보호하기 위하여 유리세공기술 자체와 유리세공에 관련된 정보 그리고 유리세공 기능의 외부 유출을 엄격히 금지하였다.[219] 유리세공기술은 베니스에 이익이 되도록 사용해야 하는 사회재

---

218) Adam Mossoff, Rethinking the Development of Patents: An Intellectual History, 1550-1800, 52 Hastings L.J. 1255 (2001).

219) Pamela O. Long, Invention, Authorship, "Intellectual Property," and the Origin of Patents: Notes toward a Conceptual History, 32 Technology and Culture 846, 874 (1991) (기술유출에 관한 자세한 사례를 제시하고 있다.); Joanna Kostylo, From Gunpowder to Print: The Common Origins of Copyright and Patent in edited by Ronan Deazley, Martin Kretschmer, Lionel Bently, Privilege and Property: Essays on the History of Copyright, Open Book Publishers, 2010. p. 33.

산(communal property)으로 간주되었다.[220] 1271년에 베니스의 길드 참사회의(guild capitularies)는 유리세공기술을 외부에서 실시할 목적으로 베니스 밖으로 유출하면 벌금에 처한다고 경고하였다.[221] 1295년에 대의회(Great Council)는 트레비소(Treviso), 빈센차(Vincenza), 파두아(Padua), 만투아(Mantua), 페라라(Ferrara), 안코나(Ancona) 및 볼로냐(Bologna) 등의 경쟁도시에 유리 용광로 기술이 유출된 것에 대하여 깊은 유감을 표시하고, 기술을 유출한 자는 베니스에서 일하는 것을 금하는 조례를 제정했다.[222] 궁극적으로 이러한 기술유출은 베니스에 위협이 되었으므로 사형으로까지 처벌하였다. 제노바의 경우에도 이와 다른 것이 없었다. 제노바는 기술자의 타 지역으로 이민으로 인하여 기술 경쟁력을 상실하였다. 그리하여 1529년에 제노바 시는 도망간 기술자를 죽이는 경우에 200 두캇에 이르는 상금을 부여하였다. 루카(Lucca) 시(市)도 1314년 이래 외부로 이민 간 기술자를 죽이는 경우에 포상금을 제시하였다. 피렌체도 이민 간 기술자를 참수형에 처하였다.[223]

---

220) Pamela O. Long, Invention, Authorship, "Intellectual Property," and the Origin of Patents: Notes toward a Conceptual History, 32 Technology and Culture 846, 873 (1991); Joanna Kostylo, From Gunpowder to Print: The Common Origins of Copyright and Patent in edited by Ronan Deazley, Martin Kretschmer, Lionel Bently, Privilege and Property: Essays on the History of Copyright, Open Book Publishers, 2010. p. 33. ("anyone of the aforementioned art who will have gone out beyond Venice with the aim of practicing the said art").

221) Ids.

222) Ids.

223) Pamela O. Long, Invention, Authorship, "Intellectual Property," and the Origin of Patents: Notes toward a Conceptual History, 32 Technology and Culture 846, 873 (1991); Joanna Kostylo, From Gunpowder to Print: The Common Origins of Copyright and Patent in edited by Ronan Deazley, Martin Kretschmer, Lionel Bently, Privilege and Property: Essays on the History of Copyright, Open Book Publishers, 2010. p. 34.

길드 기술의 외부유출에 대한 사회적 통제는 13세기 후반기부터 만연되었던 것으로 보인다.224) 1408년 헨리 4세 시대에 영국 런던의 칼 대장장이 길드(Bladesmythes guild)의 장인들은 런던 시장과 부시장에게 다음과 같은 내용이 포함된 청원을 하였다.

> [t]hat no one of the said trade shall teach his journeymen the secrets of his trade as he would his apprentice' on pain aforesaid.225)

도제수업이 끝난 자유로운 장인에게는 어느 누구도 자신의 비밀을 가르치려고 하지 않았다는 것이다.

15세기 영국에서도 이탈리아의 여러 도시와 같이 시(市)에서 길드에게 특허를 부여하고 통제를 하고 있었으므로 길드의 영업비밀을 누설한 행위에 대한 처벌도 시의 통제하에 있었던 것으로 추측이 된다. 이는 길드의 영업비밀이 단순한 개인 재산으로 인정되는 것이 아니라, 사회적 통제에 있는 개인 재산으로 여겨진 것을 나타낸다고 할 수 있다.226)

1474년 플로렌스의 비단 길드는

> It has been noted that certain fabricators of figured serge, by their own

---

224) Frank D. Prager, The Early Growth and Influence of Intellectual Property, 34 J. PAT. OFF. Soc'y 106, 119 (1952). 13세기 후반에 네덜란드, 베니스, 영국 등의 국가에서 기술을 가져온 기술자들에 대하여 독점을 부여하는 령(令)을 제정하였다고 한다. 그 이외의 국가나 도시국가 등에서도 기술자가 가져온 영업비밀에 대하여 특허로 보호했다.

225) Articles of the Bladesmiths. 10 Henry IV. A.D. 1408. Letter-Book I. fol. 1xxiii. (벌칙은 "the first time that a person shall be so convicted thereof, 6s. 8d.; the second time, 10s.; the third time, 13s. 4d.; and so, 13s. 4d." 이다.)

226) K. B. Saleena, Evolution of Pre-Statutory Limitations to Patent Rights: Analytical Study, 2 (11) East African Scholars J Econ Bus Manag, 696, 690 (2019).

efforts, have invented designs and patterns for figured serge, and that
many other fabricators of such material are trying by means of fraud
and deceit to steal such patterns from said fabricators.

라고 길드 규약을 규정하여, 사기(fraud)와 절도(steal)를 금지하여 기술에
대하여 사실상 독점권을 인정했다.[227] 절도의 의미는 타인의 것을 가져오
는 것을 의미하기 때문에 현대적 의미의 재산이나 재산권의 관념과 동일하
지는 않다고 하더라도 그 당시 플로렌스의 실크길드가 취한 것은 장인
(master)이 그 자신의 노력에 의하여 개발하거나 새롭게 발명해 낸 새로운
디자인의 패턴은 그의 노력에 의한 것으로서 그것은 그의 재산이라는 사고
로 인한 것이라는 주장도 있다.[228] 그러나 그와 같은 절도라는 단어는 사
회재산(communal property)에서도 사용될 수 있으므로 기술에 대한 근본적
인 법률적인 접근을 변경하지는 못한다고 생각된다. 물론 그 당시의 기술
이 외부로 알려지는 것을 막기 위한 것이므로 19세기 초에 시작된 개인의
권리 보호로서 영업비밀보호 법리의 기원이 된다고 함에는 변함이 없다.
왜냐하면 그와 같은 기술을 가지고 외국이나 타 도시로 이민간 기술자는
그 기술에 대하여 특허를 받거나 자신의 영업비밀로 보호하였기 때문이다.
다만 사회재산이라는 개념은 19세기 말부터 20세기 초반에 다시 부활했는
데, 이때 특허는 결국 사회에 이익을 주는 것이므로 사회재산이라고 언급
되었다.[229] 길드의 영업비밀이 사회재산이라는 개념이나 특허가 사회재산

---

227) 플로렌스의 모직 길드도 실크 길드를 모방하여 같은 조항을 두고 있었다. Frank D.
Prager, The Early Growth and Influence of Intellectual Property, 34 J. PAT. OFF.
Soc'y 106, 127 (1952).

228) Id.

229) Friedrich von Wieser, Social Economics, 1927(first published in 1914), p. 223.
United States. Congress. Senate. Judiciary, Economic Review of Patent System, 1958,
p. 26.

이라는 개념은 영업비밀이나 특허에 의하여 새로운 물품이 생산 판매되어 그러한 새로운 상품으로부터 경제적 이익을 보는 주체는 결국 사회 구성원 전체라는 개념에서는 같다.

특허가 사회적 재산이라는 공공성 개념은 1873년 비엔나 만국 박람회(Vienna World's Fair)가 열리면서 개최된 비엔나 회의에서 인정된 발명의 강제개시(compulsory working) 조항과 1883년 파리협약의 강제실시(compulsory license) 조항에 반영되어 있다. 다만 이때에는 길드에서의 법원리가 부활한 것이 아니라 19세기의 정치경제적인 변화에 따라 독점제도는 사회적인 해를 가져오고 독점에 대한 공공성 강화 수단 내지 통제수단으로 특허에 대한 공적 제한이 시작된 것으로 판단된다. 이때 서유럽에서는 유체재산권의 개념도 자연권적 재산권에서 사회적 통제가 가능한 실정법적 제도라는 개념으로 변화하기 시작한다.

나. 길드의 영업비밀의 외부 유출과 특허에 의한 기술탈취의 유혹

중세의 영업비밀보호제도에도 불구하고 기술을 가지고 타 지역으로 이민가는 모든 경우를 막을 수는 없었다. 새로운 곳에 나타난 신기술과 지식은 새로운 혁신의 원동력이 되었고, 그러한 혁신을 장려하기 위해 그 신기술과 지식을 보호하는 법 제도들이 발생하였다. 신기술은 그 기술을 가져온 기술자와 장인들의 준재산(quasi property)으로 인정되었고, 그에 부가하여 신기술에 대한 우선권 논쟁도 발생했다.[230]

기술의 외부유출을 처벌한 것은 비단 유럽에서만 시행된 것은 아니었다. 이웃 중국도 화약기술이나 나침반, 비단 직조기술들이 외부에 유출되는 것을 금하였다. 따라서 기술이 외부에 수출되는 것은 현재에도 장려되는 것

---

230) Christopher May and Susan K. Sell, Intellectual Property Rights, a Critical History, Lynne Rienner Pub., 2006, p. 52.

은 아니다.231)

기술유출에 대하여 형사처벌을 함으로써 사실상 배타적인 권리를 부여
하였는데, 실제로도 특정 기술에 대하여 배타적인 권리를 부여한 경우가
많았다.232) 길드는 자신들이 가진 지식과 기술을 보호하기 위해 특정 지식
이나 기술에 대하여 배타적인 권리를 주장했다. 1432년 제노바의 실크길드
는 자신들의 규약을 제정하여 비단의 직조 지식과 기술에 대한 통제를 하
였는데, "if anyone of said guild has had some pattern or figure designed, no
on else shall have such figure or pattern worked"233)라고 규약하여, 최초로
특정 패턴을 도입한 길드 구성원에게 배타적인 권리를 부여했다. 디자인에
대한 특허제도가 발생한 것이다.

베니스에서 도입된 사회재산(communal property) 제도는 그 재산을 그
지역과 사회의 재산으로 간주하여 외부유출을 방지하는 역할을 하였다. 즉
사회재산(communal property) 제도는 영업비밀을 보호하는 역할을 하였지
만, 19세기 초반의 영업비밀보호와는 그 성격이 달랐다. 베니스에서 보호된
영업비밀은 사회재산(communal property)으로 간주되어 보호되었던 반면,
19세기 초반에 시작된 영업비밀보호는 개인의 재산으로서 보호되는 것을
의미하였으므로 사회재산(communal property) 제도는 19세기의 영업비밀보

---

231) 중국 송나라의 화약유출금지에 대해서는 Alexander Gillespie, A History of the Laws
of War: Volume 2: The Customs and Laws of War with Regards to Civilians in
Times of Conflict, Hart Publishing, 2011, p. 13. 조선시대에도 짧은 화살인 편전은
대표적인 군사기술이었기 때문에 여진족이나 왜군이 모방하는 것을 염려하여 국경
근처에서의 편전 사격 연습은 금지되었다. 그리고 예컨대, 우리나라도 최근에 산업
기술의 유출방지 및 보호에 관한 법률을 제정한 것을 상기해보라.

232) K. B. Saleena, Evolution of Pre-Statutory Limitations to Patent Rights: Analytical
Study, 2 (11) East African Scholars J Econ Bus Manag, 696, 698 (2019).

233) H. Sieveking, jb. f. Ges … V. & V., 1897 pp. 101, 122. citing Manuscript VII 25
of the University Library at Genoa.(Frank D. Prager, The Early Growth and Influence
of Intellectual Property, 34 J. PAT. OFF. Soc'y 106, 126 (1952)에서 재인용).

호제도의 기원이 될 수는 있지만, 그 보호의 토대를 이루는 법리는 다르다. 오히려 길드의 기술유출 통제는 국가에 의한 기술의 외부 유출의 통제, 즉 산업기술유출방지제도나 수출통제제도와 좀 더 유사하다.

기술유출에 대한 엄격한 처벌은 기술자의 이동을 제한하여 무형의 재산을 이루는 기술과 지식을 보호하고자 한 것이다.[234] 이러한 기술유출에 대한 통제는 기술 수출에 대하여 부정적 전통을 확립하였다고 할 수 있다. 따라서 특허제도는 기술유입을 위한 정책에 따라 시행된 측면이 강하였고, 기술 수출은 곧 외국의 경쟁자의 등장을 의미하였으므로 특허권의 형성에 있어서 수출에 대한 권리는 특허권의 지분적 권리, 즉 특허권의 실시권의 일부로 전연 고려가 되지 않았다.

문헌에 나타난 바에 의하면, 1557년 영국의 엘리자베스 여왕은 햄보로 (Hamborough)회사에게 영구적으로 3만 의복(clothes)등의 상품을 수출할 수 있는 특허권을 부여한 적이 있었지만,[235] 이 당시의 특허는 현재 특허법에서 논하는 특허와는 다른 특허이다. 특정한 천연자원이나 상품 등을 수출할 권리를 특허에 의하여 부여한 것으로 이는 면세점 특허와 같은 행정법상의 허가, 인가 또는 면허 제도에 불과하고(bad patent) 발명이나 기술의 새로운 발명에 부여된 것이 아니다.

다. 사적재산(private property) 개념의 발전

현대의 영업비밀과 같이 개인의 재산권 내지 개인의 이익을 보호하기 위

---

234) Pamela O. Long, Invention, Authorship, "Intellectual Property," and the Origin of Patents: Notes toward a Conceptual History, 32 Technology and Culture 846 (1991) 은 길드에서 지적재산권 개념이 발전하였다고 한다.

235) John Raithby ed., The Statutes at Large, of England and of Great-Britain: From Magna Carta to the Union of the Kingdoms of Great Britain and Ireland 1751-1767 (vol 6), p. 650.

한 제도로서 영업비밀보호제도는 아마도 유럽 여러 지역에서 발전하였을 것으로 추측된다. 18세기 영국은 산업혁명의 기점이 되었는데, 산업혁명이 발생하기 이전인 17세기 영국에서 사적 재산으로서 영업비밀개념이 등장하기 시작했다. 이는 중세 길드 시대에 국가나 도시정부의 통제와 사회적 재산의 개념이 존재하였던 것에서 로크(Locke)가 강조한 자연법 철학의 영향으로 인하여 개인의 노동의 결과에 대하여 사적 재산으로 인식한 것으로 볼 수 있다.

길드의 기술독점은 외부에 의해 제한이 되기 시작했다. 이는 길드 자신이 자신의 기술유출을 스스로 통제하여야 하는 것을 의미하였으므로 사적 재산으로서의 영업비밀이 발전할 수 밖에 없었던 것으로 보인다. 1615년 영국 the Clothworkers of Ipswich 사건236)은, 1624년 영국 독점법의 제정으로 이어진 사건으로 유명한데, 국왕 제임스로부터 특허를 받은 길드의 회원이 아닌 직조공이 직물을 제조하여 판매하자, 길드가 특허권을 주장한 사건이다. 커먼로 법원은 왕이 부여한 길드의 특허권을 제한하고 직업의 자유를 생래적인 인권, 즉 자연권에 기반한 권리로 인정하여 길드의 특허권 주장을 기각했다.237)

---

236) The Cloth Workers of Ipswich, Godb. R. 252 (1614).

237) The Cloth Workers of Ipswich, Godb. R. 252 (1614) 사건의 법원 판결은 다음과 같다:

> It was agreed by the Court, that the King might make corporations ⋯ but thereby they cannot make a monopoly for that is to take away free-trade, which is the birthright of every subject. ⋯ But if a man hath brought in a new invention and a new trade within the kingdom, in peril of his life, and consumption of his estate or stock, &c. or if a man hath made a new discovery of any thing, in such cases the King of his grace and favour, in recompense of his costs and travail, may grant by charter unto him, that he only shall use such a trade or trafique for a certain time, because at first the people of the kingdom are ignorant, and have not the knowledge or skill to use it: but when that patent is expired, the King cannot make a new grant thereof: for when the

위 판결에서 법원은 특허를 부여한 것에 대한 법원리에 대하여 언급했다. 법원은 명시적으로 독점의 정당성에 대하여 판시했다. 법원은 새로운 산업과 영국인에 대한 지식의 전달에 대하여 언급하면서 특히 이미 영국에 존재하는 산업에 대하여는 특허를 부여할 수 없음을 강조했다. 다만 위 판결은 특허를 왕의 특권에 기한 것이라는 바탕위에 있었기 때문에 한계가 존재했다.

현재의 영업비밀보호제도와 연결되는 것으로 보이는 영업비밀보호를 위한 길드의 정관이 존재하였다. 1631년 영국의 시계길드는 "discover or disclose any of the lawful secrets concerning the said Trade, Art, or Mystery of Clock-Making in their own occupation, or any secret counsel of the said Company, which ought in reason and conscience secretly to be kept, without any utterance thereof, to any other person, of another Mystery, and out of the same Company, …"238) 라는 정관규정을 두고 있었다. 위 정관내용은 비밀인 시계제조방법에 대하여 발설하지 않도록 하는 것이었는데, 베니스의 길드가 가지고 있는 영업비밀과 다른 점은 베니스 등에 있어서는 그 길드가 있었던 시(市)가 길드가 가진 기술을 공식적으로 통제하였음에 비하여, 영국 런던의 시계길드는 그 길드가 있었던 런던시에 의한 공식적인 통제가 아닌 길드 자체의 정관 규약에 의하여 사적 통제를 하였다는 것이다. 이와 같은 사적 통제가 행해졌다는 것은 영업비밀을 사적재산으로 보았다는 것을 의미한다. 그와 같은 영업비밀의 통제는 지속되었다. 그리하여 영업비밀의 보유자는 자신의 영업비밀이 지켜지기 원했고 공개적으로 비밀

---

trade is become common, and others have been bound apprentices in the same trade, there is no reason that such should be forbidden to use it. Thus, it was held that the Crown might lawfully grant exclusive privileges in a new invention, a new discovery or a new trade within the realm, for a limited time.

238) Worshipful Company of Clockmakers, Charter and Bye Laws of the Worshipful Company of Clock Makers of the City of London, (1825) Ch. 32. p. 67.

인 작업을 하여 기술이 공개되는 것을 통제했다.[239]

이러한 사회재산으로서의 사회개념은 로크의 사적재산에 대한 비판에도 제기되었다. 노동의 과정에서 사용되는 기술, 기능, 도구, 발명이나 발견 등 공유재산은 사회재산이므로 노동의 결과에 대하여 순전히 사적재산만을 인정하는 것은 타당성이 부족하다는 것이다.[240]

3. 영업비밀 요건과 재산권성의 형성

가. 서론

영업비밀을 법적으로 보호한 것은 로마시대의 기록에서 인정된다.[241] 로마시대에는 다른 사람의 노예에 대하여 뇌물을 제공하거나 협박하여 그 노예 주인의 영업비밀을 취득하는 행위는 소송의 원인이 되었다. 이를 "actio servi corrupti"[242]라고 한다.[243] 만일 영업비밀이 공개되었다면 2배의 손해

---

239) Charles Welch, History of the Worshipful Company of Pewterers of the City of London: Based Upon Their Own Records Hardcover, 2016 (reprined), pp. 34-35.

240) Edwin C. Hettinger, "Justifying Intellectual Property," Philosophy and Public Affairs, 18: p. 38 (1989); Ruth Grant, John Locke's Liberalism, Univ. of Chicago Press. 1987 p. 112; John Rawls, A Theory of Justice, Harvard Univ Press, 1971, p. 104.

241) Edmond Gabbay, All the King's Horses-Irreparable Harm in Trade Secret Litigation, 52 Fordham L. Rev. 804, 808 (1984).

242) A. Arthur Schiller, Trade Secrets and the Roman Law; The Actio Servi Corrupti, 30 Columbia Law Review, 837-845 (1930).

243) 로마시대에 주인과 노예사이에 인정되었던 "actio servi corrupti" 법리를 대리인과 의뢰인 사이의 특권의 기원으로 보는 견해도 있다. Marshall Williams, The Scope of the Corporate Attorney-Client, Privilege in View of Reason and Experience, 25 HOW. L.J. 425, 426 (1982); Alan Watson, Trade Secrets and Roman Law: the Myth Exploded, 1 Tul. EUR. & Civ. L.F. 19, 21 (1996)

를 배상하도록 하였다.

중세에는 도시와 국가 간의 경쟁관계에서 기술을 가진 기술자가 다른 도시나 국가로로 이주하는 것을 금지하는 것으로 나타났다.244) 중세에는 길드를 중심으로 장인에 의하여 개발된 기술을 습득한 도제에 의하여 기술이 유출되는 것을 방지하는 법리를 중심으로 발전하였다.

이러한 초기의 영업비밀보호제도는 현재의 제3자의 채권침해와 같이 당사자 간의 신뢰관계가 성립하거나 계약관계가 존재하는 경우에 그러한 관계를 제3자가 침해하는 행위이거나 영업비밀보호의무가 부과되는 신뢰관계나 계약관계의 당사자에 의해 영업비밀이 침해되는 것으로 인정되었고, 영업비밀은 이러한 침해로부터 보호되었다. 즉 영업비밀은 신뢰관계가 형성되는 경우에 보호되었다. 단순히 계약관계가 존재한다고 하여 영업비밀이 보호되는 것은 아니었다. 계약관계에서 영업비밀이 보호되기 위해서는 명시적인 영업비밀을 보호하는 조항이 필요하거나, 예외적으로 묵시적으로 영업비밀을 보호하기로 하는 의무가 발생하는 정황이 필요했다.

그 이후 19세기에 영업비밀보호법은 비밀성유지의무를 부과하는 판결들이 나오기 시작하였는데, 이는 영업비밀보호법리가 신뢰관계나 계약관계의 침해 뿐만 아니라 재산침해법리를 수용하는 것, 즉 재산법리를 수용하는 것으로 나타났다. 다시 말하면 영업비밀을 유지하기 위한 노력은 영업비밀보호법리가 발전하게 된 중요한 전환점이 된 것이다.245) 재산권 법리는 영업비밀보호에 관한 법률의 형성에도 영향을 미쳤다. 영업비밀은 신뢰관계 내지 계약관계의 침해라는 특정인에 대한 권리의 개념이 아닌 그 영업비밀인 정보나 아이디어 자체에 대한 권리로 보는, 즉 재산권으로도 주장되

---

244) 이에 대해서는 나종갑, 특허제도와 신규성 개념의 형성, 그리고 특허권자의 수출할 권리, 산업재산권, 한국지식재산학회 2016, v. 55, 71면.

245) 상당한 노력과 합리적인 노력을 구별한 판결은 예컨대, 의정부지방법원 2016. 9. 27. 선고 2016노1670 판결 (대법원 2016도17110 판결에 의해 확정).

었다.246)

우리나라에서는 중소기업이면 무조건 보호받아야 한다는 정치적 선동이나 정치적 이념에 의하여 영업비밀의 비밀성 유지노력의 정도를 낮추면 영업비밀이 많이 보호된다는 매우 단순한 사고가 존재하고 있다. 이로 인하여 영업비밀의 비밀성 요건은 상당한 노력에서 합리적인 노력으로, 그리고 현재에는 비밀로 관리되면 족한 것으로서 비밀성 유지노력은 필요없는 것으로 규정되어 있다. 그러나 직관적으로 중소기업의 영업비밀을 보호하기 위하여 상당한 노력이나 합리적인이 아닌 그 노력의 정도를 낮추면 영업비밀이 많이 보호된다는 사고는 영업비밀보호 법리의 기본 지식이 결여된 것이다.

영업비밀의 초기 개념은 계약관계 또는 신뢰관계상 주고받은 정보를 보호하는 것으로부터 시작되었다. 영업비밀보호의 본질과 관련되어 계약관계와 신뢰관계를 근거로 하였고, 나아가 신뢰관계침해에 대하여 형평(equity)을 바탕으로 하여 금지명령을 인정하기 시작하였다. 금지명령의 인정은 영업비밀에 대하여 재산권성을 인정하기 시작하는 계기가 되었다. 비밀성 유지노력은 영업비밀의 경제적 가치와 재산의 존재를 나타내는 명인방법(明認方法)과 같이 재산권성을 나타내는 표지에 해당한다. 다른 표현을 한다면 영업비밀의 보호를 강화하기 위해서는 영업비밀에 대하여 재산적 법리를 도입하는 것이고 그와 같이 하기 위해서는 그 영업비밀의 가치에 부합하는 상당한 또는 합리적인 영업비밀성 유지노력이 필요한 것이다.

---

246) Arnold S. Weinrib, Information and Property, 38 U. Toronto L.J. 117, 133 (1988).

나. 영국

(1) 자연법적 전통과 공리주의의 등장: 개요

중세 길드에서는 영업비밀은 사회재산(communal property)으로 간주되어, 영업비밀의 관리는 단순히 길드만의 문제가 아니라 그 길드가 속한 국가나 도시에서 통제하고 관리하는 것으로 나타났다. 이는 현대의 국가의 핵심기술이나 군사기술에 대하여 국가가 통제 관리하는 제도로 나타나고 있다. 그렇지만 다른 한편으로 영업비밀은 개인의 재산으로 인정되기 시작했다.

로크(Locke)의 자연권 철학은 인간의 노력에 의하여 취득한 결과물은 그 인간의 것은 신의 명령이라고 하였으므로 인간의 재산은 자연권의 토대 위에 있었다. 17세기 영국은 로크가 활동하였던 것에서 알 수 있듯이 특허나 영업비밀, 저작물에 대해서 그것을 창작하거나 노력하여 취득한 자의 자연권적 재산권이라는 관념하에 있었다.

앞서 언급한 바와 같이 영국은 로크의 철학이나 커먼로를 정리한 윌리엄 블랙스톤(William Blackstone)의 법이론에 의하여 자연법과 절대적 권리 개념을 수용하였다고 할 수 있다. 그럼에도 불구하고 18세기 중후반의 '서적상 들의 전쟁'("Battle of Booksellers")을 통하여 영국 법원 판결에는 인간의 창작에 의한 권리, 즉 발명이나 저작물에 대한 권리의 본질에 대하여 공리주의적 도구주의(Utilitarian Institutionalism)가 침습하기 시작했다.

영국에서 특허의 본질이 자연권적 성격으로부터 독립되기 시작한 것은 특히 16세기 후반 엘리자베스 여왕의 집권기 동안에 특허 독점에 대한 폐해를 격으면서 강한 특허권과 독점이 어떠한 사회 경제적 결과를 가져오는지에 대하여 생생한 경험을 하였기 때문인 것으로 이해된다. 따라서 영국은 로크의 자연법 사상이나 커먼로상의 절대적인 권리개념에도 불구하고 발명에 대한 권리(영업비밀이 이에 해당할 수 있다)나 특허권을 자연권에 기반한 강한 권리로 설계하지는 않았다고 판단된다. 나아가 이러한 규범에 대한 토대를 제공한 것은 18세기 후반기 이후 영국의 벤담(Jeremy Bentham) 과 존 스튜어트 밀(John Stuart Mill)의 공리주의(Utilitarianism) 철학이었다 고 판단된다. 또한 자연법사상을 계승한 것으로 알려진 경제학자 아담 스미스(Adam Smith) 역시 예외적이고 일시적인 독점은 발명이나 저술을 위한 인센티브라고 하여247) 공리주의적 전통에 의견을 보탰다.

이와 같이 18세기 후반 이후 영국 법원이 인간의 정신적인 창작에 대하여 자연권으로 수용하지 않는 것은 영국에서의 특허권의 폐해 때문이었고, 영국의 공리주의 철학은 로크의 자연법에 기초한 재산권 철학을 포기하고 공리주의적 도구주의(Utilitarian Institutionalism)로 변화한 것으로 판단된다.

영국에서 1624년 독점법(Statute of Monopolies)을 제정하게 된 경위는 왕이 부여한 특권(prerogatives)의 폐해에 대한 인식으로부터 시작되었고248)

---

247) Adam Smith, Wealth of Nations ("World's Classics"; London:) Bk. V, chap. i, Part III, p. 388.

248) 영국의 역사학자 David Hume (David Hume·Tobias George Smollett, History of England from the Invasion of Julius Caesar to the Revolution in 1688, J. F. Dove, St. John's Square, 1825, Vol. 2, p. 501)은 엘리자베스 여왕 시대에 특허로 인한 처참하고 열악한 상황에 대하여 다음과 같이 기술하고 있다:

The active reign of Elizabeth had enabled many persons to distinguish themselves in civil and military employments; and the queen, who was not able from her revenue to give them any rewards proportioned to their services, had made use of an expedient which had been employed by her predecessors, but which had never been carried to such an extreme as under her administration. She granted her servants and courtiers patents for monopolies; and these patents they sold to others, who were thereby enabled to raise commodities to what price they pleased, and who put invincible restraints upon all commerce, industry and emulation in the arts. It is astonishing to consider the number and importance of those commodities which were thus assigned over to patentees. Currants, salt, iron, powder, cards, calf-skins, fells, pouldavies, ox shin-bones, train oil, lists of cloth, pot-ashes, anise-seeds, vinegar, sea-coals, steel, acquavitae, brushes, pots, bottles, saltpetre, lead, accidences, oil, calamine stone, oil of blubber, glasses, paper, starch, tin, sulphur, new drapery, dried pilchards, transportation of iron ordnance, of beer, of horn, of leather, importation of Spanish wool, of Irish yarn; these are but a part of the commodities which had been appropriated to monopolists. When this list was read in the House, a member cried, "Is not bread in the number?" "Bread," said every one in astonishment. "Yes, I assure you," replied he, "if affairs go on at this rate, we shall have bread reduced to a monopoly before next parliament." These monopolists were to exorbitant in their demands that in some places they raised the price of salt from sixteen pence a bushel to fourteen or fifteen shillings. Such high profits naturally begat intruders upon their commerce; and, in order to secure themselves against encroachments, the patentees were armed with high and arbitrary powers from the council, by which they were enabled to oppress the people at pleasure, and to exact money from such as they thought proper to accuse of interfering with their patent. The patentees of saltpetre, having the power of entering into every house and of committing what havoc they pleased in stables, cellars or wherever they suspected saltpetre might be gathered, commonly extorted money from those who desired to free themselves from this damage or trouble. And while all domestic intercourse was thus restrained, lest any scope should remain for industry, almost every species of foreign commerce was confined to exclusive companies, who bough and sold at any price that they themselves thought proper to offer or exact. [번역: 엘리자베스의 통치기간은 많은 사람으로 하여금 시민 및 군사 의무와 자신을 구별하도록 하였다; 그리고 자신의 수입을 그들에게 그들이 제공한 각 서비스에 대한 어떠한 보상도 제공할 수 없었던 여왕은 선조들이 만든, 그러나 그녀의 통치하에서 행사되지 않은 임시방편을 사용한다. 여왕은 신하들에게 독점에 대한 특허를 부여한다; 그리고 그들은 그러한 특허를 자신들이 원하는 가격으로 해당 상품들을 판매하고 모든 상거래, 산업 그리고 예술에서의 경쟁에 아무도 경쟁할 수 없는 제한을 할 수 있는 사람들에게 판매한다. 특허권자에게 양도되는 그러한 상품의 종류와 중요성을 고려해 본다면 믿기 힘들 정도이다. 건포도, 소금, 철, 파우더, 카드, 송아지 가죽, 벌목, 캔버스 천(pouldavies), 황소 정강이 뼈, 고래기름, 옷감들, 탄산칼륨, 애니스 씨앗, 역청탄, 철, 에탄올 수용액(acquavitae), 솥, 냄비, 병, 초석(saltpetre), 납, accidences, 오일, 칼라민 광석, 생선기름, 유리, 종이, 전분, 주석, 유황, 포목, 정어리 및 철, 맥주, 뿔피리, 가죽군수품의 수송, 및 스페인 모직과 아일랜드 방적사의 수입; 이러한 것들은 독점자들에게 배분된 물품의 일부이었다. 이러한 목록이 하원에 알려졌을 때, 한 의원은 빵은 없었는가라고 외쳤다.

이러한 왕이 부여한 특허의 폐해는 1603년 The Case of Monopolies[249])에서 제동이 걸렸다. 이때 법원에서 선언한 독점에 대한 법이념은 1624년 독점법에 반영되었다고 할 수 있다. 1624년 독점법 제6조는 특허권의 부여요건에 대하여 규정하고 있는데, 동 조항에는 "they be not contrary to law" 라고 규정되어 있었다. 즉 영국에서 특허는 법에 위반할 수 없는 매우 약한 권리로 설계될 수 밖에 없었다. 특허제도의 개혁에 대한 왕당파의 반대로 인하여 기존의 특허에 대한 개혁을 포기하여야 했다.

특허는 실정법에 위반되지 않아야 했을 뿐만 아니라 국가나 시민에게 해가 되지 않아야 했으므로[250]) 1624년 특허법에 의하여 창설된 발명에 대한 특허권은 강한 권리가 될 수 없었다. 그러한 연유로 인하여 영국은 에드워드 코크(Edward Coke), 존 로크(John Locke) 및 윌리엄 블랙스톤(William

---

모든 의원이 "빵" 하며 놀랐다. 예, 확신한다고 그가 말했다. 만일 이와 같이 [특허가] 지속된다면 우리는 다음 의회 회기 전에 빵도 독점 목록에 기재할 것입니다. 이러한 독점자들은 자신들의 욕구가 과도하여 소금가격을 부셸당 16펜스에서 14 또는 15 실링까지 올릴 것이다. 그러한 높은 수익은 자연적으로 [특허가 없는] 불법거래자를 특허권자들의 상거래에 유입시켰고, 그리고 그러한 불법 침입으로부터 특허권자 자신들을 보호하기 위하여 특허권자들은 지방의회로부터 임의적인 권력을 취득하였고, 그러한 권력을 취득하여 마음대로 시민을 억압할 수 있었고, 자신들의 특허를 침해한 것에 대한 적절한 청구라고 생각하는 금액을 받았다. 모든 가정과 마굿간, 포도주 창고 또는 초석이 있다고 특허권자가 의심하는 어느 곳에서 어떤 일(havoc)을 하던지 간에 문제가 되지 않는 초석 특허권자는 이와 같은 [일(havoc)로 인한] 손해나 문제가 발생하지 않기를 원하는 사람으로부터 돈을 받는 것이 일반적이었다. 그리고 모든 국내 거래는 제한이 되는 동안, 어느 범위도 산업에 남아 있지 않게 되고, 거의 모든 종류의 외국 상거래는 자신들이 적절하다고 판단하는 가격에 구입하거나 판매할 수 있는 독점적인 회사에게 귀속되었다.]

249) Edward Darcy Esquire v Thomas Allin of London Haberdasher(Darcy v. Allin), 74 ER 1131 (1602).

250) 법에 위반되지 않아야 할 뿐만 아니라 물가를 올리는 등으로 하여 상품거래나 국가에 해가 되지 않아야(nor mischievous to the State, by raisinge prices of Comodities at home, or hurt of Trade, or generallie inconvenient) 했다.

Blackstone) 등에 의하여 자연권적 재산권의 인식과 그러한 인식으로부터 특허제도의 개혁을 하였음에도 불구하고, 1624년 독점법이 제정된 17세기와 18세기에 약한 재산권의 입장을 유지할 수 밖에 없었던 것으로 보인다. 그 뿐만 아니라 19세기에는 특허권에 대한 반특허운동이 발생하여 발명에 대한 재산적인 권리와 특허권의 본질은 실정법에 의하여 인정되는 권리로 인식된 것으로 보인다. 따라서 커먼로상의 발명에 대한 권리나 저작물에 대한 권리를 인정하기 어려운 정치적 사정이 존재했던 것으로 판단된다.

이러한 점은 경제사학자 Zonia Khan의 언급에서도 찾아 볼 수 있다. 그는 "patents were regarded as "pernicious monopolies", which had to be narrowly interpreted, monitored, and restricted."251) 라고 언급하고 있는 바, 이는 유럽에서의 특허에 대한 공포가 남아 있어 1624년 독점법을 제정하여 왕의 권한을 제한하였지만, 여전히 특허권에 대해서 엄격한 통제와 감시를 시행하였던 것이라고 할 수 있다. 그리하여 이러한 사회적 시선은 영국법을 계수한 미국과는 사뭇 다르다고 할 수 있다.252)

---

251) Zorina B. Khan, The Democratization of Invention: Patents and Copyrights in American Economic Development, 1790-1920, Cambridge Univ. Press, 2013 (reprinted ed.), p. 7. 그 당시 특허의 상황에 대해서 Khan은 다음과 같이 서술한다.

The legal system was biased against patents in general, and incremental improvements in particular. High transaction and monetary costs, as well as the prevailing prejudices toward nonelites, combined to create barriers to entry that excluded the poor or disadvantaged from making contributions to economic growth. Patent fees in England were so costly that they effectively (and indeed, consciously) excluded working-class inventors from patenting their discoveries. As a result, trade secrecy likely played a more prominent part in protecting new discoveries, diffusion was certainly inhibited, potential inventors faced a great deal of uncertainty, markets were thin, and the rate of technological change may have been adversely influenced.

Id.

252) The Executive Documents printed by order of the Senate of the United States for the First Session of the Forty-Third Congress, 1873-74, 523 of 1181 (1874) ("The

영국의 정치적 상황은 영구적 권리인 커먼로 상의 발명에 대한 권리나 저작물에 대한 권리를 부인한 것으로 볼 수 있다. 영국법을 계수한 미국의 경우, 연방대법원이 Wheaton v. Peters 사건[253]에서 커먼로 저작권을 인정하여 영국과는 다른 길을 걸어왔다고 할 수 있다.

이러한 영국의 법리적 태도는 직무발명에 있어서도 미국과 다른 길을 걸어 왔다고 보인다. 영국은 직무발명에 있어 발명자주의를 취하는 미국과 달리 사용자주의를 취하고 있는데, 커먼로상의 권리를 인정하지 않는 경우에는 사용자주의와 부합한다. 16-17세기 영국 법원은 왕이 부여한 특허권은 커먼로상의 권리에 위반된다는 선례를 확립하여 왔는데, 발명에 대한 권리는 커먼로상의 권리에 위반될 수 없으므로 제정법상의 권리로 인정할 수 밖에 없고, 따라서 발명자의 권리는 'work for hire' 계약에 따라 발명이 이루어지면 그것은 그 계약에 따라 사용자에게 귀속되는 것으로 볼 수 있다.

(2) 자연법리의 소멸과 공리주의적 도구주의(Utilitarian Institutionalism)의 탄생

(가) 서적상들의 전쟁(the Battle of Booksellers)

영국에서는 영국 최초의 저작권법인 1710년 앤 여왕법이 제정된 이후에 제한된 기간동안 권리가 존속하는 제정법상의 저작권(institutional copyright)에 의하여 영구적인 권리인 자연법상의 저작권, 즉 커먼로 저작권(common law copyrights)이 소멸하는지가 문제가 되었다.

영국에서는 저작의 매체물에 대한 소유권인 커먼로 저작권은 1774년 Donaldson v Becket 사건[254] 이후로 인정되지 않았기 때문에 커먼로상의

---

patent-system of the United States is in many respects radically different from that of any other country.").
253) Wheaton v. Peters, 33 U.S. (8 Pet.) 591 (1834).

영구적인 권리로서 저작권의 문제가 발생할 수는 없었다. 주지하다시피 같은 커먼로 국가인 미국은 저작권법에 의한 실정법(저작권법)상의 저작권뿐만 아니라 토지에 대한 재산권에 대응하는 영구적인 권리로서 커먼로 저작권을 인정하고 있다.255)

영국에서 자연권상의 재산권과 로크(Locke)의 재산권 철학에 부합하는 커먼로상의 저작권은 Donaldson v Becket 사건 이전에도 문제가 되었는데, 그때에 영국에서는 커먼로상의 저작권을 인정하였다. 1710년 영국에서 저작권에 관한 법이지만 실질적으로는 출판권(copyright)에 관한 앤여왕법(the Statute of Anne 1710)이 제정되었다. 앤여왕법은 출판업자에 대하여 권리를 부여하는 법으로서 저작자의 권리를 보호하지는 못하였다. 사실 그 당시만 해도 출판사업은 모험과 같은 사업이었다. 출판은 많은 자본이 투입되어야 하는 사업이지만 출판으로 인한 성공은 불확실 했다. 그리하여 출판업자는 자신들의 권리를 보호할 필요성이 발생했고, 왕은 출판을 통제하여 자신에게 반대되는 글이 유통되는 것을 방지할 필요성이 있었다. 그리하여 출판업자와 왕과의 이해관계가 일치하여 앤여왕법을 제정하게 된 것이다. 앤여왕법의 제정에 따라 출판업자와 저작자의 분쟁은 증가하게 되었는데 저작자의 권리는 앤여왕법에 의한 출판으로 발생하는 1번의 갱신가능한 14년의 유한한 기간의 저작권자와 출판업자의 권리(소위 저작권)에도 불구하고 상속가능한 영구적인 권리, 자연법상의 권리로서 커먼로 저작권이 존재하는지가 문제가 되었다.

---

254) Donaldson v Becket, 2 Brown's Parl. Cases (2d ed.) 129, 1 Eng. Rep. 837; 4 Burr. 2408, 98 Eng. Rep. 257 (1774).

255) Wheaton v. Peters, 33 U.S. (8 Pet.) 591 (1834). 본 사건은 미국 연방대법원에서 최초로 저작권이 문제된 사건이다. 본 사건에서 미국연방대법원은 영구적인 권리로서 커먼로 저작권을 인정하고 있다.

(나) Midwinter v. Hamilton 사건

Midwinter v. Hamilton (1743-1748) 사건은 서적상과 출판업자들 사이의 전쟁의 시작을 알리는 사건이 되었다. 본 사건은 런던의 서적 판매상과 스코틀랜드의 서적 판매상 사이에 앤여왕법의 보호범위 밖에 있는 서적의 출판과 관련하여 발생된 30년간의 분쟁, "the Battle of Booksellers"의 신호탄이었다. 본 사건은 House of Lords에서 다룬 최초의 앤여왕법상의 저작권 사건으로, 그 법적 쟁점은 본 사건 이후에도 Millar v. Kincaid 사건[256], Tonson v. Collins 사건[257], Millar v Taylor 사건[258]과 Donaldson v Beckett 사건[259]으로 연결되었다.

(다) Millar v. Kincaid 사건

Millar v. Kincaid 사건은 Millar와 16명의 런던 서적판매상이 20명의 스코틀랜드의 서적판매상과 4명의 글래스고우 지역의 서적판매상을 불법복제혐의로 제소한 사건이다. 본 사건에서 문제된 서적들은 앤여왕법의 보호기간을 도과했고, 앤여왕법상 보호요건인 등록을 하지 않았다. 1심인 스코틀랜드 법원은 해당 서적은 Stationers' Company에 등록을 하지 않았으므로 원고들의 독점을 인정하지 않았다. 원고는 House of Lords에 상고했지만 원고들의 주장을 받아드리지 않았다.[260]

---

256) Millar v. Kincaid, 98 E.R. 210-13 (1751).

257) Tonson v. Collins, 1 Black W. 321 (1762).

258) Millar v Taylor, 4 Burr. 2303, 98 ER 201 (1769).

259) Donaldson v Becket, 2 Brown's Parl. Cases 129, 1 Eng. Rep. 837; 4 Burr. 2408, 98 Eng. Rep. 257; 17 Cobbett's Parl. Hist. 953 (1774).

260) Yamada Shoji trans. by Lynne E. Riggs, "Pirate" Publishing: The Battle Over Perpetual Copyright in Eighteenth-Century Britain, International Research Center for Japanese Studies, 2012, p. 32.

(라) Tonson v. Collins 사건

Tonson v. Collins 사건은 소송을 위해 원고가 피고를 만든 실질적으로 기망소송(champerty)에 해당하는 것으로 판명이 난 사건으로 두 개의 사건으로 구성되어 있다. 본 사건의 내용보다는 원고와 피고의 소송대리인으로 참여한 윌리엄 블랙스톤(William Blackstone)과 조셉 예이츠(Joseph Yates) 간의 법률논쟁으로 유명한 사건이다. 앤여왕법이 제정된 이후의 저작권의 기초에 관하여 블랙스톤(Blackstone)은 자연법주의자이었고, 예이츠(Yates)는 실정법주의자이었다. 사건을 담당한 맨스필드(Mansfield) 재판장은 출판되어 공개된 출판물은 공중에게 그 권리가 주어지는 것이 아니므로 공중은 이를 사용할 수 있을 뿐 복제하여 판매할 수 있는 권리는 없다고 판시하였지만, 형평법원에서 판결을 할 사안이 아니라 커먼로 법원(King's Bench)가 관할하는 사건이라고 하면서 이송을 명령했다.261)

(마) Millar v Taylor 사건

Millar v Taylor 사건에서는 커먼로 법원이 앤여왕법에도 불구하고 저작권자는 영구적이고 배타적인 커먼로상의 저작권을 가진다고 판시한 사건이다. 이 사건에 맨스필드(Mansfiled) 재판장은 저작자만이 자신의 저작물을 출판할지 여부를 결정할 권리가 있다고 판시했으나, 예이츠(Yates) 판사는 영구적 재산권으로 인하여 공중이 불이익을 받게된다는 이유로 커먼로 저작권의 존재를 부인했다.

본 사건은 스코틀랜드의 서적판매상인 Alexander Donaldson262)이 런던에 서점을 내고 앤여왕법상 28년의 보호기간이 지난 서적을 인쇄하여 판매하자 런던의 서적판매상인 Andrew Millar가 Donaldson을 상대로 금지명령

---

261) Id., pp. 36-42.
262) Alexander Donaldson은 Donaldson v. Becket 사건의 피고인 Donaldson과 같은 인물이다.

을 청구하는 소를 제기하였으나 본안에서 새로운 주석을 단 서적도 새로운
서적이라고 하여 Donaldson이 승소했고, 법원은 이 사건은 커먼로 사건으
로 커먼로 법원이 관할권을 가지고 있다는 이유로 커먼로 법원에 이송을
했다.[263] 이와 같이 패소를 하자, Millar는 베릭 지방에서 온 서적상 Robert
Taylor를 상대로 앤여왕법상의 28년의 보호기간 내에 있던 Edward Young
이란 시인의 시집에 대한 저작권 침해를 이유로 소를 제기했다. Tayler는
앤여왕법상 저작권 보호기간인 14년이 지난 경우에 저작권은 저작자에게
있고, 더 이상 출판업자에게 있지 않다고 주장했지만 받아 들이지 않았다.
Millar는 Tayler를 상대로 스코틀랜드의 시인인 James Thomson의 "The
Seasons"이라는 시집의 판매를 이유로 저작권 침해소송을 제기했다. Tayler
는 위 시집은 앤여왕법상 저작권 보호기간인 28년의 기간이 지난 것으로서
이미 그 시인이 사망하여 보호되는 권리가 없다고 주장했다. 형평 법원에
제기된 소는 커먼로 법원에 이송되었는데, 재판장 맨스필드(Mansfiled) 판
사는 저작권은 저작권자의 자연법상의 권리라고 판시하면서 앤여왕법에도
불구하고 저작권자의 커먼로상의 권리는 영향받지 않는다고 판시했다. 지
속적으로 커먼로 저작권을 반대한 예이츠(Yates) 판사는 앤여왕법에 의하
여 커먼로 저작권은 소멸한다고 소수의견을 냈다.

(바) Donaldson v Beckett 사건

Donaldson v Beckett 사건에서는 Lord 중에서는 Lord Thomas Lyttelton
만이 유일하게 앤여왕법상의 출판에도 불구하고 커먼로 저작권이 존재한
다고 판단하였고, 재판에 참여한 판사(judge)의 다수는 커먼로 저작권이
존재한다고 했다. 그러나 House of Lords는 출판에 의하여 커먼로상의 저

---

263) Osborne v Donaldson and Millar v Donaldson 311 ER 28: 924 (2 Eden 327) (Ch,
    1765).

작권은 소멸한다고 판시했다. 저작자에게는 앤여왕법상의 권리만이 남아
있고, 앤여왕법의 제정으로 인하여 커먼로상의 저작권은 소멸한다고 판시
했다.

　1770년 런던의 서적상인 Thomas Becket은 스코틀랜드 서적상인 Alexander
Donaldson을 상대로 Millar v. Tayler 사건에서 문제된 James Thomson의
"The Seasons" 시집의 판매금지 가처분을 형평법원에 제기했고, 법원은 임
시적 가처분을 내린다. 본안소송에서는 형법법상 커먼로 저작권의 영구적
권리를 인정하여 영구적 금지명령을 내렸는데, 이에 피고가 House of Lords
에 제소했다. House of Lords는 영국 국회의 상원인데, 정치기관일 뿐, 법적
해석에 대하여는 정통적인 전문가가 아니기 때문에 12명의 커먼로 판사가
참여하여 의견을 제시하는 관습이 있었다. 이에 법관들이 House of Lords
의 판결을 보좌하기 위해 참여하게 되었다. 문제된 같은 시집(The Seasons)
에 관한 판결에 참여했던 맨스필드(Mansfield) 판사를 제외하고 11명의 판
사가 의견을 제시했다.

　법관들의 다수의견은 커먼로가 제정법보다 우선하다고 의견을 제시했다.
즉 커먼로 저작권법상의 영구적 재산권이 의회의 제정법인 앤여왕법상의
권리보다 우선하다고 의견을 제시했지만, 이는 해당 사건의 쟁점(issue)은
아니었다. House of Lords는 사건의 쟁점이 되었던 앤여왕법의 제한적 보
호기간만 인정하여 줄 것인지 여부의 쟁점에 대하여 이를 긍정하는 판결을
내렸다. 이후 영국에서는 커먼로상의 저작권을 대체하는 제정법상의 권리,
즉 앤여왕법상의 제한된 기간동안의 저작권만 있다는 원칙이 성립하였다.
그리하여 사건의 쟁점이 아니었던 커먼로상의 영구적 권리, 즉 자연법을
기원으로 하는 권리는 소멸된 것으로 인정되는 결과가 되었다.

(사) 자연법 이론의 소멸과 공리주의적 도구주의의 출현

　영국이 커먼로 저작권을 인정하지 않게 된 것은 법리적인 이유가 아니라

정치적인 문제와 소송적인 이유 때문이라는 점은 지적되어야 한다. 앞서 본 바와 같이 Donaldson v Beckett 사건에서 House of Lords의 심리에 참여한 커먼로 법관의 다수는 커먼로 저작권은 앤여왕법에도 불구하고 여전히 존속한다는 의견이었지만, 위 법리가 House of Lords에서 인정되지 않은 것이 아니라 사건의 쟁점에 대한 판단 때문이었던 것을 지적할 수 있고, 출판업자와 서적상들의 영구적인 독점 시도는 불공정경쟁행위(unfair competition)가 되어 이로 인한 영국 사회와 의회인 House of Lords 등의 정치적 반감 때문이었던 것으로 판단된다. 특히 영국은 특허 독점에 대한 공포가 존재하고 있었다. 결과적으로 커먼로 저작권이 부인되는 것과 같은 결과가 되었고, 이후 영국은 같은 커먼로를 취하는 미국과 다른 길을 걸어가게 되었다. 영국의 위대한 철학자 존 로크(John Locke)와 법학자 에드워드 코크(Edward Coke), 윌리엄 블랙스톤(William Blackstone)이 주장한 자연법과 커먼로상의 영구적인 권리의 존부는 19세기 전반 미국에서 심판되게 된다.

저작물이 문제된 1769년 Millar v. Taylor 사건[264])에서 예이츠(Yates) 판사는

[t]hat the mere labour and study of the inventor, how intense and ingenious soever it may be, will establish no property in the invention, will establish no right to exclude others from making the same instrument, when once the inventor shall have published it.

라고 판시하여, 발명가의 단순한 노동이나 연구는, 발명가가 그것을 출판하면 그것이 얼마나 노력하고 창의적인 결과물인지에 불구하고 발명에 대한 재산권을 창설한다고 할 수 없고, 타인의 사용을 배제할 수 있는 배타적인 권리도 없다고 판시했다.

---

264) Millar v. Taylor, 4 Burr. 2303, 2387, 98 Eng. Rep. 201 (K.B. 1769).

이와 같은 예이츠(Yates) 판사의 견해는 특허와 지식재산권법의 영역에서 영국의 공리주의적 전통과 도구주의(institutionalism) 탄생의 서막이라고 할 수 있을 것이다. 향후 영국은 자연법 전통을 버리고 최대다수의 최대행복이라는 공리주의 전통에 의하여 특허는 발명을 위한 도구나 수단이라고 인식하게 된다.

(3) 규범의 형성

(가) 신의성실의 원칙과 형평(equity)

영국 법원은 인간의 아이디어에 대한 착상과 발명에 대한 권리에 대하여 재산권을 인정하지 않으려고 하였음은 앞서 본 바와 같다. 그리하여 인간의 정신적 노력과 노동의 결과인 발명에 대한 재산권을 부인함으로써 금지명령을 인정할 수 없게 되었다.

그러나 영업비밀침해에 대하여 형평 내지 형평법을 적용하는 것은 영업비밀이 재산적 지위에 가까워졌음을 의미한다. 영업비밀 보호의 근거이었던 신의성실원칙에 위반된 행위에 대하여 형평에 근거하고 있는 신의성실의 원칙에 기반하여 영국법원은 금지명령을 내리기 시작했고, 영업비밀 침해에 대해서도 금지명령을 인정하기 시작한다.

1766년 Carter v Boehm 사건[265])에서 관할 법원이었던 the Court of King's Bench의 최고 판사인 Lord Mansfield는

---

265) Carter v Boehm, 3 Burr 1905 (1766). 본 사건은 보험자인 원고가 동인도의 총독이었던 피고에게 현재 보험 법리로는 고지의무위반을 이유로 보험금지급을 거절한 사건이다. 피고가 원주민의 공격에 의한 동인도의 요새의 파괴에 대한 보험계약을 체결하면서 요새가 원주민의 공격에는 견딜 수 있었지만 적국의 공격에 대해서는 견딜 수 없다는 사실을 알고 있었고, 적국의 공격가능성을 알고 있었음에도 불구하고 보험계약을 체결하면서 이와 같은 내용을 보험자인 원고에게 알리지 않은 사건이다.

Good faith forbids either party by concealing what he privately knows,
to draw the other into a bargain, from his ignorance of that fact and his
believing the contrary.

라고 신의성실의 원칙(a general principle of good faith)의 의의를 '커먼로의
원칙'으로 적용하였다. 상대방과 거래하기 위해 사실이나 반대되는 것이라
고 믿는 것을 무시함으로써 자신이 아는 것을 숨기는 것을 금하는 것이라
고 하였다. 신의성실의 원칙은 영미법 보다는 대륙법에서 발전한 개념이지
만, 명확하고 구체적이라기 보다는 불확정한 개념이라고 할 수 있다.

　본 판결을 내린 the Court of King's Bench는 커먼로 법원(common law
court)이었지만, 그럼에도 불구하고 형평에 기반을 둔 신의성실의 원칙(a
general principle of good faith)[266]을 그 판결의 이유로 하였다. 신의성실의
원칙이 계약상의 원리인지, 재산권을 기초로 하는지, 불법행위를 기초로 하
는지, 형평을 기초로 하는지에 대하여 여러 논쟁이 있었지만, 현재에는 일
반적으로 형평의 원리를 기반으로 한다고 한다.[267] 형평의 원리를 기반으
로 하는 신의성실의 원칙이 적용된다는 의미는 영업비밀침해에도 금지명
령을 할 수 있다는 의미가 된다.

---

266) Gartside v. Outram, 26 L.J. Ch. 113, 114 (1856). The Law Commission (LAW COM.
　　No. 110) BREACH OF CONFIDENCE REPORT ON A REFERENCE UNDER
　　SECTION 3(l)(e) OF THE LAW COMMISSIONS ACT 1965, Presented to
　　Parliament by the Lord High Chancellor, by Command of Her Majesty October 1981,
　　13, 19, 20. Lionel Smith, Fusion and Tradition, in EQUITY IN COMMERCIAL
　　LAW 19, pp. 32-36 (James Edelman & Simone Degeling eds., Lawbook Co,
　　Sydney, 2005); Gareth Jones, Restitution of benefits obtained in breach of another's
　　confidence 86 Law Q.R. 463, 466 (1970).
267) Jillian Caldwell, Protecting Privacy Post Lenah: Should the Courts Establish a New
　　Tort or Develop Breach of Confidence?, 26 UNSW Law J. 1, 90, 106 (2003).

(나) 절대적 비밀성과 영업비밀

영미법상 보고된 최초의 영업비밀침해를 인정한 사건은 1817년 영국의 Newberry v. James 사건268)으로 알려져 있다. 위 사건보다 13년 이전인 1804년 Smith v. Dickenson 사건269)에서 비밀유지계약이 문제가 되었지만 법원은 영업비밀침해를 인정하지는 않았다. Smith v. Dickenson 사건의 원고가 특허를 취득할 목적으로 말안장을 묶는 띠의 기술을 발명하여, 비밀을 유지하겠다는 피고의 약속하에 피고에게 그 발명을 이전하였다. 피고가 그 발명에 대하여 특허를 취득하자, 원고가 계약위반으로 인한 영업비밀 침해소송을 제기했다. 그러나 Lord Eldon은 특허에 의해 그 제조비법이 공개되었다는 이유로 영업비밀로 인정하지 않았다. 따라서 위 사건은 영업비밀이 문제되었지만 영업비밀침해가 인정된 사건은 아니므로 영업비밀보호 사건이라고 하지 않는다. 그 후 1813년 Lord And Lady Perceval v Phipps270) 사건은 저작권과 사생활의 자유(privacy) 모두가 문제된 사건이다. 이 사건에서는 사적 편지에 대한 저작권과 재출판을 금지할 수 있는지가 문제된 것으로 영업비밀보호사건271)이라기 보다는 프라이버시와 저작권 소멸이 문제된 것이라고 할 수 있다.272)

1817년 영국의 Newberry v. James 사건273)에서 영업비밀침해에 대하여

---

268) Newberry v. James, 35 Eng. Rep. 1011 (1817).

269) Smith v. Dickenson, 3 Bos. & Pul. 630, 127 Eng. Rep. 339 (1804). 다만 본 사건의 판결문을 찾을 수 없고, 그 내용은 Kenneth J. Vandevelde, The New Property of the Nineteenth Century: The Development of the Modern Concept of Property, 29 Buff. L. Rev. 325 (1980)에서 인용한 것이다.

270) Lord And Lady Perceval v Phipps, Perceval v. Phipps, 2 Ves. & Beam. 19, 35 Eng. Rep. 225 (Ch. 1813).

271) Miguel Deutch, The Property Concept of Trade Secrets in Anglo-American Law: An Ongoing Debate, 31 U. Rich. L. Rev. 313, 313 n. 3 (1997).

272) Patrick Masiyakurima, Copyright Protection of Unpublished Works in the Common Law World, Hart Publishing, 2020, pp. 43-44.

금지명령을 인정하지 않았는데 이 당시에는 비밀성에 대하여 절대적 비밀성(absolute secrecy)를 취하던 당시의 영업비밀보호법리과 관계되어 있다. 본 사건의 원고와 피고는 약품 제법을 비밀로 하기로 하고, 약품을 제조 판매하기 위한 계약을 체결했는데, 당사자 사이에 분쟁이 발생하여, 원고가 영구적 금지명령을 신청하였는데 법원은 이를 거절했다.

법원이 금지명령을 부인한 이유는 영업비밀로서 보호할지 여부를 판단하기 위해서는 그 영업비밀을 법원에 공개하여야 하는데 그 정보가 법원에 공개되지 않았다는 것이다. 그 당시에 취하던 절대적 비밀성 이론에 의하면, 영업비밀 보유자 이외에 다른 사람에게 영업비밀인 정보가 공개되면 절대적 비밀성이 유지되지 않는다는 것이다. 따라서 원고가 법원에도 그 영업비밀인 정보를 공개하지 않은 것이다. 그리하여 법원은 금지명령이 영업비밀보호계약에 따라 발령될 수 있는 것인지를 판단할 수 없으므로 금지명령을 인정할 수 없다는 논리로 금지명령을 인정하지 않은 것이다. 본 판결은 영업비밀의 비밀성은 선점의 원칙에 의한 절대적 비밀성을 유지하여야 한다는 법리를 바탕으로 한 판결이라고 할 수 있다. 절대적 비밀성은 영업비밀 보유자만이 영업비밀을 보유하고 있어야 한다는 것으로, 영업비밀 보유자 이외의 제3자에 대하여 영업비밀이 알려진 경우에는 비밀성을 상실한 것으로 인정한다. 그리하여 이 사건 원고는 절대적 비밀성을 지키기 위하여 심리 판결을 하는 법원에 조차 자신이 가지고 있는 영업비밀을 알리지 않았던 것으로 판단된다.

후에 살펴보겠지만, 영업비밀의 비밀성에 대하여 절대적 비밀성을 요구했던 것은 그 당시 영업비밀에 대한 법리적 기초가 자연권적 재산권 이론의 엄격한 해석에 토대를 두고 있었던 연유로 보인다. 영업비밀인 정보에 대하여 배타적인 재산으로 인정받기 위해서는 그 정보에 대하여 선점에 의

---

273) Newberry v. James, 35 Eng. Rep. 1011 (1817).

한 배타적 지배권이 확립되어야 하는데 어느 누구와 그 정보를 공유하는 것은 그 정보에 대한 배타적 지배권이 파괴되기 때문이다.

특허의 신규성은 현대 특허법에서는 절대적 신규성을 의미하지는 않는다. 이는 비밀유지의무를 부과한 경우에는 신규성을 유지한 것으로 인정되기 때문이다. 특허법은 '특허를 받을 수 있는 권리를 가진 자의 의사에 반하여 그 발명의 신규성이 상실한 경우'에는 신규성을 의제하고 있는데, 비밀유지의무를 부과하여 그 비밀유지의무가 있는 자가 발명을 공개한 경우에도 신규성을 의제하고 있다.[274] 따라서 특허의 신규성은 영업비밀의 상대적 비밀성과 같은 개념이라고 할 수 있다.

(다) 신뢰관계 보호를 위한 금지명령의 인정

1817년 Newberry v. James 사건 판결이 내려지고 몇 달 후, 그와 유사한 사건인 1817년 Williams v. Williams 사건[275]에서 영업비밀을 인정하였다. 형평법원은, 영업비밀을 특허출원했으나 특허를 취득하지 못하였지만 그 영업비밀이 공개되지 않은 사건에서는 비밀성이 존재한다고 인정하여 영업비밀로서 보호했다. 그리하여 형평법원은 임시적 금지명령을 인정했다. 형평법원은 "I do not think that the court ought to struggle to protect this sort of secrets in medicine."라고 판시하면서 신뢰관계위반(breach of trust and confidence)의 법리에 의해 영업비밀을 보호하기 위해 금지명령을 내릴 수 있음을 명백히 했다. 그 후 1820년 Yovatt v. Winyard 사건[276]에서 피용자가 고용주의 영업비밀을 취득할 당시 절대적인 비밀성을 유지하였다는 이유로 금지명령을 인정했다. 1823년 Green v. Folgham 사건[277]은 Dr.

---

274) 특허법 제30조 제1항 제2호.

275) Williams v. Williams, 36 Eng. Rep. 61 (1817).

276) Yovatt v. Winyard, 37 Eng. Rep. 425, 1 Jac & W. 394 (1820).

277) Green v. Folgham, 57 Eng. Rep 159 (1823).

Johnson's Onitment for the Eyes 라는 약품의 비밀 제조방법이 문제된 사건이다. 본 사건에서 위 약의 비밀 제조비법 보유자는 결혼하는 자신의 딸과 사위를 위해 그 비밀제조방법을 신탁하였고, 그들이 사망하면 그 자녀들을 위해 그 제조비법을 판매하도록 하였다. 이에 실망한 그의 어머니가 큰 아들에게 그의 형제자매들을 위해 사용하도록 구두로 그 비법을 알려주고 그가 이를 상업적으로 이용하여 제조 비법을 공개하였다. 이 사건은 처음에는 형평법원에 제소되었는데 후에 커먼로 법원으로 이송되었다. 법원은 그 비법을 그 자녀들을 위해 보유하도록 하면서 그의 아들에게 그가 취득한 이익을 배상 하도록 하였다.

(라) 영업비밀의 '재산적 속성'과 금지명령의 인정

영국 법원은 신뢰관계 위반을 이유로 한 것이 아니라 신뢰관계의 위반과 영업비밀보호의무의 승계를 이유로 금지명령을 인정하기 시작했다. 이는 단순히 계약적 속성을 바탕으로 한 것이 아니다. 본 법리는 영업비밀인 정보의 물권적 속성을 기반으로 한 배타적인 권리가 아님에도 불구하고 영업비밀침해에 대하여 금지명령을 인정하는 현재의 영업비밀 보호법리의 근간을 이루게 되었다.

1851년 Morison v. Moat 사건[278])에서 약의 제조 비법에 대하여 이를 취득한 동업자이자 피용인에게 그 비법을 판매하지 못하도록 금지명령이 인정되었다. 이 사건은 영국에서 영업비밀보호법리에 관하여 영업비밀을 재산권에 기초하여 판결한 이정표적인 사건이라고 여겨진다.[279]) 원고의 아버지인 J. Morison은 "Morison's Universal Medicine"라는 약을 제조하였고, 피

---

278) Morison v. Moat, 68 E.R. 492 (1851).
279) 본 사건에 대한 자세한 의의는 다음 논문을 참조하시오. Sean Bottomley, The Origins of Trade Secrecy Law in England, 1600-1851, The Journal of Legal History, 38:3, 254-28 (2017).

고의 아버지(Thomas Moat)는 J. Morison과 약을 판매하기 위한 동업계약을 체결하였다. 그 동업계약에는 약에 대한 비밀은 전적으로 J. Morison의 것으로서 어느 누구에게, 또한 어떤 경우에도 알릴 수 없도록 하고 이를 위반하는 경우에는 5000파운드의 위약금을 부담하도록 하였지만, 예외적으로 그 계약의 파트너에게는 알릴 수 있도록 하였다. J. Morison이 사망하고 두 아들이 상속하여 본 사건이 원고들인 Morison이 되었다. 위 동업계약상 원고는 약의 판매이익금의 3분의 2를 가지게 되었다. 피고의 아버지가 병을 얻어, 자신의 아들인 피고 Horatio Moat에게 위 계약의 당사자 지위를 승계시키고, Morison의 승낙없이 약에 대한 비방을 자신의 아들 Horatio에게 알려 주었다. 1851년 파트너쉽 계약이 종료되고, 자산은 분할 되었다. 곧바로 피고가 위 약의 제조와 판매를 하기 시작했다. 이에 원고들은 파트너쉽 계약과 신의성실의 원칙(good faith)에 위반하여 피고의 아버지가 피고에게 문제된 비법을 공개하였다고 주장하면서 형평법원(Chancery Court)에 금지명령을 신청하였다. 이에 피고는 그 비법은 파트너 쉽에 귀속되고, 이미 당사자 사이에 알려진 것이라고 주장했다.

법원은 영업비밀은 재산이나, 계약 또는 신뢰관계에 의하여 보호될 수 있는지에 대하여 견해가 다르게 형성되어 있다고 지적하면서, 영업비밀보호법리를 계약이나 신뢰관계 위반으로 보는 경우에도 영업비밀침해에 대하여 금지명령을 인정할 것인지가 쟁점이라고 하였다. 법원은 약제 제조비법이 재산이라고 하거나 계약관계상의 문제라고 하는 견해도 있지만, 신뢰나 계약관계(trust and confidence)하에서 보호될 수 있는 것인지에 대하여 판단을 하고 이에 금지명령을 할 수 있는 것은 법원의 권한이라고 하였다. 본 판결은 커먼로에 의해서도 승인이 되었고, 최종적으로 영구적 금지명령이 인정되었다.[280]

---

[280] Morison v. Moat, 68 E.R. 503 (1851). Sean Bottomley, The Origins of Trade Secrecy Law in England, 1600-1851, The Journal of Legal History, 38:3, 254, 256 (2017).

위 사건은 신뢰관계와 파트너 쉽의 당사자가 아닌 그를 승계한 자에게
비밀유지에 관한 아무런 승계가 없었음에도 금지명령을 인정한 사건으로
서 의의가 있다. 즉 계약상의 의무가 승계하는지가 문제된 것으로, 피고는
아무런 대가받음이 없이 그의 아버지의 비밀유지의무를 승계할 수 있는지,
따라서 그 비법이 배타적인 속성이 존재하는지가 문제된 것이다. 이에 대
하여 법원은 영업비밀이 배타적인 것은 아니지만, 특정인에 대하여는 배타
성을 인정한 결과와 같은 것이라고 지적했다. 이는 재산적 속성을 반영하
는 현재의 영업비밀 보호법리의 원형이 되었다고 할 수 있다. 다만, 위 판
결이나 현재의 영업비밀보호법리가 완전한 배타적 속성을 인정하는 것은
아니다.

다. 미국

(1) 영업비밀의 재산적 속성

영업비밀보호법 등 지적재산권법의 형성에 있어 미국은 영국의 영향을
많이 받았지만, 19세기에 일부 쟁점에 대하여 두 국가는 다른 길을 걸어가
기 시작했다. 영업비밀보호에 있어 초기인 19세기 초반에 미국은 영업비밀
의 재산적 속성을 인정했다.[281] 따라서 영업비밀은 양도[282]나 라이센스[283]

그 외 영구적 금지명령을 인정한 판결로는, New Method Laundry Co. v. MacCann,
161 P. 990, 991, 994 (Cal. 1916) (perpetual injunction); Empire Steam Laundry v.
Lozier, 130 P. 1180, 1182-83 (Cal. 1913) (perpetual injunction); Peabody v. Norfolk,
98 Mass. 452, 454 (1868) (unlimited injunction); O.W. Thum v. Toloczynski, 72
N.W. 140, 141-44 (Mich. 1897) (unlimited injunction); Eastman Kodak Co. v.
Reichenbach, 20 N.Y.S. 110, 115-16 (N.Y. 1892) (unlimited injunction); Tabor v.
Hoffman, 23 N.E. 12, 12-13 (N.Y. 1889) (unlimited injunction); Champlin v.
Stoddart, 30 Hun. 300, 302-03 (N.Y.Ch. 1883) (unlimited injunction); Fralich v.
Despar, 30 A. 521, 522 (Pa. 1894) (unlimited injunction).
281) Peabody v. Norfolk, 98 Mass. 452, 459-60 (1868); O. & W. Thum Co. v. Tloczynski,

가 될 수 있었고, 상속재산으로도 인정되었을 뿐만 아니라[284] 세금 체납에 따른 강제집행의 대상인 재산으로도 인정되었다.[285]

재산적 속성을 인정한 결과 당사자 사이에 계약에 의하여 이를 보호하는 것도 가능했다. 미국에서 계약관계를 근거로 영업비밀보호가 인정된 사건은 1837년 Vickery v. Welch 사건[286]으로 알려져 있다. 본 사건에서 메사추세스 주 대법원은 영업비밀을 계약에 의하여 보호받을 수 있는 것으로 판시하면서 당사자 사이에 묵시적인 비밀유지의무를 인정했다.

본 사건은 피고가 원고에게 피고가 만든 초콜릿의 비밀제조방법을 이전하기로 하였다가 이를 거부한 사건이다. 그 이전계약에는 "exclusive right and arts or secret manner of manufacturing chocolate"(초콜릿 제조하는 방법 또는 비밀과 배타적인 권리)를 부여하고 판매자는 비밀을 다른 사람에게 공개하지 않겠다고 서면으로 약속했다. 그 대가로 원고는 피고에게 2000달러의 계약실행금과 8년동안 매년 7500달러를 지급하기로 했다. 그러나 계약이 실행되자 피고는 그 계약상의 의무가 자신의 거래를 제한(restraint of

---

114 Mich. 149, 153, 72 N.W. 140, 141 (1897); Salomon v. Hertz, 40 N.J. Eq. 400, 402, 2 A. 379, 380-81 (1886); Tabor v. Hoffman, 118 N.Y. 30, 34, 23 N.E. 12, 12 (1889); Cincinnati Bell Co. v. Dodds, 10 Ohio Dec. Reprint 154, 155 (1887).

282) Painton & Co. v. Bourns, Inc., 442 F.2d 216, 225 (2d Cir. 1971); Chadwick v. Covell, 151 Mass. 190, 191, 23 N.E. 1068, 1069 (1890); McClary v. Hubbard, 97 Vt. 222, 229, 122 A. 469, 472 (1923); Heltra, Inc. v. Richen-Gemco, Inc., 395 F. Supp. 346, 351-52 (D.S.C. 1975), rev'd on other grounds, 540 F.2d 1235 (4th Cir. 1976); Milgrim, Milgrim on Trade Secrets, § 1.02.

283) Painton & Co. v. Bourns, Inc., 442 F.2d 216, 225 (2d Cir. 1971); Aronson v. Quick Point Pencil Co., 440 U.S. 257, 262-63 (1979); N.V. Maatschappij Voor Indus. Waarden v. A.O. Smith Corp., 590 F.2d 415, 416 (2d Cir. 1978); Formulabs, Inc. v. Hartley Pen Co., 275 F.2d 52, 53 (9th Cir.), cert. denied, 363 U.S. 830 (1960).

284) Green v. Folgham, 57 Eng. Rep. 159, 162 (1823).

285) E.I. Du Pont De Nemours & Co. v. United States, 288 F.2d 904, 910, 912 (Ct. Cl. 1961).

286) Vickery v. Welch 36 Mass. (19 Pick.) 523 (1837).

trade)한다는 이유[287)로 타인에게 비밀을 공개하지 않겠다는 약속을 지키지 않겠다고 하였다.

피고는 '내가 나의 능력과 경험으로 취득한 것 이외에 특허나 어떤 배타적인 권리를 가지지 않았다. 나는 다른 것을 가졌다고 주장한 적이 없다, 나는 나의 경험의 결과를 다른 사람과 소통하겠다고 묵시적으로도 규약한 바가 없다'(I have no patent or other exclusive right or arts except what I have gained by my skill and experience, and never have professed or claimed to have any other; and I never have, and do not hereby even impliedly covenant not to communicate the results of my experience to others.)라고 주장하면서 그 기술을 비밀로 유지하는 것을 거부했다. 원고 자신은 피고의 초콜릿 제조방법을 배타적으로 알아야 하므로 타인에게 공개하면 안 된다고 주장했다.

본 사건에서는 피고의 행위가 위법한 것으로서 원고에게 구제가 인정될 것인지와 구제가 인정된다면 금지명령인지 또는 손해배상인지가 문제되었다. 법원은 원고든 피고든 영업비밀인 초콜릿 제조방법을 사용한다고 하여 그것이 공중에게 어떤 결과를 가져오는 것은 아니라고 하고, 피고가 비밀성을 유지하지 않으려는 목적과 의도를 비난하면서 피고가 판매계약을 위반하였다는 점을 인정했다. 본 사건은 미국 법원이 특허법 이외의 비밀의 초콜릿 제조방법에 대한 지적재산, 즉 영업비밀의 가치를 인정한 사건으로 알려져 있다.

법원은 계약상의 의무를 긍정하고 피고에게 다른 사람에게 그 비밀인 제조방법의 공개를 금지하는 판결을 하였다. 원고와의 계약이 거래를 제한한

---

287) 영업비밀보호의무가 신뢰관계와 순수한 계약관계에서 발생할 수 있는데, 후자의 경우에는 거래행위에 대한 부수적인 의무로서 비밀유지의무를 부과한 것이거나 합리적인 이유가 있어야 영업비밀유지의무의 정당성이 인정된다. Restatement of Unfair Competition § 41. cmt. d.

다는 피고의 주장에 대하여 법원은 원고나 피고가 그 비법을 사용한다고
하여 공중에게는 아무런 영향도 미치지 않는다고 판시하여 피고의 주장을
기각했다.

다만, 본 사건에 있어 법원은 피고가 가진 영업비밀에 대하여 배타성[288)]
과 재산권성[289)]을 인정하였지만, 법원의 구제는 형평법원이 아닌 커먼로
법원에 계약상의 분쟁에 관한 소송으로 제기되었으므로 금지명령도 계약
에 근거한 것으로 판단된다.[290)]

---

288) 법원은 "[t]he defendant's exclusive and secret art of making chocolate … ", "[t]he
defendant had used such an exclusive art, which had given great advantage to him
in the manufacture of chocolate.", "The exclusive right was to be transferred to the
plaintiff, and we cannot conceive that it, would be exclusive, if the defendant might,
after such transfer, admit as many persons to participate as would pay for, or receive
gratuitously, the same privilege which the defendant had granted or stipulated to
grant.", "[t]he plaintiff to have, use and enjoy the right or secret art exclusively, and
a covenant that the plaintiff should from thenceforth have, use and enjoy the same
right or secret art exclusively, without any lawful interference from any person or
persons whomsoever.", "It was for his exclusive secret that the parties treated, and
the secret would not be kept if put at large upon the records.", "[t]o the end that
he might preserve the right, that he might keep the secret, for his own use and
exclusive enjoyment."라고 언급하고 있는데, 초콜릿을 만드는 방법에 대하여 배타적
인 권리를 가지고 있다고 판시하고 있다. 이는 19세기 미국 법원이 자연권적 재산
(권)으로서 발명과 실정법사의 권리인 특허권을 구분하는 이분법의 입장에서 발명에
대하여 자연권적인 재산(권)을 가진다는 점을 강조하고 있는 것이다. 결국 법원은
발명에 대하여는 자연권적 재산(권)을 인정한 것이다.

289) 법원이 재산권성을 인정한 판결을 보면, "It must be taken that such transfer entered
greatly into the value or consideration which the plaintiff stipulated to give for the
property.", "Now we cannot perceive the least reason which, after such sale, would
enable the defendant lawfully to retain any right in the property or rights sold, nor
any right to convey to strangers, any part of what was to be transferred to the
plaintiff. The exclusive right was to be transferred to the plaintiff,…" 라고 하고 있는
바, 초콜릿 제조방법은 배타적인 것으로서 재산임을 명시하고 있다. 다만 여기에서
의 배타성(exclusive)의 의미는 다른 사람에게는 알려지지 않고, 피고만이 알고 있다
는 의미로 해석된다.

미국에서 영업비밀보호에 재산법리에 기초한 판결은 Peabody v. Norfolk 사건[291])으로 알려져 있다. 본 사건은 영업비밀의 본질을 재산으로 언급한 Vickery v. Welch 사건[292]) 판결의 연장선상에서 쟁점된 사건 법리가 재산법상의 금지명령이 쟁점이 되어 영업비밀보호의 본질을 재산권 보호에서 출발하는 것임을 명시적으로 판단한 사건으로 볼 수 있다.

재산적 속성은 비밀성의 유지와 관련되어 있었다. 절대적 비밀성 요건하에서 영업비밀은 그 보유자 이외에게 알려진다면 비밀성요건을 충족하지 못한다. 절대적 비밀성을 유지하는 경우에는 법원에게 배타적인 권리를 바탕으로 하는 금지명령을 인정할 근거가 존재했으나, 상대적 비밀성을 유지하는 경우에는 법원에게 배타적인 권리를 인정할 근거가 부족했다. 그러나 상대적 비밀성을 유지하는 경우에도 '비밀성유지노력'과 같은 영업비밀보유자의 행태를 파악할 수 있는 주관적 요건이 존재하는 경우에 법원은 금지명령을 인정하기 시작했다. 이와 같은 법리의 형성은 18세기와 19세기의 산업발전에 따라 공장과 기업의 규모가 확대된 영향이 크다고 할 수 있다.[293])

Peabody v. Norfolk 사건에서 원고(Peabody)는 삼베(burlap; jute butts)로 황마포천(gunny cloth)을 제조하는 방법을 발명해냈고, 그의 사업이 번창하였다. 원고는 기술자이었던 피고(Norfolk)를 고용했고, 피고는 자연스럽게 원고가 비밀로 유지하는 황마포 제조방법을 알게 되었다. 원고는 피고에게 자신의 공장과 황마제조방법에 대하여 비밀로 할 것을 규정하는 서면약정에 서명하도록 요구했다. 본 서면약정에는 "consider all of said machinery

---

290) 본 사건 판결의 말미에 형평법원에서 다루어질 수 있다고 언급하고 있다. ("It is the opinion of the whole Court, that …, and that he may be heard in chancery touching the damages.").

291) Peabody v. Norfolk, 98 Mass. 452 (1868).

292) Vickery v. Welch 36 Mass. (19 Pick.) 523 (1837).

293) François Dessemontet (Second, revised edition, translated by H.W. Clarke), The legal protection of know-how in the United States of America, 1976, 129.

as sacred to be used only for the benefit of said Peabody or his assigns, and by all the means in his power prevent other persons from obtaining any information in regard to it such as would enable them to use it"라는 문구가 포함되어 있었다. 이에 피고는 원고와의 비밀유지계약 체결을 거부하고, 고용관계를 종료했다. 원고는 원고가 비밀로 유지한 제조방법과 설계도 등을 피고가 취득하고 이를 이용하여 제3자(James P. Cook)[294]의 독립적인 황마 포제조를 도왔다고 주장하면서 피고가 소지한 제조비법과 설계도 등을 타인에게 공개하지 못하도록 하는 금지명령을 청구했다. 법리적으로 금지명령은 재산권의 침해에 인정되는 것이므로 법원이 원고의 청구를 받아드린다면, 영업비밀은 재산권적인 성격을 갖게 되는 것이었다. 법원은 Story 대법관의 판결문을 인용하면서,

> [c]ourts of equity will restrain a party from making a disclosure of secrets communicated to him in the course of a confidential employment; and it matters not, in such cases, whether the secrets be secrets of trade or secrets of title, or any other secrets of the party important to his interests.[295]

라고 판시하였다. 다만, 법원은 본 사안에서는 영업비밀의 배타성을 바탕으로 금지명령을 인정한 것은 아니고, 그에 앞서 계약관계가 존재하였고, 또

---

294) 본 사건은 원고가 Nofork만을 상대로 한 소송을 제기했다가 후에 피고로 Cook을 피고로 추가하는 청구를 제기한다.

295) Peabody v. Norfolk, 98 Mass. 452, 459 (1868).
  [번역] 형평법원은 신뢰관계상의 고용관계에서 자신에게 알려진 비밀 공개를 하는 당사자에게 그 공개금지를 명할 수 있다. 그리고 그 사안에서 공개금지하는 비밀이 영업비밀인지 또는 소유자에 대한 비밀인지 아니면 그의 이익에 대하여 중요한 것에 대한 비밀인지 여부는 문제되지 않는다.

한 영업비밀이 고용인과 피용인 사이의 신뢰관계에 의해 알려졌기 때문에 형평의 원칙을 바탕으로 한 신뢰관계 위반을 근거로 금지명령을 인정했다. 이전의 Newbery v. James 사건[296]판결에서 영업비밀에 대하여 배타적인 권리를 부인하여 금지명령을 부인했던 것에서 나아가 본 판결에서는 재산 법리에 의한 영업비밀 보호를 인정할 수 있음을 시사한 데 그 의의가 있다고 할 수 있다.

참고로 신뢰관계를 근거로 한 소송과 계약관계를 근거로 한 소송은 별개의 청구원인을 가지는 소송으로 신뢰관계는 고용인과 피용인이나 위임인과 수임인 사이 등의 특별한 관계가 있을 경우에 성립하는 것이다. 물론 신뢰관계는 계약관계를 전제로 하지만 계약관계 이상의 신뢰에 의존하는 관계가 필요로 한다. 단순한 계약관계는 매매 등의 관계에서 성립하는 것으로 이때에는 영업비밀유지의무가 공정거래법상의 거래제한(restraint of trade)이 성립할 수 있는데, 영업비밀유지의무가 본 계약에 부수적으로 부과되는 의무이거나 그 부과를 하는 것이 상당한 이유가 있는 경우(rule of reason)에 거래제한 등의 공정거래법상의 문제는 성립하지 않는다. 그와 같은 차이는 신뢰관계는 형평의 원칙에 의해 보호되는 것인데, 계약관계는 커먼로상의 법률관계로서 커먼로가 관할을 하는데서 출발한다. 즉 신뢰관계와 계약관계를 아우르는 근본적인 법리의 차이가 존재하는 것이다.

특히 Peabody v. Norfolk 사건[297]에서 매사추세스 주 대법원은

> If a man establishes a business and makes it valuable by his skill and attention, the good will of that business is recognized by the law as

---

296) Newbery v. James, 2 Meriv. 446 (1817); 같은 해 Williams v. Williams, 3 Meriv. 157 (1817) 사건에서도 배타적인 권리를 인정할 수 없다는 이유로 금지명령을 부인했다.

297) Peabody v. Norfolk, 98 Mass. 452 (1868).

property. If he makes a new and useful invention of any machine or composition of matter, he may, upon filing in a public office a description which will enable an expert to understand and manufacture it, and thus affording to all persons the means of ultimately availing themselves of it, obtain letters patent from the government securing to him its exclusive use and profit for a term of years. If he invents or discovers, and keeps secret, a process of manufacture, whether a proper subject for a patent or not, he has not indeed an exclusive right to it as against the public, or against those who in good faith acquire knowledge of it; but he has a property in it, which a court of chancery will protect against one who in violation of contract and breach of confidence undertakes to apply it to his own use, or to disclose it to third persons.[298]

라고 하여, 고용계약에 계약상의 의무뿐만 아니라 신뢰관계를 침해하여 자신이 사용하거나 제3자에게 공개하는 것은 형평에 기한 재산권 침해라고 판시하여 재산법리를 근거로 하였다. 본 판결도 19세기 미국 법원의 주류적인 법리인 '발명과 특허의 이분법'의 입장에서 발명을 한 사람은 자신의 노력에 의한 결과물(the fruit of his labor)인 그 발명에 대하여 자연권으로서의 재산에 대한 권리를 가지게 되고, 국가에 특허를 출원하여 특허법에서 정한 실정법상의 배타적인 권리를 취득할 수 있다고 판시하였다.

본 판결은 19세기에 존재하였던 특허의 영업비밀포기설과 그 궤를 같이하는 것으로서 영업비밀은 발명가의 '발명'으로서 자연법상의 권리를 전제로 한 것이라고 할 수 있다. 따라서 발명가는 자신의 발명에 대하여 자연법을 근거로 한 재산권을 취득한다. 이와 같은 판결은 로크의 재산권 철학을

---

298) Id., 457-58.

바탕으로 하는 것으로[299]), 어떤 노력에 의하여 유용한 결과를 가져온 사람
은 그 노력의 결과물에 대하여 재산권을 취득한다는 자연법 원리를 확인한
것이다.

절대적 비밀성을 요구하는 19세기 초반 법리에 따라서 타인에게 알려진
경우에 영업비밀로 보호받을 수 없다는 것이 아니다. 이때에는 계약위반의
법리에 의하여 보호받을 수 있었고, 계약위반 법리는 19세기 후반과 20세
기 초반에 걸쳐 주류적 법리로 수용되었는데, 1939년 작성된 Restatement
of Torts는 다음과 같이 이러한 변화를 언급하고 있다:

> Nevertheless, a substantial element of secrecy must exist, so that, except
> by the use of improper means, there would be difficulty in acquiring the
> information. An exact definition of a trade secret is not possible.[300]

상대적 비밀성하에서도 실질적인 비밀성(substantial secrecy)은 존재하여
야 하고 영업비밀인 정보를 취득하는데 어려움이 있을 수 있다면 비밀성이
있다고 할 수 있음을 시사한다. 다만 부정한 수단(improper means)에 의하
여 취득하는 경우에는 그러하지 않다고 하였다. 즉 절대적 비밀성이 아니
더라도 실질적인 비밀성이 존재한다면 영업비밀의 비밀성을 충족한다는
의미이다.

(2) 다니엘 웹스터(Daniel Webster)의 자연법 사상과 '발명'에 대한 권리

19세기 미국의 사상가인 다니엘 웹스터(Daniel Webster)는 발명에 대한
권리는 자연권으로 이해했다. 그는 미국 헌법이 발명에 대하여 원시적이고

---

299) Id., 459-60.
300) Restatement of Torts § 757, cmt. a.

선험적이고, 인간이기 때문에 가지는 생래적인 재산권을 부여한다고 하였다. 1852년 Goodyear v. Day 사건[301]에서 웹스터는

> The American Constitution does not attempt to give an inventor a right to their invention, or an author a right to his composition; it recognizes an original, pre-existing, inherent right of property in such invention or composition; it recognizes an original, pre-exising inherent right or property in the invention, and authorizes Congress to secure to inventors the enjoyment of that right, but the right exists before the Constitution and above the Constitution, and is, as a natural right, more than which a man can assert in almost any other kind of property.[302]

라고 주장했다. 즉 발명자의 권리는 헌법에 의해 창설된 것이 아니라 헌법 이전에 존재하는 권리이었다는 것이다. 그리하여 헌법은 그러한 발명자의 생래적인 권리를 보호하기 위해 미국 의회에 권한을 부여한 것으로서 발명자가 가지는 생래적인 권리로서 거의 모든 종류의 재산권을 주장할 수 있다고 했다.

이와 같이 발명에 대한 권리를 자연권으로 인식하는 것은 앞서 18세기 중반 이후 영국의 분위기와 무척 다르다. 웹스터의 생각을 언급하고 있는 1874년 간행된 미국 상원보고서(The Executive Documents)의 기재를 보면 특허에 대한 권리와 다르게 발명에 대한 권리에 대해서 "Inferentially, at least, the purpose of the framers of the Constitution appears to have been to recognize property in a new invention as a right belonging to the inventor,

---

301) Goodyear v. Day, 10 F. Cas. 677 (1852).

302) The Executive Documents printed by order of the Senate of the United States for the First Session of the Forty-Third Congress, 1873-74, 523 of 1181 (1874); The Writings and Speeches of Daniel Webster, xv, 436.

not a favor conferred by Government." 라고 기재하고 있는 바,[303] 이는 발명에 대한 권리는 실정법상의 권리가 아닌 자연법상의 권리로 인식하고 있다는 것을 의미한다.

(3) 부정취득이용(misappropriation) 법리의 등장

(가) 자연법 이론과 재산권 이론의 변화

19세기 말부터 20세기 초반에 이르는 동안 미국에서는 자연법상의 재산권 이론은 그 동력을 잃게 된다.[304] 특히 1850년부터 1873년 사이에 발생한 특허논쟁(Patent Controversy)은 발명에 대한 권리가 약해지는 결과를 가져왔다. 발명에 대한 권리와 이를 배타적(비밀)으로 점유함으로서 발생하는 영업비밀에 대한 법리[305]는 자연법을 토대로 한 재산권 침해(infringement)에서 불법행위(tort) 법리, 즉 타인이 노력하여 얻은 결과물에 대한 부정취득이용(misappropriation) 법리로 대체되어가고 있었다.

이러한 영업비밀에 대한 규범적 관념의 변화는 1868년 Peabody v. Norfolk 사건[306]에서 그 변화의 태동을 살펴볼 수 있다. 위 사건에서 Gray 판사는 상대적 비밀성 법리를 채택하면서, 절대적 비밀성 법리를 따른다면 영업비밀 침해자가 영업비밀의 과실을 취득하는 것을 방지할 수 없는 결과가 되는 것으로 이는 형평의 원칙에 어긋난다는 것을 지적하고 있다.[307] 즉 영업비밀을 엄격한 잣대에서 인정하기 때문에 영업비밀의 보호범위가

---

303) Id.

304) Robert G. Bone, A New Look at Trade Secret Law: Doctrine in Search of Justification, 86 Cal .Law. Rev. 241, 259-60 (1998).

305) Peabody v. Norfolk, 98 Mass. 452, 459-60 (1868). ("In this court, it is settled that a secret art is a legal subject of property;" Id.).

306) Peabody v. Norfolk, 98 Mass. 452 (1868).

307) Id., 461.

협소하여 결과적으로 영업비밀침해를 인정하는 영역이 좁게 되어 침해자에게 유리한 법리라는 것이다. 이러한 변화에는 특히 홈즈(Holmes) 대법관의 영향이 컸다. 1905년 Board of Trade v. Christie Grain & Stock Co. 사건308)에서 홈즈대법관은 노력에 의한 결과물에 대하여 선례(precedents)에 따라 재산권을 인정하였다. 홈즈 대법관은

> The publications insisted on in some of the arguments were publications in breach of contract, and do not affect the plaintiff's rights. Time is of the essence in matters like this, and it fairly may be said that, if the contracts with the plaintiff are kept, the information will not become public property until the plaintiff has gained its reward. A priority of a few minutes probably is enough.

라고 판시했다. 위 사건은 전신회사인 피고들이 계약과 셔먼법(the Act of July 2, 1890, ch. 647, 26 Stat. 209)으로 보호받는 고객정보를 출간하여 공개한 것인데, 홈즈(Holmes) 대법관은 법을 위반하였다고 하더라도 그것이 계약상의 영업비밀의 지위에 영향을 주는 것은 아니므로 피고가 책임이 있다고 하였다. 원고가 보호받는 기간이 매우 짧은 기간이라고 하더라도 원고의 보호를 부정할 수 없다고 판시하였다. 즉 고객정보를 재산으로 인정하였다면 공개에 의하여 그 재산의 가치가 소멸하였다고 볼 수 있지만, 그 재산이 계약관계에 의해 보호되는 것이라면 계약상의 의무위반에 의해 그 손해를 배상받을 수 있다.

위 사건은 원고인 시카고 거래위원회(Chicago Board of Trade)가 자신의 비용으로 시카고 거래소에서 거래되던 밀 등의 농산물에 대한 판매, 구매가격 등 거래가격 정보를 수집하여 원고가 승인한 거래자들과의 계약을 체

---

308) Board of Trade v. Christie Grain & Stock Co., 198 U.S. 236 (1905).

결하고 위 가격정보를 제공하였는데, 원고가 제공한 정보를 원고의 고객들에게 전달하는 계약을 체결한 전신회사인 피고들이 위 정보를 취득한 것을 계기로 원고의 허락없이 사용하여 원고가 피고들에게 소를 제기한 것이다. 피고는 원고가 제공하는 거래정보는 매매할 때 사용하도록 허락한 것일 뿐만 아니라 원고에게는 위 정보에 대하여 재산권이 없고, 원고가 출간하여 제공하면 그 정보는 거래시에 상호 교환되는 정보이므로 아무런 보호를 받지 못하는 공중의 정보가 된다고 주장했다.

홈즈 대법관은 위 거래정보가 거래시에 상호 교환이 되는 정보가 된다고 하더라도 그 재산권을 상실하는 것은 아니며, 위 정보는 계약 및 신뢰관계가 존재하는 경우에 사용할 수 있는 것으로 그러한 관계가 없는 자는 이를 사용할 수 없고 이를 취득 사용하는 경우에는 그가 원고와 계약을 맺은 당사자 사이의 신뢰관계를 침해하여 취득 사용하는 것이라고 판시했다. 나아가 원고와의 계약에 의해 피고들이 다른 사람에게 위 정보를 제공하는 것을 금지하였다고 하더라도 이는 공공정책에 위반되거나 커먼로상나 서면법상의 거래제한(restraint of trade)은 아니라고 하였다.[309]

홈즈 대법관은 노력에 의해 수집된 정보(collection of information)도 보호받을 수 있는 재산권이라고 하였다. 홈즈 대법관이 판결하던 위 당시까지 미국은 자연법이론에 기초한 재산권을 인정하고 있었다. 자연권에 기초한 재산권은 대부분 로크의 노동가치설에 토대를 두었지만, 일부분은 헤겔의 개성이론에 토대를 둔 부분도 있다. 이러한 토대를 두는 재산권은 법적인 의미에서는 엄격하게 보면 배타적인 권리라고 할 수는 없다. 이는 단지 소유한 자와 소유물 사이의 관계인 '재산'이다. 발명에 관한 미국 연방대법원의 발명자의 자연권적 재산권이라는 판시도 같은 논거라고 볼 수 있다.

---

309) 계약에 부수하는 거래제한은 보조적이거나 상당한 이유가 있을 경우에는 합법적이다.

(나) 영업비밀의 '부당한' 침해행위

1907년 Vulcan Detinning Co. v. American Can Co. 사건310)에서 법원은 영업비밀 침해자의 부당한 침해행위에 대하여 영업비밀보호의 법원리가 초점을 맞추어야 한다고 지적을 했다. 즉 재산권의 침해보다는 침해자의 부적절한 침해행위에 대한 비난의 초점이 모아져야 한다는 것이다. 법원은 다음과 같이 판시했다:

> Looking now a little more closely at the nature of the relief called for by the complainant's case, which we are not enabled to do in the light of the issues that have been actually tried, we shall see, I think, that too much emphasis has perhaps been placed upon the element of absolute secrecy in the process, and that not enough stress has been laid upon the inequitable character of the defendant's conduct in making a use of such process that was inimical to the complainant's interests.311)

위 판결에서 법원은 영업비밀의 절대적 비밀성에 대하여 너무 많은 강조를 하고 있지만, 침해자의 침해행위의 부적절성(inequitable character of the defendant's conduct)이 영업비밀 보유자의 이익에 적대적이었는지에 초점을 맞추어야 한다고 지적하고 있다. 다만 법원이 'inequitable character'라는 점을 강조하고 있는데, 이는 영업비밀 침해에 대하여 금지명령을 인정할 수 있는 근거가 된다.

그 즈음의 학자들과 실무계에서도 이러한 문제를 지적했다. 1898년 하바드 대학 법률저널은 재산권 침해 뿐만 아니라 신뢰관계의 침해를 바탕으로 금지명령이 인정되고 있음을 지적하였고,312) 1927년 예일대학 법률저널은

---

310) Vulcan Detinning Co. v. American Can Co., 72 N.J. Eq. 387 (1907).
311) Id., 395-96.

Many courts grant relief …, on the basis of the 'property right' theory. More modern decisions, however, in the absence of an express contract, place the protection afforded on the basis of a contract implied in law.[313]

라고 하여, 영업비밀 보호의 토대법리는 재산법이 아닌 묵시적인 계약, 즉 신뢰관계 이어야 한다는 점을 지적하고 있다.

1917년 E. I. Du Pont de Nemours Powder Co. v. Masland 사건[314]에서 홈즈 대법관은 영업비밀의 재산권성을 부인하고 단순히 신뢰관계에 의하여 보호되는 것이라고 판시했다. 영업비밀의 재산권성을 부인하는 견해에서는 영업비밀에 대한 재산권성은 홈즈 대법관의 위 사건 판결문에서 그 정점을 찍었다고 주장한다. 홈즈 대법관은

The word "property," as applied to trademarks and trade secrets, is an unanalyzed expression of certain secondary consequences of the primary fact that the law makes some rudimentary requirements of good faith. Whether the plaintiffs have any valuable secret or not, the defendant knows the facts, whatever they are, through a special confidence that he accepted. The property may be denied, but the confidence cannot be. Therefore, the starting point for the present matter is not property or due process of law, but that the defendant stood in confidential relations with the plaintiffs, or one of them.[315]

---

312) Note, Trade Secrets, 11 Harv. Law Rev. 262 (1897-98).
313) Note, Equity-Trade Secrets-Duty of Non-Disclosure by Fiduciary Relation, 37 YALE LJ. 1154, 1155 (1927).
314) E. I. Du Pont de Nemours Powder Co. v. Masland, 244 U.S. 100 (1917).
315) Id., 102.

라고 판시하여 영업비밀에 대하여 재산권성을 부인했다. 영업비밀은 신뢰관계가 성립된 경우에 신뢰관계하에서 보호되는 것으로 이해했다. 비록 방론(dicta)이지만, 영업비밀의 재산권성을 부인하는 홈즈대법관의 위와 같은 판시는 영업비밀을 재산권으로 볼 수 없다고 하는 것이다.

위 판결 이후 법원은 영업비밀은 신뢰관계가 존재하는 경우316) 또는 영업비밀보호 계약으로 보호받아야 하는 것으로 이해하였다. 1939년 Restatement of Torts는

> Its protection is not based on a policy of rewarding or otherwise encouraging the development of secret processes or devices. The protection is merely against breach of faith and reprehensible means of learning another's secret.317)

라고 하고 있는데, 영업비밀의 보호는 특허와 같이 배타적인 권리, 즉 재산권을 부여하여 발명을 장려하기 위한 것이 아니라 단순히 타인의 비밀을 신뢰관계를 위반하거나 비난할 만한 수단에 의해 타인의 영업비밀을 취득하는 것으로부터 보호하기 위한 것임을 명확히 하고 있다. 이와 같은 견해는 1917년 E. I. Du Pont de Nemours Powder Co. v. Masland 사건318)의 홈즈 대법관의 판단을 그대로 수용하고 있는 것으로 보인다.

20세기 초반에 미국 법원은 영업비밀 보호에 재산법리를 적용하지 않았다. 다만, 준계약,319) 부당이득320)과 신뢰관계321)에 의하여 보호받는 것으

---

316) 고용관계, 근로계약관계 등이 존재하는 경우에는 그 관계의 존속기간 동안에는 묵시적으로 영업비밀보호의무가 존재하는 것으로 인정되는 것이 일반적인 해석이라고 할 수 있다.

317) Restatement of Torts § 757 cmt. b.

318) E. I. Du Pont de Nemours Powder Co. v. Masland, 244 U.S. 100 (1917).

319) Milgrim, Milgrim on Trade Secrets § 4.02.

로 해석했다. 그 뿐만 아니라 학자들도 영업비밀의 재산권성을 부인했는데, 비밀성이 소멸하는 경우에 그 배타성이 소멸하는 이상한 재산권(It is, indeed, a strange form of 'property' that disappears when the information it embraces becomes public.)이라고 하거나,322) 영업비밀인 정보에 대하여 통제를 할 수 있는 권리,323) 물권적 권리는 아니지만 비밀정보에 대한 소유할 수 있고, 타인은 그러한 소유를 존중하여야 할 의무가 있다는 견해324) 등이다.

홈즈 대법관의 위와 같은 판시를 제한적으로 이해하여야 한다고 주장하는 견해도 있다. 위와 같은 판시는 영업비밀침해관련소송을 진행하면서 이를 공개한 것에 대한 판시로서 영업비밀의 본질에 관하여 판시한 것은 아니라고 한다.325) 그 근거로 홈즈 대법관이 1905년 판결한 Board of Trade v. Christie Grain & Stock Co. 사건326)에서는 영업비밀을 재산권으로 보았다는 것을 근거로 제시한다.327) 나아가 1984년 Ruckelshaus v. Monsanto Co. 사건328)에서 연방대법원은

Justice Holmes did not deny the existence of a property interest; he simply deemed determination of the existence of that interest irrelevant

320) Mitchell Novelty Co. v. United Mfg. Co., 199 F.2d 462, 465 (7th Cir.1952); Matarese v. Moore-McCormack Lines, Inc., 158 F.2d 631, 634 (2d Cir. 1946).
321) Trice v. Comstock, 121 F. 620 (8th Cir. 1903).
322) John C. Stedman, Trade Secrets, 23 Ohio St. L.J. 4, 21 (1962).
323) Felix Cohen, Dialogue on Private Property, 9 RUT. L. REV. 357, 369-71 (1954).
324) Allison Coleman, The Legal Protection of Trade Secrets, Sweet & Maxwell, 1992, p. 30. (이 견해는 정보의 통제라고 하는 Cohen의 주장과 크게 다르지 않다.).
325) Milgrim, Milgrim on Trade Secrets § 1.011.
326) Board of Trade v. Christie Grain & Stock Co., 198 U.S. 236 (1905).
327) Constantinos Scaros, Understanding the Constitution, Jones & Bartlett Learning, 2010, p. 364.
328) Ruckelshaus v. Monsanto Co., 467 U.S. 986 (1984).

to resolution of the case.[329]

라고 하여, 홈즈 대법관이 영업비밀에 대하여 재산적 이익의 존재를 부인하지 않았다고 언급하면서, 그 근거로 위 사건[330]을 인용하고 있다.

(다) 부정취득행위(misappropriation) 법리의 등장

INS v. AP 사건은 미국의 불공정경쟁행위 소송에서 획기적인 사건으로 인정된다. 앞서의 E. I. Du Pont de Nemours Powder Co. v. Masland 사건[331]에서 영업비밀의 재산권성은 부인되었지만, 노력과 자본의 투자(expenditure of time and money)에 대해서는 부정취득행위로부터 보호하는 법리를 인정하기 시작했기 때문이다. 커먼로상 불공정경쟁행위는 전통적으로 사칭모용행위(palming off)를 기반으로 한 허위표시행위(misrepresentation)를 일컬었다. 허위표시행위(misrepresentation)는 혼동을 가져오는 고의적인 행위이고 이는 커먼로상의 불법행위(torts)에 해당한다. 그러한 사칭혼동을 기반으로 한 불공정경쟁법리는 부정취득법리(misappropriation)를 수용하지 않았다.

부정취득행위(misappropriation)는 커먼로가 아닌 형평의 원리(principle of equity)[332]를 토대로 하는 부당이득(unjust enrichment)에서 출발한다. 즉 허위표시행위(misrepresentation)와 부정취득행위(misappropriation)는 그 출발점 자체가 다르다는 것이다. 나아가 우리 법원은 2022년 7월 현재 부정경쟁방지법상 부정경쟁행위의 정의 중 (파)목[333]을 허위표시행위(misrepresenta-

---

329) Id., 1004 n.9.

330) Board of Trade v. Christie Grain & Stock Co., 198 U.S. 236 (1905).

331) E. I. Du Pont de Nemours Powder Co. v. Masland, 244 U.S. 100 (1917).

332) 여기서 형평의 원리라고 표현하는 것은 형평법, 형평법리라고 기재하면 커먼로와 구별을 못하는 경우가 발생하기 때문에, 커먼로 법리와 구별되는 개념을 강조하기 위해 형평 원리라고 표현하였다.

tion)와 부정취득행위(misappropriation)를 구분하지 않고 적용하고 있는데, (파)목은 부정취득행위 개념으로 해석되어야 함을 다시 한번 강조하고자 한다. 물론 우리 부정경쟁방지법상 부정경쟁행위의 정의가 위 구별기준을 명확히 한 것은 아니지만, 불공정경쟁법리의 근본개념으로서 허위표시행위 (misrepresentation)와 부정취득행위(misappropriation)를 구별하여야 한다.

미국 연방대법원은 1918년 INS v AP 사건334)에서 부정취득행위(misappropriation)도 불공정경쟁행위로 인정하였다. 부정취득행위는 인간의 노력과 자본의 투자로 인하여 취득한 것에 대해서는 특허나 저작권으로 보호받지 못하더라도 이를 부정취득하는 경우에는 '예외적'으로 불공정경쟁행위로 인정하는 것으로 그 철학적 기반은 로크의 재산권 철학에 기초하고 있다. 즉 타인의 노력에 무임승차하는 것은 부정한 이득의 취득(unjust enrichment)에 해당한다.

1939년 간행된 Restatement of Torts는 이러한 영업비밀의 근본을 이루는 철학적 토대에 대한 시대적 변화를 수용하여 영업비밀은 재산권적인 토대에서 보호되는 것이 아니라 상행위상 허용될 수 없는 부적절한 수단(improper means)에 대한 책임을 인정하는 법리에 기초하고 있다. Restatement of Torts는 영업비밀보호법리를 경쟁의 자유를 토대로 경쟁자의 영업방법이나 아이디어, 제조방법 등을 모방하는 것은 경제의 자유원리하에서 허용되는 것임을 언급하고 있다.335) 물론 그 모방대상이 경쟁자의 영업비밀이고 그 영업비밀을 부적절(improper)하게 취득하는 경우에는 영업비밀의 침해가 된다.

계약이나 신뢰관계를 바탕으로 영업비밀을 보호하는 경우에는 영업비밀의 성립요건으로 요구하는 비밀성 등의 요건도 다르게 요구된다. 물론 비

---

333) 부정경쟁방지법, 시행 2022. 4. 20., 법률 제18548호, 2021. 12. 7., 일부개정.

334) International News Service v. Associated Press, 248 U.S. 215 (1918).

335) Restatement of Torts § 757.

밀성은 영업비밀인 정보의 경제적 가치를 발생시키는 근원이기도 하지만 계약이나 신뢰관계에 의하여 보호되는 것이라면 영업비밀에 대하여 비밀성은 중요한 요건은 아니다. 왜냐하면, 영업비밀인 정보 자체보다도 신뢰관계내지 계약관계에 의하여 보호되는 것이기 때문이다. 따라서 그 계약상 또는 신뢰관계상 준수되는 의무를 다했는지가 영업비밀 침해여부의 쟁점이 된다. 1939년 Restatement of Torts는

> [m]ay be a device or process which is patentable; but it need not be that. It may be a device or process which is clearly anticipated in the prior art or one which is merely a mechanical improvement that a good mechanic can make. Novelty and invention are not requisite for a trade secret as they are for patentability.[336]

라고 하고 있다. 특허를 취득하기 위해 요구되는 기술적 진보는 영업비밀에서는 문제되지 않는다. 특허를 취득할 수 없는 낮은 수준의 기술도 영업비밀로 보호받는데 문제가 없다. 물론 영업비밀의 독립된 경제적 가치는 비밀성으로부터 발생하지만, 비밀인 정보 모두 독립된 경제적 가치를 발생시키는 것은 아니다. 그렇지만 그러한 낮은 수준의 기술이나 정보에 대해서도 신뢰관계나 계약상의 의무에 따라 보호를 하지 않은 경우에는 영업비밀에 대한 침해가 발생한다.

재산권에 대한 침해는 재산인 정보에 대한 무단 사용이나 복제로 이루어지지만 그러한 부정취득행위에서는 '침해 행위'의 불법성이나 부당성이 문제된다. 저작권이나 특허에 대한 보호가 타인의 노력에 의하여 창작된 창작물을 무단으로 복제하거나 무단으로 이용하는 것임에 반하여 영업비밀에 대한 보호는 상관행에 위반되는 부적절한 수단(improper means)에 의하

---

336) Id., § 757 cmt. b.

여 영업비밀의 침해가 이루어지는 것이다. 이점에 대하여 1939년 Restatement of Torts는 "it is the employment of <u>improper means to procure the trade secret, rather than the mere copying or use</u>, which is the basis of the liability under the rule stated in this Section."라고 하고 있다.[337] 무단복제행위나 무단사용보다는 부적절한 수단(improper means)을 사용하였다는데 그 불법성이 있다고 한 것이다. 영업비밀보호를 불법행위법 영역의 문제로 한정한 결과 Restatement of Torts는 현재의 영업비밀보호법리보다 좁은 영역에서 영업비밀을 보호하고 있는데, '지속적 사용'을 요구하고 있고, '일과성 정보'에 대해서 영업비밀보호를 인정하지 않고 있다.

위와 같이 영업비밀보호법리는 20세기 초반 이후 신뢰관계 보호이론으로 변환되는 것으로 보였다. 로크의 재산권 철학은 약화되는 것으로 보였다. 그러나 로크의 재산권 철학은 여전히 영업비밀보호법리의 토대를 제공하였다. 타인의 노력의 결과물을 무단으로 이용하는 것(misappropriation)은 도덕적 정의에 반하는 것이기 때문이다. 영업비밀인 정보에 대하여 직접적으로 재산이나 재산권이라고 언급하지 않았지만, 그 결과물에 대해서 보유자는 재산으로서의 이익(proprietary interest)을 가지고 있고 이를 무단으로 이용하는 것은 부정취득이용(misappropriation) 법리에 의하여 영업비밀침해로 인정하였다. 재산권에 대한 침해는 아니지만 타인의 노력을 결과물에 대하여 무단으로 이용하는 것은 불법적인 행위로서 부정취득이용에 해당하는 것으로, 부정취득이용이 성립하는 것은 그 영업비밀의 보유자가 그 영업비밀인 정보에 대하여 재산적 이익을 가지고 있기 때문이다.[338]

---

337) Id., § 757.
338) Id., § 757.
   SECTION 757. LIABILITY FOR DISCLOSURE OR USE OF ANOTHER'S TRADE SECRET
   GENERAL PRINCIPLE. One who discloses or uses another's trade secret, without a privilege to do so, is liable to the other if

(라) 미국에서 주 법에 의한 영업비밀보호체계에 대한 위기

① Erie 원칙

미국에서는 1938년 Erie Railroad v. Tompkins 사건[339])에서 Erie 원칙이 확립되었는데, Erie 원칙(Erie doctrine)은 1842년 Swift v. Tyson 사건[340])에서 확립한 원칙을 파기했다. Swift v. Tyson 사건에서 Story 대법관은 복수의 주의 주민이 관련된 사건(diversity case)에 연방법원이 커먼로를 적용하는 경우에는 주 법원에서 확립된 커먼로 원칙을 적용하지 않을 수 있고, 연방법원에서 적용한 커먼로 원칙에 따라 판단할 수 있다고 하였다. Swift v. Tyson 사건 이후 연방법원에 주 법원 관할 사건이 제소되면 연방법원은 특정한 주의 법을 적용하기 보다는 연방법원이 독자적으로 커먼로를 해석적용하였고 그러한 커먼로를 해석한 법리가 쌓이면서 연방 커먼로라고 불리는 커먼로 해석원칙이 확립되었다.

그러나 Erie 사건에서 연방대법원은 연방법상의 커먼로는 존재하지 않는다고 하여 종전에 연방법원에서 연방법으로 형성되어온 커먼로를 연방법원에 제기된 커먼로 사건에 적용하는 것을 거부하였다. Erie 사건에서 확립된 Erie 원칙은 연방법원이 연방법원이 확립한 연방 커먼로를 적용할 수 없고 주법인 커먼로를 적용하여야 한다는 원칙이다.

Erie 사건은 펜실바니아주 주민이었던 Tompkins이 펜실바니아 허거스타운에 있는 Erie Railroad 회사의 철길을 따라 만들어진 오솔길을 따라가다가 그 철길을 운행하던 Erie Railroad회사 철도차량의 열려진 문에 부딪히는 바람에 땅에 넘어져 그의 손이 절단되는 상해를 입은 사건이다. 펜실바니아 주법에 의하면 Tompkins는 무단침입(trespass)을 하였기 때문에 '인

(a) he discovered the secret by improper means, or …

339) Erie Railroad v. Tompkins, 304 U.S. 64 (1938).
340) Swift v. Tyson, 41 U.S. (16 Pet.) 1 (1842).

식 있는 과실'(wanton negligence)이 있어야 피고 회사의 책임을 물을 수 있었다. 그러나 실제로 그 입증을 할 수 없어 민사상 책임이 없다는 결과가 될 수 밖에 없었다. 이에 Tompkins은 펜실바니아의 주민이었지만 펜실바니아 주 법원에 소송을 제기하지 않고, 뉴욕주의 연방법원인 Southern District of New York법원에 불법행위소송을 제기하였다.

Erie Railroad회사는 Tompkins은 무단침입(trespass)을 하였기 때문에 자신들은 Tompkins에게 아무런 보호의무(no duty of care)를 부담하지 않는다고 주장하였다.

지방법원은 뉴욕주 커먼로나 펜실바니아 커먼로도 적용하지 않고, 대신 연방 커먼로를 적용했는데, 연방 커먼로는 철도회사에서 고용하지 않은 사람에게는 일반적인 과실(general negligence) 기준을 적용했다. 연방법원은 연방 커먼로를 적용하면서, 철도회사가 무단침입자에 대해 부담해야 할 주의 의무에 대한 펜실바니아 주의 관습법상 과실원칙인 '인식 있는 과실'(wanton negligence)의 적용을 거부했다.

그와 같이 완화된 과실원칙의 적용으로 Tompkins은 30,000 달러의 손해배상금을 지급하라는 승소판결을 취득하였고, 항소법원도 이를 확인하였다. 이에 Erie Railroad회사는 연방법상 커먼로는 존재하지 않는다고 주장하면서 연방대법원에 상고하였다.

연방대법원은 Erie Railroad사의 주장을 받아들여 연방법상의 커먼로는 존재하지 않으므로 연방법원은 연방커먼로를 형성하고 이를 적용할 권한이 없다고 판시 하였다. 만일 연방법원이 커먼로 사건을 심리하여 판결한다면 주법인 커먼로를 적용하여야 해야 했다. ("federal but state law apply" doctrine)

위 Erie 사건 판결에 의하여 복수의 주의 주민이 관련(diversity of citizenship case)되어 연방법원에 제기된 사건에 대하여는 연방법원에서 소송을 하더라도 주법(state law), 즉 주의 커먼로(state common law)를 적용하여야 한다는 결론에 이르게 되었다. 따라서 주법이 관계된 연방 법원의 판결에서는 통일된 커먼로의 형성은 불가능하게 되었다. 입법적으로 해결하는 수밖에 없었다.

② Erie 원칙의 영업비밀에 대한 영향

연방대법원이 연방법상의 커먼로의 소멸을 판결한 이후에 영업비밀에 대한 관할은 주의 성문법이나 커먼로에 의해 행사되었다. 그 뿐만 아니라 주의 경계를 넘어 오는 절취물에 대하여 그 절취물이 위치한 주(state)는 형사 처벌을 통해 영업비밀을 보호하는 경우도 발생했다.341)

1938년 Erie 사건 이후 연방법원에 의한 영업비밀보호는 연방 커먼로의 소멸에 따라 위기는 계속되었는데, 그 정점을 이룬 것은 1960년대이었다.342) 1960년대에는 영업비밀보호나 지적재산 관련한 주법(state laws)에 의한 지적재산보호를 제한하는 판결들과 특허권을 제한하는 판결이 선고되었는데, Sears, Roebuck & Co. v. Stiffel Co. 사건 판결343)과 Compco Corp. v. Day-Brite Lighting, Inc. 사건 판결344) 및 Lear, Inc. v. Adkins 사건 판결345)이 그와 같은 판결이다.

미국은 주간통상(interstate commerce)에 관련된 사항에 대해서는 연방정부가 관할권을 가지고 있고, 이에 따른 법적쟁점에 대한 판단 권한도 연방법원이 가지고 있었다.346) 따라서 주는 주간통상에 관련된 사건에 관하여

---

341) John R. Vandevoort, Trade Secrets: Protecting a Very Special "Property" 26 Bus. LAW. 681, 682 n.5 (1971).

342) James M. Treece, Patent Policy and Preemption: The Stiffel and Compco Cases, 32 U. Chi. L. Rev. 80 (1964).

343) Sears, Roebuck & Co. v. Stiffel Co., 376 U.S. 225 (1964).

344) Compco Corp. v. Day-Brite Lighting, Inc., 376 U.S. 234 (1964).

345) Lear, Inc. v. Adkins, 395 U.S. 653 (1969).

346) Gibbons v. Ogden, 22 U.S. (9 Wheat.) 1 (1824). 본 사건은 증기선에 관한 특허권에 관하여 문제된 사건으로, 미국 건국초기에는 주 정부에서도 특허권을 부여할 수 있

관할권을 행사하지 못한다.

　Sears, Roebuck & Co. v. Stiffel Co. 사건347)은 특허로 보호되지 않은 폴램프(pole lamp)의 디자인을 자신이 폴램프에 모방하여 판매한 행위를 부정경쟁행위로 인정하는 주법은 연방 특허법이 달성하려는 목적과 위반되어 무효라고 판시하였다.348) 이는 발명이 진보성 요건을 갖추지 못하여 무효로 된 특허는 이미 공중에 공개된 정보/아이디어로서 공중의 재산(the public domain)인데, 이러한 공개된 정보나 아이디어는 만인이 자유롭게 사용할 수 있도록 한 것이 연방정부의 지적재산과 특허 정책으로서 이러한 공개된 정보를 주(state)가 영업비밀로 보호하는 것은 연방정부의 정책과 어긋나는 것으로 연방법 우선의 원칙에 위반된다고 판시했다. 따라서 침해자로 주장된 Sears가 이러한 정보와 아이디어를 복제한 상품을 제조 판매하는 것은 허용되는 행위라고 판시했다.

　위 Sears 사건과 같은 날, 같은 법률적 쟁점이 제기된 Compco Corp. v. Day-Brite Lighting, Inc. 사건349)에서도 연방대법원은 Sears 사건과 같은 법리를 적용하여 판시했다. 본 사건에서 Day-Brite는 주름이 들어간 형광등 반사판에 대한 디자인 특허를 가지고 있었는데 피고 Compco Corp의 피승

었다. 그런데 증기선에 관하여 여러 주정부가 관할을 주장하면서 특허를 부여했는데, 증기선의 특징이 강을 따라 이동하면서 상업적 활동을 하였으므로 주간 통상에 관여한 것이다. 이에 연방정부가 특허부여권에 대한 관할을 주장했는데, 연방대법원이 헌법상의 주간통상조항에 근거하여 연방 정부의 관할을 인정했다.

347) Sears, Roebuck & Co. v. Stiffel Co., 376 U.S. 225 (1964).

348) Id., 232-33.

　　But because of the federal patent laws, a State may not, when the article is unpatented and uncopyrighted, prohibit the copying of the article itself or award damages for such copying. The judgment below did both, and, in so doing, gave Stiffel the equivalent of a patent monopoly on its unpatented lamp. That was error, and Sears is entitled to a judgment in its favor.

　　Id.

349) Compco Corp. v. Day-Brite Lighting, Inc., 376 U.S. 234 (1964).

계인(Mitchell Manufacturing Company)이 위 디자인을 복제하여 판매하였다. Day-Brite가 일리노이 주 주법상의 디자인 특허침해와 불공정경쟁행위를 주장하면서 일리노이 주 북부지구 연방지방법원에 소를 제기했다.

지방법원은 Day-Brite의 디자인 특허를 무효로 했으나 불공정경쟁행위를 인정하는 판결을 했다. 법원은 Day-Brite의 디자인 특허는 무효이지만 통상적인 시각으로 봤을 때 Day-Brite의 형광등 디자인과 부정경쟁행위가 문제된 Compco Corp의 디자인은 같은 것으로서 Day-Brite의 형광등 디자인은 Day-Brite를 특정할 수 있을 만큼 널리 알려진 것이므로 Compco Corp.가 판매하는 형광등 디자인과 Day-Brite의 형광등 디자인에 대하여 수요자들이 상호 디자인에 대하여 실제로 혼동할 뿐만 아니라 혼동할 가능성이 있다고 판단하였다.

항소심인 제7순회법원은 지방법원 판결을 지지했다. 법원은 형광등 반사판에 주름을 주는 방법은 여러 가지 선택방법이 있는데도 피고가 사용한 반사판 디자인이 원고의 디자인과 동일한 디자인을 사용한 것은 수요자로 하여금 혼동을 가져온다고 판시하였고,350) 이 점에 대해서는 연방대법원도 동의했다.

그러나 연방대법원은 Sears 사건과 같은 이유로 주법은 연방법으로 보호되지 않은 것을 보호할 수 없다고 판시했다. 즉 연방 특허법이나 저작권법으로 보호되지 않는 것을 주법으로 보호하는 것은 연방정책을 방해하는 것이라고 판시했다.351) 나아가 연방대법원은 개별 주(State)가 부정경쟁행위

---

350) Day-Brite Lighting, Inc. v. Compco Corp., 311 F.2d 26 (7th Cir. 1962).
351) Id., 238.
    As we have said in Sears, while the federal patent laws prevent a State from
    prohibiting the copying and selling of unpatented articles, they do not stand in
    the way of state law, statutory or decisional, which requires those who make
    and sell copies to take precautions to identify their products as their own.
    Id.

를 입법하고 관할할 권한은 있으나 특허로 보호받지 못하여 공중의 영역에 있는 디자인은 모두가 자유롭게 사용할 수 있도록 하는 것이 연방정책이므로, 이에 대하여 주법에 의하여 부정경쟁행위로 보호를 하는 것은 연방정책에 어긋난다고 판시했다.352) 다만, 대법원은 문제된 디자인과 같이 이차적 의미가 발생한 경우에 이를 무단으로 사용하여 혼동을 가져오는 경우에 이를 부정경쟁행위로 인정하여 이차적 의미가 발생한 디자인을 보호하는 것은 주(States)의 권한이라고 판시했다.353) 즉 연방상표법과 주법상의 부정경쟁행위를 구분하고 있다.

Lear, Inc. v. Adkins 사건354)에서 미국 연방대법원은 특허권의 라이센시

---

352) Id.

however, and regardless of the copier's motives, neither these facts nor any others can furnish a basis for imposing liability for or prohibiting the actual acts of copying and selling. And, of course, a State cannot hold a copier accountable in damages for failure to label or otherwise to identify his goods unless his failure is in violation of valid state statutory or decisional law requiring the copier to label or take other precautions to prevent confusion of customers as to the source of the goods.

Id.

353) Id., 238.

A State, of course, has power to impose liability upon those who, knowing that the public is relying upon an original manufacturer's reputation for quality and integrity, deceive the public by palming off their copies as the original. That an article copied from an unpatented article could be made in some other way, that the design is "nonfunctional" and not essential to the use of either article, that the configuration of the article copied may have a "secondary meaning" which identifies the maker to the trade, or that there may be "confusion" among purchasers as to which article is which or as to who is the maker, may be relevant evidence in applying a State's law requiring such precautions as labeling;

Id.

354) Lear, Inc. v. Adkins, 395 U.S. 653 (1969).

가 특허권의 유효성에 대하여 소를 제기하는 것을 허용하는 판결을 하여 특허권을 제한하였다. 본 판결 이전에 Automatic Radio Mfg. Co. v. Hazeltine Research, Inc. 사건355) 판결 등 선례들에서 연방대법원은 licensee estoppel 의 유효성을 인정하고 있었는데, 본 사건에서 무효인 특허 발명의 아이디어(gyroscope)는 공중의 재산(the public domain)으로서 이를 자유롭게 사용할 수 있다고 하면서 이러한 공공정책은 라이센서(licensor)의 이익보다 우선한다고 판시하였다. 라이센스는 주법의 관할 하에 있는 계약법에 관련된 것이다. 법원은 계약법이 우선한다고 판시하고 있었는데, 본 사건에서 그와 같은 판결과 달리 연방법인 특허법에 의하여 보호받지 못하는 아이디어에 대하여 주법에 의한 라이센스 계약보다 연방법이 우선한다고 하여 자유사용의 대상으로 인정한 판결이다.

위와 같은 주의 권한을 제한하는 판결로 인하여 주법에 의해 보호되는 영업비밀도 제한적일 수 밖에 없었다. 연방법상의 영업비밀보호원칙은 적용할 수 없고, 관할권이 발생한 주의 주법을 해석적용하여야 했다. 따라서 통일된 영업비밀보호의 법원칙이 성립되기 어려운 상황이 되었다. 이러한 상황은 1970년대가 되어 변화하기 시작했다.

(마) 재산법리의 부활

재산권에 관한 이론은 1974년 Kewanee Oil Co. v. Bircon Corp. 사건356) 에서 부활하였는데, 연방대법원은 영업비밀을 영업비밀 소유자의 재산권으로 보는 것은 혁신에 대해서 특허법과는 별개의 발명을 장려하는(encourage

---

355) Automatic Radio Mfg. Co. v. Hazeltine Research, Inc., 339 U.S. 827 (1950). (라이센시가 라이센스를 한 특허권의 무효를 주장하지 못하는 licensee estoppel은 일반 원칙이라고 판시하여 라이센시가 라이센서의 특허권에 대하여 무효주장을 못하도록 하는 라이센스 계약 조항의 유효성을 지지했다.).

356) Kewanee Oil Co. v. Bicron Corp., 416 U.S. 470 (1974).

invention) 동기부여(incentive)라고 하였다. 연방대법원은

> Trade secret law will encourage invention in areas where patent law does not reach, and will prompt the independent innovator to proceed with the discovery and exploitation of his invention.[357]

라고 판시하여, 영업비밀보호법은 특허법의 영역이 아닌 영역에서 독립적 혁신가가 자신의 발명을 이용하고 발견을 하도록 장려하는 것이라고 판시했다. 단순히 신뢰관계나 계약관계를 보호하기 위한 것이 아님을 명백히 하고 있다.

비록 본 판결은 실용주의적 입장에서 장려설 내지 동기설(incentive theory)을 토대로 재산권의 효율성 관점에 따라 영업비밀 보호의 근거를 제시하기는 하였지만, 영업비밀을 기존의 계약 내지 신뢰관계 이론을 벗어나 다시 재산권을 바탕으로 이해하게 하였다.

본 판결은 Ronald Coase의 코즈 정리(Coase theorem)를 반영한 것과 같이, 재산권은 자원의 효율적 사용을 할 수 있도록 하게 하는 것으로 정보를 영업비밀로 보유하게 한다면 사회적으로 새로운 영업비밀을 개발하거나 도입하게 함으로서 기술개발을 촉진 한다.[358] 또한 이러한 규범의 확립은 상도덕의 기준을 제시할 것이다.[359]

로크의 재산권 철학은 1985년 Ruckelshaus v. Monsanto Co. 사건[360]에서 부활한다. 연방대법관 Blackmun은 영국의 법학자 윌리엄 블랙스톤(Black-stone)과 로크(Locke)를 인용하면서

---

357) Id., 485.

358) Robert G. Bone, A New Look at Trade Secret Law: Doctrine in Search of Justification, 86 Cal L. Rev, 241, 301 (1998).

359) Burten v. Milton Bradley Co., 763 F.2d 461, 467 (1st Cir. 1985).

360) Ruckelshaus v. Monsanto Co., 467 U.S. 986 (1984).

This general perception of trade secrets as property is consonant with a
notion of "property" that extends beyond land and tangible goods and
includes the products of an individual's "labour and invention." 2 W.
Blackstone, Commentaries *405; see generally J. Locke, The Second
Treatise of Civil Government, ch. 5 (J. Gough ed.1947).[361]

라고 판시하였다. 영업비밀은 개인의 노력과 발명의 결과에 대한 재산이라
는 개념을 부활시킨 것이다. 블랙스톤과 로크가 상정한 노동의 결과물은
유체물이었지만 인간의 노동의 결과물이라는 점에서는 유체물이나 무체물
이 동일하다. 연방대법원은 그 점을 "extends beyond land and tangible
goods and includes the products of an "individual's labour and invention.""라
고 언급하고 있다.

  위 사건은 살충제, 살균제 및 쥐약에 관련된 미국 연방법인 'Insecticide,
Fungicide, and Rodenticide Act'(FIFRA)가 약품에 대한 자세한 정보를 제공
하기 위해 약품을 등록하도록 하였고, 연방환경청(Environmental Protection
Agency, "EPA")은 그 내용을 공시하였다. 이에 원고인 Monsanto 사가 자신
들이 가지고 있는 비밀정보를 EPA에 등록하여 공개할 수 밖에 없었다. 연
방대법원은 영업비밀은 수정헌법 제5조의 공공수용에 따라 보상을 하여야
하는 재산(property)으로 보았다. 연방대법원은 원고의 주장에 따라 재산권
은 타인의 사용을 배제할 수 있는 권리로서 단순히 경쟁자에 의해 보상을
받는 권리는 아니라고 하였다. 연방대법원은

The right to exclude others is generally "one of the most essential sticks
in the bundle of rights that are commonly characterized as property."
Kaiser-Aetna, 444 U.S. at 444 U. S. 176. With respect to a trade secret,

---

361) Id., 1002-03.

the right to exclude others is central to the very definition of the property interest. Once the data that constitute a trade secret are disclosed to others, or others are allowed to use those data, the holder of the trade secret has lost his property interest in the data.

That the data retain usefulness for Monsanto even after they are disclosed -- for example, as bases from which to develop new products or refine old products, as marketing and advertising tools, or as information necessary to obtain registration in foreign countries -- is irrelevant to the determination of the economic impact of the EPA action on Monsanto's property right. The economic value of that property right lies in the competitive advantage over others that Monsanto enjoys by virtue of its exclusive access to the data, and disclosure or use by others of the data would destroy that competitive edge.

라고 판시하였다.[362] 연방대법원은 '타인을 배제할 수 있는 것은 가장 중요한 재산권의 일부 기능으로서 영업비밀도 타인을 배제할 수 있는지가 핵심적인 것으로, 영업비밀인 정보가 타인에게 공개되거나 타인에게 사용이 허락되면 영업비밀의 보유자는 자신의 데이터에 대한 재산적 이익을 상실하는데, 본 사건에서의 데이터가 공개된 이후에도 그 데이터는 Monsanto 사에게 예컨대, 그 공개된 데이터를 바탕으로 새로운 상품을 개발하거나 구형 상품을 새롭게 하거나 광고나 마켓팅 수단으로 또는 외국에서 등록할 수 있는 정보로서 유용하다는 것은 Monsanto 사의 재산적 권리에 대한 EPA가 행한 공개행위의 경제적인 효과를 결정하는데 관련성은 없는 것으

---

362) Id., 1011-12.

로써, 재산권의 경제적 가치는 해당 데이터에 대하여 Monsanto 사가 배타적
으로 접근, 이용할 수 있고, 다른 경쟁자가 그 데이터를 공개하거나 이용하
여 Monsanto 사의 경쟁상의 이익을 파괴할 수 있다는데 있다'고 강조했다.

그리하여 연방대법원은 영업비밀이 무형물이라는 특징을 반영하여 선점
의 원칙에 따라 자신의 노동의 결과물에 대한 점유를 통해 재산권을 취득
하지만 공개에 의하여 그의 독점적인 점유가 배제되는 경우에 영업비밀인
정보의 가치의 상실되므로 재산권성이 소멸한다고 판시하였다. 즉 EPA가
법에 따라 Monsanto 사가 EPA에 제공한 영업비밀인 정보를 대중에게 공개
함으로써 Monsanto 사의 재산인 영업비밀이 소멸되었다고 판시하였다.

자연권에 기한 재산 법리는 최근에 다시 확인되었다. 직무발명이 문제된
2011년 Stanford v. Roche 사건363)에서 연방대법원은 발명을 직접 한 자의
권리를 인정하였다. 발명도 인간의 노동의 결과이므로 노동을 한 자의 권
리가 되므로 발명자가 권리자이다.

방송3사와 JTBC 사전투표조사결과 사건364)에서 사전투표조사의 결과물
에 대한 권리자가 누구인가가 중요한 문제이다. 투표조사결과를 수행한 조
사자나 조사업체의 결과물로서 그들이 그 결과의 소유자라면 자신에게 의
뢰한 방송3사에게 제공하지 않은 것은 채무불이행의 문제가 남을 뿐, 자신
이 소유하는 결과물을 처분한 것이므로 (파)목의 부정경쟁행위는 성립할
여지는 없다. 지상파 3사(KBS, MBC, SBS)는 투표에 대한 사전조사결과에
대한 아무런 권리를 가지지 못하는데, JTBC에 소를 제기한 법률적 근거가
없어 보인다.

사전투표조사를 수행하는 것이 도급계약이라면 계약을 수행한 결과물을
이전할 의무가 발생할 것이다.365) 그 사전투표조사의 결과를 의뢰인(이 사

---

363) Stanford University v. Roche Molecular Systems, Inc., 563 U.S. 776 (2011).
364) 대법원 2017. 6. 15. 선고 2017다200139 판결.
365) 민법 제664조.

건에서는 KBS, MBC, SBS)에게 이전을 하지 못하거나 계약의 내용대로 이
전을 하지 못했다면, 의뢰인은 보수를 지급할 의무가 없을 것이다. 또한 제
3자에게 공개하였다면 영업비밀의 요건을 충족하지 못하므로 영업비밀침
해가 없는 결과가 된다. 그렇다면 영업비밀요건을 갖추지 못한 결과물을
소위 (파)목의 부정취득행위로 인정할 수는 없다. 영업비밀로 보호를 받지
못하는 정보를 취득함에 있어 부정한 경쟁의 요소가 없다면 불공정경쟁으
로 인정할 수 없다. 영업비밀보호법은 비밀성을 갖추지 못한 정보는 공중
의 정보로서 자유롭게 사용하도록 하고 있다.

나아가 JTBC와 사전조사를 수행한 업체사이에 어떤 신뢰관계가 형성되
었다고도 할 수 없다. 영업비밀의 비밀성이 존재하지 않더라도 신뢰관계가
형성되고 그 신뢰관계상의 의무 위반이 있다면 영업비밀침해를 인정할 수
있다. 그렇지만 위 사건에서 어떤 신뢰관계가 형성되었다고 보기에는 어려
운 점이 있다. JTBC 기자와 여론조사업체 사이에 어떤 직접적인 관계는 없
기 때문이다.

4. 19세기 후반의 특허 논쟁: 발명의 속성과 영업비밀

19세기 초반의 자연법에 기초한 지적재산권 이론은 오래 지속되지 못했
다. 유체재산권에서 자연권 이론이 영구적 지지를 얻지 못한 것처럼 유체
재산권의 가장 가까운 친척인 지적재산권에 대한 본질론은 19세기에 와서
는 많은 공격을 받게 되었다. 현재에는 유체재산권이 헌법상 제도 보장으
로 규정된 것처럼[366], 창작을 바탕으로 하는 무체재산권도 법률에 의해 그
권리가 발생하는 법률유보에 불과해졌다.[367]

---

366) 헌법 제23조 제1항 참조.
367) 헌법 제22조 제2항 및 US Constitution Art. I Sec. 8, Cl. 8.

19세기 후반에는 특허권에 대한 회의적인 시각이 두드러졌다. 네덜란드와 스위스는 특허제도를 포기하기에 이른다. 1852년 영국은 특허법을 개정하여 특허출원에 소요되는 비용 등을 낮추었다. 이때 특허 폐지론이 등장하는데 대표적인 특허폐지론자는 이슬라마바드 킹덤 부르넬(Isambard Kingdom Brunel)을 들 수 있다. 그는 특허는 취득하기 위하여 희소한 가능성이 존재하여 발명을 하고 특허를 출원하였으나 결국 특허를 취득하지 못하여 'workman'(기술자)을 좌절시키거나 그의 직업을 파괴하는 것이 되고, 가사 특허를 취득하였더라도 곧바로 새로운 특허가 나와 특허물품은 더 이상 쓸모없게 되어, 결국 특허로 인해 workman에게 해가 될 뿐이라고 주장했다.368) 독일의 경우, 비스마르크는 특허제도에 대하여 매우 회의적이었다. 1863년 9월 드레스덴에서 열린 의회의 연례회의에서 압도적인 다수로 결의문이 채택이 되었는데, 그 결의문에는 발명에 대한 특허는 모든 사람의 복지에 해가 된다("patents of invention are injurious to common welfare")고 기재되어 있었다.369)

그 당시 지적재산권에 대한 회의론은 지적재산권제도가 창작과 발명에 대한 인센티브제도라는 실용주의적 철학을 바탕으로 비판이 제기되었는데, 지적재산권이 자연권을 토대로 한다는 것에 그 비판이 집중되었다. 또한 인센티브로서 지적재산권에 의하여 인정되는 독점 또는 재산은 공평하게 분배되어야 한다는 논쟁과 마지막으로 지적재산권의 정당성론이 근거한 실용주의적 토대의 본질에 관한 문제로서 특허의 경우 최초발명자에게 특허라는 독점을 부여하는 경우에 다른 경쟁 발명자에게는 발명의욕을 꺾는 것이 되어 동기 내지 유인이라는 동기(incentive)가 아닌 반동기(disincentive)

---

368) Isambard Brunel, The Life of Isambard Kingdom Brunel, Civil Engineer, 1870, pp. 488-498.

369) Fritz Machlup and Edith Penrose Source, The Patent Controversy in the Nineteenth Century, The Journal of Economic History, Vol. 10, No. 1, p. 4. n 8 (1950).

가 된다는 비판이 제기되었다.

프루동(Proudhon)과 같이 반특허제도의 입장에 서 있던 스위스의 역사학자이자 정치경제학자인 장 샤를 레오나르 시몽드 드 시스몽디(Jean Charles Léonard Simonde de Sismondi)[370]는 실용주의적 견해를 토대로 한 특허옹호론에 대하여,

> The result of the privilege granted to an inventor is to give him a monopoly position in the market against the other producers in the country. As a consequence the consumers benefit very little from the invention, the inventor gains much, the other producers lose, and their workers fall into misery[371]

라고 비판했다. 즉 발명에 대한 독점의 부여는 다른 경쟁자에게는 재난이 될 것이라고 비판을 가했다. 그리하여 그는 모든 발명은 모두에게 알려져야 하고 모두에게 공유가 되어 모방되어야 한다고 주장하였다.

특허무용론에 대한 논쟁은 산업재산권 보호를 위한 1883년 파리협약에까지 미쳤다. 이 당시에 특허권에 대한 논쟁은 4가지 명제를 바탕으로 하였는데, 자연권론, 보상설, 장려/동기설 및 영업비밀포기설이다.[372] 첫 번째

---

370) Jean-Charles-Léonard Simonde de Sismondi, 1773-1842.

371) Jean-Charles-Léonard Simonde de Sismondi, Nouveaux principes d'économie politique ou de la richesse dans ses rapport avec la population ed.; Paris, 3827), II, 334-35. (Fritz Machlup and Edith Penrose Source, The Patent Controversy in the Nineteenth Century, The Journal of Economic History, Vol. 10, No. 1 (May, 1950), pp. 1-29 n. 27에서 재인용).

372) U.S. Congress. Senate. Committee on the Judiciary, An Economic Review of the Patent System: Study of the Subcommittee on Patents, Trademarks, and Copyrights of the Committee on the Judiciary, United States Senate, Eighty-fffth Congress, Second Session, Pursuant to S. Res. 236, U.S. Government Printing Office, 1858, p. 21.

자연권론은 대부분 로크의 철학을 바탕으로 한 것이었고[373], 세 번째 견해는 실용주의 철학을 토대로 한다. 그리고 두 번째의 보상이론과 네 번째의 영업비밀포기설은 계약이론과 같이 자연권과 실용주의적 철학 모두에서 주장되었다.[374]

특허논쟁(Patent Controversy)은 1850년부터 1873년까지 발생했다.[375] 프랑스의 1791년 특허법은 자연권법을 토대로 한 재산권 철학을 수용하였다. 자연법을 바탕으로 한 특허권에 대해서는 비배제성과 비경합성을 특징으로 하는 아이디어에 대하여 배타적으로 소유하거나 점유한다는 점과 자연권은 영구적인 것인데 특허권은 일정기간 아이디어를 소유한다는 것은 모순이라는 많은 비판이 따랐다. 특허논쟁이 시작된 것이다. 아이디어와 같은 무체물에 대하여 유체물과 같은 법을 적용하는 것은 무리라는 것이다. 특허권과 같은 재산권을 자연권으로 본다면 재산권을 영구적이고 불가침의 권리를 인정하여야 하는데, 예컨대, 특허권의 존속기간이 그 당시 14년 내지 17년(현재는 TRIPs 협정에 의해 출원일로부터 20년)인 이유를 설명하지 못한다는 비판이 가해졌다.

발명에 대한 '특허'를 자연권적 재산권으로 인정하는 것에 반대한 진영에는 미국의 토마스 제퍼슨(Thomas Jefferson)도 있었다. 1813년 8월 13일 그가 아이삭 맥퍼슨(Isaac McPherson)에게 보낸 편지에서 "inventions then cannot in nature be a subject of property. Society may give an exclusive right to the profits arising from them as an encouragement to men to pursue

---

373) 물론 로크와 같이 자연법에서 출발하는 이론은 헤겔(Hegel)과 칸트(Kant)의 이론이 있다.

374) 영업비밀포기설은 실용주의적 견해를 바탕으로 한다는 주장도 있지만, 영업비밀에 관한 부분은 자연법이론을 바탕으로 하고 있다.

375) 특허권 논쟁은 Fritz Machlup and Edith Penrose Source, The Patent Controversy in the Nineteenth Century, The Journal of Economic History, Vol. 10, No. 1, pp. 1-29 (1950)에 정리되어 있고, 본 서에서도 그의 정리를 바탕으로 한다.

ideas which may produce utility."라고 하여 '발명은 그 본질상 [자연법상의] 재산권이 될 수 없고, 유용한 가치를 생산해내는 아이디어 창작을 장려하는 것으로 사회가 그러한 아이디어로부터 발생하는 이익에 대하여 [법에 의해] 배타적인 권리를 부여하는 것'이라고 강조했다. 여기에서 발명이란 특허를 취득한 것으로 궁극적으로 특허를 의미한다. 제퍼슨은 발명에 대한 권리는 자연법상의 권리로 이해했다.376) 발명과 특허를 구분하지 못한 견해에서는 제퍼슨은 발명에 대하여 자연권적 재산권성을 부인했다고 이해하고 있으나, 제퍼슨은 특허는 실정법상의 권리이고 발명은 자연법상의 권리로 이해했다. 발명 그 자체만으로는 배타적인 권리가 될 수 없다는 의미를 오해한 것으로 판단된다.

1624년 영국의 독점법상 발명에 대하여 길드의 장인이 도제를 훈련시키는 기간인 7년377)을 두 번하여 14년의 독점기간이 부여되었지만, 1624년 독점법 제정이후에 특허독점기간을 14년 이상으로 보호하여야 한다는 논쟁이 제기되었다. 일부 견해는 발명이 비밀로 유지할 수 있는 기간동안 보호되어야 한다는 주장을 하고, 다른 발명자들이 동일한 발명을 할 수 있는 평균적인 기간동안 보호되어야 한다든지 또는 동일한 발명에 대한 투자비용을 회수할 수 있는 평균적인 기간 또는 자연법이론을 관철하여 영구적인 특허권이므로 영구적으로 보호되어야 한다는 주장을 하였다.378)

자연법을 고집하는 일부 학자와 정치가는 아이디어에 대하여 영구적이고 불가침의 권리, 즉 천부인권과 같은 권리(점유권, 사용권, 수익권 등)를 인정하여야 한다고 주장하면서도 그러한 권리가 일시적이건 영구적이건

---

376) 이에 대하여는 본서 "제3장 제2절 6. 가. '발명'과 '특허'의 이분법" 참조.

377) 1562년 영국 엘리자베스 여왕시절 영국은 the Statute of Apprentices (5 Eliz. I, ch. 4)를 제정하여 7년의 도제기간을 법으로 명시하였다.

378) Fritz Machlup, An Economic Review of the Patent System, Study No. 15 of the Subcomm. on Patents, Trademarks and Copyrights of the Committee on the Judiciary United States Sen., 85th Cong., 2d Sess. (1958), p. 9.

간에 아이디어의 특성상 타인에게 공개되는 경우에는 더 이상 그가 독점적으로 재산권의 혜택을 누릴 수 없게 된다고 주장했다.[379] 즉 현재의 영업비밀 보호법리와 같이 비밀성을 유지하는 한 아이디어의 점유에 대해서는 영구하고 불가침의 권리를 인정할 수 있지만, 아이디어가 공개되면 그 본질상 더 이상 재산권이 될 수 없다는 것이다. 아이디어는 그 속성상 비배제성(non-excludability)과 비경합성(non-rivalous)을 가지고 있으므로 유체물의 점유나 소유와 같은 재산권을 인정할 수 없다고 주장했다. 아이디어는 수백명, 수천명에 의하여 점유와 사용이 가능하므로 재산권의 속성이 배타성 존재하지 않는다.

보상설은 공개에 대한 대가로 제한된 기간 그 아이디어에 대한 배타성을 인정받는 것이다. 그러나 일부 견해는 천재성에 대해서는 보상이 필요없는 것이라고 하거나, 발명은 개인보다는 사회에 의해 행해진다는 이유로 보상이라고 할 수 없다고 비판을 했다.[380] 또한 도덕적 권리(moral rights)에 대해서는 보상이 필요하지만 그 보상에는 정부가 간섭할 필요가 없다고 하였다. 보상설은 로크의 사회계약설 등과 같은 바탕으로 주장되기도 하는데, 1832년 미국 연방대법원의 존 마셜(John Marshall) 대법원장은 특허는 개인의 창의적인 노력을 자극하기 위한 것으로 그 노력에 대한 보상(the reward stipulated for the exertions of the individual, and is intended as a stimulus for those exertions.)이라고 판시하여[381] 실용주의적 보상설에 기초하여 판결을 하기도 했다. 또한 자연권에 기초하여 노동에 대한 보상이라는 판결도 존재했는데 Birdsall v. McDonald 사건[382]에서 법원은 "Patent laws are founded on the policy of giving to [inventors] remuneration for the fruits,

---

379) Id., p. 22.
380) Id., p. 23.
381) Grant v. Raymond, 31 U.S. 218 (1832).
382) Birdsall v. McDonald, 3 F. Cas. 441, 444 (C.C.N.D. Ohio 1874).

enjoyed by others, of their labor and their genius."라고 판시하여 로크의 노동가치론에 기초하여 실정법상 권리인 특허권으로 보상을 하는 것이라고 판시하고 있다.

최초의 발명자는 최초 발명으로 인하여 시장의 최초 진입자가 되어 우월적 지위를 누릴 수 있으므로 그것으로 그에 대한 보상으로 충분하다. 그러나 특허와 같은 법적 독점을 인정하지 않는 경우에는 최초의 발명가는 새로운 경쟁자로 인하여 시장에서의 우월적 지위(lead time)가 빠르게 소멸하는 경우가 있으므로 최초의 발명자는 발명에 대한 사회적 가치에 대하여 보너스나 포상으로 보상할 수 있다는 주장도 있었다. 그와 같은 주장을 하는 견해에서는 특허는 종종 발명가들에게까지 이익보다 손실을 가져오므로 가장 나쁘기도 하지만 동시에 가장 좋은 보상을 제공하는 기망책이라고 했다. 나아가 특허는 정부가 재량으로 부여하는 것이 아니라 그 사회적 유용성에 대하여 부여하고, 그 보상은 그 발명의 혜택을 받는 소비자들에 의하여 이루어져야 한다는 주장이 있었는데, 이에 대하여 특허는 특허를 받아야 할 사람들에게 인정되지 않고, 특허가 사회에 기여하는 바대로 분배되지도 않을뿐더러 특허에 의한 심각한 부작용이 발생함으로 인해 정의롭지 못하다는 반대에 부딪혔다.[383] 특허 반대론자들은 특허를 폐지하고 발명에 대한 보상으로서 정부연금, 기업 등의 민간부분에서 발명에 대한 비용을 지급하거나 경쟁에 대한 우월적 지위기간(lead time) 인정 등에 의하여 해결하여야 한다고 주장했다.[384]

특허 논쟁 중 세 번째의 특허독점으로 인한 이익이 발명의 유인 내지 동기가 된다는 주장은 독점이라는 보상이 정의로운지 여부와는 별개로 주장되었다. 로크의 이론에서 주장되는 노동에 대한 '단지 보상'(just reward)은

---

383) J. Stirling, Patent Right in Abolition of Patents, 1869, p. 116 이하.

384) Zorina Khan, An Economic History of Patent Institutions, https://eh.net/encyclopedia/an-economic-history-of-patent-institutions/ (마지막 방문, 2022. 6. 22).

특허 독점에 대하여 정당화 하기에는 부족하였고, 발명을 장려하여 사회의 기술적 진보를 이루기 위해서는 무엇인가 더 필요했다. 특허독점에 의하여 이익을 취득할 것이라는 기대는 발명을 장려하여 결국 사회적 가치, 사회 복지(social well-being)를 증가시키는 것이라는 정당성이 필요했다. 즉 노동에 대한 단순한 보상이 아니라 사회 복지를 증가시키는 것이고 이에 대하여 사회는 반대급부, 즉 보상으로서 발명자에게 일정한 기간 그 발명에 대한 독점을 부여하는 것이라고 주장한 것이다.

다만 유인설 또는 동기설로 불리는 이론(inventive theory)은 실용주의적 입장에서 주장된다. 그러나 로크의 이론에서도 유인설 내지 동기설과 같이 노동의 결과물에 대하여 재산권을 인정하면, 결국 사회의 효용을 증가시킨다(increase the common stock of mankind[385])고 하기 때문에 결과적으로는 본 이론과 로크의 이론은 동일한 가치를 추구하는 면이 있다고 할 수 있다. 단지 두 이론간의 차이라면 로크의 이론하에서 재산권을 인정한 결과 인간의 유용성을 증가시키는 것은 단지 결과적인 것이지만, 동기 또는 유인설은 결과에 의하여 그 가치를 판단하여야 하는 목적적인 결과주의라는 것이라는 점에 있다고 할 것이다.[386]

마지막의 영업비밀포기설은 특허는 발명가와 사회의 계약인데 발명가가 산업에서의 일시적 독점을 위해 자신의 영업비밀을 포기하고 특허를 취득하는 것으로 보았다. 그러한 전제에는 경제발전을 유지하기 위해서 발명가가 보유하고 있는 기술적 지식에 대한 공개가 필요하다는 것을 전제로 한다. 기술적 지식이 공개되지 않는다면 그 발명가의 사망으로 인하여 사회

---

385) Locke, Second Treatise of Government §37.
386) 이 점에 대해서는 필자의 "로크, 스펜서, 노직, 파레도, 및 칼도-힉스: 특허권에 대한 자연권적 정당성과 실용주의적 정당성의 합체" 산업재산권, 66호 pp. 1-39 를 참조. 다만, 로크의 이론은 기본적으로 권리기반이론(right based theory)이므로 결과주의 (Consequentialism)인 공리주의나 실용주의 철학과 다르다. 위 본문에서 결과적이란 의미는 결과주의를 의미하는 것은 아니다.

에서 영구히 사라질 것이다. 따라서 사회적으로 그 발명가와 협상에 의하여 그 발명에 대하여 미래세대를 위해 공개하도록 하는 것이 요구된다. 이는 발명가에 대하여 해당 발명에 대한 일시적인 독점, 즉 특허를 부여함으로서 달성될 수 있다.[387]

영업비밀포기설은 특허권이 유한한 존속기간을 갖는 것에 부합한다. 기술적인 비밀은 경쟁 기술자에 의해 독자적으로 개발이 될 수 밖에 없기 때문에 그 비밀성 유지기간은 유한할 수 밖에 없고, 그러한 유한한 기간을 갖는 영업비밀을 공개하는 대가로 특허라는 독점을 부여할 때 그 독점도 유한한 기간 동안 존속하는 것이 합리적이기 때문이다.

프랑스의 수리경제학자인 왈라스(Leon Walras)는 1870년부터 1892년 사이에 스위스 로잔대학에서의 강의를 바탕으로 1896년 저술한 그의 사회경제학 연구(Études d'économie sociale; Théorie de la répartition de la richesse sociale)에서

> Hence, justice and advantageousness recommend that we do not settle the question of intellectual property either exclusively in favour of the creators and inventors, or exclusively against them. Between the creator or inventor, on the one hand, and society, on the other, a convention should intervene such that, when the former makes known his idea, the latter provides the means for him to exploit it as a monopoly during a certain time, after which it will fall into the public domain. Furthermore, if the inventor or creator prefers to keep his idea secret, he has the right to exploit it monopolistically until somebody else discovers it.[388]

---

387) U.S. Congress. Senate. Committee on the Judiciary, An Economic Review of the Patent System: Study of the Subcommittee on Patents, Trademarks, and Copyrights of the Committee on the Judiciary, United States Senate, Eighty-fffth Congress, Second Session, Pursuant to S. Res. 236, U.S. Government Printing Office, 1858, p. 21.

라고 하였다. 그는 경제학적인 관점에서 로크의 재산권 철학을 출발점으로
하여[389] 영업비밀포기설을 뒷받침하고 있다. 그는 지적 노동의 산물에 대
한 자연법이론에 의한 독점에 반대하여 특허제도는 일정기간 특허독점을
한 후에 그 발명을 공공에게 공개하는 계약이라고 하였다. 공중은 특허물
품을 이용할 수 있고, 발명가의 비밀인 발명을 공중에게는 행운인 우연한
사고로 인하여 알게 되는 것보다는 발명가에게 그 보상으로 수년간의 일시
적 특허 독점을 제공하는 것이라고 하여, 영업비밀을 포기하고 특허를 취
득하는 것이라고 주장했다.

　1791년 프랑스의 특허법은 자연법에 기초하여 토지에 대한 권리와 같이
영구성을 인정하고 있었다. 그와 같이 자연권에 기초한 강한 특허권을 인
정하였던 것은 1789년 프랑스 혁명 이후 의회 강경파가 득세를 하고 있었
고, 토지에 대한 권리와 같이 노동에 기초하여 발생한 발명에 대한 권리도
영구적인 권리로 인정하는 것이 형평에 부합한다고 믿었기 때문이었다. 같
은 인간의 노동의 결과물인 저작물도 발명과 같이 영구적인 권리가 된다.

　그러나 특허를 부여하는 것에 대한 반대의 견해도 많았는데 강력한 사회
주의자이었던 루이 블랑(Louis Jean Joseph Charles Blanc)은 무체물에 대한
사적인 권리를 인정하는 것을 반대했다.[390] 프랑스 혁명이후 계몽주의를
따라 재산권의 영구적 권리, 즉 자연권성을 지지하는 입장[391]과 루이 블랑

---

388) Léon Walras, translated by Jan van Daal and Donald A. Walker, Studies in Social
　　Economics, Routledge, 2010, p. 170.

389)　Rémy Guichardaz, Intellectual property controversy in the XIX century: a
　　comparative analysis between Proudhon and Walras, The European Journal of the
　　History of Economic Thought Volume 27, Issue 1, 2020, pp. 86-107. 다만, Walras도
　　자연권설과는 반대입장에 있었다고 한다. 그러나 그의 주장을 보면 반드시 로크의
　　노동가치이론을 언급하며, 노동의 결과물에 대한 권리인정을 논리적으로 뒷받침하
　　고 있어, 반드시 자연권설을 반대한다고 보기는 어렵다.

390) Leo A. Loubère, The Intellectual Origins of French, 4(3) Jacobin Socialism, 1959,
　　pp. 415-31.

(Louis Blanc)과 같이 사회주의에서 무체물의 사유화를 반대하는 입장의 중간적인 견해에서 주장된 것이 왈라스 등이 주장한 영업비밀포기론이라고 할 수 있다. 영업비밀포기론은 결국 자연권론과 실용주의의 중간적 견해이자 절충한 견해이다. 영업비밀포기론은 발명에 대한 자연법론에 기초하여 영구적 재산권을 인정하는 것은 19세기의 미국의 판결들과 같다. 그러나 자연법에 기초한 재산권은 영구적 독점을 심화시키는 것으로 경제학적 관점에서는 사회적 효용을 저해하는 것이 되므로 영구적인 재산권의 개념으로부터 탈피할 필요가 있었고, 이에 대하여 왈라스(Walras)가 상정한 것은 국가가 그 창작자에게 보상하는 공유재산(예술적 지적재산)과 사회적 기여가 많은, 즉 경제적 가치가 많은 발명에 대하여 일정기간 독점을 인정하는 산업재산(industrial property)이었다고 판단된다. 특허에 대해서는 영업비밀을 포기한 대가로서 일정기간 동안 독점을 인정한다는 점에서 특허권은 영구적인 권리가 아닌 일시적인 권리이다. 이러한 법리는 결과적으로 19세기 미국 법원이 취했던 법리와 같다.

경제학적으로 독점은 항상 환영을 받지 못했다. 왈라스도 초기에는 지적 노동의 결과물에 대하여 영구적 재산권을 주장하였으나, 그는 경제학자이었으므로 영구적 독점에 반대할 수 밖에 없었으므로 영구한 재산권은 인정할 수 없었을 것이다.[392] 이는 프랑스 혁명이 인간을 전제와 압제로부터의 해방이라는 정치적인 입장과는 다르게 경제학자로서 왈라스는 경쟁을 통한 효율성과 부의 공평한 분배라는 점을 고려하지 않을 수 없었다고 보인다. 그리하여 중간적으로 특허권의 자연권성으로서의 정당성과 영업비밀의

---

391) 대표적으로 J.-B.-A.-M. Jobard를 들 수 있다. Mario Baeck, The Myth of an Invention: the Early Developnments fo dust-pressed tile manufacturing on the European Continent, Journal of the Tiles & Architectural Ceramics Society, 2019, n. 73.

392) Rémy Guichardaz, Intellectual property controversy in the XIX century: a comparative analysis between Proudhon and Walras, The European Journal of the History of Economic Thought Volume 27, Issue 1, 2020, p. 90.

가치, 즉 비밀성이 유지되는 동안 그 경제적 가치가 존속된다는 점을 고려하여 특허는 영업비밀의 비밀성을 포기하고 사회가 보증하는 독점을 부여하는 것으로 그의 이론을 구성한 것으로 결론지을 수 있다. 그러나 경제학적으로 영업비밀포기설은 큰 지지를 받지는 못했지만 그의 이론은 미국에서 주류가 되었던 특허와 발명의 이분법으로 남게 되었다.

자연권론에 대하여 가장 반대 입장을 취한 나라는 오스트리아였다. 1810년과 1820년 특허법 개정을 통하여 자연권론에 대하여 반대를 하면서 발명가는 발명에 대하여 어떤 자연권을 갖는 것이거나 특허권에 대하여도 자연권을 갖지 못한다고 하였다.393)

앞서 본 바와 같이 프루동(Pierre-Joseph Proudhon)은 재산권의 토대에 관한 자연권설, 본인도 노동가치설에 입장에 서있었지만, 특히 로크의 노동가치설을 비판하였는데, 동일한 노동에 대하여 두 사람에게 재산권이 부여될 수 없는 것을 비판했다. 프루동은 초기 무정부주의자이자 사회주의자이었다. 그는 '재산이란 무언인가? 권리와 정부의 원리에 대한 연구'란 저술에서 1793년 프랑스 헌법에서 선언했던 로크의 재산권 철학을 바탕으로 한 자연권적 재산권론에서 수용한 노동의 결과를 가질 권리(the right to enjoy the fruit of one's labor)를 부정하고, 대신에 재산이란 타인의 물건 스스로 즐기고 처분할 수 있는 것(Property is the right to enjoy and dispose at will of another's good.)이라고 하면서394) 사적 재산권에 대하여 반대를 하고 베니스 길드에서 장인의 기술과 지식에 대하여 인정되었던 바와 같은 사회적 공동 재산권(social property)을 주장하였다. 물론 그는 노동이론을 부인한 것이 아니라 다른 공산주의자들이 로크의 노동이론에서 출발하는 것처럼

---

393) Fritz Machlup, An Economic Review of the Patent System, Study No. 15 of the Subcomm. on Patents, Trademarks and Copyrights of the Committee on the Judiciary United States Sen., 85th Cong., 2d Sess. 1958, p. 3.
394) Proudhon, What is Property?, Ch. IV. § 1. pp. 128-29.

노동이론을 전제로 한다.[395] 그러나 후에 그는 그의 저서 'Les Majorats littéraires'(문학 재산)[396]을 통하여 영구적인 재산권[397] 대신에 왈라스와 같이 일시적인 재산권을 옹호했다.

---

395) David Golemboski, Pierre-Joseph Proudhon on the Social Dimensions of LaborGolemboski, David, Pierre-Joseph Proudhon on the Social Dimensions of Labor (2013). APSA 2013 Annual Meeting Paper, American Political Science Association 2013 Annual Meeting, SSRN: https://ssrn.com/abstract=2300902.

396) 'Les Majorats littéraires', Paris (1868).

397) 프루동은 자신의 저서에서 일시적인 독점은 인센티브로서 필요하다고 했지만, 영구적인 특허는 사회악이라고 표현했다. "A known evil should be condemned and destroyed: the legislator cannot plead ignorance as an excuse to act in favour of patent iniquity. Restitution should not be delayed." Proudhon, What is Property? Ch. V. § 3. p. 188.

제2절 아이디어와 영업비밀 보호에 있어
자연권적 재산권398)

1. 발명의 재산적 속성의 자연권적 토대

영업비밀보호법리에서의 재산권 개념은 특허권의 재산권 개념과 다르다는 것을 환기시킬 필요가 있다. 특허권과 달리 영업비밀은 그 비밀인 정보에 대하여 배타적인 권리, 즉 배타적인 소유를 주장할 수 없다는 것이라는 점에는 이론의 여지가 없다. 다만, 법원이나 학자들은 영업비밀의 커먼로상 재산권성을 인정하기 위해 준물권(quasi-property) 개념을 도입하였고, 준물권(quasi-property)은 우리 민법상의 준물권(準物權)과는 다소 다른 개념으로 금지명령을 인정하기 위한 근거로 준물권(quasi-property) 개념을 사용한다.399) 그 이외에 영업비밀을 보호하기 위한 법리는 부당이득(unjust enrichment) 법리, 신뢰관계 보호법리, 물리적 점유에 대한 통제 등에 관한 법리도 존재한다.

미국에서 법원은 영업비밀의 재산권성에 대하여 의미 있는 판결들을 내려왔다. 앞서 언급한 바와 같이 영업비밀의 재산권성은 세상에 자신의 권리를 주장할 수 있다는 의미의 배타적 권리가 아니다. 자신의 노력에 의하여 취득한 가치있는 것에 대하여 배타적으로 점유, 통제, 관리 및 이용을

---

398) Miguel Deutch, The Property Concept of Trade Secrets in Anglo-American Law: An Ongoing Debate, 31 U. Rich. L. Rev. 313, 369 (1997).

399) 대표적인 예로 부정취득사용(misappropriation)을 인정한 International News Service v. Associated Press, 248 U.S. 215 (1918) 사건을 들 수 있다. 우리 법에서도 준물권에 대하여 물권적 청구권인 금지명령을 인정하기 때문에 그 점에서는 동일하다.

하고, 이러한 점유 통제, 관리 및 이용에 대하여 위협을 받지 않을 평온 내지 안온에 대한 권리로서 보호해왔다. 그러한 의미에서 미국 법원은 발명에 대한 권리는 정부의 통제나 간섭이 없는 권리라고 하였고, 특허는 실정법에 의하여 출원을 하고 심사를 받아서 취득하는 세상에 그 발명에 대하여 자신만의 독점권을 주장할 수 있는 배타적인 권리라고 하고 있다.

로크(Locke)의 재산권 철학에 의하면 노력과 노동에 의하여 취득한 결과물은 나의 신체에 의하여 발생한 것으로 그 신체의 소유자인 나의 소유가 된다. 나는 배타적인 통제권을 가지고 있으므로 타인이 나의 노동의 결과물을 취득하여 간다면 이는 나의 배타적인 통제권, 즉 평안함을 침해하는 것으로 결국 나의 재산권을 침해하는 결과가 된다. 그 취득은 부정취득이용(misappropriation)이 된다.

19세기의 미국 법원은 로크의 재산권 철학을 바탕으로 발명에 대한 자연법상의 권리를 인정하고, 특허에 대하여는 실정법상의 권리라는 입장을 줄곧 견지해왔다. 발명과 구분하여 특허제도는 새로운 발명을 하여 특허를 출원하도록 하고 이로 인하여 사회에 새로운 특허발명을 공개토록 하는 장려 내지 동기(incentive)라는 입장에 서 있다.

자연법상의 권리로서 발명과 실정법상의 권리로서 특허라는 법리는 아래의 판결들에 스며들어 있다. 미국에서 'intellectual property'라는 용어를 최초로 사용했다고 알려진 1845년 Davoll v. Brown 사건[400]에서 매사추세스 주 순회법원 Charles L. Woodbury 판사는

These principles, however, are not inconsistent with another one, equally well settled, which is, that a liberal construction is to be given to a patent, and inventors sustained, if practicable, without a departure from sound principles. Only thus can ingenuity and perseverance be

---

400) Davoll v. Brown, 7 F. Cas. 197 (C.C.D. Mass. 1845).

encouraged to exert themselves in this way usefully to the community; and only in this way can we protect intellectual property, the labors of the mind, productions and interests as much a man's own, and as much the fruit of his honest industry, as the wheat he cultivates, or the flocks he rears.[401)

라고 하여, 발명은 정신적 노동의 산물이라고 판시하면서 그 정신적 노동의 결과물에 대하여 자연권적 재산권이 있다고 판시하고 있다. Brooks v. Bicknell 사건[402)에서 법원은

There is nothing in the spirit or policy of the patent law, against this construction. On the contrary, it is in accordance with the principle and policy of that law. The same reason that would give a renewal to the patentee, would be equally strong in behalf of his heirs. If the term of the original grant had not given an adequate remuneration for 'the time, ingenuity, and expense' of the patentee; on every principle of public policy, in the event of his decease, there should be a renewal for the benefit of his heirs. That a man should be secured in the fruits of his ingenuity and labor, is a sound maxim of the common law. And it seems difficult to draw a distinction between the fruits of mental and physical labor.[403)

라고 하여, 커먼로상 노력과 재능의 결과에 대하여는 법적 보호를 하여야 한다고 판시하고 있다. 즉 커먼로상의 권리를 인정하고 있는데, 이는 자연

---

401) Id., 199.
402) Brooks v. Bicknell, 4 F. Cas. 247 (C.C.D. Ohio 1843).
403) Id., 251.

법상의 권리를 의미한다. McKeever v. U.S. 사건404)에서 법원은

In this country, on the contrary, our organic law recognizes in the
clearest terms that mind-work which we term inventions. What
immediate reasons operated upon the framers of the Constitution seem
to be unknown, but it is plain that they had a clear apprehension of the
English law, on the one hand, and a just conception, on the other, of
what one of the commentators on the Constitution has termed "a natural
right to the fruits of mental labor."405)

라고 하여, 미국의 헌법의 제정자들도 정신적 노동의 결과에 대한 자연권
을 인정하고 있다고 판시하고 있다.406)

　　위와 같이 발명은 인간의 노동의 결과에 대한 자연법상의 권리이고, 특
허는 실정법에 의한 출원이라는 절차에 따라 특허법상의 요건을 충족한 경

---

404) McKeever v. U.S., 14 Ct. Cl. 396 (1878).
405) Id., 420.
406) Middletown Tool Co. v. Judd, 17 F. Cas. 276, 278 (C.C.D. Conn. 1867).
　　　[t]hough it be the fruit of a very small amount of inventive skill, the patent law
　　　extends to it the same protection as if it had been brought forth after a lifetime
　　　devoted to the profoundest thought and the most ingenious experiment to attain
　　　it. In the present case the degree of ingenuity employed in producing this
　　　improvement was undoubtedly small but I have no doubt that it is entitled to
　　　the protection of the law.
　　Id. 278; Clark Patent Steam & Fire Regulator Co. v. Copeland, 5 F. Cas. 987
　　(C.C.S.D.N.Y. 1862).
　　Congress has wisely provided by law that inventors shall exclusively enjoy, for
　　a limited season, the fruits of their inventions. To enable them thus to reap the
　　benefits of their inventions, letters patent are issued to them, conferring upon
　　them an exclusive grant, authorizing them alone to manufacture, sell, or practice
　　what they have invented.
　　Id., 988.

우에 취득하는 실정법상의 권리 개념은 20세기에 확실히 인정되었다. 많은 판결들이 발명의 착상(conception) 개념을 인용하는 Townsend v. Smith 사건407)에서 법원은 착상(conception)에 대하여

[t]he formation in the mind of the inventor of a definite and permanent idea of the complete and operative invention as it is thereafter to be applied in practice that constitutes an available conception within the meaning of the patent laws.408)

라고 하여, 발명의 착상이란 발명자의 마음에 형성되는 것이고 특허는 실정법인 특허법상의 개념과 요건을 충족하여 그 정한 절차에 따라 취득하는 것임을 강조하고 있다. 이는 발명은 인간의 권리, 즉 자연권임을 전제로 하고, 특허는 실정법상의 권리임을 구별하고 있는 판시이다. 비교적 최근에도 Hiatt v. Ziegler 사건409)에서 법원은

[C]onception is established when the invention is made sufficiently clear to enable one skilled in the art to reduce it to practice without the exercise of extensive experimentation or the exercise of inventive skill.410)

라고 판시하여, 많은 실험이나 고난도의 기술을 연습함이 없이 해당 분야의 기술자(one skilled in the art)가 발명을 구체화 할 수 있는 것이라고 하여, 발명은 해당분야의 기술자라는 자연인을 바탕으로 이뤄지는 것임을 분

---

407) Townsend v. Smith, 36 F.2d 292 (1929).
408) Id., 295.
409) Hiatt v. Ziegler, 179 USPQ 757 (Bd. Pat. Inter. 1973).
410) Id., 763.

명히 하고 있다. 즉 발명은 자연인의 권리라는 의미이다.

2. 창작한 지식과 알아낸 지식: 특허와의 비교

특허권과 영업비밀에 대한 권리 모두 로크의 재산권 이론에 의하여 정당성을 부여받을 수 있다. 특허권은 그 권리의 배타적 속성411)으로 인하여 타인에게 충분하고 동등하게 남겨두어야 한다는 단서의 충족이 문제가 된다. 따라서 지적재산권에 있어서는 창작성을 재산권 취득의 요건으로 하게 된다. 자연에 대하여 알아낸 지식, 예컨대, 자연법칙, 자연현상 등은 특허를 취득할 수 없다. 왜냐하면 창작적인 지식이 아니라 자연의 원리를 알아낸 것에 불과하기 때문이다. 자연은 신(God)이 창작한 것으로서 인간의 창작물이 아니므로 인간이 소유할 수 없다. 자연법칙이나 자연현상 등에 대하여 특정인에게 배타적인 권리, 즉 특허를 부여한다면 다른 사람들은 그 자연법칙이나 자연현상을 사용할 수 없게 된다. 이는 충분하고 동등하게 남겨두어야 한다는 단서를 위반한 것이 된다. 그리하여 발견에 대하여 특허를 인정하는 것은 실제적이지 않고 그 필요성도 적다고 평가되었다.412)

커먼로상으로 자신의 노력한 결과에 대하여 자연법(natural law)상 재산권을 취득하게 되지만 배타적인 권리는 아니다. 배타성은 제정법(institutional law)에 의하여 부여된 것이라고 한다. 이와 같은 커먼로 법리는 판결에

---

411) 특허법 제94조 참조.

412) C. J. Hamson, Patent Rights for Scientific Discoveries, Indianapolis, Bobbs-Merrill 1930; The Protection by Patents of Scientific Discoveries of the Committee on Patents, etc., of the American Association for the Advancement of Science. Science, vol. 79 (1934), supp. No. I.; Thomas R. Ilosvay, Scientific Property; Christopher M. Holman, Patent border wars: defining the boundary between scientific discoveries and patentable inventions, TRENDS in Biotechnology Vol.25 No.12, pp. 539-43 (2007).

반영되고 있는데, Morton v. New York Eye Infirmary 사건413)에서 법원은

> At common law an inventor has <u>no exclusive right</u> to his invention or discovery. <u>That exclusive right is the creature of the statute</u>, and to that we must look to see if the right claimed in a given case is within its terms. The act of congress provides, "that any person or persons having discovered or invented any new and useful art, machine, manufacture, or composition of matter, or any new and useful improvement on any art, machine, manufacture, or composition of matter not known or used by others before his or their discovery or invention thereof, and not, at the time of his application for a patent, in public use, or on sale with his consent or allowance as the inventor or discoverer", shall be entitled to receive a patent therefor.414)

라고 판시하여, 커먼로상으로는 자신의 발명이나 발견에 대하여 가지는 배타적 권리가 아님(no exclusive right to his invention or discovery)을 지적하고 있다. 즉 배타성은 실정법인 특허법에 의해 인정되는 것(That exclusive right is the creature of the statute)이라고 언급하고 있다.

'창작한 지식'은 자연에 존재하던 것이 아니라 발명자가 만들어 낸 것, 즉 창작한 것이므로 발명자에게 그 지식에 대하여 배타적 권리를 부여하더라도 타인에게 해를 가하거나 충분하고 동등하게 남겨둘 것이라는 단서를 위반한 것은 아니다. 이는 노직(Nozick)이 언급하는 좋은 특허(good patent)에 해당한다. 그 발명자가 아니었다면 그 지식은 존재하지 않았을 것이다. 충분하고 동등하게 남겨둘 것이라는 조건은 자연에 존재하는 것, 즉 신이

---

413) Morton v. New York Eye Infirmary, 17 F.Cas. 879 (1862).
414) Id., 881.

인간에게 하사한[415) 자연상태를 의미하는 것으로, 인간이 창작한 것에는
적용된다고 할 수 없다.

자연을 관찰하고 실험하여 자연에 대하여 알아낸 지식, 대표적으로 자연
법칙을 들 수 있다. 자연법칙에 대하여 특허로 독점을 하는 경우, 이러한
경우는 토지에 대하여 재산권을 취득하는 것과 같은데, 토지가 한정된 자
원이듯 자연법칙도 그 법칙은 한정된 유일한 것이기 때문에 특정인이 독점
을 하게 되면 다른 사람은 그 자연법칙이나 토지의 사용으로부터 배제되게
된다. 근본적으로 자연과 자연법칙은 신의 창작물이다. 신의 창작물을 인간
이 소유할 수 없다. 신은 인간에게 자신의 창작물인 자연을 이용하여 그 결
과물에 대하여 소유권을 취득할 수 있도록 한 것으로서, 자연은 인간의 창
작물이 될 수 없기 때문이다. 따라서 자연이나 자연법칙에 대하여는 배타
적인 권리, 즉 재산권을 인정할 수 없다는 결과가 된다.

자연현상을 알아낸 것은 특허의 대상이 될 수 없지만 영업비밀로는 보호
받을 수 있다. 우리 대법원은

> 의약이 부작용을 최소화하면서 효능을 온전하게 발휘하기 위해서는
> 약효를 발휘할 수 있는 질병을 대상으로 하여 사용하여야 할 뿐만 아
> 니라 투여주기·투여부위나 투여경로 등과 같은 투여용법과 환자에게
> 투여되는 용량을 적절하게 설정할 필요가 있는데, 이러한 투여용법과
> 투여용량은 의약용도가 되는 대상 질병 또는 약효와 더불어 의약이 효
> 능을 온전하게 발휘하도록 하는 요소로서 의미를 가진다. 이러한 투여
> 용법과 투여용량은 의약물질이 가지는 특정의 약리효과라는 미지의
> 속성의 발견에 기초하여 새로운 쓰임새를 제공한다는 점에서 대상 질
> 병 또는 약효에 관한 의약용도와 본질이 같다.

---

415) 창세기 1장 29절
　　"29 하나님이 이르시되 내가 온 지면의 씨 맺는 모든 채소와 씨 가진 열매 맺는
　　모든 나무를 너희에게 주노니 너희의 먹을 거리가 되리라"

그리고 동일한 의약이라도 투여용법과 투여용량의 변경에 따라 약효
의 향상이나 부작용의 감소 또는 복약 편의성의 증진 등과 같이 질병
의 치료나 예방 등에 예상하지 못한 효과를 발휘할 수 있는데, 이와 같
은 특정한 투여용법과 투여용량을 개발하는 데에도 의약의 대상 질병
또는 약효 자체의 개발 못지않게 상당한 비용 등이 소요된다. 따라서
이러한 투자의 결과로 완성되어 공공의 이익에 이바지할 수 있는 기술
에 대하여 신규성이나 진보성 등의 심사를 거쳐 특허의 부여 여부를
결정하기에 앞서 특허로서의 보호를 원천적으로 부정하는 것은 발명
을 보호·장려하고 그 이용을 도모함으로써 기술의 발전을 촉진하여
산업발전에 이바지한다는 특허법의 목적에 부합하지 아니한다.

라고 판시416)하고 있는데, 이와 같은 인간에게 최적인 의약의 용량용법은
인간과 의약과의 반응성을 관찰하여 얻은 지식에 불과하다. 물론 의약 자
체는 인간이 창작한 것이지만 그 의약과 인간과의 반응은 자연현상에 불과
하다. 이는 의약발명에 포함되는 것으로, 인간이 창작한 지식은 아니므로
특허의 대상이 된다고 할 수 없다.417)

그러나 자연이나 자연현상을 관찰하여 알아낸 지식이 영업비밀이 될 수
있음은 분명하다. 영업비밀의 대상은 인간이 창작한 창작적 지식만을 대상
으로 하는 것이 아니라 노력에 의하여 알아낸 지식도 포함한다. 위 대법원
판결이 "특정한 투여용법과 투여용량을 개발하는 데에도 의약의 대상 질병
또는 약효 자체의 개발 못지않게 상당한 비용 등이 소요된다."고 언급하고
있는데 인간이 노력하거나 비용을 투자하여 얻은 지식을 보호하기 위한 법

---

416) 대법원 2015. 5. 21. 선고 2014후768 전원합의체판결.
417) Mayo Collaborative Services v. Prometheus Laboratories, Inc., 561 U.S. 1040 (2012).
물론 의약을 창작하였으므로 인간과의 반응성도 창작된 것이라고 할 수 있다. 그러
나 그렇게 이해하면 이미 의약발명의 내용이 되므로 의약과 별개의 발명이 될 수
없다.

제도가 영업비밀보호제도이다. 이러한 점에서 영업비밀의 보호를 위한 법제도도 특허제도와 같이 국가의 과학기술 발전을 위한 목적이 있다는 점에서는 공통된다.[418) 이를 특허제도라고 한 것은 특허법과 영업비밀의 근본정신과 철학에 부합하지 않는 판결이라고 하지 않을 수 없다.

3. 자연과학적 발견에 대한 과학재산(scientific property)의 보호

가. 자연과학적 발견의 보호

(1) the thing that human made and control

자연과학적 발견(discovery), 즉 자연법칙의 발견에 대하여 특허성이 논의된 적이 있다. 그러나 특허법 제정 초기에 자연과학적 발견(discovery)에 대해서는 특허를 부여하지 않았다. 예컨대 1844년 프랑스 특허법 제30조는 "Shall be declared null and void the patents issued for principles, methods, systems, discoveries and theoretical or purely scientific conceptions, the industrial applications of which have not been specified."라고 규정하였는바,[419) 자연법칙, 방법, 체계, 발견 그리고 이론적이거나 과학적인 개념에 대한 특허가 무효로 선언된다면, 그것의 산업적 적용이 구체화 되지 않은 것이라고 하였다. 즉 자연법칙의 산업적인 '적용'(application)에 대하여 특허를 부여하는 것이었다.[420) 과학적 발견에 대하여 특허를 부여하지 않는

---

418) Kewanee Oil Co. v. Bicron Corp., 416 US 470 (1974).

419) Jérôme Baudry, Examining inventions, shaping property: The savants and the French patent system, History of Science, Vol 57, Issue 1, 2019, p. 79.

420) Funk Bros. Seed Co. v. KaloInoculant Co., 333 U.S. 127 (1948).

것에 대하여는 독일의 Josef Köhler도 찬성하였다. Köhler에 따르면 발명이
란 자연에 존재하는 힘을 이용한 인간의 지성의 새로운 창조라고 할 수 있
지만, 발견은 자연상태를 나타내는 것에 불과하므로 특허에 적합하지 않다
고 하였다.421)

    Morton v. New York Eye Infirmary 사건422)에서 법원은 과학적 발견에
대하여 특허를 인정하지 않았는데, 그 이유에 대하여 법원은

> The true field of inquiry, in the present case, is to ascertain whether or
> not the alleged invention, set forth in this specification, is embraced
> within the scope of the act. Very little light can be shed on our path
> by attempting to draw a practical distinction between the legal purport
> of the words "discovery" and "invention". In its naked ordinary sense,
> a discovery is not patentable. A discovery of a new principle, force, or
> law operating, or which can be made to operate, on matter, will not
> entitle the discoverer to a patent. It is only where the explorer has gone

---

> The qualities of these bacteria, like the heat of the sun, electricity, or the
> qualities of metals, are part of the storehouse of knowledge of all men. They
> are manifestations of laws of nature, free to all men and reserved exclusively
> to none. He who discovers a hitherto unknown phenomenon of nature has no
> claim to a monopoly of it which the law recognizes. If there is to be invention
> from such a discovery, it must come from the application of the law of nature
> to a new and useful end.
> Id., 130. ("자연법칙을 구체화 하는 것은 모든 인간에게 자유로운 것이고 특정인에게
> 배타적으로 전유된 것이 아닌, 인류의 지식을 쌓는 것으로서 그러한 자연법칙이나
> 자연현상 등의 발견이 발명이 되려면 자연법칙을 이용한 것(application)으로 신규성
> 과 유용성이 있어야 한다").

421) David Philip Miller, Intellectual Property and Narratives of Discovery/Invention: The
    League of Nations' Draft Convention on 'Scientific Property' and its Fate, 46(3)
    History of Science, 310 (2008).
422) Morton v. New York Eye Infirmary, 17 F.Cas. 879 (1862).

beyond the mere domain of discovery, and has laid hold of the new principle, force, or law, and connected it with some particular medium or mechanical contrivance by which, or through which, it acts on the material world, that he can secure the exclusive control of it under the patent laws. He then controls his discovery through the means by which he has brought it into practical action, or their equivalent, and only through them. It is then an invention, although it embraces a discovery. Sever the force or principle discovered from the means or mechanism through which he has brought it into the domain of invention, and it immediately falls out of that domain and eludes his grasp. It is then a naked discovery, and not an invention.

These remarks are not made for the purpose of laying down sweeping general propositions. We are too well aware of the futility, or, we might say, mischief, of that practice of expounding the law of patents, to embark in it. But these suggestions are submitted for the purpose of showing the relation of the terms "discovery" and "invention", and especially the dependence of the former upon the latter, as used in the statute. Every invention may, in a certain sense, embrace more or less of discovery, for it must always include something that is new; but it by no means follows that every discovery is an invention. It may be the soul of an invention, but it can not be the subject of the exclusive control of the patentee, or the patent law, until it inhabits a body, no more than can a disembodied spirit be subjected to the control of human laws.

라고 판시하였다. 위 판결에 의하면 발명이란 인간의 통제가 가능한 것을 의미하였다. 자연법칙은 인간이 발견을 할 수 있을지언정 이를 통제할 수 있는 것은 아니다. 그러나 발명은 자연법칙을 이용하여 창작한 것으로 인간이 자연법칙을 이용하여 통제할 수 있다.

(2) 신(God)이 만든 세상, 인간에게 하사한

1791년 프랑스의 특허법은 자연법을 바탕으로 한 특허권은 자연권이라
는 철학적 토대하에 제정된 것이었다. 로크는 자연(the Common)에 대한 재
산권을 인정하지 않았다. 자연은 신이 창조한 것으로 인간에게는 공유재산
이었기 때문이었다. 로크는 자연에 노동을 가하여 생성된 가치에 대하여
재산권을 인정하였기 때문에 자연법칙 그 자체는 자연의 일부일 뿐 인간의
노동에 의하여 생성된 결과물은 아니었다. 로크가 제시한 자연은 인간의
공유라는 명제는 아래의 언급에서 찾을 수 있다:

> [G]od gave the world to Adam and his posterity in common, it is
> impossible that any man but one universal monarch should have any
> "property" upon a supposition that God gave the world to Adam and his
> heirs in succession, exclusive of all the rest of his posterity; but I[Locke
> 를 의미] shall endeavour to show how men might come to have a
> property in several parts of that which God gave to mankind in common,
> and that without any express compact of all the commoners.[423)]
> …
> God, when He gave the world in common to all mankind, commanded
> man also to labour, and the penury of his condition required it of him.[424)]

로크에게 있어서, 자연은 인간에게 공유로 제공된 것이고, 인간은 그 자
연에서 노동을 하여 그 결과에 대하여 재산권을 취득하는 것이었다.

---

423) Locke, Second Treatise of Government § 25.
424) Id., § 32.

물론 창작된 지식 뿐만 자연에서 알아낸 자연에 관한 지식도 인간의 노동의 결과라고 할 수 있을 수 있지만, 인간의 노동의 결과에 의해 알아낸 지식이라고 할지라도 로크의 단서를 충족할 수 없었다. 자연 법칙은 제한된 것이었으므로 그것을 알아낸 과학자에게 다른 과학자를 포함하여 세상 모두에게 배타성을 주장할 수 있는 '배타적인 권리'425)로서의 재산권을 인정하는 것은 타인에게 충분하고 동등하게 남겨둘 수 없었기 때문이다.

(3) the Sweat of the Brow Doctrine

'배타적인 재산권'이란 점에서 고찰하면 땀을 흘려 노력한 결과, 소위 Sweat of the Brow Doctrine은 로크의 재산권 이론과 부합할 수 없는 것이다. 그러나 자신의 노력의 결과에 대하여 배타적인 권리를 부여하지 않더라도 낮은 정도의 창작에 대하여 그에 부합하는 재산권을 부여하거나, 자신의 노력의 결과에 대하여 정부의 간섭없이,426) 즉 실정법상의 권리로서가 아닌, 대세적이 아닌 자신의 배타적 '점유'하에 '관리와 통제 및 이용'을 할 수 있다. 이러한 점에 대해서는 Sweat of the Brow Doctrine과 로크의 재산권 철학은 부합한다. 그러나 국가가 강제적, 법률적 보호를 하지 않는 한 배타적 점유, 즉 영업비밀로 보호받는 것은 쉽게 침해될 수 있다.427)

---

425) 배타적인 권리의 의미를 분명히 알아야 한다. 특허는 여기에서 배타적인 권리이지만 영업비밀은 배타적으로 관리, 통제할 수 있는 권리이기는 하지만, 그 대상에 대하여 배타적으로 소유할 수 있는 권리는 아니다.

426) Peabody v. Norfolk, 98 Mass. 452 (1868) 및 1844년 프랑스 특허법 참조.

427) Amber Size & Chemical Co v Menzel 2 Ch.239 (1913).

(4) 자연과학적 발견에 대한 보호 논쟁

(가) 경제학자 레온 왈라스(Léon Walras)의 주장

자연과학적 발견에 대하여 특허로 보호하자는 주장은 다른 한편으로 실용주의 철학을 토대로 한다. 저작자나 발명가에 대해서는 저작권이나 특허권으로 보호하지만 과학자의 위대한 발견에 대해서는 아무런 보호를 하지 않는 것은 과학적 발견에 대한 동기가 없게 된다는 것이다.

1차 대전 이전에 지적재산권은 예술문화재산권과 산업재산권으로 나뉘었다. 프랑스의 경제학자 왈라스(Walras)는 그의 사회경제학(Études d'économie sociale; Théorie de la répartition de la richesse sociale)에서 자연과학적 발견에 대해서는 독점을 인정하는 것을 반대하였다. 과학적 발견은 산업에 적용하는 것이 구체적이지 않고 시간이 걸리는 것으로 교수는 진정한 과학자이고 그는 그의 발견에 대한 대가(급료)를 받기 때문에 그에 대한 보상을 이루어진 것이라고 주장했다.[428] 그러한 결과로 그가 발견을 하면 그의 발견은 공중의 재산이 된다고 했다. 또한 그의 발견을 서술하는 언어로 표현되므로 과학적 발견은 저작물로 변화되는 것으로 건축물, 조각, 회화적인 아이디어와 같은 예술은 사회적 봉사이어야 하고, 국가가 예술가에 대한 대가를 지급하여 모두가 이를 이용할 수 있도록 하여야 한다고 주장하였다. 그러나 경제적 가치가 높은 예술작품은 예술적 재산으로 예술가에 속해야 한다고 했다. 산업적 아이디어는 산업재산을 이루는 것으로 발명가에 대한 보상을 제공하므로 국가는 산업재산에 대해서는 발명가의 권리를 인정하여야 한다고 하면서, 지적재산은 과학기술을 포함한 순수학문과 예술문학적 재산과 산업재산으로 나뉜다고 주장했다.[429]

---

428) Leon Walras translated by Jan van Daal and Donald A. Walker, Studies in Social Economics, Routledge, 2010, p. 170.
429) Id., pp. 170-71.

(나) 새로운 재산권으로 과학재산(scientific property)의 등장

19세기 말 Declat 박사는 1879년 런던에서 열린 국제문학예술협회 회의에서 의학적 발견에 대하여 보호를 하여야 한다고 주장하였고, 1888년 베니스에서 열린 위 협회 회의에서 M. Jules Oppert는 문학재산과 같이 과학재산을 보호해야 한다고 주장했다.430) 그 이후에도 계속하여 같은 과학적 업적에 대하여 보호해야 한다는 주장이 있었다.

1차 대전 이후 새로운 재산권으로 과학재산(scientific property)의 개념이 다시 부각되었다. 과학재산은 지적재산권의 이론적 확장이나 발전에 따른 것 보다는 실제적인 필요성에 의해 주장되었다. 1차 대전 이후 경영계에 종사하는 사람보다 과학계에 종사하는 사람이 상대적으로 빈곤하다는 생각을 가지게 되었다.431) 프랑스와 벨기에를 중심으로 문학과 예술가는 저작권으로 보호받게 되었고, 추급권(Droit de suite)이 인정됨에 따라 자신의 저작물의 가치증가로 인한 이익을 받게 되었다.

한편 지적노동을 하는 다른 그룹이라고 할 수 있는 과학자 들은 법에 의하여 불공평하게 취급받는다는 생각을 하게 되었다. 저작자와 발명가들이 저작권과 특허권에 의하여 보상을 받지만 보통의 과학자들은 과학적 발견을 하더라도 자신들의 과학적 발전에 대한 사회적 기여에 대하여는 별다른 보상을 받지 못한다고 생각하게 되었다. 과학적 발견에 대한 보상체계를 확립하는 것은 새로운 과학적 발견을 장려하고, 젊은 과학자로 하여금 연구하도록 하는 동기를 부여한다고 생각하게 되었다.

---

430) C. J. Hamson, Patent Rights for Scientific Discoveries, Bobbs-Merrill Co., Indianapolis, 1930, p. 20.
431) Stephan Ladas, CHAPTER XXXVII. SCIENTIFIC PROPERTY, The International Protection of Industrial Property. Harvard Univ. Press, 1975, Ch 37. pp. 844-72.

(다) J. Barthélemy 교수의 과학적 발견에 대한 실시료(royalty) 부과 제안

1922년 프랑스의 J. Barthélemy 교수는 프랑스 의회에 과학적 발견에 대하여 특허나 저작물과 같이 보상체계를 확립하여야 한다고 주장했다. 그는 과학자의 과학적 발견을 산업적으로 이용하여 취득하는 이익에 대하여 과학적 발견의 실시료(royalty)를 추급할 수 있어야 한다고 주장했다.432) Barthélemy 교수는 미술가들에게 인정되는 추급권(Droit de suite)과 같은 권리를 자연과학적 발견을 한 과학자들에게 인정하고 1844년 프랑스 특허법을 수정하여 '원리특허'(patent of principle)를 도입하여야 한다고 주장했다.433) 원리특허는 배타적인 독점권을 부여하는 것은 아니고 그 발견의 실제적 적용에 대한 강제실시권을 부여하는 것이었다. 이러한 강제실시에 대하여 그 원리를 발견한 과학자는 그 실시료를 받을 수 있도록 하자는 것이었다.434) 그러한 과학적 원리에 대한 특허의 존속기간은 저작권의 존속기간 체계를 유추하여, 그 과학자의 생존기간과 그가 사망한 후부터 50년 동안을 보호할 것을 주장했다.435)

Confédération des Travailleurs Intellectuels 라는 단체가 프랑스 의회에 Barthélemy 교수의 주장과 일부에서는 유사하지만 많은 변화를 가한 내용의 보고서를 제출하였다. 그러나 이러한 노력에도 불구하고 자연과학적 발견을 적용하여 개발한 산업상의 발명에 대하여 실시료를 부과하고 징수함에 실질적인 어려움이 존재하였다. 산업계에서는 프랑스 산업에만 그러한

---

432) S. J. Soltysinski, New Forms of Protection for Intellectual Property in the Soviet Union and Czechoslovakia, Modern Law Review, 408, 409-10 (1969).
433) Robert P. Merges, Property Rights Theory and the Commons: The Case of Scientific Research, Social Philosophy and Policy edited by Ellen Frankel Paul, Fred D. Miller, Jr., and Jeffrey Paul. Cambridge Univ. Press, 1996, p. 153.
434) 본 법리는 1920년대에 소위 "liability rule"을 도입하였다는 점에서 매우 흥미롭다.
435) Stephen B. Ladas, The Efforts for International Protection of Scientific Property, 23(3) American Journal of International Law, 552, 553-554 (1929).

비용을 징수하는 것은 산업경쟁력을 저해할 것이라는 이유 등으로 원리특
허 도입을 반대했다.

(라) 러피니 제안(Ruffini's Proposal)

1923년 이탈리아의 상원의원인 프란시스코 러피니(Francesco Ruffini)는
소위 러피니 제안(Ruffini's Proposal)이라고 불리는 과학적 발견, 즉 자연법
칙에 대하여 과학자에게 특허를 부여하자는 주장을 담은 보고서[436]를 국제연
맹의 국제지적협력위원회(International Committee of Intellectual Cooperation)
에 제출하였다. 간단한 장치를 발명한 발명자는 특허를 취득하여도 그 간
단한 장치에 채용된 자연과학적 원리를 발견한 발견자는 특허를 취득할 수
없어 아무런 보상을 받지 못하는 것은 형평이 맞지 않는다고 생각하였기
때문이다. 러피니는 국제연맹(League of Nations)에 획기적인 자연법칙의
발견을 발견한 과학자에게 '과학적 재산'(scientific property)으로서의 권
리를 부여하자는 제안을 하였고, 유명한 과학자와 법률전문가들의 지지
를 받았다.[437]

그의 제안에는 헤르츠(Hertz waves)에 관한 예시로서 헤르츠는 수많은
과학기술자들에게 도움이 되었고, 그 과학기술자들은 그의 발견을 이용하
여 많은 발명을 하고 금전적으로 많은 이득을 취했는데, 그러한 이득에서
일부를 헤르츠에게 주어야 한다고 주장했다. 처음에 그러한 그의 주장에
동조를 하여 국제연맹은 그의 주장에 따라 각국에 그 의견을 묻기 위한 질
의서를 보냈다.[438] 이때 시카고 대학의 John Wigmore 교수는 러피니에 동

---

436) A 38 1923 XII (League of Nations Documents).

437) Charles John Hamson, Patent Rights for Scientific Discoveries, Bobbs-Merrill Co.,
Indianapolis, 1930, pp. 6-16; Richard Spencer, "Scientific Property," 18 (2) American
Bar Association Journal, 79-82 (1932); Lawson M. McKenzie, "Scientific Property,"
Science, Dec. 25, 1953, New Series, Vol. 118, No. 3078 (1953), pp. 764-767.

438) 제안에 관련한 내용에 대해서는 David Philip Miller Intellectual Property and

조하여 공동으로 논문을 작성하였다.[439]

그러나 전 세계 과학자들은 그의 제안을 거부하였다. 러퍼니가 소속되었던 국제연맹의 지적협력위원회(the League of Nations' Committee on Intellectual Cooperation- 현재의 UNESCO의 전신)는 그의 제안은 가장 의미없는 것으로 여겼다. 과학적 발견이나 학문적 업적은 특별한 보상을 위해 행하는 것이 아니라는 주장은 Katz v. Horni Signal Mfg Corp. 사건[440]에서 Frank 판사의 판결에도 언급되었다. 그와 같은 주장은

> Epoch-making 'discoveries' of 'mere' general scientific 'laws', without more, cannot be patented. So the great 'discoveries' of Newton or Faraday could not have been rewarded with such a grant of monopoly. Interestingly enough, apparently many scientists like Faraday care little for monetary rewards; generally the motives of such outstanding geniuses are not pecuniary. Perhaps (although no one really knows) the same cannot be said of those lesser geniuses who put such discoveries to practical uses.[441]

라고 언급되었는데, 만유인력을 발견한 뉴튼이나 자기장을 발견한 패러데이와 같은 많은 위대한 과학자들은 금전적 보상을 위해 그러한 연구를 수행하는 것이 아니라고 하였다. 위 판결에서 Frank 판사는 위대한 발견은 아

Narratives of Discovery/Invention: The League of Nations' Draft Convention on 'Scientific Property' and its Fate, 46 History of Science, 153 (2008) 참조.

439) 이 때 작성한 논문이 그들이 공저자로 작성한 John Wigmore & Francesco Ruffini, Scientific Property, 22 Ill. L. Rev. 355 (1927-1928) 이다. 성금을 모아 논문을 현상하였는데 그 상을 수상한 논문으로 출간한 책이 Charles John Hamson, Patent Rights for Scientific Discoveries, Bobbs-Merrill Co., Indianapolis, 1930이다.

440) Katz v. Horni Signal Mfg Corp., 145 F.2d 961 (2nd Cir. 1944).

441) Id.

무런 금전적 보상이나 특허가 없었어도 발견이 이루어진 것으로서 보상은 불필요하다는 점을 말하고 있다. 이와 같이 과학적 발견에 대하여 특허를 받을 수 없다는 판시는 많은 판결에서도 언급되었다.[442]

(마) Thom Tillis와 Chris Coons의 특허법 수정안

2012년 Mayo v. Prometheus 사건[443]에서 연방대법원이 만장일치로 의약의 용량과 용법은 자연법칙에 해당하고, 2013년 Assoc. for Molecular Pathology v. Myriad Genetics 사건[444]에서 연방대법원이 자연의 산물(natural product)과 자연현상(natural process)은 특허적격이 없다고 판시하자, 2019년 미국 노스 캐롤라이나 주 상원의원인 Thom Tillis와 델라웨어 주 상원의원인 Chris Coons에 의해 러피니 제안(Ruffini's Proposal)과 매우 유사한 특허법 제101조를 수정하는 제안[445]이 제기되어 공청회가 이루어졌다. 그 법률안에는 다음과 같은 내용이 있었지만 과학자들은 그와 같은 제안을 의미 없는 것이라고 평가했다:

> No implicit or other judicially created exceptions to subject matter eligibility, including "abstract ideas," "laws of nature," or "natural phenomena," shall be used to determine patent eligibility under section 101, and all cases establishing or interpreting those exceptions to

---

442) O'Reilly v. Morse, 56 U.S. (15 How.) 62 (1853); Morton v. New York Eye Infirmary, 2 Fish. Pat. Cas. 320; 5 Blatchf. 116; 2 Am. Law Reg. (N. S.) 672; Merw. Pat. Inv. 589 (1862); Halliburton Oil Well Cementing Co. v. Schlumberger Well Surveying Corp., 5 Cir., 130 F.2d 589 (5th Cir, 1942), certiorari denied 318 U.S. 758 (1943); General Elec. Co. v. DeForest Radio Co., 3 Cir., 28 F.2d 641, 642, certiorari denied 278 U.S. 656, 49 S.Ct. 180, 73 L.Ed. 565. (1928).

443) Mayo v. Prometheus, 566 U.S. 66 (2012).

444) Assoc. for Molecular Pathology v. Myriad Genetics, Inc., 569 U.S. 576 (2013).

445) 법률제안에는 하원의원인 Doug Collins와 Steve Stivers가 참여했다.

eligibility are hereby abrogated.[446)]

[번역] 추상적 아이디어나 자연법칙, 또는 자연현상을 포함하여 특허
대상에 관한 어떠한 묵시적 또는 사법적으로 인정된 예외는 [특허법]
제101조 상의 특허적격성 판단에 사용될 수 없고, 그와 같은 특허적격성
에 대한 예외를 판시하거나 해석하는 모든 사건은 이제 모두 폐지된다.

4. 특허와 영업비밀의 정당성의 차이

가. 인간의 노동과 노력의 결과물

토지에 노동을 가하여 부가된 가치, 인간의 노력과 노동에 의하여 '창작
된 가치'에 대해서만 '배타적인 재산권'을 인정하여야 충분하고 동등하게
남겨둘 것이라는 단서를 충족하게 된다. 그러나 인간의 노동과 노력에 의
하여 창작된 지식이 아니라 인간의 노동과 노력에 의해 알아낸 지식에도
재산권을 부여할 수 있지만 배타적인 재산권을 인정할 수 없다. 충분하고
동등하게 남겨둘 것이라는 단서를 충족할 수 없기 때문이다. 자연법칙이나
자연현상은 유일한 것에 해당하거나 다른 대체적인 지식이 없는 것이 되기
때문에 특정인에게 배타적인 재산권을 인정하는 경우에는 다른 사람에게
충분하고 동등하게 남겨둘 수 없다. 창작된 결과에 대하여 배타적인 권리
를 인정하는 특허와 달리 영업비밀은 자연에서 알아낸 정보에 대해서도 영
업비밀로 보호할 수 있다. 영업비밀은 그 정보에 대하여 소유를 인정하여
배타성을 인정하는 것이 아니라 자기 스스로의 노력의 결과물에 대하여 배
타적인 관리와 통제를 하는 것이기 때문이다.

특허와 영업비밀은 상이한 것임에도 불구하고 로크의 재산권 철학에 의

---

446) "Draft Bill Text to Reform Section 101 of the Patent Act", Draft of May 22, 2019.

하여 각각의 재산권적 권리에 대한 정당성이 인정된다. 1676년 아이삭 뉴
튼은 그의 경쟁자였던 과학자 로버트 후크와 공로에 관한 논쟁 중에 인용
한 선현의 말씀인 "If I have seen further it is by standing on the shoulders
of Giants"(내가 멀리 볼 수 있다면 이는 거인의 어깨 위에 서 있기 때문이
다.)은 인류가 쌓아온 지식이 점진적으로 이룩되어 왔음을 일깨우고 있다. 다
만, 사회적 자산이 이와 같은 개인의 업적에 기여하였음을 부인할 수 없다.447)

인류의 노력은 선현이 이루어 놓은 업적에 또 하나의 노력을 가하여 새
로운 업적을 쌓아왔다. 그러한 노력의 결과는 기존에 존재하지 않은 인간
의 업적으로 볼 수 있는 창작적인 것인 것도 있고, 노력을 하여 신(God)이
만들어 놓은 자연법칙을 발견해 낸 것도 존재한다. 인간이 새롭게 합성해
놓은 약은 인간의 창작적인 발명으로 볼 수 있고, 자연과학사에서 나오는
수 많은 자연법칙은 신(God)의 업적을 인간이 알아낸 것이다. 두 가지 모두
인간의 노력이 가해진 것으로 로크의 재산권 철학에 의하여 재산권으로 보
호될 수 있다.

나. 영업비밀

영업비밀은 정보를 대상으로 하여 보호하고 있으므로 창작한 지식 뿐만
아니라 자연에 대하여 알아낸 지식(자연법칙, 자연현상 등)도 그 보호대상
이 될 수 있다. 영업비밀에 있어서는 특허의 신규성과 같은 의미나 정도의
새로움은 요구되지 않는다. 영업비밀은 신규성이 아니라 비밀성이 요구되
는데 비밀성은 그것을 알아내기 위해 어려움이 있거나 비용이 든다는 것을
의미한다. 물론 새로운 정보가 아니라면 경제적 가치가 발생하지 않을 것

---

447) Edwin C. Hettinger, "Justifying Intellectual Property," Philosophy and Public Affairs,
18: p. 38 (1989); Ruth Grant, John Locke's Liberalism, Univ. of Chicago Press. 1987
p. 112; John Rawls, A Theory of Justice, Harvard Univ. Press, 1971, p. 104.

이다. 경제적 가치가 발생할 만큼의 새로움이면 충분하다. 특허의 신규성 요건을 충족할 만큼의 새로움은 아니다. 예컨대, 특허법상 신규성을 충족하기 위해서는 현존하는 발명과 1:1 비교하여 발명자나 일반인의 눈높이에서 새로울 것을 요구한다. 그러나 영업비밀은 특허의 신규성이 아니라 독립된 경제적 가치를 부여할 수 있는 비밀성, 즉 경쟁자가 그 정보에 대하여 경제적 가치를 지불할 의사가 있는지가 중요한 요소가 된다.

인간이 창작한 지식에 대하여 배타적 권리를 부여하는 것은 신이 인간에게 하사한[448] 자연상태나 자연법칙을 배타적으로 소유하는 것이 아니다. 인간의 그 창작 이전에 이 세상에는 존재하지 않았던 새로운 것에 대하여 그와 같이 창작한 이에게 배타적이 권리를 부여하더라도 이 지구상의 어떤 사람들에게도 자신들이 기존에 향유하던 어떤 권리를 박탈한 것은 아니므로 충분하고 동등하게 남겨두어야 한다(enough and as good left)는 로크의 단서를 충족한다.[449] 그 발명가는 자신이 창작한 것을 소유하고 있으므로 다른 사람의 물건을 뺏은 것은 아니다. 다른 사람에게는 자연을 이용하여 새롭게 창작할 기회를 보장하고 있고 그는 창작할 기회가 보장되어 있다.[450]

자연에 존재하는 지식을 알아낸 경우에, 그 지식을 독점하는 것은 타인이 그 지식을 이용할 기회를 박탈하는 것이므로 충분하고 동등하게 남겨두

---

448) 창세기 1장 29절, 30절
　　　29 하나님이 이르시되 내가 온 지면의 씨 맺는 모든 채소와 씨 가진 열매 맺는 모든 나무를 너희에게 주노니 너희의 먹을 거리가 되리라"
　　　30 또 땅의 모든 짐승과 하늘의 모든 새와 생명이 있어 땅에 기는 모든 것에게는 내가 모든 푸른 풀을 먹을 거리로 주노라 하시니 그대로 되니라

449) 로크의 충분하고 동등하게 남겨둘 것에 대한 노직의 강한 단서와 약한 단서 중에서, 노직은 특정인이 재산권을 취득하므로써 과거부터 누려온 자유에 대한 제약과 미래의 발명의 기회의 상실이 발생하지만, 그중에서 과거부터 누려온 자유의 제약은 로크의 충분하고 동등하게 남겨둘 것이라는 단서를 위반하지만, 장래의 기회의 상실은 그 단서를 위반하는 것은 아니라고 한다.

450) 나종갑, 로크, 스펜서, 노직, 파레도, 및 칼도-힉스: 특허권에 대한 자연권적 정당성과 실용주의적 정당성의 합체, 산업재산권, 한국지식재산학회, 2021, 제66호, 24-31면.

어야 한다는 단서를 충족하지 못한다. 그러나 자신이 그와 같이 알아낸 지식에 대하여 특허권과 같은 배타적 권리를 주장하지 않고, 자신만이 이용하는 것은 타인의 기회를 박탈하는 것은 아니다. 나아가 자연의 법칙을 알아내기 위한 노력(labor)은 그가 알아낸 지식을 향유하는 것에 대하여 정당성을 부여한다. 가사 그가 타인에게 자신의 노력에 의하여 알아낸 지식을 알리지 않고, 혼자만의 지식으로 이용한다고 하더라도 이는 도덕적으로 잘못된 것이 없을 뿐더러 신의 명령에도 부합한다. 어느 타인의 지위에 영향을 미치는 것이 아니기 때문이다. 예컨대, 코카콜라의 제조 비법을 혼자만의 지식으로 독점한다고 하여도 지구상의 그 어느 타인도 그 자신의 지위가 그 이전 보다 나빠지거나 영향을 받지 않는다. 사회적으로는 콜라라는 새로운 상품이 출시되어 이를 소비함으로 인하여 생활의 가치가 증진되기 때문에 전체적으로 사회적 복지는 증가한다.451) 코카콜라의 아이디어에 대하여 특허출원을 하여 특허를 취득하든지 또는 영업비밀을 주장하던지 타

---

451) Kewanee Oil Co. v. Bicron Corp., 416 US 470 (1974) 사건은 영업비밀도 특허와 같이 산업발전과 궁극적으로 사회적 복지향상에 기여한다고 한다. 다만, 특허와는 다르게 지식의 축적과 그 축적된 지식을 자신을 도울 수 있는 피용인 등에게 비밀유지 의무를 부과하여 공유함으로서 사회적 기여를 하고, 다른 한편으로는 사적비밀의 보장의 법리에 의하여 영업비밀을 보호받게 된다. 본 사건은 특허출원전 1년 이상을 상업적으로 실시하여 연방 특허법상의 특허요건인 신규성 요건을 상실한 발명에 대하여 주 법이 영업비밀로 보호할 수 있는지 여부가 문제되었는데, 다수의견은 혁신을 장려하는 특허정책은 영업비밀과 같은 발명에 대한 다른 장려 제도에 의하여 훼손되지 않는다고 판시하였다. 한번 공역(the public domain)에 존재하면 영구히 공역에 존재하여야 한다는 정책은 영업비밀 보호제도와 부조화 하는 것이 아니라고 판시했다. 영업비밀은 특허가 보호하지 못하는 영역에서 발명을 장려하고 자신의 발명을 하고 이용하는 혁신가들을 격려하는 제도로서 영업비밀로 인하여 경쟁이 장려될 뿐더러 공중이 가치있는 발명을 이용할 기회를 상실하는 것은 아니라고 한다. 다수의견은 연방의회가 적극적으로 특허와 충돌하는 영업비밀보호를 금지하지 않는 한, 주는 영업비밀을 보호할 자유가 있다고 판시했다. 즉 영업비밀보호정책은 사적 평온함의 보호, 사적비밀의 보호뿐만 아니라 국가의 기술발전에 기여한다고 한 것이다. Restatement of Unfair Competition § 39.

인이 과거부터 누리던 자유를 박탈하지 않으므로 충분하고 동등하게 남겨
두었다고 할 수 있다. 위와 같은 이유로 로크의 재산권 철학은 창작된 아이
디어나 정보에 대한 특허와 영업비밀에 대하여 정당성을 부여한다.

신이 창조한 자연(the nature the God made)에 대하여 알아낸 지식, 예컨
대 자연현상이나 자연법칙에 대해서는 특허와 같은 배타적인 권리가 인정
되지 않지만, 노력에 의하여 취득한 결과물(fruits of labor)이기 때문에 그러
한 자연법칙을 비밀로 유지하여 영업비밀로 보호받을 수 있다. 미국 법원
에서도 그러한 입장에서 판결을 한 사례들이 있는데, 1845년 William
Davoll et al. v. James S. Brown 사건452)에서 미국 매사추세스 주 순회법원
판사인 Charles L. Woodbury는 "only in this way can we protect intellectual
property, the labors of the mind, productions and interests are as much a
man's own … as the wheat he cultivates, or the flocks he rears."라고 판시하
여 정신, 생산물 및 이익에 대한 노력(the labors of the mind, productions
and interests)을 지적재산으로 보호해야 한다고 하였고, 1843년 Brooks v.
Bicknell 사건453)에서 오하이오 주 순회법원은 "a man should be secured in
the fruits of his ingenuity and labor"라고 판시하여 재능과 노력의 결과(the
fruits of his ingenuity and labor)를 보호해야 한다고 언급하였고, 나아가 지
적 노동과 육체적 노동을 구별하는 것은 어렵다(it seems difficult to draw
a distinction between the fruits of mental and physical labor)라고 하여 무체
물과 유체물 모두가 소유될 수 있다고 판시했다. 1818년 McKeever v.
United States 사건454)에서도 연방대법원은 미국 연방헌법의 특허-저작권
조항을 인용하면서 정신노동의 산물에 대해서는 자연권(a natural right to
the fruits of mental labor)이 있다고 언급하였다. 즉 인간의 창작적 재능의

---

452) William Davoll et al. v. James S. Brown, 7 F. Cas. 197 (C.C.D. Mass. 1845).
453) Brooks v. Bicknell, 4 F. Cas. 247, 251 (C.C.D. Ohio 1843).
454) McKeever v. United States, 14 Ct. Cl. 396, 420 (1878).

결과인 발명(invention)은 이전에 존재하지 않던 것을 새롭게 발명해 낸 것으로서 발명자가 배타적인 권리를 인정받을 수 있지만, 그러한 창작적인 재능의 결과가 아닌 자연에 대하여 연구와 관찰을 하여 자연에 대하여 알아낸 지식은 비록 인간이 창작한 것은 아니지만 인간의 노력의 산물에 대해서 배타적인 권리가 아니더라도 그의 노력을 보호하여야 한다고 판시한 것은 로크의 재산권 철학을 토대로 판시한 것이다.

자연에 대하여 알아낸 지식 뿐만 아니라 노력에 의하여 생성한 정보도 보호받을 수 있다. 1991년 Feist v. Rural 사건 판결에서도 인명별 전화번호부는 그 창작성이 사회에 기여하는 바가 저작권법에서 정하는 50년의 독점을 부여할 만큼 최소한의 창작성(minimal creation)이 존재하지 않는다고 하였지만, 전화번호부를 만들기 위한 노력은 저작권법이 아닌 다른 법에 의하여 보호받을 수 있다고 하였다.

자연에 대하여 알아낸 지식은, 신이 창조한(God made) 자연에 대하여 인간이 관찰과 연구 등의 노력을 하여 알아낸 것으로서, 이는 발견에 해당한다. 따라서 인간이 창작한 것에 대하여, 물론 자연을 이용한 결과를 포함하지만, 재산권을 인정하는 특허나 저작권의 대상은 아니다. 다만 자신이 알아낸 지식을 본인이 혼자 비밀로 유지하는 것은 영업비밀로 보호받을 수 있다. 로크의 재산권 철학에 따르면 노력에 의하여 취득한 결과는 그 노력을 가한 자에게 권리를 인정하기 때문이다.

로크의 재산권 철학은 독립적인 취득을 합법적인 취득으로 인정하는 영업비밀보호법리에 대한 철학적 토대를 제공한다. 자연은 신이 만든 것이므로 어느 누구의 소유가 될 수 없다. 인간은 자연에 노력을 가하여 얻은 결과물에 대하여 재산권을 취득할 수 있다. 이는 자신의 노력에 의한 결과물이기 때문이다. 다만 타인이 자신의 노력에 의하여 같은 지식을 얻는 것을 방해할 수 없다. 신은 지구상의 인간 모두에게 자신의 노력에 대하여 재산권을 취득할 수 있도록 하였기 때문이다.

또한 로크의 재산권 철학은 창작적인 지식(예컨대, 새로 만든 의약품)을 대상으로 하는 영업비밀에 대하여도 그 정당성을 부여한다. 창작적 지식은 영업비밀 뿐만 아니라 특허의 대상이기도 한다. 창작적 지식에 대하여는 19세기 후반 특허 논쟁시에 특허는 비밀성의 포기에 대한 대가로 특허를 부여하는 것이라는 견해가 주장되었다.455)

다. 특허

특허를 받을 수 있는 대상을 발명(invention)이라고 하여 인간에 의하여 창작된 지식을 말한다. 우리 특허법은 특허의 대상인 발명을 "자연법칙을 이용한 기술적 사상의 창작" 이라고 하여456) 발명은 창작에 대하여 부여하는 것임을 분명히 하고 있다. 따라서 자연이나 자연현상 그 자체와 자연에 대하여 알아낸 지식 예컨대, 자연법칙은 특허를 취득하지 못한다. 물론 자연이나 자연현상, 자연법칙을 이용한(application) 창작물에 대해서는 특허를 취득할 수 있다.

Funk Bros. Seed Co. v. Kalo Inoculant Co. 사건457)에서 연방대법원은 자연이나 자연법칙 그 자체가 아니라 자연법칙을 '이용'(application)하여 새롭게 창작한 결과물에 대하여 특허를 취득할 수 있음을 명백히 한 바 있다. 연방대법원은

> The qualities of these bacteria, like the heat of the sun, electricity, or
> the qualities of metals, are part of the storehouse of knowledge of all

---

455) Fritz Machlup, An Economic Review of the Patent System, Study No. 15 of the Subcomm. on Patents, Trademarks and Copyrights of the Committee on the Judiciary United States Sen., 85th Cong., 2d Sess., 1958, p. 21.

456) 특허법 제2조 제1호.

457) Funk Bros. Seed Co. v. Kalo Inoculant Co., 333 U.S. 127 (1948).

men. They are manifestations of laws of nature, free to all men and reserved exclusively to none. He who discovers a hitherto unknown phenomenon of nature has no claim to a monopoly of it which the law recognizes. If there is to be invention from such a discovery, it must come from the application of the law of nature to a new and useful end.458)

라고 하여, 자연법칙을 구체화 하는 것은 모든 인간에게 자유로운 것이고 특정인에게 배타적으로 전유된 것이 아니라 인류의 지식을 축적하는 것으로서 그러한 자연법칙이나 자연현상 등의 발견이 발명이 되려면 자연법칙을 이용한 것(application)으로 신규성과 유용성이 있어야 한다고 판시하였다. 태양이나 전기의 열 또는 금속의 속성과 같이 박테리아의 속성은 인류가 알아내어 점진적으로 쌓아온 지식에 불과하다. 따라서 인간의 노력이나 노동에 의한 창작물이 아니라 신(God)이 창작한 자연의 속성을 알아낸 것에 불과하므로 인간의 소유, 즉 특허의 대상이 되지 않는다. 미국 연방대법원도 자연법칙의 적용한 결과는 특허의 대상이지만 자연법칙 자체나 자연에 관한 지식은 특허의 대상이 아니라고 하였다.459) 자연이나 자연법칙은 인간이 창조한 것(human made)이 아니라 신이 만든 것(God made)이기 때문이다.

5. The Sweat of the Brow Doctrine: 저작권과의 비교

소위 땀의 이론으로 불리는 'Sweat of the Brow Doctrine'은 창작적인 결

---

458) Id., 130.

459) Mayo v. Prometheus, 566 U.S. 66 (2012); Assoc. for Molecular Pathology v. Myriad Genetics, Inc., 569 U.S. 576 (2013).

과가 아니더라도 인간의 노력에 의한 결과에 대하여 재산권을 인정하는 로크의 이론을 바탕으로 한다. 그러나 Sweat of the Brow Doctrine은 노력에 의한 사실의 수집에 대하여 저작권이라는 재산권을 부여한다면 어떤 저작자가 자신의 저작에 타인의 노작(sweat of the brow work)을 이용하는 경우에 저작권 침해를 인정하게 되어 사실(fact)의 자유로운 유통과 이용을 어렵게 한다.

이는 성경의 말씀과도 어긋나는데, 앞서 언급한 마태복음 제10장 제8절

Freely you have received; freely give.(너희가 거저 받았으니, 거저 주어라.)

와 어긋난다. 사실(fact)은 공유재산(the public domain)이기 때문에 어느 누구의 소유가 될 수 없다.

미국의 저작권법은 1991년 Feist v. Rural 사건[460] 이전까지 만해도 Sweat of the Brow Doctrine을 바탕으로 하여 왔다고 평가되었다. Sweat of the Brow Doctrine은 노력에 대하여 가치평가를 하고, 노력한 결과물에 대하여 권리를 부여한다. Feist v. Rural 사건에서 인명별 전화번호부의 창작성에 관련하여

Factual compilations, on the other hand, may possess the requisite originality. The compilation author typically chooses which facts to include, in what order to place them, and how to arrange the collected data so that they may be used effectively by readers. These choices as to selection and arrangement, so long as they are made independently by the compiler and entail a minimal degree of creativity, are sufficiently original that Congress may protect such compilations through the

---

460) Feist v. Rural, 499 U.S. 340 (1991).

copyright laws. Thus, even a directory that contains absolutely no protectible written expression, only facts, meets the constitutional minimum for copyright protection if it features an original selection or arrangement.[461]

라고 하였는데, 전화번호부와 같은 사실의 수집이라도 최소한의 창작성(a minimal degree of creativity)을 가지고 있다면 저작물로 보호받을 수 있음을 판시했다. 연방대법원은 Sweat of the Brow Doctrine에 대하여 다음과 같이 언급했다:

Without a doubt, the "sweat of the brow" doctrine flouted basic copyright principles. Throughout history, copyright law has "recognize[d] a greater need to disseminate factual works than works of fiction or fantasy." But "sweat of the brow" courts took a contrary view; they handed out proprietary interests in facts and declared that authors are absolutely precluded from saving time and effort by relying upon the facts contained in prior works. In truth, "[i]t is just such wasted effort that the proscription against the copyright of ideas and facts … [is] designed to prevent."

저작권법은 허구적이거나 허상의 이야기를 배타적인 권리로 보호한다. 허구적이거나 허상보다는 저작권으로 보호하지 않아 자유이용의 대상인 사실을 공중에게 자유롭게 확산 이용시키는 목적으로 한다. 따라서 사실을 저작권으로 보호하는 것은 사실에 대하여 배타적인 권리를 설정하는 것으로 사실의 자유로운 유통과 이용을 막게 되어 저작권법의 근본 목적에 어

---

461) Id., 348.

굿난다. Sweat of the Brow Doctrine은 저작권법의 근본 원리에 부합하지 않는 것이다. Sweat of the Brow Doctrine은 사실(fact)에 대하여 노력에 의한 저작물로서 재산적 권리를 부여하기 때문에 만인의 공유인 사실을 자유롭게 유통하거나 이를 자유롭게 이용하지 못하게 한다.

그리하여 연방대법원은 Nimmer의 저술을 인용하면서[462]

> Protection for the fruits of such research … may in certain circumstances be available under a theory of <u>unfair competition</u>. But to accord copyright protection on this basis alone distorts basic copyright principles in that it creates a monopoly in public domain materials without the necessary justification of protecting and encouraging the creation of 'writings' by 'authors.'[463]

라고 하였다. 즉, 인명별 전화번호부와 같은 사실의 수집을 하는 노작(勞作)은 배타적인 저작권으로 보호하기 보다는 불공정경쟁법리(a theory of unfair competition)로 보호하는 것이 타당하다고 하였다. 물론 법원이 언급한 불공정경쟁법리는 부정취득이용(misappropriation)이다. 예컨대 데이터베이스와 같이 사실을 수집한 것에 대하여는 저작권 보다 부정취득이용법리, 즉 불법행위법리가 타당한 것이다.

헤팅어(Hettinger)는

> The desert argument suggests that the laborer deserves to benefit from her labor, at least if it is an attempt to do something worthwhile. This proposal is convincing, but does not show that what the laborer deserves

---

462) David Nimmer & Melville B. Nimmer, Nimmer on Copyright § 3.04 (1990).
463) Feist v. Rural, 499 U.S. 340, 354 (1991).

is property rights in the object labored on. The mistake is to conflate the created object which makes a person deserving of a reward with what that reward should be. Property rights in the created object are not the only possible reward. Alternatives include fees, awards, acknowledgment, gratitude, praise, security, power, status, and public financial support.[464]

라고 하고 있다. 노력에 대한 대가는 반드시 재산권일 필요 없이, 비용, 상의 수여(awards), 감사의 표시, 사의, 칭찬, 보증, 권한, 신분의 부여 및 재정적 지원 등일 수 있다고 하고 있다.

창작적 노력이 아닌 사실의 발견을 위한 노력에 의한 결과물이거나 자연을 관찰하여 알아낸 지식의 경우에는 창작적 요소가 적다. 예컨대 사실(fact)은 자연상태이고 사실의 수집(factual compilation)은 로크가 말하는 노동의 가하여 얻은 결과물로서 로크의 재산권 철학에 의하면 사실(fact)은 신의 창작물이거나 인류 모두가 공동으로 창작한 것이므로 특정인의 사적 재산권 취득의 대상이 될 수 없다. 나아가 사실의 수집(factual compilation)은 창작적 노동의 요소가 적어, 그에 대하여 배타적인 재산권(저작권)을 인정하는 경우에 충분하고 동등하게 남겨두어야 한다는 단서를 충족할 수 없다. 따라서 배타적인 권리인 저작권으로 보호하는 것은 적절하지 않다.

다만 사실의 수집(factual compilation)과 같은 노작(sweat of the brow works)은 불공정경쟁법리에 의하여 보호하듯이 노작(勞作)의 결과물은 영업비밀의 보호대상이 정보가 되는 경우에 이를 영업비밀로 보호하는 것은 타당하다. 영업비밀은 세상에 주장할 수 있는 배타적인 권리가 아닌 배타적인 점유의 통제와 관리 또는 자신이 취득한 특정한 정보에 대한 배타적

---

464) Edwin C. Hettinger, Justifying Intellectual Property, 18 PHIL. & PUB. AFF. 31, 41 (1989).

인 점유를 통해 자신의 점유의 안온을 지킬 수 있는 권리라고 할 수 있기 때문이다. 그 특정한 정보에 대한 배타적인 점유는 타인의 독자적인 취득에 의한 점유를 방지하지 못한다. 타인의 독립적인 정보의 취득은 자신의 그 정보에 대한 배타적인 점유를 방해하는 것은 아니기 때문이다.

6. 자연권과 재산권에 기초한 '발명'과 '특허'

가. '발명'과 '특허'의 이분법

다수의 견해가 발명과 특허를 동일시 하지만, 법적 개념으로 보면 발명과 특허는 전혀 다른 개념이다. 발명과 특허를 동일시하는 사고는 지식재산권법상으로 많은 오류와 혼란을 가져왔다.

발명은 인간의 정신적 육체적 노동과 노력의 무형적인 결과물이다. 공개되지 않은 발명은 영업비밀로 보유되는 것이다. 로크의 재산권 철학에 의하면 발명은 발명가의 재산이다. 그러나 특허는 특허라는 실정법상 제도를 통하여 취득한 특정한 요건을 갖춘, 즉 제한된 발명에 대한 배타적인 권리이다. 법에 의해 취득한 '운전면허'와 운전면허를 취득하기 위한 '노력'에 의한 결과(운전의 기능, 운전할 수 있는 인간의 능력)를 같다고 할 수 없는 것처럼 발명과 특허를 같다고 할 수 없다. 발명에 대하여 특허를 출원할 수도 있지만 특허를 출원하지 않고 영업비밀로 유지할 수도 있다.

자연법상의 권리(natural right)와 제도법상의 권리(institutional right)의 이분법은 로크(Locke)로부터 시작되어, 블랙스톤(Blackstone)이 수용했다. 로크(Locke)는 자연상태와 시민사회를 구분했는데 자연상태는 자연법(natural law)이 지배하는 사회이고, 시민사회는 시민의 합의에 의한 국가가 형성되고 그 국가는 시민이 제정한 제정법(institutional law)과 논리적으로 상위법인 자연법이 지배하는 사회가 된다.

로크는 시민사회는 재산권과 토지의 소유에 대해서는 명시적인 헌법이 지배한다([f]or in governments, the laws regulate the right of property, and the possession of land is determined by positive constitutions.)고 언급했다.465) 그리고 그와 같은 관념은 블랙스톤에게 영향을 미쳐 블랙스톤은 재산권은 자연법상의 절대적인 권리(absolute right)이지만, 절대적인 권리인 재산권을 집행하기 위해서는 실정법의 도움을 받아야 한다고 생각했다. 권리증서나 권리의 등기 등의 권리를 실질화 하기 위한 형식은, 로크가 언급한 바와 같이 자연상태의 인간이 구성한 사회의 실정법에 의하여 실제화하는 것이다. 로크는 그와 같은 그의 주장을 다음과 같이 언급했다:

> Thus Labour, in the Beginning, gave a Right of Property, where-ever any one was pleased to imploy it, upon what was common, which remained, a long while, the far greater part, and is yet more than Mankind makes use of. Men, at first, for the most part, contented themselves with what un-assisted Nature Offered to their Necessities: and though afterwards, in some parts of the World, (where the Increase of People and Stock, with the Use of Money) had made Land scarce, and so of some Value, the several Communities settled the Bounds of their distinct Territories, and by Laws within themselves, regulated the Properties of the private Men of their Society, and so, by Compact and Agreement, settled the Property which Labour and Industry began; and the Leagues that have been made between several States and Kingdoms, either expressly or tacitly disowning all Claim and Right to the Land in the others Possession, have, by common Consent, given up their

---

465) Locke, Second Treatise of Government § 50.

Pretences to their natural common Right, which originally they had to those Countries, and so have, by positive agreement, settled a Property amongst themselves, in distinct Parts and parcels of the Earth: yet there are still great Tracts of Ground to be found, which (the Inhabitants thereof not having joyned with the rest of Mankind, in the consent of the Use of their common Money) lie waste, and are more than the People, who dwell on it, do, or can make use of, and so still lie in common. Tho' this can scarce happen amongst that part of Mankind, that have consented to the use of Money.466)

신(God)이 부여한 재산권을 구체화 하기 위해서는 실정법의 도움을 받아야 하는 것이다. 토지의 필지를 정리하고 이에 따라 등기를 하고, 증서에 의해 양도를 하는 것은 자연법으로는 불가하다. 로크는 자신들의 제정법에 의해, 그리고 합의와 계약에 의해 영토의 경계를 획정한 몇몇 인간사회는 그 사회의 개인 재산을 규제하고, 노동과 산업이 시작된 재산권을 정하였다(the several Communities settled the Bounds of their distinct Territories, and by Laws within themselves, regulated the Properties of the private Men of their Society, and so, by Compact and Agreement, settled the Property which Labour and Industry began)고 하고, 명시적, 묵시적으로 자신들이 가지고 있는 토지에 대한 모든 권리를 포기한 다수 국가과 왕국들에 형성된 국가연합은 동의에 의하여 그들의 자연권을 포기하고 명시적인 계약에 의하여 토지를 명확하게 구분했다고 하였다.(the Leagues that have been made between several States and Kingdoms, either expressly or tacitly disowning all Claim and Right to the Land in the others Possession, have, by common Consent, given up their Pretences to their natural common Right, which

---

466) Id., § 45.

originally they had to those Countries, and so have, by positive agreement, settled a Property amongst themselves, in distinct Parts and parcels of the Earth)

블랙스톤도 자연법과 시민법, 자연상태와 시민사회를 구별하였는데 자연권은 실정법에 의해 구체화되고 보호된다고 생각하였다.[467] 그의 생각은 자연법상의 면책(immunities)과 실정법상의 특권(privileges)으로 구분되었다. 면책(immunities)과 특권(privileges) 개념은 아래에서 언급하는 1813년 Evans v. Jordan 사건[468]에서 미국 법원에 의해 수용되었는데, 자연법상의 재산권은 타인의 침해로부터 자유를 의미하는 소극적인 면책이고, 실정법상의 재산권인 특허는 타인이 누리지 못하는 특권에 해당한다는 의미로 해석된다.

재산권은 자연법상의 절대적 권리(absolute right)이지만 자연법상 재산권이 부여하는 이익을 시민사회에서 향유하기 위해서는 실정법에 의하여 만들어지는 특권이 필요했다. 시민사회의 개인은 자신의 재산권을 구체적으로 행사하기 위해서는 실정법의 도움이 필요했다. 그리하여 블랙스톤은 아래 인용과 같이 실정법상의 권리를 얻기 위해 시민은 자신의 자연법상의 권리 일부를 포기했다(in exchange for which every individual has resigned a part of his natural liberty)고 설명한다:

> The third absolute right, inherent in every Englishman, is that of property: which consists in the free use, enjoyment, and disposal of all his acquisitions, without any control or diminution, save only by the laws of the land. The original of private property is probably founded

---

467) Blackstone, Commentaries, Book I. p. 125.
468) Evans v. Jordan, 8 F. Cas. 872 (C.C.D. Va. 1813) aff'd, 13 U.S. 199, 3 L. Ed. 704 (1815).

in nature, as will be more fully explained in the second book of the ensuing commentaries: but certainly the modifications under which we at present find it, the method of conserving it in the present owner, and of translating it from man to man, are entirely derived from society; and are some of those civil advantages, in exchange for which every individual has resigned a part of his natural liberty.[469]

블랙스톤은 모든 영국인에게 인정되는 세 번째의 절대적인 권리는 재산권인데, 재산권은 자유로운 사용, 수익 및 처분으로 구성되고 어떤 통제나 감소시킴이 없이 자신의 소유물을 토지법에 의해서만 처분할 수 있다고 한다. 최초의 사적재산은 자연에서 발견할 수 있는데(자신의 저서 'Commentaries on the Laws of England' 제2권에서 상세히 설명하고 있듯이), 재산을 변경하고, 보존하고 양도하는 것은 전적으로 시민사회에서 가능한 것으로 이와 같이 시민사회에서 누리는 것은 모든 개인이 자신의 자연적 자유의 일부를 포기 하는 대가로 취득하는 시민사회에서 누리는 잇점이라고 한다.

위와 같은 로크와 블랙스톤의 자연법과 실정법 사상은 거의 모든 국가에서 수용되었다. 헌법 제22조 제2항의 지적재산권의 법률유보, 제23조 제1항의 재산권의 법률유보조항은 위와 같은 철학이 반영된 것이다. 예컨대 발명에 대한 권리는 자연법상의 권리로서 영구적인 재산권이지만 세상을 향해 배타성을 주장할 수 있는 권리는 아니다. 그런데 실정법에 의하여 특허를 받은 발명은 출원을 하여 심사를 하는 등 국가의 통제를 받고, 특허를 받은 권리는 세상을 향해 주장할 수 있는 배타적인 권리이지만 출원일로부터 그 배타적인 권리는 20년 동안 인정받게 된다. 배타성을 얻은 대신 영속성이라는 재산권의 일부는 포기한 것이다. 블랙스톤이 언급하는 "in exchange for which every individual has resigned a part of his natural liberty"는 그와

---

469) Id., 134.

같은 의미이다.

이러한 자연법과 실정법상의 권리를 구분하는 로크의 철학은 미국의 발명과 특허의 이분법을 형성하는데 영향을 주었다고 할 수 있다. 또한 이러한 철학은 미국의 토머스 제퍼슨(Thomas Jefferson)에게도 영향을 미쳤다. 미국 법원은 자연법상의 권리로서 발명과 제도법상의 권리로서 특허권의 이분법리를 발전시켜왔다. 이와 같은 발명과 특허의 이분법은 토머스 제퍼슨의 사상과도 일치한다. 1813년 제퍼슨은 아이삭 맥퍼슨(Isaac McPherson)에게 보낸 편지에서

It has been pretended by some, (and in England especially,) that inventors have a natural and exclusive right to their inventions, and not merely for their own lives, but inheritable to their heirs. But while it is a moot question whether the origin of any kind of property is derived from nature at all, it would be singular to admit a natural and even an hereditary right to inventors. It is agreed by those who have seriously considered the subject, that no individual has, of natural right, a separate property in an acre of land, for instance. By an universal law, indeed, whatever, whether fixed or movable, belongs to all men equally and in common, is the property for the moment of him who occupies it, but when he relinquishes the occupation, the property goes with it. Stable ownership is the gift of social law, and is given late in the progress of society. It would be curious then, if an idea, the fugitive fermentation of an individual brain, could, of natural right, be claimed in exclusive and stable property. If nature has made any one thing less susceptible than all others of exclusive property, it is the action of the thinking power called an idea, which an individual may exclusively possess as long as he keeps it to himself; but the moment it is divulged, it forces itself into the possession of every one, and the receiver cannot dispossess himself of it. Its peculiar character, too, is that no one possesses the less, because every other possesses the whole of it. He who receives an idea from me, receives instruction himself without lessening mine; as he who lights his taper at mine, receives light without darkening me. That ideas should freely spread from one to another over the globe, for the moral and mutual instruction of man, and improvement of his condition, seems to have been peculiarly and benevolently designed by nature, when she made them, like fire, expansible over all space, without lessening their density in any point, and like the air in which we breathe, move, and have our physical being, incapable of confinement or exclusive appropriation. Inventions then cannot, in nature, be a subject of property. Society may give an exclusive right to the profits arising from them, as an encouragement to men to pursue ideas which may produce utility, but this may or may not be done, according to the will and convenience of the society, without claim or complaint from anybody. Accordingly, it is a fact, as far as I am informed, that England was, until we copied her, the only country on earth which ever, by a general law, gave a legal right to the exclusive use of an idea. In some other countries it is sometimes done, in a great case, and by a special and personal act, but, generally speaking, other nations have thought that these monopolies produce more embarrassment than advantage to society; and it may be observed that the nations which refuse monopolies of invention, are as fruitful as England in new and useful devices. Considering the exclusive right to invention as given not of natural right, but for the benefit of society, I know well the difficulty of drawing a line between the things which are worth to the public the embarrassment of an exclusive patent, and those which are not. As a member of the patent board for several years, while

the law authorized a board to grant or refuse patents, I saw with what
slow progress a system of general rules could be matured.470)

---

470) The Writings of Thomas Jefferson, 13 Aug. 1813 Writings, edited by Andrew
A. Lipscomb and Albert Ellery Bergh, Univ. of Chicago Press, 1905, vol. 13,
pp. 333-35.

[번역]

어떤 이들은 발명가는 자신의 발명에 대하여 자연권과 배타적인 권리가 있고,
그러한 권리는 단순히 자신에게 뿐만 아니라 그의 상속인에게 상속할 수 있다
고 주장하고 있다. 그러나 자연으로부터 어떤 종류의 재산의 시초가 오는지는
미해결의 문제이지만, 발명은 발명가의 자연권이고 나아가 상속가능한 권리임
은 독자적인 생각일 수 있다. 그 주제에 대하여 심각하게 고민한 사람은 예컨대,
어느 누구도 한 에이커의 토지에 자연권에 의해 분리된 재산을 갖지 못한다.
우주의 보편적인 법 원칙에 의하면 부동산이건 동산이건 자연에 있는 모든 사
람에게 동등하게 귀속된 것은 그것을 점유하는 자의 재산이지만 그가 점유를
포기한다면 그 재산은 점유의 포기와 함께 사라진다. 확고한 소유는 제정법상의
권리이고, 사회가 성립된 후에나 가능한 것이다. 따라서 인간의 뇌의 일시적 작
용에 의해 발생한 아이디어가 자연법권에 의해 배타적이고 확고한 재산으로 주
장된다는 것은 흥미로운 것이다. 만약 자연이 다른 모든 것들의 배타적인 재산
권 보다 덜 민감하게 만든 것이 있다면, 그것은 아이디어(idea)라고 부르는 사고
력의 작용이다. 아이디어는 자신이 [비밀로] 지키고 있는 한 어떤 개인이 배타
적으로 보유할 수 있지만, 아이디어가 공개되면 모든 사람의 점유화 하고 그
아이디어를 받은 사람은 아이디어를 떨쳐낼 수 없다. 아이디어의 고유한 특징은
모든 사람 각자가 아이디어 전부를 점유하고 있으므로 어느 누구도 적게 점유
할 수 없다. 마치 내 초에서 불을 붙여 가는 사람이 내 초의 불 빛을 어둡게
하지 않고 자신의 초에 불을 붙일 수 있는 것과 같이 나로부터 아이디어를 취득
한 사람은 내가 가지고 있는 아이디어의 가치를 약화시킴이 없이 스스로 그 아
이디어를 알 수 있다. 자연(신, God)이 그 밝기가 어느 곳에서도 약화 됨이 없이
전 지구로 퍼져나가게 만든 불(fire)과 같이 그리고 우리가 숨쉬는, 움직이고 우
리의 육체가 존재하고, 구획하거나 배타적으로 사유화 할 수 없도록 한 공기와
같이 자연을 만들었을 때, 인간의 도덕적이고 상호간의 교육을 위해 그리고 인간
의 조건 개선을 위해 인간의 조건 개선을 위해 아이디어는 지구상의 인간들에
게 자유롭게 퍼져나가야 한다는 것은 자연에 의해 특별하고도 호의적으로 만들
어진 듯하다. 그 본질상 발명은 재산이 될 수 없다.(필자 註: 여기서의 재산은
세상에 배타적인 소유권을 주장할 수 있는 재산을 말한다) 사회는 유용함을 만
들 수 있는 아이디어를 창작하는 것을 장려하기 위한 것으로 그 아이디어로부

라고 하여 인간의 사고나 그 결과인 발명은 자연의 산물로서 자연권의 대
상이라는 취지로 언급하고 있다.(That ideas should freely spread from one
to another over the globe, for the moral and mutual instruction of man,and
improvement of his condition, seems to have been peculiarly and
benevolently designed by nature. …) 그러나 발명은 배타적인 재산권의 대
상이 될 수 없다고 언급하고 있다. 그러나 발명에 대한 배타적인 권리는 자
연권이 아니라 사회에 이익을 가져온 것에 대하여 부여하는 실정법상의 권
리(Considering the exclusive right to invention as given not of natural right,
but for the benefit of society, …)라는 의미를 제시한다.

　제퍼슨의 생각은 발명이나 아이디어는 본질적으로 세상에 배타적인 권
리를 주장할 수 없는 것이므로 그 사용에 대하여 실정법에 의하여 배타적
인 권리를 부여하여야 한다는 것이다. 제퍼슨의 생각은 로크(Locke)의 철학
에 기반을 두고 있다는 점은 분명하다. 제퍼슨은 "By an universal law,
indeed, whatever, whether fixed or movable, belongs to all men equally and

---

터 발생하는 이익에 대하여 배타적인 권리를 부여할 수 있으나 어느 누구로부
터의 이의나 반대 없이 사회의 재량에 따라 [그러한 배타적인 권리를] 부여할
수도 부여하지 않을 수도 있다. 따라서 나에게 알려진 바에 의하면 영국은, 우리
가 그들의 제도를 모방할 때까지, [국회가 제정한] 일반 법에 아이디어의 배타
적인 사용에 대하여 법적인 권리를 부여한 지구상에서 유일한 나라인 것은 사
실이다. 다른 어떤 나라들에서는 많은 사건들에서 특별하고도 특정한 개인을 위
한 법에 의하여 [특허가] 시행되기도 하였지만, 일반적으로 말하면, 다른 나라들
은 이러한 독점은 사회에 유익한 것보다는 더 장애를 생산하였고, 발명에 대하
여 독점을 부여하기를 거부한 국가들은 새롭고 유용한 장치들에 있어서 영국
만큼이나 생산적이었다는 점이 관찰될 수 있다. 자연권이 아니라 사회에 대한
기여에 대하여 발명에 대하여 배타적인 권리를 부여하는 것을 고려하면서, 나는
공중에 대하여 배타적인 특허라는 장애를 주는 것과 그러하지 않은 것을 나누
는 것은 어렵다는 것을 잘 알고 있다. 수년 동안 특허위원회의 위원으로, 법은
특허위원회에 특허를 부여할지 여부에 대한 권한을 부여하였고, 나는 천천히 그
러나 일반 원칙에 의한 [특허] 제도가 완성될 것임을 보고 있다.

in common, is the property for the moment of him who occupies it, but when he relinquishes the occupation, the property goes with it. Stable ownership is the gift of social law, and is given late in the progress of society."(우주의 보편적인 법 원칙에 의하면 부동산이건 동산이건 자연에 있는 모든 사람에게 동등하게 귀속된 것은 그것을 점유하는 자의 재산이지만 그가 점유를 포기한다면 그 재산은 점유의 포기와 함께 사라진다. 확고한 소유는 제정법상의 권리이고, 사회가 성립된 후에나 가능한 것이다.)라고 하고 있다. '확고한 소유는 제정법상의 권리이고, 사회가 성립된 후에나 가능한 것'이라는 언급은 로크의 시민사회에 의한 제정법에 의한 재산권의 취득을 의미하는 것이다. 결국 제퍼슨의 생각은 로크나 블랙스톤의 생각과 다를 것이 없는데, 발명과 특허를 구분하는 것으로 발명은 자연법상의 권리로 자신의 발명하여 이를 점유하였을 때, 그리고 특허는 의회가 제정한 특허법에 의하여 그 출원절차를 진행하여 특허를 취득하였을 때 발생하는 권리라는 의미이다.

발명과 특허의 이분법은 제퍼슨의 다음 사고에서도 분명해진다. 그는 "If nature has made any one thing less susceptible than all others of exclusive property, it is the action of the thinking power called an idea, which an individual may exclusively possess as long as he keeps it to himself; but the moment it is divulged, it forces itself into the possession of every one, and the receiver cannot dispossess himself of it."(만약 자연이 다른 모든 것들의 배타적인 재산권 보다 덜 민감하게 만든 것이 있다면, 그것은 아이디어(idea)라고 부르는 사고력의 작용이다. 아이디어는 자신이 [비밀로] 지키고 있는 한 어떤 개인이 배타적으로 보유할 수 있지만, 아이디어가 공개되면 모든 사람의 점유화 하고 그 아이디어를 받은 사람은 아이디어를 떨쳐낼 수 없다. 아이디어의 고유한 특징은 모든 사람 각자가 아이디어 전부를 점유하고 있으므로 어느 누구도 적게 점유할 수 없다.)[471]라고 하여 영업비밀

로서의 아이디어와 특허로서의 아이디어를 구별하고 있다. 마지막의 어느 누구도 적게 점유할 수 없다는 의미는 비경합적 사용(non rivalous use)을 의미한다.

발명과 특허의 이분법은 우리나라에도 영향을 끼쳤다. 예컨대, 특허출원 서에 발명자를 기재하도록 한 것이다. 그리고 그 발명자는 실제로 착상을 통해 발명을 할 수 있는 자연인으로 한정하고 있는데 이는 발명은 인간만 이 할 수 있다는 것을 그 근본 법리로 하고 있다. 우리 헌법 제22조 제2항 은 "저작자, 발명가, 과학기술자와 예술가의 권리는 법률로서 보호한다."라 고 규정하고 있는데, 본 조항은 창작자에 권리를 부여하는 동시에 '인간'의 재산만 보호할 수 있는 것에 대한 근거규정이다.

앞서 언급한 吉藤幸朔의 특허권의 정당성에 대한 기본권설에 대한 비 판[472]에 '발명을 해도 특허출원을 하지 않는 자에 대하여 특허를 보호하지 않는 것은 잘못이라는 비판'은 발명과 특허는 구분되는 것이므로 타당하지 않은 비판이다. 吉藤幸朔는 자연권이기 때문에 출원을 하지 않더라도 특허 로 보호해야 한다는 취지로 비판을 하고 있다. 자연법과 실정법이 구분되 고, 특허는 실정법에서 부여하는 권리이므로[473] 실정법상 특허취득을 위한 절차를 진행하여야 한다. 따라서 吉藤幸朔는 자연법상의 권리인 '발명'과 실정법상의 권리인 '특허'를 구분하지 못한 것이다. 다만, 특허를 출원하지 않은 발명자는 자신의 발명에 대하여 자연법상의 권리를 가지고 있으므로 선발명자의 권리로 보호한다고 함은 앞서 언급했다. 그리고 자연법상의 권 리의 취지에 맞기 위해서는 선발명자가 아닌 독립발명자의 권리를 인정해 야 한다고 하였다.

---

471) 이러한 사고는 프루동(Proudhon)도 공유하고 있다.

472) 吉藤幸朔, 특허법개설, 제13판 (유미특허법률사무소 번역), 대광서림, 2000, p. 29. 국 내에도 같은 비판을 제기하는 견해들이 다수 존재한다.

473) 예컨대, 우리나라 헌법 제22조 제2항 참조.

같은 커먼로 국가이자 미국의 특허법이나 저작권법의 모태가 되었던 영국에서의 특허법이나 저작권법 보다 미국의 특허법이나 저작권법에 로크의 재산권 철학이 더 반영되어 있다 앞서 본 바와 같이 발명에 대하여는 2011년 Stanford v. Roche 사건474)에서 발명자의 권리임을 확인하고 있고, 저작물의 경우에도 1834년 Wheaton v. Peters 사건475)에서 커먼로 저작권이 인정된 이래 커먼로 저작권은 영구적인 권리로서 남아 있다. 저작권의 경우에는 1991년 Feist v. Rural 사건 설명에서 보았다시피 로크의 재산권 철학은 포기되지 않고, 여전히 남아 있다.

미국 법원은 다수의 판결에서 발명자의 권리와 특허를 받은 특허권은 상호 다른 것이라고 판시하고 있는데, 이는 로크의 재산권 이론에 기초하고 있음을 나타내고 있다. 발명에 대한 권리는 발명자의 노력의 결과물에 대하여 신(God)이 부여한 자연권이고, 특허권은 연방헌법의 위임에 따라 연방의회에서 제정한 특허법에 의하여 발생하는 실정법상의 권리(institutional right)라고 보는 것이다. 따라서 공지되지 않은 발명을 보호하는 영업비밀에 대한 권리도 그 비밀을 개발한 사람이 자신의 노력의 결과물에 대하여 가지는 자연권이라고 할 수 있다.

19세기 초반에 발명에 대한 발명자의 권리는 매우 강하게 인식되고 있었다. 특허권에 대한 특허논쟁은 이러한 강한 발명자의 권리가 인정된 후인 1850년대에 발생한다. 그러나 19세기, 특히 19세기 전반에 다수의 국가에서 발명에 대한 발명자의 권리는 재산권으로 인식되고 있었다. 이러한 이론적 토대를 바탕으로 미국은 발명주의에 기초하여 특허법 제도의 토대를 쌓았다고 할 수 있다. 즉 발명주의는 발명에 대하여 재산권을 인정한 것으로 특허라는 법제도는 그 발명에 대한 재산권의 집행을 보장하는 제정법상의 도구이었다. 특허를 취득함이 없이 발명으로부터 곧바로 재산권이 발생

---

474) Stanford v. Roche, 563 U.S. 776 (2011).
475) Wheaton v. Peters, 33 U.S. (8 Pet.) 591 (1834).

한다는 논리는 노동의 결과에 대하여 재산권을 부여하는 자연법적 토대를 바탕으로 형성된 것이라고 할 수 있다. 자연법론적 지적재산권은 상표에서 도 사용주의 법 원칙으로 형성되었다. 저작권법에는 창작에 의해 저작권이 발생한다는 개념으로 수용되어 있다.

1813년 Evans v. Jordan 사건476)에서 연방순회법원판사 John Marshall은 발명과 특허의 이분법에 관하여 다음과 같이 판시하였다:

Whenever, then, previous to a patent, any person constructs a machine discovered by another, he constructs it subject to the right of that other. His right to use it is qualified by the paramount right of the inventor to prescribe the conditions on which he shall use it. Were it otherwise, the exclusive right in the discovery which the constitution authorizes congress to secure to the inventor, and the exclusive right to use it after the date of the patent, which the act of congress confers, would not be exclusive, but would be participated with every person who had constructed the machine previous to the emanation of the patent. If gentlemen will recollect, that this inchoate and indefeasible property in the thing discovered commences with the discovery itself, and is only perfected by the patent. ··· 477)

···

The constitution and law, taken together, give to the inventor, from the moment of invention, an inchoate property therein, which is completed

---

476) Evans v. Jordan, 8 F. Cas. 872 (C.C.D. Va. 1813) aff'd, 13 U.S. 199, 3 L. Ed. 704 (1815). (본 사건은 미국 연방대법원의 특허에 관한 판결 중 2번째로 내려진 판결이 라고 한다. Malla Pollack, The Owned Public Domain: The Constitutional Right Not to Be Excluded - or the Supreme Court Chose the Right Breakfast Cereal in Kellogg v. National Biscuit Co., 22 Hastings Comm. & Ent L.J. 265, 291 n.119 (2000)).
477) Evans v. Jordan, 8 F. Cas. 872, 873 (C.C.D. Va. 1813).

by suing out a patent. This inchoate right is exclusive. It can be invaded or impaired by no person. No person can, without the consent of the inventor, acquire a property in the invention.[478]

법원의 판결은 다음과 같이 요약할 수 있다. 발명에 대한 권리는 특허를 취득하기 이전에 대한 권리로서 발명은 발명한 사람의 것이다. 발명한 사람은 자신의 권리에 의하여 그 사용내용을 정할 수 있다. 즉 영업비밀로 사용하든 특허를 취득하든 그의 자유이다. 그와 같이 발명한 사람의 배타적인 권리(exclusive right)는, 발명한 사람을 보호하기 위해 특허를 취득한 이후에 그 발명을 배타적으로 '이용'할 권리(exclusive right)를 부여할 수 있는 헌법상의 권한에 의하여 의회가 특허법과 같은 입법을 하여 발생한 권리이다. 그와 같은 배타적인 권리는 특허를 취득하여 발생하는 것으로 특허 취득 이전에는 모든 사람이 동일한 발명을 할 수 있지만 그 권리는 배타적일 수 없다. 만일 어떤 이가 발명으로부터 시작되는 이러한 근본적인 권리를 취득하였다면 그 권리는 특허를 취득함으로써 세상에 발명에 대한 자신의 권리를 주장할 수 있는 배타적인 권리가 될 수 있다. 헌법과 법은 발명자에게 발명시부터, 특허에 의해 완성되는, 근본적인 재산, 즉 자연법상의 재산을 부여하였다. 이러한 근본적인 권리는 그 권리를 부인당할 수 없다는 의미에서 배타적이다. 따라서 자신의 발명에 대하여 갖는 권리는 어느 누구에 의해서도 침해받거나 손상받지 않는다. 발명자의 동의없이는 어느 누구도 그 발명에 대하여 자신의 재산이라고 주장할 수 없다.

결국 법원은 발명자가 발명에 대하여 갖는 권리는 근원적이고 침해받을 수 없는 권리, 자연법에 기초한 재산에 대한 생래적인 권리, 즉 자연권적 재산권이라고 판시한 것이다. 그리고 의회는 그러한 생래적인 발명에 대하여 배타적으로 '이용'할 수 있는 권리, 즉 특허권을 부여할 수 있도록 헌법

---

478) Id., 874.

과 법률에 의하여 권한을 부여받았고, 그 권한의 행사에 의하여 제정된 것이 특허법이라고 하였다. 이러한 관념은 앞서 언급한 바와 같이 로크(Locke)와 블랙스톤(Blackstone)의 자연법과 재산권 개념과 일치한다.

위 Evans v. Jordan 사건은 우리나라의 중용권과 같은 쟁점이 문제된 사건이다. 원고는 주 특허법상 특허를 취득하였는데 1804년 특허존속기간이 종료가 되어 특허가 종료되었다. 이때 피고가 원고의 특허가 종료된 발명을 실시하였는데,[479] 1808년 의회의 특별법(An Act for the Relief of Oliver Evans, 6 Stat. 70.)의 시행으로 원고의 특허를 갱신하는 면허(private bill)가 발급되어 원고의 특허는 유효가 되었지만 피고가 그 발명을 계속 실시한 것이 특허침해인지가 문제된 사건이다.

John Marshall 판사는 발명 그 자체에 대하여 인간 노동과 노력에 의하여 얻은 결과로서 자연권에 기초한 발명자의 재산권을 인정하였고, 특허는 단지 그 재산권을 집행하는 실정법상 수단으로 인식했다. 즉 피고가 원고의 발명을 실시했으므로 그의 재산권 침해에 대한 보상을 하여야 하고 1808년 정부 명령의 시행으로 특허권이 발생하였으므로 원고의 재산권을 특허법이 규정한 바에 따라 피고에게 강제할 수 있게 되었다는 논리이다.

발명과 특허의 이분법적인 논리는 미국 법원의 기본적인 관념(doctrine)이라고 할 수 있는데, 1824년 Ex Parte Wood & Brundage 사건[480]에서 후에 미국 연방대법원 대법관이 되었던 당시 매사추세스 주 순회법원 Story 판사는

　　The inventor has, during this period, a property in his inventions -- a

---

479) 이때 미국 특허법에는 특허가 없는 동안 특허를 실시하는 제3자에 대하여 비침해를 인정하는 규정이 존속했다. ("provided […] that no person who shall have used the said improvements, or have erected the same for use before the issuing of said patent shall be liable for damages therefor.").

480) Ex Parte Wood and Brundage, 22 U.S. 603 (1824).

property which is often of very great value and of which the law intended to give him the absolute enjoyment and possession. ··· involving some of the dearest and most valuable rights which society acknowledges and the Constitution itself means to favor, ···[481]

라고 판시하여, 특허권은 실정법에 의하여 부여된 권리로 이해하였다. 앞서 언급한 1845년 Davoll. v. Brown 사건[482]에서 메사추세스 주 법원은

we protect intellectual property, the labors of the mind, ··· as much a man's own, and as much the fruit of his honest industry, as the wheat he cultivates, or the flocks he rears.

라고 판시하였는데, 지적재산(intellectual property)이란 정신노동의 결과로서, 수확한 곡식이나 기른 동물과 같이 고귀한 근면성의 결과물을 소유하는 것과 같은 것이라고 했다. 이는 신(God)의 명령에 따라 노동과 노력에 의하여 취득하는 결과물로서 결국 자연법상의 권리가 된다.

영업비밀 침해에 대하여 영구적 금지명령을 내려 재산적 이익을 보호하는 법리를 발전시킨 Peabody v. Norfolk 사건[483]도 발명과 특허의 이분법 입장에서

If he makes a new and useful invention of any machine or composition of matter, he may, upon filing in a public office a description which will enable an expert to understand and manufacture it, and thus affording to all persons the means of ultimately availing themselves of

---

481) Id., 608.
482) Davoll v. Brown, 7 F. Cas. 197 (C.C.D. Mass. 1845).
483) Peabody v. Norfolk, 98 Mass. 452 (1868).

it, obtain letters patent from the government securing to him its
exclusive use and profit for a term of years. If he invents or discovers,
and keeps secret, a process of manufacture, whether a proper subject for
a patent or not, he has not indeed an exclusive right to it as against the
public, or against those who in good faith acquire knowledge of it; but
he has a property in it, which a court of chancery will protect against
one who in violation of contract and breach of confidence undertakes to
apply it to his own use, or to disclose it to third persons.[484]

라고 하여 대세적인 권리인 특허와 그 정보에 대하여 재산적 이익을 가지
고 있는 영업비밀을 구분했다.

미국의 지적재산권법리에서는 정보에 대하여 배타적인 통제를 통해 타
인으로부터 침해받지 않고 점유사용을 할 수 있는 권리와 세상 모든 사람
에 대하여 배타적인 권리를 주장할 수 있는 권리를 구분하여 전자는 영업
비밀, 후자는 특허로 구분했다. 이러한 이분법은 발명에 대한 권리를 로크
(Locke)의 재산권 철학을 바탕으로 주장하는 인간의 노동에 의하여 발생하
는 자연권이라는 개념하에서 성립된 것으로 이해된다.

나. 재산과 재산권의 이분법

자연법이론에 기초한 재산권의 대부분 로크의 노동가치설에 토대를 두
고 있지만, 일부분은 헤겔의 개성이론에 토대를 둔 부분도 있다. 그러나 이
러한 재산권은 엄정한 의미에서의 '권리'라고 할 수는 없다. 이는 단지 소
유한 자와 소유물 사이의 관계인 재산이다.[485] 영업비밀 보유자와 영업비

---

484) Id., 457-78.
485) Board of Trade v. Christie Grain & Stock Co., 198 U.S. 236 (1905).

밀인 정보와의 관계나 특허권자와 특허받은 발명과의 관계는 권리가 아니라 그들의 재산이다.

영업비밀을 보유한 자는 자신의 노력의 결과물인 영업비밀인 정보에 대하여 재산으로 인정받는다. 그러나 그러한 권리에 대하여 제3자에게 배타성을 주장할 수 있는 배타적인 권리를 갖는 것은 아니다. 이러한 의미에서 블랙스톤(Blackstone)은 자연법상의 재산권을 면책(immunities)라고 한 것으로 볼 수 있다.

재산(property)은 '자신에게 속하는 것(belonging to oneself)' 또는 '특정인의 소유(one's own)'임을 나타낸다. 즉 자신과 자신에게 속한 물건과의 속성 내지 관계(just ownership)일 뿐 세상과의 관계는 아니다. 이에 반하여 재산권은 세상에 대하여 자신과 재산에 대한 관계 즉 '소유에 대한 권리(right of ownership)'의 의미이다. 재산과 재산권은 구별되는 것이다. 재산은 그것을 소유한 자와 재산인 사물과의 관계를 대상으로 하는 것이고 재산권은 대외적인 관계로서 재산인 사물과 그 재산의 소유자와의 관계를 말한다. 재산권이라는 의미는 재산의 소유자와 세상 사이에서 재산에 대한 배타적인 지배를 말하게 된다. 따라서 재산과 소유자의 배타적 관계가 대세적일 때 재산권이라는 배타적이고 대세적인 권리가 나타나게 된다.[486] 결국 재산과 재산권의 본질은 같은 것으로 그것이 재산에 대한 것인지 또는 어떤 자에 관계인지에 대한 차이라고 할 수 있다. 대외적으로 전자는 소극적인 것(immunites)이고 후자는 적극적인 것(privileges)이다.

세상에 자신의 노동의 결과물에 대하여 배타적인 재산임을 주장하기 위해서는 재산권이라는 배타적인 권리를 가져야 하는데, 이는 정보의 속성상 어렵다. 물건과 달리 정보는 제3자에게 공개하였을때 배타적인 지배를 하기 어렵기 때문이다. 따라서 실정법상 특허라는 도구를 통하여 특허등록을

---

486) Jeremy Waldron, The Right to Private Property, Ch. 2 What is Private Property, Oxford Univ. Press, 1988, pp. 26-61 참조.

한다면 특허권에 의하여 제3자에 대하여 자신의 권리를 주장할 수 있다. 특허를 취득함으로서 정보에 대한 권리는 배타적인 실정법상 권리가 된다. 미국 법원은 재산과 재산권의 이분법적 구별을 통하여 재산에 대한 자연권적 속성과 재산권이라는 실정법적 권리를 구분하였다고 할 수 있다.

다. 커먼로 저작권과 저작권법상의 저작권의 이분법

발명과 특허의 이분법과 재산과 재산권의 이분법에 평행하는 저작권 법리가 있다면 자연법상의 권리로서 커먼로 저작권과 제도법상의 권리로서 저작권을 들 수 있다.

1834년 Wheaton v. Peters 사건[487]은 미국에서 커먼로 저작권이 문제된 최초의 사건이었는데, 미국 연방대법원은 연방 저작권법에도 불구하고 커먼로상의 저작권의 존속을 인정하였다. 다만 커먼로 저작권은 출판으로 인하여 소멸한다고 판시하였다. 본 판결은 법원의 판결문에 저작권을 인정하지 않은 것으로도 유명하다.

판결문을 작성한 John McLean 대법관은

[t]his is a very different right from that which asserts a perpetual and exclusive property in the future publication of the work, after the author shall have published it to the world.[488]

라고 판시하여, 커먼로 저작권은 일기장과 같이 출판하지 않은, 미래에 출판할 저작물에 대하여 영구적, 배타적으로 보호하는 것인 반면에 연방저작

---

487) Wheaton v. Peters, 33 U.S. 591 (1834) (대법관 Smith Thompson과 Henry Baldwin의 반대의견이 있다.).
488) Id., 658.

권법상의 저작권은 세상에 출판한 이후에 갖는 권리로서 저작권법상 저작권은 커먼로 저작권과는 다른 권리라고 판시했다. 즉 저작물을 출판하지 않는 한 커먼로상의 권리로서 그 저작물에 대하여 영구적인 권리를 갖게 되는 것이다. 다만 출판한 이후에는 저작권법에 규정된 제한된 기간만 배타적인 권리를 갖게 된다.

이와 같은 법리는 발명에 대해서도 동등하게 적용될 수 있다. 기본적으로 저작이나 발명이나 인간의 노동의 결과이기 때문이다. 실제로 1834년 Wheaton v. Peters 사건은 커먼로 저작권에 관한 판결이지만 그 법리는 특허권에 영향을 미친 것으로 보이는 사건 판결도 존재한다. 1889년 Tabor v. Hoffman 사건489)에서 법원은 저작권이나 특허권과 별개로 저작자나 발명가는 커먼로상 자신의 발명이나 저작에 관하여 공중의 재산이 되는 출판시까지는 배타적인 재산권을 갖는다고 하였다.490)

---

489) Tabor v. Hoffman, 118 NY 30, 23 NE 12, 16 Am St Rep 740 (1889).
490) Id., 34-35.

It is conceded by the appellant that, independent of copyright or letters patent, an inventor or author, has, by the common law, an exclusive property in his invention or composition, until by publication it becomes the property of the general public. This concession seems to be well founded and to be sustained by authority. (Palmer v. De Witt, 47 N. Y. 532; Potter v. McPherson, 21 Hun, 559; Hammer v. Barnes, 26 How. Pr. 174; Kiernan v. M. Q. Tel. Co. 50 id. 194; Woolsey v. Judd, 4 Duer, 379; Peabody v. Norfolk, 98 Mass. 452; Salomon v. Hertz, 40 N. J. Eq. Rep. 400; Phillips on Patents, 333-341; Drone on Copyright, 97-139.)

As the plaintiff had placed the perfected pump upon the market, without obtaining the protection of the patent laws, he thereby published that invention to the world and no longer had any exclusive property therein. (Rees v. Peltzer, 75 Ill. 475; Clemens v. Balford, 14 Fed. Rep. 728; Short's Laws of Literature, 48.)

Id.

인간의 노동의 결과에 대해 그 결과를 창작한 인간이 재산권을 갖게 되는 것은 자연적 정의에 부합하다는 것이 자연법과 그 자연법을 토대로 하고 있는 로크(Locke)의 재산권 철학이다. 이와 같이 영구적인 저작권을 인정하게 된 것은 저작물은 인간의 노동의 결과물로서 그 결과물에 대해서는 그 결과를 창작하기 위해 노동을 한 자가 재산적 권리를 갖는다는 로크의 재산권 철학이 토대가 되었다.

Wheaton v. Peters 사건에서 대법관 John McLean은 특허권과 저작권이 인간의 노동의 결과물으로서 영구적 재산권에 부합하는지에 대하여

A book is valuable on account of the matter it contains, the ideas it communicates, the instruction or entertainment it affords. Does the author hold a perpetual property in these? Is there an implied contract by every purchaser of his book that he may realize whatever instruction or entertainment which the reading of it shall give, but shall not write out or print its contents?

In what respect does the right of an author differ from that of an individual who has invented a most useful and valuable machine? In the production of this his mind has been as intensely engaged as long and perhaps as usefully to the public as any distinguished author in the composition of his book.

The result of their labors may be equally beneficial to society, and in their respective spheres they may be alike distinguished for mental vigor. Does the common law give a perpetual right to the author and withhold it from the inventor? And yet it has never been pretended that the latter could hold, by the common law, any property in his invention after he shall have sold it publicly.

It would seem, therefore, that the existence of a principle may well be doubted which operates so unequally. This is not a characteristic of the common law. It is said to be founded on principles of justice, and that all its rules must conform to sound reason.[491]

라고 판시하였다. 인간의 표현에 대한 저작물이나 인간의 발명에 대한 것이나 인간의 노동의 결과라는 점에서는 동등하고 또한 동등하게 사회에 이익이 된다고 판시하면서 출판하지 않은 저작물이나 공개하지 않은 발명이나 커먼로는 동등하게 취급한다고 하고, 둘을 다르게 취급하는 원칙은 존재하지 않을 뿐만 아니라, 그러한 원칙이 만일 존재한다고 하더라도, 커먼로의 원칙이 아니라고 하였다. 즉 저작이나 발명이나 인간의 노동의 결과이기 때문에 저작이나 발명을 같이 취급하여야 하는 원칙은 정의의 원칙(principles of justice)에서 찾을 수 있고, 그러한 원칙은 충분한 근거가 있다고 판시했다. 또한 자신의 노동의 결과물에 대하여 권리를 갖는다는 것은 당연히 인정되어야 하고 다만, 사회를 규율하고 일반적으로 그 권리의 범위를 정하는 재산법리에 따른 실정법 조항을 제외하고 노동의 결과물에 대한 권리가 인정된다고 판시했다.[492] 즉 실정법 조항은 저작권법과 특허법을 의미한다. 저작권법에 의한 저작권법상의 권리를 제외하고는 커먼로상의 저작권이 존재한다고 판시한 것이다.

---

491) Wheaton v. Peters, 33 U.S. 591, 657-8 (1834).
492) Id., 658.
   That every man is entitled to the fruits of his own labor must be admitted, but he can enjoy them only, except by statutory provision, under the rules of property, which regulate society and which define the rights of things in general. Id.

Jeweler's Circular Pub.Co. v. Keystone Pub. Co. 사건[493]에서 법원은

> The right to copyright a book upon which one has expended labor in its preparation does not depend upon whether the materials which he has collected consist or not of matters which are publici juris, or whether such materials show literary skill or originality, either in thought or in language, or anything more than industrious collection. The man who goes through the streets of a town and puts down the names of each of the inhabitants, with their occupations and their street number, acquires material of which he is the author. He produces by his labor a meritorious composition, in which he may obtain a copyright, and thus obtain the exclusive right of multiplying copies of his work.[494]

라고 하여 저작권은 노력의 결과물이라는 Sweat of the Brow Doctrine에 입각하고 있다. 비록 결과의 부가가치가 낮더라도 노력에 의한 결과에 대하여 그 부가가치에 부합하는 약한 정도의 재산권을 취득한다는 로크적(Lockean) 법이론을 토대로 판시하고 있다.

Sweat of the Brow Doctrine을 바탕으로 사실의 수집(factual compilation)에 대하여 저작권법상 저작권을 인정할 것인지가 1991년 Feist v. Rural 사건에서 쟁점이 되었다.[495] 1790년 미국 연방저작권법은 사실의 수집(factual compilation)을 저작물로 보호 받을 수 있는 대상으로 규정했고, 1909년 저작권법과 1976년 저작권법도 사실의 수집을 저작권의 보호대상으로 인정하였다. 따라서 미국 저작권법 사실의 수집이더라도 저작권의 보호대상이

---

493) Jeweler's Circular Pub. Co. v. Keystone Pub. Co., 281 F. 83 (2d Cir. 1922).
494) Id., 88.
495) 본 판결에 대해서는 본서 "제3장 제2절 5. The Sweat of the Brow Doctrine: 저작권과의 비교" 참조.

되는지가 문제되지 않았다. 사실의 수집을 저작권으로 보호하는 미국 저작권법의 토대는 로크(Locke)의 자연법 철학이라고 여겨졌다. 사실의 수집에는 인간의 많은 노력과 노동이 필요하기 때문이다.

그러나 1991년 Feist v. Rural 사건496)에서 이러한 법적 토대가 실정법이 저작권법에 정당한 토대를 제공하는지가 문제되었다. Feist v. Rural 사건에서 연방대법원은 연방저작권법의 보호근거에 Sweat of the Brow Doctrine을 배제하였다. 연방대법원은 저작권으로 보호되는 창작과 단순한 발견(creation and discovery)을 구분하였다. 연방대법원은 문제된 인명별 전화번호를 수집하여 선택하고 배열한 것은 사실의 편집(factual compilation)에 해당하고, 그의 구성요소를 이루는 원데이터(raw data)인 개인의 전화번호 정보 자체는 미국 연방저작권법이 요구하는 최소한의 창작성(minimal creation)을 충족하지 못한다고 판시했다. 결국 알파벳 순서에 따라 수집하여 정리한 인명별 전화번호부의 창작성은 연방저작권법상 50년의 저작권 보호기간과 균형에 맞지 않는다고 판시하였다.

1991년 Feist v. Rural 사건 판결은 소위 Sweat of the Brow Doctrine을 포기한 것이라는 견해도 있다. 그러나 포기한 것이 아니라 제정법상의 저작권 보호를 위해서는 그 보호기간497)에 상응하는 최소한의 사회적 기여(minimal creativity)가 있어야 하는데, 저작권에 상응하는 보상을 할 만한 그만한 가치창조가 없다고 판시했다.

위 두 판결은 다른 결과를 도출함으로서 조화되지 않는다고 판단할 수 있으나 전혀 그렇지 않다. Feist v. Rual 사건에서는 실정법인 저작권법상의 저작권 보호를 받기 위해서는 저작권법이 요구하는 창작성의 수준을 충족하여야 한다고 한 것으로서 당시 저작권법상 보호기간인 50년의 보호에 상

---

496) Feist v. Rural, 499 U.S. 340 (1991).
497) Feist v. Rural 사건 판결시에는 저작권 보호기간이 저작자 사후 50년이었는데, 현재는 저작자 사후 70년이다.

응하는 창작성이 요구된다고 함으로써 실정법상의 보상설 내지 계약설을 토대로 판시했다.

Feist v. Rual 사건은 앞서 언급한 쟁점이 중요한 쟁점인데, 인명별 전화번호부를 배타적인 권리인 저작권으로 보호하는 것은 만인의 공유인 사실에 대하여 저작권자에게 배타성을 부여할 수 있는 것으로 저작권법에 부합하는 것이 아니라고 하였다. 다만, 연방대법원은 불공정경쟁(unfair competition) 행위로 인정하여 보호할 수 있음을 명시적으로 언급하였으므로[498] 로크의 자연권법에 기초한 보호이론을 배제한 것이 아니라 로크의 재산권 철학에 기초하고 있다. 인명별 전화번호부와 같은 사실의 수집은 발명과 같이 영업비밀로 보호하거나 불공정경쟁법으로 보호하는 것을 금하는 것이 아니기 때문이다.

7. 선발명자의 권리와 학문의 자유

발명에 대하여 영업비밀로 유지하는 것이 타인의 특허에 의하여 영향을 받는지가 문제된다. 선발명자가 발명에 대한 특허출원을 하지 않고 자신의 발명을 실시하고 있는 동안 다른 발명자가 동일한 발명을 하여 특허출원에 의해 특허를 취득하는 경우에 '선발명에 의한 실시자'의 권리가 영향을 받는지 문제된다. 미국에서 '선실시자'[499]의 권리는 미국 헌법상의 특허저작

---

498) Feist v. Rural, 499 U.S. 340, 354 (1991). 각주 457에 언급된 본문 인용 판결문 참조
499) 선실시자와 선발명자는 법리상 구분된다. 선발명자는 자신의 발명에 대한 것이고, 선실시자는 자신의 발명일 수도 있지만 타인의 발명일 수도 있다. 예컨대, 1839년 미국 특허법 제7조는 선실시자의 개념으로 규정되었는데, 선실시자는 발명을 구입(purchase)하거나 고안하거나(construct) 또는 발명(invent)한 자이다. ([T]hat every person or corporation who has, or shall have, purchased or constructed any newly invented machine, manufacture, or …).

권 조항에 위반되고[500] 특허권자의 부담에 의해 영업비밀을 보호하기 때문에 위헌[501]이라는 소수의 주장이 있다.[502]

발명을 하였으나 발명에 대하여 실정법인 특허법에 의한 출원을 하지 않아 특허를 받지 않는 자의 권리는 자연권설에 의하면 당연히 그의 재산적 권리로 인정되어야 한다. 앞서 본 바와 같이 프랑스의 무정부주의자이자 사회주의자인 프루동의 노동가치설에 기반하여 선출원자나 선발명자만이 특허라는 재산권을 취득하는 것은 자연법에 위반된다는 주장에 제기되었다.

그러나 로크의 노동가치설에 의해서도 선발명자의 권리는 보호되어야하는데, 미국에서도 이와 같은 법리를 수용하여 선발명자의 권리를 보호했다. 1790년 미국 최초의 특허법을 제정할 당시 Bailey's bill[503]이라고 알려진 선발명자의 권리를 인정하는 법안에 제출되어 하원을 통과했지만, 현재의 특허법이 된 1790년 특허법안 때문에 상원을 통과하지 못했다. 1793년

---

500) Comments from Carl E. Gulbrandsen, Managing Director, Wis. Alumni Research Found., to Elizabeth Shaw, IP Research Specialist Supervisor, USPTO, Office of Policy and External Affairs, In the Matter of Notice of Public Hearing and Request for Comments on Study of Prior User Rights, pp. 2-5 (Nov. 3, 2011); 7 Comments from Neil Thomas, to the USPTO, Prior User Rights, p. 2 (Nov. 8, 2011) ("The prior user rights provision seems to fly directly in the face of Art 1, Sec. 8, because the whole intent of the Founding Fathers was to encourage disclosure to society of new 'discoveries' by granting exclusive rights […].").

501) Comments from Tony Tether, to David Kappos et al., Undersecretary Dep. of Comm. for Intell. Prop., and Director of the USPTO, p. 2 (Nov. 4, 2011) ("There is something fundamentally unfair about allowing something that is secret to erode a patent right.").

502) USPTO, Report on the Prior User Rights Defense, Report to Congress, 2012, p. 43.

503) Francis Bailey (c.1744-1817)는 출판업자이자 저널리스트이었다. 펜실바니아 의원인 Thomas Scott와 Thomas Hartley 및 버지니아 의원인 Alexander White의 도움을 받아 Bailey's bill 이라고 하는 청원을 제출하여 하원은 통과됐으나 입법화에는 실패했다. Kenneth W. Dobyns, The Patent Office Pony, Docent Press, 2016(2nd ed.), p. 30.

특허법은 제대로 된 특허심사시스템을 갖추지 못했고, 이에 선발명자라고 주장하는 특허들로 인하여 복수의 특허발명이 실시되게 되었다.[504] 이리하여 1839년 특허법에서 '선실시자'의 권리를 인정하게 되었고, 이러한 선실시자의 권리는 1870년 특허법 제37조에 규정되었으나 1952년 특허법에서 폐지되었다. 그러나 비즈니스 모델에 대한 특허가 허용되면서 1999년 비즈니스 모델 특허에 대한 면책규정으로 일부가 복원되었다.[505] 현재는 35 USC § 273에 규정되어 있다.

Pennock v. Dialogue 사건[506]과 Shaw v. Cooper 사건[507]에서 대법관 Joseph Story와 McLean은 1790년 특허법과 1793년 특허법상 특허출원시에 이미 발명이 되었거나 실시되고 있다면 특허를 받을 수 없다고 판시하였기 때문에 이에 대하여 법률적으로 조정을 할 필요가 있었다. 1829년 Pennock v. Dialogue 사건에서 연방대법관 Joseph Story는 특허출원전 7년 동안 상업적으로 실시한 경우에 특허를 취득할 수 없는 이유에 대하여, 실정법상 특허권은 헌법상 규정된 '과학과 실용예술을 발전을 촉진하기 위한 것'(to promote the progress of science and useful arts.)임을 전제한 다음, 아래와 같이 판시했다:

[T]his could be done best, by giving the public at large a right to make, construct, use, and vend the thing invented, at as early a period as possible, having a due regard to the rights of the inventor. If an inventor should be permitted to hold back from the knowledge of the public the secrets of his invention; if he should for a long period of years retain

---

504) Kyla Harriel, Prior User Rights in a First-to Invent Patent System: Why Not? 36 (4) IDEA, 543, 546 (1996).
505) American Inventors Protection Act of 1999.
506) Pennock v. Dialogue, 27 US 1 (1829).
507) Shaw v. Cooper, 32 US 292 (1833).

the monopoly, and make, and sell his invention publicly, and thus gather the whole profits of it, relying upon his superior skill and knowledge of the structure, and then, and then only, when the danger of competition should force him to secure the exclusive right, he should be allowed to take out a patent and thus exclude the public from any further use than what should be derived under it during his fourteen years, it would materially retard the progress of science and the useful arts and give a premium to those who should be least prompt to communicate their discoveries.[508]

위 판시는 영업비밀과 특허의 경계를 설정한 것으로서 만일 이 사건처럼 7년 동안 공중에 특허발명이 체화된 물품을 판매한 다음 실정법상 특허를 취득한다면 그는 영업비밀로서 권리를 누리고, 다시 특허를 취득하여 특허독점을 누리는 것으로 이는 발명의 특허독점에 의하여 결국 기술혁신을 방해할 것이므로, 결국 미국 헌법상 특허권 부여의 취지와 어긋난다는 것이다.

그리하여 자신의 특허를 취득함이 없이 발명을 공개적으로 실시하여 공중에게 자유롭게 사용하도록 한 경우에는 그 발명에 대하여 특허를 주장할 수 없고, 나아가 그는 실정법에서 요구하는 절차를 준수하지 않은 것이므로 실정법상 권리를 취득할 수 없는 것이다.[509] 물론 그 발명을 영업비밀로 보

---

508) Pennock v. Dialogue, 27 US 1, 19 (1829).

509) Id., 23-24.

[T]he first inventor cannot acquire a good title to a patent; if he suffers the thing invented to go into public use or to be publicly sold for use before he makes application for a patent. His voluntary act or acquiescence in the public sale and use is an abandonment of his right, or rather creates a disability to comply with the terms and conditions on which alone the Secretary of State is authorized to grant him a patent.

Id.

유하는 것은 자유이지만, 공중이 이를 관찰하여 그 발명을 알아내는 것은 공중에게 허용된 학문의 자유의 범위이므로 합법적인 취득이 된다.[510]

1833년 Shaw v. Cooper 사건[511]의 경우에도 특허를 취득하기 전에 이미 공개적으로 발명을 실시한 것이 문제되었다. 대법관 McLean은 원고가 특허를 출원하기 전에 3년동안 공개적으로 특허발명을 실시한 사실로 인하여 타인이 그 발명을 관찰하여 그 기술적 특징을 알고 그 발명을 실시하는 것에 대하여 묵인한 것이 추인(the doctrine of presumed acquiescence)된다는 이유로 원고의 특허침해주장을 인정하지 않았다.

이러한 판결은 자연법상의 발명에 대한 권리와 실정법상의 특허에 대한 권리의 이분법의 입장을 다시 확인한 판결이다. 이러한 판결로 인하여 특허를 출원하기 전에 특허발명을 사용한 자의 권리와 문제가 되었다. 물론 자신이 스스로 발명을 하였지만 특허를 출원하지 않고 발명을 실시하는 경우에 그 발명자 권리와 그 이후에 발명을 하고 특허를 출원하여 특허를 취득한 특허권자 사이에는 자연법과 실정법상의 권리충돌 문제가 발생하였다. 그리고 위 사건에서처럼 발명을 공개적으로 실시하여 그 발명의 기술적 내용을 알아내는 것도 학문의 자유에 의한 자유권의 행사이다. 즉 공연히 실시되는 발명은 자연에 존재하는 것이며 그 발명의 원리가 공개되지 않더라도 이를 관찰하고 실험하는 것은 학문의 자유의 영역에 속한다. 그리고 그러한 학문의 자유의 영역에서 관찰과 실험 등의 연구를 하여 그 지

---

510) Brown v. Fowler. Court of Civil Appeals of Texas, Fort Worth. Jul 11, 1958. 316 S.W.2d 111 (Tex. Civ. App. 1958).

   The means by which the discovery is made may be obvious, and the experimentation leading from known factors to presently unknown results may be simple and lying in the public domain. But these facts do not destroy the value of the discovery and will not advantage a competitor who by unfair means obtains the knowledge without paying the price expended by the discoverer. Id., 114.

511) Shaw v. Cooper, 32 US 292 (1833).

식을 알아내는 경우에 그 지식은 그 관찰과 실험 등의 연구를 한 자의 자연법상의 권리라고 할 수 있다. 그도 로크가 말하는 노동을 가한 자이고, 헤겔이 말하는 인격 주체가 자유의지에 의하여 자신의 개성을 불어 넣는 행위이기 때문이다. 선발명자의 권리는 자연법상의 권리이므로 실정법인 특허법에 의해 이를 박탈할 수 없다.

8. 자연법 원리와 직무발명

가. Shop Right Doctrine의 본질

미국에서 직원의 발명에 대하여 고용주가 가지는 shop right가 최초로 문제된 1843년 McClurg v. Kingsland 사건[512])에서 연방대법원은

[c]an have no effect to impair the right of property then existing in a patentee, or his assignee, according to the well-established principles of this Court ⋯ [513])

라고 하여 커먼로상의 권리와 실정법상의 권리를 구분하는 법리를 지속하여 인정했다. 연방대법원은 발명에 대하여 가지는 고용주의 형평 및 커먼로상의 권리는 실정법상의 권리인 특허권에 의해 영향을 받지 않는다고 판시했다. 본 사건은 고용주와 직원 사이의 shop right에 관한 권리에 대한 선례로 남게 되었다.[514])

---

512) McClurg v. Kingsland, 42 U.S. 202 (1843).
513) Id., 206.
514) 본 사건은 Solomons v. United States, 137 US 342 (1890)으로 이어진다.

미국의 1839년 특허법515) 제7조는 2년의 출원유예기간을 두었다.516) McClurg v. Kingsland 사건517)은 1839년 특허법 제7조에 관련되어 판단한 사건이다. 본 사건에서 주물공장을 운영하던 피고(Kingsland and Kingsland) 는 소외 James Harley를 고용하였고, Harley는 피고로부터 주급을 받으면서 피고의 비용지출로 금속실린더 주물용 주형 발명을 하였다. 고용중에 롤러 와 금속제 실린더 등의 개량발명을 하였고, 이에 대한 보상으로 Harley는 피고로부터 주급을 올려 받기도 했다. 피고의 회사가 그 개량발명을 이용 하는데 Harley는 아무런 이의제기를 하지 않았을 뿐만 아니라 그 발명을 이용하는 대가를 요구하지도 않았다. James Harley는 피고에게 자신의 발 명에 대하여 특허를 출원하고 그의 권리를 구입하도록 제안했지만 피고는 그 제안을 거절하였다. 1835년 2월 Harley는 자신의 발명을 출원하였고, 같 은해 3월 3일 특허를 취득하였다. 같은해 3월 16일 Harley는 원고에게 특허 를 양도했다. 피고가 Harley의 발명과 그 개량발명을 계속사용 했지만 자신 이 원고에게 이직할 때까지 피고에게 어떤 보상을 요구하지는 않았다. Harley는 피고에게 자신의 회사를 그만두고 원고에게로 이직하면서 원고에

---

515) Patent Act of 1839, Ch. 88, 5 Stat. 353-355 (March 3, 1839).

516) Sec. 7 of the Patent Act of 1839.

   And be it further enacted, That every person or corporation who has, or shall have, purchased or constructed any newly invented machine, manufacture, or composition of matter, prior to the application by the inventor or discoverer for a patent, shall be held to possess the right to use, and vend to others to be used, the specific machine, manufacture, or composition of matter so made or purchased, without liability therefor to the inventor, or any other person interested in such invention; and no patent shall be held to be invalid by reason of such purchase, sale, or use prior to the application for a patent as aforesaid, except on proof of abandonment of such invention to the public; or that such purchase, sale, or prior use has been for more than two years prior to such application for a patent.

517) McClurg v. Kingsland, 42 U.S. 202 (1843).

게 자신의 특허권을 이전했다. 원고는 피고를 특허침해로 제소했다.
연방대법원의 대법관 Baldwin은

> The court left it to the jury to decide what the facts of the case were;
> but if they were as testified, charged that they would fully justify the
> presumption of a license, a special privilege, or grant to the defendants
> to use the invention; that the facts amounted to "a consent and
> allowance of such use," and show such a consideration as would support
> an express license or grant, or call for the presumption of one to meet
> the justice of the case, by exempting them from liability; having equal
> effect with a license, and giving the defendants a right to the continued
> use of the invention.

> …; the powers of Congress to legislate upon the subject of patents is
> plenary by the terms of the Constitution, and as there are no restraints
> on its exercise, there can be no limitation of their right to modify them
> at their pleasure, so that they do not take away the rights of property
> in existing patents.[518]

라고 판시하여, 피고의 선사용권은 Harley에 피고의 사용에 대한 허락 또는
대가(주급에 의한 고용관계)의 지급으로부터 발생하거나 피고에게 계속사
용하게 하여 책임으로부터 면책시키는 것이 해당 사안의 정의에 부합하는
것이라고 판시하면서 의회가 자신들의 헌법상 권한으로 특허에 존재하는
선사용자의 재산권을 박탈하지 않은 것이라고 했다. 피고는 발명자는 아니
어서 자연법상 발명에 대한 권리를 취득한 것은 아니지만 자연권을 가진

---

518) Id., 205-06.

자로부터 승낙을 받아 사용하는 자로서 자연권에 기인한 권리를 인정한 것
으로 볼 수 있다.

위 판결은 1839년 특허법 제7조[519])에 대하여

> The object of this provision is evidently twofold -- first, to protect the
> person who has used the thing patented, by having purchased,
> constructed, or made the machine &c., to which the invention is applied,
> from any liability to the patentee or his assignee; second, to protect the
> rights, granted to the patentee, against any infringement by any other
> persons. This relieved him from the effects of former laws and their
> constructions by this Court, unless in case of an abandonment of the
> invention or a continued prior use for more than two years before the
> application for a patent, while it puts the person who has had such prior
> use on the same footing as if he had a special license from the inventor
> to use his invention, which, if given before the application for a patent,
> would justify the continued use after it issued without liability.[520])

---

519) 1839년 특허법 제7조는 다음과 같이 규정되어 있었다:

> That every person or corporation who has, or shall have purchased or
> constructed any newly-invented machine, manufacture, or composition of matter,
> prior to the application by the inventor or discoverer of a patent, shall be held
> to possess the right to use and vend to others to be used, the specific machine,
> manufacture, or composition of matter, so made or purchased, without liability
> therefore to the inventor, or any other person interested in such invention; and
> no patent shall be held invalid by reason of such purchase, sale, or use prior
> to the application for a patent as aforesaid, except on proof of abandonment of
> such invention to the public, or that such purchase, sale, or prior use has been
> for more than two years prior to such application for a patent.

520) McClurg v. Kingsland, 42 U.S. 202, 208-09 (1843).

라고 두가지 목적을 제시했다. 제7조는 첫째, 특허물품을 구입하거나 제조하거나 또는 만든 사람을 특허권자나 양수자에 대하여 특허침해의 모든 책임으로부터 면책시키기 위한 것이고, 둘째 발명을 포기하거나 또는 특허출원 이전에 2년 이상을 지속적으로 사용한 경우가 아닌 경우에, 자신이 마치 발명자로부터 그 발명자의 발명을 사용하도록 라이센스를 취득한 것처럼 그의 선사용을, 그 발명에 대한 라이센스에 의한 사용과 같이, 특허출원 이전에 허락된 것처럼 특허 결정이후에도 침해 책임이 없이 지속하여 사용하는 것을 정당화 하는 것으로 1839년 특허법 개정 이전의 특허법과 이에 대한 법원의 해석으로부터 면책시키기 위한 것이라고 판시했다.

다만 본 판결은 전통적으로 커먼로가 기초하고 있는 shop-right에 대한 형평의 원칙과는 약간의 거리가 있는 판결로 판단된다. 왜냐하면 형평의 원칙은 실정법에 의해 인정되는 것이 아니라 실정법 이전에 존재하는 법원리이기 때문이다. 본 판결은 의회의 권한으로 shop right에 대한 제한을 할 수 있다는 취지가 스며들어 있어, shop right에 대한 근본적인 법원리는 변화될 수 있음을 시사하는 점에 주목할 필요가 있다.

나. 자연법 원리에 의한 직무발명의 귀속

앞서 간단하게 언급한 바와 같이 노예의 권리가 인정되지 않던 로마시대에는 노예가 직접 발명을 하였더라도 그 노예의 권리는 인정되지 않았다. 그와 같은 법리는 중세까지 계속된 것으로 나타나고, 중세말 영국의 Dyer's Case[521]를 보면 노예나 도제는 권리를 가지지 못한다는 법리는 자연법의 등장으로 변경된 것으로 보인다. 즉 신의 명령에 따라 직접 노동을 하여 결과물을 창작한 사람이 권리를 갖게 된다는 법리로 변경된 것이다. 미국의

---

521) Dyer's case (1414) 2 Hen. V, fol. 5, pl. 26.

경우 앞서 본 판결들과 같이 발명에 대한 권리는 발명을 한 인간의 권리로 인식되었으므로 직무발명에 있어서도 그 발명을 행한 자의 권리로 인식되는 것은 당연한 귀결로 보인다.

1851년 Gayler v. Wilder 사건522)에서 직무발명이 문제가 되었는데, 미국 연방대법원은 직무발명에 있어서 발명은 발명을 한 사람의 권리라고 함으로써 발명에 대한 권리는 발명을 하기 위한 노력을 한 사람이 발명을 하였다는 사실로부터 자연적으로 귀속하는 자연법상의 권리라는 취지로 판시하였다. 연방대법원은 "the discoverer of a new and useful improvement is vested by law with an inchoate right to its exclusive use, which he may perfect and make absolute by proceeding in the manner which the law requires." 라고 하여, 발명가가 발명에 대한 권리를 가지게 되고, 그가 특허법상의 절차에 따라 특허등록을 하게 되면 배타적인 사용권 등 특허법에서 정하는 권리를 가지게 되는 것이라고 판시하고 있다.

1890년 Solomons v. U.S. 사건523)에서도 연방대법원은 발명이 무엇이건 그 발명은 그 발명을 착상을 하고 그것을 완성한 사람의 재산(whatever invention [an inventor] may thus conceive and perfect is his individual property.)이라고 판시했다. 1933년 United States v. Dubilier Condenser Corp. 사건524)에서도 발명자는 자신의 독창적인 아이디어에 대하여 소유(the product of original thought)를 한다고 판시를 했다. 연방대법관 Roberts 는 노동의 결과물의 귀속은 자연법적 원리임을 명백히 하면서,

> The reluctance of courts to imply or infer an agreement by the employee
> to assign his patent is due to a recognition of the peculiar nature of the

---

522) Gayler v. Wilder, 51 U.S. (10 How. 477) 493 (1851).
523) Solomons v. United States, 137 U.S. 342 (1890).
524) United States v. Dubilier Condenser Corp., 289 U.S. 178 (1933).

act of invention, which consists neither in finding out the laws of nature nor in fruitful research as to the operation of natural laws, but in discovering how those laws may be utilized or applied for some beneficial purpose by a process, a device, or a machine. It is the result of an inventive act, the birth of an idea and its reduction to practice; the product of original thought; a concept demonstrated to be true by practical application or embodiment in tangible form.[525]

라고 판시했다. 즉 발명은 분명히 그 발명을 수행한 사람, 즉 노동을 한 사람의 재산이라고 강조했다.

위와 같은 발명은 발명을 한 사람이라고 하는 로크의 재산권 철학이 반영된 자연법상의 법리는 근본적인 법리로서 변하지 않고 있다. 1991년 Feist v. Rual 사건에서 단순한 노동의 집합체는 저작권법상의 저작권 보호를 받지 못한다는 취지의 판결에도 불구하고 여전히 그는 보호받을 권리가 존재한다고 판시하였다. 2011년 Stanford v. Roche 사건[526]에서도 연방대법원은 직무발명계약이 있다고 하여 그 발명이 고용주나 계약상의 이전을 받을 수 있는 사람의 발명이 되는 것은 아니라고 하였다.

다만 계약상의 의무로서 발명이 고용주로 이전되는 것은 위의 원칙과는 별개의 것으로 판단된다. 특정한 임무를 위해 고용이 되고 피용인이 그 임무를 수행한 결과는 계약에 따라 고용주에게 이전된다.[527] 특정한 발명을 위해 고용되고 그 발명을 수행하여 얻은 결과 또는 고객을 발굴하기 위해 잠재적 고객에게 전화를 하고, 그 고객리스트를 만드는 경우에 고객리스트는 그것을 만든 사람의 자연법상의 소유물이지만 그 고객리스트는 취업계

---

525) Id., 188.
526) Stanford University v. Roche Molecular Systems, Inc., 563 U.S. 776 (2011).
527) Ingersoll-Rand Co. v. Ciavatta, 110 N.J. 609, 542 A.2d 879 (1988).

약에 따라 자동적으로 고용주에게 귀속되게 된다. 만일 그러한 경우에 피용인이 자신이 작성한 고객리스트를 외부에 공개하면 신뢰관계위반으로 인한 고용주의 영업비밀 침해가 된다. 그는 계약상 고용주의 영업비밀로 지킬 신뢰의무가 있기 때문이다. 이러한 법원리는 발명의 발명을 한 자에게 귀속되는 자연권이라고 한 Solomons v. U.S. 사건528)에서도 분명히 하고 있다:

> An employee, performing all the duties assigned to him in his department of service, may exercise his inventive faculties in any direction he chooses with the assurance that whatever invention he may thus conceive and perfect is his individual property. There is no difference between the government and any other employer in this respect. But this general rule is subject to these limitations: If one is employed to devise or perfect an instrument, or a means for accomplishing a prescribed result, he cannot, after successfully accomplishing the work for which he was employed, plead title thereto as against his employer. That which he has been employed and paid to accomplish becomes, when accomplished, the property of his employer. Whatever rights as an individual he may have had in and to his inventive powers, and that which they are able to accomplish, he has sold in advance to his employer. So also when one is in the employ of another in a certain line of work, and devises an improved method or instrument for doing that work, and uses the property of his employer and the services of other employees to develop and put in practicable form his invention, and explicitly assents to the use by his employer of such invention, a jury or a court trying the facts is warranted in finding

---

528) Solomons v. United States, 137 U.S. 342 (1890).

that he has so far recognized the obligations of service flowing from his employment and the benefits resulting from his use of the property and the assistance of the co-employees of his employer as to have given to such employer an irrevocable license to use such invention.[529]

즉 발명은 자신의 것이지만, 특정한 발명을 하기로 한 계약상 의무(work for hire)[530]에 의하여 그 발명은 고용주에게 이전된다는 것이다.[531] 즉 매매예약과 같은 법리이다.(he has sold in advance to his employer.) 법원은 shop right의 경우에도 고용주의 시설 등을 사용하고 그가 급료를 지급하는 그의 피용인들의 도움을 받아 발명을 한 경우(우리나라에서는 이를 '업무발명'이라고 한다), 그의 고용주에게 취소할 수 없고 기간 제한이 없는 비배타적 라이센스를 부여한 것으로 판시했다.[532]

9. 부적절한 수단(improper means)과 상도덕(commercial morality) 기준의 등장

영업비밀의 비밀성에 대하여 현재의 영업비밀 보호 법리는 상대적 비밀성을 요구한다. 그러나 19세기 초반 영업비밀보호법이 발전하기 시작하는 초기에는 절대적 비밀성을 요구하였음은 앞서 본 바와 같다. 절대적 비밀성은 영업비밀의 보유자 이외에 어느 누구에게도 그 영업비밀이 알려질 것

---

529) Id., 346.

530) Aero Bolt & Screw Co. v. Iaia, 180 Cal. App. 2d 728, 5 Cal.Rptr. 53 (1960).

531) Standard Parts Co. v. Peck, 264 U.S. 52, 44 S.Ct. 239, 68 L.Ed. 560 (1924).

532) Solomons v. United States, 137 U.S. 342, 346 (1890); United States v. Dubilier Condenser Corp., 289 U.S. 178, 53 S.Ct. 554, 77 L.Ed. 1114, amended 289 U.S. 706, 53 S.Ct. 687, 77 L.Ed. 1462 (1933).

을 요구하지 않는다. 따라서 절대적 비밀성은 영업비밀보호에 있어서 상대적 비밀성을 취하는 것보다 법적 보호에 관한 법률문제를 야기하지 않는다. 대부분의 영업비밀보호의 문제는 다른 사람에게 영업비밀이 공개되기 때문에 발생하고, 어느 범위까지 알려졌을때 영업비밀로 보호될 수 있는지가 문제된다. 절대적 비밀성은 한편으로 영업비밀보호의 강화를 의미한다. 타인에게 알려지지 않았기 때문에 배타적 통제와 관리 그리고 이용을 인정할 수 있다. 창작/조어상표, 개척발명 또는 창작성이 강한 저작권과 같이 강한 재산적 권리를 인정할 수 있다. 절대적 비밀성은 강한 재산권인 자연권적 재산권과 부합한다.

절대적 비밀성은 영업비밀인 정보에 대하여 독립적으로 개발하여 취득하는 것을 허용하지 않는다. 타인이 같은 영업비밀을 가지는 경우에는 영업비밀이 상실된다. 역분석의 경우에도 마찬가지 결과가 된다. 비밀성을 유지하기 위한 상당한 노력이나 합리적인 노력을 하였다고 하여 절대적 비밀성이 있는 것으로 인정되지 않는다. 비밀성을 유지하기 위한 노력을 아무리 많이 한다고 하더라도 영업비밀이 공개된다면 더 이상 영업비밀로 인정받지 못한다.

영업비밀침해에 대하여 금지명령이 인정되어 재산적 속성을 인정하였지만, 19세기 후반부터 20세기가 되면서 영업비밀 보호에 관한 법리는 신뢰관계 보호를 위한 것으로 변화된다. 이러한 법리를 주도한 것은 홈즈 대법관이다. E I Du Pont de Nemours Powder Co v Masland 사건[533]에서 홈즈 대법관은 비록 방론이지만 영업비밀은 재산이 될 수 없고, 신뢰관계하에서 보호되는 것이라고 판시했다. 위 판결은 신뢰관계의 침해는 불법행위를 구성하는 것으로 인정하고 있다. 따라서 신뢰관계를 보호할 의무를 위반한 불법행위(duty based torts)로서[534] 재산이론에 기초한 재산침해로 인한 불

---

533) E I Du Pont de Nemours Powder Co v Masland, 244 U.S. 100, 37 S. Ct. 575 (1917).
534) Jager, Trade Secrets, § 1:3, 1-4("[t]he maintenance of commercial morality").

법행위(misappropriation of property)와 구별된다.

이러한 법의 변화는 1939년에 정리된 Restatement of Torts에도 반영되어 재산법리는 제외된 것으로 기술되었다. 1939년 Restatement of Torts는 부적절한 수단(improper means)을 영업비밀침해 판단 기준으로 제시함으로써 상도덕(commercial morality)을 영업비밀보호의 법적 규범으로 도입하였는데, section 757, 주석 b는

> Secrecy. The subject matter of a trade secret must be secret. Matters of public knowledge or of general knowledge in an industry cannot be appropriated by one as his secret. Matters which are completely disclosed by the goods which one markets cannot be his secret. Substantially, a trade secret is known only in the particular business in which it is used. It is not requisite that only the proprietor of the business know it. He may, without losing his protection, communicate it to employees involved in its use. He may likewise communicate it to others pledged to secrecy. Others may also know of it independently, as, for example, when they have discovered the process or formula by independent invention and are keeping it secret. Nevertheless, a substantial element of secrecy must exist, so that, except by the use of improper means, there would be difficulty in acquiring the information.[535]

와 같이 설명하여, 절대적 비밀성 대신에 상대적 비밀성 개념을 수용하였다. 나아가 부적절한 수단(improper means)은 불법적 행위(illegal acts) 뿐만 아니라 예컨대, 영업비밀 소유자를 기망하여 공개하도록 하는 행위, 도청행위 등 산업스파이 행위를 포함하는 것을 예시하였다.[536] 그 뿐만 아니라

---

535) The Restatement of Torts (1939) § 757, cmt. b.
536) Id., cmt. f.

실수로 잘못 공개된 비밀임을 알린 경우에 그 영업비밀을 계속사용하는 것
도 부적절한 수단에 포함되었다.[537]

결론적으로 1939년 Restatement of Torts는 부적절한 수단(improper means)
이라는 새로운 상거래상의 상도덕 기준을 제시하였다. 그리하여 영업비밀
보호법리는 신의성실에 대한 일반적 의무에 의하여 보호되는 것으로 정리
되었다.[538]

나아가 1939년 Restatement of Torts는

[i]n general they are means which fall below the generally accepted
standards of commercial morality and reasonable conduct.[539]

라고 하여 상도덕(commercial morality and reasonable conduct)을 부적절한
수단인지를 평가할 수 있는 기준으로 제시했다.

20세기 초반 상도덕(commercial morality and reasonable conduct)은 영
업비밀보호의 법원리로 등장하기 시작했다. 1908년 Eastern Extracting Co.
v. Greater New York Extracting Co. 사건[540]에서 법원은 비록 상도덕
(commercial morality)[541]라는 용어는 사용하지 않았지만,

Fair competition is always encouraged; but a man cannot, through deceit
and by means of an appeal for employment as a laborer and assistance
to earn his bread, enter the household of his benefactor and steal his

---

537) Id., cmt. d.
538) Id., cmt. a.
539) Id., cmt. f.
540) Eastern Extracting Co. v. Greater New York Extracting Co., 110 N.Y.S. 738 (App.
    Div. 1908).
541) E.I. duPont deNemours & Co. v. Christopher, 431 F.2d 1012 (5th Cir. 1970).

belongings.542)

라고 판시하여, 공정한 경쟁을 보호할 법익에 근거하여 고용관계에서 발생하는 기망적 행위로 원고의 영업비밀을 절취한 사건에 대하여 금지명령을 인정했다.

위 사건은 피고가 원고 회사에 위장 취업하여 빈 위스키 통에서 알콜의 추출기술을 알아낸 다음 자신의 기업을 세워 원고의 비밀 기술을 사용한 사건이다. 법원은 상도덕(commercial morality)이나 영업비밀의 부정취득(misappropriation)이란 용어는 사용하지 않았지만, 영업비밀의 보호가 공정경쟁(fair competition)라는 상도덕적 행위를 유지하기 위한 것임을 분명히 하였다.

위 판결과 같은 해인 1907년 Vulcan Detinning Co. v. American Can Co. 사건543)판결은 영업비밀의 보호는 재산보다는 상도덕의 보호라는 점을 좀 더 분명히 하였다.

> I think, that too much emphasis has perhaps been placed upon the element of absolute secrecy in the process, and that not enough stress has been laid upon the inequitable character of the defendants' conduct in making a use of such process that was inimical to the complainant's interests. What I wish to point out is that the real gravamen of the complainant's bill, as amplified in the proofs, is not that the defendants are threatening to destroy the value of an absolutely secret process by imparting it to the public, but that the defendants, while keeping the secret of the process to themselves, are making a use of it that is

---

542) Eastern Extracting Co. v. Greater New York Extracting Co., 110 N.Y.S. 738, 740 (App. Div. 1908).

543) Vulcan Detinning Co. v. American Can Co., 72 N.J. Eq. 387, 67 A. 339 (1907).

inequitable as to the complainants.544)

법원은 피고의 행위가 비난 받아야 하는 이유는 절대적 비밀성(absolute secrecy)을 파괴하여 원고의 영업비밀이 공중에게 공개되는 것이라는 것보다는 피고가 원고의 영업비밀을 가져와 자신이 사용한다는 것이 비난 받아야 하는 이유라고 판시했다. 즉 영업비밀이라는 재산을 침해하는 것보다는 타인의 것을 자신의 것처럼 사용하는 비도덕적 행위가 비난받아야 한다는 것이라고 판시한 것이다. 이와 같은 피고의 행위는 상도덕적으로 허용될 수 없다는 취지로 판시했다.

여기에서 다시 한번 성경의 마태복음의 구절을 인용해본다.545)

> 25:24 그리고 한 달란트를 받았던 종이 주인에게 와서 말했다. '주인님, 저는 주인님이 심지 않은 데서 거두고, 씨 뿌리지 않은 데서 거두는 완고한 분이라 생각했습니다.
>
> 25:25 그래서 두려운 마음으로 밖에 나가 돈을 땅에 숨겼습니다. 이제 주인님이 제게 주신 돈을 도로 받으십시오.'
>
> 25:26 주인이 대답했다. '이 악하고 게으른 종아! 너는 내가 심지도 않은 데서 거두어 들이고, 씨 뿌리지 않은 곳에서 거두어 들인다고 생각했느냐?
>
> 25:27 그렇다면 너는 내 돈을 은행에 넣어 두었어야 했다. 그러면 내가 다시 돌아왔을 때 이자와 함께 내 돈을 돌려받았을 것이다.

영업비밀침해의 부정당성은 타인의 것을 자신의 것처럼하여 사용하는 부정취득(misappropriation)에 있다고 판시한 것이다.

---

544) Id., 72 N.J. Eq. 387, 396, 67 A. 339, 343 (1907).
545) 마태복음 제25장 제24절 내지 제27절.

Vulcan 사건 법원은 나아가,

> Incidental to this relief, and resting upon the same equitable jurisdiction, is the restraint of the defendants from publishing the process itself, of which, however, there is no proof of any present threat or intention. Indeed, as long as the present state of affairs exist, such publication would be equally injurious to both parties, and for the same reason, namely, because of the competition to which it would expose the business in which each is at present engaged. I am not suggesting that the complainant is not entitled to an injunction enjoining publication, for I think that it is; but I am now saying that the main ground for relief disclosed by the complainant's case is the existence of inequitable competition arising from a breach of trust, and hence referable to general principles of equity, and not to those special doctrines by which unpatented secrets are protected. In the application of these general principles the secrecy with which a court of equity deals is not necessarily that absolute secrecy that inheres in discovery, but that qualified secrecy that arises from mutual understanding, and that is required alike by good faith and by good morals. It is proper to say here that the plea that absolution should be granted by courts of equity from the observance of such private obligations whenever the public will thereby be the gainer cannot for a moment be entertained.[546]

라고 판시하였는데, 위 판시는 결국 절대적 비밀성을 유지한 정보에 대한 영업비밀로서 보호가 필요한 것이 아니라 신의성실이나 도덕적 정당성

---

546) Vulcan Detinning Co. v. American Can Co., 72 N.J. Eq. 387, 396, 67 A. 339, 343 (1907).

(good faith and by good morals)을 준수한 당사자가 수용할 수 있는 적절한 비밀성(qualified secrecy that arises from mutual understanding)에 따라 영업비밀이 보호되어야 하고, 영업비밀의 공개로부터 공중이 이익을 얻게 되는 절대적 비밀성이 존재해야 형평법원이 금지명령을 하여야 한다고 주장하는 피고의 주장(plea)은 받아들일 수 없다고 판시했다.

공정한 경쟁이라는 영업비밀보호법의 목적은 1985년 UTSA에 수용되었다. 1979년 UTSA가 미국의 통일법 위원회(Uniform Law Commission)에서 출간되었다. 기술발전과 이에 따른 경제적인 성장은 산업이 영업비밀에 의존하는 바가 점차 증가하였는데, 영업비밀보호는 커먼로상으로 명확하지 않은 점이 존재하였고, 또한 각 주마다 관할권을 행사하였으므로 혼란스러운 점이 존재했다. 그리하여 통일화된 법령을 마련하는 것이 시급했는데, 특히 연방법 우선원칙에 대하여도 명확한 법리를 제시하는 것이 급선무이었다.[547] 이러한 통일성의 필요에 의하여 1979년 UTSA가 제정이 되고 1985년 수정이 되었다.

UTSA는 부정한 수단에 대하여

> "Improper means" includes theft, bribery, misrepresentation, breach or inducement of a breach of a duty to maintain secrecy, or espionage through electronic or other means;[548]

라고 정의하였고, 적절한 수단(proper means)에 대하여 다음과 같은 예를 들고 있다[549]:

---

547) Theft of Trade Secrets: The need for a Statutory Solution, 20 U.Pa.L.Rev 378, 380-81 (1971).
548) UTSA §1.
549) Id., cmt.

1. Discovery by independent invention;
2. Discovery by "reverse engineering", that is, by starting with the known product and working backward to find the method by which it was developed. The acquisition of the known product must, of course, also be by a fair and honest means, such as purchase of the item on the open market for reverse engineering to be lawful;
3. Discovery under a license from the owner of the trade secret;
4. Observation of the item in public use or on public display;
5. Obtaining the trade secret from published literature.

그 이외, 부적절한 수단(improper means)에 대하여 허가되지 않은 영업비밀의 공개는 영업비밀을 파괴하기 때문에 부적절하다고 하고 있고, 부적절한 수단인지 여부는 상황에 따라 판단할 수 있다고 하고 있다.[550]

상도덕적 기준에 의한 영업비밀 침해의 판단은 1995년 Restatement of Unfair Competition에서도 계속되었다. Restatement of Unfair Competition은 상도덕(commercial morality)라고 명시적으로 언급하지는 않고 있는데, 상도덕(commercial morality)은 부적절한 수단(improper means)으로 대체되었다. 부적절한 수단(improper means)은 불법적인 행위(illegal acts)와 동일한 용어는 아니다.

우리 대법원은

부정경쟁방지법 제2조 제3호 (가)목 전단에서 말하는 '부정한 수단'이라 함은 절취·기망·협박 등 형법상의 범죄를 구성하는 행위뿐만 아니라 비밀유지의무의 위반 또는 그 위반의 유인(誘引) 등 건전한 거래질서의 유지 내지 공정한 경쟁의 이념에 비추어 위에 열거된 행위에 준

---

550) Id.

하는 선량한 풍속 기타 사회질서에 반하는 일체의 행위나 수단을 말
한다.551)

라고 판시하여, 절취·기망·협박 등 형법상의 범죄를 구성하는 행위에 준하
는 선량한 풍속 기타 사회질서에 반하는 일체의 행위나 수단을 말한다고
판시하고 있다. 이와 같은 판시를 '부정한 수단'을 절취·기망·협박과 동일
시 하지는 않으나 이에 준하는 것으로 보고 있어, 그 의미상으로는 미국에
서 말하는 부적절한 수단('improper means') 보다는 좀 더 엄격한 의미로
해석된다. 따라서 우리법상으로는 영업비밀침해행위의 범위가 줄어드는 효
과가 있고, 영업비밀의 보호가 약해진다.

영업비밀 보호법리가 신의성실원칙에 기하여 신뢰관계 보호법리에 의해
보호되는 것으로 그 중점이 이전되었다고 하더라도 재산권 법리가 포기된
것은 아니다.552) 왜냐하면 영업비밀이 보호되기 위해서는 비밀성과 경제적
가치가 존재하여야 하기 때문이다. 즉 재산법리가 전제가 되어 영업비밀이
존재하여야 이를 보호할 신뢰관계상의 의무가 발생하고 그 경제적 가치,
즉 재산적 가치는 행위의 부적절성(improper means)의 판단에 영향을 미치
기 때문이다. 캘리포니아 주 대법원은

No fixed standard or code of business ethics has been adopted by the
business world limiting or defining the extent to which business rivals
may go in the employment of artifice, cunning, or what are known as
the "tricks of the trade" or business craft in drawing trade from one to
another.553)

---

551) 대법원 1996. 12. 23. 선고 96다16605 판결.
552) Ruckelshaus v. Monsanto Co., 467 U.S. 986 (1984).
553) Fid. Appraisal Co. v. Fed. Appraisal Co., 18 P.2d 950, 953 (Cal. 1933).

라고 하여 상도덕(commercial morality)은 확정된 개념이 아니라 불확정개념이라고 하고 있는데, 상도덕과 부적절한 수단은 결국 상황에 따라 판단될 수 밖에 없음을 나타내고 있다.

비밀이지 않은 정보는 경제적 가치가 없는 것이다. 반대로 비밀인 정보만이 독립된 경제적 가치를 발생한다. 정보의 가치가 특히 중요해진 4차 산업혁명시대에는 더욱 더 영업비밀인 정보의 재산적 가치의 보호 문제가 영업비밀보호법의 쟁점이 될 수 밖에 없다.

재산법리를 바탕으로 하는 경우에는 영업비밀의 취득에 있어서 부적절한지가 문제 될 뿐만 아니라 정보 자체가 가지는 재산적 가치, 즉 경쟁상의 우위(advantage)의 보호가 중요해진다. 영업비밀 취득에 있어서 부적절성은 영업비밀보호법상의 체계, 즉 불공정경쟁이라는 법체계적 지위에서 공정한 경쟁(fair competition)을 보호하기 위해 요구되는 것이다.

재산적 이익을 보호하기 위한 영업비밀보호법은 영업비밀로 주장되는 정보가 비밀성으로 인하여 경제적 가치가 있는지가 문제가 된다. 형평법리상 재산적 이익에 대한 침해는 고의나 과실이 없더라도 금지명령의 대상이 된다.554)

나아가 공정한 경쟁의 관점에서 보면 독자적인 노력으로 독립적으로 취득하는 행위555)나 스스로의 관찰과 연구를 통한 역분석에 의하여 영업비밀의 개발은 보호할 필요성이 존재한다. 독립적인 개발이나 역분석을 통한 취득은 절대적 비밀성을 요건으로 하는 경우에는 영업비밀을 파괴하는 행

---

554) 다만, 우리 영업비밀보호법은 영업상 이익의 침해를 요구한다. 다만, 계약침해의 경우에는 부정한 이익이나 손해를 입힐 목적을 요구하는데, 과연 금지명령을 청구하는 데 그와 같은 요건이 필요한지 여부가 문제된다.

555) 비밀성을 상대적 비밀성(relative secrecy)을 요구하기 때문에 독립적으로 영업비밀이 취득가능하다. 만일 절대적 비밀성(absolute secrecy)을 요구한다면 독립적인 영업비밀의 취득은 기존의 영업비밀 보유자의 비밀성을 파괴하는 것으로서 자신도 영업비밀을 인정받을 수 없다.

위로서 해당 정보는 더 이상 영업비밀로 보호될 수 없다. 그러나 기술의 개발 동기적 측면이나 장려적 측면, 소위 인센티브 이론에서 보면[556] 독립적 개발이나 역분석에 의한 정보의 취득은 보호되어야 한다. 이러한 점에서 보면 상대적 비밀성이론이 필요하고, 상대적 비밀성이론은 행위의 적절성이나 부적절성을 판단하는 상도덕적 기준을 필요로 한다.

---

556) Kewanee Oil Co. v. Bicron Corp., 416 U.S. 470 (1974).
    Trade secret law will encourage invention in areas where patent law does not
    reach, and will prompt the independent innovator to proceed with the discovery
    and exploitation of his invention.
    Id., 485.

제4장

영업비밀보호의 정책적 분석

제1절 법경제학적 분석

1. 실용주의와 법경제학557)

실용주의 이론은 시카고 학파에 의해서 연구된 법경제학에 의해서 발전되었다. 지적재산권을 사회의 복지를 증진시키기 위해 새로운 발명과 예술의 창작을 유인하고 장려하는 도구라는 장려 또는 동기 이론(incentive theory)은 지적재산의 경제적 효과분석을 중요시하게 된다. 발명과 창작은 발명과 창작을 위한 발명자와 창작자의 시간과 노력, 비용 등의 투자를 필요하게 되고, 그러한 투자의 회수가 보장이 되지 않으면 발명가와 창작자는 새로운 발명과 창작을 하지 않을 것이다. 그 뿐만 아니라 영업비밀과 특허 등의 보호범위와 그 보호의 경계가 명확하지 않으면 자신의 노력에 대한 사적 보호비용이 증가할 수 밖에 없다. 새로운 아이디어나 발명으로부터 그 투자의 유인이 되는 이익을 얻기 위해서는 발명가는 자신의 아이디어나 발명을 실시하는 것을 보장받아야 하고, 자신의 아이디어와 발명을 판매하거나 라이센스하는 것을 보호받아야 한다.

발명가에 대한 보호는 생산비용을 외부화(externalization)하는 역할을 하게 된다. 발명에 의하어 발생하는 외부경제를 고려하여 자신의 투자를 결정할 수 있다. 그리고 발명에 대한 특허나 영업비밀 등의 보호는 그 개발비용을 외부화할 수 있도록 한다.

시카고 학파를 대표하는 리차드 포스너(Richard Posner) 판사는 법의 해석적용을 경제학적 시각에서 접근한다. 예컨대, 강한 형사처벌은 범죄율을

---

557) 이 부분은 본인의 저서인 미국상표법(2006)에서 가져와 수정을 했다.

낮추고 손해배상액의 증가는 사람들이 주의하여 행동하게 하므로 불법행위를 감소시킨다. 영업비밀의 침해에 대한 강력하고 효율적인 민사구제수단의 제공이나 그 침해에 대한 강력한 형사처벌은 영업비밀의 생산 증가를 가져올 것이다. 또한 영업비밀 침해에 대한 입증의 완화는 영업비밀의 증가를 가져올 것이다. 그러나 영업비밀의 증가는 다른 한편으로 영업비밀의 침해증가를 가져와 반공유의 비극(Tragedy of the Anticommons) 현상으로 인하여 경쟁을 제한할 것이므로 기업의 경제활동을 저해하여 경제 전반에 악영향을 가져올 것이다.

법경제학적 관점에서 권리나 법적구제(legal remedy) 뿐만 아니라 법의 개념도 그러한 경제적 고려를 하여 사회적 후생을 극대화 하도록 하여야 할 뿐만 아니라 법의 기본적 기능도 후생을 극대화하기 위해서 동기를 부여하는 것이야 한다.558) 물론 포스너 판사는 지적재산권에 대하여도 경제학적 분석을 하였다.559)

1970년대부터 미국의 정치권은 자유시장경제를 옹호하기 시작하였다. 그 당시 미국은 물가가 상승하는 고 인플레이션이 있었지만, 성장률은 떨어지는 디플레이션이 발생하여 미국 경제는 스태그플레이션에 시달리고 있었다. 1980년대에 레이건 대통령이 집권하자 경제자유화조치가 많이 이루어졌고, 공산주의가 붕괴되었다. 이러한 흐름속에서 시장경제 관점에서 법학이라는 학문과 법률 실무에 연구하기 시작한 것이 제7순회법원의 수석판사인 리차드 포스너 판사와 시카고 대학의 로스쿨과 경제학과를 중심으로 발전한 법경제학파이다.560) 법경제학파는 효율성의 관점에서 법을 해석

---

558) Richard A. Posner, Economics of Justice, Harvard Univ. Press, 1981, pp. 74-75 ("The basic function of law in an economic or wealth-maximization perspective is to alter incentives" Id., 75).

559) Richard A. Posner, Economic Analysis of Law, Aspen, 1998, p. 43. 이하.

560) 법경제학은 사상적으로 20세기 초반의 실용주의적 자유주의에 기초를 두고 시장경제학파 입장에서 출발한다.

한다.

법경제학적 시각에서 지적재산권은 효율성을 보장하기 위한 제도로 판단하고 있다.[561] 물론 다른 분야도 효율성을 강조하는데, 특히 독점규제분야에서 두드러지게 효율성을 강조한다. 법경제학파는 특정기업의 시장지배력이 높다는 이유로 그 기업활동에 대하여 독점으로 규제를 하여서는 안된다고 한다. 그 기업의 시장지배력이 높다는 것은 그만큼 그 기업활동의 효율성이 높다는 것을 의미할 수도 있기 때문이다. 그리하여 법경제학에서는 시장지배력이 높다는 것과 시장지배력을 이용하여 독점을 확대하는 것을 엄격히 구별한다. 시장지배력을 이용하여 독점을 확대하는 것만이 독점규제법의 규제 대상으로 인정한다.

형사사법에 있어서 사법거래제, 예컨대, 유죄협상(plea bargaining)의 경우에도 법적 위험성과 자원의 낭비를 제거할 수 있는 효율적인 제도라고 한다. 그리하여 Posner 판사는 공정거래법 영역 뿐만 아니라 법학의 모든 분야를 효율적 관점에서 분석한다.[562]

2. 지적재산권의 법경제적 효과[563]

재산권을 부여하면 법적 구제수단을 사용할 수 있기 때문에 자원이용의 효율성을 가져온다.[564] 재산권자가 그 비용을 부담하고 효율적으로 사용할

---

561) Richard A. Posner, Economic Analysis of Law, Aspen, 1998, p. 43.

562) 예컨대, 끼워팔기(tying)와 묶어팔기(bundling)는 구별하여야 한다. 묶어팔기는 효율적 결과를 가져오기 때문이다. 컴퓨터하드웨어와 번들인 소프트웨어가 같이 판매되는 것은 효율적인 결과, 즉 싼가격에 두 가지를 구입할 수 있기 때문에 tying과 구별된다고 한다.

563) 본 서술부분은 본인의 "특허권의 정당성에 관한 이론의 전개와 전망"(2010) 부분에서 일부 발췌하여 본서에 맞게 수정 보완한 것임.

수 있기 때문이다.565) 농부가 재배하는 농작물의 경제적 가치는 농작물을
재배하는데 투입된 노동, 원자재 및 토지의 기회비용을 반영한다. 농부는
농작물의 경제적 가치를 고려하여 자신이 그 농작물의 경작여부를 결정한
다. 물론 농부의 결정이 항상 옳은 것만은 아니다. 시장의 실패(market
failure)가 발생하는 것이다. 시장의 실패는 재산권 제도의 비효율성 보다는
정보의 비대칭성이나 정보의 취득의 능력 등 정보의 불완전성에서 발생한
다. 예컨대, 농작물의 경작에 영향을 미치는 것은 날씨, 경쟁 농부가 어떤
작물을 얼마만큼 경작하는지, 소비자의 소비행태 등의 영향을 받는데 이러
한 요인에 대한 정보는 완전하지 않고, 농부의 판단도 완전하지 않기 때문
에 시장의 실패가 발생한다.

농작물에 대한 농부의 재산권을 인정하지 않는다면 어느 소비자도 농부
에게 비용을 부담하지 않을 것이고 농부도 농작물을 생산하지 않을 것이
다. 결국 재산권을 인정하지 않는다면 사전 투자가 필요하지 않거나 덜 필
요한 수단을 이용할 것이다.566) 영업비밀을 재산권으로 보호하는 것은 효
율적인 방법이 될 수 있다.

농부에게 재산권이 인정되지 않는 경우에 농부가 경작을 하기 위해서는
토지임대나 농작물의 선택 등 여러 가지에 대하여 사전투자를 할 필요성이
존재한다. 따라서 농부는 경작 대신 사냥을 할 유인이 발생한다. 농부에게
토지재산권을 인정하는 경우에는 그 농부는 자신의 토지에 가장 효율적인
이용방법을 정할 것이다. 어느 농부에게는 목축이 유리하고 어느 농부에게
는 농경이 유리할 것이다. 그리고 더 효율적인 사용을 하는 자에게 토지를
양도나 임대를 할 수도 있다. 결국 재산권에 대한 법적 보호는 자원을 효율

---

564) 공공재와 같은 경우에는 사적재산권을 인정하는 것이 비효율적일 수 있다.

565) 이하는 Richard A. Posner, Economic Analysis of Law, Aspen, 1998, p. 36 이하에
    설명된 논거를 정리한 것이다.

566) Id.

적으로 사용하게 하는 동기를 부여한다. 소유권자가 합리적으로 시장에 참여한다면 재산권 제도에 의하여 효율적인 자원 이용과 배분이 일어난다.

무체재산권인 영업비밀보호나 특허권의 부여도 효율성을 보장하기 위한 것이다. 아이디어에 대하여 그 점유에 대한 배타적인 통제 관리나, 특허와 같은 배타성을 인정하지 않는다면 아이디어를 개발하거나 공중에 공개할 유인(incentive)은 없다. 애로우의 정보의 역설(Arrow's Information Pradox)은 이러한 상황를 역설적으로 표현한다. 아이디어나 정보를 유상이든 무상이든 공유하기 위해 공개하는 순간 그 아이디어나 정보는 더 이상 통제나 관리를 할 수 없다. 공공재와 같은 지위가 된다. 아이디어나 정보는 그 생산이나 소유주체를 특정할 수 없다. 따라서 무단으로 공개되더라도 그 아이디어나 정보를 회수할 수 없는 문제가 발생한다.

따라서 정보를 생산하거나 아이디어를 개발한 사람은 그 정보나 아이디어를 공개하는 대신에 비밀로 보유할 것이다. 그러나 영업비밀은 배타성이 인정되지 않기 때문에 영업비밀에 대한 비밀유지비용(fencing costs)을 영업비밀 보유자가 부담하여야 한다.[567] 또한 비밀유지비용을 많이 부담하여야 하는 경우, 예컨대 공장시설을 비밀로 유지하기 위해서 공장 둘레에 담을 쌓는 것으로 부족하고 공장전체에 지붕을 덮거나 돔(doom)을 만들고 그 안에서 공장을 건설하여야 한다면[568] 영업비밀로 보호받아야 할 유인은 적게 된다. 즉 영업비밀의 비밀유지비용이나 기타 관리비용이 높으면 높을수록

---

567) 농작물에 대하여 배타적인 재산권(소유)이 인정되지 않는다면 농부는 자신 스스로 경작 토지에 담을 쌓거나 경계를 하여야 한다. 이는 특허와 영업비밀의 차이에서도 발생한다. 법적 독점을 인정하는 특허의 경우에는 담장을 쌓거나 경비를 하는 비용을 부담할 필요가 없다. 그러나 영업비밀은 배타적으로 점유, 통제 및 관리를 할 수 있지만, 영업비밀이 공개되면 비밀성을 유지할 수 없기 때문에 통제, 관리비용을 부담하여야 하고, 그 통제 관리비용에 따라 영업비밀의 효율성이 결정된다.

568) E.I. duPont deNemours & Co. v. Christopher, 431 F.2d 1012 (5th Cir.1970), cert. denied 400 U.S. 1024, 91 S.Ct. 581, 27 L.Ed.2d 637 (1971).

영업비밀로 유지할 유인은 없게 된다.

이러한 경우 아이디어의 배타성을 인정하는 특허보다 영업비밀로 보호되는 아이디어의 이용료가 더 많이 발생할 것이다. 아이디어를 효율적으로 사용하기 위해서는 배타성을 인정하는 것이 바람직 하다. 그러나 아이디어에 대한 비밀성 유지비용이 적다면 영업비밀로 유지할 유인이 많게 된다. 이러한 경우에 정부는 영업비밀과 특허의 사회 경제적 효과를 분석하여 아이디어의 개발자가 영업비밀로 유지하도록 할지 특허로 출원하도록 할지에 대하여 선택을 하여야 한다. 정부의 정책적 고려가 산업과 경제발전을 이루는데 도움이 되고, 그것이 종국적으로 국민전체의 후생(welfare)에 영향을 미친다.

일반적으로 특허제도가 아이디어를 공개하고 그 아이디어의 특허보호기간이 종료된 경우에 그 아이디어는 공중의 공유재산(the public domain)으로 인정되어, 그 공개된 아이디어를 바탕으로 새로운 아이디어가 개발되기 때문에 아이디어가 공유되지 않는 영업비밀보다는 특허제도가 사회 전체적인 후생증진을 위해서는 바람직한 제도로 인정된다. 예컨대, 에디슨이 백열전구를 발명하고 이에 대하여 특허를 취득하였지만, 백열전구의 아이디어가 공개되어, 형광등, 나트륨등, 제온등 등을 거쳐 현재에는 LED 등으로 기술이 발전되었다.569) 그러나 코카콜라는 영업비밀로 유지되어 콜라 시장

---

569) 물론 특허제도는 단기적으로 경쟁이 사라지는 문제가 있다. 에디슨이 백열 등을 발명하여 특허를 취득하자 경쟁자들을 시장에서 사라졌다. 1982년에 26개 기업이 백열등시장에 진입했으나, 특허를 취득하여 만료되던 해인 1894년에는 8개 기업만이 시장에 진입했다. Robert P. Merges & Richard R. Nelson, On the Complex Economics of Patent Scope, 90 Colum. L. Rev. 839, 886-87 (1990). 에디슨의 General Electric 사의 시장점유율은 40%에서 75%로 상승했다. 백열등 시장에 참여하는 새로운 기업도 줄었고, 에디슨의 특허기간이 종료할 시점에는 백열등에 대한 기술향상도 지체되었다. Arthur A. Bright, The Electric-Lamp Industry: Technological Change and Economic Development from 1800 to 1947, MIT Press, 1949 p. 122. 그러나 에디슨에게 특허가 부여되기 전에는 에디슨의 경쟁자들에 의해서 기술향상

의 실질적 경쟁자로는 펩시콜라만을 들 수 있다. 그 뿐만 아니라 코카콜라가 개발된 것은 1886년인데 여전히 강한 시장 지배력을 유지하고 있다. 영업비밀로 보호되는 코카콜라 시장은 경쟁이 적은 것이다. 콜라의 대체 음료가 나와 있지만 콜라를 확실히 대체할 경쟁 상품은 적거나 경쟁력이 약하다. 물론 이와 같은 현상은 영업비밀인 정보의 특성 등 다양한 요인에 의한 것일 수 있으나, 콜라시장은 공개되지 않은 정보로 인하여 그 정보를 바탕으로 한 새로운 정보가 생산되지 않아 영업비밀보호가 경쟁을 활성화 시키지 못하여 기술개발이 적게 나타나는 대표적인 예라고 할 수 있다.

토지에 대한 재산권이 인정되지 않는 경우에 사전투자가 필요 없거나 덜 필요한 사냥을 하는 것처럼, 아이디어에 대한 배타성이 인정되지 않는 경우에는 아이디어를 창조할 유인은 없게 된다. 또한 법적 배타성을 인정하지 않는다면 비밀로 유지할 수 있는 아이디어만을 개발할 것이다. 비밀로 유지하기 위해서는 비밀유지비용이 든다. 이는 토지 경작대신에 사전투자가 필요 없는 사냥을 하는 것과 같다.570)

또한 각자가 비밀로 유지하기 위해서 아이디어를 개발하는 경우에는 자원의 중복투자가 발생하여 자원낭비를 가져온다. 특허로 보호하는 것은 영업비밀로 유지토록 하는 것에 비하여 타인의 독자적인 개발비용을 줄이는 효과가 있다. 그리고 영업비밀이 영업비밀로 유지되는 한 영구적으로 보호받을 수 있는 장점은 있어도, 영업비밀이 공개되거나 제3자가 독자적으로 같은 아이디어를 개발하는 경우에는 그 영업비밀의 개발비용도 회수하지 못할 위험이 있다. 따라서 특허는 아이디어에 대하여 독점을 주어 중복투

도 있었고, 기술혁신의 속도도 빨랐다. 광범위하고 장기간의 특허에 의해서 시장은 기술혁신의 발전이 없었다. Robert P. Merges & Richard R. Nelson, On the Complex Economics of Patent Scope, 90 Colum. L. Rev. 839, 887-88 (1990). 위와 같은 예는 특허가 단기적으로 경쟁을 제한하고 기술발전의 장애가 되는 예라고 할 수 있다. 그러나 장기적으로는 백열등 발명을 기초로 하여 새로운 기술들이 개발되었다.

570) Richard A. Posner, Economic Analysis of Law, Aspen, 1998, p. 45.

자를 제한하므로[571] 사회적으로도 효율적인 결과를 가져올 수 있다.[572]

다만 특허권은 완벽한 것은 아니다. 특허권도 무의미한 중복투자의 위험을 발생시킬 수 있기 때문이다. A가 B보다 하루먼저 발명을 하여 특허를 취득하였다면 B의 발명은 중복투자에 해당한다. 법은 그러한 중복투자를 제거하기 위해서 발명의 조기공개를 유도하는 제도를 두고 있다.[573] 영업비밀은 중복투자를 방지하지는 않는다. 각자가 영업비밀로 보호받을 수 있기 때문이다. 시장이 효율적이라면 각 발명자는 자신이 발명을 하여 영업비밀로 유지할지 특허를 취득할지 결정을 하도록 할 수 있고, 이것이 바람직한 결과를 가져온다. 즉 재산권을 부여하면, 재산권자가 효율적인 결정을 할 수 있는 것과 같다. 다만, 이러한 경우에는 정보가 완전하다는 것을 전제로 하는 것인데, 이는 현실적이지는 않다. 시장은 항상 시장의 실패가 발생하는 곳이기 때문이다.

소위 개척발명(pioneer invention)의 경우에는 아무도 개발을 하지 않았기 때문에 그 발명에 대한 중복투자의 위험성이 적어진다. 투입비용 측면에서 개척발명과 기초연구는 구별되어야 한다. 기초연구에 대한 특허부여는 그 개발비용과 이를 바탕으로 한 후속기술개발비용을 고려하면 폭넓은 재산권을 인정하는 결과가 된다.[574] 자연법칙을 발견하기 위해서는 많은 비용

---

571) 경쟁자는 공개된 특허기술을 분석하고 이를 회피하여 새로운 기술이나 경쟁기술을 개발하기 때문에 중복투자가 방지되는 효과가 있다. 영업비밀은 이러한 효과가 없지만, 각자가 독립된 영업비밀로 보호받는다. 이러한 결과가 사회적으로 낭비일 수 있지만, 각자가 자신에게 적합한 보호방법을 선택하기 때문에 효율적인 면이 있다.

572) 물론 영업비밀도 독자적인 개발가능성이 없는 경우에는 중복투자를 방지할 수 있다. Richard A. Posner, Economic Analysis of Law, Aspen, 1998, p. 45.

573) Id.

574) 물론, 기초발명이나 개척발명에 대하여 특허를 부여하는 것이 기술발전을 저해할 수도 있다. Merges와 Nelson 교수는 Race-to-Invent Theory를 통하여 기초발명이나 개척발명에 특허를 부여하는 경우에 시장경쟁을 통한 후속발명이 줄어들기 때문에 결과적으로 사회적 후생이 감소할 수 있다고 한다. 광범위한 특허부여를 주장하는 Patent-Induce Theory에 대응하여 Merges와 Nelson 교수는 기술혁신을 가져온 부분

이 들지는 않지만 이를 이용하여 효율성이 좋은 자동차 엔진을 개발하는 것은 상대적으로 많은 비용이 든다고 할 수 있기 때문이다.[575] 후속기술의 개발비용은 자연과학적 발견(scientific discovery)[576]에 대하여 특허를 부여하지 않은 경제적 이유를 설명할 수 있다.

　로크(Locke)의 재산권 철학에 의해서는 유체물의 재산권의 범위를 정하는 것이 쉽지만 무체물의 재산권의 범위를 정하는 것이 쉽지 않다. 예컨대 마르코니가 발명한 무선통신기술은 현재의 무선통신까지 추급되어야 하는가 하는 문제와 벨의 전화기 발명이 현재의 무선전화기까지 추급되어야 하는 문제가 제기될 수 있다.[577] 그리고 개척발명과 기초연구에 의한 발명과 구별이 쉽지 않다. 또한 개척발명에 대하여 특허권을 인정한다면 경제적으로 그 발명에 대한 특허권의 보호기간은 현재의 20년이 아니라 그 이상이 되어야 할 것이다. 그러한 발명에 대한 특허취득비용의 보전은 현재의 보호기간만으로 충분하지 않기 때문이다.[578] 그러나 개척발명과 그렇지 않은 발명을 구별하는 것은 더 많은 비용이 들 수 있으므로 현실에 맞지 않는다. 소특허로 불리는 실용신안과 특허의 보호기간 차이를 위와 같은 관점에서 이해할 수 있다. 보호기간이 차이가 나는 것은 발명/고안에 대한 비용이나, 그 취득요건의 난이도, 그 발명/고안이 가져오는 사회적 후생을 고려한 결

에 한하여 발명의 인센티브로서 특허를 부여하여야 한다고 한다. 이러한 인센티브는 발명의 동기가 된다. 발명은 연구개발비용에 의존하고, 생산은 발명에 의존하고, 경제적 후생은 생산에 의존한다는 가정하에 발명과 혁신은 빠른 것이 좋다고 한다.("faster is better"). Robert P. Merges & Richard R. Nelson, On the Complex Economics of Patent Scope, 90 Colum. L. Rev. 839 (1990) 참조.

575) Richard A. Posner, Economic Analysis of Law, Aspen, 1998, p. 44.
576) 자연과학적 발견(scientific discovery)의 특허성에 대해서는 본서 "제3장 제2절 3. 자연과학적 발견에 대한 과학재산(scientific property)의 보호" 참조.
577) 이는 야생동물에 대해서 누구의 소유인지에 대한 식별의 문제가 발생하는 것과 같다. Richard A. Posner, Economic Analysis of Law, Aspen, 1998, p. 44.
578) Id.

과라고 할 수 있다. 즉 실용신안과 발명을 구별하여 보호하는 것은 바람직하다고 할 수 있다.579) 그러나 그 이상으로 세분하여 보호하는 것은 거래비용이 증가하여 비효율적인 제도가 될 수 있다.

영업비밀요건이나 특허요건도 경제적으로 설명할 수 있다. 공지된 아이디어는 영업비밀로 인정하지 않을 뿐더러 특허권을 인정하지 않는데 이는 개발비용이 없거나 적은 것을 원인으로 설명할 수 있다.580) 그리고 공개된 아이디어에 대해서 특허를 인정한다면 중복투자의 위험성이 커진다. 누구나 쉽게 적은 비용으로 특허를 취득할 수 있다는 생각을 하기 때문이다. 공개된 아이디어를 영업비밀로 보호한다면 결국 누구나 알고 있어 쉽게 사용할 수 있는 정보를 비용을 투자하여 비밀로 유지 관리하는 낭비가 발생한다. 그러한 경우 영업비밀제도는 비효율적인 제도가 된다.

특허요건으로 진보성(nonobviousness)이나 유용성(utility)을 요구하지 않더라도 그 특허의 상업적 가치가 없는 경우에는 특허를 부여하더라도 사회가 부담하는 특허비용581)은 적다. 따라서 특허요건의 기준을 엄격하게 하지 않더라도 사회적 부담 측면에서는 차이가 없다. 그러나 진보성이나 유용성을 요구하고, 그 기준을 높게 설정한다면 상업적 가치가 없거나 적은 기술로 특허를 받으려는 유인을 적게 한다. 이는 중복투자나 자원의 낭비를 줄이게 되므로 결과적으로 사회적 후생의 증가를 가져 온다. 물론 진보성이나 유용성을 엄격하게 그 기준을 높이면 특허취득비용이 상승하여 바

---

579) 가장 바람직 한 특허제도는 발명의 사회적 가치에 따라 특허기간을 설정하여 특허를 부여하는 것이다. 그러나 각 발명마다 특허기간을 인정하는 것은 오히려 특허권을 부여하는 비용의 상승으로 나타나기 때문에 발명과 실용신안의 두 가지를 인정하는 것이라고 설명할 수 있다.

580) Richard A. Posner, Economic Analysis of Law, Aspen, 1998, pp. 43-44. 로크적 견해 (Lockean Theory)에서는 공개된 아이디어는 새로운 것이 아니어서 노동에 의한 가치창출이 없기 때문에 특허를 부여하지 못한다고 한다.

581) 특허비용은 특허를 부여함으로써 사회가 부담하는 비용으로 특허물품의 가격이나 특허권에 대한 로열티를 의미한다.

람직하지 못한 결과를 가져올 수도 있다.582) 미국은 한때 천재의 영감(flash of creative genius)583)이라는 매우 높은 수준의 특허요건을 요구했으나, 현재 기준인 진보성(non-obviousness) 요건은 해당 기술분야의 평균적인 기술자 수준("PHOSITA", 'person having ordinary skill in the art')을 요구하고 있다. PHOSITA 기준은 일반인(layperson)보다는 높고, 연구자(researcher)보다는 낮은 수준을 말한다.584) PHOSITA 기준은 여러 가지 요소에 의해 결정하는데,585) 기술이 복잡하면 그 기준도 높아진다.586)

저작권도 일정한 기간을 보호한다는 점에서 특허와 같지만 여러 가지 측면에서 다르다. 저작권은 구체적인 개성이 반영된 표현을 보호하므로 권리

---

582) Richard A. Posner, Economic Analysis of Law, Aspen, 1998, pp. 43-44. 이러한 경우 특허기술의 개발비용의 상승으로 이루어지고, 개발비용의 상승은 높은 로열티를 요구하게 된다. 따라서 특허비용에 대하여 사회적 부담이 크게 된다. 개척발명에 대해서만 특허를 부여하지 않는 이유를 설명할 수 있다. 이러한 점에서 아래에서 설명하는 prospect theory와 차이가 있다.

583) Cuno Engineering Corp. v. Automatic Devices Corp., 314 U.S. 84 (1941).
   That is to say, the new device, however useful it may be, must reveal the flash of creative genius, not merely the skill of the calling. If it fails, it has not established its right to a private grant on the public domain.
   Id., 91.

584) Jonathan J. Darrow, The Neglected Dimensions of Patent Law's PHOSITA Standards, Harv. L. J. of Law & Technology 23, 235 (2009).

585) 예컨대, Environment Designs, Ltd. v. Union Oil Co., 713 F.2d 693 (Fed. Cir. 1983) 판결은 다음과 같은 기준을 제시했다:
   a. The educational level of the inventor;
   b. Type of problems encountered in the art;
   c. Prior art solutions to those problems;
   d. Rapidly with which inventions are made;
   e. Sophistication of the technology;
   f. Education level of active workers in the field.
   Id., 696.

586) In re GPAC, 57 F.3d 1573 (C.A. Fed. 1995).

침해를 피하기 위하여 저작물을 모두 검색하는 것이 불가능하다. 그리하여 저작권을 보호하되 스스로 창작한 내용으로 구성되는 창작물에 대한 권리로 보호한다. 따라서 저작권은 본질적으로 약한 권리일 수 밖에 없다. 타인은 스스로 창작하는 한 같은 표현의 저작물에 대하여 독자적인 저작물로 보호받는다. 저작권은 특허와 달리 심사나 등록에 의해서 권리를 부여하는 것과 친하지 않다. 저작물은 저작자 각자의 독창성이 인정되는 한 권리를 부여받을 수 있으므로 다양하게 존재할 수 있기 때문이다. 많은 저작물은 심사와 관리비용을 지출한 만큼의 경제적 가치를 창출할 수가 없을 것이다.

저작권보호기간이 비교적 장기간이지만 토지소유권과 달리 항구적인 저작권을 인정하지 않는 것은 저작권보호기간의 종료로 인하여 외부효과가 존재하지 않는 것으로 설명할 수 있다. 토지의 소유를 공유로 한다면 공유지의 비극이 발생하지만 저작물은 일정기간 보호를 한 후에 공유를 하더라도 그 가치가 감소하는 경합성(rivalrous)이 없기 때문에 여러 사람이 사용하더라도 그 사용가치가 감소하지 않기 때문이다.[587] 따라서 영구적인 보호를 하지 않더라도 외부효과로 인한 효율성이 감소하지는 않는다. 만일 저작권이 영구적이라면 이를 바탕으로 한 저작물의 창작비용이 증가할 것이므로 사회적으로는 저작물이 감소할 것이다.[588] 저작권을 포함한 지적재산권의 보호기간은 사회적 효용과 지적재산권자의 이익을 고려하여 결정된 것이다. 위와 같이 지적재산권 제도는 효율적 결과를 가져온다. 이러한 목적적 관점에서 보면 지적재산권제도는 효율적으로 구성될 것을 요구한다.

영업비밀도 저작권과 유사한 점이 존재한다. 영업비밀과 독립된 발명은 새로운 영업비밀로 인정받고, 비밀인 정보, 즉 영업비밀을 역분석하여 그 정보를 알아내는 것도 허용된다. 영업비밀보유자가 제시하는 일방적 계약 (예컨대, 약관)으로 영업비밀의 역분석을 허용하지 않는 것은 헌법상 보장

---

587) 물론 이는 특허권에도 적용될 수 있는 근거이다.
588) Richard A. Posner, Economic Analysis of Law, Aspen, 1998, p. 44.

되는 학문의 자유를 침해하고, 사적 독점을 창설하기 때문이다. 그러나 라이센스 계약을 통해 라이센시(licensee)에게 영업비밀을 역분석을 허용하지 않거나 라이센스 기간이 종료한 후에 그 영업비밀을 계속 보유하지 않도록 하는 것은 라이센스 계약의 자율성에 따라 자유로운 합의가 우선되어야 하므로 원칙적으로 유효하다고 해야 한다.

영업비밀은 영업비밀로 보호받는 정보의 배타적인 점유나 통제, 관리를 허용하는 것이므로 그러한 점유나 통제, 관리를 위협하는 행위로부터 보호되어야 한다. 그러나 영업비밀인 정보 자체의 보유, 이용, 이를 이용한 물품의 생산, 판매 등에 대하여 배타성을 인정받는 것은 아니다. 결국 영업비밀은 영업비밀인 정보의 점유, 통제 및 관리 등에 대하여 안온을 지킬 권리라고 하여야 한다.

제2절 영업비밀에 대한 법의 설계

1. 영업비밀의 법경제학적 분석

전형적인 실용주의적 견해들은 영업비밀과 같은 지적재산은 창작을 유인하고 동기를 부여하기 위해 필요한 도구라고 한다. 지적재산권과 같은 독점의 부여는 자신들이 창작한 정보와 지식의 가치에 대하여 일반인들에게 혜택을 제공하고 그 보상으로 일정기간 독점을 받는 혜택이라고 한다. 기술개발에 대한 경제적 동기와 유인은 혁신을 조장하고 국가의 과학기술의 발전의 원동력이 된다.

이러한 입장에서 노벨경제학상 수상자인 Kenneth Arrow는

> [i]f information is not property, the incentives to create it will be lacking. Patents and copyrights are social innovations designed to create artificial scarcities where none exist naturally ⋯ These scarcities are intended to create the needed incentives for acquiring information.[589]

라고 하여, 정보에 대하여 재산권을 부여하지 않는다면, 정보를 창조할 동기나 유인은 없고, 특허나 저작권이라는 독점은 자연적으로는 생성되지 않을 희소성을 인위적으로 창설한 것으로 그러한 인위적으로 희소성을 창조한 것은 정보를 생산하기 위한 의도적인 것이라고 하고 있다. 이는 지식재산권이라는 독점은 창작을 위한 유인 내지 동기를 생성하기 위한 것이라

---

589) Kenneth Arrow, The Economics of Information: An Exposition, 23(2) Empirica 119, 125 (1996).

는 실용주의적 입장에서 지적재산권제도를 보고 있는 것이다.

이러한 실용주의적인 토대에서는 유체물에 대해서는 희소성이 발생하지만 정보나 지식, 아이디어는 생산이 되지 않을 뿐 생산된 경우에는 더 이상 희소성은 발생하지 않는다. 따라서 비배제성과 비경합성의 문제가 발생하지 않는다. 그러나 이러한 문제점으로 인하여 생산에 대한 유인이나 동기가 발생하지 않으므로 생산된 정보나 아이디어 지식에 대해서는 인위적인 희소성, 즉 독점과 재산권을 만드는 것이 지적재산권이다.[590]

영업비밀의 보호는 기술혁신을 가져오는 것으로 국가의 기술혁신을 위하여 영업비밀을 보호한다는 실용주의적인 장려 또는 동기 이론(incentive theory) 관점에서는 최소한 영업비밀인 정보를 개발하기 위한 비용을 외부화(externalization) 할때까지 영업비밀인 정보를 보호해야 한다고 할 것이다.[591]

---

590) Arnold Plant, The Economic Theory Concerning Patents for Inventions, 1 Economica 30, 31 (1934).

591) Mark A. Lemley, The Surprising Virtues of Treating Trade Secrets as IP Rights, 61 Stan. L. Rev. 311, 330 (2008). Lemley 교수는

A right to exclude does not have to be absolute to be effective in rewarding and therefore encouraging innovation. It need merely provide sufficient advantage in terms of lead time or relative costs to minimize or eliminate the public goods problem.

라고 주장하고 있다. Id. 이와 같은 주장은 영업비밀인 정보의 개발을 위한 비용을 외부화 할 때까지 보호를 하여야 한다는 것이라고 할 수 있다.

2. 애로우의 정보의 역설(Arrow's Information Paradox)[592])과 영업비밀

노벨상 수상자인 미국의 경제학자 케네스 애로우(Kenneth Arrow)가 주장한 애로우의 정보의 역설(Arrow's Information Paradox)은 특허권과 같은 배타적인 권리로 보호되지 않는 정보의 확산이 어렵다는 것을 보여준다. 비밀정보를 보호하는 영업비밀보호법은 보호되는 정보와 보호되지 않는 정보에 대한 명확한 경계를 설정하는 것이 필요하다. '애로우의 정보의 역설'(Arrow's Information Paradox) 상황에서 영업비밀보호법은 영업비밀의 효율적인 사용이 되도록 해석되어야 한다.

Smith v. Dravo Corp. 사건[593])은 애로우의 정보의 역설(Arrows Information Paradox) 상황에서 법원이 영업비밀 침해를 인정한 사례이다. 본 사건은 1950년대 발명된 혁신적인 운송용기인 컨테이너에 대한 영업비밀인 정보가 피고에게 알려지고 피고가 이를 무단으로 사용하여 발생한 사건이다.

원고는 미국 위스컨신 주에서 컨테이너를 생산, 판매하고 있었는데 피고는 원고에게 컨테이너 판매를 요청했다가 후에 원고의 영업자체를 양도할 것을 요청하였다. 원고와 피고의 영업양도 협상 중에 영업에 대한 대가를 평가하기 위해 원고는 피고에게 컨테이너의 특허출원서 설계도와 다른 비밀 정보를 제공했다. 최종적으로 컨테이너 판매에 따른 판매가격에 대하여 원고와 피고 사이의 의견이 일치하지 않아 그 영업양도 협상이 결렬되었다. 그런데 영업양도 협상이 결렬된지 얼마 지나지 않아 원고는 원고 제품과 비교하여 4인치가 짧은 거의 동일한 컨테이너가 피고에 의하여 제작 판

---

592) 애로우의 정보의 역설(Arrow's Information Paradox)에 대하여는 다른 출간서에서 설명한 바 있다. 나종갑, 불공정경쟁법의 철학적, 규범적 토대와 현대적 적용, 연세대학교 출판부, 2021, p. 451.

593) Smith v. Dravo Corp., 203 F.2d 369 (7th Cir. 1953).

매되고 있음을 알게 되었다.

피고를 상대로 영업비밀침해소송을 제기하였는데, 본 사건에서의 쟁점은 원고와 피고 사이에 비밀유지의무 등 영업비밀보호계약이 체결되지 않았는데도 불구하고 영업비밀 침해를 인정할 것인지 여부였다.

법원은 신뢰관계하에서 피고에게 제공된 정보는 공중의 영역에 존재하는 것이 아닌 여전히 비밀로 유지되었다는 이유로 피고의 원고에 대한 영업비밀 침해를 인정하였다.[594) 즉 피고가 신뢰관계를 위반하였다는 것이 쟁점으로, 판매된 컨테이너를 적법하게 관찰하여 취득한 적절한 수단에 의한 취득이 아니었다.[595)

Omnitech Int'l v. Clorox Co. 사건[596)에서 제5순회법원은 Smith v. Dravo 사건과는 달리 애로우의 정보의 역설(Arrows Information Paradox) 상황에서 영업비밀침해를 인정하지 않았다. 법원은 회사의 영업을 인수할 것인지 여부를 판단하기 위해 영업비밀을 사용한 경우나 영업비밀을 라이센스 하기 위해서 영업비밀인 정보를 사용한 경우에는 영업비밀침해가 없다고 판시했다.

본 사건에서 Omnitech은 바퀴벌레 약을 제조하여 판매업자인 Bengal이란 회사를 통해 "Bengal Roach Spray" 상표명으로 판매했다. Omnitech과 Bengal은 상호 관계를 끝내기로 합의했다. Bengal과의 계약관계를 종료한 Omnitech은 "Dr. X" 라는 상표로 바퀴벌레약을 판매했다. Omnitech은 "Dr. X" 가 시장에서 성공하자 마케팅 파트너로 Chaffe Associates를 선정했다. Chaffe Associates는 Clorox를 파트너로 선정하여 Omnitech과 함께 잠재적

---

594) 우리나라에서는 이와 유사한 상황에 적용될 수 있는 법리는 계약체결상의 과실인데, 계약체결상의 과실에 대하여 규정하고 있는 우리 민법 제535조는 목적이 불능한 경우에만 신뢰이익을 배상하도록 하고 있어 그 적용범위가 매우 제한적이고, 위 사건과 같은 상황에서는 적용이 되지 않는다.

595) Smith v. Dravo Corp., 203 F.2d 369, 374 (7th Cir. 1953).

596) Omnitech Intern., Inc. v. Clorox Co., 11 F.3d 1316 (5th Cir. 1994).

인 벤처를 설립하려고 하였다.

　Clorox와 Omnitech이 협상중에 Omnitech이 "Dr. X"를 포함한 살충제 생산공장을 Ogden이란 회사에 양도했다. 다만 그 계약상 Omnitech이 "Dr. X"를 포함한 살충제를 제조판매 할 독점적 권리를 가지고 있었다. Clorox와 Omnitech은 협상을 계속하였는데, 그 협상중에는 비밀유지계약(non-disclosure agreement)이 있었고, 그 계약을 체결하였다. 그 비밀유지계약에는 "to share non-public information defined below as 'Confidential Information' relating to the evaluation of the 'Doctor X' insecticide product and other products in the insecticide product category for the purposes of development and marketing of such products."이란 내용이 포함되어 있었다. 또한 Omnitech은 자신의 영업비밀인 정보를 보호하기 위해 다음과 같은 내용을 포함시켰다.

> Each [non-disclosing party] agrees to treat all Confidential Information provided by a [disclosing party] as trade secrets which shall not be disclosed to any one other than a non-disclosing party's employees or agents who have a need to know in order to complete assigned responsibilities. Each non-disclosing party also agrees to take all reasonable measures to guard against the unwarranted use or disclosure of any information ("Confidential Information") received by a non-disclosing party during all discussions and negotiations relating to the evaluation of the "Doctor X" insecticide product and other products in the insecticide product category for the purposes of development and marketing of such products.[597]

---

597) Id., 1319-20.

위 합의 조항의 내용은 한 당사자가 다른 당사자에게 공개하는 신뢰정보는 영업비밀로 취급하고 본 계약상의 책임을 다하기 위하여 그 정보를 아는 것이 필요한 직원이나 대리인을 제외한 어느 누구에게도 그 정보를 공개하지 않고, 그 공개의 상대방 당사자는 "Doctor X" 살충제와 다른 살충제에 대한 개발과 상품화(marketing)를 목적으로 평가에 관련된 토의나 합의 과정에서 상대방에게 공개된 신뢰정보("Confidential Information")의 공개나 허락되지 않은 사용에 대하여 모든 합리적인 수단을 동원하여 이를 방지하는 확약을 하는 것이었다.

비밀유지계약에는 Clorox가 Omnitech과의 관계를 종료시킬 수 있는 권리를 부여하고 있었는데, 그 조항은 다음과 같다:

> In the event that Clorox, based upon the evaluation by the parties hereto of the "Doctor X" insecticide product and other products in the insecticide product category, decides in writing not to continue to participate in the development and marketing of such products, then each party to this Agreement agrees to maintain the confidentiality of any Confidential Information disclosed by a party pursuant to this Agreement …

위 합의 내용은 Clorox가 'Doctor X'와 다른 살충제에 대한 평가를 바탕으로 살충제 개발을 더 이상 하지 않기로 서면합의하고, 당사자가 본 계약에 따라 공개한 정보에 대하여 비밀을 유지하기로 한다는 내용이었다.

그러나 Clorox와 Omnitech의 최종협상이 결렬되었다. Omnitech은 Clorox가 자신의 영업비밀을 무단사용하고 제3자에게 공개하였다는 이유로 루이지애나 주의 영업비밀보호법 등을 위반하였다고 소송을 제기했다. 법원은 Omnitech이 Clorox에게 이전한 재산적 정보를 살충제(Combat) 시장의 평가를 위해 사용한 것은 영업비밀의 침해가 아니라고 판시하고, 나머지 주장

은 입증이 되지 않는다고 판시했다.[598]

　Smith v. Dravo Corp. 사건[599])의 경우에는 영업양수나 라이센스를 목적으로 형성된 신뢰관계하에서 원고의 영업비밀을 취득한 사건으로, 피고가 영업양수도 여부를 판단하기 위하여 필요한 영업비밀인 정보의 예상되는 사용을 한 것이 아니라 자신의 영업을 위하여 사용한 것이다. Omnitech Int'l v. Clorox Co. 사건[600]) 법원은 영업비밀을 포함한 영업양도나 라이센스에 있어서 당사자에게 효율적인 결과를 가져오기 위해서 필요한 범위내, 즉 '그 상황에서 예상되는' 영업비밀의 사용은 정당한 사용의 범위내로 판단한 것이다.

　위 두 사건에는 애로우의 정보의 역설(Arrow's Information Paradox) 상황이 존재하는데, 그 정보란 비밀일 때 가치가 존재하는 것이다. 원고가 피고에게 그 정보를 공개한다면 원고에게는 아무런 보호장치가 없으므로 그 정보의 가치는 상실된다. 그러나 피고는 그 정보를 취득하여 그 정보의 가치를 평가하기 전까지 그 거래의 대가를 정하고 이를 지급할 수 없다. 그러한 상황은 거래가 이루어지도록 할 수 없게 한다. 따라서 법은 애로우의 정보의 역설(Arrow's Information Paradox) 상황에서 거래가 이루어질 수 있도록 규정되거나 해석되는 것이 필요하다.

　Smith v. Dravo Corp. 사건[601]) 판결과 Omnitech Int'l v. Clorox Co. 사건[602]) 판결은 애로우의 정보의 역설(Arrow's Information Paradox) 상황에서 법적 책임이 발생하는 경우와 법적 책임이 없는 경우의 경계를 정하였다고 판단된다. 거래를 위한 사용은 영업비밀의 침해가 아니지만 거래목적

---

598) Id., 1332.

599) Smith v. Dravo Corp., 203 F.2d 369 (7th Cir. 1953).

600) Omnitech Int'l v. Clorox Co., 11 F.3d 1316 (5th Cir. 1994).

601) Smith v. Dravo Corp., 203 F.2d 369 (7th Cir. 1953).

602) Omnitech Int'l v. Clorox Co., 29 U.S.P.Q.2d 1665 (5th Cir. 1994).

을 벗어난 사용은 영업비밀의 침해가 된다고 할 수 있다. Smith v. Dravo Corp. 사건[603]에서 피고가 원고와의 거래 목적을 위해 취득했던 원고의 영업비밀인 정보를 자신의 영업을 위해 사용하였다. 그러나 Omnitech Int'l v. Clorox Co. 사건에서 피고는 원고와의 거래 목적 이외에는 원고의 영업비밀인 정보를 사용하지 않았다.

　Omnitech Int'l v. Clorox Co. 사건에서 법원은 영업비밀의 침해가 발생하였는지 하나의 판단의 기준을

> Absent any showing that Clorox used Omnitech's trade secrets to better Combat's position in the marketplace or worsen Omnitech's, thus infringing upon competition, we cannot find a violation of the LUTPA.[604]

라고 제시하였다. 즉 피고가 원고의 영업비밀을 이용하여 자신의 지위가 이전보다 유리해지거나 향상되었다는지, 반대로 원고의 지위가 악화되었다면 영업비밀침해를 인정할 수 있지만, 원고의 지위가 악화된 것이 아니거나 피고의 지위가 향상된 것이 아니라면 영업비밀 침해를 인정할 수 없을 것이다.

　소위 '임원경제지' 사건은 애로우의 정보의 역설 상황과 유사한 상황이 발생하였는데 대법원은 Omnitech Int'l v. Clorox Co. 사건의 판결과 같은 취지로 판시했다. 이 사건 원고는 피고 대한민국 산하의 전북대학교 쌀·삶·문명연구원(문명연구원)과 협력하여 고전인 임원경제지에 대한 번역사업을 수행하기로 하여, 번역본 초고를 완성하였는데, 그 사이에 분쟁이 발생하였고, 그 과정에서 문명연구원이 독자적으로 번역을 완성하여 출간하였다. 원고는 문명연구원이 출간한 번역서가 원고의 번역저작권을 침해하

---

603) Smith v. Dravo Corp., 203 F.2d 369 (7th Cir. 1953).
604) Omnitech Int'l v. Clorox Co., 11 F.3d 1316, 1332 (5th Cir. 1994).

였다고 주장하면서 원고와 피고사이에 다툼이 발생했다.

우리 대법원은

> 원고 번역본 초고와 피고 저작물 사이에 존재하는 공통된 오류나 번역
> 문구의 일치 사례 등에 비추어 보면, 피고 저작물 등은 원고 번역본 초
> 고에 의거하여 작성되었을 가능성이 높다.
>
> 전북대 문명연구원과 원고는 이 사건 협력 사업을 통하여 임원경제지
> 의 번역·출간 작업을 함께 수행하였고, 그 결과 전북대 문명연구원과
> 원고 사이에는 일정한 정도의 협력관계나 신뢰관계가 형성되어 왔다
> 고 볼 수 있다. 원고 번역본 초고는 바로 그러한 협력관계나 신뢰관계
> 를 바탕으로 번역 계약의 체결을 위한 준비 과정에서 원고의 노력과
> 투자에 의하여 작성된 것이다. 원고는 이 사건 협력 사업 종료 이후 원
> 고 번역본 초고의 폐기와 사용금지를 명시적으로 요청하기도 하였다.
> 만일 피고들이 위와 같은 사정을 인식하고서도 원고 번역본 초고를 무
> 단으로 이용하여 피고 저작물을 작성·출판한 것이라면, 피고들의 행위
> 는 상도덕이나 공정한 경쟁질서에 반하는 것이라고 평가할 여지가 더
> 욱 크다.

라고 판시한 다음

> 계약 체결을 위한 교섭 과정에서 어느 일방이 보호가치 있는 기대나
> 신뢰를 가지게 된 경우에, 그러한 기대나 신뢰를 보호하고 배려해야
> 할 의무를 부담하게 된 상대방이 오히려 상당한 이유 없이 이를 침해
> 하여 손해를 입혔다면, 신의성실의 원칙에 비추어 볼 때 계약 체결의
> 준비 단계에서 협력관계에 있었던 당사자 사이의 신뢰관계를 해치는
> 위법한 행위로서 불법행위를 구성할 수 있다고 보아야 한다. 특히 계
> 약 체결을 위한 교섭 과정에서 상대방의 기대나 신뢰를 보호하고 배려
> 해야 할 의무를 위반하면서 상대방의 성과물을 무단으로 이용한 경우

에는 당사자 사이의 신뢰관계를 해칠 뿐만 아니라 상도덕이나 공정한
경쟁질서를 위반한 것으로서 그러한 행위의 위법성을 좀 더 쉽게 인정
할 수 있다.605)

라고 판시했다.

비록 위 사건은 저작물의 무단이용에 관하여 발생된 사건이지만 이와 같
은 경우에 불법행위가 성립한다는 대법원의 법리를 유추하여 보면, 영업비
밀의 양도나 라이센스 협상과정에서 영업비밀을 취득한 이후에 어떤 그 협
상이 결렬된 경우에 그 영업비밀을 취득하였음을 기화로 이를 사용하는 것
은 영업비밀에 대한 부정취득이용이나 불법행위를 성립한다고 볼 것으로
판단된다. 이는 Smith v. Dravo Corp. 사건606) 상황과 유사하고 판결도 같
은 취지로 내려졌다.

위와 같은 법리는 영업비밀의 양도나 라이센스 과정에서 발생하는 영업
비밀의 누설에 대한 위험, 즉 Arrow's Information Paradox를 감소시켜 영업
비밀의 양도나 라이센스를 활성화 시켜 정보와 지식을 공유하게 하여 사회
전체적인 효용을 증가시키게 될 것이다. 협상중에 영업비밀이 부정취득되
지 않도록 하는 가장 좋은 방법은 영업비밀의 양도나 라이센스 협상에 앞
서 명시적으로 영업비밀보호계약을 체결하는 것이 바람직하다. Arrow's
Information Paradox를 해결하기 위해 법원에 소송을 하여야 하지만, 명시
적인 계약은 소송에 대한 리스크를 감소시키는 효과가 있다. 물론 소송위
험을 완전히 제거시키는 것은 아니다.

---

605) 대법원 2021. 6. 30. 선고 2019다268061 판결.
606) Smith v. Dravo Corp., 203 F.2d 369 (7th Cir. 1953).

3. 자본주의와 영업비밀의 윤리

영업비밀은 신뢰관계를 바탕으로 이전되고, 영업비밀 보유자는 상대방이 신뢰를 지킬 것이라는 기대하에서 영업비밀을 이전한다. 절대적 비밀성을 요구하던 때에는 신뢰관계의 문제는 발생하지 않았다. 그러나 경제발전으로 인하여 영업비밀인 정보를 피용인과 공유하고 이것이 거대 회사를 가능케 함으로써 사회 전체적인 효용성을 증진시켜 왔다. 신뢰관계하에서 거래는 사회 전체적인 효용성을 증가시킨다. 따라서 법은 사회 전체적인 효용성을 증가시키도록 설계되고 해석될 필요가 있다. 다만, 이러한 공리주의와 실용주의적인 고려는 항상 타당한 것은 아니므로 궁극적인 목적이 될 수는 없다. 자연법 원리나 도덕적 정의 등으로 보완될 필요가 있다.

아래의 판결은 미국 로스쿨 교과서에 자주 인용되는 Wexler v. Greenberg 사건[607] 판결로서 영업비밀의 법경제학적 효과와 영업비밀침해에 있어서 균형점에 대하여 언급하고 있다.

위 판결의 법리에 따르면, 기술과 산업발전은 피용인에게 자신의 지식을 더 많이 공유하는 것에 의존할 수 밖에 없는데, 피용인과 신뢰관계위반을 최소화 하여야 최적의 신뢰관계가 발생할 수 있다는 것이다. 이는 고용관계 중이거나 고용관계가 종료된 후에도 영업비밀이나 경업금지를 최대화 하는 것으로부터 달성할 수 있지만, 다른 한편으로 그와 같은 법리의 형성은 피용인의 입장에서는 고용주의 영업비밀을 취득하는 한 영업비밀의 취득이 족쇄가 되어 자신들의 협상력을 약화시킨다. 역설적으로 자신이 전문화되고 생산력이 강화 될수록 고용주의 영업비밀을 많이 알게 되어, 이것이 자신을 얽매이게 될 것이다. 결국 사회에는 경쟁이 감소되어 사회 전체적으로 부(負)의 효과가 증가할 것이다. 아래 판결의 내용은 그러한 점을

---

607) Wexler v. Greenberg, 399 Pa. 569, 160 A.2d 430 (Pa. 1960).

지적하고 있다:

> There are cogent socio-economic arguments in favor of either position. Society as a whole greatly benefits from technological improvements. Without some means of post-employment protection to assure that valuable developments or improvements are exclusively those of the employer, the businessman could not afford to subsidize research or improve current methods. In addition, it must be recognized that modern economic growth and development has pushed the business venture beyond the size of the one-man firm, forcing the businessman to a much greater degree to entrust confidential business information relating to technological development to appropriate employees. While recognizing the utility in the dispersion of responsibilities in larger firms, the optimum amount of "entrusting" will not occur unless the risk of loss to the businessman through a breach of trust can be held to a minimum.
>
> On the other hand, any form of post-employment restraint reduces the economic mobility of employees and limits their personal freedom to pursue a preferred course of livelihood. The employee's bargaining position is weakened because he is potentially shackled by the acquisition of alleged trade secrets; and thus, paradoxically, he is restrained, because of his increased expertise, from advancing further in the industry in which he is most productive. Moreover, as previously mentioned, society suffers because competition is diminished by slackening the dissemination of ideas, processes and methods.[608]

---

608) Id., 399 Pa. 569, 578-79.

4. 영업비밀의 사회경제적 효과

몇 해전 중소벤처기업부가 중소기업의 영업비밀요건을 약화시켜 중소기업의 영업비밀 보호를 강화시키겠다는 입법안을 제시한 바가 있었다. 이러한 입법정책은 매우 단순한 생각으로 Wexler v. Greenberg 사건에서 법원이 지적한 문제가 발생한다. 영업비밀의 요건을 낮추면 중소기업이 보호될 것이라는 논리는 영업비밀보호법에 대하여 매우 무지하여 나온 발상으로밖에 보이지 않는다. 그러한 태도로 영업비밀보호법을 제정하고 정책을 펼친다면 정부가 산업에 얼마나 나쁜 영향을 미칠지는 명백하다.

中企기술보호법 개정안, 문제 많다[609]

최근 박정 더불어민주당 의원 등이 중소기업기술 보호 지원에 관한 법률 일부개정안을 발의했다. 중소기업기술이 영업비밀이 아니더라도 비밀유지계약 위반이나 부정취득 등으로부터 보호받도록 하고, 행정구제를 강화한 것이다. 그러나 이 법안은 중소기업을 보호하기보다 되레 망하게 할 가능성이 높다.

독점에 대한 많은 우려에도 불구하고 특허제도는 라이선스를 장려하여 기술을 확산·진보시키고, 독점기간이 끝난 후에는 새 기술개발의 밑바탕이 되어 사회 전체에 도움을 준다. 그러나 영업비밀은 기술의 사회적 확산과 친하지 않다. 영업비밀은 타인에게 이전되면 이를 회수할 방법이 마땅치 않기 때문이다.

실리콘밸리와 루트128 지역이 좋은 예다. 19세기에 이미 섬유, 군수, 기계산업이 발달했던 루트128 지역은 1861년 설립된 매사추세츠공대(MIT) 인력을 바탕으로 보스턴 외곽의 128번 도로를 따라 형성됐다. 그보다 훨씬 늦게 1937년 휼렛패커드의 창업으로 시작된 실리콘밸리는 제2차 세계대전을 통하여 성장했다. 실리콘밸리는 첨단기술과 벤처를 상징하는 아이콘이 되었지만 루트128 지역을 아는 사람은 거의 없다.

두 지역의 흥망성쇠의 열쇠는 영업비밀 보호와 관련된 법적 제도의 차이에 있다. 루트128 지역이 속한 매사추세츠는 영업비밀보호법에 따라 기업을 떠나는 종업원에게 상대적으로 강한 영업비밀 유지를 강제했다. 이에 그 지역에서는 창업이나 전직이 자유롭지 못했고 경쟁도 적었다. 캘리포니아에도 영업비밀보호법이 존재하지만 직업선택의 자유를 제한하는 것은 불법이라고 규정했다. 이에 실리콘밸리에서 일한 젊은이들은 전직이나 창업하더라도 이전에 일하던 기업에 대한 경업금지의무로부터 자유로웠다.

정부는 대학생들에게 조기 창업을 장려하고 있다. 그러나 이 법이 통과되면 이제 대학생들에게 중소기업에는 취업하지 말고, 일단 취업을 하면 전직이나 창업을 하지 말도록 교육해야 한다. 중소기업에서 비밀유지계약에 서명했다가 퇴직 후 이를 사용하면 범죄자가 될 수 있다. 이러한 이유로 앞으로 중소기업에 취업하려는 좋은 인력은 없어지고 중소기업은 인력난과 경쟁력 저하로 설 자리가 없어질 것이다. 이 법안은 중소기업과 벤처기업을 죽이는 칼이 될 것이다.

나종갑 연세대 법학전문대학원 교수

모든 재산권이 그러하듯 영업비밀은 양날의 칼이다. 특허요건을 낮추어 특허등록을 많게 하면 특허를 받지 못한 대부분의 사람은 자신의 자유를 희생하게 되고 시장에서의 정당한 경쟁을 왜곡하게 된다. 물론 특허는 발명의 공개와 특허보호기간이 종료된 후에 공중의 지식으로 변환되는 대가로서 일정기간 특허 독점을 부여하는 것이므로 공중과 특허권자 사이에는 일정한 균형이 형성되어 있다. 그러나 영업비밀은 그 영업비밀인 정보가 공개가 되지 않기 때문에 특허보다 사회경제적 효과가 적다. 이로 인하여 미국에서는 영업비밀이 과학기술발전이라는 국가정책에 부합하는 것인지에 대하여 많은 논란이 있었고, 이는 앞서 언급한 Kewanee Oil 사건에서 연방대법원이 영업비밀보호도 연방정부의 과학기술정책에 부합하는 것이라고 판시함으로서 일단락 되었다.

영업비밀의 보호를 강화하기 위해 그 요건은 낮추는 순간 사회에는 많은

---

609) 동아일보, 2017년 11월 28일자 (https://www.donga.com/news/Opinion/article/all/20171128/87477594/1).

부담이 발생한다. 앞서 Wexler v. Greenberg 사건에서 펜실바니아 주 대법원은 고용관계중에 기술을 많이 습득하면 습득할수록 고용주의 영업비밀을 침해할 가능성이 높아지고, 이로 인하여 전직이나 이직의 어려움이 발생하게 된다고 지적하고 있다. 이직이나 전직의 제한은 사회전체적으로는 경쟁이 감소하는 효과를 가져오기 때문에 궁극적으로 사회에 부담이 되고, 영업비밀보호가 가져오고자 한 사회의 효용성을 증가시키는 것이 아니라 사회의 효용성을 감소시키게 된다.

또한 낮은 영업비밀요건은 영업비밀의 증가를 가져와 다른 중소기업이나 중소기업에 종사했던 직원들을 상대로 한 현상금 사냥꾼(bounty hunter)이 증가할 것이다. 중소기업에서는 본래의 영업을 하는 것보다 현상금 사냥꾼이 되는 것이 더 수지 맞는 장사가 될 수 있다. 사회적으로 매우 바람직하지 않은 상황이다.

제3절 영업비밀보호와 정부 정책

1. 정부의 자원배분과 지적재산권

정부의 정책적 투자와 민간의 투자는 그 효율성에서 차이가 발생한다. 시장의 수요를 반영하는 것은 정부투자이다. 지적재산권, 특히 기술투자분야에 있어서 특허나 영업비밀은 정부의 투자를 대체하는 효율적인 수단이 된다. 따라서 지적재산권제도는 민간의 자원과 정부자원을 효율적으로 사용하는 수단이 된다.

캘리포니아 대학 버클리 캠퍼스, 로스쿨의 Robert Merges 교수는

[t]he key advantage of these rights, from the government's point of view, is that they are 'off budget.' That is, they do not involve a direct expenditure of government funds. This intellectual property represents something of a free lunch in the eyes of the government: a valuable benefits for which business constituents will be grateful, but which also has zero impact on the budget deficit.[610]

라고 지적하고 있다. 정부는 권리를 부여하고, 발명에 대한 투자는 민간이 하기 때문에 발명으로 인하여 증진되는 국민의 복지(welfare)에 대하여 정부가 무임승차(free lunch)를 한다는 것이다. 발명이 가져오는 사회 경제적 효과는 매우 큼에도 불구하고 정부예산 투자는 없다는 것이다. 그리하여

---

610) Robert Merges, The Economic Impact of Intellectual Property Rights: An Overview and Guide, 19 Journal of Cultural Economics, 103, 111 (1995).

정부입장에서 보면 매우 수지 맞는 장사가 된다.

나아가 Robert Merges 교수는

> All the legislator knows is that there is a plausible argument that a certain property necessary, or that an existing right ought to be strengthened. This, together with the certain knowledge that industry members will be pleased and the [federal budget] deficit will not be affected, provides all the rationale most legislators need.[611]

라고 하여, 지적재산권에 대한 보호는, 재산권이든 기존 권리의 강화이든, 필요하다는 것을 지적하고 있다. 즉 지적재산권을 인정하는 것이 경제적으로는 정부의 예산, 그리고 국민의 세금을 소비하지 않는다는 것이다. 그리고 결론에서 다음과 같이 언급하고 있다:

> Wherever else the economic approach to intellectual property takes us, we should keep firmly in mind that allocative efficiency - the Holy Grail we usually strive for - is not the only goal to which economic analysis can give service. If a community desires to redistribute income to artists through intellectual property rules (e.g., a droit de suite), we ought to stand ready to assist. In this and other cases, we must recall that the tools we employ, or consume, or at least have passing interest in, are powerful enough to be of service throughout the length and breadth of a field that has as its charter more than maximizing monetary forms of utility.[612]

---

611) Id.
612) Id.

사회 자원의 최대의 금전적 평가 보다 더 강력하고 충분하게 지적재산의 보호를 하여야 한다고 주장한다. 물론 위 견해는 지적재산 분야에서 유명한 한 교수의 주장이기는 하지만, 지적재산권을 보호하는 것은 국가의 예산을 사용하지 않는다는 점에서는 경청해 볼만한 의의가 있다. 정부와 국민은 매우 수지 맞는 장사가 될 수 있다. 다만, 항상 강조하는 것이지만 강하거나 다수의 지적재산권을 부여하는 것은 옳지 못하다. 물론 그 반대의 경우도 동일하다. 항상 정부 정책은 균형(equilibrium)에 맞추어야 한다.

2. 정부의 기술개발투자정책: 전망이론(The Prospect Theory)[613]

버지니아 대학 로스쿨의 에드먼드 키치(Edmund Kitch) 교수는 지적재산권에 대하여 다른 관점에서 정부 정책적 관점을 제시한다.[614] 정부의 발명의 정책의 정당성에 관하여 발명에 관한 미래의 투자를 유도하여 사회에 이익을 가져오는 방향으로 행사되어야 한다고 주장하였다.[615] 그의 주장은 소위 전망이론(Prospect Theory)라고 한다. 그의 이론은 미국의 Bayh-Dole Act의 제정 계기가 되었다.

키치 교수의 전망이론은 최초의 발명 이후에 특허의 유용성이 온다고 전

---

613) 본 부분은 "특허권의 정당성에 관한 이론의 전개와 전망" (2010)에서 발췌하여 수정했음.

614) 경제적 관점 및 동기/유인이론(Incentive Theory)의 입장에서 특허제도의 정부정책적 관점에 대한 분석은 전망이론(Prospect Theory) 이외에도 개발 및 상업화 이론(Development and Commercialization Theory), 공개이론(Disclosure Theory), 발명유도이론(Invention-inducement Theory) 등이 존재한다.

615) Edmund Kitch, The Nature and Function of the Patent System, 20 Journal of Law and Economics, 265 (1977).

제한다. 전망이론은 최초의 발명에 대한 넓은 특허는 특허권자로 하여금 여러 가지 측면으로 자신의 발명을 발전시키거나 새로운 기술 개발을 하거나 상업화 할 수 있도록 한다고 한다. 반대로 최초의 발명에 대하여 보호를 하지 않는 것은 발명자를 좌절시키는 것이다.

전망이론은 기술의 상업화에 대해서는 '개발 및 상업화 이론'(Development and Commercialization Theory)[616]과 다르게 접근한다. 개발 및 상업화 이론은 특허는 발전과 상업화를 유발한다는 이론인데, 전망이론은 기술 개발과 발명의 넓은 범위는 최초의 발명이 다른 방향에서 개발이나 수정이 새로운 투입이 존재하게 되는 경우에 가능하게 된다는 이론이다. 개발 및 상업화 이론은 연구 도구(research tools)와 같은 대학의 발명에 대한 이론이다.

전망이론은 특허로 하여금 광범위한 기술 전망의 발전을 가져온다고 주장한다.[617] 전망이론은 최초의 발명을 이용하여 많은 발명이 이루어질 수 있다고 가정하고 있는데, 이는 본 이론의 문제점이기도 하다. 많은 발명가가 지식을 공유하여, 공유된 지식에 의하여 동일하거나 유사한 발명을 할 가능성을 공유한다. 발명가는 자신의 경쟁자를 보듯이 자신의 경쟁자도 자신을 보고 있다는 것을 알고 있다. 따라서 동일, 유사한 발명에 대하여 다수의 경쟁자들이 경쟁을 하고 있다. 만일 최초의 발명에 대하여 광범위한 특허를 부여한다면, 광범위한 특허를 개발할 경쟁이 심하게 이루어질 것이다. 기술개발의 속도가 빨라질 것이다.

키치 교수는 석유가 상업적으로 중요시 되었을 때, 석유채굴업자들은 배타적인 채굴권을 취득하기 전에 많은 투자를 하여 석유탐사를 하여야 했는

---

616) Eisenberg, Rebecca, Public Research and Private Development: Patents and Technology Transfer in Government Sponsored Research. 82 Virginia L. Rev., 1663-1727 (1996).

617) Robert P. Merges & Richard R. Nelson, On the Complex Economics of Patent Scope, 90 Colum. L. Rev. 839 (1990), Merges 교수와 Nelson 교수는 역사적으로 볼 때 기술이 누적되는 체계하에서 광범위한 특허는 반생산적이라고 주장한다. Id.

데, 연방정부가 채굴권에 배타적인 채굴 실시권을 부여하는 입법을 하여 해결하였다는 점을 지적하면서[618] 채굴에 대한 우선권은 최초로 발견을 하고, 담장을 치고, 파일을 박은 채굴업자에게 부여하고, 채굴업자가 자신의 채굴을 극대화 할 수 있는 지역을 한정하였듯이 특허권자도 자신의 특허 범위를 한정하여야 한다고 한다. 채굴업자가 자신의 채굴권의 범위를 명백히 하여 공유지와 구별하였듯이 특허도 그와 같이 자유실시발명(the public domain)과 특허권의 범위를 명백히 하여야 한다고 주장했다.

최초의 발명에 대해서는 그 발명을 레버리지로 이용하여 후속의 발명을 하여야 하기 때문에 그 발명에 대한 특허는 광범위하게 부여하여야 한다고 주장했다. 그리고 이와 같이 광범위한 특허 부여는 덜 낭비적이고, 무단복제로부터 보호하는 것이라고 하였다.

그러나 최초의 발명에 대한 광범위한 특허는 사회적 비용이 증가한다. 즉 특허부여는 반대로 사회의 부담이기 때문이다. 최초의 발명에 대하여 광범위한 특허를 부여한다면 최초의 특허를 바탕으로 한 후속의 발명은 최초의 발명을 침해할 가능성이 높게 된다. 따라서 최초의 발명자와 경쟁하는 발명자는 최초의 발명자로부터 협상을 통하여 라이센스를 받아야 할 것이다.[619] 그렇다면 전망이론에 따른 최초의 발명에 대하여 광범위한 특허를 부여하는 특허제도는 그 결과가 성공적이라고 하더라도 많은 사회적 부담에 의한 것이므로 결국 최대 다수의 최대 이익을 가져온 것이라고는 할 수 없고,[620] 만일 그 결과가 성공적이지 못하다면, 다시 말하면 최초발명에 의해 많은 후속발명이 성공적으로 이루어지지 않았다면 사회는 이미 그 최

---

618) Edmund Kitch, The Nature and Function of the Patent System, 20 Journal of Law and Economics, 265, 273 (1977).
619) 특허법 제98조 참조.
620) 최대다수의 최대행복이라는 사회적 이익의 평가를 하기 위해서는 최초의 발명에 대한 발명이나 특허의 실시료에 대한 차감이 이루어져야 하고, 그 만큼 특허제도의 효용이 감소한다고 할 수 있다.

초발명에 대하여 많은 부담을 하였으므로 실패한 것이라고 할 수 있을 것이다.

전망이론은 광범위한 전망(prospect)에 대한 특허를 부여하는 이익과 비용을 정의하는 중요한 쟁점과 특허의 라이센스 시장에서의 정책을 제시를 하는 이론이다. 만일 특허라이센스에 대한 거래비용(transaction costs)이 적다면 광범위한 특허권을 부여하더라도 사회적 비용이 적게 되지만, 거래비용이 많아진다면 광범위한 특허권의 부여는 특허의 효율성을 감소시킨다.[621] 즉 전망이론은 라이센스를 활성화 시킬 수 있도록 법제도와 시장이 형성되어야 한다는 점을 강조하게 된다.

Merges와 Nelson 교수는 부분적으로 반전망이론(anti-prospect theory)의 입장에서 기술혁신을 가져온 부분에 한하여 발명의 장려(incentive)로서 특허를 부여하여야 한다고 한다. 이러한 장려는 발명의 동기가 되고, 발명은 연구개발비용에 의존하고, 생산은 발명에 의존하고, 경제적 후생은 생산에 의존한다는 가정하에 발명과 혁신은 빠른 것이 좋다고 한다.("faster is better")[622]

Merges 교수와 Nelson 교수들이 밝히는 것과 같이 반특허이론은 아니다. 특허경쟁에서 발생하는 비용은 회수가 불가능한 매몰비용(sunken cost)이 아니라 궁극적으로는 그러한 비용투자로 인하여 기술혁신이 발생하기 때문에 후생을 증가시키기 위한 필요비용이다. 최초발명자에게 특허권을 부여하는 것은 경쟁을 활성화시켜 기술혁신과 진보를 이루기 위한 것이다.[623] 그러나 기초발명이나 개척발명(pioneer invention)에 대한 광범위한

---

621) National Research Council, Intellectual Property Rights and Research Tools in Molecular Biology, Summary of a Workshop Held at the National Academy of Sciences, 1996, p. 24.

622) Robert P. Merges & Richard R. Nelson, On the Complex Economics of Patent Scope, 90 Colum. L. Rev. 839, 878 (1990)

623) Prospect Theory에서는 우선권은 조기에 특허를 부여하여 불필요한 경쟁을 제한하기 위한 것이라고 한다.

특허는 경쟁자에 의한 발명을 감소시켜 기술혁신을 저해한다. 인류가 기본적 과학적 발견에 대하여 특허를 부여하지 않은 것도, 부분적 이유로, 광범위한 독점이 될 것이라는 우려와 같다. 따라서 기초발명과 같은 몇몇의 소수 발명에 대한 광범위한 특허는 기술혁신을 저해한다. Merges 교수와 Nelson 교수는 백열등, 자동차, 비행기, 라디오, 반도체 및 컴퓨터, 화학 산업 등에 대한 역사적 경험적 분석을 통하여 광범위한 특허를 부여하는 국가는 기술발전이 저해된다고 한다.[624]

Merges 교수와 Nelson 교수에 따르면, 에디슨이 발명한 백열등에 대한 특허는 미국의 백열등 산업의 기초발명이었다. 에디슨이 백열등에 대한 특허를 취득하자[625] 경쟁자들을 시장에서 사라졌다.[626] 에디슨의 제네럴 일렉트릭(General Electric, GE)은 시장점유율이 40%에서 75%로 상승했다. 백열등 시장에 참여하는 새로운 기업도 줄었다. 에디슨의 특허기간이 종료할 시점에는 기술향상도 지체되었다.[627] 그러나 에디슨에게 특허가 부여되기 전에는 에디슨의 경쟁자들에 의해서 기술향상도 있었고, 기술혁신의 속도도 빨랐다. 광범위하고 장기간의 특허에 의해서 시장은 기술혁신의 발전이

---

624) Robert P. Merges & Richard R. Nelson, On the Complex Economics of Patent Scope, 90 Colum. L. Rev. 839, 884-908 (1990).

625) 에디슨은 1891년 백열등의 기초발명인 카본 필라멘트에 대하여 U.S. Patent No. 223,898를 취득했다. 본 특허는 1894년 종료되었다. Id., 886-87.

626) 1982년에 26개 기업이 백열등 시장에 진입했으나, 에디슨이 백열등에 대하여 특허를 취득하여 만료되던 해인 1894년에는 8개 기업만이 시장에 진입했다. Id.

627) A. Bright, The Electric-Lamp Industry: Technological Change and Economic Development from 1800 to 1947, 122 (1949) ("After the introduction of the incandescent lamp and its first rapid changes ⋯ the Edison Electric Light Company did not introduce many important new developments. Edison himself turned to other problems, and the company's technical leadership in incandescent lighting was not revived until after the merger [that formed General Electric in 1896].") Robert P. Merges & Richard R. Nelson, On the Complex Economics of Patent Scope, 90 Colum. L. Rev. 839, 886 (1990)에서 재인용.

없었다.628) Merges 교수와 Nelson 교수는 결국 특허가 기술혁신을 저해하였다고 주장한다.

거래비용은 기술발전에 있어서 매우 중요한 요소이고, 특히 장래의 기술개발을 위한 경우에는 거래비용에 따라 기술개발의 효용성이 결정된다. 기술적 진보는 누적된 결과이고, 오늘의 기술발전은 내일의 기술발전을 가져온다. 따라서 후속 기술은 선행기술에 의존적이다. 후속기술을 개발은 선행기술에 대한 투자에 의하여 결정된다. 이러한 면을 고려한다면 에드먼드 키치(Edmund Kitch) 교수의 전망이론(Prospect Theory)은 매우 유용한 측면이 있다. 발명가가 최초의 특허를 취득하면 광범위한 권리를 취득하기 때문에 발명을 영업비밀로 보유하는 대신에 특허를 취득하고, 특허된 발명의 지식은 결국 공중의 지식이 된다. 그리고 자신의 최초의 발명을 토대로 후속발명의 포토 폴리오를 진행해 나간다면 자원의 배분과 기술의 개발에 매우 효율적일 수 있다. 예컨대 삼성전자와 인텔(Intel), 대만반도체(TSMC) 등 반도체 회사들의 반도체 회로의 선폭경쟁을 보면, 기술개발 로드맵에 따라 자신들의 미래 개발 목표 기술을 전망하고 이에 따라 장기적인 계획에 따라 기술개발을 완성해나가는 것을 볼 수 있다.

장기적인 기술개발 로드맵에 따라 장기 투자에 의해 계획된 기술을 개발할 수 있도록 하는 것은 전망이론의 가치이다. 그러나 광범위한 특허는 공중의 부담일 뿐만 아니라 경쟁자는 많은 특허 실시료를 부담하게 된다. 그뿐만 아니라 Merges 교수와 Nelson 교수가 지적하는 바와 같이 광범위한 특허는 역사적, 경험적으로 새로운 기술개발로 이어진 것이 아니라 기술의 정체화를 가져온 경우도 많다.

---

628) Id., 887-88.

반도체 미세선폭 로드맵

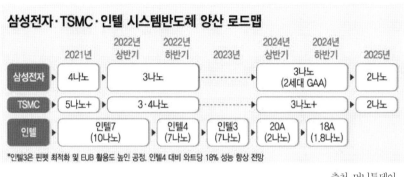

출처 머니투데이

　나아가 전망이론의 문제점은 삼성전자, LG 전자, 현대기아자동차, SK하이닉스, LG 에너지솔루션 등과 같은 첨단기술을 개발하는 대기업은 기초기술을 바탕으로 기술개발의 로드맵을 완성해 갈 수 있지만, 많은 발명은 개인 발명가에 의해 수행된다. 개인발명가나 중소기업 등이 수행하는 연구는 기술 개발로드맵에 의해 진행되지 않으므로 전망이론은 특정한 첨단기술을 가진 대기업을 위한 이론이 된다. 다만, 정부가 기술개발정책을 시행할 경우에는 기술로드맵을 완성시키고 이에 따른 RnD 예산을 집행할 수 있으므로 유용한 정책적 수단이 될 수 있다.

제4절 영업비밀보호와 과학기술발전: 실리콘 밸리와 Route 128 지역의 흥망성쇠[629]

1. 영업비밀보호법제도와 과학기술발전

특허가 과학기술의 발전에 미치는 영향에 대하여는 많은 연구가 진행되어 왔다. 그러나 영업비밀이 과학기술에 미치는 영향에 대해서는 많은 연구가 진행되지 않았지만, 최근 실리콘 밸리의 첨단기술발전이 주목을 받으면서 실리콘 밸리가 첨단기술단지로 발전하게 된 원인에 대한 실증적인 연구가 진행되었다. 사회경제문화적인 관점에서 이루어진 대표적인 연구는 캘리포니아 대학교 버클리 캠퍼스의 AnnaLee Saxenian 교수의 "Regional Advantage: Culture and Competition in Silicon Valley and Route 128"이 대표적이다.[630]

샌프란시스코의 남쪽 샌호제(San Jose)에 위치한 실리콘 밸리와 매사추세스 주[631] 보스톤 근처의 Route 128 지역[632]은 첨단기술의 개발지역으로

---

629) 이하는 "영업비밀보호가 과학기술발전에 미치는 영향에 관한 법제도 연구," (2009)의 일부를 발췌하여 현재 시점을 반영하여 수정보완하였음.

630) 본 연구서는 1996년 3월 1일 초판이 나온 이후, 2022년 6월 30일 현재 아마존 인터넷 서점에서 50,525번째 판(edition)이 판매되고 있다.

631) Route 128 지역이 있는 매사추세스 주는 영업비밀보호에 대하여 커먼로 원칙을 따르다가 최근에 UTSA를 따라 입법화 했고, 본 연구 부분은 커먼로 원칙을 따르던 시대의 산업의 상황을 분석한 것이다.

632) Route 128 지역은 보스톤과 캠브리지 지역을 원형으로 둘러싼 외곽순환도로인 128번 고속도로의 65마일에 해당하는 지역을 말한다. Susan Rosegrant & David R. Lampe, Route 128: Lessons From Boston's High-Tech Community, Basic Books, 1992, p. 3.

유명하였다. Route 128 지역은 19세기에 이미 섬유, 군수산업 및 기계공업이 발달하였다. 1861년 설립된 매사추세스공과대학("MIT")은 1918년 GE, 코닥 그리고 듀퐁사의 재정적 지원하에 기술계획(Technology Plan)을 마련하고 1920년대에 기업의 연구와 투자를 유치하기 위해서 산업협력연구국(a Division of Industrial Cooperation and Research)을 설립하였다. 2차대전중에 정부의 연구투자가 Route 128 지역에 집중되어 사적 기업의 연구투자를 능가하고, Route 128 지역에 위치한 첨단기술산업에 인력을 공급하던 MIT는 미국의 어느 대학보다도 국방부의 연구자금지원을 많이 지원받아[633] 군용기술개발의 핵심으로 발전하게 되었다.[634] Route 128 지역에 대한 집중투자는 Route 128이 위치한 매사추세스의 Harvard 대학 및 Tufts 대학도 MIT와 함께 Route 128 지역의 인력공급원으로 육성되어 군용기술의 연구와 인력양성의 중심지로 발전하게 되었다. 그러나 1970년대 베트남 전쟁의 종료와 우주개발경쟁의 약화와 함께 Route 128 지역은 쇠퇴의 길을 걷게 되고, 잊혀져가는 첨단산업벨트가 되었다.[635]

하버드 대학과 MIT라는 지역의 대학을 배경으로 한 Route 128과 같이, 실리콘 밸리는 지역의 스탠포드 대학을 배경으로 하고 있다. 실리콘 밸리는 Route 128과 같이 2차대전동안 군수산업을 배경으로 성장하였다. 보통 실리콘 밸리는 1937년 휴렛패커드사(HP)의 창업으로 시작된다고 한다.[636]

---

633) Annalee Saxenian, Regional Advantage: Culture and Competition in Silicon Valley and Route 128, Harvard Univ. Press, 1996, pp. 11-12.

634) Id.; Susan Rosegrant & David R. Lampe, Route 128: Lessons From Boston's High-Tech Community, Basic Books, 1992, p. 15.

635) Annalee Saxenian, Regional Advantage: Culture and Competition in Silicon Valley and Route 128, Harvard Univ. Press, 1996, pp. 11-12.

636) 물론 실리콘 밸리에는 HP 설립이전에도 스탠포드대학을 졸업한 Charles Litton에 의하여 설립된 Litton Engineering Laboratories가 있었다. 위 회사도 2차 대전 동안 군수산업으로 발전하였다.

Route 128 지역[637]

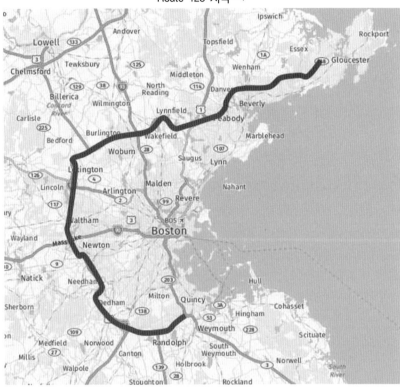

굵은 선으로 표시된 도로에 연결된 지역

MIT를 졸업한 Frederick Terman은 스탠포드대학의 교수로 부임하여 자신의 제자였던 Hewlett이 석사논문으로 제출한 음향 진동자(audio oscillator)에 대한 연구를 상업화 하도록 하고 창업자금으로 538달러를 제공하면서 실리콘 밸리의 역사가 시작되었다. 2차대전 당시 실리콘 밸리지

---

637) 지도 사진은 https://ez.analog.com/ez-blogs/b/engineering-mind/posts/the-road-to-nowhere 에서 가져옴.

역에는 IP, Litton Engineering Lab 및 Varian Associates 등이 존재하였지만 Route 128 지역보다는 작은 규모이었다.[638] 2차대전동안 Terman은 스탠포드대학을 떠나 하바드대학의 주파수연구소(Harvard's Radio Research Laboratory)의 책임자로 있다가 1946년 스탠포드대학의 공대학장으로 부임하였다. 그는 동부의 Route 128지역과 같이 스탠포드가 위치한 지역의 과학자와 대학의 산학협력에 의한 기술집약산업을 건설하는데 집중하였다.[639] 그리하여 실리콘 밸리에는 GE, Kodak, HP, Watkins-Johnson, Westinghouse, Xerox, NASA, Lockheed Aerospace 등의 산업과 연구소 및 관련된 벤처들이 위치하게 되었다. 특히 Fairchild 사의 창업과 소속연구원에 의한 벤처의 창업[640]은 실리콘 밸리가 반도체 산업의 핵심기지로 발전하게 된 계기가 되었다.

1990년대에 이르러 실리콘 밸리는 첨단기술의 복합적인 지역으로 변하게 되었다. 실리콘 밸리는 Route 128 지역과 함께 미국의 IT 산업의 발전기지로 널리 인식되게 되었다. 그리하여 실리콘 밸리지역은 Route 128 지역보다 3배 이상의 기술관련 고용을 창출하였을 뿐만 아니라 2배 이상의 수출을 하였다.[641] 실리콘 밸리의 성장에는 실리콘 밸리의 사회문화적인 요

---

638) Annalee Saxenian, Regional Advantage: Culture and Competition in Silicon Valley and Route 128, Harvard Univ. Press, 1996, pp. 20-21.

639) Id., 22.

640) 트랜지스터의 공동 발명자의 하나인 William Shockley는 AT&T 연구소를 사직하고 Shockley Transistor Corporation을 창업을 하면서 선도적인 연구자들을 고용하지만, 2년 후에 그 연구자들은 Shockley 사를 떠나면서 Fairchild Semiconductor Company 를 창설한다. Fairchild Semiconductor 의 발전에 힘입어 1960년대에는 31개의 반도체 회사가 실리콘 밸리에 위치하게 된다. Id., 26.

641) Id., 2-3. 1959년 Route 128 지역의 반도체산업이 27,500명을 고용하였는데 반하여 실리콘 밸리지역은 10,000명이었다. 그러나 1970년에는 실리콘 밸리 지역의 반도체 산업은 28,500명을 고용하였는데 반하여, Route 128지역은 19,500명을 고용하였다. 그리고 1980년에는 실리콘 밸리지역은 61,000명을 고용하였는데 반하여, Route 128 지역은 19,000명으로 변동이 없었다. Id., 79 1990년 실리콘 밸리는 110억 달러를

소도 기여를 하였다고 평가된다. Route 128 지역은 보수적이었고, 안정을
선호하고 회사에 대한 충성심이 높은 가치로 인식되었다.[642] 그리하여 이
직은 제한되었다. 매사추세스 주가 명시적인 입법이 없이 기존의 커먼로에
의해 영업비밀보호를 하다가 2018년 10월 1일 UTSA를 따른 영업비밀보호
법을 제정하였는데, UTSA를 따르기 이전까지는 커먼로에 의하여 UTSA
보다 어느 측면에서는 캘리포니아 주보다 상대적으로 강한 영업비밀보호
를 하여, 매사추세스 주에서는 기술자와 종업원의 이직과 전직이 자유롭지
못하였다. 이러한 고용 환경이 매사추세스 주에서는 자유로운 경쟁을 제한
하였다는 평가를 할 수 있고, 이러한 경쟁제한이 첨단산업의 쇠퇴로 이루
어졌다고 평가할 수 있다.

   그러나 실리콘 밸리지역은 서부의 자유스러운 사회문화를 바탕으로 소
규모의 창업과 이직에 대한 법적 제약이 약하여 비교적 이직이 쉽게 이루
어져[643] 경쟁이 촉진되었다는데 실리콘 밸리가 부흥하게 된 하나의 원인을
찾을 수 있다. 그러한 자유스러운 이직의 배경에는 캘리포니아 주법상 피
고용자에게 경업금지를 부과하는 계약이 원칙적으로 금지된 법적 환경이
있었다. 따라서 캘리포니아 주에서는 새로운 벤처를 창업하는데 법적으로
제한이 적었고, 이러한 법적 환경과 경쟁과 창의를 장려하는 캘리포니아
주의 사회문화와 결합하여 오늘날 첨단산업의 메카라고 불리는 실리콘 밸
리가 융성하게 된 원인이 되었다고 평가할 수 있다.

수출한 반면 Route 128 지역은 46억 달러를 수출하였다. Id., 2. 그리고 1997년 실리
콘 밸리는 290억 6천만 달러를 수출하였던 반면 Route 128 지역은 87억 달러를 수
출하였다. Ronald J. Gilson, The Legal Infrastructure of High Technology Industrial
Districts: Silicon Valley, Route 128, and Covenants Not to Compete, 74 N.Y.U.L.
Rev. 575, 587 n. 38 (1999).

642) Annalee Saxenian, Regional Advantage: Culture and Competition in Silicon Valley
   and Route 128, Harvard Univ. Press, 1996, p. 62.

643) Id., 34.

2. 영업비밀보호

가. 캘리포니아 주

캘리포니아 영업비밀보호법은 통일영업비밀보호법에 따라 규정하고 있다. 통일영업비밀보호법(UTSA)과 캘리포니아 주법은 다음과 같다.

UTSA	캘리포니아
(4) 영업비밀은 방식, 모형, 조합, 프로그램, 장치, 방법, 기술 또는 공정을 포함한 정보를 의미: ("Trade secret" means information, including a formula, pattern, compilation, program, device, method, technique, or process, that:)	(d) 영업비밀은 방식, 모형, 조합, 프로그램, 장치, 방법, 기술 또는 공정을 포함한 정보를 의미: ("Trade secret" means information, including a formula, pattern, compilation, program, device, method, technique, or process, that:)
(ⅰ) 그것(영업비밀)의 공개나 사용으로부터 경제적 가치를 취득할 수 있는 다른 사람들에게 일반적으로 알려지지 않고, 또 그들이 적절한 수단에 의해서 쉽게 알 수 없는 것으로 부터 잠재적 또는 실제적 독립적인 경제적 가치를 창출하고 (derives independent economic value, actual or potential, from not being generally known to, and not being readily ascertainable by proper means by, other persons who can obtain economic value from its disclosure or use, and)	(1) 그것(영업비밀)의 공개나 사용으로부터 경제적 가치를 취득할 수 있는 다른 사람들에게 일반적으로 알려지지 않은 것으로 부터 잠재적 또는 실제적 독립적인 경제적 가치를 창출하고 (Derives independent economic actual or potential from value not being generally known to the public or to other persons who can obtain economic value rom its disclosure or use; and)
(ⅱ) 비밀성을 유지하기 위해서 각 상황에 따른 합리적인 노력을 기울일 것 (is the subject of efforts that are	(2) 비밀성을 유지하기 위해서 각 상황에 따른 합리적인 노력을 기울일 것

reasonable under the circumstances to maintain its secrecy[644])	(Is the subject of efforts that are reasonable under the circumstances to maintain its secrecy.[645])

다만 캘리포니아 주법은 UTSA과 사실상 같지만, UTSA에 존재하는 "and not being readily ascertainable by proper means by" (적절한 수단에 의해서 쉽게 알 수 없고)가 생략이 되어 있다.

적절한 수단에 의해서 쉽게 알 수 없다는 요건이 없더라도 영업비밀은 비밀성을 요건으로 하므로, 쉽게 알 수 있는 경우에는 비밀성 요건을 충족하지 못하여 영업비밀의 지위를 상실할 수 있다. 결과적으로 UTSA나 캘리포니아 주법이나 큰 차이는 보이지 않는다고 생각된다. 다만, 적절한 수단이란 역설계(reverse engineering)와 같은 합법적인 수단인데, 역설계와 같은 경우에는 영업비밀의 합법적인 취득방법으로 인정되고 있다. 따라서 캘리포니아 주법에 명시적인 내용이 없다고 하더라도 UTSA와 같이 역설계 (reverse engineering)의 합법성을 인정하는데 무리가 없다.

나. 매사추세스 주

2018년 10월 1일 이전까지 매사추세스 주는 민사법상 영업비밀의 정의가 명시된 주법은 없었다. 그러나 2018년 10월 1일 매사추세스 주는 UTSA를 따라 영업비밀보호에 관한 법률을 제정하여 그 효력이 발생하였다.[646]

---

644) UTSA § 1(4).

645) Cal, Civ. Code § 3426.1.

646) 2022년 6월 30일 현재, 뉴욕 주와 노스 캐롤라이나 주를 제외한 48개 주가 UTSA를 따라 영업비밀보호법제를 제정하고 있다. 다만 노스 캘로라이나 주는 변형된 UTSA를 채택하고 있으므로 실질적으로 뉴욕 주를 제외하고는 모든 주가 UTSA를 따라

따라서 그 동안의 Route 128지역에서 일어난 첨단산업과 기업의 흥망성쇠
는 커먼로 법리를 따르던 시대에 이루어진 것으로 볼 수 있다.

  2018년 10월 1일 UTSA를 따른 새로운 영업비밀보호법이 시행되기 이
전, 커먼로를 따른 매사추세스 주 법원은 영업비밀에 대하여 다음과 같이
해석 정의하고 있었다.

Restatement of Torts	Massachusetts
영업에 사용되고 그것을 모르거나 사용을 하지 않는 경쟁자보다 그 소지자에게 경쟁상의) 우위를 취득하게 하는 무엇이든지 정보의 방식, 패턴, 고안 또는 조합. 그것은 화학혼합물에 대한 방식, 제조 공정, 물질의 취급 또는 보존, 기계나 다른 장치의 모형 또는 고객 리스트가 될 수 있다.	영업에 사용되고 그것을 모르거나 사용을 하지 않는 경쟁자보다 그 소지자에게 경쟁상의) 우위를 취득하게 하는 무엇이든지 정보의 방식패턴, 고안 또는 조합. 그것은 화학 혼합물에 대한 방식, 제조공정, 물질의 취급 또는 보존, 기계나 다른 장치의 모형 또는 고객리스트가 될 수 있다. 영업비밀은 영업의 수행에 있어서 지속적으로 사용되는 과정이나 장치이다. 일반적으로 영업비밀은 예컨대 상품의 생산에 대한 기계나 방식과 같이 상품의 생산에 관련되어 있다. 영업비밀의 대상은 반드시 비밀이어야 한다. 공중이 알고 있는 지식 또는 산업계의 일반적인 지식은 영업비밀로 취득될 수 없다.
(A trade secret may consist of any formula, pattern, device or compilation of information which is used in one's business, and which gives him an opportunity to obtain an advantage over competitors who do not know or use it. It may be a formula for a chemical compound, a process of manufacturing, treating or preserving materials, a pattern for a machine or other device, or a list	([A]ny formula, pattern, device or compilation of information which is used in one's business, and which gives him an opportunity to obtain an advantage over competitors who do not know or

영업비밀보호입법을 하고 있다고 할 수 있다. 관련 자료는 다음을 참조:https://
www.uniformlaws.org/committees/community-home?CommunityKey=3a2538fb-e030-
4e2d-a9e2-90373dc05792

of customers.[647])	use it. It may be a formula for a chemical compound, a process of manufacturing, treating or preserving materials, a pattern for a machine or other device, or a list of customers. A trade secret is a process or device for continuous use in the operation of the business. Generally it relates to the production of goods, as, for example, a machine or formula for the production of an article. The subject matter of a trade secret must be secret. Matters of public knowledge or of general knowledge in an industry cannot be appropriated by one as his secret.[648])

위와 같은 매사추세스 주의 영업비밀의 정의는 1939년 Restatement of Torts 상의 영업비밀 개념을 따른 것이다. 매사추세스 주가 UTSA를 따르기 전에 매사추세스 주는 형사법에서 영업비밀의 개념에 대하여 명시하고 있었는데, 그 형사법상 영업비밀의 개념은 다음과 같다[649]):

Mass. Gen. L. ch. 266, §30 : Larceny; general provisions and penalties

---

647) 본 리스테이트먼트 불법행위상의 정의는 Swartz v. Schering-Plough Corp., 53 F. Supp.2d 95, 100 (D. Mass, 1999)에서 인용된 것으로 판단함.

648) Id.

649) 매사추세스 주 형사법상 영업비밀의 정의는 본 내용에 관한 원래의 논문을 작성하던 2009년이나 본 서를 작성하는 2022년 6월이나 변함이 없다.
https://malegislature.gov/Laws/GeneralLaws/PartIV/TitleI/Chapter266/Section30.

(4) Whoever steals, or with intent to defraud obtains by a false pretense, or whoever unlawfully, and with intent to steal or embezzle, converts, secretes, unlawfully takes, carries away, conceals or copies with intent to convert any trade secret of another, regardless of value, whether such trade secret is or is not in his possession at the time of such conversion or secreting, shall be guilty of larceny, and shall be punished by imprisonment in the state prison for not more than five years, or by a fine of not more than twenty-five thousand dollars and imprisonment in jail for not more than two years. The term "trade secret" as used in this paragraph means and includes anything tangible or intangible or electronically kept or stored, which constitutes, represents, evidences or records a secret scientific, technical, merchandising, production or management information, design, process, procedure, formula, invention or improvement[650]

[번역] 누구든지 절취하거나 기망의 의도로 허위로 취득하거나, 누구든지 절취나 횡령의 의도로 다른 사람의 영업비밀을 불법적으로 횡령하거나 절취하거나, 불법적으로 취득하거나, 가져가거나, 은닉하거나 횡령할 목적으로 복사한 경우에, [그 영업비밀의] 가치에 관계없이, 그러한 영업비밀의 횡령 또는 절도 당시에 그의 점유여부를 불문하고, 절도죄를 구성하고, 주 교도소에서 5년 이하의 징역형에 처해지거나 또는 2만5천달러 이하의 벌금과 2년 이하의 징역형에 처해진다.

본 조항에서 사용되는 영업비밀이라는 용어는 비밀로서 유지된 과학적, 기술적, 상품적, 생산 또는 경영 정보, 디자인, 공정, 절차, 방식, 발명 또는 개선을 구성하고, 대표하고, 증명하고 또는 기록하는, 유체 또

---

650) Mass. Gen. L. ch. 266, § 30.

는 무체, 또는 전기적으로 보존하거나 저장될 수 있는 어느 것이든지
를 의미하거나 포함한다.

위와 같은 형사법상 영업비밀의 보호대상은 민사사건에도 인용되고 있
었다.651) 이러한 매사추세스주의 형사법상의 영업비밀의 개념은 민사의 경
우보다 더 넓은 범위를 포함하는 것으로 볼 수 있다. 즉 민사법상의 영업비
밀의 요건으로 요구되는 요건(예컨대 독립된 경제적 가치)이 형사법상의
정의에서는 없다.(regardless of value) 매사추세스 주에서는 영업비밀의 광
범위한 범위에서 형사처벌 처벌된다고 볼 수 있고, 영업비밀이 매우 넓은
범위에서 보호된다고 할 수 있다.

다. 법경제학적 분석: 죄수의 딜레마(Prisoner's Dilemma)

캘리포니아 주와 매사추세스 주의 영업비밀보호법제의 차이가 있고, 매
사추세스 주에서는 죄수의 딜레마(Prisoner's Dilemma)가 발생하고, 죄수의
딜레마로 인하여 매사추세스 주의 영업비밀보호법제에서는 기술개발 투자
가 지연되고 이로 인하여 기술개발이 이뤄지지 않는 문제가 발생한다.

'커먼로'를 따르는 매사추세스 주의 영업비밀과 'UTSA'를 따르는 캘리
포니아 주의 영업비밀의 차이로 인한 영업비밀의 보호범위에 차이가 있
다.652) UTSA를 따른 캘리포니아주와 커먼로를 정리한 1939년 Restatement
of Torts를 따랐던 매사추세스 주의 영업비밀의 보호범위는 다음과 같은 차
이가 있다. UTSA 및 캘리포니아 주법상 보호되는 정보에는 경영 및 기술정

---

651) Brian M. Malsberger, Trade Secrets: A State-by-State Survey, BNA Books, 2002,
    p. 1394.
652) 커먼로와 UTSA의 차이에 관해서는 본서 "제5장 제1절 2. 커먼로와 UTSA와의 차이
    점" 참조.

보가 포함되어 있고 '독립적인 경제적 가치'(independent economic value)를 가져야 하고 영업비밀을 '쉽게 알 수 없어야 한다.'(not readily ascertainable)

그러나 앞서 언급한 바와 같이 매사추세스 주에서 형사적으로 보호되는 영업비밀이 되기 위해서 '독립적인 경제적인 가치'(independent economic value)를 가져야 한다는 조건은 부과되어 있지 않았다. 보통 영업비밀인 정보가 독립적으로 경제적인 가치를 가져야 한다는 것은 영업에서 경쟁적인 우위를 가져온다는 것을 의미한다.653) 다만 매사추세스 주의 경우에도 민사상 영업비밀침해에서는 경쟁상의 우위를 가져올 것으로 요구하므로 이 점에 있어서는 차이가 없다.

그러나 형사처벌시에는 그와 같은 요건이 없었으므로 광범위하게 처벌된다고 볼 수 있다. 위와 같이 매사추세스 주에서 경제적 가치가 있는지 여부를 불문하고 영업비밀로 인정한 것은 형사사건에서는 경제적 가치보다는 타인이 가지고 있는 비밀로 관리되는 것에 대하여 그 보유자의 '허락없이 무단으로' 취득하는 행위의 불법성에 중점이 있는 것으로 보인다. 다만 매사추세스 주에서 민사상 영업비밀침해가 발생하기 위해서 경제적 가치를 요구한 것은 손해배상의 문제가 있기 때문이라고 생각된다. 왜냐하면 경제적 가치가 없는 영업비밀은 그 침해로 인한 금전적 손해도 없기 때문에 손해배상을 위해서는 경제적 가치가 필요하다.

커먼로를 따르는 법원의 경우에 영업비밀의 지속적 사용(continuous use)을 요건으로 하기 때문에 현재 사용하지 않는 부정적인 정보(negative information)나 아직 완성되지 않은 미완성 정보 등에 대하여 영업비밀로 인식하는데 소극적이다.654) 1939년 Restatement of Torts 상 영업비밀의 정의에는 '지속적으로 자신의 영업에 사용할 것'(continuously used in one's

---

653) Clectro-Craft v. Controlled Motion Inc., 332 N.W.2d 890; 220 U.S.P.Q 811 (Minn, 1983).

654) Restatement of Unfair Competition § 39 cmt. e.

business)이 규정되어 있는데 이와 같은 부정적 또는 미완성 정보는 지속적
으로 사용을 하기 어렵기 때문이다. 따라서 커먼로의 경우에는 영업비밀이
보호되기 위해서는 실제적인 경쟁이 필요한 것으로 이해된다.

이러한 점에서 보면 매사추세스 주는 경쟁자 사이에 상호 의존에 의한
경쟁을 촉진한 면이 있지만, 이는 표면상으로 보이는 것이다. 왜냐하면 매
사추세스 주의 영업비밀보호법상으로는 기술개발의 실패는 경쟁자의 이득
으로 연결될 수 있기 때문에 기술개발이 저해될 수 있다는 의미가 되기 때
문이다. 경쟁자가 사용하지 않는 정보나 실패한 정보는 영업비밀로 보호하
지 않으므로 산업에서는 경쟁자의 미사용정보나 실패한 정보, 아직 개발중
인 정보를 취득하여 경쟁자의 노력에 무임승차를 하는 것이 중요한 경쟁요
소가 된다. 또한 기술개발하는 과정에서 경쟁자의 직원을 채용하는 방법도
영업비밀을 쉽게 얻을 수 있는 방법이 된다. 따라서 기술개발도 중요하지
만 그 보다는 경쟁자가 실패할 것을 기다리거나 상대방의 직원을 스카웃하
는 것도 중요한 투자방법이 된다. 그 직원은 전직 회사의 경업금지조항의
적용을 받을 수 있으나 개발중인 정보나 소극적인 정보는 영업비밀로 보호
받지 못하기 때문에 영업비밀의 침해위험이 없으므로 경업금지조항이 적
용되기 어렵다. 따라서 개발중인 정보나 소극적인 정보 등을 가진 직원은
경업금지조항을 회피하여 이직이나 전직이 자유로운 면이 있다. 물론 신뢰
의무나 계약의무를 위반한 것으로 인정하는 경우도 있지만 영업비밀보호
법리에서 보면 이는 제한적인 것이었다.[655]

경쟁지역인 실리콘 밸리가 위치한 캘리포니아의 주법상으로는 소극적인
정보나 개발중인 정보 등 현재 사용하지 않는 정보라도 영업비밀로 보호받
고, 전직을 하는 직원도 영업비밀보호의무는 있기 때문에 이직한 기업에서
그와 같은 경쟁기업의 영업비밀인 정보를 사용할 수 없다.

---

655) 본서 "제5장 제1절 3. 나. '알거나 v. 알 수 있는 경우의 이분법'(know v. knowable dichotomy)" 참조.

매사추세스 주는 아래에서 보는 것과 같이 경업금지조항이 유효성을 인정한다. 이는 종업원의 이직과 전직을 제한하는 것으로 산업에 있어서는 경쟁을 제한한다. 영업비밀인 정보는 보호받지만 경업금지조항에 의하여 또다시 보호받는 결과가 된다. 어찌보면 기술보호에 있어 양극화가 되어 있다. 개발중인 정보나 소극적 정보는 보호가 되지 않지만 완성된 정보는 영업비밀보호조항과 경업금지조항에 의하여 두텁게 보호받는다. 다만, 그와 같이 경업금지조항의 유효성을 인정받는 매사추세스의 환경이라도 영업비밀보유자는 실제적인 부정취득사용(actual misappropriation) 사실을 입증해야 한다. 실제적인 경제적 가치가 위협을 받아야 하기 때문이다.656)

매사추세스 주에서 소극적 정보나 개발중인 정보를 가진 직원의 전직이 자유로운 점은 기업의 기술개발을 촉진하는 환경이 아닌 투자를 미루고 경쟁기업의 기술자를 스카웃하는 방법이 사용될 수 있는 환경을 만들기 때문에 기업은 자신이 적극적으로 기술을 개발하는 것이 아니라 상대방의 기술개발을 기다려 그 기술을 개발중인 직원을 스카웃하여 기술을 완성하는 방법을 선택하게 한다. 매사추세스 주와 같은 법제도하에서는 기술개발에 대한 투자나 그로 인한 기술개발이 촉진되지 않는다. 그러한 법제도하에서의 산업은 소위 죄수의 딜레마(Prisoner's Dilemma) 현상이 발생하여 기술투자와 기술개발이 저해되는 빈곤의 악순환이 발생하는 것이다.

물론 상대방의 실패한 정보를 취득하기 위해 형법적으로 허용되지 않는 행위를 할 수는 없지만 상대방이 개발중인 정보나 실패한 정보를 취득하는 것은 합법적이다. 이러한 점에서 보면 매사추세스 주법은 투자를 촉진하여 기술개발과 발명을 촉진하여 경쟁을 촉진하는 것보다는 투자를 지연시켜

---

656) 그러나 UTSA가 적용되는 경우에는 부정취득의 위협(threatened misappropriation)이 존재하면 금지명령을 내릴 수 있지만, 캘리포니아에서는 경업금지조항의 유효성이 원칙적으로 부정되기 때문에 매사추세스 주보다 전직과 이직이 자유롭다고 할 수 있다.

상대방의 노력으로부터 합법적으로 기술을 취득하려는 대기 수요를 증가
하게 하여 기술개발경쟁이 저해되도록 하는 면이 있다는 점을 부인할 수
없다.

정보의 지속적인 사용을 요건으로 하지 않는 UTSA상의 영업비밀의 대
상에는 독립적인 경제적 가치가 있는 한, 영업에 사용을 하지 않더라도 부
정적인 정보(negative information)와 아직 소유자가 사용을 하지 않은 정보,
미완성의 정보도 포함된다657)는 점에서 1939년 Restatement of Torts 상의
영업비밀 개념보다 넓다. 결국 UTSA를 채용한 캘리포니아가 커먼로의 영
업비밀의 개념에 따라 영업비밀을 보호하는 매사추세스 보다 더 많은 영업
비밀을 보호하고 있다고 할 수 있다.

그러나 기술개발을 위한 투자의 촉진 측면에서 보면 상대적으로 캘리포
니아 주의 영업비밀보호법이 매사추세스 주의 영업비밀보호법보다 기술개
발의 경쟁을 촉진한다고 할 수 있다. 캘리포니아에서는 실패한 소극적인
정보, 미완성의 정보, 현재 사용하지 않는 정보도 영업비밀로 보호받기 때
문에 기술개발을 위한 투자를 통하여 얻은 모든 정보가 보호된다. 따라서
경쟁자의 기술개발을 주시하는(watching) 것으로는 얻는 이익이 없고 오히
려 시장이 빨리 진입하기 위해 필요한 리드 타임(lead time)을 소모하여 기
술개발이 뒤처지게 된다. 따라서 캘리포니아 주의 영업비밀보호법이 적용
되는 경우에는 기업은 다른 경쟁자 보다 빨리 기술개발 경쟁에 뛰어드는
것이 나은 전략이 된다.

결론적으로 보면, 매사추세스 주는 영업비밀의 보호범위는 좁지만 기술
개발경쟁을 촉진하지 못하는 면이 있고, 반대로 캘리포니아 주는 영업비밀
보호범위가 넓지만 경쟁을 촉진하는 면이 있다고 정리할 수 있다.

---

657) Telex Corp. v. IBM Corp., 510 F.2d 894 (CA10, 1975) per criam, cert. dismissed
    423 US. 802 (1975).

3. 종업원에 대한 경쟁제한: 경업금지

가. 경업금지조항(non-competition agreement)의 유효성

고용주의 영업비밀보호가 중요한 것임에는 말할 나위가 없지만, 창업이
나 이직을 금지하는 경업금지조항은 경쟁을 제한하는 측면이 강하다. 그리
하여 법원칙으로서 경업금지에 대하여는 더 많은 제약이 발생한다. 다른
측면에서 본다면 경쟁을 제한하는 것은 새로운 창업이나 이직을 제한하여
영업비밀보호를 하는 것보다 산업의 경쟁력을 떨어뜨린다는 점에서 개별
적인 기업이나 연구원의 보호문제 보다는 지역 또는 국가의 산업의 문제와
연결되는 측면이 강하고, 실리콘 밸리나 Route 128지역과 같이 경쟁을 통
한 산업클러스터의 형성에 많은 영향을 끼친다.

(1) 캘리포니아 주

캘리포니아 영업 및 직업법전(California Business and Professions Code)
16600조는 합법적인 직업이나 거래 또는 영업에 종사하는 것을 금지시키
는 제한이 법적인 예외에 해당하지 않는 한 원칙적으로 불법이라고 규정하
고 있다.

> Cal. Bus. & Prof. Code S. 16600.
>> Except as provided in this chapter, every contract by which anyone
>> is restrained from engaging in a lawful profession, trade, or
>> business of any kind is to that extent void

> 16600.
>> 본 장(chapter)에서 규정하는 것을 제외하고, 어느 누구에게 어떠
>> 한 종류이건 합법적인 직업, 거래 또는 영업을 제한하는 모든 계

약은 그 범위내에서 무효이다.658)

그리고 동법 16601조와 16602조는 경쟁제한(not to compete)을 제한된 경우에 허용하고 있다.

Cal. Bus. & Prof. Code S. 16601.

Any person who sells the goodwill of a business, or any owner of a business entity selling or otherwise disposing of all of his or her ownership interest in the business entity, or any owner of a business entity that sells (a) all or substantially all of its operating assets together with the goodwill of the business entity, (b) all or substantially all of the operating assets of a division or a subsidiary of the business entity together with the goodwill of that division or subsidiary, or (c) all of the ownership interest of any subsidiary, may agree with the buyer to refrain from carrying on a similar business within a specified geographic area in which the business so sold, or that of the business entity, division, or subsidiary has been carried on, so long as the buyer, or any person deriving title to the goodwill or ownership interest from the buyer, carries on a like business therein.

16601.

영업의 신용(goodwill)을 판매하는 누구든지 또는 사업체를 판매하는 하거나 사업체의 소유권 전부를 처분하는 누구든지 또는 사업실체의 소유자가 (a) 영업실체의 신용과 함께 운용자산의 전부 또는 실질적으로 전부, (b) 사업체 일부 또는 자회사(division or

---

658) Cal. Bus. & Prof. Code § 16600.

a subsidiary)의 신용과 함께 그 사업체 일부 또는 자회사의 운용 자산의 전부 또는 실질적으로 전부, (c) 자회사(subsidiary)의 소유권 전부를 판매하는 경우에 구매자나 구매자로부터 소유권이나 신용(goodwill)으로 발생한 권리를 취득한 자가 영업이 판매되거나 영업체 또는 그 일부 또는 자회사의 영업이 수행되어온 특정한 지역내에서 동종의 영업을 수행하는 경우에 [그 판매자는] 동종의 영업(similar business)을 하지 않겠다고 구매자에게 동의 할 수 있다.659)

Cal Bus. & Prof. Code S. 16602.

(a) Any partner may, upon or in anticipation of any of the circumstances described in subdivision (b), agree that he or she will not carry on a similar business within a specified geographic area where the partnership business has been transacted, so long as any other member of the partnership, or any person deriving title to the business or its goodwill from any such other member of the partnership, carries on a like business therein.

(b) Subdivision (a) applies to either of the following circumstances:
   (1) A dissolution of the partnership.
   (2) Dissociation of the partner from the partnership.

(a) 다른 조합원 또는 그러한 다른 조합원으로 부터 영업 또는 그 신용(goodwill)에 대한 권리를 취득한 자 어느 누구라도 조합의 영업이 이전되는 특정한 지역에서 영업을 하는 한, 아래 (b)에 언급된 상황 하에서 또는 그러한 상황이 예견되는 경우

---

659) Cal. Bus. & Prof. Code § 16601.

에 어느 조합원이건 간에 유사한 영업을 하지 않겠다고 동의
한다.

(b) (a) 항은 다음의 둘 중에 적용된다
  (1) 조합의 해산
  (2) 조합으로 부터의 탈퇴[660]

16602.5.

Any member may, upon or in anticipation of a dissolution of a
limited liability company, agree that he or she or it will not carry
on a similar business within a specified geographic area where the
limited liability company business has been transacted, so long as
any other member of the limited liability company, or any person
deriving title to the business or its goodwill from any such other
member of the limited liability company, carries on a like business
therein.

16602.5

다른 주주(member) 또는 그러한 다른 주주로부터 영업 또는 그
신용(goodwill)에 대한 권리를 취득한 자 어느 누구라도 유한책임
회사(limited liability company)의 영업이 이전되는 특정한 지역에
서 영업을 하는 한, 유한책임회사가 청산을 하거나 예견되는 경
우에 그 영업이 이전되는 지역에서 어느 주주이건 간에 유사한
영업을 하지 않겠다고 동의한다.[661]

---

660) Cal Bus. & Prof. Code § 16602.
661) Cal Bus. & Prof. Code § 16602.5

예외적으로 허용되는 것은 영업의 신용(goodwill)을 같이 이전하는 경우662)와 파트너십의 해소가 예상되는 경우에 있어서 파트너가 경쟁을 하지 않겠다고 동의하는 경우이다.663) 그리고 유한책임회사의 영업의 신용을 같이 이전하는 경우, 즉 영업양도의 경우이다.664)

캘리포니아 주 법원은 종업원들이 경쟁업체나 새로운 기업을 창업하기 위해서 이직하는 것을 고용주가 제한하는 것에 대하여 부정적인 태도를 취하여 왔다.665) 다만 종업원들의 이직이 단순한 경쟁이 아니라 불공정경쟁에 해당한다면 이러한 이직은 제한된다.666) 경쟁자의 영업비밀이나 경쟁을 제한할 목적이 아니면 경쟁자의 피고용인을 채용하는 것은 자유롭다. 같은 이유로 피고용인은 전 직장의 동료이었던 피고용인에게 이직을 권유(solicitation)하는 것도 가능하다. 다만 불공정경쟁을 해서는 안 된다. 고용인과 피고용인 사이에 신뢰관계에 의해서 보호될 수 있는 재산이거나 법에 의해서 보호되는 영업비밀로 볼 수 있는 정보의 공개나 사용이 불공정경쟁을 구성하지 않는 한, 전 직장의 동료를 스카웃하는 것이 가능하다.

캘리포니아 상법전(California Business & Professional Code)은 불공정경쟁을 불법적이거나 불공정하거나 사기적인 영업활동(unlawful, unfair or fraudulent business practice)이라고 정의한다.667) 또한 민법전(Civil Code)은

---

662) Cal Bus. & Prof, Code § 16601.

663) Cal Bus. & Prof, Code § 16602.

664) Cal Bus. & Prof, Code § 16602.5

665) The Retirement Group v. Galante, 176 Cal. App. 4th 1226 (2009) (법원은 제16600조에 대하여 "bars a court from specifically enforcing a contractual clause purporting to ban a former employee from soliciting former customers to transfer their business away from the former employer to the employee's new business …."라고 판시하여 non-solicitation agreement의 유효성을 인정하지 않도록 하고 있다고 해석한다. Id., 1238).

666) Hanna Bui-Eve, To Hire or Not to Hire: What Silicon Valley Companies Should Know About Hiring Competitors' Employees, 48 Hastings L.J. 981, 986-992, 1000-02 (1997).

영업비밀을 공식, 패턴, 조합, 프로그램, 장치, 방법, 기술 또는 공정(information, including a formmula, pattern, compilation, program device, method, technique, or process)으로서 (1) 사용 또는 공개로부터 경제적 가치를 얻을 수 있는 공중이나 제3자에게 일반적으로 알려지지 않은 것으로서 독립적인 경제적 가치, 사실상 또는 잠재적인 경제적 가치를 제공하고(derives independent economic value, actual or potential, from not being generally known to the public or to other persons who can obtain economic value from its disclosure or use), (2) 적절히 비밀성을 유지하기 위한 노력을 한 것(the subject of efforts that are reasonable under the circumstances to maintain its secrecy)이라고 정의하고 있다.668)

피고용인은 일반적으로 이전의 고용주와 경쟁관계에 있을 수 있고, 전고용주의 고객을 유인할 수도 있다. 그러나 이전의 피고용인의 행동은 경업금지계약과 전 고용주의 영업비밀에 의하여 제한될 수 있다. 주법에 따라서는 피고용인과 전의 고용주간에 고용주의 고객을 유치하지 않겠다는 계약(non-solicitation agreement)이 없다고 하더라도 전 고용주는 피고용인으로 하여금 자신의 고객을 유치하지 못하도록 할 수 있다.669) 다만 캘리포니아 주는 기업의 직원에 대한 경업금지에 대하여 주법상 엄격한 금지조항이 있고, 그 조항에 의하여 고객유치금지조항(non-solicitation agreement)의 유효성도 부인된다.670)

2008년 캘리포니아 주에서 경업금지 조항에 관한 주목할 만한 판결이 이루어졌다. Edwards v. Arthur Andersen 사건671)에서 캘리포니아 주 대법

---

667) Cal. Bus, & Prof. Code § 17200.

668) Cal. Civ. Code § 3426.1(d).

669) Steenhoven v. College Life Ins. Co. of Am. 460 N.E. 2d. 973 (Ind. Ct. App. 2d Dist 1984).

670) The Retirement Group v. Galante, 176 Cal.App.4th 1226 (2009).

671) Edwards v. Arthur Andersen, 44 CAL. 4TH 937, 189 P.3D 285, 81 CAL. RPTR.

원은 Cal. Bus. & Prof. Code § 16600이 가지는 입법정책적 가치를 다시 한 번 확인했다. 위 사건에서 캘리포니아 주 대법원은 위 조항은 자유경쟁과 피용인들의 직업선택의 자유를 보장하기 위한 것으로 캘리포니아 주민에게 합법적인 직업을 수행할 수 있는 권리를 부여한 것이라고 판시했다.

　1997년 1월 이 사건 피고 Arthur Andersen은 원고 Raymond Edwards II를 미국 캘리포니아 주 LA 사무소에 세금관리담당으로 고용했다. 피고는 원고가 경업금지계약에 서명을 하여야 고용관계가 성립하는 것을 조건으로 했다. 그 경업금지계약에는 원고의 고용관계 종료한 후에 피고의 직원을 유인(solicitation)하는 것을 금지했다.[672] 피고는 HSBC USA, 금융그룹 산하 Wealth and Tax Advisory Services ("WTAS")에게 자신의 세금관련영업의 영업양도를 하였다. 원고가 일하던 피고의 세금관련 업무의 영업양수를 하였던 WTAS가 원고에게 자신이 인수한 회사와의 고용관계를 제안했다. 다만, 그 고용 제안에는 원고가 피고와의 고용계약관계 중의 모든 청구를 포기하는 계약(Termination of Non-compete Agreement; "TONC")에 서명할 것을 요구했다. 원고는 위 TONC에 서명을 거부하였고, 피고는 원고와의 고용계약을 종료하였다. 피고의 영업을 양수했던 WTAS는 원고에 대한 고용계약제안을 철회했다. 원고는 피고를 캘리포니아 주 법원에 제소했다. 그

　3D 282 (Aug. 7, 2008).
672) 해당 경업금지 소항은 아래와 같다:
　　If you leave the Firm, for eighteen months after release or resignation, you agree not to perform professional services of the type you provided for any client on which you worked during the eighteen months prior to release or resignation. This does not prohibit you from accepting employment with a client. For twelve months after you leave the Firm, you agree not to solicit (to perform professional services of the type you provided) any client of the office(s) to which you were assigned during the eighteen months preceding release or resignation. You agree not to solicit away from the Firm any of its professional personnel for eighteen months after release or resignation.

제소내용 중에는 피고와의 경업금지합의는 무효라고 주장했다. 법원은 원고의 소를 기각했고, 원고는 항소했다. 항소법원은 경업금지조항은 무효라고 판시하고, WTAS가 제안한 TONC는 공공정책에 위반된다고 판시했다. 피고가 캘리포니아 주 대법원에 상고했다. 주 대법원은 원고와 피고와의 경업금지계약은 무효라고 판시했다.

주 대법원은 경업금지합의는 고용계약 종료후 18개월 동안 원고가 피고 회사에서 피고의 고객들에게 제공하였던 업무를 어떤 고객에게든 공인회계사라는 전문직업인으로 활동하는 것을 금지하는 것으로 허용될 수 없는 것이라고 판시했다.

그러나 캘리포니아 주 대법원은 항소법원이 TONC를 무효라고 판시한 것은 잘못되었다고 취소했다. TONC는 피고에 대한 포기불가능한 법적인 책임을 면책할 수 있는 것이 아니므로 캘리포니아 주법[673]상 불법적인 것은 아니라고 했다. TONC는 면책권에 대한 언급도 없을뿐더러 원고의 면책권에 대한 포기에 대해서도 언급이 없다고 판시했다.

캘리포니아의 피고용인의 이직 등을 보장하는 정책은 실리콘밸리와 같은 첨단기술을 이용하는 벤처 등이 밀집한 지역에서 종업원들의 빈번한 이직으로 인하여 기업에 발생하는 비용을 기업의 영업비용으로 간주하였다.[674] 캘리포니아의 종업원들의 이직에 대한 캘리포니아 주의 관대한 정책과 종업원들의 이직을 제한하는 것에 대한 엄격한 규제정책에 힘입어 캘리포니아에서는 라이센스와 같은 자발적인 기술의 이전 이외에도 이직하는 종업원들에 의한 비자발적인 기술의 유포가 활발히 이루어졌다고 평가된다. 그리하여 실리콘 밸리는 기술개발 경쟁이 활성화 되어 경쟁지역인

---

673) Cal. Lab. Code, §§ 2802, 2804.

674) Kevin G. Powers & Linda Evans, Non-Compete Agreements: A Proposal for Fairness and Predictability, THE EMPLOYMENT LAWYERS, http://www.theemploymentlawyers. com/Articles/Noncompetition.htm#_ednref16 (2014.1.14.).

Route 128 지역을 제치고 첨단 산업의 메카가 되었다고 평가된다.

(2) 매사추세스 주

2018년과 2021년에 매사추세스 주의 영업비밀보호법과 경업금지계약에 관한 주목할 만한 입법이 이루어졌다. 그렇지만 Route 128지역 산업은 개정전의 법에 영향을 받은 것으로 볼 수 있다.

매사추세스 주는 방송사업자,[675] 의사[676] 간호사[677] 등의 업종에 대해서는 경업금지에 대한 특별한 규정을 두고 있었지만, 종업원의 경쟁제한에 대하여 일반적인 규정을 두고 있지 않았다. 따라서 계약에 의하여 경업금지의무를 부과할 수 있다. 이러한 경업금지 조항에 대하여 원칙적으로 불법이라고 규정하고 있는 캘리포니아 주와는 달리 매사추세스 주는 원칙적으로 그 유효성을 인정하고 있는 것이다.

매사추세스 주에서 보호받는 영업비밀에는 특정한 영업시설의 이익에 관한 정보나 신제품개발정보, 마켓팅전략 등을 포함한 재무정보 등을 포함한다.[678] 피고용인의 경쟁을 제한할 때에는 반드시 경쟁제한에 대한 대가(consideration)와 쌍무성 (mutuality of obligation)이 필요하다.[679] 고용계약을 체결할 때 경업금지조항에 대한 동의가 이루어졌다면 고용계약에 따른 급여의 제공은 경업금지조항의 성립에 있어 대가(consideration)나 쌍무적

---

675) Mass. Gen, Laws Ch 149, § 186.

676) Mass. Gen, Laws Ch 112, § 12X.

677) Mass. Gen, Laws Ch 112, § 74D.

678) Boulanger v. Dunkin's Donuts, Inc., 16 Mass L. Rep. 604 (Mass S.Ct. 2003).

679) Sherman v. Pfefferkorn, 241 Mass 468, 135 N.E. 568 (1922); Veridiem, Inc. v. Phelan, 17 Mass. L Rep 8, 2003 WL_22481390 (Mass. S.Ct. 2003) (영업비밀의 접근에 대한 책임이 없는 경우에도 고용주의 현재 및 잠재적인 고객과 접촉하는 것과 고용주의 영업에 대한 마케팅에 관련된 경우에는 매사추세스 주법상 보호받는 영업비밀을 구성한다.).

부담이 된다.680) 경쟁제한은 고용주의 합법적인 이익을 보호하기 위한 것
이므로 합리적이고 합법적인 이익보다 더 많은 고용주의 이익을 보호하거
나 합리적인 범위를 넘는 지역적인 취업제한과 취업제한기간은 허용되지
않는다.681) 취업제한이 합리적인 범위내라는 입증은 고용주가 부담한
다.682) 경업금지조항이 고용계약 성립 후에 성립이 된 경우에도 이러한 경
업금지조항은 고용계약상의 보조적인 것으로 인정되므로 경업금지조항이
고용주의 합법적인 영업을 보호하는 한 유효한 것으로 인정된다.683) 고용
주가 고용관계를 종료시켰을 경우에 법원은 고용주가 독단적(arbitrary)이거
나 부정한 목적(bad faith)이 있는지 여부를 판단한다.684)

전 피용인이 전 고용주와의 경업금지조항을 위반한 경우에 고용주의 수
입(income)이나 이익의 상실(lost profits)을 손해로 본다.685) 경업금지조항
을 위반한 경우에는 동시에 매사추세스 주의 불공정경쟁법(law of unfair
competition)686)도 위반한 것으로 된다. 다만 의도적인 경우(willful 또는
knowing)가 아니면 손해는 실제 손해(actual damage)로 제한된다.687)

회복할 수 없는 손해(irreparable harm)를 입증하는 경우에는 전직금지명
령이 발하여 진다. 회복할 수 없는 손해는 신뢰정보가 공개될 위험이 있거
나 또는 피고용인이 취득한 특정 정보에 기인하여 발생할 수 있는 다른 손
해를 입증하는 경우에 인정될 수 있다.688) 즉 피용인이 영업비밀을 취득한

---

680) Avallone v. Elizabeth Arden Sales Corp., 344 Mass 556 (1962).

681) Id.

682) Economy Grocery Stores Corp. v. McMenamy, 290 Mass 549 (1935).

683) Marine Contractors Co v. Hurley, 365 Mass 280 (1974).

684) Kenneth J. Vanko, "You're Fired! And Don't Forget Your Non Compete …" The
Enforceability of Restrictive Covenants in Involuntary Discharge Cases, 1 DePaul
Bus & Com. L.J. 1, 9 (2002).

685) Lenco Pro, Inc. v. Guerin 1998 WL 15936 1 (1998).

686) Mass. Gen. Laws ch. 93(A).

687) Packquisition Co. v. Packard Press, 1993 WL 15601 (ED, Pa 1992).

경우, 그 영업비밀이 불법적으로 사용되거나 공개가 될 위험이 존재해야
한다. 매사추세스 주법상 회사의 goodwill에 대한 손실은 회복할 수 없는
손해를 가져오므로 금지명령이 인정된다.[689]

매사추세스 주법의 경우에는 경업금지조항의 유효성을 인정하므로 경업
금지에 의한 영업비밀보호 측면에서는 경업금지조항의 유효성을 원칙적으
로 인정하지 않는 캘리포니아 주법보다 더 강하게 영업비밀을 보호하는 결
과가 된다. 따라서 경업금지의무는 영업비밀유지의무와 달리 연구원들의
취업을 제한하거나 새로운 기업이 시장에 진입하는 것을 방해한다. 이는
산업전체적으로 보면 경쟁기업의 탄생이나 경쟁기업이 되는 것을 방해하
는 결과가 된다. Route 128 지역의 산업경쟁력이 장기간에 걸쳐 경쟁지역
이었던 실리콘 밸리에 비하여 약화되었음을 증명한다. 결국 Route 128 지
역이 잊혀져가는 첨단산업밸트가 된 이유가 설명이 된다.

나. 불가피한 공개원칙(Inevitable Disclosure Doctrine)

퇴직 후 경업금지조항이 없는 경우에 경업이 금지되는지 여부에 대해서
는 각 주법원의 판단이 다르다. 이러한 경우에 일부 법원은 '불가피한 공개
원칙'(inevitable disclosure doctrine)[690]을 확립하였다.[691] 본 원칙하에서, 이
직을 하는 종업원이 신의성실의 원칙을 지키더라도 경쟁자와의 새로운 고
용관계 하에서 취득한 영업비밀을 사용할 수 밖에 없는 상황이라면 명시적

---

688) Edgecomb v. Edmonston, 257 Mass 12 (1926).

689) Garber Bros., Inc. v. Evlek, 122 F. Supp. 2d 375 (ED.NY 2000).

690) 본 원칙은 Eastman Kodak Co. v. Power Film Products, Inc. 179 N.Y.S. 325, 330
(1919) 사건에서 기원한다. 본 사건에서 법원은 영업비밀공개에 대한 금지명령이 비
효율적임을 인식하면서 피고용인이 전고용주(코닥) 의 영업비밀을 공개할 수 밖에
없다는 점을 들어 전직금지명령을 인정하였다.

691) Milgrim, Milgrim on Trade Secrets §5.02 [3] d, e.

인 비밀유지의무와 경업금지의무가 없는 경우에도 이직을 하는 종업원에게 비밀유지의무와 경업금지의무를 부과한다. 즉 전 고용주의 영업비밀을 사용할 수 밖에 없는 경우(threatened misappropriation)에는 이직하거나 전직하는 직원에 대하여 명시적인 영업비밀유지의무와 전직금지약정이 없더라도 영업비밀유지의무와 전직금지의무를 인정한다.

PepsiCo, Inc. v. Redmond 사건692)에서 제7순회법원은 불가피한 공개원칙을 인정하여 사전에 경업금지약정이 없는 경우에도 경쟁자에게 이직하는 직원에게 영업비밀유지의무와 전직금지명령을 선고하였다. 법원은 Pepsi의 캘리포니아지역 지사장이 경쟁업체인 Quaker사의 Getorade 및 Snapple 사업부의 영업본부 최고운영책임자(chief operating officer, COO)으로 이직하는 경우에 불가피하게 자신이 Pepsi에서 취득한 마켓팅 계획을 이용할 수 밖에 없으므로 원고의 영업비밀의 사용위험(threatened to use)이 있음을 인정하였다.693)

위 사건에서 불가피한 공개원칙을 적용하기 위해서 확립된 요건은 ⅰ) 원고가 영업비밀을 가지고 있어야 하고, ⅱ) 원고가 신뢰관계하에서 피고용인에게 영업비밀을 공개하여야 하고, ⅲ) 피고용인이 전고용주와 직접 경쟁관계에 있는 경쟁자에게 고용이 되어야 하고, ⅳ) 피고용인의 전 직장의 업무와 직위가 동일 또는 실질적으로 유사하여야 하고, ⅴ) 피고용인의 현재의 지위나 업무상태가 자신의 전 고용주의 영업비밀을 공개 또는 사용할 수 밖에 없어야 한다.

제7순회법원 관할의 일리노이주 연방지방법원은 Teradyne, Inc. v. Clear Communications Corp. 사건694)에서 원고의 영업비밀의 사용위험(threatened

---

692) PepsiCo, Inc. v. Redmond, 54 F.3d 1262 (7th Cir. 1995).

693) 법원은 Redmond로 하여금 6개월의 기간 동안 전직금지를 명하였다. 다만 PepsiCo와 고용관계동안 취득한 영업비밀의 누설에 대해서는 영구적으로 공개를 금하는 금지명령을 인정하였다.

to use)이 존재하지 않을뿐더러 불가피하게 사용할 것으로 보이지 않는다고 하면서 이직을 하는 종업원에 대한 전직금지명령을 인정하지 않았다. 또한 AMP Inc. v. Fleischhacker 사건695)에서 제7순회법원은 영업비밀의 존재나 영업비밀을 부정사용할 것으로 보이지 않는다고 하면서 전직금지명령을 인정하지 않았다.

캘리포니아 주 법원696)이나 텍사스나 플로리다 등 몇몇 주의 주법원 (state court)들은697) 불가피한 공개원칙을 인정하지 않는다.698) 법원은 비밀유지약정을 경업금지약정으로 확대 해석하지 않는다. 따라서 종업원이 전직하여 자신의 경쟁자의 직원으로 일하는 것을 원치 않는 경우에는 경업 피지의무가 명시된 계약상의 의무로 규정하여야 한다. 물론 캘리포니아는 명시적 약정도 캘리포니아 주 법699)에서 허용하는 범위내에서만 인정한다.

---

694) Teradyne, Inc. v. Clear Communications Corp., 707 F.Supp. 353 (N.D.111 1989).

695) AMP Inc. v. Fleischhacker, 823 F.2d 1199 (7th Cir. 1987).

696) GlobeSpan, Inc. v. O'Neill, 151 F. Supp, 2d 1229 (C.D. Cal, 2001); Danjaq, LLC v. Sony Corp., 50 U.S.P.Q.2d 1638 (C.D. Cal. 1999), aff'd on other grounds 263 F.3d 942 (9th Cir. 2001); Bayer Corp. v. Roche Molecular Sys., 72 F. Supp. 2d 1111, 1120 (N.D. Cal. 1999), Ronald J. Gilson, supra 39, 625-26. 다만 캘리포니아 주법상 불가피한 공개원칙이 허용된다는 견해도 있다. Benjamin A. Emmert, Comment, Keeping Confidence with Former Employees: California Courts Apply the Inevitable Disclosure Doctrine to California Trade Secret Law, 40 Santa Clara L. Rev. 1171, 1213 (2000).

697) Cardinal Health Staffing Network v. Bowen, 106 S.W.3d 452 (Tex. App. 2004); Del Monte Fresh Produce Co. v. Dole Food Co., 148 F. Supp. 2d 1326, 1337-39 (S.D. Fla. 2001); LeJeune v. Coin Acceptors, 849 A.2d 451 (Md. App. 2004); Whyte v. Schlage Lock Co., 101 Cal App 4th 1443, 125 Cal. Rptr. 2d 277 (Ct. App. 2002); IBM v. Bonyhard, 962 F.2d 12 (8th Cir. 1992); Campbell Soup Co. v. Giles, 47 F.3d 467 (1st Cir. 1995); FMC Corp v. Cyprus Foote Mineral Co., 899 F. Supp. 1477 (W.D.N.C. 1995).

698) Ronald J. Gilson, The Legal Infrastructure of High Technology Industrial Districts: Silicon Valley, Route 128, and Covenants Not to Compete, 74 N.Y.U.L. Rev. 575, 622-23 (1999).

불가피한 공개원칙은 종업원의 기본권인 직업선택의 자유를 제한하기 때문에 명시적인 규정이 필요하다.[700] 나아가 불가피한 공개원칙을 인정하는 경우에 종업원의 이직이나 전직을 통한 지식이나 기술의 확산은 상대적으로 어렵게 된다.

매사추세스 주 법원은 명시적인 경업금지 계약이 없는 경우에 고용관계 종료 후의 전직금지를 인정하지 않았다.[701] 따라서 매사추세스 법원은 불가피한 공개원칙을 인정하는데 소극적이다. 명시적으로 위 원칙을 인정한 판결은 없는 것으로 보인다. Unitrode Corp. v. Linear Technology 사건[702]에서 매사추세스 주 대법원(the Supreme Judicial Court of Massachusetts)은 '불가피한 공개원칙'에 근거하여 청구한 영업비밀 부정사용소송을 기각하였다. 매사추세스 주 대법원은 매사추세스 주 법원이 아직 위 원칙을 명시적으로 인정하거나 이를 부정한 선례가 없다는 사실을 지적하면서, 위 원칙을 인정하지 아니하였다. 또한 CSC Consulting, Inc. v. Amold 사건[703]에서 매사추세스 주 대법원은 고위의 집행업무 담당자였던 피용인이 경쟁회사를 위해서 불가피하게영업비밀을 사용하거나 공개할 것으로 보이지 않는다고 하면서 불가피한 공개원칙에 기초한 원고의 주장을 기각하였다.

위와 같이 불가피한 공개원칙은 각 관할법원마다 그 인정여부가 달라진다. 영업비밀에 대한 권리를 재산권으로 보는 경우에는 전직금지계약의 존재여부를 불문하고 불가피한 공개원칙을 인정하는 것이 타당하다. 왜냐하면 사전에 경업금지의무에 대한 계약이 없다고 하더라도 재산인 영업비밀

---

699) Cal. Bus. & Prof. Code § 16600.

700) Campbell Soup Co. v. Giles, 47 F.3d 467 (1st Cir. 1995).

701) Horn Pond Ice Co. v. Pearson, 166 N.E. 610 (Mass. 1929).

702) Unitrode v. Linear Technology, No, No. 985983, 15-16 (Mass. Cmmw. Feb. 17, 2000).

703) CSC Consulting, Inc. v. Amold, 2001 Mass. Super. LEXIS_391, 8 (Mass. S. Ct. 2001).

침해의 우려가 있는 경우에는 재산권에 기하여 금지명령을 발동할 수 있기 때문이다. 물론 불가피한 공개원칙이 직업선택의 자유를 제한하게 된다면 금지명령을 인정할 수 없다. 따라서 불가피한 공개원칙을 인정한다고 하더라도 직업선택의 자유를 침해하지 않는 합리적인 범위내에서 인정될 수 밖에 없다.

영업비밀보호를 계약관계나 신뢰관계보호로 보는 경우에는 계약관계나 신뢰관계가 없는 경우에는 계약상 또는 신뢰관계상 영업비밀보호의무가 없기 때문에 경업금지의무가 없는 종업원의 이직에 계약 또는 신뢰관계상 제한이 있을 수 없다. 따라서 영업비밀을 계약내지 신뢰관계보호로 보는 경우에는 명시적인 전직금지약정이 없는 한 원칙적으로 불가피한 공개원칙을 인정하지 않는 것으로 해석될 수 있다.

제7순회법원이 사안에 따라서 '불가피한 공개원칙'을 인정하기도 하고 부인하기도 하지만 이는 영업비밀의 본질과는 무관한 것으로 보인다. 오히려 제7순회법원은 영업비밀에 대한 권리를 재산권으로 보고 있는 것으로 판단된다. 왜냐하면 Teradyne, Inc. v. Clear Communications Corp. 사건에서 금지명령을 부인한 사유가 계약의 존부와는 관련없는 사유인 영업비밀의 사용위험(threatened to use)이 존재하지 않는다는 것을 근거로 하였고, AMP Inc. Fleischhacker 사건에서는 영업비밀의 존재를 부인하고 영업비밀이 있더라도 영업비밀을 부정사용할 것으로 보이지 않는다는 이유로 금지명령을 인정하지 않은 것이다. 즉 위 사건들에서 법원은 입증부족으로 원고의 청구를 기각한 것으로 보인다. 만일 불가피한 공개원칙을 적용하기 위한 사실이 입증된다면 법원은 오히려 금지명령을 인정할 수도 있을 것으로 보인다.

불가피한 공개원칙은 피고용인에 대하여 경업금지에 대한 명시적인 약정이 없더라도 영업비밀보호를 위한 경업금지를 긍정하는 법원칙이다. 따라서 이를 긍정하는 경우에는 종업원의 전직과 이직의 자유를 제한하고 경쟁을 제한하게 된다. 이에 미국 법원은 종업원의 이직의 자유와 경쟁보장을 중요시하여 위 원칙을 적극적으로 인정한다고 보이지 않는다.[704] 그리고 캘리포니아 주와 매사추세스 주 법원의 경우에는 불가피한 공개의 원칙을 채택하지 않았다고 볼 수 있다. 결국 불가피한 공개원칙에 의한 경쟁제한의 문제는 실리콘 밸리와 Route 128지역이 차이가 없었다고 할 수 있지만, 매사추세스 주는 2018년 UTSA를 입법화 함에 따라 원칙적으로 불가피한 공개원칙을 수용하는 관할로 변경된 것으로 볼 수 있다. 다만 개정법하에서 확립된 원칙은 없는 것으로 보인다.

2021년 매사추세스 주는 매사추세스 경업금지조항법(Massachusetts Non-competition Agreement Act)[705]을 제정하였다. 본 법의 핵심적인 내용은 경업금지약정은 반드시 서면에 의하여 고용주와 종업원이 모두 서명하여야 한다. 또한 종업원은 서명전에 법률전문가의 자문을 얻을 권리를 보장하고 있다. 경업금지약정은 고용/근로관계를 제의하거나 시작하기 전 10일 내에 체결하여야 한다. 경업금지기간은 원칙적으로 고용/근로관계종료후 1년을 넘을 수 없다. 만일 피용인이 충실의무를 위반하거나 고용주에 속하는 것을 절취 등을 한 경우에는 2년의 기간으로 연장될 수 있다. 경업금지약정은 합법적인 고용주의 이익을 보호하기 위한 것과 전 피용인이 새로운 고용주에게 제공하는 특정한 서비스에 대하여 적용되는 것으로 2년의 기간내에서는 합리적인 것으로 추정한다.

대학의 학부생이나 대학원생이 대학이나 대학원에 등록한 상태에서 인턴프로그램이나 다른 단기 취업관계에 있는 경우, the Fair Labor Standards Act 상 면책되지 않는 직원의 경우, 18세 미만의 직원에 대해서는 위 법에

---

704) 미국 법원은 전통적으로 종업원의 이직의 자유를 보장하는 입장이었다고 한다. Susan Whaley, Comment, The Inevitable Disaster of Inevitable Disclosure, 67 U. CIN. L. REV. 809, 811 (1999).
705) Mass. General Laws c.149 § 24L.

의한 경업금지약정을 적용할 수 없다.

매사추세스 주의 영업비밀보호법과 경업금지약정에 대한 변화는 실리콘 밸리와 Route 128 지역의 흥망성쇠에 따른 변화라고 생각된다. 즉 경업금지조항을 제한하여 일정한 한계내에서 고용주의 이익을 보호하고 다른 한편으로 기술자의 직업의 자유를 보장하고 산업경쟁력을 유지하는 것을 목적으로 하는 것으로 보인다.706) 매사추세스 주가 커먼로 영업비밀보호법을 포기하고 UTSA를 따라 영업비밀보호법을 입법화 하였다고 하여, 피용인에게 유리한 것은 아니다. 기본적으로 매사추세스 법원의 법률해석의 문제가 있지만 법리적으로는 피용인이 이전 고용주의 영업비밀을 실제적으로 사용(actual use)하지 않더라도 불가피한 공개원칙에 의하여 잠재적 사용가능성만으로도 전직금지나 영업비밀공개금지명령이 인정될 수 있고, 경업금지약정이 명시적으로 없더라도 경업금지가 인정될 수 있다는 점은 고용주의 승리라고 할 수 있다.

캘리포니아 주가 실리콘 밸리를 통하여 세계적인 첨단산업단지를 육성할 수 있었던 것은 캘리포니아 주가 UTSA를 따라 영업비밀보호법제를 제정한 것보다는 경업금지를 원칙적으로 금지하였다는 데서 찾을 수 있다는 점에 주목해야 한다. 경업금지약정은 영업비밀유지약정과 다른 것이다. 실리콘 밸리의 성공은 영업비밀침해를 장려한 것이 아니라 영업비밀은 보호하되 창업이나 경쟁기업에 의한 경쟁을 장려하였던 데에서 그 성공의 원인이 있다고 할 수 있다. 다만, 캘리포니아 주의 경업금지조항에 대한 엄격한 태도는 많은 주에서 받아들여지지 않은 소수의 법 원칙이다. 대다수의 주에서는 경업금지조항에 대하여 '합리성 원칙'(rule of reason)에 의하여 그 유효성을 판단하고 있다.

---

706) "Massachusetts noncompete and trade secret reform has arrived: What you need to know." https://faircompetitionlaw.com/2018/08/01/massachusetts-noncompete-and-trade-secret-reform-has-arrived-what-you-need-to-know/ (2022. 7. 20.).

제5장

영업비밀보호의 대상과 요건

제1절 영업비밀보호의 대상

1. 정보

가. 서론

영업비밀 보호대상은 일반적으로 독립된 경제적 가치있는 비밀로 관리된 비밀정보이다. 이러한 정보는 다양한데, 크게 기술정보와 경영정보로 정리될 수 있다. 이는 기술정보와 경영정보로 정리되는 것은 영업비밀요건 중에 경영정보와 기술정보는 독립된 경제적 가치를 가지고 있기 때문이다. 예컨대, 문화에 관련된 정보가 시장에서 독립된 경제적 가치를 가진다면 경영정보에 해당된다고 할 수 있다. 따라서 영업비밀의 보호대상은 개념적으로 기술정보와 경영정보로 나누어진다고 할 수 있다.

로크(Locke)의 노동의 개념으로는 창작한 지식에 해당하는 발명뿐만 아니라 노력하여 알아낸 지식에 해당하는 발견 모두 그 대상이 될뿐더러 사실의 조합(compilation)도 그 대상이 된다. 자연과학적 법칙, 자연현상, 추상적 아이디어는 특허의 대상이 되지 않고, 사실(fact)은 저작권의 대상이 되지 않으나 영업비밀로 보호되는 정보에는 해당한다. 예컨대 공중에 공개된 전화번호를 수집하여 인명별로 나열한 것은 저작권으로 보호받지 못하지만,[707] 수집한 것을 공개하지 않는 경우에는 영업비밀로 보호받을 수 있다.[708]

---

[707] Feist v. Rural, 499 U.S. 340 (1991).

[708] "Protection for the fruits of such research … may in certain circumstances be available under a theory of <u>unfair competition</u>." Id., 354.

나. 커먼로상 영업비밀의 대상

커먼로를 정리한 1939년 Restatement of Torts는 다음과 같이 설명하고 있는 바, 그 번역은 다음과 같다:

영업비밀은 영업에 사용되거나 그 영업비밀을 모르거나 사용하지 않는 경쟁자에 대하여 경쟁상의 우위를 취득(an advantage over competitors who do not know or use it)할 기회를 부여하는 어떤 종류이건 간에 공식, 양식, 장치, 정보의 조합으로 구성될 수 있다. 영업비밀은 화합물에 대한 공식, 제조공정, 물질의 취급하거나 보존하는 것, 기계나 다른 장치에 대한 양식 또는 고객리스트가 될 수 있다. 영업비밀은 예컨대, 비밀인 계약금액이나 다른 계약 조건들, 특정한 직원의 보수 또는 비밀로 이루어진 투자 또는 신 모델을 공개하거나 새로운 정책에 대하여 소개하는 날짜 등과 같이 영업활동에 대한 일회성(single) 또는 일과성(ephemeral) 행사와 같은 단순한 정보가 아닌 점에서 영업상의 다른 비밀정보(§ 759 참조)와 다르다. 영업비밀은 영업상 지속적으로 사용하기 위한(continuous use in the operation of the business) 공정이나 장치이다. 일반적으로 영업비밀은 예컨대, 기계나 상품을 생산하기 위한 정보와 같은 상품의 생산에 관련되어 있다. 한편 영업비밀은 상품의 판매, 할인, 지불금액의 일부 환불, 가격표나 상품카탈로그 상의 다른 양여 등을 정하는 규정과 같은 영업의 운용방법, 특성화된 고객정보, 책의 분류방법이나 다른 사무실의 경영과 같은 상품의 판매나 영업상의 다른 활동과 관련되어 있다.[709]

---

709) the Restatement of Torts § 757, cmt. b.
    A trade secret may consist of any formula, pattern, device or compilation of information which is used in one's business, and which gives him an opportunity to obtain an advantage over competitors who do not know or use it. It may be a formula for a chemical compound, a process of manufacturing,

영업비밀보호법리가 발전하던 초기의 사안은 약품에 관한 비밀정보에 관한 사례가 많았다. 19세기 판결들은 개념적으로 영업비밀의 보호대상에 대하여 정리하여 고찰하기 보다는 개별적 사안에서 영업비밀로 보호받을 수 있는지, 특히 금지명령의 대상이 될 수 있는지를 문제 삼았다.[710] 그리하여 다양한 정보가 영업비밀로 보호받았다.

1939년 Restatement of Torts상 영업비밀은 그 개념상으로 그 영업비밀인 정보를 사용하지 않는 경쟁자에 대하여 경쟁상의 우위(an advantage over competitors who do not know or use it)를 제공하는 것이다. 영업상 경쟁자에 경쟁상의 우위를 제공한다는 것은 독립된 경제적 가치가 존재한다는 의미이다. 그 뿐만 아니라 독립된 경제적 가치는 비밀로 유지된 것, 즉 비밀정보인 것에서 발생한다. 공개된 정보, 누구나 사용할 수 있는 정보, 경쟁자가 알고 있는 정보는 독립된 경제적 가치가 존재하지 않는다.

1939년 Restatement of Torts상 영업비밀의 개념적 특징은 첫째, 영업비밀의 지속적 사용(continuous use)요건이 존재한다. 지속적 사용요건은 소극

---

treating or preserving materials, a pattern for a machine or other device, or a list of customers. It differs from other secret information in a business (see § 759) in that it is not simply information as to single or ephemeral events in the conduct of the business, as, for example, the amount or other terms of a secret bid for a contract or the salary of certain employees, or the security investments made or contemplated, or the date fixed for the announcement of a new policy or for bringing out a new model or the like. A trade secret is a process or device for continuous use in the operation of the business. Generally it relates to the production of goods, as, for example, a machine or formula for the production of an article. It may, however, relate to the sale of goods or to other operations in the business, such as a code for determining discounts, rebates or other concessions in a price list or catalogue, or a list of specialized customers, or a method of bookkeeping or other office management.

710) James L. Hopkins, The Law of Unfair Trade including Trade-marks, Trade Seccrets, and Goodwill, Callaghan & Co., 1900, Rothman & Co., 1997(Reprinted ed.), pp. 153-165.

적 정보, 실패한 정보, 미완성의 정보에 대하여는 영업비밀 인정하지 않는
다. 왜냐하면 그러한 정보는 지속적으로 사용하지 않기 때문이다. 지속적
사용이 필요한 관할하에서는 기술 개발 중이던 연구원이 전직이나 이직을
하더라도 영업비밀침해문제가 발생하지 않는다. 지속적 사용요건은 UTSA
나 1995년 Restatement of Unfair Competition에서는 더 이상 요구되지 않는
다. 즉 소극적 정보나 실패한 정보, 미완성의 정보도 영업비밀에 해당한다.

둘째, 일회성(single) 또는 일과성(ephemeral) 행사와 같은 단순한 정보는
상법상 이사의 비밀유지의무의 대상이 될 수 있는 정보711)가 될 수 있어도
영업비밀에 해당하는 정보라고는 할 수 없다. 1939년 Restatement of Torts
는 단순한 정보의 예로 비밀인 계약금액이나 다른 계약 조건들, 특정한 직
원의 보수 또는 비밀로 이루어진 투자 또는 신 모델을 공개하거나 새로운
정책에 대하여 소개하는 날짜 등(the amount or other terms of a secret bid
for a contract or the salary of certain employees, or the security investments
made or contemplated, or the date fixed for the announcement of a new
policy or for bringing out a new model or the like)을 들고 있다.

위와 같은 정보는 영업비밀의 보호대상인 정보의 개념에는 부합하지 않
았으나, 신뢰관계나 계약관계를 위반한 부적절한 수단에 의한 침해로부터
보호받았다.712) 이러한 법리로부터 영업비밀의 요건은 충족하지 못하는 정
보에 대하여 계약이나 신뢰관계위반이라는 상도덕에 어긋나는 행위로부터
보호하는 법리가 형성되었다. 이러한 법리의 연장으로 상법상 이사의 비밀
유지의무713)는 1939년 Restatement of Torts 상 영업비밀로 인정되지 않는
단순한 정보도 영업상 비밀로 포함한다.

---

711) 상법 제382조의4(이사의 비밀유지의무) 이사는 재임중 뿐만 아니라 퇴임후에도 직무
    상 알게된 회사의 영업상 비밀을 누설하여서는 아니된다.
712) Restatement of Torts § 759, cmt. c.
713) 상법 제382조의4 (이사의 비밀유지의무).

다. UTSA상 영업비밀의 대상

UTSA는 정보를 의미한다고 명시하고 있다:

> (4) "Trade secret" means information, including a formula, pattern, compilation, program, device, method, technique, or process, that:
>
> (i) derives independent economic value, actual or potential, from not being generally known to, and not being readily ascertainable by proper means by, other persons who can obtain economic value from its disclosure or use, and
>
> (ii) is the subject of efforts that are reasonable under the circumstances to maintain its secrecy.[714]

UTSA가 들고 있는 정보(information)의 정의는 1939년 Restatement of Torts 보다는 개념화 되어 있는데, 그 구체적인 정보의 예로는 공식, 패턴, 조합, 프로그램, 장치,방법, 기술 또는 공정(a formula, pattern, compilation, program, device, method, technique, or process)의 예를 들고 있다.

이와 같은 정보의 예는 결국 기술상의 정보와 경영상의 정보로 정의될 수 있는데 이는 앞서 1939년 Restatement of Torts와 같은 취지로 독립된 경제적 가치(independent economic value)가 존재해야 한다. 노하우(know-how)도 영업비밀의 대상이다. 노하우(know-how)는 매우 광범위한 개념이므로 특정하기 쉽지 않지만, UTSA상으로 "method, technique"은 노하우를 의미한다.[715]

---

714) UTSA § 1.

라. Restatement of Unfair Competition

1995년 Restatement of Unfair Competition은 다음과 같이 영업비밀을 정의하고 있다:

> A trade secret is any information that can be used in the operation of a business or other enterprise and that is sufficiently valuable and secret to afford an actual or potential economic advantage over others.[716]

Restatement of Unfair Competition상 영업비밀의 대상은 모든 정보(any information)이다. 다만 다른 조건들, 즉 비밀성, 독립된 경제적 가치 및 비밀성 유지노력이 존재하여야 한다.

마. DTSA

2016년 미국은 UTSA를 모델[717]로 하여 연방법으로 영업비밀보호법(The Federal Defend Trade Secrets Act, "DTSA")을 제정했다. DTSA는 영업비밀이 주 법(state law)에 의해서 보호되던 것을 주간통상(interstate commerce)에 사용되는 영업비밀에 대하여 연방법원의 관할을 창설하였다. 물론 DTSA 제정 이전에도 주법상 문제가 된 영업비밀 사건에 대하여 일정한 요건을 갖춘 경우에는 연방법원에 소송을 제기할 수 있었지만 연방행정부의 관할은 아니었다.

DTSA상 영업비밀의 정의는 아래와 같다:

---

715) UTSA § 1. cmt.

716) Restatement of Unfair Competition § 39.

717) "modeled on the Uniform Trade Secrets Act," H. REP. NO. 114-529, 114th CONG., 2D SESS., DEFEND TRADE SECRETS ACT OF 2016 (2016).

the term "trade secret" means all forms and types of financial, business, scientific, technical, economic, or engineering information, including patterns, plans, compilations, program devices, formulas, designs, prototypes, methods, techniques, processes, procedures, programs, or codes, whether tangible or intangible, and whether or how stored, compiled, or memorialized physically, electronically, graphically, photographically, or in writing if—

> (A) the owner thereof has taken reasonable measures to keep such information secret; and

> (B) the information derives independent economic value, actual or potential, from not being generally known to, and not being readily ascertainable through proper means by, another person who can obtain economic value from the disclosure or use of the information.[718]

DTSA는 영업비밀의 정의를 "all forms and types of financial, business, scientific, technical, economic, or engineering information,"라고 정의하고 있다. 문언상은 차이가 있지만, 사실상 '정보'(information)라는 점에서 실질적으로는 UTSA나 Restatement of Unfair Competition 그리고 Restatement of Torts나 차이가 없다.

DTSA상으로도 영업비밀의 보호대상은,

i) 모든 형태와 유형의 재정, 비즈니스, 과학, 기술 공학 정보 (all forms and types of financial, business, scientific, technical, economic, or engineering information)

---

718) 18 U.S.C. § 1839(3).

그 보호요건은 다른 법원(legal source)과 다르지 않고, 또한 우리 영업비밀보호법과 같은데,

i) 비밀성(not being generally known to, and not being readily ascertainable through proper means)

ii) 상당한 또는 합리적인 비밀성 유지노력(easonable measures to keep such information secret)

iii) 독립된 경제적 가치(independent economic value)

이다. UTSA와 같다고 보면 된다.

바. EU에서의 영업비밀보호

2016년 제정된 EU의 Directive[719]는 다음과 같이 영업비밀을 정의하고 있다.

(1) 'trade secret' means information which meets all of the following requirements:

(a) it is secret in the sense that it is not, as a body or in the precise configuration and assembly of its components, generally known among or readily accessible to persons within the circles that normally deal with the kind of information in question;

(b) it has commercial value because it is secret;

---

719) Directive (EU) 2016/943 of the European Parliament and of the Council of 8 June 2016 on the protection of undisclosed know-how and business information (trade secrets) against their unlawful acquisition, use and disclosure. ("Directive (EU) 2016/943")

(c) it has been subject to <u>reasonable steps under the circumstances</u>, by the
    person lawfully in control of the information, to keep it secret;[720]

정의상 영업비밀은 정보(information)이면 충분하다. 다만 다른 국가들과 같이 비밀성, 비밀유지노력 그리고 상업적 가치가 존재하여야 한다.

정보에 대하여 구체적인 예를 제시하지는 않고 있지만, 다른 국가들과 같이 기술정보나 경영정보에 이에 해당할 것으로 본다. EU 회원국은 2018년 6월 9일까지 위 지침에 따라 자국의 영업비밀(undisclosure know hoaw and business information)을 보호하여야 한다.

사. 우리나라

우리나라 영업비밀보호법은 기술정보와 경영정보를 제시[721]하고 있는데, 사실상 모든 정보가 기술정보나 경영정보 두 가지로 분류될 수 있으므로, 그와 같이 기술정보와 경영정보로 한정하고 있지 않은 1995년 Restatement of Unfair Competition이나 EU Directive와 같다고 할 수 있고, 구체적으로는 UTSA나 1939년 Restatement of Torts에서 제시된 정보의 예들과 차이가 없다.

2. 커먼로와 UTSA와의 차이점

커먼로상의 영업비밀의 정의는 UTSA와 세가지 점에서 달랐다. 첫째는

---

720) Directive (EU) 2016/943 Art. 2.
      (https://eur-lex.europa.eu/legal-content/EN/TXT/HTML/?uri=CELEX:32016L0943&
      from=EN).
721) 영업비밀보호법 제2조 제3호 참조.

커먼로의 가장 큰 특징으로 실제적인 경제적 가치(actual economic value)와 지속적 사용요건(continuous use)을 필요로 한다. 커먼로상으로 영업비밀이 되기 위해서는 실제적인 경제적 가치(actual economic value)가 존재해야 한다. 그러나 UTSA는 잠재적인 경제적 가치(potential economic value)가 존재하는 경우에도 영업비밀로 인정하였다.

커먼로상 영업비밀은 지속적인 사용을 하여야 영업비밀로 인정받았는데, 이를 지속적 사용요건(continuous use)이라고 한다. 지속적 사용요건은 결국 시장의 경쟁자와 항상 경쟁에서 사용된다는 의미이다. 커먼로상 지속적 사용요건은 창작적이고 경제적인 결과에 대하여만 보호한다는 의미가 있다. 얼마나 많은 노력과 비용을 투입하였는지는 중요하지 않다. 그 뿐만 아니라 과거에 얼마나 가치가 있었는지는 중요하지 않다. 현재에 사용하고 있지 않으면 영업비밀로 보호하지 않는다. 창작적이고 경제적이지 않은 경우에는 사용을 하지 않는다.

그러나 UTSA는 연구와 개발에 대한 영업비밀 보유자의 자본의 투자와 노력을 보호한다. UTSA는 정보의 경제적 가치가 존재하는 기간을 요구하지 않는다.722) 커먼로와 다른 점이다. 잠재적인 경제적 가치(potential economic value)가 있으면 영업비밀로 보호받는데 지장이 없다. 잠재적인 경제적 가치가 있는 정보는 미완성정보나 소극적 정보 등 현재 사용하지 않는 정보도 잠재적 경제적 가치가 존재한다. 이러한 UTSA의 태도는 1995년 Restatement of Unfair Competition에도 계속되었다.

커먼로에서 요구하던 지속적 사용요건을 포기한 이유는 기술적 완성이 안되어 사용을 못하는 경우에 그 정보에 대한 침해가 있더라도 영업비밀침해로 인정되지 않기 때문에 보호받지 못하는 문제점 등이 지적되었기 때문이다.723) 또한 기술개발자가 기술 개발중간에 퇴사하더라도 영업비밀주장

---

722) Restatement of Unfair Competition § 39. cmt. d.
723) Id., cmt. e.

하지 못한다. 개인발명가의 경우에는 발명을 하더라도 이를 사용하기 위한 자금을 부족하여 실제 사용을 하지 못하는 경우가 발생하는데 이러한 경우 영업비밀로 보호하지 못하는 문제점이 있다. 이러한 문제점을 해결하기 위해 지속적 사용요건을 포기한 것이다.

둘째, 커먼로상으로는 종전의 직원이나 종업원 등 피용인에게 금지명령을 취득하기 위해 영업비밀보유자는 실제적인 부정취득사용(actual misappropriation)을 입증할 필요가 있다. 왜냐하면 실제적인 경제적 가치가 위협을 받아야 하기 때문이다. 그러나 UTSA가 적용되는 경우에는 부정취득의 위협(threatened misappropriation)이 존재하면 금지명령을 내릴 수 있다. 즉 불가피한 공개원칙(inevitable disclosure doctrine)에 따라 종전 직원이 경쟁자에게 취업하여, 불가피하게 이전 고용주의 영업비밀을 공개할 것이라고 판단되면 영업비밀의 공개 금지를 청구할 수 있는데, 커먼로상의 요건으로는 그러한 원칙이 인정되지 않는다.

셋째, 영업비밀침해가 의도적인 경우(willful and malicious), 법원은 변호사 비용을 부담시킬 수 있는데, 이는 반대로 영업비밀침해가 허위인 경우에는 원고가 피고의 변호사 비용을 부담할 수 있다. UTSA는 이를 명시하였다.

3. 구체적으로 문제되는 경우

가. 일반적으로 알려진 지식, 기능 및 경험

일반적으로 알려진 지식은 공유(the public domain)이므로 특정인이 독점하여 소유할 수 없다. 공공에 알려진 지식이나 산업에 일반적인 지식은 영업비밀로 점유할 수 없다.[724] 판매된 상품이나 상품의 관찰에 의하여 그 정보가 공개되는 경우에는 영업비밀로 보호받을 수 없다.725) 판매되는 상품의 관찰에 의해 영업비밀을 알 수 있게 되는 것을 방지하고 싶다면 비밀성을 유지하기 위한 상당한 또는 합리적인 노력(reasonable effort to maintain secrecy)을 하여야 한다.

단순히 공개된 지식이나 정보만을 모아 놓은 것은 비밀성을 결여하기 때문에 영업비밀로 보호받을 수 없다.726) 그러나 영업비밀은 공개된 정보나 공공지식을 기반으로 '구성'된 정보로도 가능하다.727) 예컨대 공공의 지식으로 구성된 영업비밀도 가능하다.728) 그 구성방법이 비밀인 경우에는 영업비밀로 보호될 수 있다. 공중에 알려진 정보에 대하여 신뢰관계형성에 의해서 영업비밀로 보호될 수 있는지에 대해서 미국에서는 긍정하는 판결과 부정하는 판결이 존재한다. 다수의 법원은 신뢰관계나 영업비밀보호의무에 위반되었는지, 즉 의무위반여부에 의해서 판단하고, 그것이 공개된 정

---

724) Restatement of Torts § 757 cmt. b.
   The subject matter of a trade secret must be secret. Matters of public knowledge or of general knowledge in an industry cannot be appropriated by one as his secret. Matters which are completely disclosed by the goods which one markets cannot be his secret.

725) Vacco Indus. v. Van den Berg, 6 Cal. Rptr. 2d 602, 611 (Ct. App. 1992); Mycalex Corp. v. Pemco Corp., 64 F. Supp. 420(D.C.Md. 1946).

726) Fishing Concepts, Inc. v. Ross, 226 U.S.P.Q. 692 (D.Minn. 1985).

727) Syntex Ophthalmics, Inc. v. Novicky, 745 F.2d 1423 (Fed.Cir. 1984), vacated on other grounds 470 U.S. 1047, 105 S.Ct. 1740, 84 L.Ed.2d 807 (1985), reinstated 767 F.2d 901 (Fed.Cir. 1985), cert. denied 475 U.S. 1083, 106 S.Ct. 1463, 89 L.Ed.2d 719 (1986); Water Services, Inc. v. Tesco Chemicals, Inc., 410 F.2d 163 (5th Cir.1969); Imperial Chemical Industries, Ltd. v. National Distillers and Chemical Corp., 342 F.2d 737 (2d Cir.1965); Mann v. Tatge Chemical Co., 201 Kan. 326, 440 P.2d 640 (1968).

728) Servo Corporation of America v. Gen. Elec. Co., 393 F.2d 551 (4th Cir. 1968) ("That Servo's trade secret may have been a combination of components, each of which was in the public domain, cannot be doubted." Id., 555).

보인지에 의하지 판단하지 않는다.[729] 예컨대, 공개된 정보가 있다면 그 공개된 정보로부터 취득하여야 하고 계약상 또는 신뢰관계상 의무위반이 되는 행위에 의하여 취득할 수는 없다.

다수의 데이터 베이스는 공개된 정보로 구성되어 있다. 그러한 경우에도 그 데이터 베이스는 영업비밀로 보호받는데 지장이 없다. 구성된 데이터 베이스 전체나 일부분은 공개된 것은 아니기 때문이다.

미국의 영업비밀보호법리상 피용인의 일반적인 지식, 능력, 경험(general knowledge, skill, and experience)은 고용주의 영업비밀로 보호받을 수 없다. 다만, 주에 따라서 계약 또는 신뢰관계에 의하여 피용인의 일반적인 지식, 능력, 경험(general knowledge, skill, and experience)을 보호받을 수 있다.[730] 신뢰관계 위반이 발생한 경우에는 의무위반에 의하여 영업비밀이 침해된 것으로 인정하기 때문이다. 예컨대, Elcor Chemical Corp. v. Agri-Sul, Inc. 사건[731]에서 법원은

---

729) Hyde Corporation v. Huffines, 158 Tex. 566, 314 S.W.2d 763 (Tex.Sup. 1958); K & G Oil Tool & Service Co., Inc. v. G & G Fishing Tool Service, 158 Tex. 594, 314 S.W.2d 782 (1958); Conmar Products Corp. v. Universal Slide Fastener, 172 F.2d 150 (2d Cir. 1949); Adolph Gottscho, Inc. v. American Marking Corp., 18 N.J. 467, 114 A.2d 438 (1955); Franke v. Wiltschek, 209 F.2d 493 (2d Cir. 1953); Ventura Mfg. Co. v. Locke, 454 S.W.2d 431 (Tex.Civ.App., San Antonio 1970).

730) Camilla A. Hrdy, The General Knowledge, Skill, and Experience Paradox, 60 B.C. L. Rev. 2409, 242-22 (2019).; Charles Tait Graves, Trade Secrecy and Common Law Confidentiality: The Problem of Multiple Regimes, in THE LAW AND THEORY OF TRADE SECRECY: A HANDBOOK OF CONTEMPORARY RESEARCH, 2011, p. 77, pp. 88–91 (Rochelle C. Dreyfuss & Katherine J. Strandburg eds., 2011); Orly Lobel, The New Cognitive Property: Human Capital Law and the Reach of Intellectual Property, 93 TEX. L. REV. 789, 810 (2015).

731) Elcor Chemical Corp. v. Agri-Sul, Inc., 494 S.W.2d 204, 178 U.S.P.Q. (BNA) 552 (Tex. Civ. App. 1973).

Appellees seek to evade their contractual obligation and duty flowing from fiduciary relationship with ELCOR by taking the position that the knowledge utilized by them in the development of the Agri-Sul process was not really a secret but was something that could have been obtained by reading articles and trade magazines, etc ⋯ It must be borne in mind and reiterated that the Agri-Sul process is not a patent but a trade secret. The essence of ELCOR's action is not infringement but the breach of obligation of good faith imposed by contract. It does not matter that Miller and Kruse could have gained their knowledge from a study of books and magazines. The fact is that they did not do so. Instead, they gained this knowledge from ELCOR by way of their confidential relationship and in so doing they incurred a duty not to use it to ELCOR's detriment. This duty was breached by them and because of this breach, we are compelled by equity to extend to ELCOR adequate injunctive relief.[732]

라고 하여, 실제로 피용인이 공개된 지식을 통해서 자신의 지식을 얻었는지 아니면 신뢰관계나 계약상의 의무 위반을 통하여 그 지식을 얻었는가를 구분한다.

영업비밀로 보호받을 수 있는지를 판단하는 요소 중의 하나는 해당 정보가 일반적인 정보나 기본적인 정보인지 여부이다. 따라서 마카로니 치즈 바비큐 치킨의 '기본적'인 제조방법이나 '일반적'인 제조방법은 영업비밀로 보호받을 수 없다.[733]

---

732) Elcor Chemical Corp. v. Agri-Sul, Inc., 494 S.W.2d 204, 212-13 (Tex. Civ. App. 1973).
733) Buffets, Inc. v. Klinke, 73 F.3d 765 (9th Cir. 1996).

나. '알거나 v. 알 수 있는 경우의 이분법'
(know v. knowable dichotomy)

피용인의 일반적인 지식, 능력, 경험(general knowledge, skill, and experience)은 영업비밀이 될 수 없다. 다만, 영업비밀은 아니지만 계약 및 신뢰관계상 보호되는 정보가 존재한다.[734] 앞서 검토한 바와 같이 영업비밀로 보호받을 수 없는 이러한 정보에 대해서도 그 취득 방법에 있어 '적절한 수단'(proper means)에 의한 경우가 아니라면 영업비밀의 침해가 될 수 있다.

소위 '알거나 v. 알 수 있는 경우의 이분법'(know v. knowable dichotomy)에 의하면 알고 있는 정보(know)와 알 수 있는 정보(knowable)를 구별한다. 전자의 경우에는 영업비밀의 침해를 인정하지 않지만, 후자의 경우에는 영업비밀 침해를 인정한다. UTSA는 일반적으로 알려져 있거나(generally known) 또는 정당한 방법에 의해 쉽게 알 수 있는 경우(readily ascertainable by proper means)에는 영업비밀성을 부정한다. 후자의 경우가 '알 수 있는 경우'(knowable)인데 알 수 있는 경우란 '정당한 방법 또는 적절한 수단'(proper means)에 의하여 알 수 있는 경우이다. 따라서 도서관에서 책을 대출하여 읽으면 쉽게 알 수 있는 지식이라도 원고로부터 신뢰관계 또는 계약관계 위반으로 부정취득사용(misappropriation)하는 경우에는 '적절한 수단'(proper means)에 의한 취득이 되지 못한다.[735]

---

734) Orthofix, Inc. v. Hunter, 630 F. App'x 566, 567 (6th Cir. 2015) (법원은 ⅰ) 일반적인 지식, 기능 및 경험; ⅱ) 계약 또는 신뢰관계에 의해 보호받는 정보; 및 ⅲ) 영업비밀로 나누고 있다.).

735) Tabor v. Hoffman, 118 N.Y. 30, 23 N.E. 12 (1889) ("The fact that one secret can be discovered more easily than another does not affect the principle. Even if resort to the patterns of the plaintiff was more of a convenience than a necessity, still, if there was a secret, it belonged to him, and the defendant had no right to obtain it by unfair means, or to use it after it was thus obtained." Id., 13); Schreyer v. Casco

계약관계 또는 신뢰관계에 따라 취득한 영업비밀에 대한 부정취득은 인정되지는 않는다. 신뢰관계나 계약에 따라 취득한 것이기 때문에 취득 자체는 적법한 것이다. 그러나 계약관계나 신뢰관계에서 허용된 범위를 넘어서 취득하거나 사용하는 것은 영업비밀의 부정취득에 해당한다.

위와 같은 법리에 대하여 Restatement of Unfair Competition도 같은 입장에 있다.

> When information is no longer sufficiently secret to qualify for protection as a trade secret, its use should not serve as a basis for the imposition of liability under the rules stated in § 40. If the information has become readily ascertainable from public sources so that no significant benefit accrues to a person who relies instead on other means of acquisition, the information is in the public domain and no longer protectable under the law of trade secrets. Even those courts that decline to take into account a loss of secrecy following a confidential disclosure to the defendant often assert in dicta that no liability attaches if the defendant actually extracts the information from public sources. When the information is readily ascertainable from such sources, however, actual resort to the public domain is a formality that should not determine liability.[736]

즉 취득행위의 부정성으로 인하여 영업비밀의 침해를 인정하고 있다. 쉽게 알아낼 수 있으면 그 방법으로 알아내어야 적절한 수단(proper means)이

Products Corp., 97 F. Supp. 159, 168-69 (D. Conn. 1951), aff'd in part, rev'd in part, 190 F.2d 921 (2d Cir 1951), cert denied 342 U.S. 913 (1952); A. O. Smith Corp. v. Petroleum Iron Works Co., 73 F.2d 531 (6th Cir., 1934).

736) Restatement of Unfair Competition §39 cmt. f.

되어 영업비밀의 침해가 이루어지지 않는 것으로, 원고로부터 알아내는 것은 부정한 수단(improper means)에 해당한다는 것이다.

1939년 Restatement of Torts는 영업비밀이 되기 위해 해당 정보의 사용요건을 요구했다. 그리하여 적극적으로 사용하지 않는 소극적 정보, 실패한 정보 및 미완성의 정보 등은 영업비밀의 요건을 충족하지 못했다. 그리고 일과성의 정보(single event) 등도 영업비밀로 보호하지 않았는데, 이러한 정보라도 신뢰관계나 계약관계를 위반하여 침해하는 것에 대하여 구제수단을 제공했다.737)

나아가 대리관계에 관한 법리는 영업비밀 뿐만 아니라 신뢰관계나 계약관계에 의하여 제공된 정보가 비록 영업비밀의 요건을 충족하지 못하더라도 계약관계에 의하여 허가받지 않거나 신뢰관계를 위반하여 공개하거나 사용하는 것에 대하여 보호수단을 제공했다.738) 예컨대, 1939년 Restatement of Torts의 지속적 사용요건을 충족하지 못하는 일과성 정보(single event information), 소극적/부정적 정보(negative information) 및 미완성 정보 등은 영업비밀의 보호대상은 아니었지만 신뢰관계나 계약관계에 의하여 보호받을 수 있었다. 즉 영업비밀의 부정취득이 아닌 신뢰관계 또는 계약상의 의무위반으로 법리를 구성하는 경우가 존재했다.739)

우리나라의 상법상 이사의 비밀유지의무740)도 위와 같은 법리에서 출발

---

737) Restatement of Torts § 759 cmt. c.

738) Restatement, Second, of Agency in § 396 (1958).

739) Hauck Mfg. Co. v. Astec Industries, Inc., 376 F. Supp. 2d 808 (E.D. Tenn. 2005) ("Nothing in the Court's ruling in any way suggests such information does not exist or that it could not be protected through contractual methods, as explicitly contemplated by the UTSA itself. See Tenn.Code Ann. § 47-25-1708(b) (1). Thus, a conclusion Irwin breached his confidentiality agreement would not necessarily compel the conclusion Irwin (or Astec) misappropriated Plaintiff's trade secrets." Id., 815).

740) 상법 제382조의4 (이사의 비밀유지의무) 이사는 재임중 뿐만 아니라 퇴임후에도 직

한다. 따라서 상법상 이사의 비밀유지의무의 대상인 영업상 비밀은 영업비
밀보호법상의 영업비밀과 다른 개념이다.

UTSA는 영업비밀의 부정취득여부에 관계없이 신뢰관계나 계약 위반으로
인한 책임에는 영향을 미치지 않는다고 규정하고 있다. UTSA 제7조 (b)는

> This [Act] does not affect: (1) contractual remedies, whether or not
> based upon misappropriation of a trade secret; or (2) other civil
> remedies that are not based upon misappropriation of a trade secret; or
> (3) criminal remedies, whether or not based upon misappropriation of a
> trade secret.[741]

라고 규정하여, 계약상의 영업비밀침해에 대한 구제에는 영향을 미치지 않
는다고 명시하고 있다. 따라서 영업비밀이 아닌 정보에 대하여 계약상 보
호의무를 지우는 것이 합리적이지 않은 경우(unreasonable)를 제외하고는
유효하다.

신뢰관계나 계약에 의하여 영업비밀로 보호받지 못하는 정보를 보호받
을 수 있도록 하는 UTSA의 입장은 Restatement of Unfair Competition에서
도 수용되었다. Restatement of Unfair Competition은 영업비밀의 요건을 결
여한 정보에 대하여 신뢰된 경영정보(confidential business information)로
보호받을 수 있고,[742] 이러한 신뢰정보(confidential information)를 공개한
경우에는 불법행위(torts)가 성립함을 언급하고 있다.[743]

무상 알게 된 회사의 영업상 비밀을 누설하여서는 아니된다.

741) UTSA § 7(b)(1).
742) Restatement of Unfair Competition § 41 cmt. c.
743) Modern Controls, Inc. v. Andreadakis, 578 F.2d 1264 (8th Cir. 1978); Johns-Manville
Corp. v. Guardian Industries Corp., 586 F.Supp. 1034 (E.D.Mich. 1983), affirmed
770 F.2d 178 (Fed.Cir. 1985); Organic Chemicals, Inc. v. Carroll Products, Inc., 211

또한 계약에 의하여 특정된 정보를 공개하지 않도록 하는 것도 가능하다.[744] 계약에 의하여 보호되는 정보를 공개한 경우에는 민사책임이 발생한다. 다만 그와 같은 계약에 의하여 잠재적 경쟁을 제한하거나 제거한 경우에는 거래를 제한하는 계약이 되어 그 효력을 강제할 수 없을 수 있다.[745] 계약에 의하여 영업비밀 요건을 갖추지 못한 정보를 보호하는 계약이 유효한 계약에 대하여 부수적(ancillary)이고 합리적인 경우(reasonableness)에는 유효한 계약이 된다.

영업비밀이 아닌 정보에 대하여 신뢰관계상 또는 계약상 공개하지 않을 의무가 있고, 이를 위반한 것에 대하여 신뢰관계 위반이나 계약위반이외에 불법행위책임까지 부담하는 이유에 대하여 Elcor Chemical Corp. v. Agri-Sul, Inc. 사건[746]에서 법원은

> The essence of ELCOR's action is not infringement but the breach of obligation of good faith imposed by contract. It does not matter that Miller and Kruse could have gained their knowledge from a study of books and magazines. The fact is that they did not do so. Instead, they gained this knowledge from ELCOR by way of their confidential relationship and in so doing they incurred a duty not to use it to ELCOR's detriment. This duty was breached by them and because of this breach, we are compelled by equity to extend to ELCOR adequate injunctive relief.[747]

U.S.P.Q. 628 (W.D.Mich. 1981) (dictum); Continental Group, Inc. v. Kinsley, 422 F.Supp. 838 (D.Conn. 1976); Structural Dynamics Research Corp. v. Engineering Mechanics Research Corp., 401 F.Supp. 1102 (E.D.Mich. 1975).

744) Restatement of Unfair Competition § 41 cmt. d.

745) Id.

746) Elcor Chemical Corp. v. Agri-Sul, Inc., 494 S.W.2d 204 (Tex. Civ. App. 1973).

747) Id., 213.

라고 판시하고 있다. 법원은 당사자가 공개하지 않기로 약정을 하거나 신뢰관계를 형성하고 그 계약이나 신뢰관계하에서 피고가 원고로부터 해당 정보를 (정당하게) 취득하였으므로 그와 같은 약속을 지켜야 함에도 불구하고, 피고가 자신이 부담하는 신뢰관계상 또는 계약상 의무를 다하지 않았기 때문이라고 한다.('The fact is that they did not do so.')[748] 따라서 그러한 의무 위반이 없는 경우, 즉, 원고가 아닌 책이나 학술지 등 다른 출처로 해당 정보를 취득한 경우에 그 정보를 공개하는 것은 원고와의 약속을 저버린 것이 아니므로 신뢰관계위반이나 계약위반이 아니라고 한다.

HCC Ins. Holdings, Inc. v. Flowers 사건[749]에서 법원은 영업비밀이 아닌 정보에 대하여 2년 이상의 기간동안 공개를 제한하는 비공개약정은 효력이 없다고 하였고, Orthofix, Inc. v. Hunter 사건[750]에서 제6순회법원은 피용인의 일반적인 기술이나 지식이 아니지만 영업비밀로 보호받지 못하는 신뢰정보를 사용공개한 것은 오하이오 주 법에 의해 성립한 고용계약을 위반하였다고 판시했다.

다만, 영업비밀의 요건을 갖추지 못한 정보에 대하여 당사자 영업비밀이라고 계약하더라도 그것만으로 당연히 영업비밀로 인정되는 것은 아니므로 그 정보의 영업비밀성을 다툴 수 있다는 판결도 존재한다.[751]

우리나라에서도 영업비밀보호법상 영업비밀이 아니더라도 영업상 주요 자산에 해당한다면 업무상 배임죄가 성립할 수 있다고 판시한 판결이 있다. 해당 사안은 문서관리규정상 비밀문서의 경우 비밀표시를 하도록 하고 있음에도 '이 사건 각 보고서'에는 비밀표시가 되어 있지 않고 사무실 내 잠금장치가 없는 유리책장이나 책꽂이에 보관되어 있었는데, 각 사무실에

---

748) Rohm & Haas Co. v. Adco Chemical Co., 689 F.2d 424 (3d Cir. 1982).
749) HCC Ins. Holdings, Inc. v. Flowers, 237 F. Supp. 3d 1341, 1355 (N.D. Ga. 2017).
750) Orthofix, Inc. v. Hunter, 630 F. App'x 566, 568 (6th Cir. 2015).
751) Gary Van Zeeland Talent, Inc. v. Sandas, 84 Wis.2d 202, 267 N.W.2d 242 (1978).

출입자를 제한하지 않았던 점을 고려하여 상당한 노력에 의하여 비밀로 유지되었다고 보기 어렵다고 판단하여 영업비밀의 존재를 부인했다. 그러나 대법원은

> 업무상배임죄가 성립하기 위하여는, 그 자료가 영업비밀에 해당할 필요까지는 없다고 하더라도 적어도 그 자료가 불특정 다수인에게 공개되어 있지 않아 보유자를 통하지 아니하고는 이를 통상 입수할 수 없고, 그 자료의 보유자가 자료의 취득이나 개발을 위해 상당한 시간, 노력 및 비용을 들인 것으로 그 자료의 사용을 통해 경쟁자에 대하여 경쟁상의 이익을 얻을 수 있는 정도의 영업상 주요한 자산에 해당하는 것이어야 한다.752)

라고 판시하여 영업비밀이 아니지만, 피해자와 피고인 사이에 '업무관계', 즉 신뢰관계와 계약관계가 존재하였으므로 계약상 또는 신뢰관계상 보호관계를 인정하였다.753)

다. 지식과 암기한 기억

일반적인 지식, 능력, 경험(general knowledge, skill, and experience)은 특정인의 영업비밀로 보호받을 수 없다.754) 두뇌에 저장된 지식이나 신체에 체화된 기능은 그의 신체의 일부이므로, 로크(Locke)에 따르더라도, 그의 소유이다.755)

그러나 영업비밀을 고의로 암기한 기억은 영업비밀의 침해가 될 수 있

---

752) 대법원 2012. 6. 28. 선고 2011도3657 판결.
753) 같은 취지의 판결로, 대법원 2016. 7. 7. 선고 2015도17628 판결 등.
754) NCH Corp. v. Broyles, 749 F.2d 247 (5th Cir.1985).
755) Locke, Second Treatise of Government § 27.

다. 기억과 기록은 구분되지만 영업비밀을 기억한 것은 영업비밀의 부정취득이 된다.756) 지식은 헌법상 학문의 자유에 의하여 보호받을 뿐만 아니라 신체의 일부가 되므로 타인의 영업비밀이 될 수 없다. 그러나 암기한 기억이나 영업비밀의 부적절한 취득, 즉 절취에 해당하는 것으로 그와 같은 암기한 지식은 형법상 장물과 같은 것으로서, 학문의 자유에 의해 보호받을 수 없을 뿐만 아니라 신체의 일부가 되지 않는다. 따라서 타인의 영업비밀인 정보를 고의로 기억하는 것은 영업비밀의 절취하는 것으로서, 부적절한 수단(improper means)에 의한 취득이 된다.757)

Stampede Tool Warehouse, Inc. v. May 사건758)에서 일리노이 주 항소법원은

> There was substantial evidence that defendants misappropriated the customer list either through copying down names or through memorization. In fact, defendants admitted that they redeveloped their customer lists by remembering the names and locations of at least some of their Stampede customers. <u>Using memorization to rebuild a trade secret does not transform that trade secret from confidential information into non-confidential information. The memorization is one method of misappropriation.</u>759)

라고 하여, 암기는 통상적인 영업비밀의 일반적인 부정취득행위임을 인정

---

756) MAI Systems Corp. v. Peak Computer, Inc., 991 F.2d 511 (9th Cir.1993), cert. dismissed, 114 S.Ct. 671, 126 L.Ed.2d 640 (1994).

757) Schulenburg v. Signatrol, Inc., 33 Ill.2d 379, 212 N.E.2d 865 (1965), cert. denied 383 U.S. 959, 86 S.Ct. 1225, 16 L.Ed.2d 302 (1966).

758) Stampede Tool Warehouse, Inc. v. May, 651 N.E.2d 209 (Ill. App. Ct. 1995).

759) Id., 217.

하고 있다. 우리 대법원도 영업비밀 침해행위는 직접 기억하고 인식하는
방법으로 침해될 수 있음을 인정하고 있다.[760]

역분석(reverse engineering)의 경우에는 헌법상 학문의 자유에 의한 연구
와 개발을 행하여 이룩하는 것이다. 상품이 유통을 위해 거래에 놓여지는
것은 사회생활의 일부가 되고 이를 연구하는 것은 학문의 자유의 행사이
다. 그 뿐만 아니라 쉽게 알아낼 수 있는 경우(readily ascertainable)에는 영
업비밀로 보호받지 못한다.[761] 그러나 출판된 서적에서 구체성이 없이 추
상적으로 기재되어 그 자체로 알 수 없는 경우에는 쉽게 알아낼 수 있는
경우로는 볼 수 없을 것이다.[762]

라. 피용인의 일반적인 지식, 기능 및 경험에 대한 문제점

피용인의 일반적인 지식, 기능 및 경험(general knowledge, skill, and
experience)은 영업비밀로 보호받지 못한다는 것은 일반적인 영업비밀보호
법리이다. 따라서 피용인은 자신이 직장에서 배운 지식, 기술 및 경험은 자
신의 신체의 일부가 된다.

그러나 피용인의 일반적인 지식, 기능 및 경험을 구성하는 것이 무엇인

---

760) 대법원 1998. 6. 9. 선고 98다1928 판결 (영업비밀의 취득은 문서, 도면, 사진, 녹음테
이프, 필름, 전산정보처리조직에 의하여 처리할 수 있는 형태로 작성된 파일 등 유체
물의 점유를 취득하는 형태로 이루어질 수도 있고, 유체물의 섬유를 취득함이 없이
영업비밀 자체를 직접 인식하고 기억하는 형태로 이루어질 수도 있고, 또한 영업비
밀을 알고 있는 사람을 고용하는 형태로 이루어질 수도 있는바, …).

761) T. P. Laboratories, Inc. v. Huge, 261 F.Supp. 349 (E.D.Wis.1965), affirmed 371 F.2d
231 (7th Cir. 1966); Public Systems, Inc. v. Towry, 587 So.2d 969 (Ala. 1991);
Dynamics Research Corp. v. Analytic Sciences Corp., 9 Mass.App.Ct. 254, 400
N.E.2d 1274 (1980); Van Products Co. v. General Welding and Fabricating Co., 419
Pa. 248, 213 A.2d 769 (1965); Microbiological Research Corp. v. Muna, 625 P.2d
690 (Utah 1981).

762) Jager, Trade Secrets, §5.04.3.a.ii.

지가 분명하지 않다. AMP Inc. v. Fleischhacker 사건763)에서 제7순회법원 Cummings 판사는

> That is not to say that [a former employee] may not have derived some benefit from his access to the collective experience of [his employer] (experience to which [the employee] himself doubtless contributed significantly during the course of his employment). It is rather to say such information comprises general skills and knowledge acquired in the course of employment. Those are things an employee is free to take and to use in later pursuits, especially if they do not take the form of written records, compilations or analyses.764)

라고 판시하여 피용인의 지식이나 기능 또는 경험을 구성하는 것과 그렇지 않은 것의 구분이 명확하지 않음을 지적하고 있다. 결국 법원은 고용주의 '서면상'(written) 기록, 조합 또는 분석 등을 취득하여 가져간 것이 아니라면 피용인의 일반적인 지식이나 기능 또는 경험이라고 할 수 있음을 지적하고 있다. 즉 서면으로 남겨진 정보인지가 영업비밀인지 지식인지 판단에 중요한 역할을 한다.

피용인의 일반적인 지식, 기능 및 경험은 영업비밀로 보호받지 못한다는 법리는 성공적인 피용인에 대하여는 합리적인 법원칙이라고 할 수 있지만, 역설적으로 성공적인 피용인에 대하여는 그의 이직이나 전직을 제한하여 헌법상 직업선택의 자유를 제한하는 문제가 발생할 수 있다. 이에 대하여 한 미국 변호사는

---

763) AMP Inc. v. Fleischhacker, 823 F.2d 1199 (7th Cir. 1987).
764) Id., 1205.

[A] standard rule courts sometimes apply to define a permissible body of knowledge that a mobile employee can use is his or her general skills, knowledge, training, and experience. This rule helps protect employee mobility by preventing a trade secret plaintiff from declaring that everything the employee learned during his or her employment can be classified as a trade secret. If employees could not safely transfer their training and skills from job to job, or change jobs without repeating the mistakes that constituted their general learning process, they would be unable to change jobs within the same field or start new, competing businesses. To protect employee mobility and the benefits that flow from it, it makes sense to go as far up to the line as possible to allow employees to apply their skills and training at a new job.[765]

라고 지적하고 있다. 이직하는 피용인은 자신의 일반적인 지식, 기능 및 경험을 새로운 직장에서 사용할 수 있지만, 일반적인 훈련과정에서 발생하는 실수의 반복이 없이 피용인이 자신의 훈련과 기능을 새로운 직업에 적용을 시키지 못한다면, 그러한 경우에는 자신의 지식 등이 아니게 될 것이므로 그 피용인인 전 직장과 경쟁하는 동종의 새로운 직장에서 일하지 못할 것이라고 언급하고 있다. 그는 피용인의 전직과 전직으로부터 발생하는 피용인의 이익을 보호하기 위해 피용인이 자신의 지식, 기능과 경험을 새로운 직업에 훈련 적용하고 피용인의 지식, 기능과 경험을 사용할 수 있도록 피용인의 지식이나 기능, 경험으로 인정되는 기준을 상향시킬 필요가 있다고 지적 한다.

---

765) Charles Tait Graves, The Law of Negative Knowledge: A Critique, 15 TEX. INTELL. PROP. L.J. 387, 408-09 (2007). (Charles Tait Graves는 현, 미국 캘리포니아주 샌프란시스코 소재 Wilson Sonsini의 파트너 변호사이자 UC Hastings Law School, Adjunct Professor 이다.).

우리 대법원은 아래 판시와 같이 업무수행과정에서 자연스럽게 취득하는 goodwill과 정보는 영업비밀인 정보가 되기 어려운 사정을 언급하고 있다.

> 미국 배셋사는 종래부터 제품별로 국내외 여러 업체에 사양을 제시하고 가격과 품질 면에서 경쟁력이 있는 조건을 제시하는 업체로부터 납품을 받았고, 중국 무역업자 역시 독립적으로 국내 여러 업체들로부터 주문을 받아 중국 제품을 공급하는 영업을 하고 있었으므로, 비록 원고가 이들과 거래관계를 맺고 있었다고 하더라도 다른 업체의 진입을 막고 거래를 독점할 권리가 있었던 것은 아니며, 그러한 거래처와의 신뢰관계는 무역 업무를 수행하는 과정에서 자연스럽게 습득되는 측면이 강하므로, 이 역시 이 사건 경업금지약정에 의해 보호할 가치가 있는 이익에 해당한다고 보기 어렵거나 그 보호가치가 상대적으로 적은 경우에 해당한다고 할 것이다.[766]

또한 대법원은 업무수행과정에서 얻게 되는 지식에 대하여 어느 정도 구체화 했는데,

> 甲이 고용기간 중에 습득한 기술상 또는 경영상의 정보 등을 사용하여 영업을 하였다고 하더라도 그 정보는 이미 동종업계 전반에 어느 정도 알려져 있었던 것으로, 설령 일부 구체적인 내용이 알려지지 않은 정보가 있었다고 하더라도 이를 입수하는데 그다지 많은 비용과 노력을 요하지는 않았던 것으로 보이고, 乙 회사가 다른 업체의 진입을 막고 거래를 독점할 권리가 있었던 것은 아니며 그러한 거래처와의 신뢰관계는 무역 업무를 수행하는 과정에서 자연스럽게 습득되는 측면이 강하므로 경업금지약정에 의해 보호할 가치가 있는 이익에 해당한다고

---

766) 대법원 2010.3.11. 선고 2009다82244 판결.

<u>보기 어렵거나 그 보호가치가 상대적으로 적은 경우에 해당한다고 할
것이고</u>, 경업금지약정이 甲의 이러한 영업행위까지 금지하는 것으로
해석된다면 근로자인 甲의 직업선택의 자유와 근로권 등을 과도하게
제한하거나 자유로운 경쟁을 지나치게 제한하는 경우에 해당되어 민
법 제103조에 정한 선량한 풍속 기타 사회질서에 반하는 법률행위로
서 무효

라는 이유로 경업금지약정이 유효함을 전제로 하는 손해배상청구를 기각
한 사례가 있다. 본 판결에서도 대법원은 업무관계에서 고객과의 관계에서
발생하는 개인적 신뢰관계, 즉 goodwill은 영업비밀이나 경업금지 보호대상
에서 제외되고, 영업비밀인 정보라도 업무수행과정에서 쉽게 취득될 수 있
다면 이는 경업금지에 의한 보호대상에서 제외되고, 영업비밀로도 보호받
을 수 없다는 취지로 판시했다.

마. 고객명부

전화번호부 등을 통해 얻을 수 있는 고객명부는 영업비밀이 아니다.[767]
그러나 특정한 목적으로 위해 고용주가 비용과 노력을 투입하여 어렵게 발
굴한 고객명부는 고용주의 영업비밀로 보호된다.[768] 예컨대, 고객 중에 특
정한 금액 이상을 구입한 고객이나 특정상품을 구입한 고객에 대한 정보는
영업비밀로 인정받는다. 따라서 종업원은 그러한 고객리스트에 대해서는
자신을 위해 사용할 권한은 없다.[769]

---

767) American Paper & Packaging Products, Inc. v. Kirgan, 183 Cal.App.3d 1318, 1326,
  228 Cal.Rptr. 713 (1986).
768) Courtesy Temporary Service, Inc. v. Camacho, 222 Cal.App.3d 1278, 1287, 272
  Cal.Rptr. 352 (1990).
769) Klamath-Orleans Lumber, Inc. v. Miller, Cal.App.3d at p. 461, 151 Cal. Rptr. 118

이러한 고객명부은 창작적인 결과물이라고 보다는 노력에 의한 결과물 (sweat of the brow works)이라고 할 수 있다. 과학 기술적 창작물이 아닌 이상 특허권이나 저작권의 대상으로 보기는 어렵다. 물론 창작성이 가미가 되어 있고, 그러한 창작성이 특허권이나 저작권의 요건을 충족하면 특허권 이나 저작권으로 보호받을 수 있다.

고객명부의 경우, 고객들에 대한 관리가 많은 비용과 노력을 투자하여 관리하고 있다면, 쉽게 알아 낼 수 없는 비밀성, 즉 상대적 비밀성요건을 충족한다.770) 예컨대, 외부에 비공개된 자신의 고객들에게 정기적으로 쿠 폰을 보내고, 전화를 하여 새로운 서비스를 알려 준다든지 신용이나 계정 등의 해킹 정보 등을 제공하였다면 많은 노력과 자본을 투자하여 관리하여 쉽게 알아낼 수 없는 정보에 해당한다.

Morlife, Inc. v. Lloyd Perry 사건771)에서 캘리포니아 항소법원은

As a general principle, the more difficult information is to obtain, and the more time and resources expended by an employer in gathering it, the more likely a court will find such information constitutes a trade secret.772)

라고 판시하여, 고객리스트의 수집이 어렵고 시간과 노력이 투입되면 투입 될수록 그 정보에 대하여 영업비밀을 인정할 수 있다고 판시하고 있다. 그

(1978); ABBA Rubber Co. v. Seaquist, 235 Cal.App.3d 1, 19-20, 286 Cal.Rptr. 518 (1991).

770) Morlife, Inc. v. Lloyd Perry, 66 Cal. Rptr. 2d 731 (Cal. Ct. App. 1997) (이 사건에서 고객명부는 제한된 사람만이 접근을 할 수 있도록 하였고, 이 사건 피고 들인 종전 피용인 들에게도 비밀로 유지되었다.).

771) Id.

772) Id., 56 Cal. App. 4th 1514, 1522.

리하여 그와 같은 노작(sweat of the brow works)에 대한 '불필요한 사용' (unnecessary use)은 영업비밀침해라고 판시하였다.[773] 법원은 한 회사의 마케팅 팀에서 100 사람을 전화 하면 10분의 1인 10 사람을 접촉할 수 있고, 그 접촉한 고객을 판매직원이 최초로 방문하는 경우에 그 비용이 238 달러인 경우에 그러한 비용이 투입되어야 하는 것만으로 고객리스트에 대하여 상대적 비밀성이 존재한다고 할 수는 없지만, 공중에게 공개된 정보로서 쉽게 취득할 수 없다는 것과 함께 비밀성을 인정하는데 중요한 요소가 된다고 판시했다.[774]

바. 종교적인 정보

영업비밀의 보유 주체는 원칙적으로 제한이 없으므로[775] 교회도 영업비밀 보유의 주체가 될 수 있다. 그리고 종교적인 정보도 영업비밀의 대상이 된다.[776] 종교적 정보는 경제적 가치가 존재하는지의 문제가 있으나, 문제된 개별적인 정보에 의해 판단할 문제로서 종교적 정보라는 이유로 영업비밀 보호를 제외할 수는 없다.

Religious Technology Center v. Netcom On-Line Com. 사건[777]은 종교적인 글도 영업비밀의 대상이 된다는 전제하에 판시한 사건이다. 이 사건에서 피고 중의 하나인 Erlich가 15년 동안 사이언톨로지의 목사로 재직했고

---

773) Id.

774) Morlife, Inc. v. Lloyd Perry, 66 Cal. Rptr. 2d 731, 736 (Cal. Ct. App. 1997).

775) UTSA §1 Definition (3) ""Person" means a natural person, corporation, business trust, estate, trust, partnership, association, joint venture, government, governmental subdivision or agency, or any other legal or commercial entity."

776) Religious Technology Center v. Lerma, 908 F. Supp. 1362 (E.D. Va. 1995).

777) Religious Technology Center v. Netcom On-Line Com., 923 F. Supp. 1231 (N.D. Cal. 1995).

사이언톨로지 교회의 고(故) 설립자인 L. Ron Hubbard가 작성한 비공개 글 등을 취득했다. 피고가 사이언톨로지의 교회에 대한 비판자가 되어 교회를 떠났고, 교회를 떠난 후에는 인터넷에 교회를 비판, 풍자하는 글을 올렸다. 원고는 피고가 원고가 비밀로 관리하는 문건을 가져가 이를 발췌하여 사용하였다고 주장했다. 법원은 종교적인 내용도 영업비밀로 보호된다고 판시했다.

> [T]here is no authority for excluding religious materials from trade
> secret protection because of their nature. Indeed, there is no authority for
> excluding any type of information because of its nature. While the trade
> secret laws did not necessarily develop to allow a religion to protect a
> monopoly in its religious practices, the laws have nonetheless expanded
> such that the Church's techniques, which clearly are "used in the
> operation of the enterprise," Restatement § 39, at 425, are deserving of
> protection if secret and valuable.[778]

다만 법원은 원고가 영업비밀이라고 주장하는 Advanced Technology works는 독립적인 경제적 가치는 인정되지만 비밀성을 상실하였다는 이유 등으로 영업비밀로서 보호요건을 갖추지 못했다고 판시했다. Religious Technology Center v. Scott 사건[779]에서 법원은 성서에 관련된 문건에 대하여도 교인을 확보하기 위해 중요한 것으로서 영업비밀의 대상으로 인정했다.[780]

---

778) Id., 1252.
779) Religious Technology Center v. Scott, 869 F.2d 1306 (9th Cir. 1989).
780) 구별되는 판결로는 Religious Technology Center v. Wollersheim, 796 F.2d 1076 (9th Cir. 1986) (sacred scriptures는 영업비밀의 요건을 충족하지 못한다.).

제2절 비밀성

1. 의의

영업비밀은 비밀인 정보에 대하여 인정된다. 일반적으로 알려진 지식 (generally known knowledge)은 특정 산업에만 알려진 것이라도 비밀성이 존재하지 않는다. 이러한 정보는 만인 공유의 것이므로 특정인의 재산이 될 수 없을뿐더러 그 정보를 사용하거나 취득하였다고 하여 특정인의 영업 비밀 침해가 될 수 없다.[781] 비밀성을 요구하는 것은 도덕적 정의론의 입장에서는 공정한 경쟁의 이념에 의해서이다. 공중의 영역, 알려진 지식 등은 누구나 자유롭게 사용할 수 있지만 타인의 노력에 의하여 취득한 비밀 정보를 그의 허락 없이 가져가는 것은 그 타인의 노력이나 비용을 회수할 기회를 박탈하는 결과가 되어 공정한 경쟁을 할 수 없다는 것이다.[782]

한편 재산적 가치가 인정되기 위해서는 비밀인 정보이어야 한다. 비밀성 은 경제적 가치발생의 전제이다. 어느 누구도 공개된 정보, 자신이 알고 있 는 정보에 대하여 타인에게 비용을 지불하려고 하지 않을 것이다.

신뢰관계나 계약관계가 존재하지 않는 한[783] 일반적으로 알려진 지식을 피고로부터 취득하였다고 하더라도 영업비밀의 침해가 성립하지 않는 다.[784] 처벌할 수 없는 형법상 불능범[785]과 같다.[786] 물론 주거침입이나 건

---

[781] Koehring v. E. D. Etnyre & Co.,. 254 F. Supp. 334 (N.D. Ill. 1966).

[782] Chicago Lock Co. v. Fanberg, 676 F.2d 400 (9th Cir. 1982) ("it is the employment of improper means to procure the trade secret, rather than mere copying or use, which is the basis of liability." Id., 404).

[783] 이에 대해서는 본서 "제5장 제1절 3. 나. '알거나 v. 알 수 있는 경우의 이분법'(know v. knowable dichotomy)" 참조.

조물 침입과 같은 범죄나 행위의 불법성으로 인하여 민법상 불법행위(예컨 대, 주거침입)가 성립할 수는 있지만, 영업비밀의 경우에는 영업비밀인 정 보가 존재하지 않기 때문에 영업비밀의 침해는 성립할 수 없다.

영업비밀의 비밀성은 특허의 신규성에 대응하는 것으로 신규성보다는 더 넓은 개념이다.787) 영업비밀은 독립적으로 존재할 수 있다는 점에서 저 작권의 창작성에 더 가까운 개념으로 객관적으로 새로운 것임을 요구하는 특허의 신규성과는 다른 개념이다.788) 다만 신규성의 개념은 비밀성의 개 념과 대치할 수 있다. 콜라(cola)에 대한 아이디어와 같이 동일하거나 실질 적으로 동일한 아이디어에 대하여 수개의 영업비밀이 존재할 수 있으나 특 허는 최초의 출원이나 최초의 발명에 대한 아이디어만이 보호받는다.

영업비밀인 정보의 비밀성은 그 정보의 독립된 경제적 가치를 발생시키 는 출발점이다. 따라서 비밀성이 요구된다. 비밀이지 않은 정보는 독립된 경제적 가치를 발생시킬 수 없다. 영업비밀의 비밀성(novelty)에 관하여 Kewanee Oil Co. v. Bicron Corp. 사건에서 미국연방대법원은

Novelty, in the patent law sense, is not required for a trade secret, W. R. Grace & Co. v. Hargadine, 392 F.2d at 14. "Quite clearly, discovery

---

784) Spring Indus. v. Nicolozakes, 58 U.S.P.Q.2d 1794 (Ohio Ct. App. 2000).
785) 형법 제27조 참조.
786) Rockwell Graphic Systems, Inc. v. DEV Industries, Inc., 925 F.2d 174 (7th Cir. 1991)("It would be like punishing a person for stealing property that he believes is owned by another but that actually is abandoned property." Id., 179).
787) CVD, Inc. v. Raytheon Co., 769 F.2d 842 (1st Cir. 1985) ("The scope of protectible trade secrets is far broader than the scope of patentable technology." Id., 850).
788) 신규성과 구별된다고 보는 판결은 Cataphote Corp. v. Hudson, 422 F.2d 1290 (5th Cir.1970); Water Services, Inc. v. Tesco Chemicals, Inc., 410 F.2d 163 (5th Cir.1969); SmokEnders, Inc. v. Smoke No More, Inc., 184 U.S.P.Q. 309 (S.D. Fla.1974).

is something less than invention." A. O. Smith Corp. v. Petroleum Iron
Works Co., 73 F.2d 531, 538 (CA6 1934), modified to increase scope
of injunction, 74 F.2d 934 (1935). However, <u>some novelty will be</u>
<u>required, if merely because that which does not possess novelty is</u>
<u>usually known; secrecy, in the context of trade secrets, thus implies at</u>
<u>least minimal novelty.</u>[789]

라고 지적하고 있다. 영업비밀에서는 특허의 신규성(novelty)과 같은 의미
의 새로운 것을 요구하지는 않지만 최소한의 비밀성은 갖추어야, 해당 정
보에 대하여 재산적 가치를 부여하고 타인의 침해로부터 보호받을 수 있는
것이다. 다만 새롭지 않은 것은 일반적으로 알려진 것이므로(that which
does not possess novelty is usually known) 영업비밀의 비밀성의 의미로는
'최소한'의 신규성이 존재할 것이 필요하다고(secrecy, in the context of
trade secrets, thus implies at least minimal novelty) 지적하고 있다.

어떤 법원은 단순히 기술적으로 개선한 것만으로도 충분하다([a] trade
secret may be no more than 'merely a mechanical improvement that a good
mechanic can make.')고 한 경우도 있다.[790] 신규성이 존재하는 것은 비밀
성의 존재에 대한 전제가 된다.[791] 신규성의 의미는 해당 지식이 공중의

---

789) Kewanee Oil Co. v. Bicron Corp., 416 U.S. 470, 476 (1974).

790) SI Handling Systems, Inc. v. Heisley, 753 F.2d 1244, 1256 (3d Cir. 1985); Forest
Laboratories v. The Pillsbury Co., 425 F.2d 621, 624 (7th Cir. 1971) (2 CALLMAN,
UNFAIR COMPETITION, TRADEMARKS AND MONOPOLIES §52.1 (3d ed.
1968)을 인용하면서 "As distinguished from a patent, a trade secret need not be
essentially new, novel or unique; therefore, prior art is a less effective defense in
a trade secret case than it is in a patent infringement case. The idea need not be
complicated; it may be intrinsically simple and nevertheless qualify as a secret,
unless it is in common knowledge and, therefore, within the public domain."라고 판
시 함).

791) 최소한의 신규성을 요건으로 판다는 판결은 SI Handling Systems, Inc. v. Heisley,

지식이 아닌 것으로 비밀성의 전제가 된다.[792]

현재의 비밀성에 관한 법리는 절대적 비밀성이 아닌, 영업비밀인 정보의 보유자에게 실제적이거나 잠재적인 경제적 가치가 있어 경쟁상의 우위를 가져오는 상대적인 비밀성 법리로 확립되어 있다. 따라서 해당 정보를 취득하거나 알아내기 위해 비용이나 노력이 투입되어야 한다면 비밀성이 있는 것으로 인정된다.[793]

상품 자체로부터 영업비밀을 알 수 있는 경우에는 상품판매에 의하여 비밀성을 상실할 수 있다.[794] 상품 그 자체에서 해당 상품의 비밀을 알 수 있

---

753 F.2d 1244 (3d Cir. 1985); CPG Products Corp. v. Mego Corp., 214 U.S.P.Q. 206 (S.D.Ohio 1981); Anaconda Co. v. Metric Tool & Die Co., 485 F.Supp. 410 (E.D.Pa. 1980).

792) Henry Hope X-Ray Products, Inc. v. Marron Carrel, Inc., 674 F.2d 1336 (9th Cir. 1982).

793) Restatement of Unfair Competition §39 cmt. f.

794) Eagle Comtronics, Inc. v. Pico, Inc., 89 A.D.2d 803, 453 N.Y.S.2d 470, 472 (4th Dep't 1982) (케이블 텔레비전 산업에서 사용되는 트랩과 필터 장치(trap and filter device)는 그 디자인 자체에서 그 정보를 알 수 있으므로("was lost when it was placed upon the market") 영업비밀로 인정할 수 없다.), appeal denied, 58 N.Y.2d 601, 458 N.Y.S.2d 1025, 444 N.E.2d 1012 (1982); Genesco, Inc., 44 Misc.2d 195, 253 N.Y.S.2d 362, 364 (Sup. Ct. N.Y.Co. 1962) (신발디자인은 그 신발자체에서 그 정보를 즉시 알 수 있으므로("there was no special process involved not immediately discernible to anyone") 영업비밀이라 할 수 없다.); Speciner v. Reynolds Metals Co., 279 F.2d 337, 337-38 (2d Cir. 1960) (per curiam) (원고의 알루미늄 케이스는 케이스 자체를 검사하는 것만으로 그 정보를 알 수 있으므로("were readily apparent from a casual inspection of the plaintiff's window which was available on the open market") 영업비밀이라 할 수 없다.); Interox Am. v. PPG Indus., Inc., 736 F.2d 194, 201 (5th Cir. 1984) (외관으로 쉽게 알 수 있는 정보는("that which is readily visible and ascertainable cannot constitute a trade secret") 영업비밀이라 할 수 없으므로 금지명령을 인정하지 않은 것은 정당하다.); Demetriades v. Kaufmann, 698 F. Supp. 521, 526 n. 5 (S.D.N.Y. 1988) (집의 구성이 그 디자인으로부터 쉽게 알 수 있으므로("the designs of cabinetry, molding and other detail work developed and refined by plaintiffs") 영업비밀이 될 수 없다.).

는 경우이다. 상품에 대한 관찰과 연구, 즉 역분석으로 알 수 있다는 것과
는 다른 문제이다. 역분석을 하는데 시간이 걸릴 수 있으므로(not readily
ascertainable), 상품 판매 자체로 비밀성을 상실하는 것은 아니다. 다만 상
품의 영업비밀은 상품 그 자체보다는 제조 공정에 있는 경우가 많으므로
상품자체로 영업비밀이 공개되는 경우는 매우 적은 예라고 할 수 있다. 이
러한 경우에는 상품 판매가 영업비밀성을 상실케 하는 경우라고 할 수는
없을 것이다.

2. 상대적 비밀성 개념과 합리적인 노력 기준의 발전

현재의 영업비밀보호법리는 상대적 비밀성으로 충분하다고 한다. 신뢰관
계에 의한 공개나 비밀유지의무를 부과하고 공개하는 경우에도 상대적 비
밀성 요건에서는 비밀성이 유지된다.795) 현재의 법리중에는 신뢰관계의 설
정이나 비밀유지관계의 설정이 없더라도 영업비밀인 정보가 제한적으로
공개되고 그 공개된 정보가 일반적으로 알려진 지식 또는 정보(generally
known knowledge)이거나 쉽게 알아 낼 수 있는(readily ascertainable) 지식
이나 정보가 되지 않는 경우에는 비밀성을 인정한다.796)

특허를 출원하였다고 하여 공개된 아이디어로 되는 것은 아니다. 그러나
특허출원이 공개된 경우797) 또는 특허를 취득하는 경우에는 그 발명의 내

---

795) Aries Information Systems, Inc. v. Pacific Management Systems Corp., 366 N.W.2d
    366 (Minn. App. 1985); Data General Corp. v. Digital Computer Controls, Inc., 297
    A.2d 433 (Del. Ch. 1971), affirmed 297 A.2d 437 (Del. 1972).
796) Metallurgical Industries, Inc. v. Fourtek, Inc., 790 F.2d 1195 (5th Cir. 1986);
    Burbank Grease Servs. v. Sokolowski, 693 N.W.2d 89 (Wis. Ct. App. 2005).
797) 특허출원공개는 특허출원에 대하여 그 출원일로부터 1년 6개월이 경과한 때 또는
    출원인의 신청이 있는 때는 출원된 발명 내용을 공보에 게재하여 일반인에게 공개한

용이 공개되기 때문에 공개된 이후에는 영업비밀로 인정될 수 없다.798) 그러나 공개되기 이전에 특허출원을 취하하거나 포기하는 경우에는 그 출원 내용이 공개되지 않기 때문에 영업비밀로 유지할 수 있다. 나아가 특허출원만으로는 곧바로 그 출원발명을 공개하는 것은 아니므로 영업비밀을 유지할 수 있다.799) 미국 특허법에서도 특허출원의 거절, 출원의 포기만으로는 그 출원 발명과 내용을 일반인에게 공개하는 것이 아니므로800) 영업비밀이 소멸되는 것은 아니다.801)

공중에 대하여 판매하는 것만으로는 공중의 지식이 되는 것은 아니다. 판매된 상품으로부터 부적절하게 그 정보를 취득하는 것은 영업비밀침해가 발생한다.802) 물론 판매된 물품을 관찰하여 취득하는 것은 학문의 자유에 의한 것이므로 공정이용으로 인정되어 영업비밀의 침해가 발생하지는 않는다.803) 따라서 대중적인 물품의 판매에 역분석을 금지하는 조건을 부가하는 것은 학문의 자유를 침해하고, 사적 독점을 창설하는 것이므로 허용되지 않는다. 그러나 개별적인 라이센스에서 역분석을 금지하는 것은 가능하다.

쉽게 알아 낼 수 없는(not readily ascertainable) 정보를 판단함에 있어서는 물리적인 어려움이나 지식이 부족하여 발생하는 실제적인 어려움 뿐만

다. 특허법 제64조 참조.

798) Luccous v. J. C. Kinley Co., 376 S.W.2d 336 (Tex. 1964).

799) 2000년부터 미국도 특허출원후 18개월이 지나면 출원내용을 공개하는 것으로 변경했다.

800) 35 U.S.C.A. § 122; 37 C.F.R. § 1.14.

801) Restatement of Unfair Competition § 39 cmt. c.

802) American Can Co. v. Mansukhani, 728 F.2d 818 (7th Cir.1982); ILG Industries, Inc. v. Scott, 49 Ill.2d 88, 273 N.E.2d 393 (1971); Tabor v. Hoffman, 118 N.Y. 30, 23 N.E. 12 (1889).

803) Kewanee Oil Co. v. Bicron Corp., 416 U.S. 470, 476 (1971); Bonito Boats, Inc. v. Thunder Craft Boats, Inc., 489 U.S. 141, 155 (1989).

아니라 경제적인 어려움이 발생하는 경우(a substantial investment of time, expense, or effort)도 포함한다.[804]

Restatement of Torts는 영업비밀의 존재를 판단하기 위한 구체적인 상황을 고려한 6가지 요소를 제시한다:

- The extent to which the information is known outside the claimant's business. (영업비밀 보유자의 영업 이외에게 알려진 정도)
- The extent to which it is known by employees and others involved in the business. (영업에 관련된 직원과 다른 사람들에게 알려진 정도)
- The extent of measures taken by the claimant to guard the secrecy of the information. (정보의 비밀성을 위해 보유자가 취한 수단의 범위)
- The value of the information to the business and its competitors. (보유자의 영업과 경쟁자에 대한 해당 정보의 가치)
- The amount of effort or money expended by the business in developing the information. (정보를 개발하기 위해서 지출한 비용과 노력의 정도)
- The ease or difficulty with which the information could be properly acquired or duplicated by others. (해당 정보가 다른 사람에 의해서 적법하게 취득되거나 복사되는 것의 쉽거나 그 어려움의 정도)

상당한 또는 합리적인 노력(reasonable effort to maintain secrecy)에 의한 비밀성 유지노력은 그 개념자체가 상대적 비밀성을 전제로 한 것이다. 상당한 또는 합리적인 노력(reasonable effort to maintain secrecy)은 개념적으

---

804) Clark v. Bunker, 453 F.2d 1006 (9th Cir. 1972); Anaconda Co. v. Metric Tool & Die Co., 485 F.Supp. 410 (E.D.Pa.1980); Amoco Production Co. v. Laird, 622 N.E.2d 912 (Ind. 1993).

로 그 상황을 고려할 수 밖에 없다. Restatement of Torts가 제시하는 6가지 영업비밀 판단요소는 영업비밀이 존재하는 상황을 고려하고 있는데, '정보의 비밀성을 위해 보유자가 취한 수단의 범위'(the extent of measures taken by the claimant to guard the secrecy of the information.)는 비밀성 유지노력을 말한다. 그리고 비밀성 유지노력은 상대적인 개념으로서 그 '범위'를 고려하도록 하고 있지, 어떤 절대적인 기준을 제시하고 있지는 않다. 따라서 그 '범위'는 그 상황을 고려할 수 밖에 없다. 예컨대 가치가 많이 있는 영업비밀은 비밀성 유지노력을 가치가 덜 나가는 영업비밀보다 더 많은 노력을 요구하는 것이지만 그것은 상황을 고려하여야 한다. 공장을 짓는데 공장 위에 돔지붕을 만드는 것을 요구하지 않는다.805) 그것은 상당하거나 합리적인 것이 아니기 때문이다.

3. 로크의 재산권 철학과 비밀성

가. 로크와 노동의 확장

배타적인 권리로서 비밀에 의하여 그 재산권성이 유지되는 영업비밀의 경우에는 비밀성에 의하여 재산적 가치를 유지하기 위해서는 절대적 비밀성을 유지하여야 하는 것에 수렴한다. 특히 자연권에 기초를 둔 로크의 재산권 철학은 강한 재산권을 부여하는 것이므로 엄격한 비밀성의 유지를 전제로 한다.

그러나 상대적 비밀성 이론이 자연권과 부합하지 않는 것은 아니다. 절대적 비밀성 뿐만 아니라 상대적 비밀성도 로크의 재산권 철학과 부합한

---

805) E.I. duPont deNemours & Co. v. Christopher, 431 F.2d 1012 (5th Cir. 1970), cert. denied 400 U.S. 1024, 91 S.Ct. 581, 27 L.Ed.2d 637 (1971).

다. 영업비밀은 제3자에게 영업비밀인 정보에 대하여 배타적인 권리를 주
장할 수 있는 것이 아니라 제3자에게 영업비밀로 보유 중인 그 정보의 배
타적 점유, 통제 내지 관리, 이용을 주장할 수 있는 권리에 불과하기 때문
이다. 그러한 관리와 통제, 이용을 침해하였을 경우에 침해행위의 금지와
손해배상을 청구할 수 있지만, 이러한 금지청구와 손해배상은 영업비밀인
정보의 배타적인 지배 권리에 기한 것이 아니라 배타적인 점유와 관리 통
제에 기한 것으로 볼 수 밖에 없다.

　로크에게 있어서 노예는 모순적인 면도 있고 노예에 대한 그의 태도로
인하여 그의 모순적 태도로 인하여 철학이 공격받는 원인이 되고 있다. 로
크는 즉 자연상태에서나 계약을 통한 의회 등 정치조직에 의하여 통제되는
시민사회에서 모든 인간이 평등하고 자유로운 상태를 말하고 있다. 그러나
다른 한편으로 로크는 왕립 아프리카 노예 무역 회사(the Royal African
Company)의 주주였기 때문에 그의 모순되는 점이 지적되고 있다.806) 그 뿐
만 아니라 귀족봉건제도를 창설한 캐롤라이나 기초헌법(the Fundamental
Constitutions for the Government of Carolina)의 제정에 참여하였는데 그 헌
법에는 모든 자유인은 자신이 노예에 대한 절대권력을 가지고 있다고 규정
하고 있었기 때문에 사악한 노예제를 옹호한 모순적인 그의 태도가 지적되
고 있다.807) 그러나 로크는 변호사로서 유언장을 작성하는데 관여하였을
뿐 캐롤라이나 기초헌법을 작성하지는 않았을뿐더러 왕립 아프리카 노예

---

806) Ernest Barker, Social contract: essays by Locke, Hume, Rousseau, Oxford Univ.
　　Press, 1962, p. 120.
807) Cohen, Martin, Philosophical Tales, Blackwell, 2008, p. 101; Tully, James, An
　　Approach to Political Philosophy: Locke in Contexts, New York: Cambridge Univ.
　　Press, 2007, p. 128; James Farr, "I. 'So Vile and Miserable an Estate': The Problem
　　of Slavery in Locke's Political Thought", 14(2)Political Theory, 263-89 (1986);
　　James Farr, "Locke, Natural Law, and New World Slavery", 36(4)Political Theory,
　　495-522 (2008; John Dunn, The Political Philosophy of John Locke, Cambridge:
　　Cambridge Univ. Press, 1969, p. 175.

무역회사(the Royal Africa Company)의 주식은 그가 일한 대가로 받은 것으로 몇 년 후에 다 처분하였다고 한다. 그리하여 그의 노예관이 과도하게 부풀려진 것이라는 비판도 있다.[808]

로크에 있어서 노예는 그의 업적에 대한 자본주의적 해석의 출발점이 되고 자본을 투입하여 거대 기업에 의한 임금노동을 지지하는 근거가 되어 산업혁명에 의한 산업화를 뒷받침하는 근거가 된다고 생각된다.[809] 로크 자신의 노동이 아닌 노예나 하인의 노동을 통해서도 재산권을 취득할 수 있음을 인정하기 때문에 비밀성 개념은 반드시 절대적인 것이 아니라고 할 수 있다. 물론 그 시대의 노예나 하인은 권리주체가 되지 못하였으므로 로크의 재산권 철학은 여전히 절대적 비밀성을 전제로 하고 있다고 할 수도 있다. 그러나 앞서 본 바와 같이 로크는 자유로운 인간의 해방을 위해 주체적인 인간을 전제로 한 것이므로 임금노동자에 의한 노동의 결과에 대하여 계약에 의한 귀속도 허용된다고 해석된다. 아래에서 보는 바와 같이 로크에게 있어서 하인(servant)은 임금노동자의 의미로 해석된다.

로크의 철학을 자본주의를 옹호하는 것으로 해석하는 입장은 레오 스트라우스(Leo Strauss)와 크로포드 맥퍼슨(Crawford Brough MacPherson)에 의해서 주장되었다. 시카고 대학의 교수이자 정치철학자이었던 스트라우스는 로크는 노동을 통한 재산권 취득을 정당화 하고, 재산권의 인정은 근면한 자의 노동으로 사회의 효용가치를 증진시키고, 사회를 풍요롭게 한다고 주장하여 자본주의를 정당화 하였다고 한다.[810] 한편 캐나다의 토론토 대학 교수이자 정치철학자이었던 맥퍼슨도 로크는 자연상태에서 화폐를 도입하

---

808) Holly Brewer, "Slavery, Sovereignty, and "Inheritable Blood": Reconsidering John Locke and the Origins of American Slavery", 122(4)American Historical Review, 1038-78 (2017).

809) 나종갑, 로크, 스펜서, 노직, 파레도, 및 칼도-힉스: 특허권에 대한 자연권적 정당성과 실용주의적 정당성의 합체, 산업재산권, 한국지식재산학회, 제66호, 2021, 11면.

810) Leo Strauss, Natural Right and History, Univ. of Chicago Press, 1965, p. 242.

여 자본주의를 정당화하였고 자연상태에서 화폐를 도입하였다는 점에서 자본주의에 대하여 도덕적 정당성을 인정하였다고 한다.[811] 결국 로크는 임금을 통한 노동의 결과물에 대한 귀속을 허용한 것으로 해석할 수 있고, 자신이 고용한 임금노동자에게 비밀유지의무나 신뢰관계하에서 영업비밀을 공개할 수 있다고 해석할 수 있다.

로크는 그의 통치론(Two Treatises of Government)에서 노예나 하인에 의한 노동의 결과물에 대하여 재산권을 취득한다고 하고 있기 때문에 비밀을 유지하면서 자신이 고용한 피용인 등에게 알릴 수 있다.[812] 로크는 하인(servant)의 노동으로 인한 결과물은 그 주인의 것이 됨을 인정하고 있다:

Thus the Grass my Horse has bit; the Turfs my Servant has cut; and the Ore I have digg'd in any place where I have a right to them in common with others, become my Property, without the assignation or consent of any body.[813]

자신의 신체에 대하여 재산권을 가졌다면 이를 처분할 권리도 있다. 로크는 시민사회에서 하인(servant)에 의한 노동을 제공한 대가로서 지급하는 임금 지급관계에 대하여 계약으로 보았다.

로크는

Master and servant are names as old as history, but given to those of

---

811) C.B. MacPherson, The Political Theory of Possessive Individualism, Oxford Univ. Press, 1962, pp. 220-22; C.B. MacPherson, Locke on Capitalist Appropriation, 4 Western Political Quarterly, 550-556 (1951).

812) 로크가 생존하였던 시대의 하인의 개념은 사회변화에 따라 피용인으로 변화한 것으로 이해할 필요가 있다.

813) Locke, Second Treatise of Government § 28.

far different condition; for a freeman makes himself a servant to another,
by selling him, for a certain time, the service he undertakes to do, in
exchange for wages he is to receive: and though this commonly puts
him into the family of his master, and under the ordinary discipline
thereof; yet it gives the master but a temporary power over him, and no
greater than what is contained in the contract between them.[814]

라고 하여, 시민(freeman)은 일정기간 스스로 자신을 팔아 다른 사람의 하
인이 될 수 있고, 그가 받은 임금에 대한 대가로 자신이 행한 서비스를 제
공할 수 있다고 할 수 있음을 인정하고 있다. 그리고 자신을 자신의 고용주
의 가족에게 위탁하고 그 가족의 계율을 지키는 것을 일반적으로 할 수 있
으며, 그와 같이 함으로써 자신을 그 고용주에게 주는 것은 아니지만 계약
의 범위내에서 일시적인 권력관계에 있을 수 있다고 언급하고 있다.

　이에 대하여 맥퍼슨은 노동에 의한 결과물에 대한 재산권을 인정한다면
노동은 당연히 처분할 수 있는 상품이 되고 타인의 노동의 결과를 취득할
수 있도록 하는 임금관계는 자연질서의 일부라고 한다.[815] 이러한 로크의
이론에 의하면, 자신이 고용한 피용인에게 자신의 비밀정보에 대하여 비밀
을 유지할 것을 조건으로 알려주는 것은 비밀성을 유지하는 것으로 볼 수
있다.

나. 로크의 재산권과 절대적 비밀성

　1817년 Newberry v. James 사건[816]은 절대적 비밀성을 요구하여 영업비

---

814) Id., § 85. 그 외 하인에 대하여는 Id., § 23, § 172 참조.
815) Crawford Brough MacPherson, The Political Theory of Possessive Individualism,
　　 Oxford Univ. Press, 1962, pp, 216-20; Crawford Brough MacPherson, Locke on
　　 Capitalist Appropriation, 4 Western Political Quarterly, 560-62 (1951).

밀에 대하여 금지명령을 인정하지 않았다. 왜냐하면, 앞서 본 바와 같이 필
자는, 영업비밀에 대한 금지명령의 인정을 위해 그 영업비밀이 법원에 알
려진다면 더 이상 영업비밀일 수 없기 때문에 법원이 그와 같은 판단을 하
였던 것으로 해석하였다. 따라서 절대적 비밀성은 영업비밀의 재산권으로
의 인식과 이에 대한 침해는 형평의 원리(equitable doctrine)에 기한 금지명
령에 의해 구제가 된다.[817] 절대적 비밀성은 영업비밀에 대한 객관적 재산
적 가치를 바탕으로 하는데, 특허법상의 신규성에 대하여 객관적이고 절대
적인 신규성(absolute secrecy)[818]을 요구하던 취지와 같다고 할 수 있다. 객
관적으로 특허가 배타성을 주장할 수 있는 세상 모든 사람에게 새로운 것
처럼, 영업비밀의 비밀성도 세상 모든 사람에게 비밀이어야 한다는 것이다.

영업비밀 보호법의 확립 초기에 절대적 비밀성을 요구하였던 것은 그 당
시 영업비밀, 즉 발명에 대한 법리에서 찾아 볼 수 있다. 앞서 언급한 바와
같이 19세기에 미국에서는 발명에 대한 권리는 발명을 함으로서 발생하는
발명자의 자연권(natural rights)으로 보고 있었고, 특허법에 의한 특허출원
을 하여 취득한 특허권은 실정법상의 권리(institutional rights)로 인식되었
다. 자연법상의 권리는 신성불가침의 근원적인 권리(fundamental right)로써
세상 모든 사람에게 자신의 권리를 주장할 수 있으므로 유체물과 같이 한
사람만의 지배만이 그 물건에 대한 지배권을 확립하듯이 무체물에 있어서
도 당연히 세상 모든 사람에게 비밀이어야 한다는 것이다. 이는 특허권의

---

816) Newberry v. James, 35 Eng. Rep. 1011 (1817).

817) Vulcan Detinning Co. v. American Can Co., 72 N.J. Eq. 387, 67 A. 339 (1907).
     It should be noted, however, that there is a wide difference between the absolute
     secrecy which the discoverer of a process has the legal right to protect and the
     qualified secrecy which the complainant claims the equitable right to secure.
     Id., 393.

818) 절대적 신규성(absolute novelty)은 신규성 의제기간을 두지 않는 국가들에서 존재하
     는데, 현재에도 신규성 의제를 하지 않는 국가들이 있거나 절대적 신규성을 원칙으
     로 하고, 예외적으로 신규성 의제를 하는 국가들이 있다.

신규성에 있어서 절대적, 객관적 신규성을 요구하는 것과 그 궤를 같이 한다고 할 수 있다.

나아가 특허권이 배타적인 권리로서 특허권자만이 특허권을 가지는 것처럼 영업비밀의 절대적 비밀성은 타인으로 하여금 스스로 연구개발하여 독립적인 영업비밀을 취득하는 것이나 시중에 유통되는 물품을 역분석(reverse engineering)하여 영업비밀을 취득하는 것은 절대적 비밀성과 조화되지 않는다. 타인에 의한 독립적인 개발 취득이나 역분석 행위는 기존의 영업비밀을 파괴하는 행위가 될 뿐만 아니라 독립적으로 취득하였거나 역분석을 한 사람도 영업비밀을 취득할 수 있는 기회를 상실한다.

일반적으로 알려지지 않거나 쉽게 알아낼 수 없는 경우(not being generally known to and not being readily ascertainable by proper means by other persons)에는 상대적 비밀성 기준에 의하면 비밀성을 존재한다고 하지만,819) 절대적 비밀성 기준에 의하면 비밀성이 존재하지 않는 것이다. 복수의 영업비밀이 존재할 수 없으므로 영업비밀의 보유자는 절대적인 경제적인 우월성을 취득하게 된다.820)

그러나 이와 같은 절대적 비밀성 법리는 영업비밀침해에 대하여 심리 판단을 하는 법원에 조차 자신이 침해당한 영업비밀을 공개하지 못한다는 모순이 발생하였다.821) 그리하여 영업비밀보호법리를 재산 법리에 기초한 Peabody v. Norfolk 사건822)에서는 상대적 비밀성에 의하여 영업비밀에 대

---

819) The Restatement of Torts § 757 cmt. a., c.; Restatement of Unfair Competition § 39 cmt. f.
820) UTSA with 1985 Amendment Drafted by the NATIONAL CONFERENCE OF COMMISSIONERS ON UNIFORM STATE LAWS § 1, cmt. 5. Obtaining the trade secret from published literature.
  Because a trade secret need not be exclusive to confer a competitive advantage, different independent developers can acquire rights in the same trade secret. Id.
821) Newberry v. James, 35 Eng. Rep. 1011 (1817).

하여 재산(권)으로 인정하게 된다. 매사추세스 주 법원은

> Although the process is carried on in a large factory, the workmen may
> not understand or be intrusted with the secret, or may have acquired a
> knowledge of it upon the like confidence. <u>A secret of trade or</u>
> <u>manufacture does not lose its character by being confidentially disclosed</u>
> <u>to agents or servants, without whose assistance it could not be made of</u>
> <u>any value.</u>[823]

라고 판시하였는데, 법원은 영업비밀을 비밀로 하여 대리인이나 피용인에 대하여 알리지 않는다면 가치있는 것을 생산하지 못할 것이라고 언급하면서(A secret of trade or manufacture does not lose its character by being confidentially disclosed to agents or servants, without whose assistance it could not be made of any value.), 피용인이나 대리인과 신뢰관계를 형성하고, 보유자의 정보를 비밀로 유지하면 그들에게 공개할 수 있음을 인정했다.

절대적 비밀성을 요구하는 경우 산업발전에 따른 영업의 확장에 대응할 수 없다. 영업의 확장에 따라 고용되는 직원에게 영업비밀을 공개할 수 없기 때문이다. 나아가 절대적 비밀성을 요구하는 경우에는 경쟁자는 쉽게 상대방의 영업비밀의 비밀성을 파괴하여 경쟁자의 경쟁우위를 무너뜨릴 수 있다. 따라서 새로운 기술개발보다는 영업비밀을 파괴함으로써 얻는 무임승차가 더 나은 선택이 될 수 있다.[824]

---

822) Peabody v. Norfolk, 98 Mass. 452 (1868).

823) Id., 461.

824) Uniform Trade Secrets Act, 14 U.L.A. 433, 439 (1990), Commission's Comment: The efforts required to maintain secrecy are those reasonable under the circumstance. The court do not require that extreme and unduly expensive procedures be taken to protect trade secrets against flagrant industrial espionage.

영업비밀은 정보나 지식 확산에는 친하지 않다. 이는 애로우의 정보의 역설(Arrow's Information Paradox)이 증명한다. 절대적 비밀성을 요구하는 경우에 영업비밀의 라이센스는 불가하다. 영업비밀을 라이센스 하는 것은 비밀성을 파괴하는 것이기 때문이다. 결국 영업비밀인 정보나 기술의 확산은 불가하게 된다. 따라서 산업정책적으로는 상대적 비밀성이 절대적 비밀성 보다 더 나은 선택이라고 할 것이다.

다. 로크의 재산권과 상대적 비밀성

상대적 비밀성을 취하여야 하는 이유는 산업발전에 따른 기업형태의 변화를 들 수 있을 것이다. 19세기 후반은 거대 기업이 등장하던 시대이었고, 그러한 기업적 수요는 영업비밀의 법리에도 변화를 가져올 수 밖에 없었다고 보인다.[825] 영국은 특허 명세서를 제출하도록 한 1778년 Liardet v. Johnson 사건[826]을 계기로 특허제도는 특정제품을 사회에 제공하던 것에서 지식을 사회에 제공하는 것으로 변화하였다. 특허제도가 최대다수의 최대 행복을 추구하는 공리주의 철학에 따라 지식확산제도로 변경된 것이다.

미국에서도 1836년 특허법 개정을 통하여 명세서 제출을 의무화하는 것으로서 특허제도의 이념이 변화하였다고 판단된다. 명세서를 제출하도록 하는 것은 발명에 관한 지식을 사회와 공유하는 것이다. 다른 한편으로는 특허의 본질에 관하여 보상설과 계약설이 강화되는 것이다.[827] 명세서에는

---

825) Peabody v. Norfolk, 98 Mass. 452 (1868)("A secret of trade or manufacture does not lose its character by being confidentially disclosed to agents or servants, without whose assistance it could not be made of any value." Id., 461.); Robert G. Bone, A New Look at Trade Secret Law: Doctrine in Search of Justification, 86 Cal Law Rev. 241, 248 (1998).

826) Liardet v. Johnson, 62 Eng. Rep. 1000 (1780).

827) E. Wyndham Hulme, On the History of Patent Law in the Seventeenth and

발명에 관하여 기술적으로 설명하고 있기 때문에 당해 기술분야의 전문가
는 그 기술을 습득하여 새로운 기술을 발전시킬 수 있다. 그러한 공유한 지
식을 바탕으로 새로운 기술이 개발될 수 있기 때문이다. 이러한 발명과 특
허에 대한 이념의 변경은 영업비밀에도 영향을 미칠 수 밖에 없었고, 특히
산업의 발전은 기업의 거대화에 따라 영업비밀도 비밀성을 유지하는 한 대
리인이나 피용인과 공유할 수 있음을 인정할 수 밖에 없었다. 즉 상대적 비
밀성 이론은 최대 다수의 최대행복이라는 공리주의와 부합한다. 영업비밀
을 공유하여 그 활용성과 경제적 가치를 높이기 때문이다.828)

절대적 비밀성이 영업비밀의 객관적 가치평가, 즉 형평의 원리에 의한
재산적 가치를 보호하는 법리라고 한다면 상대적 비밀성은 영업비밀인 정
보에 대하여 재산적 관념은 유지하면서 영업비밀에 대한 신뢰관계와 계약
관계, 그리고 공정한 상거래 관계에서의 보호에 상대적으로 부합한다고 할
수 있다. 따라서 상대적 비밀성 하에서는 비밀성 자체가 아닌 영업비밀을
보유한 것으로 부터 실제적 또는 잠재적 경제적 가치를 생산할 수 있다면
영업비밀의 재산적 가치를 인정할 수 있는 것으로 변경된 것으로 볼 수 있
다. 즉 재산으로서의 가치란 현재 뿐만 아니라 장래에 사회적으로 그 가치
가 인정되는 상대적인 것을 의미하게 된다.

로크(Locke)의 노동의 가치도 사회적 의미가 있는 것을 말한다. 예컨대
보석과 돌은 물리적으로 유사한 것이지만 그 가치는 희소성에 대한 사회적

Eighteenth Centuries, 18 LAW Q. REV. 280, 284-85 (1902).

828) Metallurgical Industries Inc. v. Fourtek, Inc., 790 F.2d 1195 (1986).

We conclude that a holder may divulge his information to a limited extent
without destroying its status as a trade secret. To hold otherwise would greatly
limit the holder's ability to profit from his secret. If disclosure to others is made
to further the holder's economic interests, it should, in appropriate
circumstances, be considered a limited disclosure that does not destroy the
requisite secrecy.

Id., 1200.

가치를 의미하는 것과 같다.

나아가 Peabody v. Norfolk 사건에서 법원은

> Even if, as is argued in support of the demurrer, the process is liable
> to be inspected by the assessor of internal revenue or other public
> officer, the owner is not the less entitled to protection against those who
> in, or with knowledge of, violation of contract and breach of confidence,
> undertake to disclose it or to reap the benefit of it. The danger of
> divulging the secret in the course of a judicial investigation affords in
> our opinion no satisfactory reason why a court of equity should refuse
> all remedy against the wrongdoers.829)

라고 하여 1817년 Newberry v. James 사건830)에서 문제된 절대적 비밀성의
문제점을 극복하고자 하였다. 법원은 영업비밀보유자가 행정관청의 조사나
영업비밀 침해에 대한 구제절차에서 법원의 조사에 의한 영업비밀이 공개
될 위험이 있다고 하여 영업비밀 침해로부터 그 구제를 부인당하는 것은
형평상 허용될 수 없다고 판시하면서 상대적 비밀성 원칙을 채택하였다.
즉 절대적 비밀성을 유지하는 경우에는 국세청의 세무조사나 다른 행정관
청에 의한 조사에 의해 그 영업비밀의 내용이 알려지는 것은 행정절차에
책임이 있는 것이라고 할 수 있는 것이다. 또한 계약관계나 신뢰관계를 위
반하여 영업비밀을 공개하는 경우에 절대적 비밀성이 파괴되고 더 이상 영
업비밀로 보호를 받지 못하게 된다. 그와 같은 법리하에서는 공개한 자가
그 공개로부터 이익을 얻게 되고, 반대로 영업비밀의 보유자가 불이익을
보게 된다는 것이다. 그와 같은 이유로 인하여 상대적 비밀성을 취할 수 밖

---

829) Peabody v. Norfolk, 98 Mass. 452, 461 (1868).
830) Newberry v. James, 35 Eng. Rep. 1011 (1817).

에 없다. 그리하여 영업비밀을 알아내는데 상당한 노력이 필요하거나 많은 비용이 필요하여 실제적이거나 잠재적으로 경제적 우위를 제공(sufficient to confer an actual or potential economic advantage)하면 비밀성을 인정받을 수 있는 법리로 변화되었다. 그리하여 독립된 경제적 이익이 존재하는지가 비밀성을 판단하는데 중요한 요소가 된다.

4. 신뢰관계 보호와 상대적 비밀성

1939년 Restatement of Tort를 출간할 당시에는 영업비밀의 비밀성은 상대적 비밀성으로 확립되었다. 앞서 본 바와 같이 영업비밀에 대한 권리는 이미 1917년 E I Du Pont de Nemours Powder Co v Masland 사건[831])에서 재산권성은 부인되고 신뢰관계를 보호하기 위한 상대적인 권리로 인정되었다.

영업비밀에 대하여 정리를 하고 있는 1939년 Restatement of Torts는 다음과 같이 상대적 비밀성을 전제로 영업비밀의 요건을 정리하고 있다.[832])

---

831) E I Du Pont de Nemours Powder Co v Masland, 244 U.S. 100, 37 S. Ct. 575 (1917).
832) Restatement of Torts § 757 cmt. b.

Secrecy. The subject matter of a trade secret must be secret. Matters of public knowledge or of general knowledge in an industry cannot be appropriated by one as his secret. Matters which are completely disclosed by the goods which one markets cannot be his secret. Substantially, a trade secret is known only in the particular business in which it is used. It is not requisite that only the proprietor of the business know it. He may, without losing his protection, communicate it to employees involved in its use. He may likewise communicate it to others pledged to secrecy. Others may also know of it independently, as, for example, when they have discovered the process or formula by independent invention and are keeping it secret. Nevertheless, a substantial element of secrecy must exist, so that, except by the use of improper means, there would

It is not requisite that only the proprietor of the business know it. <u>He may, without losing his protection, communicate it to employees involved in its use</u>. He may likewise communicate it to others pledged to secrecy. Others may also know of it independently, as, for example, when they have discovered the process or formula by independent invention and are keeping it secret.

즉 비밀성이란 세상 모든 사람에게 비밀일 것을 요구하지 않는다.[833] 커먼로를 따르는 미국의 각 주에서는 상대적 비밀성을 영업비밀의 비밀성 요건으로 인정하지만 커먼로를 따르는 주는 2022년 현재 뉴욕주가 유일하다.[834]

상대적 비밀성은 영업비밀을 알아내는데 상당한 노력이 필요하거나 비용이 많이 필요한 경우에는 비밀성을 인정한다. UTSA도 상대적 비밀성을 따르고 있다. UTSA는 일반적으로 알려져 있거나 쉽게 알아 낼 수 있는 경우(generally known in the trade or business, or is readily ascertainable)가 아니라면 비밀성이 있는 것으로 인정한다.

1939년 Restatement of Torts 이후, 1979년 및 1985년 정리된 UTSA는 비

---

be difficulty in acquiring the information. An exact definition of a trade secret is not possible. Some factors to be considered in determining whether given information is one's trade secret are: (1) the extent to which the information is known outside of his business; (2) the extent to which it is known by employees and others involved in his business; (3) the extent of measures taken by him to guard the secrecy of the information; (4) the value of the information to him and to his competitors; (5) the amount of effort or money expended by him in developing the information; (6) the ease or difficulty with which the information could be properly acquired or duplicated by others.

833) Id., cmt. a.
834) 앞서 언급한 바와 같이 노스 캐롤라이나 주는 변형된 UTSA를 채용하였으므로 커먼로를 따를 주는 뉴욕주가 유일하다고 할 수 있다.

밀성에 관하여 다음과 같이 규정하고 있다.

> "Trade secret" … that:
>
> (i) derives independent economic value, actual or potential, from <u>not being generally known to, and not being readily ascertainable by proper means</u> by, other persons who can obtain economic value from its disclosure or use, and
>
> (ii) is the subject of efforts that are reasonable under the circumstances to maintain its secrecy.[835]

영업비밀의 재산권성이 강해지면 비밀성과 비밀성유지의무의 기준이 상대적으로 높아지게 된다. 이는 앞서의 절대적 비밀성을 요구하는 것은 영업비밀이 자연권에 기반한 강한 재산권으로 보던 시대의 유물이었음으로 증명된다. 반대로 영업비밀의 보호를 강화하는 것은 영업비밀의 재산권성을 높이는 데서 시작되고, 재산권성을 강화하는 것은 비밀성의 요건을 강화하는 것이다. 가치가 많은 정보일수록 비밀로 유지하려고 하기 때문이다. 영업비밀요건을 강화하면 보호되는 영업비밀의 수는 감소한다.

1995년 Restatement of Unfair Competition의 경우에도 상대적 비밀성을 요구하고 있다.[836] UTSA에서는 직접적으로 절대적 비밀성이나 상대적 비밀성에 관하여 언급하지 않았지만 UTSA의 규정내용은 상대적 비밀성에 의하여 규정하고 있다. UTSA는 영업비밀의 개념에 대하여 '일반적으로 알려져 있지 않고 적절한 수단에 의하여 쉽게 알 수 없는'(not being generally known to, and not being readily ascertainable by proper means)이라고 규정

---

835) UTSA § 1 (4).

836) Restatement of Unfair Competition §39, cmt. f. ("To qualify as a trade secret, the information must be secret. The secrecy, however, need not be absolute.").

함으로서837) 일부의 사람에게 알려져 있다고 하더라도 그것이 일반적으로 알려져 있지 않다면 영업비밀로서 보호받을 수 있다. '일반적으로 알려져 있지 않고 적절한 방법에 의하여 쉽게 알 수 없는'(not being generally known to, and not being readily ascertainable by proper means)라는 의미는 해당 업계에 잘 알려져 있거나 관용적인 지식정도가 되어야 하고, 그러한 정보를 그 정보와는 별개의 다른 독립적인 연구방법(independence research)를 통하여 또는 역분석(reverse engineering) 등 적절한 수단에 의하여 많은 비용을 들이거나 그 영업비밀과 같은 내용의 정보를 알기 위해서 연구하더라도 쉽게 알 수 없다는 의미로 이해된다. 다수의 사람에게 알려져 있더라도 이를 일반적으로 알려져 있다고 할 수 없을뿐더러 알고 있는 사람 모두 사실상, 계약상 또는 신뢰관계상 영업비밀로 유지한다면 이는 '일반적으로 알려진' 정보가 될 수 없으므로 영업비밀성을 유지한다. 물론 그 정보 자체를 쉽게 알 수 있다면 비밀성이 존재한다고 할 수 없다. 판매된 물품을 관찰만 하더라도 쉽게 알 수 있다면 비밀성이 존재한다고 할 수 없다.

추측건대, 19세기 초반과 후반의 지적재산권에 대한 사회적 태도가 변화했고, 이에 따라 영업비밀의 근본 철학도 로크의 노동가치 이론을 바탕으로 한 자연법적 재산권에서 산업혁명으로 인하여 산업이 발전하고 이에 따라 자유경쟁을 촉진하기 위한 사회경제 철학의 변화로 영업비밀에 대한 법리도 재산법에서 19세기 말에서 20세기 초에 불법행위법리에 보호되는 것으로 변화한 것이다. 영업비밀에 대한 침해는 재산권 침해법리에 의한 것이 아닌 그 행위나 수단의 부적절성(improper) 내지 불공정성(unfair)이 문제가 되는 불법행위법리에 의하여 접근하게 된 것이다. 타인의 노력의 결과물을 재산으로 인정하던 철학적 토대에서 나아가 그 노력의 결과물을 부적절한 방법에 의해 취득 사용하는 것(misappropriation)은 상도덕적으로 정

---

837) UTSA § 1 (4) (ⅰ).

당하지 않다는 도덕적 정의론을 수용하게 된다. 그 뿐만 아니라 신뢰관계나 계약관계에 의하여 비밀보호되어야 하는 정보를 그 신뢰관계나 계약관계를 위반하여 공개하는 것은 영업비밀 침해라고 인정하는 법리나 부적절한 수단(improper means)에 의해 영업비밀을 취득하는 것도 상도덕적 정당성이 없는 것이다.

산업혁명 이후에 사회 경제적 변화는 발명에 대한 법리적 변화를 통해 나타났다. 19세기 초반까지 특허독점에 대한 문제가 야기되었고, 19세기 후반에는 본격적으로 특허제도에 대한 문제제기(Patent Controversy, 1850-1873)와 개혁에 대한 논의가 이뤄졌다. 또한 특허제도의 철학은 하나의 물품만을 사회에 제공하는 것이 아니라 발명에 대한 기술적 지식을 사회에 제공하는 것으로 변경되었다. 이러한 변화는 18세기 후반 영국에서부터 시작되었는데 미국은 1836년 특허법의 개정을 통하여 특허출원시에 명세서의 제출을 의무화 함으로써 그 변화를 수용했다.

1778년 Liardet v. Johnson 사건에서 Lord Mansfield는 특허발명의 명세서를 제출하여야 하는 이유를 특허의 계약적 성격에서 찾았다.[838] 특허를 계약으로 보는 견해는 독점에 대한 대가(consideration)로 공중은 특허종료후에 이를 자유로이 실시할 수 있다는 사고에 기반하고 있다. 따라서 논리적으로 당연히 명세서(specification)는 공중으로 하여금 해당 기술을 실시할 수 있을 정도로 상세히 기재되어야 한다는 것으로 귀결된다.

나아가 1778년 Liardet v. Johnson 사건 판결 이후로 신규성 개념은 변화된 것으로 이해한다. Lord Mansfield는 명세서에 대하여 특허보호기간이 종료된 후에 그와 같은 발명을 만들도록 다른 기술자를 가르치고 그리하여 공중이 특허로부터 이익을 얻도록 하는 것이라고 강조하였다.[839] 동 판결

---

838) E. Wyndham Hulme, On the History of Patent Law in the Seventeenth and Eighteenth Centuries, 18 LAW Q. REV. 280, 284-85 (1902).

839) Sivaramjani Thambisetty, The Evolution of Sufficiency in Common Law, LSE Law,

이전에는 영국내에서 실시하였는지를 보았다면, 동 판결 이후에는 발명이 이미 공개되었는지를 보게 된 것이다.[840]

　이러한 법리의 변화는 공리주의를 따른 것인데, 특허는 발명의 공개에 대한 대가라는 계약적 의미가 좀 더 명확하게 한다. 따라서 계약에서 제일 핵심적 요소인 계약의 대가(consideration)의 개념으로서 발명의 공개가 중요해진다. 그 뿐만 아니라 특허권의 범위와 공중의 영역(the public domain)이라는 구별이 중요해졌다. 이러한 논리는 결국 명세서에 특허청구범위의 바탕이 되는 발명에 관련된 내용의 허위기재는 특허권과 그 권리범위를 허위로 형성하는 바탕이 되기 때문에 특허권의 부여 자체에 대한 무효사유(계약에 대하여는 계약무효)가 존재하는 것이 된다.

　1939년 Restatement of Torts는 절대적 비밀성을 포기하고 상대적 비밀성을 수용했다. Restatement of Torts는 영업비밀자체에 대해서는 재산권성을 인정하고 있지만, 영업비밀 보호와 침해에 관하여 재산권 법리에서 불법행위법리로 변화한 것이다. Restatement of Torts는 "It is not requisite that only the proprietor of the business know it."라고 하여 상대적 비밀성을 따르고 있으나, 영업비밀 자체는 재산임을 전제로 하고 있다. 그리하여 영업비밀의 범위에 대해서는 재산법리시대의 엄격함을 그대로 유지하고 있다. 예컨대, 지속적으로 영업에 사용하지 않는 소극적 정보나 일과성의 정보 등에 대해서는 영업비밀의 보호대상에서 제외함으로써 영업비밀을 재산권으로 인정하던 19세기의 유물이 그대로 남아 있다.[841] 현실적으로 사용을 하여야 재산적 가치를 생성하기 때문이다.

Society and Economy Working Papers 6/2013, p. 2.

840) John N. Adams & Gwen Averley, The patent specification the role of Liardet v Johnson, 7 The Journal of Legal History, 156 (1986).

841) 그러나 소극적 정보나 일과성 정보에 대해서는 Restatment of Unfair Competition § 39에서는 영업비밀성을 인정하고 있다.

나아가 1939년 Restatement of Torts는

> Its protection is not based on a policy of rewarding or otherwise encouraging the development of secret processes or devices. The protection is merely against breach of faith and reprehensible means of learning another's secret.[842]

라고 하여, 소극적으로 영업비밀의 재산법리에 의한 보호를 부인하였다. 이와 같은 법리는 19세기 후반과 20세기 전반의 산업발전에 따른 경제적 환경의 변화에 따라 대기업의 등장과 함께 영업비밀의 확산을 위한 법리적 변화로 판단된다.

5. 비밀성의 판단

가. 적절한 방법으로 쉽게 알 수 없는
(not being readily ascertainable by proper means)

UTSA는 '적절한 방법으로 쉽게 알 수 없는'(not being readily ascertainable by proper means) 정보일 것을 요구한다.[843] 적절한 방법으로 쉽게 알 수 있는 정보는, 무역관련지, 참고서, 출간된 서적 등을 통하여 취득할 수 있는 경우를 말한다. 상품 자체에서 해당 영업비밀인 정보를 쉽게 알아 낼 수 있는 경우에도 적절한 방법으로 쉽게 알 수 있는 경우에 해당한다.[844]

---

842) Restatement of Torts § 757 cmt. b.
843) UTSA § 1 (4) (ⅰ).
844) UTSA § 1 cmt.

UTSA는 비밀성을 유지하는데 '영업비밀을 비밀로 보호받기 위한 상황에서 상당한 또는 합리적인 노력'(reasonable under the circumstances)을 할 것을 요구한다.[845] 만일 UTSA가 절대적인 비밀성을 요구한다면 상당한 또는 합리적인 노력(reasonable effort)이 아닌 가능한 모든 노력(every possible effort)을 요구했을 것이다. 그 뿐만 아니라 영업비밀을 알려 주는 사람에게 어떤 계약상의 명시적인 비밀유지 의무나 묵시적인 비밀유지 의무를 부과하여 공개한다면 여전히 비밀성을 유지하는 것으로 규정하고 있다.[846] 이와 같은 적절한 수단 또는 부적절한 수단과 비밀성을 유지하기 위한 상당한 또는 합리적인 노력은 상대적 비밀성에서 핵심적인 요소가 된다.

비밀로 관리되는 정보를 회사의 직원에게 그의 업무의 필요에 따라 공개(need to know basis)하고 비밀유지의무를 부과하는 경우에는 상당한 또는 합리적인 노력을 다한 것으로 인정된다.[847] 그러나 그와 같이 비밀유지의무가 있는 직원이 회사가 아닌 공개된 저널, 도서, 잡지 등 공개된 자료로부터 취득하는 경우에는 영업비밀의 부정취득이 발생하지 않는다.

나. 비밀성의 존재가 문제되는 경우

(1) 공개된 경우

제3자가 영업비밀을 절취하거나 영업비밀의 침해자로부터 전득하여 공개한 경우에는 원칙적으로 영업비밀의 지위를 상실한다. 제3자가 영업비밀 침해의 책임이 있는 것과는 별개이다. 그와 같은 방법으로 취득되어 공개된 영업비밀을 취득하는 경우, 전득하는 경우에 전득자가 고의 또는 과실[848]이 없는 경우에는 그 전득자는 영업비밀부정취득의 책임이 없다.

---

845) UTSA § 1 (4) (ⅱ).
846) UTSA § 1 (2) (ⅱ).
847) UTSA § 1 cmt.

제3자가 독립적으로 동일한 영업비밀을 개발하여 공개한 경우에도 원칙적으로 영업비밀로서의 지위를 상실한다.[849] 공중에 공개하는 것은 해당 정보를 일반적으로 알려진 지식으로 만들기 때문이다.

Religious Technology Center v. Lerma 사건에서 법원은

> Once a trade secret is posted on the Internet, it is effectively part of the public domain, impossible to retrieve. Although the person who originally posted a trade secret on the Internet may be liable for trade secret misappropriation, the party who merely downloads Internet information cannot be liable for misappropriation because there is no misconduct involved in interacting with the Internet.[850]

라고 판시하였다. 공개된 정보를 취득한 제3자는 부당하거나 불법행위(misconduct)를 하지 않는 한 아무런 책임이 없다고 하였다. 기본적으로 영업비밀은 공개되면 영업비밀로서의 지위를 상실한다.[851] 다만 인터넷에 공개되었지만 이를 실제로 알기 전에 회수하거나 삭제하여 다른 사람이 알았다는 증거가 없는 한 여전히 영업비밀로서의 지위를 유지한다고 한 판결이 있다.[852] 그러나 인터넷에 공개되었다는 것만으로도 영업비밀로서의 지위를 상실한다고 한 판결도 있다.[853]

---

848) 우리 영업비밀보호법상으로는 고의 또는 중과실이다. 영업비밀보호법 제2조 제3호, 나, 다, 마, 바목 참조. 또한 제13조는 영업비밀의 선의취득도 인정한다.

849) Religious Technology Center v. Lerma, 908 F. Supp. 1362 (E.D. Va. 1995).

850) Id., 1368.

851) American Red Cross v. Palm Beach Blood Bank Inc., 143 F.3d 1407 (11th Cir. 1998).

852) Silicon Image Inc. v. Analogix Semiconductor Inc., 2008 WL 166950 (N.D. Cal. Jan. 17, 2008).

853) DVD Copy Control Ass'n v. Bunner, 116 Cal. App. 4th 241, 10 Cal. Rptr. 3d 185

O'Grady v. Superior Court 사건854)은 자신이 취득한 제3자의 영업비밀을 공개한 사안이다. 이 사건은 애플컴퓨터가 특정되지 않은 어떤 사람이 애플컴퓨터사의 영업비밀인 출시되지 않은 제품에 대한 정보를 특정 웹사이트에 공개하는 것의 금지를 청구하면서 그 웹사이트 운영자를 상대로 그 특정되지 않은 사람의 정보의 공개를 청구한 사안을 허가한 결정에 대하여 그 웹사이트 운영자인 O'Grady가 이의를 제기했으나 산타클라라 카운티 법원(the Superior Court of Santa Clara County)은 O'Grady가 부정취득에 관여되었다는 이유로 이를 기각한 사안이다. 이에 O'Grady가 그 결정을 취소하여 달라고 항소했는데, 항소심 법원은 O'Grady도 언론의 자유의 보호를 받는 언론인으로서, 애플사의 영업비밀인 정보를 공개하였다고 주장된 그 특정되지 않은 사람의 개인정보를 공개할 수 없다고 판시하면서 간접적으로 공개된 정보를 영업비밀로 보호하지 않았다.

우리나라의 JTBC 사전투표조사결과 사건855)에서는 공개된 영업비밀의 취득을 영업비밀법리가 아니라 부정경쟁방지법상의 부정취득이용법리(현재 부정경쟁행위의 정의 중 (파)목의 부정경쟁행위)에 의해 부정취득으로 인정하였다.856) JTBC 사건을 보면, 그 사건의 KBS 등 지상파 방송3사의 의뢰를 받아 선거결과예측조사를 수행한 조사기관 중 하나인 주식회사 밀워드브라운미디어리서치사의 직원 G는 방송보도가 나가는 날, 17:40경 조선일보 소속 기자로부터 예측조사 결과의 진위 여부를 묻는 문자 메시지를 받았고, 곧바로 이를 긍정하는 내용의 문자 메시지를 보냈다. 17:44 경에는 아산재단 연구원에게 예측조사 결과 중 일부(서울특별시장 관련 부분)를

(Ct. App. 2004).

854) O'Grady v. Superior Court, 44 Cal. Rptr. 3d 72 (Ct. App. 2006).

855) 대법원 2017. 6. 15. 선고 2017다200139 판결.

856) 이하 사실관계는, 나종갑, 불공정경쟁법의 철학적 규범적 토대와 현대적 적용, 2021, 433면 이하에서 가져옴.

문자 메시지로 보냈다. 그리고 17:46 경에 삼성전자 직원과 청와대 행정관에게 예측조사 결과가 요약된 파일을 이메일로 전송했다. 18:00 경에 예측조사 결과는 인터넷 게시판 게임동호회 사이트의 게시판 댓글에 공개되었고, 18:00:40경 인터넷 뉴스 '위키트리' 사이트에도 공개되었다.

JTBC 소속 A 기자는 세계일보 소속 D 기자가 휴대전화 메신저인 '마이피플'의 단체 대화방에 게재한 예측조사 결과를 입수하여 이를 JTBC에게 보고했다. JTBC는 원고들이 예측조사 결과를 방송하기 이전에 미리 이 사건 예측조사 결과를 입수하였다. JTBC는 개표방송을 시작하면서 이와 같이 입수한 먼저 4대 광역단체장 선거에 대한 자체 예측조사 결과를 발표한 후 지상파 출구조사임을 밝히면서 예측조사 결과를 방송하였다.

법원은 24억원을 들여 예측조사를 수행하도록 한 원고들의 방송의 가치는 JTBC가 먼저 방송함에 따라 그 가치가 감소되었다고 판단했다. 만일 피고가 자신들이 취득한 예측조사결과를 방송하지 않았다면, 예측조사결과는 거의 모든 가치를 가지고 이에 대하여 노력(노력은 실제 여론 수행기관이 행했지만 이에 대하여 비용을 지출하였으므로 노동을 구입한 것과 같다)과 자본을 투입한 지상파 3사가 이용할 수 있었다. 이에 대법원은 (파)목의 부정경쟁행위를 인정하였다.

그러나 이 사건은 영업비밀의 비밀성이 자발적으로 파괴된 사건으로서 영업비밀이 존재하지 않게 되었다. JTBC 기자가 출구조사결과를 취득함에 있어서 이미 공개된 정보를 취득한 것으로서 어떠한 부적절한 수단(improper means)이나 불법적 행위(misconduct)를 하지 않았다. 나아가 영업비밀보유자가 영업비밀의 비밀성유지의무를 제대로 행하지 않은 사건이므로 우리 법상 영업비밀로서의 요건 중 비밀성 및 비밀성유지의무의 요건을 충족하지 못하였으므로 영업비밀로 보호받지 못하는 정보가 되었고, 결국 이건 선거결과 사전예측조사결과는 JTBC 기자가 '취득할 당시'에는 일반적으로 알려진 정보이다. 그가 이사건 정보를 취득함에 있어 어떤 불법적

행위나 부적절한 수단을 통하지 않은 공개된 정보를 사용한 것을 현재 부
정경쟁방지법상 (파)목의 부정경쟁행위라고는 할 수 없다.857) 나아가 필자
의 판단으로는 실제로는 원고들은 예측조사결과를 수행한 서베이업체에
대하여 채무불이행 책임을 물을 수 있을 것으로 보이므로 원고들의 손해는
회복될 수 있다. JTBC의 방송행위로 인한 손해는 없는 것으로 판단된다.

우리 영업비밀보호법은 다음에서 설명하는 '의도하지 않은 공개(inadvertent
disclosure)'를 인정하지 않는다. 즉 의도하지 않은 공개라도 이에 대한 고지
를 한 경우에 상대방에게 고의 또는 과실(knew or had reason to know)이
있는 경우에는 영업비밀의 침해를 인정하지만, 우리법은 그러하지 않다. 그
뿐만 아니라 선의자의 특례규정은 영업비밀의 '취득' 당시에 영업비밀침해
에 대한 고의 또는 중과실이 없었을 경우 거래에 취득한 영업비밀의 사용
뿐만 아니라 공개까지 허용한다.858) 위 사건에서 서베이 업체에서 최초로
취득한 기자나 아산재단 연구원 등은 무상의 증여라는 거래에 의해 취득한
것으로 보이지만, 고의 또는 중과실 없이 취득한 것인지는 사실에 대한 주
장이나 입증에 대한 내용이 판결문에 나타나 있지 않으므로 문제가 될 수
는 있다. 그러나 그와 같이 불명확하다고 하더라도 JTBC 기자가 이 사건
조사결과를 취득할 당시에는 이미 공개된 정보이었으므로 기자라는 지위

---

857) Religious Technology Center v. Lerma, 908 F. Supp. 1362 (E.D. Va. 1995).
   Although the person who originally posted a trade secret on the Internet may
   be liable for trade secret misappropriation, the party who merely down loads
   Internet information cannot be liable for misappropriation because there is no
   misconduct involved in interacting with the Internet. Even if one were to assume
   that the AT documents are still trade secrets, under Virginia law, the tort of
   misappropriation of trade secrets is not committed by a person who uses or
   publishes a trade secret unless that person has used unlawful means, or breached
   some duty created by contract or implied by law resulting from some
   employment or similar relationship.
   Id., 1368-69.
858) 영업비밀보호법 제13조.

상 이를 취득함에 있어 고의나 중과실이 없었던 것으로 보인다.

그리고 이 사건 선거 예측조사결과는 지상파 3사가 원시취득하는 것이 아니라 실제로 예측조사결과를 행한 여론조사 업체에게 귀속되는 것으로 그 업체는 자신들의 정보를 지상파 3사에게 이전할 의무를 지게 되는 것으로 판단된다. 이에 대해서는 쟁점으로 판결에 판시되지 않아 명확히 판단할 수는 없지만 일반적인 법리에서 보면 그렇다. 지상파 3사와 여론조사 업체간의 도급계약으로 인정되고, 그 조사결과에 대하여는 비밀유지의무조항이 있을 것이라고 판단된다.

이러한 경우 여론조사결과는 직접적으로 노동을 가한 여론조사업체의 소유물이고, 여론 조사업체가 지상파 3사에게 조사결과를 계약에 따라 이전을 하여야 하는 것으로 판단되는데, 여론조사업체가 비밀유지의무를 지키지 않았다면 계약에 따라 이전을 하지 않은 것이므로 채무불이행책임을 지게 될 것이다.

JTBC가 예측조사결과를 취득함에 있어 어떤 불법적인 행위를 하였다면 그 불법성에 따라 그 잘못이 평가되어야 하는데, 이 사건을 보면 나타난 사실관계로는 어떤 불법성을 인정하기 어렵다고 판단된다. 우리 대법원은 제3자의 채권침해에 대하여 적극적으로 그 불법에 가담한 경우가 아니면 제3자의 채권침해를 인정하지 않는다. 우리 대법원은

> 일반적으로 채권에 대해서는 배타적 효력이 부인되고 채권자 상호간 및 채권자와 제3자 사이에 자유경쟁이 허용되므로 제3자에 의하여 채권이 침해되었다는 사실만으로 바로 불법행위가 성립하지는 않는다. 그러나 거래에서 자유경쟁 원칙은 법질서가 허용하는 범위에서 공정하고 건전한 경쟁을 전제로 하므로, <u>제3자가 채권자를 해친다는 사정을 알면서도 법규를 위반하거나 선량한 풍속 그 밖의 사회질서를 위반하는 등 위법한 행위를 하여 채권의 실현을 방해하는 등으로 채권자의 이익을 침해하였다면 불법행위가 성립한다.</u> 채권침해의 위법성은 침해

되는 채권 내용, 침해행위의 양태, 침해자의 고의나 해의 등 주관적 사
정 등을 참작하여 구체적·개별적으로 판단하되, 거래자유 보장의 필요
성, 경제·사회정책적 요인을 포함한 공공의 이익, 당사자 사이의 이익
균형 등을 종합적으로 고려하여야 한다.[859]

고 판시하고 있다. 그런데 이 사건을 보면, 스스로 영업비밀의 비밀성을 지
키지 않은 사안에 해당하고, JTBC 기자는 여론조사업체로부터 직접 취득
한 것도 아니고, 단체 대화방에 공개된 사안을 취득하여 JTBC가 보도하였
을 뿐이다. 공개된 정보를 사용하는 것은 널리 알려진 지식을 사용하는 것
과 다를 것이 없는데, 대법원이 요구하는 채권침해가 성립하는데 필요한
어떤 위법적인 행위가 있다고 볼 수 없다. JTBC 사건은 영업비밀침해여부
가 문제된 사안을 (파)목의 부정취득이용법리를 적용하려고 하였다는데 그
근본적인 잘못이 있다고 생각된다.

(2) 의도하지 않은 공개(inadvertent disclosure)

영업비밀은 공개를 의도하지 않았더라도 공개될 수 있다. 예컨대 컴퓨터
화면은 외부에서 인지될 수 있고, 영업비밀인 정보가 첨부된 이메일을 잘
못 보낼 수도 있다. 이러한 의도하지 않은 공개는 영업비밀성을 상실하게
하지는 않는다. 다만, 영업비밀성을 유지하기 위한 상당한 노력 또는 합리
적인 노력을 다하지 않은 결과라면 영업비밀성을 상실한다.

UTSA는 의도하지 않은 공개(inadvertent disclosure)에 대하여 명시적인
규정을 두고 있다:

(C) before a material change of his [or her] position, knew or had
reason to know that it was a trade secret and that knowledge of it had

---

859) 대법원 2003. 3. 14. 선고 2000다32437 판결 등 참조.

been acquired by accident or mistake.[860]

의도하지 않은 공개(inadvertent disclosure)에 의하여 영업비밀을 취득한 사람은 자신이 취득한 정보가 ⅰ) 영업비밀이고 ⅱ) 그것이 우연하게 또는 실수로 인하여 취득되었다는 것을 ⅲ) 알거나 알 수 있었다면 그는 영업비밀을 부정취득하게 된다. 따라서 그러한 법제에서는 우리 영업비밀보호법의 선의자 특례[861]와 같은 선의자를 인정하지 않는다.

Restatement of Unfair Competition도 UTSA와 동일한 입장이다.

(4) the actor knows or has reason to know that the information is a trade secret that the actor acquired through an accident or mistake, unless the acquisition was the result of the other's failure to take reasonable precautions to maintain the secrecy of the information.[862]

다만, 공개자가 비밀성을 유지하기 위한 노력을 다하지 못한 경우에는 영업비밀의 부정취득이 아니라는 점을 명시한 것은 UTSA와 다른 점이다.

실제로 미국에서는 의도하지 않게 영업비밀이 공개되고 그 영업비밀을 직접 취득한 것이 아니라 직접 취득한 사람으로부터 다시 취득하면서 의도하지 않게 영업비밀이 공개된 사실을 알게 된 경우에도 영업비밀의 부정취득을 인정했다.[863] 그러나 일단 정보가 공중에게 공개되면 이를 취득한 것이 비윤리적인 것을 알았다는 것만으로 영업비밀 침해라고 인정하는 것은 영업비밀보호법이 의도하지 않는 것이라고 한 판결도 있다.[864] 법원은

---

860) UTSA §1 (2)(C).
861) 영업비밀보호법 제13조.
862) Restatement of Unfair Competition § 40 (b)(4).
863) Williams v. Curtis-Wright Corp., 681 F.2d 161 (3d Cir. 1982).
864) DVD Copy Control Ass'n v. Bunner, 116 Cal. App. 4th 241, 10 Cal. Rptr. 3d 185

[a]ssuming the information was originally acquired by improper means, it does not necessarily follow that once the information became publicly available that everyone else would be liable under the trade secret laws for republishing it simply because they knew about its unethical origins. In a case that receives widespread publicity, just about anyone who becomes aware of the contested information would also know that it was allegedly created by improper means. Under DVD CCA's construction of the law, in such a case the general public could theoretically be liable for misappropriation simply by disclosing it to someone else. This is not what trade secret law is designed to do.[865]

라고 하여, 공중에 공개된 정보는 비록 그것이 영업비밀의 부정취득으로 인한 것이지만 그 취득자가 그 영업비밀의 침해에 관여한 것이 아니라면 영업비밀의 부정취득의 책임을 물을 수 없다고 했다.[866] 우연히 공개되었다는 사정에 의해 모든 사람이 영업비밀보호의무를 부담하게 되고, 이로 인해 사적독점을 창설하는 결과가 되기 때문이다.

의도하지 않은 공개(inadvertent disclosure)는 우리법상 영업비밀침해의 행위로 인정되지 않는다. 오히려 우리법은 영업비밀의 선의취득을 인정하고 있고,[867] 의도하지 않은 공개(inadvertent disclosure)에 의하여 영업비밀을 취득하는 것을 영업비밀침해로 인정하지 않는 것은 영업비밀침해의 범위를 매우 좁게 한다. 특히 영업비밀의 부정취득의 개념을 절취, 기망, 협박 등 부정한 행위로 규정하여 부정취득의 범위도 매우 좁게 설정하고 있으므로 영업비밀의 보호범위가 매우 좁다.

(Ct. App. 2004).

865) Id., 116 Cal. App. 4th 241, 253.
866) Religious Technology Center v. Lerma, 908 F. Supp. 1362 (E.D. Va. 1995).
867) 영업비밀보호법 제13조 참조.

그리고 우리의 실제 생활에서는 이메일 등에 '사적수신의 고지'라는 제목하에 자신의 의도하지 않은 이메일의 수신에 대하여 이를 무단으로 이용하거나 공개하면 영업비밀의 부정취득이라는 내용을 부가하는데 우리나라 영업비밀보호법상으로는 아무런 의미가 없는 경고 문구이다. 이러한 점을 개선하지 않고, 법리에 맞지 않는 비밀관리성을 낮추어 영업비밀을 보호하겠다는 것은 넌센스라고 할 것이다.

(3) 법령 또는 정부에 의한 공개

국가의 법령에 의하여 영업비밀을 공개하는 것은 합법적인 것이다. 다만 국가 법령이나 정부의 행정행위 등에 의한 영업비밀의 공개가 재산권을 부당하게 침해하는 것이라면 영업비밀에 대한 공적 수용이 될 수 있다.[868] 미국에서는 식품에 대하여 그 성분을 공개하라는 것은 영업비밀침해가 아니라고 하였지만, 1984년 Ruckelshaus v. Monsanto Co. 사건[869]에서 연방대법원은 영업비밀인 살충제성분을 공개하라는 법령에 따라 공개한 것은 영업비밀의 공공수용으로서 정부가 보상을 하여야 한다고 판시했다. 또한 Philip Morris Inc. v. Reilly 사건[870]에서 제1순회법원은 매사추세스 주 법이 영업비밀인 담배성분을 표시하여 공개하도록 한 것은 영업비밀의 공공수용에 해당한다고 판시했다.

우리나라의 경우, 헌법상 재산권은 법률로써 보호하도록 규정하고 있다.[871] 다만 공공수용에 대하여는 법률로 규정하고 이에 대하여는 정당한 보상을 하도록 규정하고 있다.[872] 우리나라의 경우에도 법령에 성분표시를

---

868) 헌법 제23조 제3항 "공공필요에 의한 재산권의 수용·사용 또는 제한 및 그에 대한 보상은 법률로써 하되, 정당한 보상을 지급하여야 한다." 참조.

869) Ruckelshaus v. Monsanto Co., 467 U.S. 986 (1984).

870) Philip Morris Inc. v. Reilly, 312 F.3d 24 (1st Cir. 2002).

871) 헌법 제23조 제1항 참조.

872) 헌법 제23조 제3항 참조.

하도록 하는 것은 영업비밀의 공공수용이 될 수 있는데, 영업비밀의 공개
가 되기 위해서는 구체성이 있는 정보이어야 하고, 일반적인 정보나 추상
적인 정보로서 영업비밀을 구체적으로 특정할 수 없다면 영업비밀의 공공
수용으로 보기 어려울 것이다.

제3절 비밀관리성

1. 의의

영업비밀은 상당한 또는 합리적인 노력(reasonable effort to maintain secrecy)에 의해 비밀로 관리되어야 한다. 영업비밀을 재산적인 성격을 가지는 것으로 본다면 영업비밀을 구체화하고 이를 특정하여야 한다. 이는 등기나 등록 등의 공시방법이 없는 농작물, 갯벌에서 양식하는 조개 등에 대하여 자신의 소유임을 특정하는 명인방법(明認方法)이 필요한 것과 같은 이치이다. 영업비밀이 비밀로 관리된다는 의미는 명인방법(明認方法)과 같은 의미로 외부에 특정한 정보가 자신의 비밀임을 나타내는 것이다. 부동산에 있어서 등기나 동산에 있어서 점유와 같은 의미이다. 자신이 가지고 있는 정보가 공중의 영역(the public domain)과 구별되어 자신의 통제하에 있다는 것을 외부에 알려야 외부에서 영업비밀의 존재를 알 수 있는 것이다. 그러한 외부에 대하여 영업비밀을 인식시키는 행위는 구체화 되면 될수록 자신의 통제하에 있는 정보에 대하여 외부에 재산권성을 인식시킬 수 있다.[873] 따라서 영업비밀의 재산권성은 영업비밀의 비밀성 유지노력을 얼마만큼 하는냐에 따라 차이가 난다고 할 수 있다. 또한 상대적 비밀성을 요구하는 경우에 비밀성 관리노력은 상대적 비밀성이 존재한다고 입증하는 수단으로서 중요하다.

발명가는 특허를 취득하기 전까지 자신의 발명을 홀로 이용하기를 원하

---

[873] Charles T. Graves, Trade Secrets as Property: Theory and Consequences, 15 J. Intell. Prop. L. 39, 47 (2007).

였기 때문에 타인과 공유하길 원치 않았다. 따라서 그 발명은 비밀로 유지해야 했고, 그 비밀성을 유지하는 방법은 그 발명가의 몫이었다.[874] 영업비밀의 가치는 비밀성에서 발생하기 때문에 영업비밀을 비밀로 유지하기 위한 비밀성 유지노력은 영업비밀의 가치를 유지하기 위한 당연한 행위이기도 하지만, 외부에 영업비밀을 보유한 자의 주관적 의도를 표시하는 것이기도 하였다. 즉 비밀성 유지노력은 유체물에서는 소유의 의사와 같이 ⅰ) 주관적 의사와[875] ⅱ) 객관적으로 관리로 보이는 외형적인 행위 두가지가 필요하다.

커먼로상 영업비밀은 비밀로 존재하여야 하였는데 그 비밀성은 절대적인 비밀성을 필요로 하는 견해와 상대적인, 즉 상황에 따른 상당하거나 합리적인 비밀성 유지노력으로 충분하다는[876] 견해가 존재한다.

절대적 비밀성은 모든 경우에 비밀일 것으로 요구한다. 절대적인 비밀성을 전제로 영업비밀을 보호한 판결은 1820년 영국의 Yovatt v. Winyard 사건[877]을 들 수 있다. 본 사건에서 원고는 약품만드는 방법을 완성했고, 피고를 고용했다. 원고는 피고에게 그 제법을 공개하기를 원치 않았다. 피고는 원고 몰래 그 제법을 알아냈다. 본 판결에서 Lord Eldon은 선례들[878]과는 비자발적으로 영업비밀이 피용인에게 누설되었다는 점에서 구별하고, 신뢰관계 위반(a breach of trust and confidence)을 법리로 금지명령을 인정했다. 본 판결은 영업비밀에 대하여 재산적 권리를 인정하였다는 점에 그

---

874) François Dessemontet, (Second, revised edition, translated by H.W. Clarke), The legal protection of know-how in the United States of America, 1976, p. 112.

875) UTSA §1 (4)(ⅱ) ("is the subject of efforts that are reasonable under the circumstances to maintain its secrecy.").

876) K-2 Ski Co. v. Head Ski Co., 506 F.2d 471, 473 (1974).

877) Yovatt v. Winyard, 1 Jac & W. 394 (1820). 피용자가 고용주의 영업비밀을 취득할 당시 절대적인 비밀성을 유지하였다는 이유로 금지명령을 인정했다. Green v. Folgham, 1 S. & S. 398 (1823) 사건도 절대적 비밀성을 전제로 하였다.

878) Newbery v. James, 2 Meriv. 446 (1817); Williams v. Williams, 3 Meriv. 157 (1817).

의미가 있고,879) 다른 한편으로는 절대적 비밀성이 지켜지지 않았음에도 불구하고 금지명령이라는 구제를 인정했다는데 그 의의가 있다.

비밀관리성은 영업비밀의 재산권성을 나타내는 외형적 표지라고 할 수 있다. 1939년 Restatement of Torts는 "the extent of measures taken by him to guard the secrecy of the information" 라고 언급하여 영업비밀을 판단함에 있어 제시된 6가지 요소 중의 하나로 언급하고 있다. 나머지 5가지 요소와 함께 판단하는 가변적인 요소일 뿐이다. 이는 1939년 Restatement of Torts의 영업비밀에 대한 인식 변화를 나타내는 것이라고 할 수 있다.

그러나 UTSA는 취득 행위에 대하여 "acquired under circumstances giving rise to a duty to maintain its secrecy or limit its use" 라고 하여, 그 상황하에서 영업비밀의 비밀성이나 사용제한을 유지하기 위한 노력을 하여야 하도록 요구하고 있다. 그리고 영업비밀의 정의에서 "the subject of efforts that are reasonable under the circumstances to maintain its secrecy."라고 규정하고 있다.880) 영업비밀을 유지하기 위한 상당한 또는 합리적인 노력(reasonable effort)를 요구하고 있다.

Restatement of Unfair Competition은 영업비밀의 정의에서 비밀성 유지노력에 대하여 명시적으로 규정하고 있지는 않지만, 정의에 대한 코멘트에서 비밀성을 유지하기 위한 노력은 영업비밀로 보호받을 수 있는지 판단하는 요소라고 설명하고 있다.881) 그러한 비밀성을 유지하기 노력이 경제적 가치를 나타내는 증거라고 하고 있다.882) 비밀성 유지 노력을 하는 것은 피

---

879) Sean Bottomley, The Origins of Trade Secrecy Law in England, 1600-1851, 38(3) The Journal of Legal History, 254, 275 (2017).

880) UTSA §1 (4) (ⅱ).

881) Restatement of Unfair Competition §39 cmt. g. ("Precautions taken to maintain the secrecy of information are relevant in determining whether the information qualifies for protection as a trade secret.").

882) Id., cmt. g. ("Such precautions can be evidence of the information's value").

용인이나 영업비밀인 정보의 취득자에 대한 해당 정보의 공개가 비밀성을 유지하면서 그에게 공개한다는 점, 즉 신뢰관계하에서 공개한다는 증거가 된다.[883] 그 뿐만 아니라 피고들이 원고로부터 받은 정보를 누설하면 영업비밀의 침해가 된다는 점을 고지하는 것으로 부적절한 취득이 될 수 있다는 점을 알려주는 것이다.[884] 또한 의도하지 않은 공개(inadvertent disclosure)와 우연한 공개(accidental disclosure)가 되는지 여부를 결정하는 요소가 된다.[885] 영업비밀을 지키기 위해 필요한 비밀관리성을 다한다면 타인이 그 영업비밀을 취득하여 공개하는 경우에 그 타인은 자신이 취득한 정보가 공개된 정보이어서 비밀성이 없다는 주장은 인정하기 어렵게 된다.[886] 이러한 경우 역분석이 허용되지 않는 결과가 된다.

영업비밀의 비밀성을 유지하기 위한 노력을 많이 했다면, 상대방은 위법하거나 부적절한 수단(improper means; wrongful act)에 의해서 영업비밀을 취득할 가능성이 높고, 비밀성을 유지하기 위한 노력이 적다면, 상대방은 합법적이거나 적절한 수단(proper means)에 의하여 취득할 가능성이 높다.[887] 영업비밀의 비밀성을 유지하기 위한 상당한 또는 합리적인 노력은 영업비밀을 특정하고 그 경제적 가치를 명확히 하는 것이다. 반대로 영업비밀의 비밀성을 유지하기 위한 노력이 없더라도 영업비밀임이 명확하고

---

883) Id., cmt. g. ("They can signal to employees and other recipients that a disclosure of the information by the trade secret owner is intended to be in confidence.").

884) Id. ("They can also be relevant in determining whether a defendant possessed the knowledge necessary for the imposition of liability under the rules stated in § 40 (see § 40, Comment d), whether particular means of acquisition are improper under the rule stated in § 43…").

885) Id. 우연한 취득(accidental disclosure)은 우리법에서는 영업비밀의 침해가 되는 행위가 되지 않는다.

886) Id.

887) Rockwell Graphic Systems, Inc. v. DEV Industries, Inc., 925 F.2d 174 (7th Cir. 1991).

그 경제적 가치가 확실히 입증된다면 비밀성을 유지하기 위한 노력은 불필
요하다.[888] 따라서 영업비밀의 경제적 가치가 많다면 영업비밀의 비밀성을
유지하기 위한 노력의 정도는 높을 수밖에 없고, 영업비밀의 경제적 가치
가 적다면 비밀성을 유지하기 위한 노력은 상대적으로 낮을 수 밖에 없다.
비밀성 유지노력은 영업비밀의 경제적 가치와 비밀성을 고려하여 판단되
어야 한다.[889] 이것이 상당한 노력 또는 합리적인 노력에 해당한다.

영업비밀로 보호받기 위해서는 영업비밀을 특정하여야 한다.[890] 영업비
밀이 특정되지 않은 경우에는 그 침해에 대한 구제를 할 수 없다.[891] 미국
법원은 영업비밀의 존재를 주장하는 원고에게 영업비밀을 특정하도록 요
구한다. SL Montevideo Tech., Inc. v. Eaton Aerospace 사건[892]에서 법원은
단순히 공중의 자료와 결합되었다는 주장만으로는 영업비밀이 특정되었다
고 할 수 없으므로 영업비밀로 보호받기를 원하는 결합된 것을 명백히 하
여야 한다고 판시하였고,[893] 예컨대, Krawiec v. Manly 사건[894]에서 법원은
피고가 자신이 부정 취득한 것을 구별할 수 있도록 특정될 필요가 있다고

---

888) Restatement of Unfair Competition §39 cmt. g. ("[i]f the value and secrecy of the
    information are clear, evidence of specific precautions taken by the trade secret
    owner may be unnecessary.").

889) Id. ("the owner's precautions should be evaluated in light of the other available
    evidence relating to the value and secrecy of the information."); Id., §43 cmt.
    c.("Among the factors relevant to the reasonableness of the trade secret owner's
    precautions are the foreseeability of the conduct through which the secret was
    acquired and the availability and cost of effective precautions against such an
    acquisition, evaluated in light of the economic value of the trade secret.").

890) Jostens, Inc. v. National Computer Systems, Inc., 318 N.W.2d 691 (Minn. 1982);
    AMP Inc. v. Fleischhacker, 823 F.2d 1199 (7th Cir. 1987).

891) MAI Systems Corp. v. Peak Computer, Inc., 991 F.2d 511 (9th Cir.1993), cert.
    dismissed 510 U.S. 1033, 114 S.Ct. 671, 126 L.Ed.2d 640 (1994).

892) SL Montevideo Tech., Inc. v. Eaton Aerospace, LLC, 491 F.3d 350 (8th Cir. 2007).

893) Id., 354.

894) Krawiec v. Manly, 811 S.E.2d 542 (N.C. 2018).

판시했다. Loop AI Labs v. Gatti 사건895) 판결은 캘리포니아 법률(California Code of Civil Procedure section 2019.210)이 영업비밀을 특정하도록 요구하고 있음을 지적하고 있다. 다만, 구체적인 정보를 지정하여 영업비밀임을 주장하는 경우에는 구체적인 정보에 의해 영업비밀이 특정되었다고 할 수 있다.896) 비밀성 유지노력은 영업비밀을 특정하는 기능을 하고 있다.

영업비밀의 비밀성에 대하여 절대적 비밀성을 요구하는 때에는 그 비밀성 유지 노력에 상관없이 해당 정보가 타인에게 공개되면 더 이상 영업비밀로 존재하지 않았다. 그러나 상대적 비밀성을 요구하는 법리에서는 비밀성 유지노력을 다했는지와 부적절한 방법(ascertainable by imperper means)에 의하여 그 영업비밀을 알아낸 것인지가 핵심 쟁점이 된다.

2. 비밀성유지노력

가. 비밀성을 유지하기 위한 상당한 또는 합리적인 노력
(Reasonable Effort to Maintain Secrecy)

Zemco Manufacturing, Inc. v. Navistar International Transportation Corp. 사건897)에서 법원은 UTSA상 비밀성을 유지하기 위한 노력에 대하여 예시를 하였는데, 법원이 제시한 것은 다음과 같다.

---

895) Loop AI Labs v. Gatti, 195 F. Supp. 3d 1107 (N.D. Cal. 2016).

896) Jones v. Ulrich, 342 Ill.App. 16, 95 N.E.2d 113 (1950).

897) Zemco Manufacturing, Inc. v. Navistar International Transportation Corp., 759 N.E.2d 239 (Ind.Ct.App.2001), reh'g denied, trans. denied. 186 F.3D 815, (7th Cir. 1999).

(1) requiring employees to sign confidentiality agreements or otherwise advising them of the confidential nature of the process;

(2) posting warning or cautionary signs, or placing warnings on documents;

(3) requiring visitors to sign confidentiality agreements, sign in, and shielding the process from their view;

(4) segregating information;

(5) using unnamed or code-named ingredients;

(6) keeping secret documents under lock.

영업비밀을 보호하기 위한 노력은 물리적인 방법과 계약적인 방법 모두를 포함한다. 물리적인 방법은 보관 구획을 확정하여 내외부자의 접근을 제한하고, 경고표시를 하고, 문서마다 보안등급에 따라 분류하여 그 등급을 표시하여 보관하고, 보안담당자에 의하여 접근 제한 조치와 금고 등 잠금장치를 하여 보관하는 것을 말하고, 계약적인 방법은 직원들에게 접근 제한의 의미를 알리고, 영업비밀보호의무와 경업금지약정을 체결하고, 주기적으로 보안교육을 시키는 등을 방법을 시행하는 것을 말한다.

Electro-Craft Corp. v. Controlled Motion, Inc. 사건[898])에서 법원은 다음과 같이 영업비밀을 보호하기 위한 노력이 부족하다고 판시하였다:

First, ECC's physical security measures did not demonstrate any effort to maintain secrecy. By "security" we mean the protection of information from discovery by outsiders. Security was lax in this case. For example, the main plant had a few guarded entrances, but seven unlocked entrances existed without signs warning of limited access.

---

898) Electro-Craft Corp. v. Controlled Motion, Inc., 332 N.W.2d 890 (Minn. 1983).

Employees were at one time required to wear badges, but that system was abandoned by the time of the events giving rise to this case. The same was generally true of the Amery, Wisconsin plant where ECC 1125 and brushless motors were manufactured. One sign was posted at each plant, however, marking the research and development lab at Hopkins and the machine shop at Amery as restricted to "authorized personnel." Discarded drawings and plans for motors were simply thrown away, not destroyed. Documents such as motor drawings were not kept in a central or locked location, although some design notebooks were kept locked.

The relaxed security by itself, however, does not preclude a finding of reasonable efforts by ECC to maintain secrecy. Other evidence did not indicate that industrial espionage is a major problem in the servo motor industry. Therefore, "security" measures may not have been needed, and the trial court could have found trade secrets if ECC had taken other reasonable measures to preserve secrecy.

However, ECC's "confidentiality" procedures were also fatally lax, and the district court was clearly in error in finding ECC's efforts to be reasonable. By "confidentiality" in this case we mean the procedures by which the employer signals to its employees and to others that certain information is secret and should not be disclosed. Confidentiality was important in this case, for testimony demonstrated that employees in the servo motor business frequently leave their employers in order to produce similar or identical devices for new employers. ECC has hired many employees from other corporations manufacturing similar products. If ECC wanted to prevent its employees from doing the samething, it had an obligation to inform its employees that certain information was secret.

ECC's efforts were especially inadequate because of the non-intuitive nature of ECC's claimed secrets here. The dimensions, etc., of ECC's motors are not trade secrets in as obvious a way as a "secret formula" might be. ECC should have let its employees know in no uncertain terms that those features were secret.

Instead, ECC treated its information as if it were not secret. None of its technical documents were marked "Confidential," and drawings, dimensions and parts were sent to customers and vendors without special marking. Employee access to documents was not restricted. ECC never issued a policy statement outlining what it considered secret. Many informal tours were given to vendors and customers without warnings as to confidential information. Further, two plants each had an "open house" at which the public was invited to observe manufacturing processes.

위 판결을 보면, 원고의 비밀이 보관된 장소의 입구에는 경비원이 있는 경우가 적었고, 경비원이 없는 7곳의 입구에는 제한된 장소를 나타내는 경고가 없었고, 직원들은 회사의 뱃지를 착용했어야 했지만 문제된 본 사안에서는 직원들이 필요한 뱃지를 착용하지 않았고, 일부 장소에는 '허가된 사람만'("authorized personnel.") 이란 표시가 있었지만, 모터에 대한 설계도와 문서는 아무런 조치없이 버려졌을 뿐 [물리적으로] 파쇄되지 않았고, 어떤 노트북은 시정되어 보관되기도 했지만 모터 설계도와 같은 문서는 집중하여 잠금장치된 장소에 보관되지 않았다.

법원은 위와 같은 부족한 보안과 보안 노력을 행했지만 그것만으로 상당한 또는 합리적인 노력(reasonable effort)을 행했다는 것을 배제하는 것은 아니지만 다른 증거들조차 서보모터 산업에서는 산업스파이가 문제인 점을 알릴만큼 필요한 보안을 행하지 않았다고 판시했다. 그렇다고 하여도 다른 보안방법을 실행하였다면 상당한 또는 합리적인 노력(reasonable effort)을 행했다고 할 수 있는데 고용주가 직원들과 다른 사람들에게 행한 신뢰관계설정(confidentiality)은 상당하거나 합리적인 정도에 이르지 못했다. 왜냐하면 서보모터 산업은 직원들의 이직과 전직이 빈번하고 이 사건 원고도 다른 회사의 직원들을 채용하였는데, 특정한 정보는 비밀이라는 경고를 하여 전직이나 이직을 하는 직원들을 통해 영업비밀이 공개되는 것을 금지해야 했는데 그러하지 않았다.

비방(secret formula)이라는 것으로부터 그것이 영업비밀이라는 것은 본래적으로 알 수 있지만 원고의 모터 기술은 본래적으로 영업비밀이라고 알기 어렵다. 따라서 원고는 직원들에게 영업비밀이라고 알렸어야 한다. 대신에 원고는 해당 정보가 영업비밀이었으면 영업비밀로 취급했어야 하는데, 어떤 기술적인 문서에도 비밀(confidential)이라는 표시가 없었고, 고객과 협력사에게 보낸 도면, 스펙, 부품들에도 비밀임을 나타내는 문서가 없었다. 직원들도 문서에 대한 접근이 제한되지 않았고, 원고도 영업비밀 정책에 대하여 어떤 문제 제기도 하지 않았다. 협력사나 고객들의 비공식적 방문에도 어떤 보안조치도 이루어지지 않았다. 오히려 공중의 견학을 통해 제조공정이 공개되었다. 법원은 위와 같은 이유로 원고의 영업비밀유지 노력이 부족하여 영업비밀로 보호받지 못한다고 판시했다.

Morlife, Inc. v. Lloyd Perry 사건에서는 고객명부가 문제되었다. 본 사건에서는 회사가 고객명부의 중요성을 인식하여 고객없이는 회사가 영업을 할 수 없음을 인식하고 고객 명부를 회사의 주된 자산(main asset)으로 간주하여 컴퓨터에 저장을 하고, 제한된 직원만이 접근할 수 있도록 통제를

하였을 뿐만 아니라, 직원들이 서명한 비밀유지서약서의 비밀목록에 고객
의 이름과 전화번호를 명시하였고, 직원의 업무 메뉴얼(hand book)에 고용
관계가 시작됨에 따라 현재와 미래의 고객 명부를 포함하여 회사의 영업비
밀과 신뢰정보를 사용하거나 공개하여서는 안 된다며 명시하고 있었다. 이
러한 경우 법원은 상당한 비밀성 유지노력을 하였다고 판시했다.[899]

캘리포니아 주는 경업금지에 대하여는 엄격한 기준을 제시하여 원칙적
으로 무효로 한다고 함은 앞서 언급한 바와 같다. 그렇다고 하여 고용주의
영업비밀을 무단으로 사용하는 것에 대하여 관용적인 것은 아니다. 이 사
건은 원고의 직원이었던 피고 페리(Perry)가 6년간 근무하며 모아두었던 고
객 정보(명함)를 가지고 퇴사를 하여 원고와 경쟁업체인 Burlingame
Builders Inc.을 설립하여 영업을 시작하면서 페리는 원고의 고객들에게 편
지, 전화 및 직접 방문하여 자신이 새로운 영업을 하기 시작하였다고 광고
하였고, 32명의 원고 고객이 피고 페리의 고객이 되었다.

원고는 상업적 건물의 지붕 수리(修理)와 보수(補修)라는 특이한 지붕에
관련한 용역을 제공하고 있고, 원고가 수집한 고객목록은 수년 동안 영업
을 하면서 직접 얻게 된 자료로서 고객의 이름, 주소, 연락처, 지붕에 대한
지식, 가격 정보, 고객에게 필요한 사항 정리한 것이므로 통상적인 아닌 특
이성이 있는 고객 정보이었다. 원고는 그와 같은 고객정보를 보유하고 있

---

899) Morlife, Inc. v. Lloyd Perry, 66 Cal. Rptr. 2d 731, 736-37 (Cal. Ct. App. 1997) (원
고가 행한 노력은 다음과 같다: "The company president recognized the importance
of the customer information to the company referring to it as its "main asset." He
explained, "Without it, there's no business." For this reason customer information
was stored on computer with restricted access. Moreover, in its employment contract
signed by Perry, Morlife included a confidentiality provision expressly referring to
its customer names and telephone numbers. The Morlife employee handbook
contained an express statement that employees shall not use or disclose Morlife
secrets or confidential information subsequent to their employment including "lists of
present and future customers.""Id., 736).

음으로서 자신의 영업을 집중할 수 있었다. 따라서 원고의 고객정보를 모르는 경쟁업체보다 마켓팅 측면에서 많은 비용을 절약할 수 있으므로 독립적인 경제적 가치가 있고, 원고의 서비스를 이용하는 상업적 건물에 대한 고객정보는 많은 비용과 노력이 투입되어야 취득할 수 있는 것으로[900] 원고가 속하는 업계에는 공연히 알려지지 않은 정보로서 영업비밀에 해당한다고 판시했다.[901]

이 사건 피고는 지붕 업계에 다년간 종사하면서 얻은 일반적인 지식과 기능과 경험을 이용하여 자신이 직업을 수행할 기본적인 권리가 있고, 전 고용주의 고객을 확보하기 위해서 전 고용주과 경쟁을 할 권리도 있다. 그러나 그러한 경쟁은 전 고용주의 재산을 무단으로 사용하는 것을 정당화하지 않는다.

영업비밀을 유지하겠다는 명시적인 약속은 요구되지 않는다. 만일 해당 정보가 영업비밀임을 알거나 알 수 있었다면(knew or has reason to know) 명시적인 신뢰관계의 약속이 없더라도 비밀유지의무가 발생한다.[902]

나. 우리법상의 비밀성 유지노력

(1) 사례

발명이 비밀로 유지되었는지 공개되었는지는 특허법상 공지된 발명인지 여부 뿐만 아니라 영업비밀의 비밀성과 비밀관리성의 문제도 야기한다. 아래 판결은 특허법상 공지된 발명인지 여부에 대한 판단이지만, 영업비밀관리에 관한 내용이 될 수 있어, 비밀관리에 관련되어 상세한 사실판단이 기

---

900) 그 비용은 100명을 전화로 통화를 시도하면 10명만이 전화통화가 가능하고, 원고의 고객 1인당 마켓팅 비용은 238달러 정도라고 했다. Id., 736.

901) Id.

902) Flotec, Inc. v. Southern Research, Inc., 16 F.Supp. 2d 992, 1006 (S.D. Ind. 1998).

재된 특허법원 판결903)을 인용해 본다.

(바) 담양공장의 준공식이 공장건물 앞의 넓은 부지에서 1993. 6. 5. 거행되었는데, 준공식에는 업계 관련 인사들이 다수 참석하였고, 준공식이 거행된 부지에는 인용고안 장치에 의하여 생산된 합성수지제품들이 진열되어 있었으며, 피고 삼전산업은 준공식에 참석한 인사들을 공장건물 내로 안내하여 인용고안 장치에 대하여 설명을 하였고, 참석자들이 보는 앞에서 인용고안 장치의 시운전을 하였으나 상부성형프레스가 합성수지제품의 성형을 위하여 하부금형 쪽으로 내려온 후 유압쐐기와 쐐기받침블럭의 정밀도가 문제되어 다시 올라가지 않아 참석자들에게 망신을 당하였다.

(사) 준공식 당시에 인용고안 장치는 이 사건 등록고안의 기술적 구성요소인 가스 배출구가 형성된 실린더, 사출프레스, 개폐구, 수지량 조절밸브, 원료공급노즐, 받침블럭이 외부에서 손쉽게 파악할 수 있도록 설치되었고, 유압쐐기는 사람의 키 보다 훨씬 높고 3m가 조금 못되는 높이에 있는 성형프레스의 상면에 설치되어 있었으며, 유압쐐기가 있는 상부금형지지구의 상면에 뚜껑이 설치되어 있지 않았고(증인 한상영은 준공식 당시에 안전을 위하여 무거운 철판 뚜껑이 덮어져 있었는데 준공식으로부터 보름 정도가 지난 이후 뚜껑을 치웠다고 증언하였으나, 상부금형지지구의 상면에는 4개의 실린더 축이 가운데로 연결되어 있어 철판 뚜껑을 설치하기가 어려운 구조이고, 높은 곳에 위치한 상면에 안전을 위하여 뚜껑을 덮을 이유도 없으며, 안전을 위한 것이라면 준공식으로부터 보름이 지난 후에 다시 이를 치울 이유가 없고, 위 증인은 뚜껑은 3t짜리 호이스트가 있어야 개폐가 가능하지만 호이

---

903) 특허법원 2000.09.21. 선고 99허6596 판결 등록무효(비밀관리성은 신규성보다 낮은 수준임을 감안해야 한다.).

스트가 없어 지게차를 이용하여 뚜껑을 치웠다는 증언도 쉽게 믿기 어렵고, 당원의 현장검증시 위 증인은 철판 뚜껑을 공장 내에서 제작하였다고 진술하였으나 공장의 설비 현황을 감안하면 이 또한 믿기 어려울 뿐만 아니라, 증인 김몽식, 김영균은 준공식 당시에 철판 뚜껑이 설치되어 있지 않았다고 반대되는 취지의 증언을 하고 있으므로 증인 한상영의 위 증언은 이를 믿지 아니한다), 사출프레스가 있는 프레임의 옆에는 철제 사다리가 일체로 형성되어 있어 사람이 손쉽게 올라갈 수 있으며, 프레임의 측면에는 직사각형의 빈 공간이 형성되어 있어 측면으로 성형프레스의 상면을 볼 수 있도록 되어 있었다.

위 판결의 다른 부분에는 유통되는 제품으로부터 그 기술의 내용이 공지될 수 있는지, 즉 비밀성이 유지되는지에 대한 판단도 포함되어 있다.[904] 그러한 경우에는 판매된 제품에 의해 기술내용을 관찰하여 알아내는 것은 합법적인 것이다.

(2) 비밀성유지노력에 관한 우리 입법의 평가

현재 우리 영업비밀보호법은 비밀성유지노력을 영업비밀의 요건으로 요구한다고 할 수 없다. 현행 우리 법상 '비밀로 관리된'은 비밀성만 있으면 비밀로 관리된 것이기 때문이다.

우리 영업비밀보호법상 비밀성 유지노력은 '상당한 노력'에서 '합리적인 노력'으로 수정되었고, 현재는 "비밀로 관리된"으로 변화했다.[905] 일부에서는

---

904) 특허법원 2000.09.21. 선고 99허6596 판결 등록무효.
   (자) 인용고안은 수지제품 제조장치로서 스크류의 제1, 2단차부는 실린더 속에 들어가 있으나 각 단차부 위의 실린더에는 가스배출구가 형성되어 있어 가스배출구의 위치와 개수에 의하여 단차부의 존재를 알 수 있고, 수지량 조절밸브와 원료공급노즐의 끝단은 외부(지면 위)로 드러나 있으며, 인용고안의 나머지 구성요소는 모두 외부로 드러나 있어 육안으로 손쉽게 관찰될 수 있다.
905) '비밀로 관리된'으로 규정된 입법은 일본의 부정경쟁방지법을 들 수 있다. 동법상의

'상당한 노력'을 'substantial effort'라고 하고 '합리적인 노력'을 'reasonable effort'라고 번역을 하기도 하는데, 'reasonable effort'는 상당한 노력 또는 합리적인 노력으로 번역될 수 있다고 함은 아래에서 지적하는 바와 같다. 그리고 'substantial'이라는 단어는 상대적 비밀성에서 그 비밀성을 충족한 정도의 의미로 사용하는 경우에 'subtantial element of secrecy'라고 사용하는데, 이는 상대적 '비밀성' 개념에서 그 비밀성을 충족하여, 부적절한 방법 이외에 다른 방법에 의하여 그 영업비밀을 취득할 수 없을 때를 의미할 때 사용한다. 절대적 비밀성에서 사용되는 'absolute secrecy'는 사용례에 따라서는 'perfect secrecy'라도도 한다. 그러나 일반적으로 'absolute secrecy'라는 용어를 사용한다.

'substantial'의 사용 용례에 관하여 보면, 1939년 The Restatement of Torts는

> Nevertheless, a substantial element of secrecy must exist, so that, except by the use of improper means, there would be difficulty in acquiring the information.906)

라고 하여, 상대적 비밀성 하에서 부적절한 방법에 의하여 취득하는 것을 제외하고 다른 방법에 의하여 취득할 수 없을 만큼 비밀성이 존재할 때 사용하고 있다. 결론적으로 말하면, 영어의 'reasonable effort to maintain secrecy'는 상당한 또는 합리적인 비밀성유지노력으로 번역된다.907)

규정은 다음과 같다:
　　제2조(정의) ⑥ 이 법에서 "영업비밀"이라 함은 비밀로 관리되는 생산방법, 판매방법 기타 영업활동에 유용한 기술상 또는 영업상의 정보로서 공공연하게 알려져 있지 않은 것을 말한다.
906) Restatement of Torts § 757 cmt. b.
907) 'substantial effort'라는 용례를 보면, "Substantial effort would be required to

〈부정경쟁방지법상 영업비밀 정의규정 변천〉

제2조(정의) 제2호 1991.12.31.일부개정, 1992.12.15.시행	제2조(정의) 제2호 2015.1.28.일부개정, 2015.7.29.시행	제2조(정의) 제2호 2019.1.8. 일부개정, 2019.7.9.시행
"영업비밀"이란 공공연히 알려져 있지 아니하고 독립된 경제적 가치를 가지는 것으로서, <u>상당한 노력에 의하여</u> 비밀로 유지된 생산방법, 판매방법, 그 밖에 영업활동에 유용한 기술상 또는 경영상의 정보를 말한다.	"영업비밀"이란 공공연히 알려져 있지 아니하고 독립된 경제적 가치를 가지는 것으로서, <u>합리적인 노력에 의하여</u> 비밀로 유지된 생산방법, 판매방법, 그 밖에 영업활동에 유용한 기술상 또는 경영상의 정보를 말한다.	"영업비밀"이란 공공연히 알려져 있지 아니하고 독립된 경제적 가치를 가지는 것으로서, <u>비밀로 관리</u>된 생산방법, 판매방법, 그 밖에 영업활동에 유용한 기술상 또는 경영상의 정보를 말한다.

이와 같이 변화한 이유에 대하여 중소기업이 영업비밀유지를 위한 노력을 경감하여 중소기업의 영업비밀을 쉽게 보호해주자는 것이라는 매우 황당하고도 이해가 되지 않는 이유를 제시하고 있다.[908] 현재의 입법인 '비밀로 관리된'은 비밀성 유지노력을 전혀 하지 않아도 비밀이기만 하면 비밀로 관리된 것으로 볼 수 있도록 하는 것이다. 비밀로 관리되지 않으면 비밀이라고 할 수 없다. 반대로 비밀이면 비밀로 관리된 것이라고 할 수 있다. 이와 같은 합리성이 없는 이유를 제시하는 것[909]은 영업비밀 보호법리를 전연 고려하지 않은 것이라고 할 수 밖에 없고, 영업비밀보호법에 대하여 제대로 된 연구 없이 정치적 이념과 선동에 따라 법이 좌우되다 보니, 이러한 어처구니 없는 입법이 된 것 같아 안타깝다.

---

assemble the detailed elements of the plan from publicly available sources."(Clark v. Bunker, 453 F.2d 1006, 1010 (9th Cir. 1972)) 라고 언급하고 있는데, 이는 공공에 공개된 정보를 조합하여 영업비밀화 하는 노력을 의미하는 것으로 사용하고 있다.

908) 의정부지방법원 2016. 9. 27. 선고 2016노1670 판결.

909) 2014. 10. 특허청 부정경쟁방지 및 영업비밀보호에 관한 법률 일부개정법률(안) 법안 설명자료.

위와 같이 우리 입법과 그 변경 이유가 이해가 되지 않는 것은 다음의 설명을 이해하면 알 수 있을 것이다. 1939년 Restatement of Torts는 비밀성유지노력을 영업비밀의 개념적 요건으로 하고 있지는 않다. 그러나 영업비밀의 존재를 입증하기 위한 요소로 인정하고 있다. 앞서 언급한 바와 같이 Restatement of Torts는 영업비밀의 존재를 인정하기 위한 6가지 요소를 제시하고 있다. Restatement of Torts가 제시하는 '정보의 비밀성을 위해 보유자가 취한 수단의 범위(the extent of measures taken by the claimant to guard the secrecy of the information.)'는 그 상황하에서 상당한 또는 합리적인 비밀성유지노력이라고 이해할 수 있다. 왜냐하면 '보유자가 취한 수단의 범위'는 어떤 절대적인 기준이 아니라 상대적인 개념으로 이해되기 때문이다. 범위라고 언급한 것은 개방적인 기준으로서 여러 요소와 상황 등을 고려한다는 취지이다.

UTSA에서는 영업비밀의 개념으로

> "Trade secret" means information, including a formula, pattern, compilation, program, device, method, technique, or process, that: ⋯ is the subject of efforts that are reasonable under the circumstances to maintain its secrecy.[910]

로 규정하고 있는데, 그 상황하에서 상당한 또는 합리적인 비밀성유지노력을 한 것이라고 명정하고 있다.

1995년 Restatement of Unfair Competition은 그 정의에 명시하지 않고 있으나, 비밀성을 지키기 위한 노력은 그 영업비밀의 가치를 나타내는 것이라고 설명하고 있다.[911] 그리고 영업비밀의 정의에 관한 코멘트(comment g)에

---

910) UTSA § 1 (4)(ⅱ).

911) Restatement of Unfair Competition §39 cmt. e. ("Circumstantial evidence of value

서 비밀성유지를 위한 노력은 해당 정보가 영업비밀로 보호받을 수 있을지 여부를 판단하기 위한 요소라고 하고 있다.

Restatement of Unfair Competition는 비밀성유지노력을

> g. Precautions to maintain secrecy.
>
> …
>
> Whether viewed as an independent requirement or as an element to be considered with other factors relevant to the existence of a trade secret, the owner's precautions should be evaluated in light of the other available evidence relating to the value and secrecy of the information. Thus, if the value and secrecy of the information are clear, evidence of specific precautions taken by the trade secret owner may be unnecessary.912) …

라고 설명하고 있다. 이를 분석하면, 비밀성유지노력은 UTSA처럼 독립적인 요건(an independent requirement … to be considered with other factors relevant to the existence of a trade secret)으로 보거나 Restatement of Torts 처럼 영업비밀의 존재를 인정하기 위한 요소로 보거나(an element to be considered with other factors relevant to the existence of a trade secret), 영업비밀 보유자의 비밀성유지노력은 정보의 가치와 비밀성에 관련된 증거의 관점(in light of the other available evidence relating to the value and secrecy of the information.)에서 평가하여야 한다고 하고 있다. 따라서 정보의 가치

---

is also relevant, including the amount of resources invested by the plaintiff in the production of the information, the precautions taken by the plaintiff to protect the secrecy of the information (see Comment g),…"); cmt. g. ("Such precautions can be evidence of the information's value (see Comment e) and secrecy (see Comment f).").
912) Id., §39 cmt. g.

와 비밀성이 명백하다면(if the value and secrecy of the information are clear) 영업비밀 보유자가 행한 비밀성유지노력에 대한 증거는 필요하지 않다(evidence of specific precautions taken by the trade secret owner may be unnecessary.)고 설명하고 있다.

이와 같은 논리적 귀결은 아래와 같은 설명으로도 뒷받침 된다.

Among the factors relevant to the reasonableness of the trade secret owner's precautions are the foreseeability of the conduct through which the secret was acquired and the availability and cost of effective precautions against such an [improper] acquisition, evaluated in light of the economic value of the trade secret.[913]

부정한 수단을 통한 영업비밀을 취득한 행위를 영업비밀 보유자가 예견 가능하였는지, 영업비밀의 경제적 가치를 평가하여 그와 같은 부적절한 취득에 대하여 비용효율적이고 가능한 예방조치인지를 평가하여 부적절성을 평가한다. 영업비밀성 유지노력은 영업비밀 취득행위의 부적절성에 영향을 미친다.

영업비밀유지에 대한 예방적 조치가 낮다면 영업비밀취득행위의 부적절 가능성도 낮게 된다. 결국 비밀성유지노력은 상대적인 것으로써, UTSA가 명정한 것처럼 영업비밀의 존재하는 상황을 고려한 상당한 또는 합리적인 (reasonable under the circumstances) 노력을 의미하는 것이다. 따라서 영업비밀이 어떻게 관리되었는지는 중소기업이든 대기업이든 그 상황이 고려되어야 한다. 다만 중소기업이라고 하여 상당한 또는 합리적인 노력을 하지 않았다면 그것은 영업비밀의 요건을 갖추지 못할 수도 있다. 다만 상당한 노력이나 합리적인 노력을 평가하는데 있어서는 그 영업비밀인 정보의 가치

---

913) Id., §43 cmt. c.

가 제일 중요한 요소이지만 다른 요소를 같이 고려하여 판단해야 한다.914)

영업비밀에 대한 경제적 가치가 적다면 비밀성유지노력도 적게 요구된다. 가치가 거의 없는 물건을 가치가 많은 보석과 같은 노력을 요구할 수는 없는 것이다. 우리법이 비밀성유지노력을 '비밀로 관리된'이라고 하는 것은 비밀성만 존재하면 인정되는 것으로서 비밀성유지노력에 대한 요건을 요구하지 않는다는 것을 의미한다. 이는 재산을 시장가치를 반영하여 효율적인 보호를 하는 것을 도외시하겠다는 것에 불과하고, 결국 국가의 법과 정부가 시장을 왜곡하여 민간 자원의 낭비를 가져오게 된다.

다. 현상금 사냥(Bounty Hunting)과 지뢰밭(Minefiled)

영업비밀보호를 위한 비밀성은 그 정도가 높거나 낮은 경우에는 적절하게 영업비밀을 보호하는 것이라고 할 수 없다. 또한 영업비밀관리성도 같은 문제가 발생한다. 비밀관리성에 대하여 확립된 원칙은 그 영업비밀인 정보의 가치에 부합하는 상당한 또는 합리적인 비밀성 유지노력(reasonable effort to maintain secrecy)이라고 할 수 있다.

비밀성만 요구하는 경우, 손해배상금만을 추구하는 소위 현상금 사냥꾼(bounty hunter)이 발생할 수 있다. 기업의 입장에서는 낮은 비밀관리성 요건하에서 영업비밀침해로 인한 손해배상을 받기 위한 현상금 사냥꾼이 되는 것이 유리한 전략이 될 수 있다.

현상금 사냥꾼(bounty hunter)은 이미 특허제도에서 보아 왔다. 1980년대 이후 친특허정책(pro patent)에 의해 특허요건이 낮추어졌고, 특허를 쉽게 취득할 수 있었다. 이러한 문제로 특허의 수가 많아지는 경우 소위 특허덤불(patent thickets)과 반공유의 비극(Tragedy of the Anticommons)이 발생하

---

914) 이에 대해서는 본서 "제6장, 제1절 3. 가. 상당하거나 합리적인 노력(reasonable effort)" 참조.

여 특허권자는 다른 특허권자의 특허를 침해하지 않고서는 자신의 특허를 실시할 수 없게 된다. 결국 특허권을 효율적으로 사용할 수 없는 상태가 된다. 낮은 특허장벽으로 인하여 특허가 많아지게 되자 특허실시를 하지 않고 특허침해소송을 전문으로 하는 특허사냥꾼(patent troll)이 등장하였다. 결국 영업비밀의 요건을 낮추는 경우, 특허사냥꾼처럼 영업비밀에도 현상금 사냥꾼(bounty hunter)이 등장할 것이다.

특히 영업비밀관리성은 외부에 자신의 영업비밀이 존재함을 나타나는 것이므로 비밀관리성 요건을 낮추는 경우에는 현상금 사냥꾼들에 의해 영업비밀은 위장되고 은폐되어 산업의 지뢰밭(industrial minefield)이 될 것이다.

3. 비밀성유지노력의 쟁점

가. 상대적 비밀성과 영업비밀유지노력의 의의

비밀성 유지노력은 상대적인 개념이다. 왜냐하면 비밀성 자체가 상대적인 비밀성을 요구하고 있기 때문에 비밀성 유지노력도 그에 따라 상대적인 개념이 될 수 밖에 없다. 그리하여 1939년 Restatement of Torts, UTSA 및 Restatement of Unfair Competition은 비밀성유지노력을 상대적인 개념으로 이해하고 있다.

UTSA는 비밀성유지노력에 대하여 "reasonable effort to maintain secrecy" 라고 언급하고 있는데 이는 상당한 또는 합리적 노력이라는 의미이다. 영어 "reasonable"은 '상당한'이란 의미로 번역될 수 있고 '합리적'이란 의미로도 번역될 수 있다. 우리 영업비밀보호법이 상당한 노력에서 합리적인 노력을 변경하고 그 이유가 중소기업의 부담을 감경하기 위한 것이라는 설명은 넌센스가 되는 이유이다.

'reasonable'은 상황에 따라 변동하는 유동적인 의미이지 절대적 비밀성을 유지하기 위한 노력이 아니기 때문이다. UTSA의 문구를 보면 "under circumstances giving rise to a duty to maintain its secrecy or limit its use"와 "efforts that are reasonable under the circumstances to maintain its secrecy" 라고 되어 있는데 분명 '상황'(under (the) circumstances)에 따른 것이라는 의미가 명시되어 있다. 우리 법에서도 상당한의 의미는 상황에 따른 의미라고 해석된다.

비밀성 유지노력은 상대적 비밀성을 취한 결과에 의하여 필연적으로 요구될 수 밖에 없다. 절대적 비밀성은 비밀 자체가 존재하지 않으면 영업비밀로 보호받을 수 없다. 절대적 비밀성을 요구하는 경우에는 아무리 많은 비밀성 유지 노력을 하였다고 하여도 절대적 비밀성이 존재하지 않으면 보호받지 못한다. 절대적 비밀성을 요구하는 경우에는 비밀성 유지노력은 보조적인 것이다. 비밀성유지노력은 비밀성과는 관계없이 자신이 그 비밀을 보유하고자 하는 의도가 있고 그에 의하여 제3자에 대한 영업비밀의 존재를 알리는 것이다.

상대적 비밀성은 비밀성 유지노력을 필요로 한다. 상대적 비밀성 하에서는 비밀성 유지노력이 절대적 비밀성을 대체하는 것이다. 그러나 객관적인 보호노력 없이 주관적인 비밀성을 유지할 의도만으로는 비밀성 유지노력을 인정하기 부족하다.[915]

상대적 비밀성(relative secrecy)을 요구하는 법제하에서는 비밀성을 유지하기 위한 'reasonable effort', 우리 용어로는 '상당한 노력'이나 '합리적인

---

915) Electro-Craft Corp. v. Controlled Motion, Inc., 332 N.W.2d 890 (Minn. 1983) ("[E]ven under the common law, more than an "intention" was required—the plaintiff was required to show that it had manifested that intention by making some effort to keep the information secret." Id., 901).

노력'이 필요하다. 일부 견해는 상당한 노력을 'substantial effort'라고 번역하기도 하는데, 영업비밀보호법에서 substantial effort는 전연 다른 문제이다. 상당한 또는 합리적인 노력은 그 영업비밀의 가치나 보호할 상황 등에 부합하는 정도의 노력을 의미하고, substantial effort는 노력으로 볼 수 있는 행위의 의미라고 생각된다.916)

상대적 비밀성 이론에서는 비밀성은 다음의 두가지 요건을 충족하는지에 의하여 판단한다. 첫째, 영업비밀인 정보가 일반적으로 알려져 있거나 쉽게 알아낼 수 있는지, 둘째 영업비밀보유자가 그 정보에 대하여 상당한 또는 합리적인 비밀성 유지노력을 했는지, 즉 예방적 보호조치를 하였는지 여부이다.917)

나. 비밀성유지노력과 영업비밀 취득의 부적절성

상대적 비밀성 이론에서는 비밀성유지노력은 상대방의 영업비밀취득의 적절성을 판단하는데 중요한 요소가 된다. 비밀성 유지노력과 상대방의 영업비밀취득의 적절성의 상관관계에 대하여 Rockwell Graphic Systems, Inc. v. DEV Industries, Inc. 사건918)에서 제7순회법원의 포스너(Richard Posner) 판사는 통찰력 있는 판시를 하고 있는데,

---

916) 아래와 같이 'substantial element of secrecy'라고 사용하는 예가 있는데, 이는 상대적 비밀성을 충족하였다고 볼 만한 정보의 비밀성을 의미한다. Restatement of Torts § 757 cmt. b. ("Nevertheless, a substantial element of secrecy must exist, so that, except by the use of improper means, there would be difficulty in acquiring the information.").

917) Michael A. Epstein, Epstein on Intellectual Property, Wolters Kluwer, 2008, 5th ed., § 1.03[A].

918) Rockwell Graphic Systems, Inc. v. DEV Industries, Inc., 925 F.2d 174 (7th Cir. 1991).

The greater the precautions that Rockwell took to maintain the secrecy of the piece part drawings, the lower the probability that DEV obtained them properly and the higher the probability that it obtained them through a wrongful act; ⋯ 919)

라고 하여, 영업비밀의 비밀성을 유지하기 위한 노력을 많이 했다면, 상대방은 위법하거나 부적절한 방법(improper means; wrongful act)에 의해서 영업비밀을 취득할 가능성이 높고, 비밀성을 유지하기 위한 노력이 적다면, 상대방은 합법적이거나 적절한 방법(proper means)에 의하여 취득할 가능성이 높다고 판시했다.

결국 영업비밀의 비밀성을 유지하기 위한 상당한 또는 합리적인 노력은 영업비밀을 특정하고 그 경제적 가치를 명확히 하는 것이다. 영업비밀의 비밀성을 유지하기 위한 노력이 없더라도 영업비밀의 비밀성이 명확하고 그 경제적 가치가 확실히 입증된다면 비밀성을 유지하기 위한 노력은 불필요하다. 그러한 경우에 영업비밀의 존재를 확인할 수 있다. 앞서 언급한 바와 같이 Restatement of Unfair Competition은 비밀성 유지노력의 의미에 대하여

Whether viewed as an independent requirement or as an element to be considered with other factors relevant to the existence of a trade secret, the owner's precautions should be evaluated in light of the other available evidence relating to the value and secrecy of the information. Thus, if the value and secrecy of the information are clear, evidence of specific precautions taken by the trade secret owner may be unnecessary.920)

---

919) Id., 179.

920) Restatement of Unfair Competition §39 cmt. g.

라고 하여, 해당 정보의 경제적 가치와 비밀성이 분명하다면, 영업비밀 보
유자가 행하여야 할 비밀성 유지노력은 필요가 없다는 것이다.

그러나 비밀성 유지노력은 영업비밀침해가 발생하였을 때 그 취득행위
의 부적절성을 판단하는데 필요하다. 그 영업비밀인 정보의 경제적 가치가
많다면 영업비밀의 비밀성을 유지하기 위한 노력의 정도는 높을 수밖에 없
고, 영업비밀의 경제적 가치가 적다면 비밀성을 유지하기 위한 노력은 상
대적으로 낮을 수 밖에 없다. 비밀성 유지노력을 다했다면 상대방의 그 취
득행위는 부적절한 것이다.

다. 타인에 대한 주의의무의 부과: 우리법상 '비밀관리성'의 평가

영업비밀은 비밀성이 존재하지 않으면 '독립된' 경제적 가치를 가질 수
없다. 공개된 지식이나 정보 그 자체만으로는 그것을 보유하지 않은 사람
과 구별되지 않기 때문에 독립된 경제적 가치를 갖지 못하는 것이다. 물론
그 공개된 정보나 비밀이지 않은 정보를 이용하여 어떤 유용한 결과 또는
경제적 가치를 생성해 낼 수는 있지만, 이는 독립된 경제적 가치가 아니다.

비밀관리를 하지 않는 경우, 타인이 그 정보나 아이디어를 취득한 경우
에 그 타인의 책임을 물을 수 없게 된다. 이는 그 정보나 아이디어의 보유
자조차 이를 보호하지 않아 어떤 가치를 부여하지 않는데도 불구하고 타인
에게는 그 정보나 아이디어를 보호하라고 할 수는 없는 이치이기 때문이
다. 반대로 자신이 가지고 있는 정보나 아이디어를 보호하기 위하여 많은
노력과 투자를 하는 것은 그 만큼 자신이 보유한 정보나 아이디어가 가치
가 있다는 것을 의미한다.[921]

비밀관리는 유체재산의 점유와 같이 외부에 자신의 영업비밀의 존재를

---

921) Rockwell Graphic Systems, Inc. v. DEV Industries, Inc., 925 F.2d 174, 179-80 (7th
    Cir. 1991).

알리는 역할을 한다. 예컨대 '대외비'로 표시를 하고 공개되지 않은 장소에 보관, 관리자를 지정, 비밀유지의무를 부과하는 등 비밀관리를 하는 경우에는 타인이 비밀로 관리되는 정보에 접근을 하거나 취득함에 있어 비밀정보의 침해가 될 수 있다는 것을 알 수 있도록 경고하는 것이다.

우리 대법원은

> '상당한 노력에 의하여 비밀로 유지된다'는 것은 그 정보가 비밀이라고 인식될 수 있는 표시를 하거나 고지를 하고, 그 정보에 접근할 수 있는 대상자나 접근 방법을 제한하거나 그 정보에 접근한 자에게 비밀 준수의무를 부과하는 등 객관적으로 그 정보가 비밀로 유지·관리되고 있다는 사실이 인식 가능한 상태인 것을 의미한다.922)

라고 판시하고 있다. 다만, 대법원의 위 판시는 객관적인 비밀성 유지노력만으로 충분한 것 같이 판시하고 있으나, 그 전제로 주관적 비밀성 유지노력이 존재한다는 것을 전제로 한 판시라고 생각된다. 비밀로 관리할 의사로서 그와 같은 관리행위를 하여야 그 행위가 관리행위로 인정된다고 할 것이다.

비밀로 관리하지 않는 경우에는 타인이 그 비밀의 존재를 알 수 없기 때문에, 가사 영업비밀의 존재가 문제가 되지 않거나 그 존재가 입증된다고 하더라도 피고의 영업비밀침해 고의를 조각한다고 할 수 있다. 외부에서는 영업비밀의 존재를 알 수 없기 때문이다.

이와 같은 법리는 앞서의 Rockwell Graphic Systems, Inc. v. DEV Industries, Inc. 사건에서 제7순회법원의 포스너(Richard Posner) 판사의 판시에서도 알 수 있다. 포스너 판사는

---

922) 대법원 2008. 7. 10. 선고 2008도3435 판결.

It is easy to understand therefore why the law of trade secrets requires a plaintiff to show that he took reasonable precautions to keep the secret a secret. If analogies are needed, one that springs to mind is the duty of the holder of a trademark to take reasonable efforts to police infringements of his mark, failing which the mark is likely to be deemed abandoned, or to become generic or descriptive (and in either event be unprotectable). ··· The trademark owner who fails to police his mark both shows that he doesn't really value it very much and creates a situation in which an infringer may have been unaware that he was using a proprietary mark because the mark had drifted into the public domain, much as DEV contends Rockwell's piece part drawings have done.[923)]

라고 판시하였다. 즉 비밀성유지를 하도록 요구하는 것에 대하여 상표법을 유추하면서, 상표권자에게 상표권 침해에 대한 경계(예컨대 침해발생시 침해 주장을 하는 것, 등록상표의 표시)를 하도록 요구하는 것은 만일 그러한 상표침해에 대하여 아무런 조치를 취하지 않는다면, 상표를 포기한 것이 되든지 또는 일반명칭상표나 기술명칭상표등 보호받지 못하는 상표가 된다는 것이다. 상표권자가 자신의 상표에 대한 경계를 하지 않는 것은 그 상표를 가치 없다고 평가하든지 침해자가 해당 상표가 공중의 영역에 있는 것으로 알고 타인의 상표를 사용하는 것을 알지 못하도록 하는 상황을 상표권자가 만드는 것이라는 것이다. 즉 비밀성 유지노력을 하지 않는 것은 상대방의 영업비밀의 취득을 정당화 시키는 것이다. 영업비밀보유자가 영업비밀로 인정하지 않는 것을 타인에게 영업비밀로 인정하라고 할 수는 없다.

---

923) Rockwell Graphic Systems, Inc. v. DEV Industries, Inc., 925 F.2d 174 (7th Cir. 1991).

이러한 논리적 결론에서 우리 영업비밀보호법상 비밀유지의무에 관한 규정을 보면 매우 당황스럽게 하는 법조문이라고 하지 않을 수 없다. 비밀을 관리하는 상당한 노력이나 합리적인 노력은 앞서 언급한 바와 같이 영어의 'reasonable effort'와 같은 의미이고, 비밀로 관리하는데 필요한 '합리적인 노력'은 해당 정보를 영업비밀로 보호받기에 부합하는 적절한 정도이므로 '상당한 노력'과 다른 것이 아니다. 해당 정보를 영업비밀로 유지하는데 필요한 노력은 그 정보가 영업비밀로 보호받는데 필요한 상당한 노력으로 해석된다. 결국 합리적인 노력이나 상당한 노력은 같은 의미가 된다. 이와 같은 결론은 Rockwell Graphic Systems, Inc. v. DEV Industries, Inc. 사건924)에서도 찾아 볼 수 있다:

> But only in an extreme case can what is a "reasonable" precaution be determined on a motion for summary judgment, because the answer depends on a balancing of costs and benefits that will vary from case to case and so require estimation and measurement by persons knowledgeable in the particular field of endeavor involved. On the one hand, the more the owner of the trade secret spends on preventing the secret from leaking out, <u>the more he demonstrates that the secret has real value deserving of legal protection</u>, that he really was hurt as a result of the misappropriation of it, and that there really was misappropriation. On the other hand, <u>the more he spends, the higher his costs</u>. The costs can be indirect as well as direct. The more Rockwell restricts access to its drawings, either by its engineers or by the vendors, the harder it will be for either group to do the work expected of it. Suppose Rockwell forbids any copying of its drawings. Then a team of

---

924) Id., 179.

engineers would have to share a single drawing, perhaps by passing it around or by working in the same room, huddled over the drawing. And how would a vendor be able to make a piece part—would Rockwell have to bring all that work in house? Such reconfigurations of patterns of work and production are far from costless; and therefore <u>perfect security is not optimum security</u>.[925]

결국 많은 노력과 많은 비용을 투자할수록 자신의 비밀정보가 법적으로 보호받아야 할 가치가 많다는 것을 나타내는 것이라고 할 수 있다.(the more the owner of the trade secret spends on preventing the secret from leaking out, the more he demonstrates that the secret has real value deserving of legal protection) 즉 영업비밀보호 비용이 많이 지출될수록 그 정보의 가치가 높은 것이고, 그만큼 그 정보는 법적으로 보호받아야 할 필요성이 높다는 것이다. 그러나 그것은 영업비밀보호의 법원리와 부합하지 않는다.[926] 절대적 보호가 최적의 보호가 아니다.(perfect security is not optimum security.)

절대적 비밀성이 필요하지 않은 이유도 여기에 있다. 따라서 그 정보의 가치에 부합하는 비밀성 유지노력이 필요하고, 그와 같은 노력이 그 정보의 가치에 부합하는 상당한 노력 또는 합리적인 노력이라고 할 수 있는 것이다. 상당한 노력과 합리적인 노력이 다르다고 하는 우리 입법의 태도[927]는 영업비밀보호법리를 제대로 이해하지 못한 결과이다.

법경제학적으로 상당한 노력이나 합리적인 노력보다 낮은 정도의 노력

---

925) Id., 179-80.
926) David Friedman, William Landes & Richard Posner, Some Economics of Trade Secret Law, 5 J. Econ. Perspectives 61, 67 (1991) ("the social costs of enforcing secrecy through the legal system would be high, the benefits of shared information are likely to exceed the net benefits of legal protection.").
927) 2014. 10. 특허청 부정경쟁방지 및 영업비밀보호에 관한 법률 일부개정법률(안) 법안 설명자료.

이 적절한 것인지에 대하여 고찰해 보면, 그렇지 않다. 앞서 언급한 바와 같이 상당한 노력이나 합리적인 노력은 그 의미에서 보호받고자 하는 정보에 필요한 정도의 비밀성 유지노력을 의미한다. 그와 같은 적정한 노력보다 낮은 정도의 노력을 요구한다면 이는 그 영업비밀 보유자를 제외한 나머지 사람들에게는 부담으로 작용하는 것이다. 중소기업의 영업비밀 보호비용과 노력을 경감시킨다면 해당 중소기업을 제외한 경쟁관계에 있는 나머지 중소기업, 대기업, 소상공인, 개인 그리고 그 중소기업에서 일하는 직원들의 부담으로 남게 되어 형평에도 어긋나는 것이다. 왜 영업비밀을 보유한 중소기업은 보호받아야 하고, 그 중소기업에서 일하는 직원은 오히려 더 많은 영업비밀보호의무와 경업금지의무를 져야 하는가? 왜 그들은 더 많은 영업비밀침해소송을 당해야 하고, 전직금지소송을 당해야 하는가? 오히려 그와 같은 취지의 입법이 공정과 상식에 어긋나는 것이 아닐까? 결국 이와 같은 입법정책은 중소기업의 효율성과 경쟁력을 저해하는 입법이다. 실리콘 밸리의 성공에서 교훈을 얻어야 한다.

나아가 비밀성 유지의무를 적정성보다 낮춘다면 중소기업만 비밀성 유지의무가 낮아지는 것이 아니라 대기업을 포함하여 모든 영업비밀보유자의 비밀성 유지의무를 낮춘다. 이는 영업비밀 보유자 이외의 모든 사람의 경쟁력 저하를 의미한다. 국가의 영업비밀보호정책은 공정한 경쟁을 왜곡시키는 것에 목적을 두어서는 안된다. 그러나 우리나라의 정책적 취지는 공정한 경쟁을 왜곡시켜 중소기업을 보호하겠다는 것이다. 그러나 결국 그 정책은 중소기업에게 해가 되는 정책이라는 점이 아이러니하다.

반대로 영업비밀유지노력을 적정한 정도 이상으로 요구한다면 이는 새로운 정보의 개발이나 취득에 대한 비용을 증가시켜 그 생산의 감소를 가져올 것이다.928) 따라서 법의 문구나 그 입법목적이라는 보이지 않는 주관

---

928) Rockwell Graphic Systems, Inc. v. DEV Industries, Inc., 925 F.2d 174 (7th Cir. 1991).

적 의도와는 상관없이, 법해석상 영업비밀을 비밀로 유지하기 위한 합리적인 노력 또는 상당한 노력은 필요하다고 해석해야 한다. 현재의 불공정한 법률은 빨리 시정되어야 한다.

영업비밀을 보호하기 위한 '상당한 노력'(reasonable effort)은 '합리적인 노력'(reasonable effort)을 의미하고 그것은 최적의 보호(optimum security)로서 경제학에서 말하는 최적의 균형(optimum equilibrium) 상태를 의미한다. 국가의 정책이 최적의 균형된 보호(optimum security)를 파괴하는 불공정한 정책이 되어서는 안 된다.

영업비밀의 수가 많이 증가하면, 반공유의 비극(Tragedy of the Anti-commons)이 발생한다. 이는 미국에서 1980년대 이후 친특허정책으로 인하여 특허의 수가 증가하여 특허덤불이 발생한 것과 같이, 전체적으로 영업비밀보호제도의 경제적 효용성을 저해한다. 논리적으로 우리 법은 비밀성 유지노력이 필요없는 객관적으로 독립된 경제적 가치가 명백한 매우 극소수의 영업비밀만 보호하는 결과가 된다. 취득자의 고의 또는 중과실을 입증하기 어렵게 되기 때문이다. 물론 실제에서 자신의 영업비밀에 대하여 비밀성유지노력을 하지 않는 경우란 없을 것이지만, 비밀성 유지노력이 없이도 쉽게 보호받을 수 있다는 잘못된 오해를 일으킬 수 있다는 점이 문제이다.

Obviously Rockwell took some precautions, both physical (the vault security, the security guards—one of whom apprehended Peloso in flagrante delicto) and contractual, to maintain the confidentiality of its piece part drawings. Obviously it could have taken more precautions. But at a cost, and the question is whether the additional benefit in security would have exceeded that cost. …

If trade secrets are protected only if their owners take extravagant, productivity-impairing measures to maintain their secrecy, the incentive to invest resources in discovering more efficient methods of production will be reduced, and with it the amount of invention.

Id., 180.

제4절 독립된 경제적 가치

1. 의의

영업비밀보호법 발전 초기에 요구하던 절대적 비밀성 요건은 실제적이거나 잠재적으로 경제적 우위를 제공(sufficient to confer an actual or potential economic advantage)하면 비밀성을 인정받을 수 있는 법리로 변화되었다고 함은 앞서 언급했다. 1939년 Restatement of Torts의 경우 경제적 이익요건은 영업비밀보호의 독립적인 요건으로 인정되지 않았다. 다만 영업비밀의 정의에 "which gives him an opportunity to obtain an advantage over competitors who do not know or use it" 라고 하여 경쟁상의 우위를 제공하는 것으로 서술하고 있는데 이는 경제적인 것 뿐만 아니라 기술적인 것을 포함하는 것으로 보인다. Restatement of Torts의 경우 가치(value)는 영업비밀의 판단하는 6가지 요건 중의 하나(the value of the information to him and to his competitors)로 제시되었을 뿐이다.

UTSA는 실제적 또는 잠재적으로 독립된 경제적 가치를 제공하는 것을 요건으로 하였다.[929] 이는 절대적 비밀성에 의하여 비밀인 정보에 의한 재산적 가치의 보유로부터 변화한 것으로, 상대적 비밀성에 의하여 정보를 공유할 수 있도록 하였다. 영업비밀인 정보에 대하여 그 비밀을 모르는 제3자가 적절한 방법으로 쉽게 알아낼 수 없거나 일반적으로 알려지지 않아 그 정보를 비밀로 유지함으로써 실제적 또는 잠재적으로 독립된 경제적 가

---

929) UTSA § 1 (4) (i) ("derives independent economic value, actual or potential, from not being generally known to, and not being readily ascertainable by proper means by, other persons who can obtain economic value from its disclosure or use, …").

치를 발생시킨다면 비밀성이 존재하는 것으로 인정하였다. 이와 같은 변경을 한 것은 독립된 경제적 가치를 발생시키는 한, 경쟁상의 우위를 제공하므로 절대적 비밀성을 유지할 필요가 없기 때문이다. 그리하여 일반적으로 알려지지 않고 그 정보를 쉽게 알아 낼 수 없는 경우에 그 타인에게 공유하더라도 그 타인이 비밀로 유지하거나 유지할 의무를 부담한다면 그 타인 이외의 제3자에게는 여전히 비밀인 것이다. 공리주의적 관점에서 본다면 상대적 비밀성에 의한 영업비밀의 공유는 다수의 능력과 그들의 협업에 의한 그들의 능력을 배가시키는 결과, 즉 시너지 효과를 가져올 수 있으므로 사회적 효용을 증가시킨다. 따라서 절대적 비밀성을 유지할 필요가 없는 것이다.930)

Restatement of Unfair Competition은 그 정의에 실제적, 잠재적으로 경제적 우월성을 제공하는 충분한 가치(sufficiently valuable and secret to afford an actual or potential economic advantage over others)가 존재할 것을 요구하고 있다.931) 독립된 경제적 가치는 영업비밀의 개념에 필요한 일반적인 요건이다.

영업비밀인 정보에 독립된 경제적 가치가 존재하지 않으면 경쟁상의 우위가 없고, 따라서 경쟁자는 그 정보를 취득할 필요성이 존재하지 않는다. 영업비밀인 정보의 경제적 가치는 요건은 1939년 Restatement of Torts 보다 UTSA에 더 강조되어 있다. 이는 1939년 Restatement of Torts를 집필할 당시 영업비밀은 재산적 가치보다는 경쟁상의 신뢰관계 보호와 취득행위의 부적절성에 중점이 두었고, 이것이 영업비밀의 개념형성에 영향을 주었

---

930) Peabody v. Norfolk, 98 Mass. 452 (1868)("A secret of trade or manufacture does not lose its character by being confidentially disclosed to agents or servants, without whose assistance it could not be made of any value." Id., 461.); Robert G. Bone, A New Look at Trade Secret Law: Doctrine in Search of Justification, 86 Cal. Law. Rev. 241, 248 (1998).

931) Restatement of Unfair Competition § 39.

다고 보인다. 그리하여 경제적 가치가 상대적으로 덜 강조되었다고 보인다. 따라서 1939년 Restatement of Torts에서는 신뢰관계 위반 또는 비밀유지의무 위반과 취득행위의 부적절성이 있었는지 여부가 영업비밀 판단의 중요한 요소이었다고 할 수 있고, 영업비밀의 부정취득을 판단함에 있어서도 신뢰관계위반 또는 비밀유지의무위반이나 취득행위의 부적절성 있었다면, 그 취득한 정보가 일반적으로 알려진 정보이어서 영업비밀에 포함되지 않는 정보라도, 영업비밀침해가 성립한다는 법리의 형성에 영향을 주었다고 생각된다. 그러나 1984년 Ruckelshaus v. Monsanto Co. 사건932)에서 경제적 가치와 이에 대한 배타적인 접근권이 강조되었고, 영업비밀의 경제적 중요성이 부각되면 부각될수록 영업비밀의 개념적 요건으로 경제적 가치의 존재는 영업비밀보호의 핵심적인 요소가 될 수 밖에 없다고 보인다.

2. 독립된 경제적 가치의 의미

가. '독립된'의 의미

독립된 경제적 가치는 비밀성을 전제로 발생하는 것이다. 독립된 경제적 가치는 비밀성을 유지함으로써 발생한다는 것은 영업비밀의 개념 정의에서 명백히 나타나고 있다.

예컨대, UTSA는

> derives independent economic value, actual or potential, from not being generally known to, and not being readily ascertainable by proper means by,

---

932) Ruckelshaus v. Monsanto Co., 467 U.S. 986 (1984).

DTSA는

> the information derives independent economic value, actual or potential, from not being generally known to, and not being readily ascertainable through proper means

EU의 영업비밀보호지침 경우에도

> commercial value because it is secret;

라고 정의하고 있는 바, 일반적으로 알려지지 않고 적절한 방법으로 쉽게 알 수 없는 것으로부터 실제상 또는 잠재적인 독립적인 경제적 가치가 발생한다고 규정하거나(UTSA, DTSA), 비밀이기 때문에 상업적 가치가 발생한다고 규정(EU 지침)하고 있다. 물론 이러한 정의는 1939년 Restatement of Torts나 1995년 Restatement of Unfair Competition도 마찬가지이다. 다만 1939년 Restatement of Torts는 지속적 사용요건으로 인하여 잠재적이거나 미래에 가치를 발생하는 미완성인 정보, 개발중인 정보 또는 실패한 정보에 대해서는 경제적 가치를 인정하지 않는다.

그러나 비밀성이 있다고 하여 경제적 가치가 있는 것은 아니다. 주관적으로 가치를 확신하고 비밀로 유지하더라도 경제적 가치를 인정할 수 없다. 공개된 지식의 경우에는 비밀로 유지하더라도 독립된 경제적 가치는 존재하지 않는다. 따라서 독립된 경제적 가치는 객관적 가치를 의미한다. 다만 이를 평가하기 위해서는 타인에게 공개를 하여야 하므로 Arrow's Information Paradox가 발생한다.

비밀성이 존재하면 경제적 가치가 있다고 추정은 할 수 있다. 예컨대 MicroStrategy Inc. v. Business Objects, SA 사건[933])에서 법원은

> Perhaps most importantly, in order to have economic value, a trade
> secret must not be readily ascertainable through legitimate means. If a
> competitor could easily discover the information legitimately, the
> inference is that the information was either essentially "public" or is of
> de minimus economic value.[934]

라고 하여, 쉽게 알아낼 수 없다는 것(readily ascertainable), 즉 비밀성의 존
재만으로 독립된 경제적 가치의 존재를 추정하고 있다.[935]

　영업비밀이라고 표시하거나 신뢰정보라고 표시하는 것("labeling informa-
tion "trade secret" or "confidential information"")만으로는 그 정보가 영업
비밀이라고 할 수는 없지만,[936] 그 정보가 공공영역에서 쉽게 취득할 수
없는 정보이고 그 정보에 대하여 가치를 부여한다는 점을 나타낸다는 증거
가 된다.[937]

　그 아이디어를 보유하고 있다는 것만으로 경쟁상의 우위를 가져오는 것
이어야 독립적이라고 할 수 있다. 즉 독립적이라는 의미는 그 정보 자체만
으로 경제적인 이익이 있는 것이다. 예컨대, 그 정보를 알아야 하는데 비용
이 투입되었고, 그 정보를 가지고 있음으로써 새로운 비용을 절감할 수 있

---

933) MicroStrategy Inc. v. Business Objects, SA, 331 F. Supp. 2d 396 (E.D. Va. 2004).

934) Id., 416-17.

935) Liberty American Ins. v. WestPoint Underwriters, 199 F. Supp. 2d 1271 (M.D. Fla.
2001) ("This Court adopts Judge Jenkins' conclusion that Plaintiff Liberty
American's rating software is a trade secret under Florida law. As pointed out in
the R & R, the rating software, including the source code, has independent economic
value because it is not readily known or readily ascertainable by other persons who
could derive economic value from its disclosure." Id., 1286).

936) American Paper & Packaging Products, Inc. v. Kirgan, 183 Cal.App.3d 1318, 1325,
228 Cal.Rptr. 713 (1986); Moss, Adams & Co. v. Shilling, 179 Cal.App.3d 124, 126,
130, 224 Cal.Rptr. 456 (1986).

937) Morlife, Inc. v. Lloyd Perry, 66 Cal. Rptr. 2d 731, 736 (Cal. Ct. App. 1997).

는 경우가 이에 해당한다.

특정한 서비스를 이용할 의사가 있는 고객명부를 입수하여 곧바로 그 명부상의 고객에 대하여 그 서비스를 판매목적으로 자신의 마켓팅에 사용할 수 있다면 그 고객명부는 독립된 경제적 이익이 인정된다.[938) 자신을 고용했던 이전의 고용주의 고객명부를 이용하여 선별적이고 효과적으로 자신으로 고객으로 유치했다면 이는 독립된 경제적 이익이 있다고 할 수 있다.[939)

비밀이지 않은 정보는 독립된 경제적 가치가 없다. 비밀성이 없는 정보를 이용하여 어떤 경제적 가치를 만들어 낼 수 있더라도 비밀이지 않는 그 정보는 독립된 경제적 가치가 없다. 공개된 지식을 이용하여 많은 경제적 가치를 창출할 수 있어도 그 공개된 지식을 구입하려는 사람은 없을 것이다. 이러한 의미에서 영업비밀의 요건으로 독립된 경제적 가치는 객관적인 비밀성과 그 비밀인 정보에 대한 경쟁자의 필요성으로부터 발생한다. 경쟁자는 그 정보의 취득을 위해 기꺼이 비용을 지불할 의사가 있어야 한다. 이는 경제적 가치는 '사용'이 아니라 그 '존재'로부터 발생한다는 것을 의미한다.

비밀성은 객관적인 것을 의미한다. 객관적 비밀성의 의미는 그 정보나 아이디어의 보유자가 배타적으로 접근할 수 있다는 것을 말한다.[940) 타인의 접근은 비밀이지 않은 것을 의미하고 경쟁상의 우위가 존재하지 않는다는 것을 의미한다. 해당 정보나 아이디어의 객관적 비밀성은 경제적 가치

---

938) Courtesy Temporary Service, Inc. v. Camacho, 222 Cal.App.3d, 1278, 1287-88, 272 Cal.Rptr. 352 (1990).

939) Klamath-Orleans Lumber, Inc. v. Miller, Cal.App.3d at p. 461, 151 Cal. Rptr. 118 (1978).

940) Ruckelshaus v. Monsanto Co., 467 U.S. 986, 1012 (1984) ("The economic value of that property right lies in the competitive advantage over others that Monsanto enjoys by virtue of its exclusive access to the data, and disclosure or use by others of the data would destroy that competitive edge." Id.).

를 부여하여941) 영업비밀의 재산으로서의 속성을 강화한다. 그리고 독립적 경제적 가치는 상당한 또는 합리적인 비밀성 유지노력(reasonable effort to maintain secrecy)을 요구한다.

　독립된 경제적 가치는 미국의 UTSA942)와 DTSA943)에도 규정되어 있다. 독립된 경제적 가치는 커먼로상 영업비밀의 요건으로 필요한 그것을 모르는 경쟁자에 비하여 경쟁상의 우위(competitive advantage)를 가져오는 것944)을 기원으로 한다.945)

나. 경제적 가치

　경제적 가치는 실제적이건 잠재적이건 문제가 되지 않는다. 미래의 가치나 그 보유로 인하여 발생하는 잠재적인 가치를 포함한 것은 개발단계에 있는 정보의 가치를 인정하기 위한 것이다. 개발중에 있는 정보는 아직 사용하지는 않지만 그 개발을 위해 투입한 비용 만큼은 경제적 가치가 존재한다고 할 수 있다. 이러한 정보는 '지속적 사용'을 요구하고 실제적인 가치를 요구하는 1939년 Restatement of Torts 상으로는 영업비밀로 보호를 받지 못하나, 이러한 입장은 변경되었다고 함은 이미 언급했다.

　경쟁자가 모름으로써 발생하는 가치, 즉 'not being known to competitors'는 독립적인 경제적 가치를 의미한다. 여기에는 비밀성과 신규성의 개념이

---

941) Sandeen, Sharon, The Evolution of Trade Secret Law and Why Courts Commit Error When They Do Not Follow the Uniform Trade Secrets Act, 33 Hamline Law Review 493, 524 (2010).

942) UTSA § 1(4)(i).

943) 18 U.S.C. § 1839(3)(B).

944) Restatement of Torts § 757, cmt. b.

945) Electro-Craft Corp. v. Controlled Motion, Inc., 332 N.W.2d 890, 900 (Minn. 1983) (en banc) ; Religious Tech. Ctr. v. Wollersheim, 796 F.2d 1076, 1090 (9th Cir. 1986) (same); Morlife, Inc. v. Perry, 56 Cal. App. 4th 1514, 1522 (Ct. App. 1997).

함께 포함되어 있다. 경쟁자가 영업비밀인 정보를 안다면 회피할 수 있는 비용도 경제적 가치에 포함된다.[946] 물론 소극적 정보를 보호할 수 없다는 판결들도 존재한다.[947] 그러나 이러한 판결은 UTSA가 제정되어 각 주(states)에 채용되기 이전의 판결로 보인다.

영업비밀이 구체적이면 구체적일수록 경제적 가치를 입증하기 쉽다.[948] 추상적인 정보의 경우에는 정보 자체로서 경제적 가치가 있다는 것이 입증되지 않을 수 있다. 원고가 해당 정보를 사용한다는 의미는 그 정보의 경제적 가치가 있다는 점을 나타난다고 하겠다. 다만 해당 정보의 사용은 현재에는 요구되지 않는다는 것은 앞서 지적했다. 해당 정보의 사용을 요구하는 경우에는 영업비밀의 개념이 매우 좁아지고, 개발중이어서 아직 사용을 하지 못하는 정보, 정보의 개발 도중에 전직을 한다든지, 아니면 개인 발명가와 같이 산업에 적용하여 사용할 경제적 능력이 안되는 경우에는 해당 정보는 영업비밀로 보호받지 못하는 문제점이 있다.

아이디어 제공(idea submission)의 경우에는 구체적인 정보일 것과 그 아이디어를 사용할 것을 요구하는 법원들이 존재하는데, 이는 영업비밀의 부당취득이용사건과 구별이 되는 점이다. 아이디어 제공의 경우에 법원에 따라서는 1939년 Restatement of Torts에 따른 판결들이 존재하는데, 아이디어

---

946) Gillette Company v. Williams, 360 F. Supp. 1171 (D. Conn. 1973) ("[s]ecrets in the wet shave field which were embodied in plans for the introduction of future products, including new technology and manufacturing expertise (some of which was developed negatively in learning what research avenues were not worthy of pursuit …)"); Johns-Manville Corp. v. Guardian Industries Corp., 586 F. Supp. 1034 (E.D. Mich. 1983) ("The concept covers not only useful information that a competitor wrongfully acquires and implements, but the competitive edge a competitor gains by avoiding the developer's blind alleys.").

947) SI Handling Systems, Inc. v. Heisley, 753 F.2d 1244 (3d Cir. 1985).

948) Richter v. Westab, Inc., 529 F.2d 896 (6th Cir.1976); Wilson v. Barton & Ludwig, Inc., 163 Ga.App. 721, 296 S.E.2d 74 (1982).

의 구체성과 참신성을 요구하고 이를 사용할 것을 요구한다.[949] 그렇지만 이는 아이디어 제공이라는 특수성 때문이지 영업비밀에 대한 태도가 달라진 것으로 보이지는 않는다. Hudson Hotels Corp. v. Choice Hotels Intern 사건[950]에서 법원은

> In the pre-marketing stage, the question whether a marketing concept or a new product idea can constitute a trade secret is murkier. However, even assuming for present purposes that an idea embodied in a product or a concept can constitute a trade secret in the pre-marketing stage, contrary to the holding of a leading case addressing the subject under section 757 of the Restatement, ···, the Microtel concept in this case is not protectible as a trade secret because Hudson affirmatively abandoned any claim that the idea of a small-size, upscale hotel room (or any of its particular parts), which was designed (and ultimately built and marketed) to capture the low budget segment of the hotel market, was novel.[951]

라고 판시했는데, 법원은 좀 더 작은 방으로서 그 건설비용과 유지비용이 적어 저렴하게 제공되는 호텔에 대한 아이디어 제공은 마켓팅 단계에서 보면 그 호텔의 상업적 성공의 여부가 불투명하기 때문에 '사용'을 하는 단계가 아니어서 지속적 사용요건을 충족하지 못하는 결과로 인하여 영업비밀이라고 할 수 없고, 가사 1939년 Restatement of Torts를 유연하게 적용하여 지속적 사용요건을 요구하지 않는다고 하더라도 이 사건 Microtel의 마켓

---

949) Hudson Hotels Corp. v. Choice Hotels Intern, 995 F.2d 1173, 1176-78 (2nd Cir 1993).
950) Hudson Hotels Corp. v. Choice Hotels Intern, 995 F.2d 1173 (2nd Cir 1993).
951) Id,, 1178-79.

팅 계획은 새로운 것이라는 주장은 이미 포기한 것으로 영업비밀로 보호될
수 없다고 판시했다. 이러한 경우 법원은 그 아이디어가 제공되었다는 것
만으로 상대방이 얻는 경쟁상의 이익이나 피고의 손해 등을 평가하기 어려
울 것이다. 일방적인 아이디어 제공은 제공받은 자에게 실제적인 이득이
발생할 것이 필요하다. 이점에 아이디어 제공 사례들의 특수성이라고 할
수 있다.

　정보를 취득함에 있어 많은 비용, 노력, 시간을 투자하는 것은 해당정보
의 경제적 가치를 나타내는 것이지만,[952] 그것이 영업비밀로 보호받아야
하는 점에 대한 확정적인 증거가 될 수 없다. 비밀성이 존재하여야 하고,
실질적으로 비밀관리의무를 수행하지 못한 경우에는 영업비밀의 존재가
부정되기 때문이다. 반대로 비밀관리의무를 철저히 수행하는 것은 경제적
가치를 추정케 하는 증거가 될 수 있다.[953] 즉 비밀관리를 철저히 할수록
그 정보의 경제적 가치가 많다는 증거가 될 수 있고, 비밀관리의 정도가 낮
은 경우에는 그 정보의 가치가 그만큼 적다는 추정적 증거가 된다는 점은
앞서 언급한 바와 같다.

　라이센스를 통하여 로얄티를 지급하는 것이나 부정한 수단을 동원하여
취득하려고 하는 것은 해당 영업비밀의 경제적 가치를 나타내는 추정적 증
거라고 할 수 있다.[954] 또한 법원은 경쟁자와 동일한 정보를 사용하여 상
업적 서비스를 제공하는 것은 그 정보의 독립된 경제적 가치를 인정할 수
있는 증거라고 한다.[955] 고객리스트를 발굴하는데 비용이 필요하다면 독립

---

952) Surgidev Corp. v. Eye Technology, Inc., 648 F.Supp. 661 (D.Minn. 1986), affirmed
　　 828 F.2d 452 (8th Cir.1987); Koch Engineering Co. v. Faulconer, 227 Kan. 813, 610
　　 P.2d 1094 (1980).

953) Rockwell Graphic Systems, Inc. v. DEV Industries, Inc., 925 F.2d 174 (7th Cir.
　　 1991).

954) Tan-Line Studios Inc. v. Bradley, 1 U.S.P.Q.2d 2032 (E.D.Pa. 1986).

955) Trandes Corp. v. Guy F. Atkinson Co., 996 F.2d 655, 663 (4th Cir. 1993); Mai

적인 경제적 가치가 인정된다.956)

3. 대법원 판결의 평가

객관적인 비밀성은 영업비밀이 단순히 계약관계나 신뢰보호관계가 아닌 객관적인 가치로서의 재산성을 갖는 요소가 된다. 계약관계, 신뢰보호는 주관적인 경제적 가치를 보호할 수 있다. 주관적 경제적 가치를 갖는 정보는 부정경쟁방지법 제2조 제1항 (차)목의 아이디어의 제공을 통해서 보호할 수 있다. 신뢰관계나 계약관계에서는 아이디어가 수령자에게만 가치가 있더라도 상관없다. 이러한 주관적 경제적 가치는 독립된 경제적 가치가 아니다. 객관적인 경제적 가치가 존재하여야 상업적인 가치나 영업상의 가치957)를 갖게 되는 것으로서 우리법상 영업비밀이 '독립적'인 경제적 가치라 함은 객관적인 가치의 의미이다.

우리 대법원은 일관되게

'독립된 경제적 가치를 가진다'는 것은 정보의 보유자가 <u>정보의 사용을 통해</u> 경쟁자에 대하여 경쟁상의 이익을 얻을 수 있거나 또는 정보

Systems Corp. V. Peak Computer, Inc., 991 F.2d 511 (9th Cir. 1993) ("The Customer Database has potential economic value because it allows a competitor like Peak to direct its sales efforts to those potential customers that are already using the MAI computer system." Id., 521).

956) Ed Nowogroski Insurance v. Rucker, 137 Wn. 2d 427 (Wash. 1999) ("In determining whether information has "independent economic value" under the Uniform Trade Secrets Act, one of the key factors used by the courts is the effort and expense that was expended on developing the information." Id., 438).

957) 부정경쟁방지법 제10조 및 제11조 참조.

의 취득이나 개발을 위해 비용이나 노력이 필요하다는 것

을 말한다고 판시[958]하고 있는데, 정보의 '사용'을 통한다는 의미는 독립적인 경제적 이익을 명확하게 해석한 것이라고 할 수 없다. 예컨대, 소극적 정보는 사용을 하지 않기 때문이다. 미래의 사용은 현재의 사용을 의미하지 않는다. 미완성의 발명은 그 완성여부가 확정된 것이 아니므로 사용할 수도 있고 사용하지 않을 수도 있다. 그러나 그와 같은 정보들이라고 하더라도 경제적 가치는 존재한다. 또한 공개된 정보를 사용하여도 경제적 가치는 발생할 수 있다고 함은 앞서 지적한 바와 같다.

대법원은 ⅰ) 정보의 보유자가 정보의 '사용'을 통해 경쟁자에 대하여 경쟁상의 이익을 얻을 수 있거나, ⅱ) 정보의 취득이나 개발을 위해 비용이나 노력이 필요하다는 것 즉, 노작(sweat of the brow)을 의미한다고 하고 있다. 그러나 해당 정보나 아이디어를 개발하기 위해 노력과 비용을 들이지 않았더라도 독립된 경제적 가치가 인정될 수 있다. 소위 천재의 영감(flash of genius)의 경우에는 비용이나 노력의 투입없이 창작된 것을 포함하므로 노력과 비용이 없이도 가치가 있는 정보를 생산할 수 있다. 정보나 아이디어의 경제적 가치는 그 정보나 아이디어를 개발하기 위해 투입한 노력과 비용에 비례하지 않는다. 물론 소극적 정보의 경우에는 투입한 비용은 그 정보의 가치가 될 수 있다. 앞서 언급한 Ruckelshaus v. Monsanto Co. 사건에서 연방대법원은 해당 정보에 대하여 독점적으로 접근할 수 있다는 것(by virtue of its exclusive access to the data)에 의해 경제적 가치를 인정할 수 있다고 강조하고 있다.[959] 영업비밀은 배타적인 접근, 통제, 관리 및

---

958) 대법원 2017. 1. 25. 선고 2016도10389 판결; 대법원 2009. 7. 9. 선고 2006도7916 판결 등.

959) Ruckelshaus v. Monsanto Co., 467 U.S. 986 (1984) ("The economic value of that property right lies in the competitive advantage over others that Monsanto enjoys by virtue of its exclusive access to the data, and disclosure or use by others of the data

사용 등을 할 수 있는 것이고, 그와 같은 행위를 할 수 있다는 자체에서 경제적 가치가 존재하는 것이 독립적 경제적 가치이다. 우리 대법원 판결에서 언급하는 '사용'은 실제 사용(actual use) 뿐만 아니라 장래의 사용(potential use)을 의미한다고 할 것이지만, 그와 같은 사용을 통하여 경쟁자에게 경쟁상의 이익을 얻는 것만으로는 소극적 정보를 포함할 수 없다. 즉 배타적인 접근, 통제, 관리 등을 할 수 있는 권리를 보유하고 있다는 자체에서 경제적 가치를 발생시키는 것이 그 정보의 독립된 경제적 가치이다.

독립된 경제적 가치는 일반적으로 알려지지 않고 적절한 방법에 의해 쉽게 알 수 있지 않아야 한다는 것이다. 즉 객관적인 비밀성이 존재하여야 한다. 독립적인 경제적 이익을 갖는다는 것은 '객관적' 비밀성을 전제로 하는 개념이다. 공개된 정보에 대하여 누구도 그 가치를 지불하려고 하지 않을 것이다.960) 물론 그 공개된 정보가 자체에 대한 비용이 아니라 정보의 취득을 위한 노력에 대한 대가는 지불 할 수는 있다. 예컨대, 도서관에 게시된 도서에 있는 정보의 취득을 위해 타인을 이용할 수 있고, 이때 타인에게 지급하는 비용은 그 정보에 대한 대가가 아니라 그 취득을 위한 노력이나 노동에 대가일 뿐이다. 이는 부정경쟁행위로 규정된 아이디어 제공을 통하여 가능하다. 이러한 정보를 취득하기 위한 노력이나 노동에 대한 대가는 독립된 경제적 가치를 구성하는 것은 아니다.

독립된 경제적 가치는 정보의 보유자가 정보의 '사용'을 통해 경쟁자에 대하여 경쟁상의 이익을 얻을 수 있다는 것을 의미하지는 않는다. 알려진 정보, 즉 비밀성이 없는 정보라도 이를 사용하여 경제적 가치를 생성할 수 있다. 우리가 매일 공부하는 지식은 대부분 알려진 지식이다. 이러한 정보

---

would destroy that competitive edge." Id., 1012).

960) Restatement of Torts § 757 c. ("Since a trade secret is vendible and since its sale value depends in part upon its secrecy, a mere disclosure may reduce the vendibility or sale value of the secret.").

나 지식을 '사용'하여 부가가치를 생성한다. 빵을 만드는 방법, 술을 만드는 방법의 거의 대부분은 알려져 있고, 그러한 지식을 습득하여 빵을 만듦으로써 부가가치, 즉 그 빵 만드는 지식을 사용하여 경제적 가치를 생성한다. 그러나 이러한 정보나 지식은 '사용'하지 않으면 그 자체, 즉 그 존재로서 독립한 경제적 가치는 없는 것이다. 물론 영업비밀의 성립요건으로 비밀성이 존재하여야 한다. 그런데 해당 아이디어나 정보가 독립한 경제적 이익을 갖기 위해서는 객관적 비밀성이 존재하여야 하기 때문에 독립한 경제적 이익요건은 아이디어나 정보의 객관성을 의미하는 것이다.

대법원은 영업비밀의 '독립적 경제적 이익' 요건에 대하여 "… 정보의 보유자가 정보의 사용을 통해 …" 라고 하여961) 정보의 사용을 영업비밀의 한 요건으로 언급하고 있다. 영업비밀의 요건으로서 정보의 사용을 요구하고 있는 것은 1939년 Restatement of Torts이다. 1939년 Restatement of Torts는 영업비밀의 요건으로서 사용요건을 요구했지만, 사용요건은 UTSA나 1995년 Restatement of Unfair Competition는 더 이상 사용요건을 요구하지 않고 있다.

사용요건을 요구하지 않는 이유는 예컨대, 주주에 대한 배당액, 성공한 계약, 경쟁입찰 금액 등과 같이 일회성의 사건 정보는 그 사건이 지나면 경제적 가치가 소멸하기 때문이다. 이러한 단기간 사용하는 정보들에 대하여 그 일회성 사건이 지난 후에도 사용할 것을 요구한다면 영업비밀로서 보호받지 못할 것이다.962) 그 이외에도 개발중인 정보 등 현재 사용을 하지 않는 정보는 영업비밀로 보호되지 않기 때문에 개발자가 중간이 전직이나 이직하더라도 이를 영업비밀로 보호받을 수 없다는 점은 앞서 언급했다.963)

---

961) 대법원 2017. 1. 25. 선고 2016도10389 판결; 대법원 2009. 7. 9. 선고 2006도7916 판결 등.

962) Restatement of Unfair Competition § 39 d.

963) 이에 대하여는 본서 "제4장 제4절 2. 다. 법경제학적 분석: 죄수의 딜레마(Prisoner's

아이디어나 정보가 독립된 경제적 이익을 가지기 위해서는 비밀성 이외에 경쟁자가 해당 아이디어나 정보를 구입하기 위해 기꺼이 비용을 지불할 가치가 존재하여야 한다. 물론 그 아이디어나 정보를 '사용'하여 경제적 이익을 발생시킬 수 있어야 그 아이디어나 정보를 구입할 의사가 있을 것이다. 비밀이 아닌 아이디어나 정보도 대가를 지급하고 구입할 수 있다. 그러나 이는 부정경쟁방지법상 아이디어 제공에 관한 규정964)에 의해서 보호되는 것으로 보아야 할 것이다. 물론 비밀인 것에서 경제적 이익이 추정될 수 있다고 함은 앞서 언급했다.

독립된 경제적 가치를 가진 것만을 영업비밀로 보호하는 것은 공중의 영역에 있는 지식, 정보, 아이디어는 공중에게 자유롭게 접근할 수 있도록 하기 위한 것이다. 경쟁자가 접근하기에 비용이 든다는 이유로 공중의 영역에 있는 정보를 사적 소유화하는 것은 공공정책에 위반되는 것이다.965)

영업비밀이 객관적인 비밀성을 요건으로 하고 있음에 반하여 부정경쟁방지법상 아이디어 제공은 주관적인 비밀성을 전제로 하고 있는 것이다. (차)목은

다만, 아이디어를 제공받은 자가 제공받을 당시 이미 그 아이디어를 알고 있었거나 그 아이디어가 동종 업계에서 널리 알려진 경우에는 그러하지 아니하다.

라고 규정하고 있는데, 아이디어를 제공받은 자가 제공받을 당시에 그 아이디어를 알고 있지 않다면, 그 아이디어가 제3자에게 알려져 있더라도 아

Dilemma)" 참조.
964) 부정경쟁방지법 제2조 제1항 차목.
965) Bonito Boats, Inc. v. Thunder Craft Boats, Inc., 489 U.S. 141, 109 S.Ct. 971, 103 L.Ed.2d 118 (1989) (특허로 보호받지 못하고, 공개된 정보를 주법에 의해 영업비밀로 보호하는 것은 공중의 지식에 대한 접근을 제한하는 것으로서 공공정책에 위반된다.).

이디어는 가치가 있다는 것을 전제로 규정하고 있는 것이다. 즉 (차)목의 경우에는 영업비밀과 달리 주관적 가치가 있는 경우에도 보호되는 정보 내지 아이디어가 되는 것이다.

　미국의 UTSA를 보면 객관적 비밀성과 주관적 비밀성을 구분하고 있음이 분명해진다.

> (4) "Trade secret" means information, including a formula, pattern, compilation, program, device, method, technique, or process, that:
>
> (ⅰ) derives independent economic value, actual or potential, from <u>not being generally known to</u>, and <u>not being readily ascertainable by proper means by</u>, other persons who can obtain economic value from its disclosure or use, and

　위 정의를 보면, 독립적인 경제적 가치(independent economic value)는 그 영업비밀인 정보를 사용하거나 공개함으로써 경제적인 가치를 취득할 수 있는 경쟁자가 적절한 방법에 의하여 쉽게 취득할 수 없거나, 그 경쟁자에게 일반적으로 알려지지 않았기 때문에 존재하는 실제적 또는 잠재적인 경제적 가치를 의미한다. 즉 사용가치가 아니라 존재가치를 의미한다.

　여기에서 일반적으로 알려지지 않았다는 의미는 단순히 많은 사람에게 알려지지 않았다는 의미는 아니다. 많은 사람에게 알려진 것은 영업비밀의 비밀성을 판단하는 하나의 요소이고 최소한의 요건일 뿐이다. 일반적으로 알려지지 않았다는 의미는 객관적인 정보이라는 의미이다. 물론 쉽게 취득할 수 있다는 의미(readily ascertainable)는 비밀성의 의미로서 쉽게 알아 낼 수 있다면 이는 정보나 아이디어 자체로서 경제적 이익을 가지지 못한다는 의미가 된다. 즉 비밀성이 보장이 되지 않는다면 그 존재가 위협이 되고, 경쟁자가 쉽게 알아 낼 수 있으므로 그 존재 자체만으로 경제적 가치를 가질 수 없다는 것이다.

독립된 경제적 가치는 화폐를 보면 명백해 진다. 화폐는 그 사용이 아니라 그 존재로서 가치가 있고, 이는 화폐의 독립적인 가치이다. 영업비밀도 그 존재로서 가치가 있어야 독립적인 가치가 있다고 할 수 있다. 존재로서 가치가 있기 위해서는 그것을 사용하여 가치를 생성한다는 의미나 단순히 취득하기 위해서 비용이 든다는 것을 의미하지는 않는다. 예컨대, 콜라를 제조하는 제법은 일반적인 지식이 아니고, 그 자체로서 경제적 가치가 존재한다. 콜라의 제조비법과 같은 아이디어와 정보가 독립적인 경제적 이익을 발생시킨다.

제6장

영업비밀의 침해

제1절 부정취득행위(misappropriation)

1. 부적절한 수단(improper means)

가. 1939년 Restatement of Torts

Restatement of Torts는 부적절한 수단(improper means)에 의한 영업비밀의 발견에 대한 책임을 인정하고 있다.[966]

> One who discloses or uses another's trade secret, without a privilege to
> do so, is liable to the other if
>> (a) he discovered the secret by improper means, or
>> (b) …
>> (c) he learned the secret from a third person with notice of the
>> facts that it was a secret and that the third person discovered
>> it by improper means or that the third person's disclosure of
>> it was otherwise a breach of his duty to the other, or

부적절한 수단을 통한 발견(discovered the secret by improper means)에 대하여, 타인의 포켓에 물리력을 가하거나, 타인의 사무실을 침입하는 것을 포함한다고 설명한다. 어떤 물리적 손상을 가하지 않더라도 영업비밀의 부정취득을 할 수 있다. 예컨대, 영업비밀을 공개시키기 위하여 기망적으로 허위표시를 하는 경우, 전화선을 통한 도청, 도청이나 스파이 등을 의미한

---

966) Restatement of Torts § 757 (a).

다. 적절한 수단은, 일반원칙으로 설명한다면, 일반적으로 승인된 상도덕이
나 합리적인 행위를 의미한다.[967]

나. UTSA

UTSA는 부적절한 수단(improper means)에 의하여 영업비밀인 지식을 취
득하는 것으로만 규정하고 있다. UTSA는 부적절한 수단에 대하여 상황에
따라 부절적하지만 해당 상황에서는 적절할 수 있다고 하고 있다. 즉 부적
절하다는 것은 상대적 개념이다. 피고가 비밀정보취득을 위해 매우 이상한
행위를 한 경우는 정보에 대하여 쉽게 취득할 수 없었다는 점을 나타내고,
이로써 원고가 영업비밀에 대한 주의의무를 잘한 것으로 인정할 수 있다.[968]
　영업비밀인 정보를 공중에 공개하는 것은 그 영업비밀을 파괴하는 것이
므로 정당한 권한 없이 공개하는 것도 영업비밀의 부정취득이나 침해가 된
다. 영업비밀인 정보를 공개할 의사가 없이 우연하게 또는 사고로 인하여
공개된 경우(accidently or mistakely disclosure)에 그 영업비밀을 취득, 사용
또는 공개하는 행위는 우리 법에서는 영업비밀의 침해나 부정취득행위가
아니다. 그러나 UTSA나 Restatement of Unfair Competition은 영업비밀 침
해로 인정하고 있다.[969] 다만 우연하게 또는 사고로 인한 공개는 영업비밀
의 유지가 부적절하게 된 결과[970]가 아니어야 한다.[971]

---

967) Restatement of Torts § 757 cmt. f.

968) Restatement of Unfair Competition §39 cmt. f. ("When a defendant has engaged in
egregious misconduct in order to acquire the information, the inference that the
information is sufficiently inaccessible to qualify for protection as a trade secret is
particularly strong.").

969) UTSA §1 (2)(ⅱ)(C).

970) UTSA §1 (4) (ⅱ).

971) 의도하지 않은 공개(inadvertent disclosure)에 대하여는 "제5장 제2절 5. 나. (2) 의도
하지 않은 공개(inadvertent disclosure)" 참조.

UTSA는 부적절한 수단(improper means)에 대하여 절취, 뇌물, 허위표시, 비밀유지 계약위반 또는 계약위반의 교사, 전자적 또는 다른 수단에 의한 산업스파이(includes theft, bribery, misrepresentation, breach or inducement of a breach of a duty to maintain secrecy, or espionage through electronic or other means) 등을 예로 들고 있다.972)

그러나 독립적인 발명(independent invention)973)이나 역분석(reverse engineering)974)은 적절한 수단(proper means)에 의한 취득으로 영업비밀침해가 아님을 명시하고 있다. 그리고 라이센스에 의한 취득도 당연이 부적절한 수단에 의한 취득이 아니다. 공공에 판매되거나 사용되는 물품을 관찰한 것이나, 출판된 책을 통하여 습득한 경우에도 부적절한 방법에 의한 취득이 아니다.

다. Restatement of Unfair Competition

1995년 Restatement of Unfair Competition는 부정한 수단에 대하여

> "Improper" means of acquiring another's trade secret under the rule stated in § 40 include <u>theft, fraud, unauthorized interception of communications, inducement of or knowing participation in a breach of confidence, and other means either wrongful in themselves or wrongful under the circumstances of the case.</u> Independent discovery and analysis

---

972) UTSA §1 (1).

973) American Can Co. v. Mansukhani, 742 F.2d 314 (7th Cir.1984); Texas Urethane, Inc. v. Seacrest Marine Corp., 608 F.2d 136 (5th Cir. 1979); Microbiological Research Corp. v. Muna, 625 P.2d 690 (Utah 1981).

974) SI Handling Systems, Inc. v. Heisley, 753 F.2d 1244 (3d Cir. 1985); Chicago Lock Co. v. Fanberg, 676 F.2d 400 (9th Cir. 1982); Angell Elevator Lock Co. v. Manning, 348 Mass. 623, 205 N.E.2d 245 (1965).

of publicly available products or information are not improper means of
acquisition.975)

라고 정의하고 있는데, UTSA상의 부적절한 수단보다는 넓게 규정하고 있
다. 허가받지 않은 취득(unauthorized interception of communications)은
UTSA상의 도청, 감청 및 산업스파이(espionage)에 의한 통신내용의 절취
등을 의미하는 것으로 보이고, 잘못된 수단(other means either wrongful in
themselves or wrongful under the circumstances of the case)에 의한 경우도
포함하고 있다. 잘못된 수단에는 도덕적 정의에 의한 상도덕이나 공정한
상거래질서의 위반행위가 포함된다고 해석된다. 다만, 독립적 취득이나
공공에게 공개된 것을 분석한 경우에는 부적절한 수단이 아님을 확인하고
있다.

영업비밀을 부적절하게 취득한 자나 계약상의 의무위반을 알거나 교사
하여 영업비밀을 취득한 자를 교사하거나 그러한 사정을 알면서 영업비밀
을 취득하는 경우에도 영업비밀의 부정한 취득이 된다.976) 그러나 쉽게 알
아낼 수 있는 정보의 경우(readily ascertainable information)에는 영업비밀로
보호받을 수 없으므로 부적절한 취득으로 인정되지 않는다.

라. 부적절한 수단

일반적인 법리로서 부적절한 수단을 제시되는 예는 다양하다. 절취,977)

---

975) Restatement of Unfair Competition § 43.

976) Id., cmt. c. ("A person who obtains a trade secret by inducing or knowingly
accepting a disclosure from a third person who has acquired the secret by improper
means, or who induces or knowingly accepts a disclosure from a third person that
is in breach of a duty of confidence owed by the third person to the trade secret
owner, also acquires the secret by improper means.").

뇌물, 허위표시,978) 비밀유지 계약위반 또는 계약위반의 교사,979) 전기적
또는 다른 수단에 의한 산업스파이,980) 컴퓨터에 접근하기 위해 부적절한
수단을 사용한 경우981) 등을 포함하고, 프라이버시나 상도덕, 공정한 상거
래질서 위반982) 등을 포함한다.

부적절한 수단을 사용하지 않았더라도 신뢰관계위반이나 비밀유지계약
을 위반한 경우에는 영업비밀의 부정취득을 인정한다. 예컨대, 공개된 자료
가 아닌 신뢰관계를 위반하는 방법으로 해당 정보를 취득한 경우에는 신뢰
관계를 위반하였으므로 그로 인한 영업비밀의 부당취득을 인정한다.983) 이
러한 경우에 법원은 일관하여 다음과 같이 그 피고의 취득 방법의 적절성
에 의문을 제기하면서 의무위반이 있었기 때문에 의무위반사실을 문제삼
는 취지로 판시한다:

---

977) University Computing Co. v. Lykes-Youngstown Corp., 504 F.2d 518 (5th Cir. 1974).
978) Phillips v. Frey, 20 F.3d 623 (5th Cir. 1994).
979) Telex Corp. v. Int'l Business Machines Corp., 510 F.2d 894 (10th Cir. 1975), cert. dismissed 423 U.S. 802, 96 S.Ct. 8, 46 L.Ed. 244 (1975).
980) E.I. duPont deNemours & Co. v. Christopher, 431 F.2d 1012 (5th Cir. 1970), cert. denied 400 U.S. 1024, 91 S.Ct. 581, 27 L.Ed.2d 637 (1971).
981) Telerate Systems, Inc. v. Caro, 689 F.Supp. 221 (S.D.N.Y. 1988).
982) E.I. duPont deNemours & Co. v. Christopher, 431 F.2d 1012 (5th Cir. 1970), cert. denied 400 U.S. 1024, 91 S.Ct. 581, 27 L.Ed.2d 637 (1971).
983) 우리 대법원은 소위 모나미 사건(대법원 1996. 12. 23. 선고 96다16605 판결)에서 다음과 같은 경우에는 신뢰관계 또는 계약관계에 의한 부정취득을 인정하지 않았다. 다만, 피고 이동섭이 이 사건 노트에 이 사건 기술정보를 기재하여 작성한 행위 자체는, 그 목적이 위 피고 자신이 정규대학이 아닌 전문대학을 졸업한 관계로 장차 관리자가 되었을 때에 정규대학을 졸업한 부하직원들을 지도하고 후일 새 로운 잉크를 개발하는 데 참고하기 위하여 자신의 소유인 이 사건 노트에 기재 하여 둔 것에 불과하므로, 비록 원고 회사의 방침상 이 사건 기술정보를 개인의 노트에 옮겨 적는 것이 금지되어 있다 하더라도 원고 회사가 이를 이유로 피고 이동섭을 내부적으로 문책할 수 있을지언정 피고 이동섭의 이러한 행위를 두고 부 정경쟁방지법 제2조 제3호 (가)목 전단 소정의 '부정취득행위'라고 할 수는 없다.

> It matters not that the defendants could have gained their knowledge from a study of the expired patent and plaintiff's publicly marketed product. The fact is they did not. Instead they gained it from plaintiffs via their confidential relationship, and in doing so incurred a duty not to use it to plaintiff's detriment. This duty they have breached.[984]

즉 부적절한 수단의 문제가 아니라 의무위반의 문제로 해석하는 것이다. 의무를 위반하여 원고의 영업비밀을 취득한 것이 영업비밀의 부정취득행위가 되는 것이다.

우리나라의 메디톡스와 대웅제약 사이에 보톡스 균주의 영업비밀침해 사건이 지속되고 있는데, 이와 유사한 사건이 미국의 Pioneer Hi-Bred International v. Holden Foundation Seeds, Inc. 사건[985]이다. 이 사건에서 부적절한 수단에 의한 취득에 대하여 구체적인 입증을 하지 않았음에도 불구하고 원고와 피고의 종자의 유전자가 유사함을 근거로 부정취득을 인정했다. 원고는 피고의 종자가 원고의 종자와 유사성이 있어 피고가 독립적인 연구개발을 통하여 취득한 것이 아닐 가능성을 입증했다. 그러나 실제적인 부정취득 사실의 입증없이 피고가 시장진입속도가 빠르다는 이유만으로는 원고의 영업비밀인 정보의 부정취득을 인정하지 않은 사례도 있다.[986] 부정취득행위는 반드시 원고로부터 취득한 영업비밀인 정보만을 의미하지 않는다. 그 취득한 정보를 변형한 것도 부정취득의 대상이 된다.[987]

---

984) Franke v. Wiltschek, 209 F.2d 493, 495 (2d Cir. 1953).

985) Pioneer Hi-Bred International v. Holden Foundation Seeds, Inc., 35 F.3d 1226, 31 U.S.P.Q.2d 1385 (8th Cir. 1994).

986) Othentec Ltd. v. Phelan, 526 F.3d 135 (4th Cir. 2008).

987) Halliburton Energy Servs., Inc. v. Axis Techs., LLC, 444 S.W.3d 251 (Tex. App. 2014) ("Misappropriation of a trade secret does not require that defendant use the secret in exactly the form in which defendant received it; however, it must be substantially derived therefrom. A defendant may be liable even if he uses it with

2. 우리법상 부정한 수단에 의한 영업비밀의 부당취득

우리 법은 부정한 수단에 대하여 "절취(竊取), 기망(欺罔), 협박, 그 밖의 부정한 수단"으로 규정하고 있다.[988) 대법원은 일관하여

> 구 부정경쟁방지법 제2조 제3호 (가)목 전단에서 말하는 '부정한 수단'이라 함은 절취·기망·협박 등 형법상의 범죄를 구성하는 행위뿐만 아니라 비밀유지의무의 위반 또는 그 위반의 유인 등 건전한 거래질서의 유지 내지 공정한 경쟁의 이념에 비추어 위에 열거된 행위에 준하는 선량한 풍속 기타 사회질서에 반하는 일체의 행위나 수단[989)

이라고 해석하고 있다. 부정한 수단을 절취·기망·협박 뿐만 아니라 이에 준하는 선량한 풍속 기타 사회질서에 반하는 일체의 행위나 수단으로 해석하면서, 비밀유지의무의 위반 또는 그 위반의 유인을 그 예시로 들고 있다.

그러나 형법상 범죄행위나 그에 준하는 선량한 풍속 기타 사회질서에 반하는 일체의 행위나 수단 뿐만 아니라 공정한 상거래 질서에 위반되는 행위[990)도 포함하여야 한다고 해석된다. 왜냐하면 앞서 지적한 바와 같이 도덕적 정의는 영업비밀보호법을 구성하는 정의의 원리이자 법적 규범이기

---

modifications or improvements upon it effected by his own efforts. Liability is avoided when the contribution of the trade secret is slight and the defendant's process can he said to have been derived from the other sources. Id., 255 n.1).

988) 영업비밀보호법 제2조 제3호 가.

989) 대법원 2011. 7. 14. 선고 2009다12528판결 등.

990) 예컨대, 적극적 채권침해는 부적절한 수단에 포함시키도록 하여야 한다. 법률해석으로 어렵다면 입법적으로 해결하는 것이 타당해 보인다. 적극적 채권침해의 경우에는 계약위반을 통한 영업비밀침해가 될 수 있지만, 부적절한 수단의 의미를 적극적 채권침해만을 문제 삼는게 아니라 부정한 수단의 의미를 상도덕에 위반되는 행위를 포함하도록 하여야 한다는 의미이다.

때문이다. 따라서 이러한 법적 규범은 추상적이기는 하지만 부적절한 수단을 해석하는 기준이 되어야 한다.

3. 비밀성 유지노력과 부적절한 수단

가. 상당하거나 합리적인 노력(reasonable effort)

영업비밀은 비밀성과 비밀성 유지노력이 필요한데, 상당하거나 합리적인 (reasonable) 범위에서 그와 같은 노력이 필요하다. 상당하거나 합리적인 노력을 하였다면 상대방은 부적절하게 영업비밀을 취득할 가능성이 높아진다. 상당하거나 합리적인 노력(reasonable effort)의 기준을 해석하기 위해서는 효율적인 고려, 즉 영업비밀보호법에 대한 경제학적 고려가 필요하다. 상당하거나 합리적인 노력(reasonable effort)에 과도한 노력을 요구하는 것은 새로운 영업비밀의 개발에 대한 유인과 동기가 되지 않는다. 예컨대, 공장을 건설하는데, 주변의 산업스파이로부터 공장의 건설현황을 보호하기 위해 담장을 쌓는 것으로 충분하고, 비행기를 타고 공중에서 공장을 관찰하고 사진을 찍는 것을 방지하기 위해 공장건설현장에 돔(doom)을 건설하거나 지붕(roof)을 만들어 그 안에서 공장을 건설하도록 하여 영업비밀의 비밀성을 유지하라고 요구하는 것은 영업비밀의 과도한 보호 비용을 투입하라고 하는 것으로서 새로운 기술혁신에 대한 동기를 꺾고 새로운 유인을 방해하는 행위가 될 것이다.[991] 그러한 영업비밀보호행위는 영업비밀을 보호하기 위한 합리적이거나 상당한 노력이라고 할 수 없다. 앞서 본바와 같이 완전한 보안이 최적의 보안은 아니다.(perfect security is not optimum

---

991) E.I. duPont deNemours & Co. v. Christopher, 431 F.2d 1012 (5th Cir. 1970), cert. den. 400 U.S. 1024 (1970).

security.)[992]

E.I. duPont deNemours & Co. v. Christopher 사건에서 제5순회법원은 영업비밀의 유지노력은 그 상황에서 일반인에게 요구되는 통상의 행위라는 점을 지적하고, 그 상황에서 일반인들에게 요구되는 통상의 행위가 상당한 또는 합리적인 비밀성 유지노력(reasonable precautions)이라고 하고 있다:

> Although after construction the finished plant would have protected much of the process from view, during the period of construction the trade secret was exposed to view from the air. To require DuPont to put a roof over the unfinished plant to guard its secret would impose an enormous expense to prevent nothing more than a school boy's trick. We introduce here no new or radical ethic since our ethos has never given moral sanction to piracy. The market place must not deviate far from our mores. We should not require a person or corporation to take unreasonable precautions to prevent another from doing that which he ought not do in the first place. Reasonable precautions against predatory eyes we may require, but an impenetrable fortress is an unreasonable requirement, and we are not disposed to burden industrial inventors with such a duty in order to protect the fruits of their efforts.[993]

법원은 원고 듀퐁의 메탄올 공장을 짓는 것에 대하여 외부의 침입이나 공중에서 사진을 찍는 것까지 방지하기 위해 공장건설 부지 위에 지붕이나 돔(doom)을 건설하도록 요구하는 것은 그 영업비밀을 보호하기 위해 과도

---

992) Rockwell Graphic Systems, Inc. v. DEV Industries, Inc., 925 F.2d 174, 180 (7th Cir. 1991).
993) E.I. duPont deNemours & Co. v. Christopher, 431 F.2d 1012, 1016 (5th Cir.1970), cert. denied 400 U.S. 1024, 91 S.Ct. 581, 27 L.Ed.2d 637 (1971).

한 비용을 요구하는 것으로 우리의 관습(mores)과 동떨어신 것이라고 지적하고 있다.

영업비밀을 보호하기 위한 지붕이나 돔(doom)을 건설하는 비용은 영업비밀을 이용하여 생산한 물품의 가격에 반영하여 영업비밀이라는 점을 이용하여 최종적으로 외부화(externalization)을 할 수 있을 것이다. 그러나 그러한 과도한 보호비용은 낭비(wasteful expenditure)라고 할 수 있다.[994] 만일 외부화를 못한다면 경쟁력을 상실한다. 외부화에 실패하는 경우는 해당 영업비밀의 독립된 경제적 가치가 낮아 그 비용을 전가시키는 경우에는 경쟁력이 없는 경우 등을 들 수 있을 것이다. 영업비밀보호법은 영업비밀을 보호하기 위한 상당한 노력이나 합리적인 노력(reasonable effort)을 요구함으로써 영업비밀을 보호하기 위한 과도한 사회적 비용을 줄여 효율적 경제활동이 되도록 설계되고 해석되어야 한다.

E.I. duPont deNemours & Co. v. Christopher 사건에서 만일 법원이 duPont 사가 공장을 건설하는데 담장만으로는 영업비밀을 보호하기 위한 노력이 불충분하고, 돔이나 지붕을 건설하도록 하였다면, duPont 사는 공장을 건설하는 비용이 과도하여, 공장건설의 동기나 유인이 감소할 것이다.[995] 경쟁자는 새로운 정보를 개발하는 대신 타인의 영업비밀을 취득하여 이용하려고 하기 때문에 새로운 정보의 생산보다는 무임승차자를 양산하게 될 것이다.[996] 그러한 점에서 보면 상당한 노력 또는 합리적인 노력의 의미는 각 개별적 사안에 부합하는 적절한 노력과 비용을 요구하는 것이고, 영업비밀로 보호받을 것과 보호받지 못할 것에 대한 경계를 설정하

---

994) Edmund Kitch, The Law and Economics of Rights in Valuable Information, 9 J. Legal Stud. 683, 696-98 (1980).

995) David D. Friedman, William M. Landes and Richard A. Posner, Some Economics of Trade Secret Law, 5 Journal of Economic Perspectives 61, 69 (1991).

996) Id., 69.

는 역할을 한다.

경쟁회사인 원고의 회사 로고가 표시된 배송트럭을 추적하면서 경쟁회사의 고객을 알아낸 다음 경쟁회사의 고객들에게 자신의 서비스를 알려 고객을 유치하고자 하였는데, 원고가 영업비밀의 부정취득, 침입 등을 청구원인으로 소송을 제기했다. 법원은 피고가 원고의 정보를 부적절하게 취득하지 않았다고 판시했다.997) 이러한 정보는 원래 영업비밀로 보호받기 어려운 정보이다. 취득행위의 부적절성을 인정하기 어렵다. 판매되는 물품을 관찰하여 취득하는 정보와 다를 것이 없기 때문이다. 만일 이러한 정보도 영업비밀로 보호한다면 경쟁을 제한하는 과도한 사회적 부담이 될 것이다. 그러한 영업비밀제도를 가진 사회는 경쟁력을 상실한다.

고용관계를 종료시키겠다는 회사의 통지에 화가 난 직원이 회사가 상업적으로 성공한 제품의 설계도면을 사진에 담아서 경쟁회사에게 판매한 경우에, 그 경쟁회사는 그 사진을 판매하는 사람이 자신의 경쟁회사의 직원이었던 것을 안 경우에는 그 직원으로부터 사진을 취득한 회사는 경쟁회사의 영업비밀을 부적절하게 취득한 것이다.998) 경쟁회사 직원이라는 점에서 그가 제공하는 정보가 그가 일하던 회사의 영업비밀일 수 있다는 점을 의심했어야 한다.

사용하던 컴퓨터를 판매하기 전에 하드디스크에 저장된 정보를 제대로 삭제하지 않아 하드디스크에 있던 정보가 공개된 경우에 법원은 부적절한 취득이 아닌 영업비밀관리의무를 제대로 하지 않았다고 판시했다.999) 해당 중고 컴퓨터를 취득한 사람은 중고 컴퓨터라는 사정 이외에 다른 사정을

---

997) Magic Laundry Services, Inc. v. Workers United Service Employees International Union, CV-12-9654-MWF (AJWx).

998) Solo Cup Co. v. Paper Machinery Corp., 240 F.Supp. 126 (E.D.Wis.1965), affirmed 359 F.2d 754 (7th Cir.1966).

999) Defiance Button Machine Co. v. C & C Metal Products Corp., 759 F.2d 1053 (2d Cir.), cert. denied 474 U.S. 844, 106 S.Ct. 131, 88 L.Ed.2d 108 (1985).

알 수 없다. 또한 경쟁업체의 중고 컴퓨터를 구입한 다음 그 경쟁업체에서 일했던 직원으로 하여금 그 컴퓨터에 남아 있던 고객리스트에 접근하여 이를 취득한 것은 그 컴퓨터에 대한 소유권이 이전되었으므로 부적절한 취득이 아니라고 했다.1000) 그러나 원고의 하청업체가 버린 자료에 영업비밀임이 표기되었는데, 쓰레기통에서 이를 취득하여 사용한 경우에 영업비밀의 부정취득을 인정했다.1001) 고용주의 특허자료를 취득하였더라도 특허발명은 공개되어 있으므로 영업비밀의 부정취득은 아니라고 하였다.1002) 물론 이러한 경우 신뢰관계가 형성되거나 계약상 의무를 위반하였다면 그에 따른 책임은 발생한다.

나. 부정취득한 영업비밀인 정보를 공개한 경우의 합리적인 해결책

(1) 부정취득된 영업비밀이 공개된 경우

영업비밀로 유지되는 정보를 제3자가 부정취득하여 공개한 경우에 영업비밀보유자의 이익을 우선할 것인지 또는 공중의 이익을 우선할 것인지가 문제 된다. 이에 대하여는 상반된 판결이 존재한다.

Rhone-Poulenc Agro v. DeKalb Genetics Corp. 사건1003)은 피고가 원고의 비밀인 발명을 절취하여 자신의 특허출원서에 기재하여 공개된 사건이다.1004) 영업비밀은 어떠한 이유라도 공중에게 공개되면 더 이상 영업비밀

1000) Id.
1001) Drill Parts & Service Co v. Joy Mfg. Co., 439 So.2d 43 (Ala. 1983).
1002) Eaton Corp. v. Appliance Valves Co., 634 F.Supp. 974, 984 (N.D.Ind. 1984), affirmed 790 F.2d 874 (Fed.Cir. 1986).
1003) Rhone-Poulenc Agro v. DeKalb Genetics Corp., 272 F.3d 1335 (Fed. Cir. 2001).
1004) 미국은 1999년까지 특허결정이 이뤄질 때까지 특허출원을 공개하지 않았고, 특허출원을 유지하지 않거나 특허가 거절된 경우에는 포기된 것으로 간주되어 공중에 공개되지 않았다. 1999년에 특허법을 개정하여, 2000년부터 원칙적으로 출원 후 18개월이 되면 출원내용이 공개되도록 했다.

이 될 수 없다. 이러한 경우 1년 이내에 특허출원을 하면 신규성을 의제받을 수 있고, 다른 특허요건을 충족하면 특허를 받을 수 있다. 법원은 영업비밀보유자가 자신의 발명에 대하여 어떤 조치를 취할 수 있는지 선택할 기회가 없었다는 이유로 피고의 공개행위는 원고의 영업비밀을 공개한 것으로 인정할 수 없다고 판시했다. 그러나 반대의 판결인 Evans v. General Motors 사건[1005]에서 법원은 영업비밀보유자가 자신의 영업비밀이 공개된 것을 안 시점부터 특허법상 1년의 신규성 의제기간동안 특허출원을 할 수 있다는 이유로 그 기간동안 특허출원을 하지 않으면 보호받을 수 없다고 하였다. 모든 영업비밀이 특허를 취득할 수 있는 것은 아니라는 점에서 일반적인 법리로 수용하기는 어렵다.

(2) 선의자

우리법은 거래에 의하여 영업비밀을 취득한 사람이 그 취득에 있어 고의 또는 중과실이 없는 선의자에게는 영업비밀 침해책임을 묻지도 않을 뿐더러 해당 영업비밀을 계속하여 사용하거나 공개를 할 수 있도록 하고 있다.[1006]

이는 동산의 선의취득 규정을 유추한 일본의 부정경쟁방지법을 따른 규정으로 보인다. 그러나 이러한 규정이 타당한지 의문이 든다. 취득에 있어 고의 중과실이 없다면 영업비밀책임을 묻기에는 어렵다고 보인다. 그렇지만 그러한 경우에도 타인의 영업비밀을 계속사용하는 것이 타당한지 의문이다.

영업비밀의 침해행위중에서 취득후에 타인의 영업비밀임을 알거나 중과실로 알지 못한 경우에는 영업비밀 침해로 인정하고 있는데, 취득 당시에

1005) Evans v. General Motors, 125 F.3d 1448 (Fed. Cir. 1997).
1006) 영업비밀보호법 제13조.

는 그러한 인식이 없지만 영업비밀을 침해당한 자로부터 자신의 영업비밀을 고지 받은 경우에는 고의의 영업비밀 침해자로 인정된다. 그럼에도 불구하고 취득당시에 고의 중과실이 없는 선의자라고 하여 영업비밀을 계속 사용하도록 하는 것이 타당한지 의문이 든다.

Restatement of Torts § 757[1007]은 4가지 부적절한 취득을 명시하고 있는데, 적법한 권한이 없으면서, ⅰ) 부적절한 수단에 의해 취득하는 경우, ⅱ) 신뢰관계하에서 자신에게 공개된 정보를 신뢰관계를 위반하여 사용하거나 공개하는 경우, ⅲ) 제3자로부터 취득한 정보가 그 3자가 영업비밀인 정보를 부적절한 수단으로 취득한 경우 또는 그 제3자가 영업비밀을 비밀로 유지할 의무를 위반하여 취득한 경우에 그와 같은 사실을 통지받은 경우, 및 ⅳ) 실수로 인하여 영업비밀인 정보가 공개되고 그와 같은 사실이 통지된 경우이다.

UTSA의 경우에도 타인의 영업비밀 사용시에 그것이 부정취득되거나 신뢰관계위반으로 취득된 것을 알거나 알 수 있었던 경우[1008] 또는 의도치 않게(accident or mistake) 공개된 영업비밀을 알게 된 경우[1009]에 영업비밀의 부정취득을 인정하고 있다. 영업비밀취득시에 선의이더라도 추후에 부

1007) Restatement of Torts § 757.

>One who discloses or uses another's trade secret, without a privilege to do so, is liable to the other if

>>(a) he discovered the secret by improper means, or (b) his disclosure or use constitutes a breach of confidence reposed in him by the other in disclosing the secret to him, or (c) he learned the secret from a third person with notice of the facts that it was a secret and that the third person discovered it by improper means or that the third person's disclosure of it was otherwise a breach of his duty to the other, or (d) he learned the secret with notice of the facts that it was a secret and that its disclosure was made to him by mistake.

1008) UTSA §1 (2) (ⅱ) (B).

1009) UTSA §1 (2) (ⅱ) (C).

적절한 방법이나 신뢰관계, 계약관계위반에 의해 취득된 사실은 안 경우에는 영업비밀의 부정취득을 인정하고 있는 것이다.

Restatement of Unfair Competition는 취득시 영업비밀이 계약위반이나 부적절한 수단에 의하여 취득되었다는 것을 알 수 없는 경우에 그의 영업비밀 사용은 영업비밀의 침해가 되지 않지만, 해당 영업비밀이 계약위반이나 부정한 수단을 통하여 취득되게 된 사실을 통지 받으면 그 이후에 사용은 영업비밀의 부정취득사용으로 인정하고 있다.[1010] 이점은 선의자 특례를 인정하는 우리 영업비밀보호법과 차이가 있다. Restatement of Torts, UTSA 그리고 Restatement of Unfair Competition 하에서 취득시에 선의이더라도 추후에 영업비밀임을 알게 된 경우에는 영업비밀침해의 책임이 있다.

우리 법은 선의자 특례규정을 두어 거래에 의하여 영업비밀을 정당하게 취득한 자가 그 취득 당시에 그 영업비밀이 부정하게 공개된 사실 또는 영업비밀의 부정취득행위나 부정공개행위가 개입된 사실을 중대한 과실 없이 알지 못한 경우에는 계속하여 영업비밀을 공개, 사용할 수 있도록 하고 있다.[1011] 선의자에 대한 특례를 인정하는 것은 우리 정책과 법이 모순적인 태도를 취하고 있는 점을 나타낸다. 한편으로 중소기업의 영업비밀을 보호한다고 영업비밀성 유지노력을 낮추면서 다른 한편으로 선의자 특례규정이나 부정취득의 범위를 좁혀 영업비밀의 보호범위를 매우 협소하게 가져가고 있기 때문이다.[1012]

1010) Restatement of Unfair Competition § 40 cmt. d. ("[a]n actor who acquires a trade secret from a third person without notice of that person's breach of confidence has not acquired the information by improper means and is not subject to liability for use or disclosure unless the actor subsequently receives notice that its possession of the information is wrongful.").

1011) 영업비밀보호법 제13조.

1012) 선의자 특례규정의 문제점에 대해서는 "제6장 제4절 4. 선의자에 대한 특례규정의 평가" 참조.

다. 정황증거에 의한 영업비밀의 침해의 입증

최근 우리나라에서는 보톡스의 균주의 도용에 의한 영업비밀침해가 문제가 되고 있다. 메디톡스와 대웅제약의 분쟁이 그것이다. 미국에서는 직접 증거가 아니더라도 정황증거에 의해 영업비밀침해를 인정한 판결이 있다. 앞서 언급한 Pioneer Hi-Bred International v. Holden Foundation Seeds, Inc. 사건[1013)에서 제8순회법원은 정황증거에 의해 영업비밀침해를 인정하였다. 이 사건에서 원고는 영업비밀의 부정취득에 대하여 구체적인 침해행위를 입증하지 못했지만 원고는 특정한 과학적 검증을 통하여 피고의 잡종 씨앗이 원고의 씨앗을 통하지 않고는 개발될 수 없음을 증명하였다. 그리하여 법원은 원고와 피고의 씨앗의 유전적 특성으로 인하여 피고의 씨앗이 원고의 씨앗으로부터 유래할 가능성이 높아 영업비밀이 침해됐다고 판단하였다. 원고는 실험용 씨앗을 비밀코드를 부착한 포장에 보관하였고, 비공개약정을 체결하고 이를 경작하도록 했다. 이 사건에서 법원은 4천6백7십만 달러의 손해배상을 인정하였다.

Othentec Ltd. v. Phelan 사건[1014)에서 제4순회법원은 피고가 빠른 시간내에 시장에 진입하였다는 것만으로는 원고의 영업비밀을 취득한 것을 인정하지 않았다. 법원은 피고가 원고의 영업비밀을 부정취득했다는 실질적인 증거를 요구했다.

1013) Pioneer Hi-Bred International v. Holden Foundation Seeds, Inc., 35 F.3d 1226, 31 U.S.P.Q.2d 1385 (8th Cir. 1994).
1014) Othentec Ltd. v. Phelan, 526 F.3d 135 (4th Cir. 2008).

제2절 신뢰관계 또는 계약관계

1. 신뢰관계 또는 계약관계

가. 서론

초기 영업비밀보호법은 가치있는 정보를 주고 받은 당사자 사이에는 이익을 발생시키기로 하는 신뢰관계가 형성되어 있음을 인정하고 이로부터 그 정보를 비밀로 유지하여야 할 의무를 인정했다. 영업비밀이 신뢰관계위반 내지 계약관계 위반에 의해 침해된 경우에는 부적절한 수단(improper means)에 의한 재산적 이익의 침해와 법리적으로 구분된다. 신뢰관계 내지 계약관계를 바탕으로 하는 경우에는 침해행위가 신뢰관계상 또는 계약관계상 의무위반인지 여부에 초점이 맞추어져 있다. 이에 반하여 부적절한 수단에 의한 영업비밀의 침해는 상대적으로 부적절한 행위와 그 결과에 그 초점이 맞추어져 있다고 할 수 있다. 물론 신뢰관계나 계약관계가 존재하더라도 그 계약관계 위반 이외에 부적절한 수단(improper means)이나 불법행위에 의한 영업비밀 침해가 성립하지 않는다는 의미는 아니다.[1015]

공개된 정보나 영업비밀이 성립하지 않는 정보에 대하여 부적절한 수단(improper means)[1016]을 통하여 그 정보를 취득하였더라도 영업비밀침해의 성립은 인정하지 않는다. 형법상 불능범과 같은 법리이다. 그러나 신뢰관계

1015) SI Handling Systems, Inc. v. Heisley, 753 F.2d 1244 (3d Cir. 1985); Schreyer v. Casco Products Corp., 97 F Supp 159 (D.C. Conn 1951).
1016) 물론 영업비밀침해가 되지 않는다는 의미이지 다른 법익의 침해에 의한 불법행위나 형법상 범죄가 성립하지 않는다는 의미는 아니다.

나 영업비밀보호의무가 존재하는 경우에는 금지된 행위를 하였는지가 영업비밀침해여부를 결정하는 기준이 된다. 공개된 지식이어서 그 지식을 취득하는 것이 영업비밀침해가 성립하지 않는다고 하더라도 그 취득방법이 신뢰의무나 계약상의 의무 위반으로 인한 것일때에는 신뢰관계위반 또는 영업비밀보호의무 위반으로 하여 영업비밀침해를 인정한다. 이와 같은 결과는 영업비밀보호법이 재산법리와 신뢰관계보호법리 두가지에 의하여 독자적으로 발전하여 왔음을 나타내는 것이라고 하겠다.

나. 신뢰관계 또는 계약관계의 형성

영업비밀을 보호해야 할 신뢰관계 또는 계약관계는 명시적일 뿐만 아니라 묵시적으로도 인정된다.[1017] 영업비밀이 보호되어야 하는 관계는 고용주와 피고용인의 관계, 구입자와 판매자와의 관계, 라이센서와 라이센시, 조인트 벤쳐의 설립관계에서 인정된다. 반드시 그러한 관계가 성립되었음을 요하지 않고, 성립하기 위한 단계에서도 인정되고, 영업양도관계, 발명가와 그 발명의 구입자 사이에서도 인정된다.

신뢰관계 또는 계약관계에는 종속적인 근로관계 뿐만 아니라 대응한 관계, 즉 우리나라의 경우에는 민법상의 고용이나 위임관계, 대리인, 상법상의 대리상, 상거래의 주선관계 등을 포함한다.

신뢰관계에서 형성되는 영업비밀보호의무는 독립적인 전문가, 예컨대 변호사, 의사, 변리사, 법무사, 노무사 등 외부 전문가 뿐만 아니라 외부 컨설팅, 용역업체 직원 등도 신뢰관계에 의한 영업비밀보호의무가 발생한다고 하겠다. 예컨대 택시기사에게도 영업비밀을 보호해야 할 신뢰관계가 형성된다고 하여야 할 것이다. 택시기사에게 자신의 고객의 주소를 알려주면서

1017) Kamin v. Kuhnau, 232 Or. 139, 374 P.2d 912 (1962); Aerospace America, Inc. v. Abatement Technologies, Inc., 738 F.Supp. 1061 (E.D. Mich. 1990).

고객이 택시를 이용하였다면 그러한 정보도, 물론 개인정보에 해당하여 개인정보보호법이 적용되기도 하겠지만, 영업비밀인 정보라면 택시 기사는 그 정보를 보호할 의무가 있고, 그러한 의무를 위반하여 영업비밀침해가 발생한다고 해야 할 것이다.

2. 신뢰관계 또는 계약관계상 발생한 의무 위반 여부

이러한 당사자에게 영업비밀보호의무가 발생하는지는 고용이나 근로관계의 형성여부가 중점이 되는 것보다는 고용주와의 관계에 의해 고용주의 영업비밀을 알 수 있는 관계가 존재하는지 여부에 의하여 판단하여야 할 것이다. 따라서 이러한 관계에서는 고용주의 영업비밀을 보호하여야 할 의무관계는 영업비밀의 실제적인 취득과 권한 없는 부정취득에 따라 발생하는 것이 아니라 그러한 고용관계가 설정되었다는 관계에서 발생하는 것으로 보아야 할 것이다. 따라서 고용주로부터 취득한 그의 영업비밀을 제3자에게 공개하는 것이 영업비밀의 침해인지는 신뢰관계상 또는 계약관계상 그가 고용주에게 해당 영업비밀을 보호할 '의무'가 있는지 여부가 될 것이다. 따라서 특정 정보를 취득한 피용인이 영업비밀을 침해한 것인지는 그가 그 정보에 대하여 그의 의무(duty of loyalty)를 위반한 것인지 여부에 있지 그 정보가 영업비밀인지 여부에 중점이 있지 않다는 것이다.

미국의 영업비밀보호법에서는 일반적으로 알려진 지식이라도 그가 그 지식을 자신의 의무를 위반하여 공개하거나 사용한 것이 영업비밀의 침해의무를 위반한 것인지를 판단하지, 그 정보가 영업비밀을 부정취득했는지 여부로 판단하지 않는 것이다. 즉 그의 '의무를 위반한 행위에 의한 것'인지 여부가 영업비밀 침해의 판단의 중점에 있는 것이다. 이와 같이 해석하는 것은 19세기 후반 이후에 확립되기 시작한 신뢰관계이론과 그 이론을 커먼로로 정리한 1939년 Restatement of Torts의 영향으로 판단된다고 함은 앞서 지적했다.

다만, 고용중에 발생한 정보라도 그 정보가 고용주의 것이 아니라 피용 인의 것일 수 있다. 피용인이 이직 후 발명을 성공한 경우에 피용인의 일반 적인 지식에 의한 화학물질을 개발한 경우 그것은 전고용주의 영업비밀이 되지 않는다.[1018] 그 뿐만 아니라 피용인의 일반적인 지식, 기능 또는 경험 과 고용주의 영업비밀을 구분하는 것도 쉽지 않다.[1019] 특히 고용전에 이 미 해당 기술을 알고 있었거나 그러한 기술을 사용하는 업체에서 일했던 경우라면 고용주의 영업비밀을 취득하였다고 하기 어렵다.[1020] 그러나 해 당 기술을 고용주만이 사용하고 있는 경우라면 고용중에 알게 된 것이라고 할 수 있다.[1021]

신뢰관계하에서 특정한 목적을 위해 정보가 제공되었다면 그 정보는 그 목적으로 위해서 사용되어야 하고, 그 목적범위를 벗어난 사용은 영업비밀 침해가 된다. Heyman v. Ar. Winarick, Inc. 사건[1022]에서 법원은 고객이 그 구입에 도움을 주기 위해서 제공된 정보는 그와 같이 제공된 목적 범위내

1018) Wexler v. Greenberg, 399 Pa. 569, 160 A.2d 430 (1960).

1019) Dynamics Research Corp. v. Analytic Sciences Corp., 9 Mass.App.Ct. 254, 400 N.E.2d 1274 (1980).

1020) New Method Die & Cut-Out Co. v. Milton Bradley Co., 194 N.E. 80 (Mass. 1935) ("He did not learn about it from the plaintiff or solely by reason of his employment, apart from his own knowledge gained through previous experience and the use, in the course of his employment, of his faculties, skill and experience in developing the process." Id., 82).

1021) Junker v. Plummer, 320 Mass. 76, 67 N.E.2d 667 (Mass. 1946) ("All their knowledge of it was acquired solely by reason of their employment. The fact that the machine was easy to duplicate by those who had an opportunity to work with it does not militate against its being a trade secret. The significant thing is that only the plaintiff and his employees knew about it." Id., 80).

1022) Heyman v. Ar. Winarick, Inc., 325 F.2d 584 (2d Cir. 1963).

에서 사용해야 한다고 판시했다.[1023]

3. 고용이 종료된 이후의 관계

피용인은 고용관계 또는 신뢰관계가 종료함에 따라, 합리적인 범위내에서 명시적 반대약정이 없다면 전 고용주와 경쟁할 자유가 있다. 피용인은 고용관계나 신뢰관계가 종료된 후 자신의 일반적인 기술, 지식, 훈련된 기능 또는 경험 등이 고용관계중에 더 부가되고 증진되었다고 하더라도 이는 피용인의 신체의 일부가 된다.[1024] 따라서 전 피용인이 경쟁하는 것을 금지하기 위해서는 경업금지의무가 명시적으로 존재하여야 하는 것이 원칙이다. 그 원칙의 예외는 불가피한 공개원칙(inevitable disclosure doctrine)이다. 고용기간이 종료한 후에 발생하는 경업금지의무와 별개로 고용기간이 종료하였다고 하여 영업비밀보호의무가 종료되는 것은 아니다.

피용인의 일반적인 일반적인 기술, 지식, 훈련된 기능 또는 경험인지 고용주에 의하여 습득된 고용주의 재산인지를 판단하는 기준은 명확한 것은 아니다. 한 법원 판결은 두 가지 판단요소를 제시한다. GTI Corp. v. Calhoon 사건[1025] 판결은 선례에서 언급된 테스트[1026]를 다음과 같이 정리한다.

1023) Id. 587 ("As the prospective buyer is given the information for the limited purpose of aiding him in deciding whether to buy, he is bound to receive the information for use within the ambit of this limitation." Id.).

1024) AMP Inc. v. Fleischhacker, 823 F.2d 1199 (7th Cir.1987) (ILG Industries v. Scott, 49 Ill.2d 88, 93-94, 273 N.E.2d 393, 396을 인용하면서, 다음과 같이 판시했다: "Our society is extremely mobile and our free economy is based upon competition. One who has worked in a particular field cannot be compelled to erase from his mind all of the general skills, knowledge and expertise acquired through his experience. These skills are valuable to such employee in the market place for his services." Id., 1202); Wexler v. Greenberg, 399 Pa. 569, 160 A.2d 430 (1960).

First, did the employees derive the necessary knowledge to make their products from their employment with plaintiff or from their general knowledge of the arts of manufacture? Second, could the defendants proceed as they did independently of the knowledge gained as plaintiff's employee?[1027]

　첫째, 고용계약을 이행하기 위한 제품을 만들기 위해 필요한 지식은 일반적인 지식에 의하여 제조할 수 있는 것인가 아니면 고용주로부터 취득한 것인가? 둘째, 일반적인 지식에 의하여 제조한 것이라면 그 지식은 고용주의 피용인으로서 취득한 지식과 무관한 것인가? 예컨대, 시장에 판매되는 고용주의 상품을 스스로 연구하여 취득한 지식이라면 이는 자신의 지식이고, 고용주로부터 받은 지식이라면 이는 고용주의 지식, 즉 고용주의 영업비밀이 된다.[1028]

　경업금지의무는 헌법상 보장된 직업선택의 자유를 침해할 수 있다는 점에서 합리적인 접근이 필요하다. 나아가 경쟁관계는 사회의 효율성을 향상시킨다는 점에서 장려되어야 하는 면이 있다. 그렇다고 하여 전 고용주와의 계약을 위반하여도 괜찮다는 의미는 아니다. 계약은 지켜져야 하고 계약을 지키는 것 또한 상도덕을 장려하여 계약에 대한 신뢰를 증진시켜 사

1025) GTI Corp. v. Calhoon, 309 F.Supp. 762, 769 (S.D. Ohio 1969).

1026) Head Ski Co. v. Kam Ski Co., 158 F. Supp. 919 (D. Md. 1958)("[d]id Kaminski and Meyer derive the necessary knowledge to make their ski from their employment with Head, or from their general knowledge of the arts of manufacture? * * could they have proceeded as they did, independently of the knowledge gained as Head's employees, by examination of skis purchased in the open market and application of their experience as skilled mechanics?." Id., 922).

1027) GTI Corp. v. Calhoon, 309 F.Supp. 762, 769 (S.D. Ohio 1969).

1028) Structural Dynamics Research Corp. v. Engineering Mechanics Research Corp., 401 F.Supp. 1102 (E.D. Mich. 1975).

회적 효율성을 지키는 것이기 때문이다. 계약이 지켜져야 한다는 믿음과 그것을 법의 원칙으로 한 것이 상대적 비밀성(ralateive secrecy)이다. 고용주는 자신의 영업비밀을 피용인에게 공개하여 생산성을 향상시키고 결국 사회적 효율성을 증진시킬 수 있기 때문이다. 이러한 법리는 로크(Locke)의 재산권 철학이나 도덕적 정의 그리고 실용주의에 근거하는 강한 토대를 갖는다.

법원칙으로서 고용관계의 형성은 그 형성만으로 고용주와 피용인 사이의 신의성실의무를 형성시킨다. 이는 우리법[1029] 뿐만 아니라 미국에서도 마찬가지이다. 따라서 고용계약을 체결한 것만으로 신의성실의무가 발생한다. 따라서 그러한 신의성실의 원칙에 의해 보호되는 관계에서 비밀정보가 이전되었다면 그 비밀정보는 고용관계의 이익을 위해 비밀로 지켜져야 한다.

1029) 민법 제2조 참조.

제3절 고용관계의 설정과 영업비밀의 보호

1. 고용관계종료후 완성된 발명의 귀속:
추적조항(Trailer Clause; Holdover Clause)

고용관계에서 발생하는 발명은 그 발명을 위하여 고용했는지 여부에 따라 그 귀속이 결정된다. 특정한 발명을 위하여 특정인을 고용하고 그 특정인이 착상(conceive)을 하고 발명을 완성시키면 발명자체는 발명자의 것이지만, 발명귀속계약에 의하여 발명이 이전된다.(work for hire; hire to invent) 앞서 언급한 바와 같이 그 특정인은 그 발명을 위하여 고용되고, 그의 임무수행에 대하여 대가(임금)가 지급되었기 때문이다. 'hire to invent'나 'work for hire'를 우리법에서는 그 발명을 위하여 고용된 관계라는 의미에서 직무명령관계이 있다고 한다. 그러한 관계에서의 발명은 직무발명이라고 한다.[1030) 그 발명을 위해 고용되었고, 그에 대하여 급료나 대가가 지급되었기 때문에 계약상 그 발명의 귀속은 당연히 고용주의 것이 되는 것이다.

만일 그와 같은 임무에 관계없이 고용주의 시설이나 다른 피용인의 도움을 받아 발명을 완성시킨 경우에는 그 발명의 완성을 위해 고용주의 도움을 받았으므로 형평상 고용주에게 영구적인 비배타적 실시권(non exclusive license)을 인정한다. 즉 'shop right'가 발생한다. 급료를 받아 그 발명을 완

1030) 발명진흥법 제2조 제2호. ""직무발명"이란 종업원, 법인의 임원 또는 공무원(이하 "종업원등"이라 한다)이 그 직무에 관하여 발명한 것이 성질상 사용자·법인 또는 국가나 지방자치단체(이하 "사용자등"이라 한다)의 업무 범위에 속하고 그 발명을 하게 된 행위가 종업원등의 현재 또는 과거의 직무에 속하는 발명을 말한다."

성시킨 것이 아니므로 직무발명은 아니지만, 발명을 완성하는데 고용주로부터 도움을 받았으므로 그 받은 대가로 영구적인 기간동안 무상의 통상실시권을 인정한다. 만일 특허를 취득하면 그 특허기간동안 무상의 통상실시권을 인정한다.

그런데 특정한 발명을 위하여 고용을 하였으나 고용기간주에 발명을 하지 못하였지만 전직을 하거나 이직을 한 후에 새로운 영업이나 직장에서 발명을 완성하는 경우가 있다. 이러한 경우 전고용주와 현고용주 사이에 그 발명은 누구의 발명으로 하여야 하는지가 문제가 된다. 이러한 경우 형평의 원칙이 적용되어 실질적인 발명이 어떤 고용주의 고용기간 동안 이뤄졌는지에 의해 판단한다. 고용계약에 고용관계 종료후의 발명에 대하여 전고용주의 권리를 인정하는 조항을 명시할 수 있는데, 이를 추적조항(Trailer Clause; Hold-over Clause)이라고도 한다. 추적조항은 계약자유의 원칙과 합리성의 원칙에 의해 그 유효성이 인정된다.[1031]

Dorr-Oliver, Inc. v. U.S. 사건[1032]에서 법원은 이러한 조항의 원칙에 대하여

Hold-over clauses are simply a recognition of the fact of business life that employees sometimes carry with them to new employers inventions or ideas so related to work done for a former employer that in equity and good conscience the fruits of that work should belong to the former

---

1031) Ingersoll-Rand Co. v. Ciavatta, 110 N.J. 609, 542 A.2d 879 (1988) ("[A] "holdover" clause requiring an employee to assign a post-termination invention that did not involve an employer's trade secret or proprietary information is enforceable" Id., 612). (본 판결의 원심 판결(Ingersoll-Rand Co. v. Ciavatta, 210 N.J. Super. 339, 509 A.2d 821 (Ch. Div. 1986))에서 holdover clause의 유효성에 대하여 자세히 논하고 있고, 대체로 법원은 1년이내의 경우 그 유효성을 인정하고 있음).
1032) Dorr-Oliver, Incorporated v. United States, 432 F.2d 447 (Fed. Cir. 1970). (1년의 추적조항은 합리적이라고 함).

employer. In construing and applying hold-over clauses, the courts have held that they must be limited to reasonable times (Guth, supra) and to subject matter which an employee worked on or had knowledge of during his employment. ⋯ Unless expressly agreed otherwise, an employer has no right under a hold-over clause to inventions made outside the scope of the employee's former activities, and made on and with a subsequent employer's time and funds.[1033]

라고 판시하여 추적조항은 형평의 원칙하에서 상당한 또는 합리적인 (reasonable) 범위내에서 인정되는 것인데, 형평의 원칙을 적용하기 위해서는 두가지 요건을 필요로 함을 시사했다. 명시적인 반대 약정이 없는 한 전고용주하에서 직무명령 또는 지정된 직무 범위내에서 인정되고, 전고용주의 노력과 비용을 사용했어야 한다는 점이다.

General Signal Corp., Inc. v. Primary Flow Signal, Inc. 사건[1034]은 전고용주와 연구원사이에 고용이 종료한 후 6개월내에 이루어진 'Nozzle Tube Venturi' 발명에 대해서는 전고용주에게 귀속시키는 발명귀속계약(trailer clause)이 있었지만, 그 발명귀속계약의 만료된 후 5일만에 발명을 하고 이를 특허출원하여 특허를 취득(U.S. Patent No. 4,516,434, "434 patent") 했다. 법원은

Defendants assert that Mr. Halmi did not violate the agreement, as he developed the NTV after leaving GSC. The trial as to the infringement claim in this case made clear that the industry involved is not only competitive but highly complex. The perfection of a flow meter proved

---

1033) Id., 452.

1034) General Signal Corp., Inc. v. Primary Flow Signal, Inc., 1987 WL 147798 (D. R.I. 1987).

to be a painstakingly intricate process involving extensive testing. It is therefore difficult to believe that after a long and distinguished career with Plaintiff, Mr. Halmi in his musing five days after the trailer clause expired for the first time came up with the idea for the NTV. Although the word "Eureka!" has allegedly been uttered by more than one inventor over the years, the concept at issue does not lend itself to such sudden discovery. The Court finds that the concept of the '434 patent must have existed in Mr. Halmi's mind before his employment with GSC ended. Mr. Halmi therefore violated his agreement with GSC.

라고 판시하였다. 법원은 위와 같은 경우에 전 고용주의 발명으로 귀속시키지 않는다면, 부도덕한 연구원들이 발명귀속계약의 종료기간을 기다렸다가, 그 기간이 종료하면 'Eureka'를 외치면서, 자신의 발명으로 하여 특허를 출원하든지 할 것이라고 했다. 본 사건의 경우, 추적조항이 만료된 지 5일만에 발명의 착상이 이뤄졌다는 것인데 법원은, 특히 이 사건 발명 자체가 매우 어렵고 고생스럽다는 이유로, 이를 믿지 않았다. 결국 이 사건 발명은 전 고용주의 고용기간동안 대부분 이뤄지고, 전직후에는 추적조항의 종료를 기다린 것이라고 판시했다.

추적조항의 유효성은 인정되지만, 상당성 또는 합리성 테스트(rule of reason)에 의하여 심사를 받는다.1035) 비합리적으로 설정된 장기간의 추적기간은 무효이다. 또한 광범위한 내용의 추적조항은 그 유효성이 문제된다. 이러한 조항은 독점금지법의 원리에 지배된다.

1035) La Chappelle v. United Shoe Machinery Corp., 13 F. Supp. 939 (D. Mass. 1936) ("When an actual monopoly is established in the sense in which that term was used in the law when the statute was enacted, then a contract must be closely scrutinized to determine whether it is in furtherance thereof or unreasonable and a violation of the statute." Id., 479).

우리 대법원도 소위 '모나미 사건'에서

> 피고 이동섭이 1993. 1. 8. 신병치료와 사출공장을 하는 동생을 돕겠다
> 는 이유로 원고 회사를 퇴사하였으나 실제로는 같은 달 1.자로 피고
> 회사에 입사하고서도 원고 회사에 대하여서는 위 전직사실을 숨긴 점,
> <u>피고 회사가 별다른 연구, 개발실적이 없이 피고 이동섭을 스카웃한</u>
> <u>후 단기간이 지난</u> 1994. 11. 2. 내지 같은 달 5.까지 사이에 한국종합전
> 시장에 원고 회사의 제품인 염료타입 메모리펜과 그 성분이 동일 또는
> 본질적으로 유사하다고 보여지는 형광펜 6색을 생산하여 '이미지'라는
> 상표를 붙여 전시한 점 등에 비추어 볼 때 …1036)

라고 판시하여 명시적인 약정이 없어도 추적조항과 같은 효과를 인정하고
있다. 이와 같은 법리는 형평의 원칙을 적용한 결과라고 생각된다.

2. 경업금지계약(Noncompetition Agreements)

가. 유효성

로크(Locke)는 신(God)은 인간에게 인간의 생존을 위해 노동을 하라고
명하였다고 하였다. 로크는 "God commanded, and his wants forced him to
labour."라고 하고 있다.1037) 그렇기 때문에 생존을 위해 노동을 할 권리는
재산권에서 파생되는 자연권에 해당한다. 따라서 그러한 자연권을 제한하
는데는 엄격한 심사가 필요하다. 법원도 경업금지조항을 해석하는데 합리

1036) 대법원 1996. 12. 23. 선고 96다16605 판결.
1037) Locke, Second Treatise of Government § 35.

성 기준(rule of reason)를 발전시켜왔다.

경업금지계약은 직업의 자유와 관련되어 있다. 직업의 자유는 커먼로상으로는 신(God)이 부여한 권리, 즉 기본권(fundamental right)으로 인식되어 직업의 자유를 제한하는 계약은 상당하거나 합리적인 이유가 없는 한 그 효력을 인정하지 않는다.

직업의 자유를 제한하는 것을 금지하는 법 원칙은 중세때부터 확립된 법 원칙이라고 할 수 있다. 1414년 "Dyer's case"에서 영국 법원은 커먼로상 직업의 자유를 제한하는 계약을 무효화하였다. 본 사건에서는 마스터(master)와 도제(apprentice) 사이에 도제기간이 끝나고 도제의 직업자유의 제한을 하는 마스터와 도제사이의 계약이 위법행위가 되는지 문제가 되었다. 본 사건에서 도제였던 John Dyer는 마스터인 원고에게 도제기간이 종료된 후 원고가 영업하는 마을에서 6개월 동안 원고의 영업과 동종의 영업거래행위를 하지 않겠다고 일방적으로 약속했다. 이 약속에 대한 원고의 반대급부는 없었다.

도제기간이 종료된 후에 원고가 피고를 상대로 법원에 위 계약의 이행을 청구하였으나, 법원은 위와 같이 일방의 영업을 제한하는 계약은 커먼로와 신(God)의 명령에 위반된다는 이유로 원고의 청구를 인정하지 않았다.

현대 법상으로 경업금지계약은 상당한 또는 합리적인 범위(reasonable) 내에서 그 유효성을 인정받고 있다. 그러나 캘리포니아 주와 같은 경우에는 법에 의하여 예외적으로 인정되는 경우를 제외하고는 원칙적으로 경업금지계약을 금지하고 있다. Reed, Roberts Assoc. v Strauman 사건[1038]에서 뉴욕 법원은 다음과 같이 경업금지계약을 제한하는 법원리에 대하여 언급하였다:

1038) Reed, Roberts Assoc. v Strauman, 40 N.Y.2d 303, 353 N.E.2d 590, 386 N.Y.S.2d 677 (CANY, 1976).

Undoubtedly judicial disfavor of these covenants is provoked by "powerful considerations of public policy which militate against sanctioning the loss of a man's livelihood". Indeed, our economy is premised on the competition engendered by the uninhibited flow of services, talent and ideas. Therefore, no restrictions should fetter an employee's right to apply to his own best advantage the skills and knowledge acquired by the overall experience of his previous employment. This includes those techniques which are but "skillful variations of general processes known to the particular trade".

Of course, the courts must also recognize the legitimate interest an employer has in safeguarding that which has made his business successful and to protect himself against deliberate surreptitious commercial piracy. Thus restrictive covenants will be enforceable to the extent necessary to prevent the disclosure or use of trade secrets or confidential customer information. In addition injunctive relief may be available where an employee's services are unique or extraordinary and the covenant is reasonable.[1039]

경업금지조항은 인간의 생존을 위한 직업의 자유를 제한하는 것을 경계하는 공공정책에 어긋나기 때문에 법적으로 호의적이지 않다는 것이다. 나아가 경제발전은 서비스 재능 및 아이디어의 자유로운 유통에 의해 탄생하는 것이므로 피용인이 자신이 종전 고용관계에서 체험한 모든 경험으로 부터 취득한 재능과 지식을 최대한 이용할 수 있는 권리는 제한될 수 없다는 것이다. 그러나 법원은 다른 한편에서 고용주가 자신의 영업을 성공적으로

1039) Reed, Roberts Assoc. v Strauman, 40 N.Y.2d 303, 307-08, N.E.2d 590, 386 N.Y.S.2d 677, 679-80 (CANY, 1976).

이끌고 매우 은밀하게 이뤄지는 상업적인 해적질로부터 고용주 자신을 보호하는 것은 합법적인 권리임을 인식하여야 한다고 강조했다. 따라서 피용인의 직업의 자유를 제한하는 규약은 고용주의 영업비밀이나 신뢰관계에 있는 고객정보의 공개나 사용으로부터 보호할 수 있는 범위내에서 합법적이다. 나아가 금지명령은 피용인의 서비스가 독특하거나 예외적이어서 고용주의 정상적인 영업을 위협하고, 그 규약이 상당하거나 합리적인 경우에 내려질 수 있다고 판시했다.

나. 상당성 또는 합리성 테스트

경업금지조항은 직접적으로 직업선택의 자유에 영향을 미친다. 그리하여 '영업비밀보호의무'를 위해 영구적인 금지명령이 내려지더라도 '경업금지기간'은 6개월로 한정될 수 있다.[1040] 물론 사안에 따라 6개월 이상이 될 수 있음은 당연하다.

경업금지조항에 대하여 대부분의 법원은 3가지 요소에 의하여 그 유효성을 판단한다. 첫째, 합리적인지 여부(reasonableness), 둘째, 피용인에게 과도한 부담을 지우는지 여부(no undue hardship), 셋째 공공의 이익에 반하는지 여부(not injurious to the public)이다.[1041]

Gateway 2000 Inc. v. Kelley 사건[1042]에서 미시간 주 연방동부지방법원은 경업금지조항의 금지기간을 좁게 변경한 경우에 이전에 존재한 경업금지조항은 불필요한 것이라는 이유로 변경전의 경업금지조항을 무효로 판시했다. Modern Environments, Inc. v. Stinnett 사건[1043]에서 버지니아 주 대

1040) PepsiCo, Inc. v. Redmond, 54 F.3d 1262 (7th Cir. 1995).

1041) Ingersoll-Rand Co. v. Ciavatta, 110 N.J. 609, 542 A.2d 879 (1988).

1042) Gateway 2000 Inc. v. Kelley, 9 F.Supp. 2d 790 (E.D. Mich. 1998).

1043) Modern Environments, Inc. v. Stinnett, 263 Va. 491 (Va. 2002).

법원은 특정한 부분에 대한 경업금지가 아닌 포괄적인 범위의 경업금지조항은 상당한 또는 합리적인 범위를 벗어난 것으로서 그 효력이 없다고 판시했다. 법원은 일반원칙으로 경업금지조항은 선호되지 않는 것으로서 엄격하게 해석하여야 하고, 피용인의 이익을 위해 해석하여야 한다고 판시하였다:

> Covenants in restraint of trade are not favored, will be strictly construed, and, in the event of an ambiguity, will be construed in favor of the employee.[1044]

그리하여 법원은 고용주가 경업금지조항이 자신의 합법적인 영업이익을 보호하기 위한 필요한 범위내를 벗어나지 않았다는 점, 피용인의 직업수행을 부당하게 제한하지 않는다는 점, 그리고 경업금지가 건전한 공공정책에 위반되지 않는다는 점을 입증하여야 한다고 판시했다:

> The employer bears the burden to show that the restraint is no greater than necessary to protect a legitimate business interest, is not unduly harsh or oppressive in curtailing an employee's ability to earn a livelihood, and is reasonable in light of sound public policy.[1045]

이와 같이 엄격한 요건이 요구되는 것은 경업금지조항은 영업비밀보호조항과는 다르게 종업원의 생계에 직접적인 관련(employee's ability to earn a livelihood)이 있기 때문이다.

1044) Id., 491.
1045) Id.

다. 우리 법원에서의 경업금지약정

우리 법원도 사용자와 피용자 사이에 체결되는 전직금지약정은 일종의 경업금지약정으로서, 그 체결된 배경이나 그 내용 및 기간에 합리성이 인정되는 경우에는 헌법상 보장된 직업 선택의 자유를 침해하지 않는 것으로서 공서양속 위반으로 볼 수 없다는 판결을 해 왔다.[1046) 2003년 대법원은

> 경업금지약정은 근로자가 사용자와 경쟁관계에 있는 업체에 취업하거나 스스로 경쟁업체를 설립, 운영하는 등의 경쟁행위를 하지 아니할 것을 내용으로 하므로 직업선택의 자유를 직접적으로 제한할 뿐만 아니라, 자유로운 경쟁을 저해하여 일반 소비자의 이익을 해칠 우려도 적지 아니하고, 특히 퇴직 후의 경쟁업체로의 전직금지약정은 근로자의 생계와도 직접적인 연관이 있으므로 사용자와 근로자 사이에 전직금지약정이 있는지에 관하여는 이를 엄격하게 판단하여야 할 것이다.[1047)

1046) 예컨대, 대법원 1997.6.13. 선고 97다8229 판결 ("원고 회사가 다이아몬드공구의 제조공정에 있어서 일반적 지식 또는 기능이라고 할 수 없는 특수한 기술상의 비밀정보를 가지고 있고 이러한 비밀정보는 일종의 객관화된 지적재산이라고 할 것이므로 이를 보호하기 위하여 원고 회사의 영업비밀을 지득하는 입장에 있었던 피고 이동수 등에게 퇴직 후 비밀유지의무 내지 경업금지의무를 인정하였다고 하여 위 합의서의 해석이 직업선택의 자유에 관한 헌법규정에 위배한다고 볼 수 없다."); 서울지방법원 1997.6.17. 자 97카합758 결정("경업금지약정의 목적이 피신청인으로 하여금 퇴사 후 그가 취직 중 알게 된 판매 방법 등에 관한 정보 및 고객 명단 등을 이용하여 동종의 영업 분야에서 일하거나 다른 경쟁 제약판매회사 등에 취업함으로써 결국 신청인 회사에 손해를 끼치는 행위를 막기 위한 것이라는 점, 금지기간이 1년으로서 피신청인에게 과도한 제약이 되지 아니하는 점을 고려하면 이 사건 약정은 유효한 경업금지약정으로 보아야 하고, 피신청인이 신청인 회사가 수입·판매하고 있는 것과 같은 복막투석액 수입 판매를 하는 위 신청외 회사의 국내 사무소에서 그 책임자로서의 일을 하고 있는 이상, 그 경업 금지를 구하는 신청인의 이 사건 신청은 이유 있다.") 등.

라고 하여, 경업금지약정은 인간의 생존권을 보장할 수 있는 수단인 직업선택의 자유와 경쟁제한의 관점에서 판단하도록 하고 있다. 대법원은 사용자와 근로자 사이에 경업금지약정은 유효하지만, 그와 같은 약정이 헌법상 보장된 근로자의 직업선택 자유와 근로권 등을 과도하게 제한하거나 자유로운 경쟁을 지나치게 제한하는 예외적인 경우에 한해 민법 제103조에 정한 선량한 풍속 기타 사회질서에 반하는 법률행위로서 무효라고 판단하고 있다.[1048]

대법원은 경업금지약정의 유효성을 판단하면서

 ⅰ) 보호할 가치 있는 사용자의 이익,
 ⅱ) 근로자의 퇴직 전 지위,
 ⅲ) 경업 제한의 기간, 지역 및 대상 직종,
 ⅳ) 근로자에 대한 대가의 제공 유무,
 ⅴ) 근로자의 퇴직 경위,
 ⅵ) 공공의 이익

등을 종합적으로 고려하고 있다.[1049] 위의 '보호할 가치 있는 사용자의 이익'이라 함은 '영업비밀'뿐만 아니라 그 정도에 이르지 아니하였더라도 당해 사용자만이 가지고 있는 지식 또는 정보로서 근로자와 이를 제3자에게 누설하지 않기로 약정한 것이거나 고객관계나 영업상의 신용의 유지도 이에 해당한다고 판시하고 있다.

1047) 대법원 2003. 7. 16. 자 2002마4380 결정.
1048) 대법원 1997.6.13. 선고 97다8229 판결; 대법원 2010.3.11. 선고 2009다82244 판결.
1049) 대법원 2010.3.11. 선고 2009다82244 판결.

3. 고객유인금지계약(Non-solicitation Agreements)

전 고용주의 고객명부를 이용하여 잠재적인 고객에 대하여 자신의 서명
이 포함된 홍보용 메일을 보내 고객을 유치하고자 한 것은 고객명부의 부
정취득이용행위에 해당한다.[1050] 종전 고용주의 고객을 부당한 방법으로
자신의 고객으로 하는 것은 영업비밀침해가 될 수 있다. 보통 고용관계에
서는 명시적으로 고객유치금지합의(non-solicitation agreements)를 한다. 그
러한 고객유치금지조항은 정당한 경쟁을 금지할 수 있으므로 상당하거나
합리적인(reasonable) 범위내에서 그 유효성이 인정된다.

특히 캘리포니아 주 법원의 경우에 이전 고용주의 영업비밀을 불법적으
로 이용하여 고객을 유치하려는 행위를 금지하지만, 이전 고용주의 고객에
대하여 자신의 영업을 하는 것에 대하여 무조건적인 금지를 하려고 하지
않는다.[1051] 왜냐하면 특히 캘리포니아 주 법원은 고객 유치(solicitation)와
자신의 영업에 대한 '정보제공'(informing)을 구분하기 때문이다. 나아가 캘
리포니아 법원은 고객유치를 금하는 계약은 경쟁을 제한하고 피용인의 직
업선택의 자유를 제한하는 것으로 인정하는 경향이다.[1052]

법원은 고객 유인(solicitation)은 자신의 상품이나 서비스를 구입하여 달
라고 호소하는 것(To appeal to (for something); to apply to for obtaining
something; to ask earnestly; to ask for the purpose of receiving)으로 기본적

1050) Morlife, Inc. v. Lloyd Perry, 66 Cal. Rptr. 2d 731, 737 (Cal. Ct. App. 1997).

1051) Klamath-Orleans Lumber, Inc. v. Miller, 87 Cal. App. 3d 458, 464-466, 151 Cal.
Rptr. 118 (1978); American Credit Indemnity Co. v. Sacks, 213 Cal.App.3d 622,
262 Cal.Rptr. 92 (1989).

1052) Alliance Payment Systems, Inc. v. Walczer, 152 Cal.App.4th 620 (Cal. Ct. App.
2007) ("Application of Section 16600 Section 16600's prohibition of contracts in
restraint of trade codifies California's deeply rooted public policy favoring open
competition." Id., 634); D'sa v. Playhut, Inc., 85 Cal.App.4th 927 (2000).

으로 합법이지만, 고객유치를 하기 위해 종전 고용주의 영업비밀을 부정사용하는 것은 영업비밀 침해가 된다고 판시한다.[1053] 그러나 자신의 종전 고용주의 고객들에게 자신이 회사를 이직하고, 전직한 새로운 회사에 대한 정보를 제공하는 것은 단순히 정보제공(informing)에 불과하여 영업비밀의 부정취득이용행위로 인정하지 않는다.

캘리포니아 주 법원은 고객유치에 대하여 다음과 같이 정의하였다:

To appeal to (for something); to apply to for obtaining something; to ask earnestly; to ask for the purpose of receiving; to endeavor to obtain by asking or pleading; to entreat, implore, or importune; to make petition to; to plead for; to try to obtain.[1054]

그러나 정보제공(informing)은 형평의 원칙에 따라 영업비밀의 부정취득으로 인정하지 않는데, 정보제공에 대하여

Merely informing customers of one's former employer of a change of employment, without more ⋯[1055]

라고 구별하였다. 새로운 직장의 이름, 주소, 기본 업무 정도에 관한 것이기 때문에 아무런 문제가 없다고 한다.

종전 고용주의 고객의 초청에 따라 방문하여 그 고객에게 자신의 비즈니스에 대하여 설명한 경우에도 고객리스트의 부정취득이용에 해당하지 않는다. 나아가 종전 고용주의 고객의 자발적 접근에 따라 비즈니스 관계를

1053) Aetna Bldg. Maintenance Co. v. West, 39 Cal.2d 198, 204, 246 P.2d 11, 15 (1952).
1054) Id., 39 Cal.2d 198, 203-204, 246 P.2d 11, 15.
1055) Id., 39 Cal.2d 198, 204, 246 P.2d 11, 15.

맺게 된 경우에도 고객리스트의 부정취득이용에 해당하지 않는다.[1056] 물론 위와 같은 경우에도 고객명부가 전 고용주의 영업을 위해서만 제공된 경우에는 영업비밀을 사용해서는 안된다.[1057]

American Credit Indemnity Co. v. Sacks 사건[1058]에서 피고는 아래 인용된 내용의 편지를 50명의 고객에게 보냈다:

> After almost fifteen years as both an agent and policyholder, I have left [ACI] and am very pleased to announce the formation of an independent insurance agency. [¶] I shall continue to specialize in Credit Insurance but will now primarily be representing FIDELITY AND DEPOSIT COMPANY OF MARYLAND [F & D], who [sic] is offering companies a very interesting alternative to the types of policies being written by both [ACI] and Continental. If you would like to learn more about the [F & D] policy, I will be happy to discuss it in detail with you when you are ready to review your ongoing credit insurance needs at renewal time. [¶] In the meantime, ACI will assign a new agent to your policy. If I can be of assistance to you during the transition period or answer any questions for you at any time, please do not hesitate to call me. [¶] I have really enjoyed our past association and hope we don't lose touch![1059]

1056) Golden State Milk Products Company v. Brown, 217 Cal. 570, 571, 20 P.2d 657 (Cal. 1933); New Method Laundry Co. v. MacCann, 174 Cal. 26, 32, 161 P. 990 (1916); Foster v. Peters, 47 Cal.App.2d 204, 206, 117 P.2d 726 (1941).

1057) Aetna Bldg. Maintenance Co. v. West, 39 Cal.2d 198, 204, 246 P.2d 11, 15 (1952).

1058) American Credit Indemnity Co. v. Sacks, 213 Cal.App.3d 622, 262 Cal.Rptr. 92 (1989). Morlife, Inc. v. Perry, 56 Cal. App. 4th 1514, 1525, 66 Cal. Rptr. 2d 731, 738 (1997).

1059) Aetna Bldg. Maintenance Co. v. West, 39 Cal.2d 198, 204, 246 P.2d 11, 15 (1952).

   캘리포니아 주 법원은 피고가 원고의 영업비밀인 고객정보의 사용을 제한 받더라도 자신의 이직을 종전 고용주의 고객에게 알리는 것(informing)은 제한받는 것은 아니라고 판시했다.[1060] 그러나 이전 고용주의 고객에게 위 내용의 편지를 보낸 것은 영업비밀 침해에 해당하는 고객유치(solicitation)라고 판시했다.[1061] 그 이유는 앞서 일반적인 원칙으로 자신의 이직을 알리는 것(informing) 이상의 내용으로 자신의 영업을 알리고 종전 고용주의 고객을 자신의 고객으로 돌리려는 경쟁 내용을 포함하고 있기 때문이라고 판시했다. 피고는 현 직장의 고객 정책을 알리고, 고객들이 보험을 갱신할 때 자신의 새로운 회사와 계약을 하도록 자세한 내용을 협의할 수 있다는 점을 알렸다는 것이다.[1062] 그리하여 법원은 위와 같은 편지 내용은 영업비밀을 침해하는 고객유인(solicitation)에 해당한다고 판시했다.

   캘리포니아 주의 경우에는 법으로 유인금지약정(non-solicitation clause)을 무효화 하도록 하였다. 해당 캘리포니아 주 법은 "every contract by which anyone is restrained from engaging in a lawful profession, trade, or business of any kind is to that extent void."라고 규정하고 있다.[1063] 따라서 고용주와 경쟁을 하지 않겠다는 경업금지약정(non-competition agreement)

1060) Morlife, Inc. v. Perry, 56 Cal. App. 4th 1514, 1525, 66 Cal. Rptr. 2d 731, 738 (1997).

1061) American Credit Indemnity Co. v. Sacks, 213 Cal.App.3d 622, 634-36, 262 Cal.Rptr. 92, 99-100 (1989).

1062) Id., 213 Cal.App.3d 622, 634-36, 262 Cal.Rptr. 92, 99-100 (1989).
   Sacks informs ACI's customers of the interesting competitive alternative F & D offers as compared to ACI's policies. She invites their inquiry about the F & D policy and indicates she would be happy to discuss it in detail when they are ready to renew. She personally petitions, importunes and entreats ACI's customers to call her at any time for information about the better policies F & D can provide and for assistance during the agent transition period.
   Id.

1063) Calf. Bus. & Prof. Code, § 16600.

은 무효이다. 그러나 그 조항의 그 내용에 관계없이 조항 자체로(per se) 무
효인 것은 아니다. 그 조항이 목적하고자 하는 범위를 넘는, 상당성이나 합
리성이 없는 조항을 무효로 하는 것이다.

그러나 전 피용인이 불법적 목적이나 고용주의 합법적 이익, 즉 공정한
경쟁의 이익을 침해하는 경우에는 그 책임으로부터 벗어나지 못한다. 그와
같은 전 피용인의 불법적 행위는 캘리포니아 주 상법전(Bus. & Prof. Code)
§16600 조항의 문제가 아니라 그 자체로 공정거래법 위반 문제를 야기하기
때문이다.

AMN Healthcare, Inc. v. Aya Healthcare Servs. 사건에서 원고는 자신을
위해 TN(traveling nurse, 방문간호사)을 모집하는 모집책인 피고가 경쟁자
를 위해 원고에 고용된 TN에게 1년이상 고객연결서비스를 중단하도록 하
는 내용의 유인금지약정(non-solicitation clause)을 위반하였다고 소송을 제
기했다. 피고는 원고와 체결한 유인금지약정(non-solicitation clause)을 포함
하여 신뢰관계 및 영업비밀 비공개약정은 거래를 제한하는 부적절한 계약
이라고 주장했다. 법원은 원고와 피고 사이에 고객유인을 금지하는 약정은
피고로 하여금 자신의 직무를 행하지 못하게 하는 것으로서 이 사건 유인
금지약정(non-solicitation clause)은 무효라고 판시했다.[1064] 법원은 광범위
한 경업금지조항, 유인금지조항은 캘리포니아 상법전 §16600에 위반되고,
이사건 TN 명단은 이미 알려진 것으로 영업비밀이 아니라고 판시했다.

동일한 사안에 대하여 연방법원에 소가 제기되었는데 제9순회법원은 이
사건 유인금지약정은 공정거래법에 위반되는 것은 아니고, 피고가 위 약정
이 합리적 범위를 벗어났다는 점에 대해서 입증을 못했다고 판시했다.[1065]

[1064] AMN Healthcare, Inc. v. Aya Healthcare Servs., Inc., 28 Cal. App. 5th 923, 239
Cal. Rptr. 3d 577 (2018).

[1065] Aya Healthcare Services, Inc. v. AMN Healthcare, Inc., No. 20-55679 (9th Cir.
2021).

American Credit Indemnity Co. v. Sacks 사건1066) 법원은 그 판시에서 Aetna Bldg. Maintenance Co. v. West 사건의 판결과 비교하였다. Aetna Bldg. Maintenance Co. v. West 사건 법원은 일반 원칙으로 고객유인(solicitation)과 홍보(informing)을 구분했다. 법원은

> [m]erely informing customers of one's former employer of a change of employment, without more, is not solicitation. Neither does the willingness to discuss business upon invitation of another party constitute solicitation on the part of the invitee. Equity will not enjoin a former employee from receiving business from the customers of his former employer, even though the circumstances be such that he should be prohibited from soliciting such business."1067)

라고 하여, 종전 고용주의 고객에게 자신의 이직과 전직을 알리는 것 이상이 없다면 이는 고객유치가 아니라고 한다. 또한 고객의 초대에 따라 영업에 관한 논의를 하는 것은 고객유치가 아니라고 한다. 즉 종전 고용주의 고객이 적극적으로 피고에게 접근하여 고객이 되는 것은 부당한 고객유치(solicitation)을 구성하지 않는다는 것이다.

고객유인금지조항은 경업금지조항의 일부에 해당한다. 고객유인금지조항도 합리성 원칙(rule of reason)에 의하여 그 유효성이 판단된다. ADP, LLC v. Kusins 사건1068)에서 뉴저지 주 법원은 판매책임자에 대한 경업금지조항을 그들이 활동한 지역내에서의 제한을 하는 것을 합리적인 제한으로 인정하여 그 유효성을 인정했다. 법원은

1066) American Credit Indemnity Co. v. Sacks, 213 Cal. App. 3d 622 (1989).
1067) Aetna Bldg. Maintenance Co. v. West, 39 Cal.2d 198, 204, 246 P.2d 11, 15 (1952).
1068) ADP, LLC v. Kusins, 215 A.3d 924 (App. Div. N.J. 2019).

For the reasons that follow, ADP may only prohibit its employees, upon separation from the company, from soliciting any of ADP's actual clients with whom the former employee was directly involved or who the employee knows to be ADP's client. As to the solicitation of prospective clients, it is unreasonable and onerous to restrict defendants from soliciting clients unknown to defendants while at ADP. Therefore, when working for a competitor, a former employee is only prohibited from soliciting a prospective ADP client if the employee gained knowledge of the potential client while at ADP and directly or indirectly, solicits that client after leaving.

In considering the non-compete provision, we find it reasonable for ADP to restrict its former employees, for a reasonable time, from providing services to a competing business in the same geographical territory in which the employee operated while at ADP.[1069]

라고 판시했는데, 피용인이 고용주와의 고용관계 중에 알 수 있는 고객에 대하여 퇴직후에 유인(solicitation)을 하는 것을 금지하는 것은 합리적인 범위내이지만, 피용인이 고용주와의 고용계약관계 중에 알 수 없는 고용주의 고객에 대하여 유인을 하는 것을 금지하는 것은 합리적인 범위내의 경업금지 제한이 아니라고 한다. 따라서 경업금지에 대한 합리적인 지역적 범위는 피용인이 고용주의 업무를 수행하였던 지역이라고 할 수 있고, 고객은 피용인이 접촉하였던 고객에 한정된다고 할 수 있다.

1069) Id., 929.

4. 불가피한 공개원칙
(Inevitable Disclosure Doctrine)[1070]

미국 법원은 명시적인 영업비밀공개금지 또는 경업금지조항이 없더라도 판례법에 의하여 불가피한 공개원칙(Inevitable Disclosure Doctrine)을 발전시켜왔다.

Teradyne v. Clear Communications Corp. 사건[1071]에서 제7순회법원은

the defendants' claimed acts, working for Teradyne, knowing its business, leaving its business, hiring employees from Teradyne and entering the same field (though in a market not yet serviced by Teradyne) do not state a claim of threatened misappropriation. All that is alleged, at bottom, is that defendants could misuse plaintiff's secrets, and plaintiffs fear they will. This is not enough. It may be that little more is needed, but falling a little short is still falling short.

라고 판시하면서 불가피한 공개원칙을 적용하지 않았다. 피고가 원고를 위해 일하고, 원고의 영업을 알고, 원고와 고용계약을 종료하고, 원고의 직원들을 고용하면서 원고가 영업하려는 분야와 동일한 분야의 영업을 시작하는 것만으로는 원고의 영업비밀의 부정취득을 감행하려는 것으로 인정할 수 없다고 판시했다. 법원은 그와 같은 사실만으로 불가피한 공개원칙을 적용하기 부족하다고 하였다.

불가피한 공개원칙은 PepsiCo, Inc. v. Redmond 사건[1072]에서 인정되었

1070) 본서 "제4장 제4절 3. 나. 불가피한 공개원칙(Inevitable Disclosure Doctrine)" 참조.
1071) Teradyne v. Clear Communications Corp., 707 F. Supp. 353 (N.D. Ill. 1989).
1072) PepsiCo, Inc. v. Redmond, 54 F.3d 1262 (7th Cir. 1995).

다. 법원은 새로운 고용주가 고용하는 사람이 지닌 전 고용주의 영업비밀에 의존하게 될 수 밖에 없는 상황(threatened misappropriation; threatened use)이 존재하여야 한다고 판시하였다. 본 사건은 펩시회사의 일반 관리자였던 Redmond를 경쟁회사가 경쟁분야의 관리자로 채용한 사건인데, 법원은 불가피한 공개원칙에 의해 영구적으로 전 고용주의 영업비밀의 사용금지를 하고, 6개월의 전직금지를 명했다.1073)

법원이 인정한 불가피한 공개원칙의 적용요건은 다음과 같다:

ⅰ) 원고가 영업비밀을 가지고 있어야 하고,
ⅱ) 원고가 신뢰관계하에서 피고용인에게 영업비밀을 공개하여야
하고,
ⅲ) 피고용인이 전고용주와 직접 경쟁관계에 있는 경쟁자에게 고용이
되어야 하고,
ⅳ) 피고용인의 전 직장의 업무와 직위가 동일 또는 실질적으로 유사
하여야 하고,
ⅴ) 피고용인의 현재 의 지위나 업무상태가 자신의 전 고용주의 영업비밀
을 공개 또는 사용할 수 밖에 없어야 함(threatened misappropriation)

불가피한 공개원칙은 일반적으로 인정되는 법원칙은 아니다. 캘리포니아 주법원이나 텍사스 주법원 그리고 플로리다 주 법원 등은 위 원칙을 인정하지 않는다. 법원은 비밀유지약정을 경업금지약정과 구별하여 비밀유지약정을 경업금지약정으로 확대 해석하지 않는다. 따라서 종업원이 이직 후에 자신의 경쟁자와 일을 하는 것을 원치 않는 경우에는 명시적으로 경업금지 의무를 계약상의 의무로 규정하는 것이 필요하다.

1073) Id.

불가피한 공개원칙은 결국 묵시적인 영업비밀유지의무와 경업금지의무를 인정하는 것이므로 직업선택의 자유와 충돌문제를 발생시킨다. 불가피한 공개원칙은 종업원의 기본권인 직업선택의 자유를 제한하기 때문에 명시적인 규정이 필요하다. 나아가 불가피한 공개원칙을 인정하는 경우에 종업원의 이직을 통한 지식이나 기술의 확산은 상대적으로 어렵게 된다. 그러한 이유로 매사추세스 주 법원은 명시적인 경업금지계약이 없는 경우에 고용관계종료 후의 전직금지를 인정하는데 소극적이다.

Unitrode Corp. v. Linear Technology 사건1074)에서 매사추세스 주 대법원 (the Supreme Judicial Court of Massachusetts)은 '불가피한 공개원칙'에 근거하여 청구한 영업비밀 부정사용소송을 기각했다. 매사추세스 주 대법원은 매사추세스 주 법원들이 아직 위 원칙을 명시적으로 인정하거나 이를 부정한 선례가 없다는 사실을 언급했다.1075) CSC Consulting, Inc. v. Arnold 사건에서 매사추세스 주 대법원은 고위의 집행업무 담당자였던 피용인이 경쟁회사를 위해서 불가피하게 영업비밀을 사용하거나 공개할 것으로 보이지 않는다고 하면서 불가피한 공개원칙에 기초한 원고의 주장을 기각했다.1076)

우리나라의 경우, 영업비밀보호법의 발전 초기부터 불가피한 공개원칙 법리(inevitable disclosure doctrine)를 수용한 것과 같은 판결을 하고 있다. 앞서 언급한 모나미 사건에서 서울고등법원은 영업비밀유지의무의 일반원

1074) Unitrode v. Linear Technology, 11 Mass. L. Rptr. 145 (Mass. Cmmw. Feb. 17, 2000).

1075) Unitrode Corp. v. Linear Tech. Corp., No. 98-5983, 2000 WL 281688 (Mass. Super. Feb. 17, 2000) ("While there may not be Massachusetts cases which have yet recognized the inevitable disclosure rule, none of the cases relied on by the defendants actually rejects it." Id., 4.).

1076) CSC Consulting, Inc. v. Arnold, 13 Mass. L. Rptr. 535 (Mass. Cmmw. Jul. 12, 2001).

칙으로서

> 한편 위 (라)목에서 말하는 "계약관계 등에 의하여 영업비밀을 비밀로
> 서 유지할 의무"라 함은 계약관계 존속 중은 물론 <u>종료 후라도</u> 또한
> 반드시 명시적으로 계약에 의하여 비밀유지의무를 부담하기로 약정한
> 경우뿐만 아니라 <u>인적 신뢰관계의 특성 등에 비추어 신의칙상 또는 묵
> 시적으로 그러한 의무를 부담하기로 약정하였다고 보아야 할 경우를</u>
> 포함한다고 해석함이 타당하다 하겠다.[1077]

라고 판시하여, 그 영업비밀을 불가피하게 사용할 수 밖에 없는 사정을 인
정하면서 명시적인 약정이 없더라도 영업비밀유지의무가 있다고 판시를
하였다.[1078] 아래 사건에서 대법원은 신뢰관계가 형성되었다고 하면서 묵
시적인 비밀유지의무를 인정했다:

> 피고는 제일엔지니어링으로부터 위 조립식 접속함을 제작·납품할 것
> 을 하청받았는데 당시 금형 제작기술을 보유하고 있지 않았으므로 태

1077) 서울고등법원 1996. 2. 29 선고 95나14420 판결.
1078) 위 판시는 아래와 같이 상고심인 대법원(대법원 1996. 12. 23. 선고 96다16605 판
결)에서도 인정되었다.
> 피고 이동섭은 계약관계 및 신의성실의 원칙상 원고 회사에서 퇴사한 후에도
> 상당 기간 이 사건 기술정보에 대하여 비밀유지의무를 부담한다고 할 것인데
> 도 불구하고, 피고 이동섭은 피고 회사로부터 고액의 급여와 상위의 직위를
> 받는 등의 이익을 취하는 한편 피고 회사로 하여금 잉크를 제조함에 있어서
> 이 사건 기술정보를 이용하여 시간적·경제적인 면에서 이익을 얻게 하기 위
> 하여 피고 회사에서 이 사건 기술정보를 공개하고 스스로도 피고 회사에서
> 원고 회사가 보유하는 이 사건 기술정보를 사용하여 잉크를 생산하거나 생산
> 하려고 하였으므로, 피고 이동섭의 이러한 행위는 공정한 경쟁의 이념에 비
> 추어 선량한 풍속 기타 사회질서에 반하는 부정한 이익을 얻을 목적에서 행
> 하여진 것으로서 부정경쟁방지법 제2조 제3호 (라)목 소정의 영업비밀 침해
> 행위에 해당하고 …

백정밀이란 상호의 업체에게 위 조립식 접속함에 대한 금형제작 의뢰
를 하였고, 피고를 포함한 위 제일엔지니어링, 태백정밀은 일의 진행
결과를 팩스 등을 통해서 서로 주고받은 사실을 인정한 다음, 피고와
태백정밀은 제일엔지니어링으로부터 이 사건 조립식 접속함 제작과
관련하여 지정된 하청업체들로서 제일엔지니어링의 필요한 지시에 따
라야 할 위치에 있었을 뿐만 아니라, 위 제일엔지니어링이 시작품 제
작에 관여하게 된 경위 등에 관하여 잘 알고 있었거나 알 수 있었던
상태에 있었다고 추정함이 상당하므로 적어도 위 제일엔지니어링이
비밀유지의무를 지고 있음을 잘 알고 있었다고 보이고, 피고나 태백정
밀 또한 위 제일엔지니어링이나 피고에 대하여 상관습상 이러한 비밀
유지의무를 부담한다 할 것이므로 … 1079)

본 사건은 영업비밀을 보호해야 할 신뢰관계가 형성되었음데도 불구하
고 영업비밀유지의무의 존재가 입증이 되지 않아 비밀유지의무 없는 자에
게도 상관습상 비밀유지의무를 부담하게 하는 것은 그 당사자가 불가피하
게 그 비밀을 공개하거나 사용할 지위에 있기 때문인 것으로 보인다. 이러
한 판결은 실질적으로 불가피한 공개원칙을 인정한 것과 같은 결과를 가져
온다고 할 수 있다. 다만 위 판결은 신뢰관계상 영업비밀을 공개 또는 사용
할 수 밖에 없어야 하는 관계, 즉 'threatened misappropriation'(또는 threatened
use)의 존재를 명확히 입증되어야 불가피한 공개원칙을 인정하도록 하는
것이 바람직해 보인다.
다음 사건에서 대법원은 좀 더 구체적으로 불가피한 공개원칙을 전제로
한 것으로 판단된다.

영업비밀침해금지를 명하기 위해서는 그 영업비밀이 특정되어야 할

1079) 대법원 2005. 2. 18. 선고 2003후2218 판결.

것이지만, 상당한 정도의 기술력과 노하우를 가지고 경쟁사로 전직하여 종전의 업무와 동일, 유사한 업무에 종사하는 근로자를 상대로 영업비밀침해금지를 구하는 경우 사용자가 주장하는 영업비밀이 영업비밀로서의 요건을 갖추었는지와 영업비밀로서 특정이 되었는지 등을 판단함에 있어서는, 사용자가 주장하는 영업비밀 자체의 내용뿐만 아니라 근로자의 근무기간, 담당업무, 직책, 영업비밀에의 접근 가능성, 전직한 회사에서 담당하는 업무의 내용과 성격, 사용자와 근로자가 전직한 회사와의 관계 등 여러 사정을 종합적으로 고려하여야 할 것이다.[1080]

…

근로자가 회사에서 퇴직하지는 않았지만 전직을 준비하고 있는 등으로 영업비밀을 침해할 우려가 있어서 이를 방지하기 위한 예방적 조치로서 미리 영업비밀침해금지를 구하는 경우에는 근로자가 그 영업비밀을 취급하던 업무에서 실제로 이탈한 시점을 기준으로 영업비밀침해금지기간을 산정할 수 있을 것이며, 영업비밀이 존속하는 기간 동안에는 영업비밀의 침해금지를 구할 수 있는 것이므로, 근로자가 퇴직한 이후에 영업비밀침해금지를 구하는 경우에도 근로자가 영업비밀 취급 업무에서 이탈한 시점을 기준으로 영업비밀침해금지기간을 산정함이 타당할 것이다.

라고 판시하였는데, 위 사건은 전직금지약정이 없었던 사건이다. 전직금지약정이 없음에도 불구하고 법원은 "근로자가 회사에서 퇴직하지는 않았지만 전직을 준비하고 있는 등으로 영업비밀을 침해할 우려"가 있다는 점을 인정하여 'threatened misappropriation'의 존재를 인정하고 있다.

다만 예전 판결중에는 'threatened misappropriation'이 존재함에도 불가피한 공개원칙이 언급되지 않은 경우도 있었다.[1081] 이 사건은 원심에서 "신

1080) 대법원 2003. 7. 16. 자 2002마4380 결정 (원심: 서울고법 2002. 11. 12.자 2002라 313 결정).

청인 회사는 피신청인 회사가 설립된 1992. 8. 31.에는 영업상의 비밀이 침해될 우려가 있음을 알았다고 할 것이므로, 위 영업비밀 침해 행위의 금지 또는 예방을 청구할 수 있는 권리는 그로부터 1년이 지난 1993. 8. 31. 부정경쟁방지법 제14조에 의하여 시효소멸하였다고 판단" 하였는데, 위 원심판결은 'threatened misappropriation'의 상황을 인정하고 있지만, 대법원은 소멸시효와의 기산점 문제에서 대법원은 "채무자가 채권자의 영업비밀을 이용하여 제품을 생산·판매하려고 회사를 설립하였고 채권자가 그 사실을 알고 있었다고 하더라도, 그와 같은 사정만으로는 채무자 회사를 설립한 시점에 바로 침해행위가 개시되었다고 단정할 수 없으므로"라고 하여1082) 'threatened misappropriation'가 있을 당시를 소멸시효진행의 시점이 시작된 것으로 판단하지 않았다.

5. Employee Raiding
(Employee Poaching, Corporate Raiding)

한 기업의 업무 부분의 인력 전부나 상당한 수의 인력 또는 한 기업의 상당한 수의 인력을 스카웃하여 그 기업의 정상적인 영업을 방해하는 것을 employee raiding/employee poaching(이하, 'employee rainding')이라고 한다. 2000년대 초반 우리나라에서도 대우자동차회사가 재정적으로 어려운 상태가 되었을 때 그 연구소의 연구원들을 특정 기술의 경쟁회사가 일괄 채용하여 문제가 된 적이 있는데 이는 employee raiding이라고 할 수 있다. 그 이외도 최근에 게임회사에서 게임 개발자들이 집단으로 국내외로 전직하

1081) 다만 이러한 결과는 해당 소송의 특이성과 소송 진행상의 문제로 보이고, 법리판단의 미흡으로 보이지는 않고, 여러 가지 이유가 있다고 보인다.
1082) 대법원 1996. 2. 13.자 95마594 결정.

여 문제된 경우도 있다.[1083]

[LG-EDS] 대우車 인력 스카우트 '논란'[1084]

시스템통합(SI) 업체인 LG-EDS가 법정관리 상태인 대우자동차의 핵심 연구인력을 무더기로 스카우트, 대우차와 심각한 갈등을 빚고 있다.

대우차는 12일 "연구인력 감소로 차량개발 지연은 물론, GM과의 매각협상에도 차질을 빚을 수 있다"며 법원에 '스카우트 중단'을 요구하는 가처분 신청을 냈다. LG-EDS는 최근 대우차 기술연구소 인력 18명을 한꺼번에 스카우트해 갔으며, 이들은 상품기획·차체·의장·전장·섀시 등 자동차 개발에 필요한 핵심 인력이라고 대우차는 말했다.

LG-EDS가 대우차 연구인력 스카우트에 나선 것은 말레이시아 프로톤 자동차와 경차 개발 사업을 추진하는 과정에서 자동차 전문인력이 필요했기 때문이다. LG-EDS는 지난해 11월 대우차 연구소에서 신차 개발을 주도했던 이모(某) 상무를 영입한 후 프로톤과 경차 개발사업을 추진, 최근 계약을 체결했다.

LG-EDS가 자동차 연구인력을 무더기로 빼내가자 대우차는 인천지방법원에 LG-EDS를 상대로 자동차 개발사업과 인력 스카우트의 중단을 요청하는 내용의 가처분 신청서를 제출했다.

대우차 김종도 이사는 "LG-EDS로 옮겨간 연구원들이 대우차와 경쟁관계에 있는 프로톤 자동차의 경차 개발 사업에 나서는 것은 이들이 대우차에 입사할 때 '재직 중 알게 된 경영·기술상의 비밀을 퇴직 후 경쟁관계에 있는 회사를 위해 사용하지 않겠다'고 서명한 서약서를 위반한 것"이라고 말했다.

이에 대해 LG-EDS측은 "최근 대우차 연구원들이 일본과 동남아로 빠져나가고 있어 이들 가운데 일부를 받아들인 것"이라고 주장했다.

1083) 대법원 2014. 3. 13. 선고 2011다17557 판결 (엔씨소프트 사건).

영업비밀보호법의 기본 원칙은 타인과 신뢰관계나 영업비밀보호의무를 형성하고 그 신뢰관계나 영업비밀보호의무하에서 취득한 그 타인의 영업비밀을 허가없이 사용 또는 공개할 수 없다는 것이다. 반대로 그의 지식이나 경험 또는 기능은 그의 신체의 일부이므로 전직이나 이직을 하더라고 그러한 지식 등은 자유롭게 사용할 수 있다.

employee raiding은 유인(solicitation)과 같이 타인의 정상적인 영업을 방해하는 것은 같지만, 유인과는 다른 측면에서 법적문제를 야기한다. 타인의 정상적인 영업수행과 고용관계를 불공정한 방법으로 침해하는 것이다. 일반 원칙으로서 누구든지 타인의 영업을 불법적이거나 불공정한 방법으로 방해할 수는 없다. 타인의 정상적인 영업을 불법적이거나 불공정한 방법으로 방해하는 것, 예컨대 이익이 되는 관계(advantageous relations)와 계약의 이행 방해(contract interference)[1085]에 대한 계약위반의 교사(inducing breach of contract)[1086]는 정상적인 영업행위는 아니다. 고용주와 피고용인 사이는 이익이 되는 계약관계(advantageous relations)라고 하더라도 그 피고용인을 스카웃하는 행위에 어떤 불법적인 요소가 없다면 그와 같은 이직을 권유하고 채용하는 행위는 합법적이다.[1087] 개인이 자신의 창의성을 달성하고 직업의 자유를 수행하는 것은 기본적 인권으로 간주된다. 또한 고용주의 영업의 자유도 불법적인 행위로 부터 보호되어야 할 이익이다. 따라서 불법적인 행위가 없다면 이직과 전직은 보호되어야 한다.

1084) 조선비즈, 2001. 7. 12. (https://biz.chosun.com/site/data/html_dir/2001/07/12/2001 0712 70412.html).

1085) Speegle v. Board of Fire Underwriters, 29 Cal. 2d 34 (1946).

1086) Imperial Ice Co. v. Rossier, 18 Cal. 2d 33 (1941); Romano v. Wilbur Ellis & Co., 82 Cal. App. 2d 670 (1942); Shida v. Japan Food Corp., 251 Cal. App. 2d 864 (1967).

1087) Buxbom v. Smith, 23 Cal. 2d 535 (1944); Triangle Film Corp. v. Artcraft Pictures Corp., 250 F. 981 (2d Cir. 1918); Harley & Lund Corp. v. Murray Rubber Co., 31 F.2d 932 (2d Cir. 1929); Vincent Horwitz Co. v. Cooper, 352 Pa. 7 (1945).

만일 피용인의 이직과 전직 그리고 권유(solicitation) 과정에서 불공정하거나 기망적 수단을 사용한 경우, 이는 종전 고용인에게 불법행위가 성립한다. 불법적인 행위가 관련된 경우에는 정상적인 경쟁행위라고 할 수 없기 때문이다.[1088) 이러한 경우 피용인과 경쟁자의 이익이 고용주의 이익에 우선한다고 할 수 없다.[1089) 전 고용주의 영업비밀인 고객정보를 부적절하게 취득하여 그 고객정보를 이용하여 자신의 고객이나 새로운 고용주의 고객을 유치하는 것은 적절한 행위가 아니다.

Bancroft-Whitney Co. v. Glen 사건[1090)은 원고회사 대표의 비서였던 Glen이 경쟁회사의 신설 자회사에 이직하면서 원고 회사에게 아무런 통고를 하지 않았고, 법률서적 출판을 하고 있던 원고회사의 영업을 유지하기 위한 중요한 35명(먼저 20명 이상을 선발하여 이직시키고 후에 15명 이상을 선발하여 이직시켰고, 자신의 이직 과정에서도 이직에 대한 통지도 없었고 여전히 원고와 고용관계를 유지했다.) 이상의 직원들을 선발하여 함께 이직한 employee raiding 사건이다. 원고는 피고가 허위표시, 고의적인 이익적 계약관계의 침해와 피고가 이직을 함에도 원고에게 아무런 통고를 하지 않은 상태에서 원고의 내부정보와 신뢰정보를 사용하였다고 주장했다. 원고의 영업인 법률서적 출판에서 매우 중요한 비밀정보들도 피고

1088) Diodes, Inc. v. Franzen, 260 Cal. App. 2d 244, 67 Cal. Rptr. 19 (Cal. App. 1968) ("However, if either the defecting employee or the competitor uses unfair or deceptive means to effectuate new employment, or either of them is guilty of some concomitant, unconscionable conduct, the injured former employer has a cause of action to recover for the detriment he has thereby suffered. Neither the wrongdoing employee nor his new employer will be heard to say that his conduct was justifiable as a part of competitive strife." Id., 255).

1089) Buxbom v. Smith, 23 Cal. 2d 535, 546-547 (1944); George v. Burdusis, 21 Cal. 2d 153, 161 (1942); Globe & Rutgers Fire Ins. Co. v. Firemen's Fund Ins. Co., 97 Miss 148 (1910); Driver v. Smith, 89 N.J.Eq. 339 (1918).

1090) Bancroft-Whitney Co. v. Glen, 64 Cal.2d 327, 352,411 P.2d 921, 49 Cal. Rptr. 825 (1966).

Glen을 고용한 공동피고인들의 요청으로 피고 Glen이 알려 주었다. 특히 원고와 고용중임에도 불구하고 경쟁사에게 협력하여 자신이 현직으로 근무하던 직장의 인력채용을 도와주는 것은 충실의무 위반(duty of loyalty)의 문제를 야기한다.

이 사건 원심은 영업비밀침해와 이익적 고용관계 침해 등에 대한 원고의 주장을 기각했다. 그러나 캘리포니아 주 대법원은 피고들의 영업비밀침해 등 부정경쟁행위를 인정했다. 대법원은 회사의 직원은 회사의 이익을 적극적으로 지켜야 할 의무 뿐만 아니라 회사에게 해가 될 일을 하지 말아야 할 의무나 자신의 능력과 지식을 회사를 위해 사용하여야 하므로 회사의 이익에 해가 되지 않게 하여야 할 의무, 회사가 합리적이고 합법적인 영업을 할 수 있도록 하여야 할 의무가 있고, 캘리포니아 법은 회사 직원은 자신의 권한을 신의성실의 원칙에 따라 회사의 이익을 위해 행할 의무가 있다고 판시하면서, 위와 같은 employing raiding과 영업비밀 침해행위를 한 것은 충실의무위반과 불공정경쟁행위를 한 것이라고 판시했다. 이 사건은 경업금지약정이 원칙적으로 금지되는 캘리포니아 주에서 영업비밀 침해 등이 인정된 사건이라는 점에서 주목을 받는다.

다른 법원은 solicitation과 employee raiding이 문제된 사건에서

A court should consider the nature of the employment relationship, the impact or potential impact of the employee's actions on the employer's operations, and the extent of any benefits promised or inducements made to co-workers to obtain their services for the new competing enterprise. No single factor is dispositive; instead, a court must examine the nature of an employee's preparations to compete to determine if they amount to impermissible solicitation.[1091]

1091) Jet Courier v. Mulei, 771 P.2d 486, 497 (Colo. 1989).

라고 하여, 허용되지 않은 유인(solicitation)이라는 사실만이 아니라 다양한 요소를 고려하여야 한다고 판시했다.

다만, 불법행위를 인정하는 경우에 그 가벌성은 매우 크게 된다. employee raiding은 원고의 영업을 고의 파괴 경쟁(predatory competition)가 있기 때문이다. 부사장보의 직함을 가진 고위직인 피고(Pope)가 자신의 일하고 있는 회사의 4명의 영업팀장과 함게 이직하고, 회사의 40여개 부서의 직원과 함게 이직할 계획을 가지고 일부 직원들에게 이직을 권유하여 일부 직원은 피고 Pope과 함께 이직하기로 했다. 1심 법원은 피고들의 불법행위를 인정하고 손해배상으로 630만 달러를 인정했다. 징벌적 손해배상으로 Pope를 고용한 First American에게 3,500만 달러를, Pope에게 20만 달러를 부과했다. 항소심도 피고들의 불법행위를 인정하였고, 징벌적 손해배상액만 총 610만 달러로 감액을 하여 주었다.[1092]

1092) Security Title Agency, Inc. v. Pope, 219 Ariz. 480, 200 P.3d 977 (Ariz. Ct. App. 2008).

제4절 영업비밀의 합법적 취득

1. 영업비밀의 합법적 취득

영업비밀 보유자는 영업비밀을 처분할 자유가 있다. 영업비밀에 대한 양도나 라이센싱은 당사자의 합의에 의한 적법한 영업비밀의 취득방법이다.

영업비밀은 특허와 같은 보호가 아니라 저작권과 같은 보호를 한다. 영업비밀인 정보는 배타적인 소유권이 부여되지 않는다. 독립적인 창작이나 노력에 의한 결과물에 대하여 보호하는 것은 저작권이나 영업비밀이나 같다. 다만 상세 요건에서 차이가 있을 뿐이다. 저작권이나 영업비밀은 타인의 독립적인 창작이나 취득에 대해서는 자신의 권리를 주장하지 못한다는 점에서 같다.

역분석이나 판매되는 상품의 관찰을 통하여 필요한 정보를 알아내는 것은 합법적이다. 헌법상 학문의 자유로 보장되는 행위이다. 역분석이 가능하거나 상품의 관찰을 통하여 알아낼 수 있는 기술은 고급기술은 아니다. 즉 보호할 가치가 많지 않다는 의미이다. 따라서 그러한 정보나 기술의 보유자는 상품의 판매를 통하여 경쟁자가 적법하게 알아내어 상품을 시장에 출시할 수 있는 기간 동안 경쟁상의 우월적 지위를 갖게 되고, 그것으로 충분하다. 시장은 건강한 경쟁을 보호하고 이를 통하여 산업발전을 가져오는 것이 국민 전체의 효용을 증진시키는 것이다. 이러한 논리는 공리주의 철학(Utilitarianism)에서 뒷받침된다.[1093] 최초의 상품은 가장 긴 우월적 지위

1093) Peter S. Menell et. al., Intellectual Property in the New Technological Age: 2020, Aspen, 2020, p. 22.

(lead time)를 갖게 되고, 상대적으로 우수한 기술도 긴 우월적 지위를 갖게 된다.

2. 역분석(reverse engineering)

가. 원칙

관찰과 연구를 통한 역분석은 합법적으로 경쟁자의 영업비밀을 취득하는 수단이다. 법원(legal authority)에 따라서는 역분석을 합법적인 취득방법으로 규정하는 경우가 있다. DTSA가 그러한 경우인데, DTSA는 부적절한 수단(improper means)에 "does not include reverse engineering, independent derivation, or any other lawful means of acquisition."[1094] 라고 역분석이 포함되지 않음을 명시한다.

UTSA의 경우에도 영업비밀을 침해하지 않는 적절한 수단(proper means)의 예로

1. Discovery by independent invention;
2. Discovery by "reverse engineering", that is, by starting with the known product and working backward to find the method by which it was developed. The acquisition of the known product must, of course, also be by a fair and honest means, such as purchase of the item on the open market for reverse engineering to be lawful;
3. ….
4. Observation of the item in public use or on public display;

1094) 18 U.S.C. §1839(6)(B).

5. Obtaining the trade secret from published literature.[1095]

을 규정하고 있다. ⅰ) 독립적인 발명, ⅱ) 일반 시장에서의 취득과 같이 '공정하고 정직한 방법'(a fair and honest means)에 의하여 상품을 취득하여 역분석을 하거나 ⅲ) 공개되어 사용되거나 공중에게 개방된 상태에서 관찰하거나, ⅳ) 출판된 서적 등으로부터 취득하는 경우를 예를 들고 있다.

Brown v. Fowler 사건[1096]에서 텍사스 주 법원은

> The means by which the discovery is made may be obvious, and the experimentation leading from known factors to presently unknown results may be simple and lying in the public domain. But these facts do not destroy the value of the discovery and will not advantage a competitor who by unfair means obtains the knowledge without paying the price expended by the discoverer.[1097]

라고 하여 시중에 판매되는 상품의 관찰과 실험을 통하여 얻는 정보를 영업비밀로 보호받을 수 있음을 지적하고 있다.

계약에 의해서 역분석을 금지하는 것은 그 계약의 종류에 따라 다르다. 개별적인 라이센스 계약을 통하여 역분석을 금지하는 것은 계약자유원칙에 의해 정당한 것으로 평가된다.[1098] 그러나 일반적으로 금지하는 것은 학문의 자유를 침해하고 공정한 경쟁질서에 위반되는 것으로 허용되지 않

1095) UTSA §1 cmt.
1096) Brown v. Fowler, 316 S.W.2d 111 (Tex. Civ. App. 1958).
1097) Id., 114.
1098) SAS Institute v. World Pro- gramming Ltd., 874 F.3d 370 (4th Cir. 2017); K & G Oil Tool & Serv. Co. v. G & G Fishing Tool Serv., 158 Tex. 94, 314 S.W.2d 782, 785-86 (1958).

는다는 것이 확립된 법리이다.[1099] 시중에서 판매되는 제품을 구입하여 이를 관찰 분석하는 것은 정당한 역분석이다. 개별적인 라이센스나 개별적인 판매계약이 아닌 시중에서 구입하여 판매되는 제품에 대하여 역분석을 금지하는 것은 특허와 같은 재산권을 개인이 창설하는 결과가 되기 때문이다.[1100]

나. 역분석의 한계

역분석과 부적절한 수단(improper means)은 역의 상관관계(trade off)에 있다. 역분석의 영역이 넓어질수록 부적절한 수단(improper means)의 영역은 좁아진다. 이를 다른 면에서 분석하면 역분석이 부적절한 수단이 될 수 있다. 따라서 영업비밀의 침해가 되지 않는 역분석은 적절한 수단에 의한 역분석(reverse engineering by proper means) 내지 '공정하고 정직한 방법'(a fair and honest means)에 의한 역분석을 의미한다고 할 것이다.

앞서 언급했던 E.I. duPont deNemours & Co. v. Christopher 사건[1101]에서

1099) Vault Corp. v. Quaid Software Ltd., 847 F.2d 255, 265-67 (5th Cir. 1988); Chicago Lock Co. v. Fanberg, 676 F.2d 400 (9th Cir. 1982).

A lock purchaser's own reverse-engineering of his own lock, and subsequent publication of the serial number-key code correlation, is an example of the independent invention and reverse engineering expressly allowed by trade secret doctrine.

Id., 405.

1100) Chicago Lock Co. v. Fanberg, 676 F.2d 400 (9th Cir. 1982).

Imposing an obligation of nondisclosure on lock owners here would frustrate the intent of California courts to disallow protection to trade secrets discovered through "fair and honest means." See id. Further, such an implied obligation upon the lock owners in this case would, in effect, convert the Company's trade secret into a state-conferred monopoly akin to the absolute protection that a federal patent affords. Such an extension of California trade secrets law would certainly be preempted by the federal scheme of patent regulation.

Id., 405.

법원은

One may use his competitor's secret process if he discovers the process by reverse engineering applied to the finished product; one may use a competitor's process if he discovers it by his own independent research; but one may not avoid these labors by taking the process from the discoverer without his permission at a time when he is taking reasonable precautions to maintain its secrecy. To obtain knowledge of a process without spending the time and money to discover it independently is improper unless the holder voluntarily discloses it or fails to take reasonable precautions to ensure its secrecy.

In the instant case the Christophers deliberately flew over the DuPont plant to get pictures of a process which DuPont had attempted to keep secret. The Christophers delivered their pictures to a third party who was certainly aware of the means by which they had been acquired and who may be planning to use the information contained therein to manufacture methanol by the DuPont process. The third party has a right to use this process only if he obtains this knowledge through his own research efforts, but thus far all information indicates that the third party has gained this knowledge solely by taking it from DuPont at a time when DuPont was making reasonable efforts to preserve its secrecy. In such a situation DuPont has a valid cause of action to prohibit the Christophers from improperly discovering its trade secret and to prohibit the undisclosed third party from using the improperly obtained

---

1101) E.I. duPont deNemours & Co. v. Christopher, 431 F.2d 1012, 1016 (5th Cir.1970), cert. denied 400 U.S. 1024, 91 S.Ct. 581, 27 L.Ed.2d 637 (1971).

information.1102)

라고 판시하고 있다. 원고가 영업비밀의 비밀성을 유지하기 위한 상당하거나 합리적인 노력을 하고 있었는데, 피고가 이를 직접 노력하여 취득하는 것은 역분석으로 인정될 여지는 없을까 하는 문제를 야기한다. 위 판결에서 원고가 공장건설을 하면서 담장을 쌓는 행위를 하여 주위의 관찰으로부터 비밀성을 유지하기 위한 노력을 하고 있고, 그 노력은 상당하거나 합리적인 것으로 평가받는데, 피고가 그 노력을 무력화 시키는 행위, 즉 비행기를 타고 공장 건설 상공을 지나가면서 사진을 찍는 행위는 부적절한 취득으로 인정되었다. 비행기를 타고 상공에서 사진을 찍는 방법도 역분석이라고 할 것인데, 이는 상도덕에 위반되는 부적절한 수단에 의한 역분석으로 인정된 것이다. 그렇다면, 영업비밀보유자가 비밀성을 유지하기 위하여 상당하거나 합리적인 노력을 하는 한, 경쟁자는 역분석을 할 수 없다는 결론에 이르게 된다. 법원은 컴퓨터 소프트웨어의 목적코드(object code) 형태로 배포된 프로그램에 대해서 역분석을 인정하지 않았다.1103)

위와 같은 법리에 대하여 E.I. duPont deNemours & Co. v. Christopher 사건1104) 법원은

1102) Id., 1016-17.

1103) Data General Corp. v. Grumman Systems Support Corp., 825 F. Supp. 340 (D. Mass. 1993).

With the exception of those who lawfully licensed or unlawfully misappropriated MV/ADEX, Data General enjoyed the exclusive use of MV/ADEX. Even those who obtained MV/ADEX and were able to use MV/ADEX were unable to discover its trade secrets because MV/ADEX was distributed only in its object code form, which is essentially unintelligible to humans.

Id. 359. 그러나 Videotronics v. Bend Electronics, 564 F. Supp. 1471, 1476 (D. Nev. 1983) 사건에서 법원은 소프트웨어는 쉽게 복제될 수 있으므로 영업비밀이 될 수 없다고 판시했다.

> Although after construction the finished plant would have protected much of the process from view, during the period of construction the trade secret was exposed to view from the air. <u>To require DuPont put a roof over the unfinished plant to guard its secret would impose an enormous expense to prevent nothing more than a school boy's trick.</u> We introduce here no new or radical ethic since our ethos has never given moral sanction to piracy.[1105]

라고 판시하였다. 공장이 완성되어 공중의 눈에 노출된 경우(Although after construction the finished plant would have protected much of the process from view, during the period of construction the trade secret was exposed to view from the air.)에는 역분석이 허용되지 않는 것일까? 그렇지 않다. 공장을 짓거나 지은 후라도 언제든지 공공 관찰(the public view)에 의하여 관찰하는 것은 당연히 허용된다. 그렇다면 공장을 짓는 상공에서 비행기를 타고 가면서 관찰하고 이를 카메라에 기록하는 것은 관찰과 연구, 즉 역분석이 아닌가?

영업비밀보호법리는 공리주의와 도덕적 정의론에 의해 그러한 행위는 영업비밀보유자에게 과도한 부담을 주는 것으로 결국 영업비밀인 정보의 생성을 저해할 것이므로 사회 전체의 효용성을 감소시킨다. 로크(Locke)도 타인을 해하여서는 안된다(no harm proviso)고 하고 있다. 그리하여 도덕적 정의론에 의하여 상도덕의 기준에 의하여 역분석을 허용하지 않는다고 하여야 할 것이다.[1106] 만일 역분석이 적절하고 정직한 수단(proper and

---

1104) E.I. duPont deNemours & Co. v. Christopher, 431 F.2d 1012, 1016 (5th Cir.1970), cert. denied 400 U.S. 1024, 91 S.Ct. 581, 27 L.Ed.2d 637 (1971).

1105) Id., 1016-17 (5th Cir.1970).

1106) Telerate Systems, Inc. v. Caro, 689 F. Supp. 221 (S.D.N.Y. 1988)("Accordingly, the term "reverse engineering" is not a talisman that may immunize the theft of

honest means)에 의하여 취득이 되었다면 영업비밀의 침해가 일어나지 않을 것이지만 적절하고 정직한 수단이 아닌 부적절하고 부정직한 방법에 의해 취득이 되었다면 영업비밀의 부정취득을 한 것이다.[1107] 영업비밀 보유자가 상대적 비밀성 원칙에 의해 상당한 또는 합리적인 비밀성유지노력을 한 경우에는 적절한 역분석이 이루어질 수 없다.

Kadant, Inc. v. Seeley Machine, Inc. 사건[1108]은 역분석의 한계를 다뤘다. 이 사건 원고는 자회사를 통하여 제지분야에서 제지제조 기계와 워터 필터를 만드는 회사로서 미국내에서 경쟁력을 갖춘회사이었다. 원고 자회사는 1995년 Corlew라는 기계전문가를 채용하였다. 그는 3년간 근무하다 승진하여 회사내에서 고객이 주문한 기계의 검수업무와 사용매뉴얼 및 견적서를 작성하는 업무를 하게 되었다. 그는 업무를 진행함에 있어 컴퓨터를 사용하고 그 안에 도면과 매뉴얼 및 견적서 등을 저장하게 되었다. Corlew는 원고 자회사와 고객정보를 포함하여 신뢰정보를 공개하지 않겠다는 신뢰계약에 서명했다.

1999년 Corlew는 다시 승진하여 고객주문을 받은 기술자를 도와주는 임무를 맡게 되었고 2001년 여름 그는 원고 자회사와의 관계를 끝내고 2002년 4월부터 피고 Seeley 회사에서 그 회사의 종이 제조장비의 마켓팅을 맡게 되었다.

원고는 자세한 고객정보를 영업비밀로 유지했는데, Corlew가 그 고객정보와 기계도면 데이터 베이스에 접근하여 이를 취득하여 갔다고 주장했다.

---

trade secrets. The relevant inquiry remains whether the means used to obtain the alleged trade secret, including reverse engineering, were proper." Id., 233).

1107) Franke v. Wiltschek, 209 F.2d 493 (2d Cir. 1953)("Instead they gained it from plaintiffs via their confidential relationship, and in so doing incurred a duty not to use it to plaintiffs' detriment. This duty they have breached" Id., 495); Telerate Systems, Inc. v. Caro, 689 F. Supp. 221, 233 (S.D.N.Y. 1988).

1108) Kadant, Inc. v. Seeley Machine, Inc., 244 F. Supp. 2d 19 (N.D.N.Y. 2003).

Corlew는 시중에 판매되는 제품으로부터 역분석을 한 것이라고 주장했다.

시중에 판매되는 제품에 대해서는 구 제품에 구현된 영업비밀보유자와 구입자 사이에는 어떤 신뢰관계나 계약관계가 형성된다고 볼 수 없고, 역분석을 금지하는 조건으로 판매하는 것은 거래의 제한이 되어 무효라고 하여야 한다. 그러나 영업비밀보유자가 상당한 또는 합리적인 노력을 한 경우에는 역분석을 적절하고 정직한 수단이 아닌 부적절한 수단으로 역분석을 한 행위로 보아야 할 것이다.

법원은 원고의 제품이 매우 간단하고, 비기술적이며 부품도 매우 적어 역분석을 매우 짧은 기간에 할 수 있다는 피고의 주장을 받아드려 역분석이 부적절하게 이뤄졌다는 증거가 없다고 판시했다.

3. 공공의 이익

공공의 이익은 영업비밀 침해를 면책하는 원칙으로 인정된다. DTSA는 불법적 행위에 대한 의심이 있는 경우에 이를 공개하는 자를 보호하기 위한 목적으로 면책을 주고 있다. Restatement of Unfair Competition은 공중보건, 건강, 안전 또는 범죄행위의 보고 등 공공의 이익을 위한 행위는 영업비밀침해가 되지 않을 수 있다고 언급하고 있다.(A privilege is likely to be recognized, for example, in connection with the disclosure of information that is relevant to public health or safety, or to the commission of a crime or tort, or to other matters of substan- tial public concern.)[1109]

DTSA 시행전 판결이기는 하지만 범죄의 신고라도 광범위한 영업비밀의 공개는 공공의 이익이라는 이유로 면책이 되지 않았다.[1110] Cafasso는 항공

1109) Restatement of Unfair Competition § 40 cmt. c.
1110) Cafasso v. Gen. Dynamics C4 Sys., 637 F.3d 1047 (9th Cir. 2011).

우주기술자로서 정부계약을 이행하는 업체의 수석연구원이었는데 자신이 일하던 회사가 정부계약을 위반하였다고 생각하고 광범위한 자료[1111]를 다운받아 False Claims Act에 따라 정부에 비밀리에 알렸다. Cafasso의 상사는 그녀가 많은 자료를 다운 받은 사실을 인지하고 그녀를 계약위반, 영업비밀의 부정취득 및 횡령으로 제소했다. 그녀가 다운 받은 자료는 공중에 공개되지는 않았고, 그녀의 법률자문과 정부에게만 알려졌다. 법원은 그녀의 행위는 공공의 이익이라는 이유만으로 면책되지 않는다고 하였고, 항소심인 제9순회법원도 그녀가 취득한 자료가 필요이상의 광범위한 자료라는 이유로 그녀의 주장을 받아드리지 않았다.

2016년 제정된 DTSA는 면책조항을 포함하고 있다.[1112] 범죄혐의를 신고하는 경우에는 영업비밀침해에 대한 민사책임과 형사책임을 면책한다.

4. 선의자에 대한 특례규정의 평가

우리 영업비밀보호법[1113]과 일본 영업비밀보호법[1114]은 특이하게도 선의자에 대한 특례규정, 즉 영업비밀의 선의취득을 인정하고 있다. 이는 민

1111) 그녀는 문제가 된 자료 전부를 검색하여 한다는 생각으로 11기가바이트(GB)에 해당하는 자료를 다운로드 받았다. Id., 1062.
1112) 18 U.S. Code § 1833 - Exceptions to prohibitions.
1113) 영업비밀보호법 제13조.
1114) 일본 부정경쟁방지법 제19조 제1항 제6호.
   제2조 제1항 제4호부터 제9호까지의 부정경쟁: 거래에 따라 영업비밀을 취득한 자(영업비밀을 취득한 때에 그 영업비밀에 대하여 영업비밀 부정 공개 행위된 사실 또는 그 영업비밀에 대하여 영업비밀 부정취득행위나 영업비밀 부정공개행위가 개입한 사실을 알지 못하거나 알지 못한 데에 중대한 과실이 없는 자로 한정한다)가 그 거래에 따라 취득한 권원의 범위 내에서 그 영업비밀을 사용하거나 공개하는 행위.

법상 동산에 대한 선의취득 규정을 유추한 것으로 볼 수 있다.

동산의 경우에는 점유는 소유의 의사로 점유한 것으로 법률상 추정되는데,1115) 보통 점유자는 소유자로 사실상 추정된다. 따라서 동산의 경우에 점유자 이외에 다른 자가 진정한 소유자임을 안다는 것은 쉽지 않으므로 선의취득을 인정하는 것으로 볼 수 있다.1116) 영업비밀도 소유관계를 공시하기 어렵다는 점을 반영하여 선의자 특례에 관한 규정을 둔 것으로 보인다.

그러나 영업비밀은 그 특성상 개인이 개발하여 영업비밀인 정보를 보유하고 있거나, 특정 기업이 해당 영업비밀을 가지고 있다는 것은 동종 업계에서는 어느 정도 알려져 있다. 따라서 동산의 소유관계와 다른 특성을 가지고 있다.

도품 등의 경우에는 형평상 장물죄를 구성하는 경우가 있어 이를 선의취득으로 인정하는 것은 형법 등의 법체계와 부합하지 않고, 민법의 선의취득규정도 도품이나 유실품에 대한 특례를 두어 선의취득을 제한하거나 형평의 원칙을 반영하여 보상을 하고 원소유자가 다시 취득을 할 수 있도록 하고 있다.

우리 영업비밀의 선의취득 규정은 비밀관리성요건을 낮추어 영업비밀을 보호하겠다는 정부의 입장과도 배치된다. 왜냐하면 비밀관리성의 정도를 낮추면 영업비밀임을 알고 취득하는 경우가 적어지기 때문이다.

선의자 특례규정은 그 영업비밀인 정보를 창작하거나 알아낸 노력을 한 사람을 진정한 소유자로 인정하는 법리와도 부합하지 않는다. 그와 같은 노력을 한 사람은 영업비밀인 정보에 관하여 자연권적 권리를 가지고 있기 때문이다.

선의자 특례규정은 영업비밀 보호에 대한 커다란 흠결을 가지고 있다. 예컨대, 특정회사의 연구원들이 회사의 기술개발을 하다가 독립하여 경쟁

1115) 민법 제197조 제1항.
1116) 민법 제249조.

회사를 설립하여 전직회사의 영업비밀을 이용하여 전직 회사가 만들던 기술을 개발하였다고 가정하면, 자신들이 신뢰관계에 위반하여 절취하여 온 기술을 영업비밀침해소송에 대한 위험을 최소화하려는 시도를 하고, 이를 이용할 수 있는 것이 우리 영업비밀보호법 제13조의 선의자 특례규정이다. 선의자 특례규정을 이용하려면 자신들이 훔쳐온 기술을 전직 회사의 경쟁회사에 매각하는 것이다. 그러면 그 기술을 취득한 경쟁회사는 취득시에 고의나 중과실이 없다고 주장할 수 있다. 왜냐하면 영업비밀의 기술내용은 공개되지 않으므로 거래에 의하여 취득한 경쟁회사는 자신들은 전직회사의 영업비밀인 것을 알 수 없었다고 주장하면 그에 대한 고의 또는 중과실의 입증책임은 전직 회사가 져야 하는 것이다. 물론 경쟁회사는 선의로 취득한 것일 가능성도 있다.

현재 우리 법상 선의자 특례규정은 '취득' 시에 고의나 중과실만 없으면 거래에서 취득한 영업비밀을 계속사용 할 수 있으므로 영업비밀을 침해당한 원래의 보유자가 침해에 대한 '경고'를 아무리 해도 전혀 의미가 없게 되어 영업비밀침해를 무력화 하는 수단이 된다. 무분별하게 일본 법을 채용한 결과이다. 영업비밀침해로부터 이익을 얻으려고 노력하는 영리한 영업비밀 침해자에 대해서 선의자특례규정은 영업비밀 침해를 장려하는 조항이 될 수 있다는 점을 인식할 필요가 있다.

영업비밀은 그 요건을 비밀성 유지노력을 하도록 하고 있다. 그 비밀성 유지노력을 많이 하면 할수록 그 영업비밀의 경제적 가치가 있음을 보여주는 것이고 그만큼 재산적 가치를 나타내는 기능을 한다. 비밀성유지노력을 많이 하면 할수록 상대방은 부적절한 방법에 의하여 취득하였음을 나타내는 것이다. 그리고 영업비밀의 취득이 선의에 의한 것이라고 그 후에도 영업비밀의 사용이 영업비밀의 침해가 된다는 법리와도 배치된다. 법리적으로 취득시에 고의 중과실이 없더라도 경고에 의하여 영업비밀침해로 인정하는 것은 영업비밀이 재산법리에 기초하고 있음을 나타내는 것이다.[1117)

동산의 선의취득 규정을 도입한 것은 영업비밀이 동산과 같은 재산이라는 전제하에서 가능한 것인데, 우리법은 영업비밀인 정보에 대하여 재산적 가치를 인정하지만 물권법이 지배하는 재산으로 인정하지 않는다. 단순히 불법행위에 의하여 보호를 한다.

우리 영업비밀보호법은 불법행위와 신뢰관계위반에 의한 두가지 방법에 의한 영업비밀침해를 인정하고 있다. 계약위반의 경우에는 불법행위에 의한 영업비밀침해는 그 불법성 불법적으로 취득한 영업비밀인 정보에 그대로 남아 있다. 불법적으로 취득한 영업비밀에 대하여 선의자 특례를 인정하는 것은 부당하다.

채권적 관계의 침해에 대해서는 일반 불법행위를 제한적으로 인정한다.1118) 적극적으로 가담하지 않는 한 선의의 경쟁자에게 채권침해를 인정하지 않는 우리나라 법해석1119)과 같이 미국의 경우 선의자는 계약관계에 대하여 침해를 인정하지 않고 있다. 그러나 그러한 선의자에 대한 우호적인 지위는 사기, 기망 등의 부적절한 경쟁행위에 대해서는 인정하지 않는다.1120)

1117) Robert G. Bone, A New Look at Trade Secret Law: Doctrine in Search of Justification, 86 Cal Law Rev. 241, 258 (1998).

1118) Belden Corp. v. InterNorth, Inc., 90 Ill. App. 3d 547 (Ill. App. Ct. 1980) ("The difference between the two torts is that the tort of interference with contractual relations affords a greater degree of protection to the parties to a business relationship. The sacrosanct contractual relation takes precedence over the conflicting rights of any presumptive interferor, including his right to compete and his own prospective advantage." Id., 551.).

1119) 대법원 2003. 3. 14. 선고 2000다32437 판결 등 참조.

1120) Soderlund Brothers, Inc. v. Carrier Corp., 278 Ill. App. 3d 606 (Ill. App. Ct. 1995) ("The privilege to engage in business and to compete allows one to divert business from one's competitors generally as well as from one's particular competitors provided one's intent is, at least in part, to further one's business and is not solely motivated by spite or ill will. That privilege extends to the tort of interference with a prospective business relation or economic advantage but does not apply to the tort of interference with a contractual relation." Id., 615).

미국의 경우, 영업비밀이 부적절하게 취득된 것임을 알거나 알 수 있었던 경우(who knew or had reason to know that the trade secret was improperly obtained)[1121]에 부정취득의 책임을 인정하고 있다. 따라서 새로운 고용주가 자신이 채용한 직원의 가져온 정보가 부정취득 된 것임을 알 수 없었다면 그에 대한 영업비밀의 부정취득에 대한 책임이나 사용자 책임(doctrine of respondeat superior)을 물을 수 없다.[1122] 그러나 불법적으로 취득된 것임을 통보받으면 그 이후에는 알거나 알 수 있었던 경우에 해당한다.

1121) 물론 법원(legal authority)에 따라 다를 수 있지만 일반원칙으로, "who knew or had reason to know that the trade secret was improperly obtained"의 경우에 영업비밀의 부정취득을 인정한다.

1122) Infinity Prods. v. Quandt, 810 N.E.2d 1028 (Ind. 2004); BEA Sys. v. WebMethods, Inc., 595 S.E.2d 87 (Ga. Ct. App. 2004).

제7장

침해에 대한 구제

제1절 서론

1. 영업비밀 침해에서 소송물의 특정

영업비밀은 그 비밀성으로 인하여 소송에서 그 소송물을 특정하기 어려 웠다. 그리하여 영업비밀의 발전하기 시작한 초기 사례에서는 영업비밀을 특정할 수 없다는 이유로 그 구제를 부인하기도 했다.[1123)

영업비밀이 재산인지 또는 신뢰관계인지는 민사소송에서 소송물을 특정 하는데 필요하다. 뿐만 아니라 형사소송에서도 침해의 대상에 따라 범죄의 구성요건이 달라지기 때문에 영업비밀의 보호대상이 재산인지 신뢰관계인 지를 구분해야 한다.[1124) 우리 영업비밀보호법에서는 그 적용조문이 구별 된다.

미국 법원은 영업비밀의 보호대상을 특정하는 이유에 대하여 대체로 다 음과 같은 이유를 제시하고 있다. 법원으로 하여금 증거조사절차(discovery) 의 대상과 범위를 확정하여야 하고, 개인적인 기능이나 공유인 정보를 영 업비밀보호대상인 정보에서 구별하도록 하기 때문에 영업비밀의 특정이 필 요하다. 그뿐만 아니라 보호대상이거나 침해대상인 영업비밀의 특정함에 있 어 특허권 등의 재산권과 같은 엄격한 특정을 요구하는 법원도 있었다.[1125)

1123) Newberry v. James, 35 Eng. Rep. 1011 (1817).

1124) Diodes, Inc. v. Franzen, 260 Cal. App. 2d 244 (Cal. Ct. App. 1968); Computer Economics, Inc. v. Gartner Group, Inc., 50 F. Supp. 2d 980 (S.D. Cal. 1999).

1125) Xerox Corp. v. International Business Machines Corp., 64 F.R.D. 367, 372 (S.D.N.Y. 1974); Struthers Scientific and International Corp. v. General Foods Corp., 51 F.R.D. 149, 153 (D. Del. 1970) (선행발명으로부터 알 수 있는 방법과 다른 방법의 특정을 요구함) ("represents a valuable con-tribution differing materially

United States v. Bottone 사건1126)에서 법원은

In such a case, when the physical form of the stolen goods is secondary
in every respect to the matter recorded in them, the transformation of
the information in the stolen papers into a tangible object never
possessed by the original owner should be deemed immaterial.'1127)

라고 하여 물리적으로 물품의 이동을 요구하지 않았다. 이는 재산권의 대
상을 물품에 포함되어 있는 정보까지 확대한 것이다.

2. 금지명령과 손해배상

금전적 손해배상은 과거에 대한 손해를 전보를 목적으로 하는 것이고,
금지명령은 미래를 향한 구제수단이다. 따라서 금지명령을 인정하기 위해
서는 현재의 침해행위나 미래의 침해의 위협이 있어야 한다. 소송상으로는
금지명령이나 손해배상의 기준시점, 즉 과거와 미래를 나누는 시점은 사실

---

from other methods taught by the prior art" Id.); Litton Systems, Inc. v. Sundstrand
Corp., 750 F.2d 952, 956 (Fed. Cir. 1984) (연방순회법원은 원고의 영업비밀 주장
이 너무 광범위하여 피고가 영업을 수행하는데 필요한 행위를 통제할 수 있도록
하고, 광범위한 금지명령을 인정하게 된다는 점을 지적하고 있다. "Litton's Achilles
Heel on this record is its insistence on postponing identification or description of
such a broad universe of thousands of unidentified trade secrets as to require an
extraordinarily sweeping injunction entitling it to veto disclosures necessary to
Sundstrand's conduct of its business." Id.); Struthers Scientific and International
Corp. v. General Foods Corp., 51 F.R.D. 149, 153 (D. Del. 1970); Xerox Corp.
v. International Business Machines Corp., 64 F.R.D. 367, 372 (S.D.N.Y. 1974).
1126) United States v. Bottone, 365 F.2d 389 (2d Cir. 1966).
1127) Id., 393-94.

심변론종결시가 된다. 1심판결에서는 1심의 변론종결시를 기준으로 하고, 항소심에서는 항소심변론종결시가 된다.

실제 우리 영업비밀보호법상의 규정을 보면, 금지명령은 '영업비밀 침해행위를 하거나 하려는 자'[1128]라고 규정하여 ⅰ) 현재 침해를 하거나 ⅱ) 장래에 침해행위를 하려고 하는 자로 명시하고 있다. 따라서 과거에 침해행위를 하였지만 현재(해당 심급의 사실심변론종결시) 침해를 하지 않는 자에 대해서는 금지명령을 내릴 수가 없다.

손해배상의 경우에는 '영업상 이익을 침해하여 손해를 입힌 자는 그 손해를 배상할 책임을 진다.'라고 규정하여[1129] 과거의 침해에 대한 구제수단임을 명백히 하고 있다. 미래의 손해에 대해서는 손해배상을 청구할 수 없다.

금지명령과 금전적 손해배상이 이중적인 구제라는 주장도 있으나,[1130] 금지명령은 현재 침해와 미래의 침해우려에 대한 구제수단이고 손해배상은 과거의 침해에 대한 구제수단으로 이중적인 것은 아니라고 함은 앞서 지적한 바와 같다. 따라서 과거의 침해와 미래의 침해에 대한 위협의 두가지 구제요건이 동시에 발생했다면 손해배상과 금지명령이 동시에 명해진다.[1131] 영업비밀을 취득하기만 하고, 이를 이용하여 별다른 이익 활동을 하지 않았다면 금지명령만을 내려야 하는데, 이 경우에도 영업상의 이익이 침해될 우려가 없다면 사용금지를 명하는 금지명령을 내릴 수가 없다.[1132]

1128) 영업비밀보호법 제10조 제1항.

1129) 영업비밀보호법 제11조.

1130) Halliburton Energy Servs., Inc. v. Axis Techs., LLC, 444 S.W.3d 251, 262-63 (Tex. App. 2014) ("Appellees contend that granting Halliburton the requested declaratory relief in addition to the money damages awarded would amount to a double recovery for breach of the contract").

1131) Tri-Tron International v. Velto, 525 F.2d 432 (CA9, 1975); Telex Corp. v. IBM Corp., 510 F.2d 894 (CA10, 1975) (per curiam), cert. dismissed, 423 U.S. 802 (1975).

1132) 영업비밀보호법 제10조 제1항 ("… 영업비밀 침해행위를 하거나 하려는 자에 대하

이러한 경우에는 그 영업비밀인 정보를 폐기하도록 하여야 할 것인데, 우리 영업비밀보호법은 영업비밀인 정보 자체의 폐기는 명할 수 없고 침해행위를 조성한 물건의 폐기, 침해행위에 제공된 설비의 제거, 그 밖에 침해행위의 금지 또는 예방을 위하여 필요한 조치를 함께 청구할 수 있도록 하고 있다.[1133] 특허의 경우에는 이론적으로 발명 자체를 폐기할 수는 없다. 그러나 영업비밀의 경우에는 영업비밀인 정보가 기재된 매체 뿐만 아니라 그 정보 자체의 폐기를 명할 수 있다고 하여야 한다. 예컨대, 클라우드 서버에 저장된 정보는 서버 자체는 대체로 타인의 것이므로 이를 폐기할 수 없으므로 그에 기록된 정보 자체를 폐기하도록 명하면 그 정보가 기록된 파일이나 물리적인 매체 등을 지우거나 소각하거나 훼손시켜 사용하지 못하도록 함으로써 일괄하여 폐기할 수 있다. 그와 같은 방법 이외에 정보 자체를 폐기하는 방법은 없기 때문이다.

영업비밀을 사용하여 시장에서 판매 등을 하여 이익활동을 하였다면 금전적 손해배상을 하여야 한다. 영업비밀을 부정하게 취득하였지만 그 영업비밀 보유자의 영업상 이익에 대한 침해가 없다면 손해배상은 명할 수 없다.[1134] 그러나 영업비밀의 취득으로 인하여 부정한 이익이 발생했다면 이를 손해배상액으로 하고 있으므로[1135] 손해로 배상해야 한다. 손해배상의 근거규정과 손해배상액의 추정규정을 좀 더 조화시킬 필요가 있다.

여 그 행위에 의하여 영업상의 이익이 침해되거나 침해될 우려가 있는 경우 … ").
1133) 영업비밀보호법 제10조 제2항.
1134) 영업비밀보호법 제11조.
1135) 영업비밀보호법 제14조의2 제2항.

제2절 금지명령

1. 서론

1849년 Prince Albert v Strange 사건1136)에서 영국의 형평법원(the High Court of Chancery)의 Lord Cottenham은 원고 Prince Alber에게 피고 Strange에게 원고의 미술품(etching)을 설명한 카타로그의 공표와 출판을 금지하는 금지명령을 내렸다. Lord Cottenham은 '본 사건은 재산권에 관한 사건이 아니다; 왜냐하면 원고에게 금지명령을 인정해줄 수 있는 신탁, 신뢰, 또는 계약에 관한 것이기 때문이다'(this case by no means depends solely upon the question of property; for a breach of trust, confidence, or contract, would of itself entitle the plaintiff to an injunction.)라고 판시하면서 재산적 이익의 침해가 아니더라도 계약관계, 신뢰관계 또는 신탁관계에서도 금지명령을 인정했다.

위 사건은 현재에는 저작권에 관한 권리로 보호되지만, 그 당시에는 저작물로 인정되지 않았을뿐더러 영국에서는 저작의 매체물에 대한 소유권인 커먼로 저작권은 1774년 Donaldson v Becket 사건1137) 이후로 인정되지 않았기 때문에 저작권의 문제가 될 수는 없었다. 주지하다시피 같은 커먼로 국가인 미국은 저작권법에 의한 유한한 저작권 뿐만 아니라 토지에 대한 재산권에 대응하는 영구적인 권리로서 커먼로 저작권을 인정하고 있다.1138) 1834년 Wheaton v. Peters 사건1139)은 앞서 본 바와 같이 특허권에

1136) Prince Albert v Strange, 1 H & TW1; 47 ER 1302 (1849).
1137) Donaldson v Becket, 2 Brown's Parl. Cases (2d ed.) 129, 1 Eng. Rep. 837; 4 Burr. 2408, 98 Eng. Rep. 257 (1774).

대한 1813년 Evans v. Jordan사건[1140]과 함께 로크의 노동가치설을 토대로 하여 영구적인 권리로서 자연법상의 저작권을 인정한 사건이다.

그와 같이 자연권에 기초한 커먼로 저작권을 인정하지 않음에도 불구하고 영국 법원은 계약, 신뢰 또는 신탁관계에서도 금지명령을 인정할 수 있다고 판시하였다. 이는 영업비밀도 계약이나 신탁, 신뢰 관계가 형성되어 이전되었기 때문에 영업비밀을 보호할 수 있는 근거가 되었다. 그 뿐만 아니라 계약관계에 대한 보호는 커먼로 법원이 아닌 형평법원도 관할권을 행사할 수 있었고, 형평상의 보호수단인 금지명령을 인정하였다.

2. 금지명령의 금지기간의 계산[1141]

가. 비밀성

금지명령은 공정한 경쟁이라는 경쟁정책을 반영하여 결정될 수 밖에 없다. 물론 원고의 영업비밀의 가치는 금지명령의 기간에 영향을 미칠 수 밖에 없다. 영업비밀의 절대적 비밀성은 영구적 금지명령에 대한 타당성을

1138) Wheaton v. Peters, 33 U.S. 591 (1834). 본 사건은 미국 연방대법원에서 최초로 저작권이 문제된 사건이다.

1139) Id., 684.

1140) Evans v. Jordan, 8 F. Cas. 872 (C.C.D. Va. 1813) aff'd, 13 U.S. 199, 3 L. Ed. 704 (1815) (본 사건은 미국 연방대법원의 특허에 관한 판결 중 2번째로 내려진 판결이라고 한다. Malla Pollack, The Owned Public Domain: The Constitutional Right Not to Be Excluded - or the Supreme Court Chose the Right Breakfast Cereal in Kellogg v. National Biscuit Co., 22 Hastings Comm. & Ent L.J. 265, 291 n. 119 (2000)).

1141) D. Kirk Jamieson, Just Deserts: A Model to Harmonize Trade Secret Injunctions, 72 Neb. L. Rev. 530 (1993).

제공하는 것으로 판단된다. 그러나 절대적 비밀성이 포기되고 상대적 비밀성을 취하는 법리 아래에서 미국 법원의 태도는 통일되어 있지 않는데, 상대적 비밀성을 취하는 법리하에서 영구적 금지명령이 인정되는 것은 벌칙적인 것(punitive)으로 보아야 하지 않을까 생각된다. 나아가 커먼로와 UTSA는 금지명령의 기간에 대해서는 어떤 기준을 제시하지 않고 있다.

정당한 권한 없이 영업비밀을 사용하거나 제3자에게 공개하는 것은 영업비밀의 비밀성을 파괴하는 것이다. 그러나 거의 모든 경우, 영업비밀을 정당한 권한 없이 취득하는 제3자도 그 영업비밀의 비밀성을 유지하기 원한다. 왜냐하면 영업비밀을 취득하는 이유는 그들도 경쟁자에게 영업비밀을 유지하여 경쟁상의 우위를 원하기 때문이다.

앞서 본 바와 같이 절대적 비밀성을 요구하지 않게 되면서 상대적 비밀성으로도 비밀성은 충분했다. 다만 상대적 비밀성의 해석에 있어서 객관적으로 비밀성을 요구하는 경우가 존재했다. 해당산업이나 한 나라에서 다른 기업에게 알려지지 않아야 비밀성이 존재한다고 보는 경우이다. 객관적 비밀성은 매우 엄격한 기준으로 이러한 객관적 비밀성을 유지하는 것은 쉽지 않았다.[1142]

영업비밀을 유지하기 위한 노력은 18세기까지 영업비밀보호법리를 지배한 절대적 비밀성 기준이 상대적 비밀성 기준으로 변화하면서 금지명령을 인정하기 위한 바탕으로서 재산권적 속성을 유지하기 위한 도구와 같은 개념이다. 절대적 비밀성 이론은 재산권을 자연권으로 이해하던 철학의 이론적 산물이라고 할 수 있다. 타인에게 전혀 알려지지 않은 가치있는 아이디어와 정보는 그 보유자의 재산권이라는 개념이다.

미국의 법원은 영업비밀침해에 대한 금지명령을 내림에 있어, 크게 3가

1142) François Dessemontet (Second, revised edition, translated by H.W. Clarke), The legal protection of know-how in the United States of America, 1976, p. 81. n 129, n. 133.

지 원칙을 확립하였다고 할 수 있다. 미국 법원이 확립한 원칙은 두가지 면에서 검토해볼 수 있다. 첫째는 영업비밀이 재산권으로서의 본질에 관한 것이다. 재산권의 침해에 대해서는 영구적인 금지명령이 가능하다. 다만 영업비밀은 그 비밀성이 유지되는 기간동안 금지명령이 인정될 수 있다. 다른 하나는 영업비밀의 재산적 가치보다는 행위의 부정성에 따라 금지명령을 인정할 수 있다.

제7순회법원은 영업비밀침해행위를 한 자에 대해서는 그 정보가 공개되는 것을 불문하고 영구적으로 그 영업비밀인 정보를 사용할 수 없도록 하고 있다.(Shellmar Rule) 제2순회법원은 영업비밀을 침해한 자에 대하여 제3자에 의하여 독자적으로 해당 정보가 공개될 때까지 영업비밀인 정보를 사용하지 못하게 하고 있다.(Conmar Rule) 제9순회법원은 영업비밀인 정보의 시간절약(lead time) 또는 유리한 출발(head start) 기간을 계산하여 그 기간동안 해당 정보의 사용을 금지하고 있다.(Winston Rule) 제9순회법원이 취하고 있는 원칙(Winston Rule)은 우리 대법원이 취하고 있는 원칙이다.[1143]

금지명령을 내릴 경우 반드시 공개가 된 것이 필요 없다. 물론 이미 공개된 경우에 회복할 수 없는 손해가 입증되지 않아 금지명령은 실효성이 없을 경우도 있다. 사실 영업비밀침해에 대한 금지명령은 공개에 대한 위협이 있을 경우(a substantial threat of disclosure exists)[1144]에 더 필요성이 있고, 그러한 상황에서 금지명령의 효과가 발생한다. UTSA도 영업비밀에

1143) 대법원 1996. 12. 23. 선고 96다16605 판결.

1144) Goodrich v. Wohlgemuth, 192 N.E.2d 99, 117 Ohio App. 493 (Ohio Ct. App. 1963) ("There is no evidence before this court that Goodrich trade secrets have been revealed by Wohlgemuth; however, the circumstances surrounding his employment by Latex, and his own attitude as revealed by statements to fellow Goodrich employees, are sufficient to satisfy this court that a substantial threat of disclosure exists. We have no doubt that an injunction may issue in a court of equity to prevent a future wrong although no right has yet been violated." Id., 499).

대한 실제적 부정취득 또는 부정취득의 위협이 있는 경우에 금지명령을 할 수 있다고 하고 있다.[1145] 그러나 영업비밀을 부당하게 공개한 자에 대하여 징벌적으로 그 정보의 사용을 금지하는 금지명령이 내려질 수 있다.

특허의 경우에는 피고의 사용으로 인하여 특허성이 파괴되거나 배타성이 파괴되지 않는다. 따라서 특허침해에 있어서 침해를 금지하기 위한 금지명령을 명함에 있어 회복할 수 없는 손해를 입증하여야 한다.[1146] 그러나 영업비밀은 그 침해 자체로 인하여 영업비밀성이 파괴되므로 영업비밀의 요건이 충족되고 신뢰관계위반, 계약위반이나 부정취득이 발생하면 회복할 수 없는 손해는 추정된다고 보아야 할 것이다.

나. 셸마원칙(Shellmar Rule)

Shellmar Products Company v. Allen-Qualley Company 사건[1147]에서 제7순회법원이 채택한 원칙이다. 셸마원칙은 결과적으로 침해자에게는 영구적인 금지명령을 인정하는 원칙으로, 영업비밀 침해에 대한 영구적 사용 및 공개 등의 금지라는 강한 영업비밀을 인정하고 있다. 셸마원칙은 제6순회법원과 다수의 주 법원이 따르고 있다.

셸마원칙은 불법행위가 개입하여 비밀성이 상실된 경우에 그 불법행위

1145) UTSA § 2 (a) cmt. ("Actual or threatened misappropriation may be enjoined.").

1146) eBay, Inc. v. MercExchange LLC, 547 U.S. 388 (2006); Faiveley Transport Malmo AB v. Wabtec Corp., 559 F.3d 110 (2d Cir. 2009); First Western Capital v. Malamed, 874 F.3d 1136 (10th Cir. 2017) (회복할 수 없는 손해는 추정되지 않으므로 회복할 수 없는 손해의 증명이 없이는 예비적 금지명령을 명할 수 없다.); Am. Airlines, Inc. v. Imhof, 620 F. Supp. 2d 574 (S.D.N.Y. 2009) (회복할 수 없는 손해는 추정할 수 없고 이를 입증하여야 하는데, 원고는 피고가 소지한 원고의 영업비밀이 담긴 서류를 새로운 고용주에게 공개할 위험에 대하여 입증하지 못했다.).

1147) Shellmar Products Company v. Allen-Qualley Company, 87 F.2d 104 (7th Cir. 1929) cert. denied, 301 U.S. 695 (1936).

자에게 그 영업비밀을 자유롭게 사용하게 하는 것은 허용될 수 없다고 한
다. 그 정보가 일반적인 지식이나 공유인 지식이 되더라도 침해자는 영구
히 영업비밀을 사용할 수 없다. 영업비밀보유자의 재산을 영구히 파괴할
수 있으므로 영구적 금지명령을 내리는 것은 재산법의 원칙상 타당한 면이
있다. 셀마원칙은 행위자의 행위의 불법성에 초점을 맞추어져 있고, 영업비
밀침해라는 불법행위를 금지하는 효과가 있다. 예컨대, Goodrich v. Wohl-
gemuth 사건[1148])에서 법원이

> It is a rule in equity jurisprudence that, if an employee gains knowledge
> of his employer's trade secrets as a result of the confidential relationship
> existing between employer and employee, and, in violation of the
> confidence, discloses such secrets to competitors after the termination of
> his employment, such abuse of confidence may be enjoined. The basis
> for equitable intervention is the employee's wrongful conduct in
> violating the confidence. Equitable intervention is sanctioned when it
> appears, as it does in the instant case, that there exists a present real
> threat of disclosure, even without actual disclosure.
>
> While we could base the decision in this case upon the general rules of
> equity stated above, there is an additional ground for injunctive relief.
> ··· This written contract expressly binds the employee not to breach the
> trust and duty accepted by him — that is, not to misuse special
> confidential knowledge of trade secrets secured by him while the
> contractual relationship of employment existed. Injunction may be
> employed to prevent such abuse.[1149])

1148) Goodrich v. Wohlgemuth, 192 N.E.2d 99, 117 Ohio App. 493 (Ohio Ct. App.
　　 1963).

라고 판시하는 바와 같이 영업비밀의 공개를 금지하는 금지명령은 신뢰관계를 침해하는 피고의 잘못된 행위(the employee's wrongful conduct in violating the confidence)에 대한 징벌적인 의미(Equitable intervention is sanctioned)도 가지고 있는 것이다. 나아가 서면으로 된 신뢰관계보호계약이나 영업비밀유지계약이 있다면 금지명령을 내릴 추가적인 근거가 있다고 한다. 서면상 합의의 존재는 고의적인 침해를 추정할 수 있기 때문이다.

셀마원칙은 추후에 그 정보가 일반적으로 알려지더라도 침해자는 사용하지 못하게 되어 경쟁상의 불이익을 얻게 되는 문제점이 있다. 그러나 이는 신뢰관계, 계약관계를 위반한 그의 침해행위로 인한 것으로서 신뢰관계나 계약관계침해를 사전에 방지하기 위해서는 그와 같은 징벌적인 영구적 금지명령이 효과적이다. 나아가 부정취득의 경우에도 부정취득을 방지하여 상거래상의 상도덕을 지키는 효과가 있다. 따라서 일단 침해되면 회복하기 쉽지 않은 손해가 발생하는 영업비밀의 보호에 효과적이다.

셀마원칙은 특허 원칙과 괴리가 있다는 비판이 제기되고 있는데, 특허법상 특허를 취득하지 못한 발명은 공개적으로 사용하거나 타인이 불법으로 취득하는 등으로 그 발명정보가 공중에 공개되고 1년이 지나면 신규성 의제기간이 종료되어[1150] 공중이 자유롭게 사용할 수 있는 정보가 되는데, 셀마 원칙은 영구적인 금지를 함으로서 이러한 정부의 특허정책과 괴리가 발생한다는 비판이 제기되고 있다.[1151] 특허를 받을 수 있는 영업비밀도 공개적으로 사용하고 1년이 지나면 신규성 의제기간이 종료되어 특허출원을 하더라도 신규성을 상실하게 되어 특허를 취득하지 못하므로 공중의 자유사용의 영역에 놓이게 된다. 그럼에도 불구하고 셀마원칙은 침해 후에

1149) Id., 192 N.E.2d 99, 117 Ohio App. 493, 499-500 (Ohio Ct. App. 1963).

1150) 특허법 제30조 참조.

1151) Louis Altman, A Quick Point Regarding Perpetual Trade Secret Royalty Liability, 13 J. Marshall L. Rev. 127, 131 (1979).

공개되어 공중의 영역에 있는 정보도 침해자에게 영구적으로 사용을 하지 못하게 한다. 그러나 영업비밀로 유지하고 싶은 정보나 발명을 자신이 의지와 관계없이 타인이 불법적으로 취득하여 공개하여 재산적 이익을 영구히 파괴하는 경우와 특허의 경우를 동일시하는 것은 부당하다.

셸마원칙은 재산법 원칙 뿐만 아니라 도덕적 정의론을 토대로 불법적 행위로부터 영업비밀을 보호하기 위한 측면이 있다. 영구적인 비밀로 유지하고자 한 정보는 비밀로 유지한 한 영구적인 재산이 되기 때문이다. 또한 타인의 그와 같은 이익을 정상적인 거래가 아니라 불법적인 수단에 의하여 침해하여 재산적 가치를 영구히 상실케 하는 위험을 사전에 방지할 필요가 있다. 셸마원칙에 의한 영구적 사용 및 공개 금지는 영업비밀 침해를 감소시켜 영업비밀의 비밀성유지비용을 감소시킬 것이다. 침해자의 불법적 행위로 인하여 그가 공중의 영역에 있는 정보에 대한 접근을 제한하는 것이고,[1152] 그러한 불이익을 받지 않기 위해 침해행위를 자제할 것이므로 거래시장의 상도덕적 가치를 향상시킬 것이다. 셸마원칙은 사전적 예방효과가 많기 때문에 영업비밀의 유지비용을 감소시켜 영업비밀인 정보의 생산을 장려하고 그 보유자의 경쟁력을 향상시킬 수 있다.

Shellmar Products Company v. Allen-Qualley Company 사건은 캔디바 과자의 포장지에 관한 Allen-Qualley 사의 영업비밀을 취득한 Shellmar사가 합의된 영업비밀이전 계약에 따르지 않고 해당 영업비밀을 변호사에게 공개한 사건이다. 법원은 원고와 피고 사이의 계약에 따르지 않고, 비밀을 유지하기로 한 계약에 위반한 행위는 형평에 어긋나는 행위이므로 원고(Shellmar)는 제3자의 특허에 의해 해당 영업비밀에 관련된 정보가 공개되었음에도 불구하고 해당 영업비밀을 영구적으로 사용할 수 없다고 판시했다.

1152) Conmar Products v. Universal Slide Fastener, 172 F.2d 150 (2d Cir. 1949) ("[h]is wrong deprives him of the right which he would otherwise have had as a member of the public." Id., 155).

셀마원칙의 법리의 근본에는 영업비밀은 재산이라는 법관념이 놓여있다. Shellmar 사건의 1심 법원은 영업비밀이 공정하고 정직한 수단에 의하여 공개되면 누구든지 자유롭게 사용할 수 있는 정보에 해당하는데, Shellmar 사건은 그러한 공정하고 정직한 수단에 의해 공개된 것이 아니라고 하였다.[1153] 1심 법원은

The difference between secret processes and patents is that the owner of a patent has a monopoly against all the world, while the owner of a secret process has no right 'except against those who have contracted, expressly or by implication, not to disclose the secret, or who have obtained it by unfair means.' ⋯ The jurisdiction of equity to protect such trade secrets is founded upon trust or confidence. The court 'fastens the obligation upon the conscience of the party, and enforces it against him in the same manner as it enforces against a party to whom a benefit is given, the obligations of performing a promise on the faith of which the benefit has been conferred.' ⋯ Whether the subject-matter is patentable or not, if the designer discovers and keeps secret a process of manufacture, though he will not have an exclusive right to it as against the public, after he shall have published it, or against those who in good faith acquire knowledge of it, yet he has a property right, which a court of chancery will protect against one who in bad faith and breach of confidence undertakes to apply it to his own use.[1154]

라고 하면서, 합법적 방법으로 공개되기 전까지 영업비밀은 형평법원에서

1153) Allen-Qualley Co. v. Shellmar Products Co., 31 F.2d 293 (N.D. Ill. 1929), affirmed 36 F.2d 623 (7th Cir. 1930).
1154) Allen-Qualley Co. v. Shellmar Products Co., 31 F.2d 293, 296 (N.D. Ill. 1929).

재산적 이익으로 보호하고 있고, 그러한 재산적 이익은 자신의 이익을 위한 악의적인 행위(bad faith)나 신뢰를 저버리는 행위로부터 보호되어야 한다고 판시했다. 결국 법원은 영업비밀은 배타적인 재산권은 아니지만, 재산적 이익을 가지는 것으로서 신뢰를 저버리는 등의 나쁜 행위로 인하여 영업비밀보유자의 재산적 이익을 영구히 상실하는 행위이므로 그러한 나쁜 행위를 방지하기 위해서 그 신뢰관계를 침해한 자도 영구히 그 재산적 이익을 사용하지 못하도록 박탈하는 것이 형평에 합치된다고 본 것이다. 즉 그 영업비밀이 피고의 책임이 없이 제3자에 의해 공개가 되더라도 그 침해자는 영구히 영업비밀을 사용하지 못하도록 한다.

셀마 원칙은 거래에 있어서 신뢰보호를 중요시하고 신뢰를 통한 거래가 활성화 될 수 있다는 전제하에 있다. 그러한 전제는 상대방의 정당한 이익을 침해하는 행위에 대해서는 징벌적 구제를 통하여 사전에 침해행위를 방지할 수 있다는 것이다.[1155] 상대방과의 소통은 비밀이 보장되므로 그러한 비밀을 보장하여야 결국 소통이 원활해지고 거래가 활발해진다고 보는 것이다. 즉 시장에서 공정한 게임을 보장할 수 있다. 피고는 자신의 행위가 위법한 경우에 영구적인 금지명령에 의하여 자신에게 필요한 정보를, 영업비밀이건 자유사용의 영역에 있든지 불문하고, 더 이상 사용할 수 없게 된다는 것을 알고 있으므로, 피고는 원고에 대하여 정직하고 신뢰있는(honest and good faith) 행위를 하게 되고, 원고는 피고의 그러한 정직하고 신뢰있는 행위를 기대할 수 있기 때문에 자신의 영업비밀을 통한 거래를 쉽게 할 수 있다. 특히 영업비밀은 특허와는 달리 공개에 의하여 영업비밀이 영원히 파괴된다. 따라서 예비적(임시적, 일시적) 금지명령(민사집행법상의 금지명령)을 판단하는데 있어서도 특허와는 다른 접근이 필요하다.

PepsiCo, Inc. v. Redmond 사건[1156]에서 제7순회법원은 셀마원칙에 따랐

1155) Hyde Corp. v. Huffines, 303 S.W.2d 865 (Tex. Civ. App. 1957).
1156) PepsiCo, Inc. v. Redmond, 54 F.3d 1262 (7th Cir. 1995).

는데, 본 사건에서는 '불가피한 공개원칙'(inevitable disclosure doctrine)을
적용하여 영업비밀의 영구적인 사용/공개금지를 명했다. 본 사건은 Pepsi
콜라 회사에서 북미본부의 사장(general manager)으로 1994년까지 10년간
일했던 Redmond가 Pepsi 콜라회사의 경쟁회사인 Quaker Oats가 설립하는
Gatorade & Snapple 회사의 영업본부 최고운영책임자(chief operating
officer, COO)로 전직을 하게 되어 시작되었다.

Pepsi 콜라회사는 Redmond가 Quaker Oats 사의 Gatorade & Snapple의
새로운 스포츠 음료와 신세대(new age) 음료 시장을 개척하는데 Pepsi 사의
북미본부의 영업비밀 사용할 수 밖에 없다고 주장했다. Pepsi 사의 영업비
밀은 Quaker 사가 Gatorade & Snapple 음료 판매시장을 개척하는데, Pepsi
사음료의 가격정보, 판매계획, 마켓팅 정보 등에 대한 정확한 정보를 사용
하여 경쟁상의 우위를 가져갈 수 밖에 없다고 주장했다.

Quaker사와 Redmond는 자신들은 Redmond가 Pepsi 사에서 일하면서 알
게된 Pepsi 사의 영업비밀을 사용하지도 않았고 사용할 의사도 없다고 주
장했다. Redmond는 이미 Quaker 사와 전직에서 알게 된 영업비밀이나 신
뢰정보를 공개하지 않기로 한 합의서에 서명을 하였다고 주장했다. 그 뿐
만 아니라 Quaker 사가 Pepsi 사의 상품 판매/배포계획을 절취하기를 원하
더라도 Gatorade & Snapple 의 음료 판매 노선에 적용시키는 것은 쓸모없
는 것이라고 주장했다.

법원은 그와 같은 Quaker사와 Redmond의 항변은 쟁점에서 벗어난 것으
로 판단하였다. 법원은 본 사건에서 문제되는 영업비밀의 부정취득은
Quaker사가 Pepsi사의 영업비밀을 사용하여 판매시스템을 구축하거나
Pepsi사의 광고나 마켓팅 계획을 Quaker사의 것으로 시도하려는 것이거나
Quaker사가 Pepsi사의 영업계획으로 불공정하게 무장하여 Pepsi사의 판매
와 배포, 패키징, 가격 그리고 마켓팅을 예측할 수 있다는데 있는 것이라고
하였다. 법원은 Quaker사와 Redmond가 Pepsi사에서 Redmond가 고용중에

취득하였던 영업비밀과 신뢰정보를 이용하여 어떤 결정을 하는데 영향을
미칠 수 있음을 인정했다. Pepsi사는 어떤 운동팀의 코치의 지위에서 한 운
동선수가 큰 게임을 앞두고 운동경기전략(playbook)을 가지고 상대팀으로
이적한 것과 같은 상황이라고 주장했다.

Quaker사와 Redmond는 Redmond가 Pepsi사와 체결한 비밀유지계약의
무효를 주장하지는 않았다.[1157] 비밀유지의무는 유상계약인 경우에는 그
유효성이 인정되었다. Quaker사와 Redmond는 불가피한 공개(inevitable
disclosure)의 법리는 인정되서는 안된다고 주장했다.

법원은 일리노이 주법이 적용된 Teradyne v. Clear Communications Corp.
사건[1158]을 분석하여, 그 사건 판결은 일리노이 주법상 부정취득이용의 위
험은 영업비밀의 불가피한 사용과 즉시 사용의 가능성이 높은 경우에 인정
된다고 판시하였다고 강조하면서,[1159] 선례인 AMP Inc. v. Fleischhacker 사
건[1160]으로 경쟁회사에 이직한 직원이 그 경쟁회사에서 자신의 회사에서

[1157] 이 사건 고용계약의 준거법이 되는 일리노이 주는 사건 당시 영업비밀을 강하게
보호하는 주로서 영업비밀유지의무를 부과하는 계약의 기간이나 지역적 무제한을
문제삼지 않았다. 그리하여 일리노이 주법을 영업비밀유지의무의 준거법으로하는
포럼쇼핑이 많이 발생했다.

[1158] Teradyne v. Clear Communications Corp., 707 F. Supp. 353 (N.D. Ill. 1989).

[1159] 다만, Teradyne 사건에서 법원은 다음과 같이 피고가 영업비밀을 부정사용할 가능
성이 있고, 원고가 피고의 부정사용의 위험에 처한 것만으로 불가피한 공개원칙에
의하여 피고에게 금지명령을 인정하기에는 부족하다고 판시하면서 불가피한 공개
원칙은 적용하지 않았다:

the defendants' claimed acts, working for Teradyne, knowing its business,
leaving its business, hiring employees from Teradyne and entering the same
field (though in a market not yet serviced by Teradyne) do not state a claim
of threatened misappropriation. All that is alleged, at bottom, is that defendants
could misuse plaintiff's secrets, and plaintiffs fear they will. This is not
enough. It may be that little more is needed, but falling a little short is still
falling short.

Id., 357.

행하던 유사한 직위에 있다는 것만으로는, 추가적인 이유없이, 전직 회사인 자신의 회사의 영업비밀을 불가피하게 사용할 것이라고 인정할 수는 없다고 한 판시를 인용하였다.

그리하여 법원은 불가피한 공개원칙을 적용하기 위해서 원고는 피고가 새로운 고용에 의하여 원고의 영업비밀에 불가피하게 의존하여 영업비밀의 부정취득의 위협(threatened misappropriation)이 있음을 입증하여야 한다고 했다. 법원은 Redmond가 Pepsi 사의 영업계획을 광범위하고 익숙하게 알고 있음이 입증되었으므로 Redmond가 신박한 능력으로 Gatorade & Snapple 사의 음료판매에 관한 필요한 결정을 하는데 Pepsi 사의 영업비밀에 의존하지 않고, 또한 Pepsi 사의 영업비밀과 자신 스스로 계획한 영업계획을 구분할 수 있음이 입증되지 않는 한 불가피하게 Pepsi사의 영업계획에 의존할 수 밖에 없다고 판시했다.

그리하여 피고 Redmond에게는 원고 Pepsi사의 영업비밀을 영구히 사용하거나 공개하지 못하도록 판결을 내렸고, 피고 Quaker Oat 사에게 6개월 동안 Redmond를 고용하지 못하게 했다. 즉 영업비밀보호의무는 영구히, 경업금지의무는 6개월동안 인정했다.

일리노이 주 영업비밀보호법은 2010년 개정전까지 셀마원칙을 명시적으로 입법화 했다. 일리노이주 영업비밀보호법에서 아래와 같이 영업비밀유지의무를 영구적으로 부과한 계약에 대하여 그 유효성을 인정하고 있었다.

> [A] contractual or other duty to maintain secrecy or limit use of a trade secret shall not be deemed to be void or unenforceable solely for lack of durational or geographic limitation on the duty.[1161]
>
> [영업비밀의 비밀성을 유지하거나 사용을 제한하는 계약상의 의무 또

1160) AMP Inc. v. Fleischhacker, 823 F.2d 1199 (7th Cir. 1987).
1161) 765 ILL. COMP. STAT. 1065/8(b)(1).

는 다른 의무는 의무의 기한이나 지역적 제한이 없다는 이유만으로 무
효이거나 강제할 수 없지 않다고 간주되지 않는다]

그러나 현재 일리노이 주는 영업비밀의 비밀성이 상실된 경우에는 금지
명령을 종료시킬 수 있음을 명시하고 있어 콘마원칙(Comar Rule)을 수용하
고 있다.1162) 그럼에도 불구하고 금지명령을 지속할 수 있도록 하고 있어,
셀마원칙을 그대로 유지하고 있다.1163) 조지아 주1164)나 테네시 주1165)의
경우에도 일리노이 주와 같이 규정하고 있다.

다. 콘마원칙(Conmar Rule)

1949년 Conmar Products Corporation v. Universal Slide Fastener Company
사건1166)에서 제2순회법원이 확립한 원칙이다. 제3, 4, 5 순회법원1167)이

1162) 765 ILL. COMP. STAT. ANN. 1065/3(a). ("[A]n injunction may be terminated
when the trade secret has ceased to exist …").
1163) 765 ILL. COMP. STAT. ANN. 1065/3(a). ("[T]he injunction may be continued for
an additional reasonable period of time in appropriate circumstances …").
1164) GA. CODE ANN. § 10-1-762(a) (LexisNexis 2009 & Supp. 2010) ("[T]he
injunction may be continued for an additional reasonable period of time in
appropriate circumstances …").
1165) TENN. CODE ANN. § 47-25-1703(a) (LexisNexis 2001 & Supp. 2010) ("[T]he
injunction may be continued for an additional reasonable period of time in
appropriate circumstances …").
1166) Conmar Products Corporation v. Universal Slide Fastener Company, 172 F.2d 150
(2nd Cir. 1949).
1167) 다만 제5순회법원은 Aerosonic Corporation v. Trodyne Corporation, 402 F.2d 223
(5th Cir. 1968) 사건에서는 영구적 금지명령을 내린 하급심 판결을 지지하여 셀마
원칙을 따랐다. ("[U]nder well defined rules of equity the injunction below was not
an abuse of discretion and did not go beyond that necessary to secure to the injured
party, without injury to the appellants, the relief warranted." Id., 228).

이를 따르고 있다. 다만 제2순회법원 산하에 있는 SDNY(United States District Court for the Southern District of New York)는 셸마원칙(Shellmar Rule)을 따르고 있다.

콘마원칙은 신뢰성이나 비밀성이 상실된 정보는 공유라는 사고에 기초하고 있다. 영업비밀 침해자의 경쟁자에게 해당 영업비밀이 일반적인 지식이나 정보가 되는 경우에는 그 침해자도 그 영업비밀을 자유롭게 사용할 수 있다는 원칙이다.

콘마 사건은 원고의 피용인들이 전직을 하면서 새로운 고용주인 피고에게 원고의 7개의 영업비밀을 공개하였다고 주장한 사건이다. 원고가 주장한 7개의 영업비밀은 원고가 특허를 취득함으로써 공개되었다.

판결을 작성한 Learned Hand 판사는

> Conceivably an employer might exact from his employees a contract not to disclose the information even after the patent issued. Of what possible value such a contract could be, we find it hard to conceive; but, if an employer did exact it, others would perhaps be obliged to turn to the specifications, if they would use the information. Be that as it may, we should not so construe any secrecy contract unless the intent were put in the most inescapable terms; and the plaintiff's contract had none such. In their absence we do not see why a wrongful inducement to divulge the disclosure before issue should deprive the wrongdoer of his right to avail himself of the patentee's dedication; for, as we have just said, the contract is to be construed as imposing secrecy only until issue. The doctrine must rest upon the theory that it is a proper penalty for the original wrong to deny the wrongdoer resort to the patent; and for that we can find no support in principle. Thus, any possible liability for exploiting whatever the patents in suit disclosed, ended with their issue.[1168]

라고 판시하였다. 즉 이건 피고는 영업비밀을 공개하는데 어떤 잘못을 하
지 않았다는 것이다. 셀마원칙을 적용한 사건과 달리 영업비밀보유자와 신
뢰관계나 영업비밀보호의무를 지고 있지 않다는 것이다. 따라서 어떤 징벌
적인 책임을 부과할 수 없다는 것이다. 그리고 영업비밀의 공개는 피고가
아니라 원고가 특허를 취득함으로써 공개가 되었으므로 피고가 원고의 영
업비밀의 공개에 대하여 책임질 수 있는 가능성 있는 상황도 종료되었다는
것이다. 이 사건 피고는 영업비밀의 공개에 대하여 어떤 책임질 상황도 없
었다.1169) 이러한 점에서 피고가 영업비밀의 침해에 대하여 관여된 셀마사
건과 구별된다.

제7순회법원의 셀마원칙과 콘마원칙의 차이에 대하여는 앞서 셀마원칙을
설명하면서 잠깐 언급하였는데, 콘마원칙을 판결한 Learnded Hand 판사는

> The Seventh Circuit, and apparently the Sixth as well, have, however,
> held that if before issue one has unlawfully obtained and used
> information which the specifications later disclose, he will not be free
> to continue to do so after issue; his wrong deprives him of the right
> which he would otherwise have had as a member of the public.1170)

라고 구별했다. 이러한 점에서 보면, 제7순회법원이 셀마원칙을 적용하는
이유는 신뢰보호의무 또는 영업비밀보호의무에도 불구하고 피고의 영업비
밀의 부정취득이라는 잘못(his wrong)에 대한 징벌적인 책임을 묻는 것으로
볼 수 있다. 그리하여 영업비밀을 부정취득한 자는 공개된 영업비밀로부터
얻을 수 있는 이익을 박탈하는 것이다. 따라서 두 원칙은 상호 충돌 되거나

1168) Conmar Products v. Universal Slide Fastener, 172 F.2d 150, 156 (2d Cir. 1949).
1169) 우리 영업비밀보호법상으로는 선의의 취득자(법 제13조)가 이와 같은 상황이라고
     할 수 있다.
1170) Id., 155.

선택적인 것이 아니라 보충적인 것으로서 형평의 원칙에 어긋나는 것은 아니다.[1171]

본 원칙은 금지명령은 회복할 수 없는 손해(irreparable damage), 즉 영업비밀의 공개를 피하기 위하여 적용하여야 한다고 하는 판결도 있다.[1172] 이러한 경우 영업비밀은 공개에 의하여 그 존재가 상실되기 때문에 공개를 하지 않는 경우에는 금지명령을 내릴 수 없다는 결과가 될 수 있지만, 공개를 금함으로서 영업비밀이 파괴되는 것을 막을 수 있다. 따라서 콘마원칙은 제3자에 의하여 영업비밀이 파괴될 때까지 금지명령을 내려 침해자가 영업비밀을 파괴하는 것을 막을 수 있다.

UTSA는 더 이상 비밀이 아닌 경우에는 금지명령을 종료시킬 수 있지만, 영업비밀을 부정취득하여 얻은 부당한 상업적인 우월적 지위 내지 이득을 제거하기 위해서는 그 이상으로 금지명령을 유지할 수 있도록 하고 있다.[1173] 법원도 이러한 견해에 동조한다.[1174] 이는 셀마원칙과 콘마원칙을 모두 수용하고 있는 절충적인 견해라고 할 수 있다. 영업비밀의 공개에 대하여 책임이 없는 제3자에 의한 공개될 때까지는 금지명령에 의해 그 영업비밀을 사용할 수 없으나, 제3자에 의하여 공개가 되면 그 공개에 대하여는 피고는 책임이 없으므로 그 공개 이후에는 그 영업비밀을 사용할 수 있다는 것이다.

금전적 손해배상에 있어서도 영업비밀의 부정취득으로 인하여 영업비밀

1171) Jager, Trade Secrets, §6.04.

1172) Space Aero Products Co. v. R.E. Darling Co., 145 USPQ 356 (1965, Md. Ct. App.).

1173) UTSA § 2 (a) cmt. ("Upon application to the court, an injunction shall be terminated when the trade secret has ceased to exist, but the injunction may be continued for an additional reasonable period of time in order to eliminate commercial advantage that otherwise would be derived from the misappropriation.").

1174) K-2 Ski Co. v. Head Ski Co., 506 F.2d 471 (9th Cir.1974); Hyde Corp. v. Huffines, 158 Tex. 566, 314 S.W.2d 763, cert. denied 358 U.S. 898, 79 S.Ct. 223, 3 L.Ed.2d 148 (1958).

의 침해가 없었다면 발생하지 않았을 손해에 대하여 배상하는 것이라는 원칙과 콘마원칙을 결합한다면, 원고가 특허출원 등으로 인하여 자신의 영업비밀을 공개한 경우에는 이는 피고의 책임으로 인한 공개가 아니므로 원고의 손해배상청구는 콘마원칙에 따라 제한된다.[1175]

그러나 콘마원칙을 손해배상에도 그대로 적용한다면 영업비밀의 부정취득한 경우에는 그 영업비밀이 공개되더라도 그것이 원고의 특허출원이나 공개에 의한 것이 아니라면 피고는 지속적으로 손해를 배상하여야 한다는 원칙에 이를 수 있다. 이러한 법리를 적용한다면 원고의 특허출원사실을 아는 피고는 자신의 원고의 영업비밀의 부정취득에 대한 책임은 콘마원칙에 따라 원고의 특허출원이 공개되거나 특허를 취득할 때까지로 제한되기 때문에 영업비밀의 사용준비 등을 하고 있다가 원고의 특허출원이 공개 되는 등 자신의 책임이 없는 행위로 공개될 때부터 사용을 시작하는 행위를 하여 자신의 손해배상책임을 제한 할 수 있다. 이러한 결과는 부당하다. 또한 이러한 경우 콘마 원칙에 의하여 사용을 하지 않기 때문에 금지명령을 내리지 않거나 공개될 때까지로 제한되기 때문에 금지명령은 전연 실효성이 없게 된다. 따라서 콘마 원칙을 따르더라도 피고의 행위를 검토해 볼 필요가 있다.

콘마원칙을 따르는 법원도 금전적 손해배상에 있어서도 상황에 따라 형평의 원칙을 적용하여 공정한 해결을 시도한다. Schreyer v. Casco Products Corp. 사건[1176]은 전기스팀다리미의 특허권자와 배타적 실시권자가 피고에게 자신의 특허에 대한 라이센스 협상과정에서 비밀리에 제공된 원고의 다리미 설계청사진 등 다수의 영업비밀의 부정취득사용에 대하여 제소한 사

1175) M & T CHEMICALS, INC. v. International Bus. MacH. Corp., 403 F. Supp. 1145 (S.D.N.Y. 1975).
1176) Schreyer v. Casco Products Corp., 97 F. Supp. 159 (D. Conn. 1951), aff'd in part, rev'd in part, 190 F.2d 921 (2d Cir 1951), cert denied 342 U.S. 913 (1952).

건이다. 본 사건은 출원된 특허의 라이센스 과정에서 제공된 영업비밀이 포함되어 있다는 점에서 Arrow's Information Paradox 상황이 발생하였다. 피고는 원고와 신뢰관계가 없었다고 주장했다.

법원은

> It was clearly not within the contemplation of the parties to the negotiations that Casco should make use of the trade secrets revealed whether or not a licensing agreement should be entered into. The rudimentary requirements of good faith would seem to dictate a conclusion that information revealed in such circumstances as these we are considering is confidential. We agree with the view of the court in Hoeltke v. C. M. Kemp Manufacturing Co., 4 Cir., 80 F.2d 912, 923, which in considering an argument similar to that made by the defendants here stated: "It is argued that there was no confidential relationship existing between complainant and defendant with respect to the disclosure of the complainant's invent on; but this contention is groundless. Complainant offered to disclose his invention to defendant with a view of selling it to defendant, and so stated in his letter. Defendant was interested in the proposition and invited the disclosure, otherwise it would not have seen complainant's specification and drawings until the patent was granted. While there was no express agreement that defendant was to hold the information so disclosed as a confidential matter and to make no use of it unless it should purchase the invention, we think that in equity and good conscience such an agreement was implied; and having obtained the disclosure under such circumstances, defendant ought not be heard to say that there was no obligation to respect the confidence thus reposed in it."[1177]

라고 하였다. 법원은 사건의 쟁점은 영업비밀의 라이센스 과정에서 제공된 영업비밀을 피고가 사용한 것은 당사자의 협상범위가 아니었는데, 신의성실이 근본적으로 요구되는 것으로 인하여 그와 같은 영업비밀의 협상에서 제공된 영업비밀이 신뢰정보라고 결정지을 것인지 여부라고 명확히 했다. 법원은 본 사건과 사실관계가 실질적으로 동일한 'Hoeltke v. C. M. Kemp Manufacturing Co.' 사건 판결을 직접 인용하고 그 판결에서는 형평과 신의성실의 원칙상 그와 같은 교섭관계에서는 묵시적으로 영업비밀을 보호하여야 하는 신뢰관계가 인정된다고(in equity and good conscience such an agreement was implied) 판시하면서, 이 사건 피고는 이 사건에서의 상황에서는 신뢰관계가 없다고 할 수 없다고 판시했다.

그리하여 법원은 아래와 같은 판결을 했다:

> Defendants seek to relieve themselves of the obligations imposed by the confidential relationship by invoking the principle that once an invention has been patented, its secrets fall into the public domain. The information disclosed in confidence must no longer be held secret, they contend, once it has been made public by the issuance of a patent.
>
> From the patent specifications defendants could have copied or deduced substantially all of the confidentially disclosed information which they used to their advantage. The defense, while partially valid, does not excuse defendants for the utilization of the confidential information prior to the issuance of the patent in July, 1949, during a period of experimentation when it was of especial value to them.[1178]

1177) Schreyer v. Casco Products Corp., 97 F. Supp. 159, 167-68 (D. Conn. 1951).
1178) Id., 168.

즉, 피고는 발명에 대하여 특허가 부여되면, 특허의 명세서에 있는 발명내용이 공개되므로 더 이상 영업비밀이 존재하지 않는다는 것을 주장하여 (by invoking the principle that once an invention has been patented, its secrets fall into the public domain.) 자기의 영업비밀 부정사용책임을 벗어나려고 하지만 피고는 특허가 결정되기 전에[1179] 신뢰관계하에서 제공된 자신에게 가치있는 원고의 영업비밀을 이용한 것은 신뢰관계를 남용한 것(abuse of confidential relationship)으로 피고를 면책시키지 않는다고 판시했다.

원고는 손해배상과 함께 금지명령도 특허를 취득한 시점이후까지 명해져야 한다고 주장했으나 법원은 손해배상에 대해서만 특허취득 시점이후까지 인정을 했고, 특허취득 시점이후의 금지명령은 공중에 대한 공개가 피고의 행위에 의한 것이 아니라는 이유로 인정하지 않았다.[1180] 사실 이 사건에서 특허취득이후에는 금지명령을 인정하지 않더라도 피고의 영업비밀사용행위가 원고의 특허권리범위내라면 원고의 특허권의 침해가 인정되기 때문에 법원의 판결을 검토할 때 이점을 고려할 필요가 있다.

텍사스 주법원은 영업비밀 침해에 대하여 영구적 금지명령이 피고가 취득한 경쟁상의 유리한 이익을 제거할 수 있다고 판시했다.[1181] 그리하여 콘마 원칙에 의하여 부정취득된 영업비밀인 정보가 다른 방법으로 공중에게 공개될 때까지 원고로부터 부정취득한 영업비밀 정보는 이용할 수 없다고 판시했다.[1182] 그리고 피고가 독자적으로 원고의 영업비밀과 같은 정보

1179) 미국은 1999년 이전에는 특허출원에 대한 특허허여 여부 결정이 있기 전에는 특허출원내용을 공개하지 않았으므로 특허결정전까지 특허출원한 발명의 내용은 영업비밀로 인정되었다.

1180) Schreyer v. Casco Products Corp., 97 F. Supp. 159, 169 (D. Conn. 1951).

1181) Halliburton Energy Servs., Inc. v. Axis Techs., LLC, 444 S.W.3d 251 (Tex. App. 2014).

1182) Id., ("The court may choose to continue the injunction for an additional reasonable period of time, however, to eliminate any commercial advantage derived from the misappropriation such as possessing the trade secrets before other potential

를 개발하여 사용하는 것은 허용된다고 판시했다.

라. 윈스턴원칙(Winston Rule)

(1) 법리의 확립

1965년 제9순회법원이 Winston Research Corp. v. Minnesota Mining & Mfg. Co. 사건[1183]에서 확립한 원칙이다. 우리 대법원이 수용한 원칙이기도 하다.

셀마원칙에서 인정하는 영구적 금지명령은 피용인이 자신의 최고의 지식과 능력을 이용하고 연구와 개발을 장려하여 얻을 공중의 이익을 영업비밀보유자의 이익으로 만들기 때문에(A permanent injunction would subvert the public's interest in allowing technical employees to make full use of their knowledge and skill and in fostering research and development.)[1184] 영업비밀이 연구개발을 장려하여 궁극적으로 기술발전으로 인한 사회의 이익을 최대화 시키고자 하는 목적을 이룰 수 없다는 공리주의를 그 논거로 한다. 따라서 셀마원칙은 영업비밀보호의 목적에 따라 적절하지 않은 면이 있다는 것이다.

다른 한편으로 금지명령을 인정하지 않는다면, 신뢰가 없는 나쁜 피용인에게 어떤 벌칙도 부과를 하지 않는 것이기 때문에 부당할 뿐만 아니라[1185] 그러한 신뢰를 저버린 피용인의 새로운 고용주에게 정당하고 합법적으로 경쟁하는 문제된 영업비밀을 모르는 다른 경쟁자보다 유리한 출발

---

competitors. Id. Again, the injunction is intended to eliminate a wrongfully gained competitive advantage and put the defendant in the same position as other prospective sellers."Id., 259).

1183) Winston Research Corp. v. Minn. Min. MFG, 350 F.2d 134 (9th Cir. 1965).

1184) Id., 142.

1185) 이 사건에서 피고 Winston에게 손해배상을 인정하지 않았다.

(headstart)을 허용하는 결과가 되어 부당한 것([h]e and his new employer would retain the benefit of a headstart over legitimate competitors who did not have access to the trade secrets until they were publicly disclosed.)[1186]이라는 문제점으로 부터 출발한다.

Winston Research 사건은 과거에 사용되던 자성 테이프 녹음기에 사용되는 서보모터의 속도 조절기능에 관한 것이다. 자성으로 된 테이프의 녹음장치는 선형녹음장치로서 모터의 회전속도가 항상 같다면 회전축에 테이프가 감긴 양에 따라서 테이프의 속도 차이가 발생한다. 즉 테이프가 많이 감긴 회전축의 경우에는 회전축이 한바퀴 회전할 때 테이프가 감긴 원형의 크기가 크기 때문에 테이프의 이동속도가 빠르고 많게 되고(큰 바퀴를 생각하면 된다.), 테이프가 적게 감긴 회전축의 경우에는 테이프의 이동 속도가 느리고 적게 된다. 그렇게 되면 테이프가 테이프에 기록된 자성을 읽는 헤드에서는 항상 속도가 다르게 되어 동일한 속도로 재생을 할 수 없게 된다. 따라서 테이프의 녹음 재생기계는 자기 테이프에 녹화되고 녹화된 자기기록을 읽는 신호들 간의 시간 간격이 매우 정확하게 녹음되고 재생될 것을 요한다. 이를 위해서 테이프는 녹음과 재생 중에 최대한 동일한 속도로 움직여야 하며, 녹음이나 재생중에는 기계적인 구조로 인하여 테이프 속도가 변화되기 때문에 재생 중에도 이러한 변화를 최대한 반영하여 테이프 녹음·재생기계는 시간전위 오류(time-displacement error)를 측정하여 이를 녹음과 재생에 반영해야 한다.

이와 같은 속도조절을 하기 위해 서보시스템을 사용했는데 이전에는 서보시스템에 플라이휠(flywheel)을 사용하여 시스템의 관성을 증대시키는 방식으로 테이프 속도 변화를 억제시켰지만, 모터 속도가 신속하게 반영되어 시스템적으로 조정을 하는 것을 불가능하게 하고, 움직이는 부속품들의 공

1186) Winston Research Corp. v. Minn. Min. MFG, 350 F.2d 134, 142 (9th Cir. 1965).

명(resonance)에 의해서도 서보시스템의 효용은 감소되어, 결과적으로 플라이 휠이 사용되는 기계들은 전체적으로 기계적으로 우수하지 않았다.

이러한 문제를 해결하기 위해 이 사건 원고인 Minnesota Mining and Manufacturing Company("MinCom", 이 회사는 현재 유명한 '3M' 회사이다.) 은 플라이휠을 제거하고 다른 모든 회전 부속품의 부피를 감소시켰는데, 원고의 기계는 테이프 이동 시스템(tape transport system)의 관성을 감소시켰고 신속한 테이프 속도 조정을 가능하게 했다. 공명을 일으키는 부품들은 기계적인 수단에 의해 제거했다. 1962년 5월경 MinCom은 그 기계의 연구 단계를 거의 완성하고 원형 제품의 개발을 하고 있었는데 MinCom의 작업을 책임지고 있던 Wayne R. Johnson이라는 기술자와 몇몇의 직원들이 원고회사를 퇴사하고 경쟁회사인 피고 Winston Research Corporation ("Winston")을 설립하였다.

1962년 후반에 Winston은 정부와 개발 계약을 맺어 정밀 테이프 녹음기를 개발하게 되었다. Winston은 MinCom 기계의 작업에 참여 했던 많은 기술자를 고용하여 그들로 하여금 기계의 설계와 개발을 하도록 했다. Winston은 약 14개월의 연구개발기간을 통해 MinCom 기계와 동일한 정도의 완성도를 가진 기계를 완성했다.

MinCom은 Winston과 전직 직원들을 상대로 자신과의 고용기간 중에 신뢰관계위반으로 인하여 영업비밀을 부정취득하였다고 주장하면서 금지명령과 손해배상을 청구했다. 지방법원은 금지명령으로 원고의 손해방지와 보전은 충분하다고 판단하여 1심 판결일인 1964년 3월 1일부터 2년간의 금지명령은 인정했으나 손해배상은 인정하지 않았다.

원고는 항소심에서 셀마원칙에 따라 영구적 금지명령이 내려져야 한다고 주장하면서 1심법원[1187]이 판결한 1심 판결일로부터 2년간의 금지명령

1187) 본 사건의 1심법원 판결에 대한 정보를 찾아 보았으나, 전혀 정보를 얻을 수 없었다.

만으로는 Winston이 불법적으로 취득한 우월적 지위를 무효화하기에 충분하지 않을 뿐더러 MinCom의 기계 제작에 4년이 걸렸는데 Winston은 MinCom의 영업비밀을 이용하여 14개월 만에 기계를 개발하였다는 이유에 근거하여 금지명령는 항소심 종료 이후 최소한 3년간 유지되어야 한다고 주장했다.

Winston은 1심법원이 영업비밀의 인정을 너무 광범위하게 인정하였다고 주장했다. 원고의 영업비밀은 피고 중의 하나인 Johnson이 1961년에 발명하여 원고에게 이전한 것으로서 이미 특허에 의해 공개된 것이라고 주장했다.[1188] 그 뿐만 아니라 원고와 체결한 2년간의 경업금지조항은 캘리포니아 법[1189]에 위반되어 무효이고, 원고가 피고에게 녹음기 시장에서 경쟁하지 않을 것으로 조건으로 한 소송합의제의가 존재하여 원고의 주장은 더러운 손(unclean hand) 원칙에 따라 형평상의 구제가 인정되지 않아야 한다고 주장했으나, 지방법원과 항소법원은 이를 받아 드리지 않았다.

항소법원은 제9항소법원이 판결한 Engelhard Indus., Inc. v. Research Instrumental Corp.사건[1190]과 구별했는데, Engelhard Indus., Inc. 사건 판결에서는 영업비밀을 침해하여 제조된 물품이 공중에 공개된 이후에도 완성되지 못하였다. 이에 법원은 침해된 영업비밀이 공중에 공개된 이후에도 침해된 영업비밀을 이용하여 제조하는 물품이 완성되지 못하였다는 것만으로는 영업비밀이 그 공개시까지 위법하게 이용되지 않았다는 것을 의미하지는 않으므로 영업비밀의 침해상품의 제조를 단축할 수 있는 것으로부터 얻는 금전적 이익을 취한 것에 대한 손해가 발생한다고 판시하였다는 점을 인정했다.[1191]

1188) Winston Research Corp. v. Minn. Min. MFG, 350 F.2d 134, 139 (9th Cir. 1965).

1189) Cal. Bus. Prof. Code, § 16600 (원칙적으로 경업금지조항을 무효로 하는 조항을 말함).

1190) Engelhard Indus., Inc. v. Research Instrumental Corp., 324 F.2d 347 (9th Cir. 1963).

원고는 영구적 금지명령을 내린 캘리포니아의 두 사건을 언급하면서 셀마 원칙이 캘리포니아의 법률이라고 주장했다. 그러나 항소법원은 그 두 사건에서 금지명령의 기간은 쟁점도 아니었고, 판결문에서 언급도 되지 않았음을 지적하면서, 그와 같이 영구적 금지명령을 내린 이유가 없는 상황에서 캘리포니아 대법원은 본 사건의 결론을 따를 것이라고 판시했다.[1192]

그리하여 항소심 법원은

> The district court rejected both extremes and granted an injunction for the period which it concluded would be sufficient both to deny Winston unjust enrichment and to protect Mincom from injury from the wrongful disclosure and use of Mincom's trade secrets by its former employees prior to public disclosure.
>
> ….
>
> By enjoining use of the trade secrets for the approximate period it would require a legitimate Mincom competitor to develop a successful machine after public disclosure of the secret information, the district court denied the employees any advantage from their faithlessness, placed Mincom in the position it would have occupied if the breach of confidence had not occurred prior to the public disclosure, and imposed the minimum restraint consistent with the realization of these objectives upon the utilization of the employees' skills.[1193]

라고 판시하였다. 항소법원은 1심법원인 지방법원이 공중에게 공개된 이후 합법적으로 개발할 수 있는 기간동안 그 영업비밀을 사용하지 못하게 함으

1191) Id., 142, n.7.
1192) Id.
1193) Id.

로써 전 피용인들이 신뢰를 저버린 행위로부터 어떤 부당이익(unjust enrichment)도 얻지 못하게 하고, 원고가 그의 영업비밀이 공공에 공개되기 전에 종전 피용인에 의한 부적절한 공개와 이용으로부터의 손해를 입지 않게 하기 위해서 원고로 하여금 영업비밀의 공개전에 신뢰관계의 침해가 없었다면 있었을 지위로 있게 하여 주고, 피용인들의 기술을 활용함에 의한 위와 같은 목적을 실현하는데 최소한의 부담을 부여하였다고 판시하면서 1심판결을 지지하는 판시했다.

1986년 Sigma Chemical Co. v. Harris 사건[1194)]에서 제8순회법원은

[E]xtending the injunction beyond the time needed for independent development would give the employer "a windfall protection and would subvert the public interest in fostering competition and in allowing employees to make full use of their knowledge and ability."

We believe the part of the injunction prohibiting disclosure of trade secrets must be limited in duration and, accordingly, reverse in part and remand the case to the district court for consideration of the time it would take a "legitimate competitor" to independently reproduce the information contained in the product and vendor files. On remand, the district court should also modify the language of the injunction to expressly state that Harris may use that information which is already in the public domain.

라고 판시했다. 법원은 공공의 이익을 위해 경쟁을 장려하는 것이 영업비밀보유자에 대하여 의도하지 않은 이익을 주는 것을 허용하지 않음을 명확

1194) Sigma Chemical Co. v. Harris, 794 F.2d 371, 375 (8th Cir. 1986).

히 했다. 따라서 '유리한 출발'(head start) 내지 '시간절약'(lead time) 기간 이상으로 영업비밀의 사용을 금지하는 금지명령을 내리지 않는다.[1195] 윈스턴원칙은 경쟁을 장려하기 위한 원칙이다. 따라서 침해자가 아닌 다른 경쟁자가 독립적으로 같은 기술을 개발할 수 있는 시간을 고려하여 금지명령을 인정한다는 점을 명확히 하였다.

(2) 금지명령의 기간

윈스턴원칙은 영업비밀침해행위가 없었다면 존재했을 상태로 인정하는 것이다. 본 원칙은 영업비밀의 침해에 대하여 징벌적 판단보다는 침해가 없었다면 존재했을 객관적 상태를 상정하여 그와 같은 상태와 같이 놓으려고 하는 것이다. 그러나 이와 같은 판단에는 영업비밀침해에 대한 객관적 평가에 바탕을 둔 것으로 주관적 평가를 소홀히 하는 면이 있다.

Verigy US Inc. v. Mayder 사건[1196]은 윈스턴 원칙의 적용한 사건이다. 원고 Verigy는 피용인이었던 Romi Omar Mayder ("Mayder")와 그의 형제 Wesley Mayder 그리고 그들의 회사인 Silicon Test Systems("STS")를 상대로 영업비밀의 부정취득이용 등을 원인으로 소송을 제기했다.[1197]

1195) Research Equip. Co. v. C. H. Galloway & Sci. Cages, Inc., 485 S.W.2d 953 (Tex. Civ. App. 1972)("[w]hatever potential 'head start' [Intersil] may have gained from its misappropriation of [TAOS]'s trade secrets occurred years ago and has no bearing on any future harm" Id., 956); Texas Advanced Optoelectronic v. Renesas Elecs. Am., 888 F.3d 1322, 1336 (Fed. Cir. 2018).

1196) Verigy US, Inc. v. Mayder, No. C-07-04330 RMW (N.D. Cal. Feb. 29, 2008).

1197) 청구원인으로 제시한 것은 "breach of contract, trade secret misappropriation, violation of the Computer Fraud and Abuse Act, violation of the Electronic Communications Privacy Act, violation of California Penal Code § 502, violation of California Bus. Prof. Code § 17200 and § 17500, common law unfair competition, breach of duty of loyalty, violation of the Lanham Act, intentional interference with prospective economic advantage and unjust enrichment." 이다.

2006년 5월 6일 Mayder는 Mayder에게 신뢰정보에 대하여 비밀로 유지할 것을 요구하는 내용으로 원고회사와 신뢰정보에 관한 계약을 체결했다. 2006년 6월 경부터 Mayder는 여러 전문가를 만나면서 STS를 설립하는 준비를 하였다. Mayder는 1998년부터 시작된 고용관계를 2006년 9월 21일에 종료했다.

법원은 영업비밀로 주장된 일부 정보들이 이미 공개된 것으로 영업비밀은 아니라고 하였지만, 공개된 것을 조합한 것도 영업비밀이 될 수 있다는 선례들을 언급[1198]하면서 영업비밀성을 인정했다. 그리하여 법원은 피고가 원고의 영업비밀을 부정취득이용을 함으로서 '유리한 출발(headstart)'을 하였음을 인정하였다.[1199] 법원은 금지명령 기간의 평가에 대하여

[t]he court has concluded that defendants obtained a head start on the development of [REDACTED] the Flash Enhancer product. Accordingly, the court finds it appropriate to delay the distribution of the Flash Enhancer for the amount of time STS saved in its development process by use of Verigy's trade secret information.

라고 하여, 피고가 원고의 영업비밀인 정보를 이용하여 자신의 절약한 시간(save in its development)동안 지연시키는 것이 타당하다고 판시했다. 그리하여 법원은 판결일(2008년 2월 29일)로부터 5개월의 금지명령을 인정했다.

1198) 언급된 선례는 O2 Micro Intern. Ltd. v. Monolithic Power Systems, Inc., 420 F. Supp. 2d 1070, 1089-1090 (N.D. Cal. 2006) (Wilkins, J.) ("Combinations of public information from a variety of different sources when combined in a novel way can be a trade secret. It does not matter if a portion of the trade secret is generally known, or even that every individual portion of the trade secret is generally known, as long as the combination of all such information is not generally known.").

1199) 법원은 일부 Flash Enhancer은 원고의 영업비밀인 기술을 이용한 것이지만, 일부 Flash Enhancer는 원고가 개발한 것이 아니라고 하였다.

윈스턴 원칙은 침해된 영업비밀인 정보가 공개되었을 경우에 그 공개된 시점보다 피고가 영업비밀을 침해하여 얻은 '유리한 출발(headstart)' 내지 '시간절약(lead time)' 기간을 계산하여 그 기간동안 해당영업비밀의 사용을 금지하는 금지명령을 인정한다. 그러나 경업금지의무는 해당되지 않는다.1200) 따라서 피고는 자신의 영업이나 직장을 유지할 수 있지만, 원고의 영업비밀은 사용할 수 없다.

3. 우리법상 선의자 특례와의 관계에서의 문제점

우리 영업비밀보호법은 중대한 과실로 영업비밀을 전득한 자에 대하여 선의자 특례규정을 두고 있다.1201) 경과실에 의하여 영업비밀을 취득한 자, 즉 "제2조 제3호 다목 또는 바목에서 영업비밀을 '취득할 당시'에 그 영업비밀이 부정하게 공개된 사실 또는 영업비밀의 부정취득행위나 부정공개행위가 개입된 사실을 중대한 과실 없이 알지 못하고 그 영업비밀을 취득한 자"(선의자)는 그 거래에 의하여 허용된 범위에서 그 영업비밀을 사용하거나 공개하는 행위에 대하여는 금지명령이나 손해배상 등의 책임을 지지 않는다.

그러나 본 조항은 ⅰ) 경과실로 취득한 자에 대하여 금지명령에 대한 면책을 주는 것은 과도한 보호이다. 금지명령의 경우에는 침해자의 고의 또는 과실이 없더라도 금지명령을 인정한다.1202) 금지명령은 결과를 누가 부담하는 것이 타당한지에 대하여 이미 수백년에 걸쳐서 검증되어 확립된 형

1200) EMC Corp. v. Arturi, 655 F.3d 75 (1st Cir. 2011).
1201) 영업비밀보호법 제13조.
1202) 영업비밀보호법 제10조; 민법 제213조 및 제214조, 특허법 제126조; 상표법 제107조 등.

평의 원칙에 의하여 고려된 결과이다. 따라서 피고가 취득시에 중과실이 없더라도 영업비밀의 사용시에 중과실이 있다면 금지명령을 인정하는 것이 타당하다. ⅱ) 선의자의 특수성을 인정하더라도 선의자가 취득한 영업비밀에 대하여 선의자 특례규정에 의해 합법적으로 할 수 있는 정당한 행위의 범위를 취득한 영업비밀의 사용행위로 한정하는 것이 아니라 '공개행위'까지 포함하여 면책을 주는 것은 과도한 보호이다. 영업비밀의 공개는 영구적으로 영업비밀의 지위를 상실하게 하는 행위이고, 영업비밀 보유자는 자신의 영업비밀에 대한 재산적 가치를 영구히 상실하게 된다. 아무리 선의자라고 하여도 타인의 재산적 이익을 영구히 상실케 하는 것은 옳지 못하다. ⅲ) 영업비밀 취득후 고의가 있는 경우는 상정하기 어렵고, 선의자의 지위를 인정하지 않으면서 영업비밀 취득자에게 중과실의 경우에는 선의자의 지위를 인정하는 것은 상도덕에 대한 의도적인 무관심을 불러 일으키고 이는 도덕적 정의에 위반한다. ⅳ) 영업비밀이 그 보유가 민법상 동산물권과 유사하다는 이유로 민법 제249조의 선의취득[1203] 규정을 유추하여 선의자 특례규정을 둔 것으로 볼 수 있으나, 동산의 선의취득을 인정하는 민법 제249조는 평온, 공연하게 동산을 점유한 자가 선의이며 과실이 없어야 동산에 대한 선의 취득을 인정한다. 또한 민법은 도품이나 유실물에 대한 특례규정을 두어 도품이나 유실물인 경우에는 2년이내에 반환을 청구할 수 있도록 하고 있다.[1204] 무과실을 요건으로 하는 선의취득규정과 도품이

1203) 로마법에서는 "어느 누구도 자신이 가지는 이상의 권리를 타인에게 줄 수 없다"(Nemo plus iuris transferre potest quam ipse habet)거나 "내가 나의 물건을 찾았을 때는 내가 그것을 가진다"(Ubi ren meam invenio, ibi vindico)는 원칙이 적용되어 처분자가 무권리자인 경우 그를 소유권자라고 믿은 선의의 취득자라도 즉시 소유권을 취득할 수 없었다고 한다. 다만 동산에 대해서만 1년의 취득시효를 인정하여 우회적으로 점유가 소유를 추정케하는 동산의 특성을 반영하여 보호를 하였다고 한다. 곽윤직 외, 민법주해(Ⅴ) 물권 (2), 박영사, 1992, 430면.

1204) 민법 제250조 (도품, 유실물에 대한 특례) "전조의 경우에 그 동산이 도품이나 유실물인 때에는 피해자 또는 유실자는 도난 또는 유실한 날로부터 2년내에 그 물건

나 유실물에 대하여는 선의취득을 제한하는 민법 규정에 비추어 보아도 선의자 특례규정은 과도하여 그 의의가 없다고 보인다. 따라서 선의자 특례규정은 균형이 맞지 않는다. 미국의 경우에는 선의로 취득했더라도 영업비밀을 침해 당한 자가 침해사실의 통지를 하는 경우에는 선의자로서의 권리를 인정하지 않는다.

현행법상으로도 경과실의 경우에는 영업비밀의 침해행위를 인정하고 있지 않으므로 제3자 보호는 그것을 충분하다. 따라서 본 조항은 개정하는 것이 바람직하지만 현행법상으로는 매우 제한적으로 해석하는 것이 바람직하다.

의 반환을 청구할 수 있다. 그러나 도품이나 유실물이 금전인 때에는 그러지 아니하다."

제3절 금전배상

1. 의의

미국의 경우, 금전적 손해배상은 영업비밀 침해에 대한 손해배상(compensatory damages) 뿐만 아니라 징벌적 손해배상(punitive damages)이 부과될 수 있다. 그리고 합리적인 실시료 내지 사용료(reasonable royalty)의 배상을 명할 수 있다.

우리 영업비밀보호법에서와 같이[1205] 신뢰관계나 계약관계위반의 경우에 미국법상 부적절한 취득(improper acquisition)만으로는 손해배상소송을 제기할 수 없다.[1206] 그 취득은 신뢰관계 또는 계약관계에 의하여 합법적으로 취득한 것이기 때문이다.

영업비밀의 침해로 인한 손해배상을 청구하기 위해서는 영업비밀의 사용이나 공개가 있어야 하는데, 결국 시장에서의 경쟁이 존재하여야 한다. 우리 법상으로도 '영업상의 이익'을 침해하여 영업비밀보유자에게 손해를 입힐 것을 요건으로 한다.[1207] 사안에 따라서는 원칙적으로 영업비밀의 취득만으로는 영업상의 이익을 침해하였다고 할 수도 없고, 영업비밀보유자에게 손해를 입혔다고 할 수도 없을 것이다. 그러나 그와 같이 취득한 영업비밀로 인하여 그 영업비밀인 정보의 개발기간이 단축되었다면 자신의 경쟁력을 강화한 것이고 상대적으로 영업비밀보유자가 경쟁력을 상실하여 불이익한 지위에 놓이게 된 것이다. 따라서 실제사용을 하지 않더라도 보

[1205] 영업비밀보호법 제2조 제3호 (라).
[1206] Restatement of Torts § 757.
[1207] 영업비밀보호법 제11조.

유함으로써 얻는 이익을 손해로 인정하는 것이 필요하다.[1208] 예컨내, 해당 영업비밀인 정보를 개발하는 비용이나 그 영업비밀인 정보의 경제적 가치 중에 액수가 큰 것을 손해로 할 수 있을 것으로 본다. 다만 취득한 사람이 어떤 영업등의 활동을 하지 않는 개인의 경우에는 손해가 발생할 수 없다고 보이므로 금지명령으로 충분하다고 생각된다.

우리 법상으로 취득을 독립적인 침해행위로 규정하고 있으나, 취득만으로는 금지명령과 손해배상의 요건을 갖추기 어려운 면이 있다. 왜냐하면 금지명령과 손해배상을 인정하기 위해서는 법적 요건으로 영업상 이익에 대한 침해나 침해우려가 있어야 하는데,[1209] 논리적으로 부정한 취득만으로 영업상 이익에 대한 손실이 있다고 입증하기 어렵기 때문이다. 물론 계약관계나 신뢰관계에서 손해를 신뢰이익에 대한 침해라고 하는 경우에는 신뢰이익 침해로 인한 손해를 청구할 수는 있지만, 실제로 신뢰이익을 계량화 된 금액을 평가하기 어려울 뿐만 아니라, 신뢰관계나 계약관계에서는 취득 자체는 침해행위가 성립되지 않는다.[1210] 나아가 금지명령의 경우에도 취득한 자체만으로 어떤 취득을 금지할 수는 없고, 장래의 사용을 금지하는 청구를 하여야 할 것이다.

2. 금전적 손해배상

금전적 손해배상을 청구하기 위해 원고는 영업비밀 침해행위와 손해에

1208) 다만 영업비밀보호법 제14조의2 제2항은 피고의 부당이득을 손해배상으로 추정하고 있는데, 손해배상에 관한 근거 규정인 제11조와 조화되지 않는다.

1209) 영업비밀보호법 제10조 및 제11조는 영업상 이익에 대한 침해가 있어야 금지명령과 손해배상을 인정하고 있다.

1210) 영업비밀보호법 제2조 제3호 (라)목. 라목은 취득을 침해행위로 명시하지 않는다. 이러한 점은 미국의 경우에도 같다.

대한 입증을 하여야 한다. 일반적인 손해배상법리는 영업비밀보유자의 일
실이익에 대한 배상이다. 경쟁시장에서 부적절한 수단에 의한 영업비밀의
부정취득사용이나 계약 또는 신뢰관계위반으로 인한 영업비밀의 부정취득
사용에 의한 일실이익이나 다른 손해를 입증하기 쉽지 않다. 원고의 손해
는 예컨대 비용과 노력을 투입한 영업비밀을 상실함으로써 발생하는 경쟁
력의 상실일 수도 있고, 피고가 얻은 부당이득일 수도 있고, 피고가 절약한
비용일 수도 있다. 피고가 취득한 이익이나 원고의 상실 모두를 청구하는
것은 허용하지 않는다. 두 비용을 계산하여 중복된 손해를 제외하고 최대
의 손실을 배상토록 하는 것이 타당한 방법이다.1211)

　예컨대, A와 B회사가 레이더 안테나 분야에서 경쟁회사인데, A회사의
직원이었던 C가 A회사와의 신뢰의무 및 영업비밀유지의무에 위반하여 A
회사의 영업비밀을 B회사에게 알려주었고, C가 A회사의 영업비밀을 침해
한 사실을 A회사로부터 통지받이 이를 B회사가 알게 되었음에도 불구하고
C로부터 받은 정보를 이용하여 정부계약에 낮게 입찰하여 정부와의 계약
을 낙찰받아 이를 체결하였다. A회사의 정보를 취득한 B회사는 정부계약
을 통하여 200,000달러의 제조비용을 절약하게 되었고, A회사는 300,000달
러의 손실을 입게 되었다. 이러한 경우 B회사의 이익과 A회사의 손실을 합
한 금액을 A회사에게 손해배상을 하도록 하는 것은 중복으로 손해를 계상
하는 것으로서 허용되지 않고, 결국 위 중 큰 금액인 300,000달러를 손해배
상 금액으로 한다.1212)

　보상적 손해(compensatory damages)는 네가지 인정된다.1213) 첫째 법원

1211) Clark v. Bunker, 453 F.2d 1006 (9th Cir. 1972).
1212) Id. ("damages should not be restricted to defendant's actual profits from his
improper uses of the secret; the plaintiff is entitled to the profit he would have
made had his secret not been unlawfully used, but not less than the monetary gain
which the defendant reaped from his improper acts" Id., 1011).
1213) Wellogix, Inc. v. Accenture, L.L.P., 716 F.3d 867 (5th Cir. 2013) (quoting

은 피고의 부정취득으로 인한 원고의 적극적, 소극적 손실을 계산한다. 원
고의 손실은 부정취득이 없었다면 발생하지 않을 원고의 손해로서 피고의
영업비밀침해로 인한 실제 손해(actual loss), 실시료나 사용료의 손실[1214]
또는 공개로 인한 영업비밀의 지위상실로 인한 정보가치의 손해로 구성된
다.[1215] 실제 손해(actual loss)는 경쟁상품의 등장으로 인한 판매감소(sales
lost)[1216]와 가격하락[1217]이 이에 포함된다. 상품이 시장에 출시가 안되었어
도 상품의 출시가 준비가 되었고, 그것이 시장에서 판매될 것이라는 점을
입증한다면 이것도 손해에 산정될 수 있다.[1218] 같은 이유로 피고의 부정

Bohnsack v. Varco, L.P., 668 F.3d 262, 280 101 U.S.P.Q.2d 1393 (5th Cir. 2012).
Damages in misappropriation cases can take several forms: the value of
plaintiff's lost profits; the defendant's actual profits from the use of the secret,
the value that a reasonably prudent investor would have paid for the trade
secret; the development costs the defendant avoided incurring through
misappropriation; and a 'reasonable royalty.
Id., 879; Restatement of Unfair Competition §45, cmt d.

1214) UTSA는 예외적으로 실시료의 납부를 조건으로 금지명령을 내릴지를 결정할 수 있
다. UTSA § 2 (b). ("In exceptional circumstances, an injunction may condition
future use upon payment of a reasonable royalty for no longer than the period of
time the for which use could have been prohibited."). DTSA도 유사한 규정을 두고
있다. 18 USC §1836(b)(3)(A)(iii)("in exceptional circumstances that render an
injunction inequitable, that conditions future use of the trade secret upon payment
of a reasonable royalty for no longer than the period of time for which such use
could have been prohibited;").

1215) Jackson v. Fontaine's Clinics, Inc., 499 S.W.2d 87, 89-90 (Tex. 1973).

1216) EFCO Corp. v. Symons Corp., 219 F.3d 734 (8th Cir. 2000) ("As discussed above,
EFCO produced evidence of a general revenue erosion that coincided with Symons'
increased revenues, as well as evidence of sales lost to Symons." Id., 741-42).

1217) Roton Barrier Inc v. Stanley Works, 79 F.3d 1112 (Fed. Cir. 1996) ("The trial court
found that the "actual damages plaintiffs have sustained include both lost sales and
price erosion." The price erosion damages included historical price erosion and
future price erosion." Id., 1120).

1218) DSC Communications v. Next Level Comm, 107 F.3d 322 (5th Cir. 1997) ("While

취득행위로 인하여 원고가 영업기회를 상실하였다면 그에 대한 손해배상을 하여야 한다. 예컨대, 피고가 원고의 영업비밀을 부정취득하여 입찰에 참가하였지만 원고는 영업비밀인 정보의 개발비용을 외부화 할 기회를 상실하여 그 입찰금액이 피고보다 더 높아 피고가 그 계약의 낙찰자가 되었다면 피고의 영업비밀부정취득으로 인한 손해로 청구할 수 있다.1219) 법원에 따라서는 유리한 출발(head start)에 의한 실제 손해만을 손해배상으로 인정한다.1220) 이와 같은 손해는 전통적인 '커먼로'상의 손해배상이다.

SDV technology represents a new product the intensive market research DSC presented at trial, coupled with the known history of the telecommunications industry and the success of the Lightspan product, established with sufficient certainty that SDV technology is likely to generate significant profits. Even if a product is not yet fully developed, a plaintiff is not prevented from recovering future lost profits if it was hindered in developing that product, and the evidence shows the eventual completion and success of that product is probable." Id., 329).

1219) Eagle Group, Inc. v. Pullen, 114 Wash. App. 409 (2002) ("The UTSA does not define "actual loss." When a statute does not define a phrase, we give the phrase its ordinary meaning. One Pac. Towers Homeowners' Ass'n v. HAL Real Estate Invs., Inc., 108 Wn. App. 330, 340, 30 P.3d 504 (2001). Actual damages should "compensate for a proven injury or loss" and "repay actual losses." Black's Law Dictionary 394 (7th ed. 1999). Actual damages include "damages for injury in fact, as distinguished from exemplary, nominal or punitive damages." Ellingson v. Spokane Mortgage Co., 19 Wn. App. 48, 58, 573 P.2d 389 (1978). Lost profits are a recoverable element of damages. See Lundgren, 94 Wn.2d at 98. These definitions do not exclude recovery for the value of lost business opportunities or future profits. Thus, the trial court did not abuse its discretion by instructing the jury that it could award damages for future losses." Id., 420-21).

1220) Texas Advanced Optoelectronic v. Renesas Elecs. Am., 888 F.3d 1322, 1336 (Fed. Cir. 2018) ("For those reasons, we vacate the jury's monetary award for misappropriation of trade secrets. On remand, any determination of sales-based monetary relief for trade secret misappropriation requires evidence and a determination of the time at which the trade secret became properly accessible to Intersil and the duration of any head-start period." Id., 1337).

둘째 피고가 취득한 부당한 이득으로 인한 손해(unjust enrichment damages)
가 있다.1221) 즉 영업비밀을 침해하여 판매한 물품의 수입이 이에 해당한다.
이는 부당이득(unjust enrichment)에 기한 것으로 형평상의 손해배상이다.

셋째 피고가 영업비밀을 이용하여 절약한 비용으로, 이것도 본질적으로
부당한 이득으로 인한 손해(unjust enrichment damages)에 해당한다. 신중한
사람(a reasonably prudent investor)이 해당 영업비밀의 취득을 위하여 지급
할 수 있는 비용1222)이거나 독립적으로 개발할 때 필요한 비용이다.1223) 영
업비밀을 부정취득하여 자신이 절약하게 된 비용이 이에 해당한다. 특히
실패한 정보나 소극적 정보의 경우에는 절약한 비용으로 계산을 하여야 한
다. 예컨대 항생제를 개발하여 위하여 원고가 수많은 실험을 하여, 최종적
으로 유의미한 결과를 취득하였는데, 피고가 원고가 실험한 실험정보를 전
부나 일부 취득한 경우, 아직 피고가 원고의 영업비밀을 이용하여 상품을
판매하지 않았더라도 피고는 원고의 소극적 정보와 적극적 정보를 취득하
였고, 이로 인하여 피고는 비용을 지출하지 않고도 원고와 같은 지위를 얻
게 되었다. 이러한 경우에는 피고가 지출을 면한 비용이 피고의 이득이고
이것이 원고의 손해로 이어진 것이다. 또한 부정취득한 영업비밀을 통하여
피고가 우월적 지위를 얻게 되었다면 그로 인한 피고의 영업가치 증가도
부당한 이득에 해당하므로 형평상 구제대상이 된다.1224)

1221) Elcor Chem. Corp. v. Agri-Sul, Inc., 494 S.W.2d 204, 214 (Tex.Civ.App. 1973).

1222) Precision Plating & Metal Finishing Inc. v. Martin-Marietta Corp., 435 F.2d 1262,
1263-64 (5th Cir. 1970).

1223) Univ. Computing Co. v. Lykes-Youngstown Corp., 504 F.2d 518, 535-36 (5th Cir.
1974).

1224) Children's Broadcasting v. Walt Disney Co., 357 F.3d 860, 864 (8th Cir. 2004).
Dr. Putnam provided dollar amounts to the jury of the increased value of ABC
Radio and Disney based on three acceleration intervals-eleven months, twelve
months, and twenty-four months-to which Dr. Putnam assigned the values of
$35 million, $37 million, and $54 million. … In the prior appeal, our court

형평에 근거를 둔 두 번째와 세 번째의 손해배상은 피고가 취한 이득이 없다면 배상을 명하지는 않는다.[1225]

Precision Plating & Metal Finishing Inc. v. Martin‑Marietta Corp. 사건[1226] 에서 제5순회법원은 징벌적 손해배상청구를 기각하면서 신중한 투자가가 시장에서 해당 영업비밀인 정보를 구입하려는 가격을 계산하였다:

The plaintiff sought ordinary damages for the value of the process at the time of such destruction and punitive damages. The trial court held no punitive damages were warranted, but undertook to find market value of the process. The trial court stated:

"There is no established market value in the present case in the sense that there were a number of transactions of the same or

---

upheld the causation finding based partly upon an expert's opinion that "ABC Radio and Disney were able to accelerate their entry into the market by using information, particularly information about advertising and marketing, they obtained from Children's."

Id., 864.

1225) Tilghman v. Proctor, 125 U.S. 136 (1888).

The infringer is liable for actual, not for possible gains. The profits, therefore, which he must account for, are not those which he might reasonably have made, but those which he did make, by the use of the plaintiff's invention; or, in other words, the fruits of the advantage which he derived from the use of that invention, over what he would have had in using other means then open to the public and adequate to enable him to obtain an equally beneficial result. If there was no such advantage in his use of the plaintiff's invention, there can be no decree for profits, and the plaintiff's only remedy is by an action at law for damages.

Id., 146.

1226) Precision Plating & Metal Finishing Inc. v. Martin‑Marietta Corp., 435 F.2d 1262 (5th Cir. 1970).

similar article, the consensus of which reflects the price at which willing buyers and sellers would act. <u>Fair market value here is synonymous with the investment value of the trade secret; that is, what an investor judges he should pay for the return he foresees by virtue of owning the process, taking into account the facts, circumstances and information which is available at the time.</u>"

Applying the test announced, and, upon a record that amply supported its factual determinations, the trial court found that <u>a reasonably prudent investor</u> would have paid approximately $27,500 for the trade secret in 1961, which, with interest at 6% per annum, would result in present recoverable damages from defendant by plaintiffs of $40,000.[1227]

제5순회법원은 원심법원의 판결을 인용하면서 공정한 시장가격(fair market value)이 영업비밀에 대한 투자가치와 동일하다고 한다. 공정한 시장가격이란 투자자가 자신이 영업비밀을 취득할 수 있는 시점에서 그 영업비밀에 대한 정보, 주위 상황 등을 고려하여 그 영업비밀인 정보(process)를 가졌을 때 자신이 지급하여야 하는 평가금(what an investor judges he should pay for the return he foresees by virtue of owning the process, taking into account the facts, circumstances and information which is available at the time)이라고 하였다.

마지막으로 원고는 합리적인 실시료나 사용료(reasonable royalty)의 손해[1228]가 발생한다. 합리적인 실시료에 대하여는 아래에서 별개의 목차로 설명한다.

1227) Id., 1263-64.
1228) Elcor Chemical Corp. v. Agri-Sul, Inc., 494 S.W.2d 204, 214, 178 U.S.P.Q. (BNA) 552 (Tex. Civ. App. 1973).

금지명령에서 보았던 3가지 원칙은 손해배상을 인정하는데도 영향을 미친다. 금전적 손해배상에서도 일부 법원은 영업비밀의 부정취득이 없이 독립적으로 영업비밀을 개발할 수 있었던 기간동안의 영업비밀사용에 대하여 손해배상을 명한다. 예컨대, 영업비밀의 부정취득자를 제외한 제3자에 의하여 공개될 때까지 금지명령을 인정하는 콘마원칙은 손해배상도 그때까지의 기간으로 계산한다.[1229] Carboline Co. v. Jarboe 사건[1230]에서 원고는 피고가 자신과 비밀유지약정에 서명한 화학기술자를 이용하여 원고의 영업비밀을 취득한 후 이를 이용하여 피고의 제품을 개발하였다고 주장했다. 법원은 피고가 원고의 영업비밀을 독자적으로 개발할 때까지의 기간에 대하여 손해배상을 인정했다.

1229) Conmar Products Corp. v. Universal Slide Fastener Co., 172 F.2d 150 (CA2, 1949).
1230) Carboline Co. v. Jarboe, 454 S.W.2d 540 (Mo. 1970).
   Such injunction shall be ordered either to be perpetual or limited in duration as the court shall find from further evidence adduced, if any, to be the time within which defendants with their staff as of November 30, 1960 could have by independent research discovered and produced plaintiff's said products. Further evidence shall be heard on plaintiff's damages for the misappropriation of trade secrets in its said products, in accordance with the foregoing accounting methods, and from evidence as to the amount of lawful deductions to which defendants are entitled from the gross profits realized from the sale of products listed in paragraph (a) above. Such damages shall likewise be limited to the time the court shall find to be that within which defendants could have produced plaintiff's products by independent research with their staff as of November 30, 1960.
   Id., 555.

3. 징벌적 손해배상(punitive damages)과 변호사비용

UTSA나 커먼로상 영업비밀침해에 대한 금전적 구제수단으로 불법행위
소송에서 인정되는 징벌적 손해배상이 있다. 징벌적 손해배상은 해를 가할
의도(malice or willful misconduct)로 영업비밀침해를 하는 경우이다. 커먼
로상 일반원칙으로서 매우 과도한 행위(egregious conduct)에 대한 처벌목
적으로 징벌적 손해배상이 인정된다.[1231] 예컨대 의도적인 경우(willful and
malicious misappropriation)가 매우 심한 행동을 입증하는 요소가 된다.
　UTSA는

> If willful and malicious misappropriation exists, the court may award
> exemplary damages in an amount not exceeding twice any award made
> under subsection (a).[1232]

라고 규정하여 의도적인 부정취득의 경우에는 보상적 손해(compensatory and
restitutionary)의 2배를 넘지 않는 범위내에서 징벌적 손해배상을 할 수 있
도록 하고 있다.
　커먼로 상으로는 변호사비용이 인정되지 않는다. UTSA의 경우에는 ⅰ)
부정취득이 나쁜 의도(bad faith)로 행해진 경우, ⅱ) 금지명령에 대한 이의
제기나 취소신청(motion)이 나쁜 의도(bad faith)하에서 행해진 경우, ⅲ) 의
도적으로 부정취득을 한 경우(willful and malicious misappropriation)에 명
해질 수 있다.[1233] 다만 징벌적 손해배상으로 인하여 피고가 파산을 하게
되는 경우에는 징벌적 손해배상금은 감액하는 법원이 있다.[1234]

1231) Restatement, Second, Torts § 908.
1232) UTSA § 3 (b).
1233) UTSA § 4.

4. '침해행위'에 대한 합리적인 로열티
(reasonable royalty for infringement)

침해행위라는 적대적 관계에서 발생하는 실시료를 의미한다. 이는 우호적 협력관계에서 지불하는 합리적인 실시료와는 구별된다. 대체로 라이센스에 의하여 사용하는 상품이나 서비스의 경우에는 합리적인 로열티가 손해배상액으로 평가된다. 예컨대, 라이센스로 사용하는 컴퓨터 소프트웨어가 대표적이라고 할 수 있다. 그러나 반드시 그러한 것만은 아니다. 일실이익의 입증이 어려운 경우에도 합리적인 실시료를 청구할 수 있다.

부정취득의 사실은 입증이 되었으나 손해를 입증하지 못한 경우에는 합리적인 실시료를 청구할 수 있다.[1235] 직접적인 경쟁으로 인한 손해가 발생하지 않은 경우에는 합리적 실시료에 의한 손해배상청구는 할 수 있다.[1236] 우리 법의 경우에는 영업비밀보호법 제11조에 '영업상 이익'에 대한 침해가 있어야 손해배상청구를 할 수 있도록 하고 있다. 단순히 피고가 영업비밀을 부정취득하였다고 하여 청구할 수 있는 것은 아니다.

Panduit Corp. v. Stahlin Bros. Fibre Works, Inc. 사건[1237]은 합리적 실시료(reasonable royalty)에 대하여 판단한 사건이다. 우호적인 관계와 적대적인 관계가 당연히 달라져야 하는 것은 특허권자의 특허침해의 감시비용(watching cost와 collecting cost)에 대한 평가가 손해액 산정에 계상되어야 하기 때문이다. 침해행위가 발생한 적대적 관계에서 우호적인 관계인 협상에 의한 실시료와 동일한 실시료를 받는다면, 법이나 법원이 피고의 침해를 장려하는 것이다. 왜냐하면 침해자로서는 침해가 발견되지 않는다면 실

1234) Miller v. Schnitzer, 78 Nev. 301, 309, 371 P.2d 824, 829 (1962).
1235) Ajaxo Inc. v. E*Trade Fin. Corp., 115 Cal. Rptr. 3d 168 (Ct. App. 2010).
1236) Bianco v. Globus Medical, Inc., 53 F. Supp. 3d 929 (E.D. Tex. 2014).
1237) Panduit Corp. v. Stahlin Bros. Fibre Works, 575 F.2d 1152 (6th Cir. 1978).

시료 등의 거래비용을 절감하는 것이 되고, 침해가 발각된다면 협상에 의해 자신이 부담했을 실시료만 부담하면 되기 때문이다. 그리고 소송에서 침해로 판명되는 경우, 결과적으로 침해자가 타인의 영업비밀을 강제로 실시하는 부당한 결과가 된다.[1238] 따라서 우호적인 협상을 통한 실시료가 아닌 적대적인 관계에서의 합리적인 실시료를 지급하여야 하는 것이고, 실시료에 관한 법의 원칙도 침해를 사전에 예방할 수 있는 원칙으로 정해져야 한다.

이 점에 대하여 Panduit Corp. v. Stahlin Bros. Fibre Works 사건에서 법원은

> The setting of a reasonable royalty after infringement cannot be treated, as it was here, as the equivalent of ordinary royalty negotiations among truly "willing" patent owners and licensees. That view would constitute a pretense that the infringement never happened. It would also make an election to infringe a handy means for competitors to impose a "compulsory license" policy upon every patent owner.[1239]

라고 지적하고 있다. 소송이라는 특허침해로 인한 전쟁상황과 우호적인 협력관계는 분명히 다르다. 전쟁에서 패소한 국가가 지불하는 전쟁배상금과 협력에 의한 상호이익금의 분배가 같다고 할 수 없다. 위 판결은 그 점을 잘 지적하고 있다. 예컨대 판결은 이 사건 13년동안의 침해소송을 위한 전쟁비용은 400,000달러라고 언급하고 있다. 이 금액은 1978년에 평가한 금액이다. 그리하여 최종적으로 배상금이 아닌 특허침해 전쟁수행을 위한 비용을 44,709.60달러로 평가했다.

1238) Id., 1158.
1239) Id.

위 사건 법원은 특허전쟁의 수행비용이 투입되고, 그 특허전쟁에서 승리하기 위한 노력 등을 다음과 같이 언급하고 있다:

> Except for the limited risk that the patent owner, over years of litigation, might meet the heavy burden of proving the four elements required for recovery of lost profits, the infringer would have nothing to lose, and everything to gain if he could count on paying only the normal, routine royalty non-infringers might have paid. As said by this court in another context, the infringer would be in a "heads-I-win, tails-you-lose" position.

만일 전쟁상황과 우호협력상황을 같이 평가한다면 침해자는 어짜피 우호협력관계에서 지불했어야 할 비용을 지급하는 것이므로 손실이 없는 것이다.(the infringer would have nothing to lose, and everything to gain if he could count on paying only the normal, routine royalty non-infringers might have paid.) 특허침해결과는 항상 침해자가 이기는 것(heads-I-win, tails-you-lose)이다.

이러한 결과는 법원이 특허침해를 유도하는 상황이 된다. 이러한 이상한 결과를 방지하기 위해서 미국 법원은 합리적인 실시료(reasonable royalty)는 전쟁에서 패소한 국가가 부담하는 합리적인 전쟁배상금이라고 해석하는 것이다. 그리하여 위 Panduit사건에서 제6항소법원은 원심에서 확정한 2.5%의 실시료는 잘못된 것이라고 판시하고, 원심에서 재심리할 것으로 요구했다.

5. 우리법상 문제점

가. '영업상 이익의 침해'

정당하지 않은 영업비밀의 사용이나 공개는 원고에게는 손해가 발생할 수 있고, 피고에게는 이득이 발생할 수 있다. 이러한 경우 원고는 금전적 손해에 대하여 배상을 청구할 수 있다. 부정취득에 대한 인식이 없는 경우, 즉 부정취득에 대한 고의 또는 과실이 없는 경우에는 손해배상책임이 발생하지 않는다.

특허권이나 저작권 또는 상표권 침해는 법적 독점에 대한 침해이기 때문에 독점권에 대한 침해자체로 손해를 인정하고 있다. 예컨대 특허발명을 실시하면 실시권은 특허권자의 독점권이므로 그 독점에 대한 침해에 대한 손해배상을 하게 된다. 특허를 취득한 발명을 실시하여 발명이 사용된 제품을 '생산'하면[1240] 이는 특허권을 침해 한 것이다. 따라서 판매하여 수익을 얻지 않았다고 하더라도 생산만으로도 손해를 배상하여야 한다.

그러나 영업비밀은 세상에 대하여 어떤 독점권을 부여하는 것은 아니다. 단지 신뢰관계나 계약관계를 위반하였거나 부적절한 방법(improper means)를 이용하여 영업비밀을 부적절하게 취득하였다는 것에 대한 침해이다. 논리적으로 보면 영업비밀을 부적절한 방법으로 취득하였다고 하여 곧바로 영업비밀에 대한 손해가 발생하는 것은 아니다. 이러한 경우 물품을 생산한 것도 아니고 판매한 것도 아니므로 일실이익이나 부당이득, 기타 합리적인 실시료를 계산할 수 있는 방법도 없다. 부적절하게 취득하여 개발기간의 단축 등 경쟁상의 이익을 취한 점이 인정되어야 한다.

우리 영업비밀보호법에서는 '영업비밀 보유자의 영업상 이익의 침해'에

1240) 특허법 제2조 제3호 (가)목.

대하여 손해를 배상하도록 하는 이유가 설명이 된다.[1241] 우리법상 손해가 인정되기 위해서는 ⅰ) 고의 또는 과실에 의한 영업비밀 침해행위로 ⅱ) 영업비밀 보유자의 영업상 이익을 침해하여야 한다. 영업비밀보호법 제2조 제3호에 규정된 '영업비밀 침해행위'만으로는 손해를 청구할 수 없다.

그러나 부정취득한 영업비밀을 공개하는 경우, 신뢰관계나 계약에 의하여 취득한 영업비밀을 공개하는 경우에는 원래의 영업비밀보유자는 경쟁자에 대하여 자신의 경쟁력을 상실하게 된다. 따라서 그는 경쟁력에 대한 손실을 보게 되는데 이를 영업상 이익에 대한 침해가 된다.

손해배상에 관한 제11조는 영업상 손해라고 하고 있지만 침해자가 얻은 수익도 손해배상으로 명시하는 것이 바람직하다. 손해배상액의 추정[1242]으로 침해자의 수익을 손해로 하는 것은 명확하지 않은 면이 있다.

나. 고의 또는 과실에 의한 영업비밀침해

우리 영업비밀보호법은 "고의 또는 과실에 의한 영업비밀 침해행위로 인하여 영업비밀보유자의 영업상 이익을 침해하여 손해를 입힌 자"에 대하여 손해배상을 하도록 하고 있다. 그런데 영업비밀 침해행위의 정의[1243]를 보면 이미 고의 또는 중과실이 있는 경우에만 영업비밀 침해행위로 정의하고 있어 상호 중복되어 모순되고 있다. 즉 두 규정을 합쳐보면 ⅰ) 고의 또는 과실이 있는 고의 또는 중과실에 의한 침해행위라고 하는 것이 되어 그 내용상 모순이 되고, ⅱ) 손해배상을 규정하는 제11조에서 손해배상의 요건으로 하고 있는 '과실'에는 경과실과 중과실을 포함하고 있으므로, 경과실이 있는[1244] 중과실에 의한 침해행위[1245]가 되어 모순이 되고 있다.

1241) 영업비밀보호법 제11조.
1242) 영업비밀보호법 제14조의2 제2항.
1243) 영업비밀보호법 제2조 제3호.

다. 합리적인 실시료

우리 법의 해석에도 동일하다. 특허법이나 상표법, 그리고 영업비밀침해나 부정경쟁행위에 대하여는 '손해배상을 청구하는 경우' 특허, 상표 또는 영업비밀, 부정경쟁행위의 대상인 표지 등의 '사용에 대하여 통상 받을 수 있는 금액', 즉 '실시료'를 손해액으로 하여 손해배상을 청구할 수 있도록 하고 있다.[1246) 합리적인 실시료에 관한 영업비밀보호법 조항[1247)을 인용해보면

> 부정경쟁행위, 제3조의2제1항이나 제2항을 위반한 행위 또는 영업비밀 침해행위로 영업상의 이익을 침해당한 자는 제5조 또는 제11조에 따른 손해배상을 청구하는 경우 부정경쟁행위 또는 제3조의2제1항이나 제2항을 위반한 행위의 대상이 된 상품 등에 사용된 상표 등 표지의 사용 또는 영업비밀 침해행위의 대상이 된 영업비밀의 사용에 대하여 통상 받을 수 있는 금액에 상당하는 금액을 자기의 손해액으로 하여 손해배상을 청구할 수 있다.

특허법의 경우[1248)에는

> 제1항에 따라 손해배상을 청구하는 경우 그 특허발명의 실시에 대하여 합리적으로 받을 수 있는 금액을 특허권자 또는 전용실시권자가 입은 손해액으로 하여 손해배상을 청구할 수 있다.

1244) 영업비밀보호법 제11조.
1245) 영업비밀보호법 제2조 제3호.
1246) 영업비밀보호법 제14조의2 제3항 참조.
1247) 영업비밀보호법 제14조의2 제3항.
1248) 특허법 제128조 제5항.

상표법도 동일한 내용이다.[1249]

> 제109조에 따른 손해배상을 청구하는 경우 그 등록상표의 사용에 대하여 합리적으로 받을 수 있는 금액에 상당하는 금액을 상표권자 또는 전용사용권자가 받은 손해액으로 하여 그 손해배상을 청구할 수 있다.

그런데 통상적으로는 보통 당사자의 협상 라이센스를 하는 우호적인 관계에서 성립되는 경우의 실시료를 계상한다. 그러나 이는 분명 법조문에 어긋난 것이다. 법조문상으로는 '손해배상을 청구하는 경우' 라고 하여 우호적인 관계가 아니라 적대적인 관계, 즉 원고와 피고 사이의 적대적인 침해관계에서 받을 수 있는 실시료를 의미하고 있다.

1249) 상표법 제110조 제4항.

제8장

전략기술 및 영업비밀과 국제통상

제1절 기술의 국제적 이동에 대한 통제[1250]

1. 국제 기술이전통제

가. 개관

기업의 영업비밀의 불법취득의 금지하는 영업비밀보호제도는 세계 각국에서 인정되고 있다. 최근에는 중국의 반도체 굴기에 대응하여 국가적 차원에서 미국의 기술통제를 포함하는 법안(United States Innovation and Competition Act of 2021 (USICA))이 2021년 6월 8일 상원을 통과했다.[1251] 미국은 중국에 첨단기술과 첨단기술물품이 이전되어, 중국이 그 기술을 이용 발전시켜 미국의 경쟁자가 되어 궁극적으로 미국의 국가안보를 위협하는 것을 금지하고자 하였다. 이러한 기술이전통제는 새삼스러운 것이 아니다. 세계 각국은 자국의 첨단기술이 군사적 경쟁국가로 이전되는 것을 금지해왔다.

현재 시행되는 기술의 해외 유출로부터 자국기술유출을 금지하는 국가기술보호 내지 통제 제도는 2차대전 중이었던 1940년대 초에 미국에서부

1250) 본 절은 2015년의 외부기관에 제출한 연구보고서를 바탕으로 이를 수정한 것이다.
1251) 미국에서 상원이나 하원에서 법률안이 통과되면, 다른 원(상원, 하원)에 이송하는데, 다른 원은 이송되어 온 법안의 검토, 수정, 재전송을 거친 협의 또는 양원협의 위원회를구성하여 심사, 토론, 표결을 거쳐 합의 또는 기타 양원간의 공식, 비공식 타협을 통한 의견조율을 거쳐 합의를 한뒤 상원과 하원이 각 표결을 하여 의장이 서명을 하여 대통령에게 이송하는 절차를 거친다. 대통령은 서명을 거부하여 다시 의회의 재심의와 표결을 거치도록 하거나 서명을 하여 공포한다. 대통령이 이송받은 법률안을 의회 회기중 10일내에 서명을 하지 않으면 법률로서 성립한다.

터 시작되었다.[1252] 그러나 기술의 해외유출의 통제는 중세 길드의 기술통제에서 본격적으로 시작되었음은 앞서 본 바와 같다. 기술통제는 길드만의 것은 아니었다. 옛날 중국에서는 중국에서 발명한 화약에 대한 모든 사항을 비밀로 하여 기술 이전을 원천적으로 금지하고 있었다. 그 외 중국의 발명품이라는 나침반이나 제지술, 인쇄술 등의 기술뿐만 아니라 도자기 굽는 기술이나 누에와 뽕나무, 그리고 목화까지 해외 유출을 금지하고 있었다. 우리 조선의 경우에도 군사기술의 유출을 염려하여 국경 근처에서는 조선의 고유한 군사기술이었던 편전(片箭, 애기살)의 연습을 하지 못하도록 한 점에 비추어 보면 국가의 기술 등을 외국으로 유출을 금지하는 기술유출통제제도는 매우 오래 역사를 가지는 제도라고 할 수 있다.

물론 사인의 기술정보나 경영정보를 보호하는 영업비밀보호제도는 로마시대에도 나타나는 매우 오랜 역사를 가지고 있다.[1253] 이는 사적 비밀의 보호제도라고 할 수 있는데 국가기술보호제도 내지 통제제도와는 다르다. 기술유출에 대한 본격적인 행정적 통제는 길드의 기술에 대한 중세 도시국가들의 통제이었다고 할 수 있다.

공산진영와 자유진영 국가간의 냉전체제가 유지되자, 국제사회에는 전략물자(strategic items)의 수출통제제도가 본격적으로 도입되었다. 전략물자는 재래식무기 및 대량파괴무기(WMD)와 그 무기들의 운반수단인 미사일의 제조, 개발, 사용 또는 보관 등에 이용 가능한 물품, 소프트웨어 및 기술과 품목 등을 말한다.[1254]

1252) 전략물자무역정보센터, 수출통제, 이론과 실무, 박영사, 2006, 31면.

1253) 특허제도도 한편으로는 외국의 기술자에 대한 유인책, 즉, 기술자 스카웃의 한 방책이었다. 유럽에서 특허제도를 이용하여 경쟁국의 기술자 스카웃을 하였고, 특히 영국과 영국의 특허제도를 이식한 미국은 특허제도를 이용하여 유럽대륙의 기술자를 자국에 이주토록 하는 경제발전책을 사용하였다. 이러한 정책을 "strategic trade policy"에 빗대어 "strategic international trade policy"이라고 부르기도 한다.

1254) 대외무역법 제19조 제1항은 국제수출통제체제의 원칙에 따라 국제평화 및 안전유

전략물자는 국제평화와 안전보장, 국가안보를 위해 수출에 제한을 받고
있고, 전략물자 수출통제제도란 이러한 전략물자가 테러지원국 또는 테러
조직에 이전되어 우려할 용도로 전용되는 것을 사전에 방지하기 위한 국제
사회의 국제규범을 말한다.

현재 전략물자에 대한 국제수출통제는 통제되는 대상별로 바세나르협정
(WA), 핵공급국그룹(NSG), 호주그룹(AG), 미사일기술통제체제(MTCR)의
4개 그룹에 의해 통제되는데, 각 그룹은 수출통제 대상품목을 구체화하고
가이드라인 등을 제정하여 회원국들에게 전략물자 수출관리를 엄격히 시
행하도록 요구하고 있다.

전략물자와 기술에 대한 본격적인 관리는 2차 세계대전 중에 시작되었
다고 할 수 있다. 2차 세계대전 중에 미국 의회는 대통령에게 군사적으로
전용될 수 있는 물자와 기술의 대외수출을 통제할 수 있는 권한을 한시적
으로 부여한 법안(PL 703-6)을 제정하였다. 위 법안이 국가에 의한 전략물
자와 기술의 수출 통제제도의 기원이라고 한다.[1255] 1979년 미국은 수출관
리법(Export Administration Act of 1979)[1256]에서 대통령에게 미국의 관할
권 하에 있거나 미국 관할에 있는 어느 누구에 의하여 수출되는, 미국의 외
교정책에 더 광범위하게 필요한 물품, 기술 또는 다른 정보의 수출을 금지
할 권한을 부여하였다.

한편 2차 세계대전 중 미국을 비롯한 연합국은 독일 등의 적대국에게 수
출통제를 시작하였는데, 이는 2차 세계대전후에 대공산권 수출통제체제인 다
자간 수출통제 조정위원회(COCOM, Coordinating Committee for Multilateral
Export Controls, "코콤")의 설립으로 이어진다. 코콤은 미국과 구소련의 대

지와 국가안보를 위하여 수출허가 등 제한이 필요한 물품등과 대통령령이 정하는
기술을 포함하는 것을 의미하고 있다.
1255) 전략물자무역정보센터, 수출통제, 이론과 실무, 박영사, 2006, 31면.
1256) 50 USC app 2401-2420 (Supp. III 1979).

립으로 대표되던 자유진영과 공산진영의 동서 냉전체제의 산물이다. 그 후
코콤을 대체하여 재래식무기와 이중용도물품(dual-use goods) 및 기술의 수
출통제를 목적으로 바센나르 체제(Wassenaar Arrangement)가 성립되었다.
바센나르는 1994년 코콤체제가 소멸된 후 이를 대체하기 위해 탄생된 것이
지만 코콤과 같이 전쟁무기수출을 규제한다는 점에서는 같다. 다만 코콤 체
제 이후에 설립된 전략무기와 기술의 통제 체제들은 러시아나 우크라이나,
중국 등 공산권 국가들을 포함하기 때문에 코콤 체제와는 다른 모습이다.

통제체제	Wassenaar (바센나르)	NSG[1257] (핵공급그룹)	AG (호주그룹)	MTCR (미사일기술통제)
주요 대상국	이란, 분쟁국가	비핵보유국(북한)	이라크	
통제 품목	재래식무기	핵무기	생·화학무기	미사일
통제 대상	재래식 무기 및 산업겸용장비와 소재 (243개 품목·기술)	원자력 전용 및 산업겸용장비 (135개 품목·기술)	생·화학물질 및 산업겸용장비 (43개 품목·기술) 이중용도	미사일, 무인항공기 및 산업겸용장비, 미사일발사장비 (88개 품목·기술)
통제 내용	국제평화, 지역안전을 저해할 우려가 있는 국가	핵비보유국으로서 핵무기를 개발 우려가 있는 국가	생·화학무기 개발 우려가 있는 국가	대량살상무기 운반 수단을 개발할 우려가 있는 국가
회원국 및 한국 가입현황	40개 회원국(러시아) 한국(1996)	48개 회원국 (러시아, 우크라이나, 중국) 한국(1995)	41개 회원국 (우크라이나) 한국(1996)	34개 회원국 (러시아, 우크라이나) 한국(2001)

1257) 1968년 핵무기비확산조약(NPT)에서 당시에 핵보유국은 그대로 핵을 보유할 수 있
지만, 타국에 핵무기 및 핵기술 이전이 금지된다. 핵을 보유하지 않은 국가는 제조
및 보유 금지가 규정되었다. 그리고 원자력의 평화적 이용은 가능하지만, 이를 무
기화하지 못하도록 IAEA의 사찰을 허락하도록 하였다. 이에 따라 NPT내부에서 핵
물질 거래를 규제하기 위하여 젱거위원회(ZC)가 성립되었고, 젱거위원회를 보완하
여 NPT 외부까지 포함하여 규제하는 것이 핵공급그룹(NSG, Nuclear Suppliers
Group)이다.

한편 코콤이나 바세나르체제와는 달리 전쟁무기 등이 관련되지 않고, 국가안보를 이유로 첨단기술유출을 방지하는 제도는 미국의 Exon-Florio Act[1258])가 대표적이다. Exon-Florio Act는 미국이 안전보장을 이유로 첨단기술을 보유한 미국기업을 외국인이 취득하는 것을 방지하기 위한 것으로 종합무역법(Omnibus Trade Act)에 규정되었다.

우리나라는 정부가 북방외교를 강화하고 대공산권교역을 확대시킨 시기인 1980년대 말에 미국의 정치적인 요청으로 수출통제제도를 마련하였다. 특히 미국은 대공산권 전략물자 불법수출사건인 1987년 Toshiba-Kongsberg 사건이 발생하자 한국, 싱가포르, 대만, 브라질 등과 같이 급속한 기술발전을 이루고 있던 국가들을 통한 전략물자의 유출을 방지하기 위하여 이들 국가들과 양자협정을 통하여 전략물자의 수출을 통제하고자 하였다. 이러한 결과 우리나라에서 전략물자 수출입통제제도가 시작되었다.

1987년 9월에 체결된 「한-미 전략물자 및 기술자료보호에 관한 양해각서」("한-미 양해각서")에 따라, 이를 국내에서 이행하기 위한 1989년 대외무역법시행령과 대외무역관리규정(제3-9-1조-제3-9-5조, 제3-10-1조-제3-10- 2조)에 전략물자의 수출통제의 근거규정이 마련되어, 본격적으로 전략물자 수출입통제제도가 시행되었다.

1992년 대외무역법에 전략물자의 고시 및 수출허가 등 수출통제의 근거를 명시하여 대외무역법은 전략물자의 수출입통제에 대한 법적 근거를 제공하는 근거법으로서 의미를 가진다. 2003년부터 미국의 권고로 캐치올제도(Catch-all)[1259])를 시행하고 있고, UN 안보리결의 1540을 이행하기 위해

1258) 50 U.S.C. app 2170.
1259) 캐치올제도(Catch-all)는 국제수출통제체제에서 규정하고 있는 Control List상의 통제품목 여부와 상관없이 대량살상무기(WMD)와 그 운반수단인 미사일 개발에 전용될 수 있는 모든 품목(all)을 통제(catch)하는 제도이다. 미국이 테러 지원국으로 분류한 국가: 이란, 이라크, 리비아, 시리아, 수단, 북한, 쿠바 7개국)나 테러 집단의 대량파괴무기의 획득과 개발을 원천 봉쇄하는 체제에 수출자, 수출국 정부가 자발

중개허가제를 도입하였다. 2009년 10월부터는 전략물자에 대한 경유·환적 허가제를 도입하였다.

우리나라 전략물자 수출통제는 통제품목에 따라 나누어 통제하고 있다. 이중용도물품(dual-use goods) 및 일반방산물자는 대외무역법에서 규정한다.[1260] 주요 방산물자는 방위사업법에서 규정하고 원자력전용품목은 원자력법에서 규정한다. 대북관계에서 반출입물자에 대해서는 남북교류협력에 관한 법률에 근거하고 있다.

현재 우리나라는 원칙적으로 국제수출통제체제 및 화학무기금지협약(CWC)에서 지정한 품목을 그대로 수용하여 전략물자수출입고시에 그 목록을 고시하고 있으나.[1261] 그러나 캐치올 제도에 따라 이들 통제리스트에 없는 품목도 군사적 용도로의 전용가능성 등 상황에 따라 수출을 통제한다.

전략물자를 불법 수출하거나 제도를 위반한 경우 위반자는 대외무역법에 의거하여 최고 7년 이하의 징역 또는 수출금액의 최고 5배까지의 벌금이 부과되는 등 형사처벌이 부과될 수 있다.[1262] 또한 최장 3년간 전략물자

적으로 참여하는 방식이다. 대량파괴무기(WMD/핵무기, 생물무기, 화학무기)와 그 운반 수단인 미사일 제조에 이용될 수 있는 모든 이중용도(Dual Use) 물품의 수출을 통제하기 위해 자발적으로 실시하는 제도로서 우리나라는 미국의 권고로 2003. 1. 부터 캐치올 제도를 도입하였다. 캐치올제도를 우리나라에서는 상황허가제도라고 한다. 대외무역법 제19조 제3항에 상황허가에 대한 규정이 있고, 전략물자수출입고시 별표2의2에 상황허가대상품목이 규정되어 있다.

1260) 대외무역법 및 다자간 국제수출통제체제의 원칙에 따라 산업통상자원부장관이 전략물자수출입고시 별표 2에서 3에 전략물자를 고시하고 있다. 통제품목리스트는 전략물자수출입고시 별표 2의 이중용도품목과 별표 3 군용물자에 수록되어 있는데 별표 2는 업종별 10개의 품목군으로 구성되어 있다. 전략물자 고시는: https://www.yestrade.go.kr/common/common.do?jPath=/it/itde023G 참조.

1261) 전략물자 수출입고시(산업통상자원부고시 제2022-53호, 2022. 3. 25., 일부개정, 시행 2022. 3. 26.), 별표 1에 전략물자·기술 색인, 별표 2에 이중용도품목, 별표 2의2에 상황허가 대상품목, 별표 2의3에 상황허가 면제대상, 별표3에 군용물자 목록 등이 기재되어 있다.

1262) 대외무역법 제19조 및 53조.

수출입이 금지되는 행정제재를 받을 수 있다.[1263] 2015년 대구지방법원은 전략물자인 미군 부대에서 반출된 군용 크레인 등을 수출허가 없이 캄보디아 등으로 수출한 피고인들에게 대외무역법위반죄를 인정하여 벌금형을 선고했다.[1264]

한편 대법원은 구 전략물자수출입공고 제48조의 '국제평화와 지역안전을 저해할 우려가 있는 지역' 부분은 … 형벌법규의 구성요건 요소로서는 지나치게 광범위하고 불명확하다고 할 것이고 나아가 구 대외무역법의 입법 목적이나 그 전체적 내용과 체계, 법률의 개정 경위 등을 종합하여 살펴보아도 사물의 변별능력을 제대로 갖춘 일반인의 이해와 판단으로서도 그 구성요건 요소에 해당하는 지역 유형을 정형화하거나 한정할 합리적 해석기준을 찾기도 어려우므로, 죄형법정주의가 요구하는 형벌법규의 명확성 원칙에 반한다고 판시했다.[1265]

나. 기술보호의 규범체계

기술보호는 국제규범체계와 국내규범체계로 나눌 수 있다. 국제규범상 기술보호는 코콤과 같은 군수나 전략물자에 관련된 것으로 국가들 사이에 조약 등에 의하여 보호하는 체계이다.

전략물자수출제한 외에 첨단기술의 해외유출제한제도가 있다. 첨단기술의 유출제한은 외국인이 첨단기술을 가진 국내기업에 대한 직접투자(FDI), 즉 지분이나 주식취득 하는 것을 제한하는 경우와 기술자체의 해외 유출을 제한하는 경우로 나누어 볼 수 있다. 직접투자를 제한하는 경우는 미국의 Exon-Florio Act나 우리나라의 외국인투자촉진법상의 외국인의 투자제한이

1263) 대외무역법 제31조.
1264) 대구지방법원 2015. 11. 5. 선고 2014고정2473 판결.
1265) 대법원 2010. 12. 23. 선고 2008도4233. 판결.

직접투자 제한에 해당하고 대체로 국가안전보장(National Security)을 근거로 하는 체계와 국가 안전보장의 관련성 없이 기업의 영업비밀을 국내법상의 보호하는 체제가 있다. 국가안전보장을 근거로 기술자체의 해외유출을 제한하는 경우는 산업기술의 유출방지 및 보호에 관한 법률(약칭: 산업기술보호법)과 방위산업기술보호법 (약칭: 방산기술보호법)이 이에 해당한다.

기업의 영업비밀에 대한 보호는 사적자치를 보호하는 것으로서 영업비밀 보호 계약위반이나 신뢰관계 위반 또는 절취, 기망, 협박 등 부정한 수단에 의한 영업비밀 취득을 부정경쟁행위(unfair competition)로 인정하는 것이다. 다만 영업비밀보호는 부정경쟁행위로 인정되어 왔으나 요즘에는 영업비밀보호를 부정경쟁행위로부터 독립시키는 추세이다.

다. 국가안보를 위한 통상규제

UN 헌장 제39조[1266) 및 제41조[1267)는 국제평화와 안전을 유지하거나 회복하기 위하여 UN 결의에 의하여 통상규제를 허용한다. GATT/WTO (1994년 GATT) 에서도 통상이익 보다 국가안보의 이익의 보호가 우선되어야 하므로 국가안보를 위한 통상규제조치를 허용하고 있다. 1994년 GATT 제21조는 필수적 국가안보의 예외를 인정하고 있다. 모든 국가안보를 위해 통상이익을 희생하거나 통상에 대한 어떤 조치라도 취할 수 있다는 개념이다.

1266) 제39조 "안전보장이사회는 평화에 대한 위협, 평화의 파괴 또는 침략행위의 존재를 결정하고, 국제평화와 안전을 유지하거나 이를 회복하기 위하여 권고하거나, 또는 제41조 및 제42조에 따라 어떠한 조치를 취할 것인지를 결정한다."

1267) 제41조 "안전보장이사회는 그의 결정을 집행하기 위하여 병력의 사용을 수반하지 아니하는 어떠한 조치를 취하여야 할 것인지를 결정할 수 있으며, 또한 국제연합회원국에 대하여 그러한 조치를 적용하도록 요청할 수 있다. 이 조치는 경제관계 및 철도·항해·항공·우편·전신·무선통신 및 다른 교통통신수단의 전부 또는 일부의 중단과 외교관계의 단절을 포함할 수 있다."

전쟁이나 전략물자가 아닌 통상물품과 기술에 대한 통제에 대해서는 국제사회의 개별적인 협정이나 조약이 존재하지 않는다. 예컨대 미국의 Exon-Florio Act나 이에 대응하는 우리나라의 외국인투자촉진법 및 산업기술보호법에 의하여 특정 기술을 가진 국내기업에 대한 외국인의 M&A 등 외국인의 직접투자(FDI)를 통제하는 법제도에 대하여 이를 명시적으로 허용하는 구체적인 국제법체제가 없다. 따라서 국제간에 통상마찰이 될 수 있는 원인이 된다.

국제간의 상품거래에는 1994년 GATT가 적용되지만, GATT는 상품에 대한 거래를 위하여 체결된 것이므로 무형의 기술거래나 기술거래의 제한에는 GATT가 적용되지 않고 UR협정상의 TRIMs나 GATs가 적용된다.

GATT의 기본원칙은 국가간의 기술거래나 이전에도 적용되게 된다. WTO/TRIMs (무역관련투자조치) 외국인의 투자에 의한 기술의 취득, 좀 더 자세하게는 첨단기술을 가진 기업의 취득에 대해서는 TRIMs 협정이 적용된다. 그러나 TRIMs 협정은 예외조치를 규정하지 않고, 제3조에 승인된 GATT 규정의 모든 예외조치가 TRIMs 협정에도 적용된다고 규정하고 있다. 따라서 GATT 제21조를 포함하여 예외조치에 관한 규정들이 그대로 TRIMs에도 적용된다.

GATT는 수출규제를 원칙적으로 금지하고 있다. 이는 비관세장벽(NTB)에 관한 규정으로, "다른 체약당사자 영토의 상품의 수입에 대해 또는 다른 체약당사자 영토로의 상품의 수출에 대해 쿼타, 수입 또는 수출허가 또는 그 밖의 조치 중 어느 것을 통하여 시행되는지를 불문하고, 관세, 조세 또는 그 밖의 과징금 이외의 어떠한 금지 또는 제한도 당사자에 의해 설정되거나 유지되어서는 아니 된다." 고 규정하고 있다.[1268] GATT에서는 비관세조치의 사용을 제한하는 포괄적인 규정을 도입하였으나,[1269] 비관세조치

1268) WTO/GATT 제11조.
1269) WTO/GATT 제11조.

에 대한 적극적인 정의나 구체적인 형태를 명시하지는 않는다. 다만, 관세, 조세 또는 그 밖의 과징금 이외의 수출입의 금지 또는 제한을 유지할 수 없다고 규정하고 있다.

WTO/GATs(서비스무역일반협정)도 공중도덕 및 공공질서의 유지, 인간 동식물의 생명 및 건강의 보호, 범죄사기의 방지, 개인 프라이버시의 보호, 국가안보 등을 위해 취해지는 조치들은 GATs의 일반적 예외로 인정하여 필수적 안보이익의 보호를 위한 필요한 경우에 통상규제를 허용하고 있다.[1270]

한편 무역관련지식재산권협정(TRIPs 협정)의 경우에도 GATT 제21조와 같이 안보에 대한 예외를 설정하고 있는데, "(a) 공개시 자기나라의 필수적 국가안보이익에 반한다고 회원국이 판단하는 정보의 제공"의 경우에는 TRIPs 협정의 적용을 받지 않는다고 하고 있다. 그 뿐만 아니라 (b) (iii)는 "전시 또는 국제관계에 있어서의 기타 비상사태에 취해진 조치"를 TRIPs 협정이 적용되지 않는 예외사유로 규정하고 있다.[1271]

그러나 GATT나 TRIPs 협정상의 "필수적 국가안보이익"은 불분명하므로 국제사회에서는 어떤 상황이 국가안보에 영향을 미치는 것인가에 대한 분쟁이 지속적으로 발생하여 왔다. 즉 국가안보가 위협받는 상황이 먼저 정리되어야 국가안보를 위하여 취하는 통상조치의 범위와 한계가 정해질 수 밖에 없다. 필수적 국가안보이익이라는 개념은 넓게 해석할 경우에 국제통상 질서를 해치고, 반대로 엄격하게 해석하면 국가안보라는 예외설정의 의미를 상쇄시킨다. 그 뿐만 아니라 특정국가에 대한 통상관련 조치가 필수적 국가안보이익을 위한 것이라고 하더라도, 특정국가에 대한 것이므로 WTO/GATT의 대원칙인 비차별적 원칙에도 어긋나게 된다. 그러나 FTA의 체결을 통하여 FTA 당사국 사이에 WTO/GATT와 다른 차별적 설정을 할 수 있음은 당연하다. 예컨대, 한미 FTA 상의 예외조항[1272]은 WTO/

1270) WTO/GATs(서비스무역일반협정) 제14조의2.
1271) 무역관련지식재산권협정(TRIPs 협정) 제70조.

GATT와 다른 대표적인 예라고 할 수 있을 것이다.

최근 국제사회는 테러의 위협속에 살고 있고, 특히 9.11 테러 이후에는 국제사회가 국가안보에는 군사적인 것 뿐만 아니라 자원, 식량, 환경, 경제, 기술 등에 대한 대응 등에 대해서도 적극적인 포섭을 하는 경향에 있다. 9.11 테러 이후에는 국가안보와 평화유지, 테러방지, 국가기술의 유출방지, 국내가격통제나 가격인상의 억제하여 국내산업보호, 경제 및 군사적 능력에 대한 제한, 대량파괴무기의 확산방지, UN 헌장상의 금수조치, 타국의 정책변화를 유도하는 제재 등이 전략물자 수출통제의 목적에 포함된다고 해석한다.[1273) 오히려 국제사회나 우방국가에 그러한 조치들을 취하도록 정치적 요구를 하고 있다. 최근에는 첨단과학기술에 대한 국가적인 보호육성과 이의 해외유출을 방지하고자 많은 국가들이 노력을 하고 있는 실정이다.[1274) 반도체는 국가의 통상이익을 떠나 국가 안보와 직결되는 문제로 반도체 기술이 통제대상에 올라와 있다.

그 뿐만 아니라 해외유출이 문제되는 첨단기술(국가핵심기술)의 경우에는 민간사용뿐만 아니라 군사적으로 사용이 가능한 경우가 대부분인 이중용도 기술(dual-use technology)이다. 우크라이나와 전쟁을 하고 있는 러시아도 반도체 등의 부품이 조달되지 않아 방산물자를 생산할 수 없는 지경이라고 한다. 따라서 반도체기술과 같은 첨단기술은 전략물자의 국제적인 수출통제 체제에 의하여 수출이 불가할 경우가 대부분일 것이다.

우리나라 전략물자관리규정에는 이중용도품목에 관련하여 "품목의 "개발", "생산" 및 "사용"을 위해 "필요한" "기술"은 통제대상이 아닌 품목에

1272) 한미 FTA 23.2조

1273) 박언경, 국가안보를 위한 통상규제에서의 1994년 GATT 제21의 적응성, 경희대박사학위논문, 2009, 16면 이하.

1274) 단순히 첨단과학기술보호를 목적으로 하는 기술수출통제는 GATT 위반이 될 수 있다. 박언경, 위 논문, 13면 참조.

적용할 경우에도 통제된다."라고 하여[1275] 기술의 경우에는 해당 기술자체
가 관리대상인 기술인 경우에는 그 기술을 관리품목이 아닌 물품을 사용하
는데 이용되더라도 통제의 대상이 된다. 다만 "통제 대상이 아니거나 수출
허가된 품목의 설치, 운용, 유지(점검)또는 보수에 필요한 최소한의 "기술"
은 통제하지 아니한다." 라고 하고 있다.[1276]

　기술은 어떻게 사용되는지에 따라 민수용과 군사용으로 모두 사용이 가
능하기 때문에 많은 민간기술이 군사용으로 사용이 가능하다. 히틀러의 후
계자인 Hermann Göring은 "guns will make us powerful; butter will only
make us fat"(총은 우리를 강하게 하지만, 버터는 우리를 살찌울 뿐이다.)라
고 하였지만 그 의미는 잘못된 것이라고 할 수 있다. 왜냐하면 "butter is
as likely as guns to make a nation strong" (버터는 총과 같이 국가를 강하게
한다.)이기 때문이다.[1277] 민간기술의 발전은 군사기술의 발전으로 가져오
고 군사기술의 발전은 민간기술의 발전을 가져온다. 앞서 실리콘 밸리와
Route 128 지역의 예도 이를 증명한다.

　첨단기술은 그 직접적인 용도가 군사목적이 아니더라고 그 자체는 군사
기술을 강화시킬 수 있는 수단이 된다. 예컨대, 통신기술은 민간에서 사용
이 가능할뿐더러 군사통신용으로도 가능하다. 모든 첨단 기술이 그 보유국
를 강력한 국가로 만들 수 있고, 비보유국은 안보를 위협받을 것이다.

1275) 전략물자관리규정 [별표 2] 이중용도품목, p. 2.

1276) Id.

1277) Richard Samuels, Dual Use: Implicit Japanese Policy, National Academies of
　　　　Sciences, Engineering, and Medicine. 1997. International Friction and Cooperation
　　　　in High-Technology Development and Trade: Papers and Proceedings. Washington,
　　　　DC: The National Academies Press, 1997, p. 143 (다운로드 https://doi.org/10.17226/
　　　　5902. (2022. 8. 4.)).

2. WTO/GATT와 통상규제로서의 기술수출금지와 정당성

가. GATT 제11조의 수출입 통제 금지 원칙과 예외 그리고 그 범위

(1) 최혜국대우원칙과 수출통제의 금지

1994년 GATT는 상품의 원산지에 따라 차별할 수 없는 최혜국대우원칙을 천명하고 있다.[1278] 한 국가가 동종의 제품에 대하여 통관절차나 관세 등의 수출입에 관련된 규칙이나 절차의 적용에 있어서 특정 국가에 부여하고 있는 대우보다 불리하지 않은 조건을 다른 국가에도 부여해야 한다는 원칙이다. 최혜국대우 원칙은 GATT 체제의 근간을 이루는 원칙으로 GATT의 여러 조항에서 나타나고 있다. 이러한 최혜국대우원칙을 적용한다면, 특정국가에 대한 수출입통제는 불가능하다. 다시 말하면 최혜국대우원칙에서 선언된 비차별원칙은 GATT체제의 바탕을 이루는 근간으로서 GATT는 수출입통제를 일반적으로 금하고 있다. 자의적 부정당한 차별적인 수출입통제는 허용되지 않는 것이다. 그런데, 전략물자의 수출입통제는 통상 특정국가에 대한 차별적 적용을 내포하고 있기 때문에 GATT규칙인 비차별원칙의 위반여부가 문제된다.

GATT는 최혜국대우원칙에 대한 예외조항을 규정하고 있고, 수출입통제가 이러한 최혜국대우 원칙에 대한 예외에 해당한다면 GATT위반은 아니라고 할 것이다. 다만 수출입통제가 예외적으로 허용되더라도, 각 국가마다 차별적으로 대우해서는 안 된다. 그러나 수출입통제는 본질적으로 특정국가를 대상으로 할 수 밖에 없고, 수출입통제가 GATT상 최혜국대우원칙에 대한 예외로서 허용된다면, 수출입통제는 특정국가에 대한 것이므로 그 국

1278) GATT 제1조.

588 영업비밀보호법의 철학적·규범적 토대와 현대적 적용

가를 본질적으로 차별하는 것일 수 밖에 없다. 따라서 수출입통제가 예외
조치로서 허용된다면 최혜국대우원칙 및 비차별원칙에 대한 면제로 인식
된다고 할 수 있다.1279) 비차별원칙에 대한 예외는 미국과 체코슬로바키아
간의 무역분쟁에서도 인정되었다.

(2) GATT 제11조: 수출입통제의 불허용 및 허용1280)

1279) 최승환, 전략물자 수출입통제에 따른 국제법적 문제, 국제법학회논총, 38권 1호 160 면.
1280) GATT 11조 수량제한의 일반적 폐지
  1. 다른 체약당사자 영토의 상품의 수입에 대하여 또는 다른 체약당사자 영토
     로 향하는 상품의 수출 또는 수출을 위한 판매에 대하여, 쿼타, 수입 또는
     수출 허가 또는 그 밖의 조치 중 어느 것을 통하여 시행되는지를 불문하고,
     관세, 조세 또는 그 밖의 과징금 이외의 어떠한 금지 또는 제한도 체약당사
     자에 의하여 설정되거나 유지되어서는 아니 된다.
  2. 이 조 제1항의 규정은 다음에 대하여는 적용되지 아니한다.
     (a) 식품 또는 수출체약당사자에게 불가결한 그 밖의 상품의 중대한 부족을
         방지 또는 완화하기 위하여 일시적으로 적용되는 수출의 금지 또는 제한
     (b) 국제무역에 있어서 산품의 분류, 등급부여 또는 판매를 위한 표준 또는
         규정의 적용에 필요한 수입 및 수출의 금지 또는 제한
     (c) 다음 목적을 위하여 운영되는 정부조치의 시행에 필요한 것으로서 어떤
         형태로든 수입되는 농산물 또는 수산물에 대한 수입의 제한
       (ⅰ) 판매 또는 생산되도록 허용된 동종 국내상품의 수량, 또는 동종 상
           품의 실질적인 국내생산이 없는 경우에는 동 수입상품이 직접적으
           로 대체할 수 있는 국내상품의 수량을 제한하기 위한 것 또는
       (ⅱ) 동종 국내상품의 일시적인 과잉상태, 또는 동종 상품의 실질적인
           국내생산이 없는 경우에는 동 수입상품이 직접적으로 대체할 수
           있는 국내상품의 일시적인 과잉상태를 무상 또는 당시의 시장수준
           보다 낮은 가격으로 일정한 국내소비자집단에 이용가능하게 함으
           로써 제거하기 위한 것 또는
       (ⅲ) 어떤 산품의 국내생산이 상대적으로 경미한 경우에 생산의 전부 또
           는 대부분을 그 수입산품에 직접적으로 의존하는 동물성 상품의 생
           산이 허용되는 물량을 제한하기 위한 것
     이 항 (c)호에 따라 상품의 수입에 대한 제한을 적용하는 체약당사자는 특정한
     장래의 기간중에 수입이 허용될 상품의 총량 또는 총액과 이러한 물량 또는

GATT는 GATT 회원국에 대하여 관세, 조세 및 과징금을 부과하는 경우를 제외하고는 어떤 근거라도 원칙적으로 수출입통제를 하지 못하도록 하고 있다.[1281] 수출입에 대하여 관세나 조세 부과를 하거나 과징금을 부과하는 조치를 하는 것은 허용되지만, 다른 금지나 제한(prohibitions or restrictions)이나 수출입통제는 허용되지 않는다. 그러나 금지나 제한이 허용되지 않지만, 예외가 존재하여, 금지나 제한이 허용되는 경우도 있다.

GATT 제11조 1항	GATT 제11조 2항
o 허용되는 행위: - 관세 부과 - 조세 부과 - 과징금 부과 o 나머지는 허용되지 않음	o 1항 외에 추가 허용되는 예외사항 - a호 : 물량부족의 해소를 위한 예외 - b호 : 상품분류 및 표준 등의 지정을 위한 예외 - c호 : 농산물 및 수산물에 대한 수입제한

(3) GATT 제11조 제2항

GATT 제11조 제1항에서 허용되는 예외(관세, 조세, 과징금) 이외에, 제11조 제2항에는 추가적으로 수출입통제가 허용되는 예외가 한정적으로 열거되어 있다. 제2항에서 인정되는 예외는 ⅰ) 식품이나 물량부족의 해소를 위한 예외(a호), ⅱ) 상품의 분류 및 표준 등의 지정을 위한 예외(b호), ⅲ)

금액에 있어서의 변경을 공고하여야 한다. 또한, 위 (ⅰ)에 의하여 적용되는 제한은, 제한이 없을 경우 양자간에 성립될 것이 합리적으로 기대되는 총국내 생산에 대한 총수입의 비율과 비교하여 동 비율을 감소시키는 것이어서는 아니 된다. 체약당사자는 동 비율을 결정함에 있어서 과거의 대표적인 기간 동안 우세하였던 비율과 당해 상품의 무역에 영향을 주었을 수도 있거나 영향을 주고 있을 수도 있는 특별한 요소에 대하여 적절한 고려를 한다.
1281) GATT 제11조 1항.

농산물 및 수산물에 대한 수입제한(c호)을 들고 있다. 따라서 자의적이고 부정하게 수출통제를 하는 것을 금하는 것은 GATT의 일반원칙이라고 할 수 있다.

결국 GATT에서 허용되는 예외적인 조치로서 차별적 대우를 하더라도 모든 국가에 대하여 차별적 대우를 하는 것은 허용되지만 특정 국가에게만 차별적 대우를 하는 것은 금지된다.[1282) 특정국가에 차별적 대우를 하는 것은 최혜국대우원칙에 위반되기 때문이다. 그러나 모든 전략물자와 기술의 수출통제의 경우가 특정국가를 향한 것이기 때문에 위 예외사항에 해당되기 어렵고, 나아가 특정국가에 대한 수출통제는 최혜국대우원칙에 위반된다고 할 수 있다.

일반적인 차별금지와는 달리 특정국가를 상대로 한 차별적인 대우가 인정될 수 있는지 문제된다. 즉 특정국가에 대한 전략물자와 기술의 수출금지가 GATT 위반 되는지 문제가 된다. GATT 제11조는 차별금지를 규정하고 있기 때문이다. 즉 제11조 이외에 다른 규정에 의하여 특정국가를 상대로 특정기술과 물품의 수출금지가 적용될 수 있을지가 문제된다. 요즘 문제되고 있는 미국의 중국에 대한 14나노 이하 반도체 선폭 기술의 통제가 그 예가 될 수 있다. 국제규범은 국가안보를 이유로 특정 국가를 상대로 한 수출통제를 허용하고 있다.

1282) GATT 13조 1항 및 제17조는 유사한 차별금지를 규정하고 있다. 제13조 1항은 제1조가 최혜국대우를 천명하고 있음에도, 예외적으로 수량제한이 인정되더라도 이를 상대국에 따라 차별적적용을 해서는 안 된다고 규정하고 있다. 다만, 23조에 의해 GATT 상의 의무불이행으로 인해 피해를 본 당사국은 그 상대국에 대하여 보복조치를 취할 수 있는데, 이러한 보복조치로 취해진 수입제한에는 특정국가의 차별적 조치를 금지한 제13조가 적용되지 않는다. Armand L. C. De Mestral,T. Gruchalla-Wesierski, Extraterritorial Application of Export Control Legislation : Canada and the U. S. A., 1990, p. 45. 및 각주 119. 최승환, 전략물자 수출입통제에 따른 국제법적 문제, 국제법학회논총, 38권 1호, 159-160면.

나. 안전보장을 위한 최혜국대우에 대한 예외

(1) 개관

예외적으로 수출통제가 허용된다고 주장할 수 있는 근거는 1994년 GATT 제21조의 예외조항이다.[1283] GATT 제21조는 GATT의 모든 회원국이 주장할 수 있는 최혜국대우원칙에 대한 예외이다. 제21조 제3항은 국제평화와 안전유지를 위한 'UN 헌장'에 따른 의무이행조치에 대해서는 GATT 및 WTO 협정상의 의무를 면제하고 있다.[1284] 제21조 제1항 및 제2항에는 일정한 요건을 요구하고 있다.[1285]

GATT 제20조의 공중도덕, 인간 및 동식물의 생명, 건강, 천연자원의 보

[1283] GATT 제21조 안전보장을 위한 예외
　　본 협정의 어떠한 규정도 다음과 같이 해석되어서는 아니된다.
　　(a) 체약국에 대하여, 발표하면, 자국의 안전보장상 필수적 이익에 반한다고 인정하는 정보의 제공을 요구하는 것
　　(b) 체약국이 자국의 안전보장상 필수적 이익을 보호하기 위하여 필요하다고 인정되는 다음의 어느 조치를 취하는 것을 방해하는 것
　　　(i) 핵분열성물질 또는 이로부터 유출된 물질에 관한 조치,
　　　(ii) 무기, 탄약 및 전쟁기재의 거래 및 군사시설에 공급하기 위하여 직접 또는 간접으로 행하여지는 기타의 물품 및 원료의 거래에 관한 조치,
　　　(iii) 전시 또는 기타 국제관계에 있어서의 긴급시에 취하는 조치,
　　(c) 체약국이 국제평화와 안전의 유지를 위하여 국제연합 헌장에 의한 의무에 따라 조치를 취하는 것을 방해하는 것.
[1284] 제21조 (c) 체약국이 국제평화와 안전의 유지를 위하여 국제연합 헌장에 의한 의무에 따라 조치를 취하는 것을 방해하는 것.
[1285] 최혜국대우에 대한 예외는 GATT 제21조 외에도 제14조(국제수지악화를 이유로 한 예외), 제19조(긴급사태시 면책), 제20조(일반예외조항-공중도덕, 인간 및 동식물의 생명, 건강, 천연자원의 보호를 위한 일반예외), 제25조 제5항 Waiver 조항(GATT 회원국이 투표로 범위 및 기준을 정하여 특정 회원국의 GATT 규정에 대한 준수의무를 면제) 등이 있다. 다만, 이러한 예외는 수출통제에 관계없이 관세에 관련된 것도 있고 그렇지 않은 것도 있으므로 해당 조항의 적용범위에 따라 구별하여야 한다.

호를 위한 일반예외조항의 경우에는 그 예외에 해낭한다고 하더라도, 동
조항에 규정되어 있는 "자의적이거나 부당한 차별" 그리고 "국제무역에 대
한 위장된 제한"에 해당되지 않아야 하지만, 다음에서 고찰하는 필수적 국
가안보에 관한 제21조는 그러한 요건의 적용이 없다는 점에서, 수출통제국
가 입장에서는 제21조가 좀 더 용이한 근거조항이 된다. 제21조 이외의 예
외조항은 제한적이므로[1286] 수출통제에 관련해서는 국가안보에 관련된 제
21조의 예외를 주장하는 것이 타당하다.

(2) 제21조 예외 적용을 위한 요건

(가) 수출통제 등의 경제제재와 필수적 안보이익 (essential security interests)

GATT 제21조 제1항은 "자국의 필수적 안보이익에 반"하는 정보의 제공
을 요구받지 않는다고 규정하고 있다. 여기에서 언급하는 자국의 필수적
안보이익에는 군사적(정치적) 이해관계 뿐만 아니라 경제적 이해관계도 포
함되는 것으로 볼 수도 있다. 물론 모든 경제적 이해관계가 필수적 안보이
익에 포함될 수는 있는 것이 아니라 제한적이라고 할 수 밖에 없다. 필수적
국가안보에 영향을 미치는 경제적 이해관계가 되어야 하기 때문이다. 경제
적 이해관계에는 첨단기술의 해외수출을 금지하여 자국의 과학기술경쟁력
과 이로 인한 경제적 이익도 포함되는 것이라고 할 수 있다.

1286) 모든 회원국이 주장할 수 있는 일반적인 예외 이외에도 GATT 체제 설립 이전부터
존재하던 특정회원국이나 회원국의 일부 그룹에 대한 예외나 자유무역을 확장하기
위한 최혜국대우에 대한 예외도 인정되고 있다. 그러한 특정한 예외로는 GATT 체
제출범 이전부터 존재하여 오던 특정 국가간 특혜관세제도(예컨대, 영연방국가들
사이에 인정되던 특혜관세, 미국-필리핀 사이에 인정되던 특혜관세 등)를 인정하는
역사적 예외(제1조 제2항)가 있다. 또한 개도국에 대한 예외조치(제18조), 관세동맹
(Customs Union) 또는 자유무역지대(Free Trade Area)에 대한 예외(제24조) 등이
있다.

필수적 안보이익은 국가가 외부로부터 위협받을 때 발생한다. 전통적으로 필수적 안보이익은 외부/외국으로부터 정치적 독립이나 영토의 안전이 위협받을 때 인정되어왔고, 외부/외국으로부터 정치적 독립이나 영토의 안전은 필수적 안보이익의 중심에 있었다. 그런데 필수적 안보이익을 보호하기 위한 조치에 자국의 특정한 첨단기술이나 전략산업을 보호하기 위한 수출규제가 포함될 수 있는지가 문제가 된다. 첨단기술이나 전략물자수출통제를 집행하기 위해서는 경제제재나 기술이전의 제한 또는 물품의 수출제한 등의 조치가 병행되기 마련이므로 통상분쟁으로 비화될 가능성이 농후하다.

최근 UN에서 개별적 무력행사를 금하고 있어, 군사적 수단보다는 경제적 수단에 대한 의존성을 증가시켰을 뿐만 아니라 경제적 수단사용이 정치문제로 연결되는 관계로 경제적 이해관계도 필수적인 안보이익으로 연결될 수 밖에 없다.[1287] 그 뿐만 아니라 1974년 UN 회의에서 벨기에는 1947년 GATT 제21조의 국가안보예외는 군사적 안보에 한정하여야 한다고 제안하였으나 채택되지 못하였다.[1288] 이러한 점에 비추어 보면 경제적 이해관계가 필수적 안보이익에 포함된다고 해석할 수 있다. 물론 이에 대하여 현재는 대외정책적 목적으로 경제적 강제조치를 행하는 것이 허용되지 않으므로 대외정책과 국가안보는 다른 것이므로 필수적 안보이익은 좁게 해석하여야 한다는 견해도 있다.[1289]

1287) K.Knorr, "Economic Independence and National Security", in K. Knorr and F.N. Trager(eds.), Economic Issues and National Security(Lawrence, Kansas: University Press of Kansas, 1977), p. 5 & 8. 최승환, 전략물자 수출입통제에 따른 국제법적 문제, 국제법학회논총, 38권 1호, 161면.

1288) 박언경, 국가안보를 위한 통상규제에서의 1994년 GATT 제21의 적용성, 경희대박사학위논문, 2009, 64면.

1289) 박언경, 위 논문, 64면. 1982년 EC, 오스트레일리아, 캐나다·아르헨티나에 대한 통상조치 사건'에서 브라질은 GATT 제21조의 필수적 안보이익의 판단에 있어 백지위임(carte blanche)하는 것에 대해 반대하고, 제21조 요건의 입증을 요구하기도 했다고 한다. Hannes Hannes L. Schloemann/Stefan Ohlhoff, "Constitutionalization

1949년 미국-체코슬로바키아에 대한 전략물자 금수조치 사건에서 영국 대표가 자국의 안보에 대한 최종적인 판단은 해당 국가에 있다고 주장한 이후, 대부분의 GATT 및 WTO 분쟁에서 각 분쟁당사국은 자국의 안보는 자국의 판단사항임을 일관하여 주장하고 있다.[1290]

"필수적 안보이익"의 의미는 무한정으로 확장되어 모든 조치가 포함될 수 있기 때문이다. "필수적 안보이익은 국가의 안전보장을 위한 조치를 허용해야 하므로 너무 좁게 해석해서도 안 되고 그렇다고 상업적인 목적을 안보로 가장하는 것을 허용하기 때문에 너무 넓게 해석해서도 안 된다.[1291] 미국의 체코슬로바키아에 대한 수출통제 사건에서 체코슬로바키아는 국가 안보(필수적 안전보장)라는 조치는 자국의 이익을 위한 최후의 보루로 사용해야 하고, GATT 체제가 추구하는 자유무역에 해가 돼서는 안 된다고 주장하였다.

최근 미국의 바이든 정부에서 중국을 견제하기 위하여 입법과정에 있는 'United States Innovation and Competition Act of 2021'(USICA)을 보면, 그 내용의 방대함이 있지만, 'national security'라는 용어가 178회가 언급되고 있고, 'economic security'라는 용어는 20회가 언급되고 있다.[1292]

즉 기술의 수출통제는 국가안보에 관련되어야 정당성을 인정받을 수 있으므로, 관련 입법에서는 그 목적에 국가안보를 위한 것이라는 목적을 언급하는 것이 타당하다. 예컨대, 우리나라의 산업기술보호법은 그 목적에 "이 법은 산업기술의 부정한 유출을 방지하고 산업기술을 보호함으로써 국

---

and Dispute Settlement in the WTO," American Journal of International Law, Vol. 93(1999), p. 437. 박언경, 국가안보를 위한 통상규제에서의 1994년 GATT 제21의 적응성, 경희대박사학위논문. 2009, 64면.

1290) 박언경, 위 논문, 64-65면.

1291) WTO, Guide to GATT Law and Practice, 1995(6th ed.), p. 600.

1292) S. 1260-United States Innovation and Competition Act of 2021.
(https://www.congress.gov/bill/117th-congress/senate-bill/1260/text)

내산업의 경쟁력을 강화하고 국가의 안전보장과 국민경제의 발전에 이바지함을 목적으로 한다."[1293]고 규정하고 있고, 방산기술보호법은 그 목적에 "이 법은 방위산업기술을 체계적으로 보호하고 관련 기관을 지원함으로써 국가의 안전을 보장하고 방위산업기술의 보호와 관련된 국제조약 등의 의무를 이행하여 국가신뢰도를 제고하는 것을 목적으로 한다."[1294]라고 규정하여 국가의 안전보장을 목적으로 하고 있음을 명시하고 있는데, 이는 국제적 통상분쟁을 대비하여서는 올바른 입법태도라고 할 것이다.

(나) 필수적 안보이익의 판단 주체

GATT 제21조에 규정된 필수적 안전보장은 문제된 해당국가의 판단에 따르는 것이라는 점이 인정되고 있다. GATT 제21조는 "Nothing in this Agreement shall be construed (a) to require any contracting party to furnish any information the disclosure of which it considers contrary to its essential security interests; or"라고 규정하고 있다. 여기서 회원국(it=any contracting party)이 필수적 안보이익에 어긋난다고 판단하는 것이라고 규정하고 있다. 따라서 조약의 원문상으로 해당 회원국이 필수적 안보이익에 어긋나는지 판단하는 주체가 된다고 해석된다. 이러한 형식은 OECD 자본이동 자유화 규정, TRIPs 협정이나 한미 FTA 등 우리나라가 체결한 FTA 등 에서도 일관하여 좀 더 분명하게 나타나고 있다.

판단주체에 대해서는 GATT가 성립한 후 최초의 사건인 1948년 체코에 대한 수출금지사건에서부터 문제가 되었다. 아프리카의 가나는 필수적 국가안전보장에 관련된 것인지는 전적으로 해당국에 판단권이 있다고 언급하였다. 국가안전이익에 따라 행해진 포르투칼 상품에 대한 가나의 보이콧은 정당하다고 주장했다. 국가의 안전이익은 실제적인 것 뿐만 아니라 잠

1293) 산업기술보호법 제1조.
1294) 방산기술보호법 제1조.

재적인 것도 포함한다고 주장했다. 가나 정부는 앙골라의 상황은 아프리카 전체에 대한 지속적인 위협이고 포르투칼 정부가 감수하여야 할 압력에 의하여 앙골라가 발생시키는 위험을 감소시킬 수 있는 어떤 조치들이라도 가나의 필수적 국가이익에 의해서 정당화 된다고 주장했다.1295)

1985년 미국과 니카라구아의 분쟁사건에서의 패널보고서는 좀 더 분명하게 언급하고 있다. 패널보고서는

> The Panel concluded that, as it was not authorized to examine the justification for the United States' invocation of a general exception to the obligations under the General Agreement, it could find the United States neither to be complying with its obligations under the General Agreement nor to be failing to carry out its obligations under that Agreement"1296)
>
> [번역] 패널은 미국이 GATT 상의 의무에 대한 일반 예외를 주장하는 것에 대한 정당성을 판단할 권한이 없으므로, 패널은 미국이 GATT의 의무를 이행하지 않았다고 또한 GATT하의 의무 이행을 하지 않았다고 할 수도 없다고 판단한다.

고 하였다.

한미 FTA 23.2조는 필수적 안보이익의 판단을 그 조치를 취하는 국가가 판단하도록 하였다. 즉 특정 과학기술의 유출이 국가안보이익을 위한 것인지는 그 과학기술유출을 금지하는 국가의 판단에 따르는 것이다. 최근 우리 정부가 취득하려던 KFX 사업의 경우에도 GATT 제21조가 문제되는 경우라면, 레이더 기술 등의 수출이 국가안보이익을 해하는지는 그 기술을

1295) WTO, Guide to GATT Law and Practice, 1995(6th ed.), p. 600.
1296) L/6053, dated 13 October 1986 (unadopted), paras. 5.1-5.3.

수출하려는 미국 정부의 판단에 따르게 되어 있는 것이다.

TRIPs 협정의 경우에는 필수적 안보이익의 판단주체를 명시하였다. 해당조문을 보면 "to require any Member to furnish any information the disclosure of which it considers contrary to its essential security interests"[1297] 라고 하고 있는바, "it"은 필수적 안보이익을 주장하는 국가이다. 그 뿐만 아니라 한미 FTA의 경우에도 수출통제를 하는 당해국가를 필수적 안보이익의 판단주체로 하고 있다. 따라서 필수적 안보이익의 판단 주체는 해당조치를 한 당사국이라고 할 수 있다.

(다) 전략물자 및 일반 통상물자

필수적 안보이익은 전략물자를 판단하는 기준이 된다. 이러한 기준에 의하면 전략물자에 대한 개념은 정의된 바 없다.[1298] 따라서 전략물자는 필수적 안보이익에 영향을 미치는 물품이라고 할 수 밖에 없다. 다만 이러한 판단에 대한 기준도 없는 것이므로 전략물자로 인정될 수도 있고, 일반 통상물자로 인정될 수도 있다. 따라서 전략물자인지 아니면 통상물자로서 통상에 대한 부당한 제한인지에 대하여 국가간의 분쟁이 발생할 수 있다.

그러나 전략물자인지 또는 통상물자인지 판단에 있어서 과거와는 다른 기준이 적용될 수 밖에 없다. 과거에는 군사적 행동이 현재보다는 자유롭고 동서냉전의 이념체제로 인하여 군사적 위협이 증가할 수 밖에 없었다. 그러나 현재는 UN 헌장 상 군사적 무력행사에 대한 통제가 강화되어 과거보다 군사적 위협보다는 경제적 위협이 증가하는 것이 현실이다. 경제적

1297) TRIPs 협정 제70조.

1298) 대외무역법 제19조는 제1항은 전략물자에 대하여 "국제수출통제체제(이하 "국제수출통제체제"라 한다)의 원칙에 따라 국제평화 및 안전유지와 국가안보를 위하여 수출허가 등 제한이 필요한 물품등"이라고 하고 있으나, 이는 필수적 국가안보와 관련한 전략물자를 정의한 것은 아니다.

위협이 그 상대방 국가에 대한 필수적 국가안보에 대한 위협이 될 수 있고, 역설적으로 상대국가가 대외무역의존도가 높은 경우에는 경제제재가 필수적 국가안보에 대한 위협이 될 수 있는 것이다. 예컨대, 이란에 대한 경제제재는 이란의 입장에서 보면 필수적 안보위협이 될 수도 있는 것이다. 즉 경제제재를 받는 국가는 해당 경제제재가 자국의 필수적 안보를 위협한다고 주장할 수 있다고도 보인다. 실제로 1985년 미국이 니카라구아에 대하여 금수조치를 취했을 때 니카라구아는 미국의 금수조치가 니카라구아의 경제에는 막대한 영향을 미치므로 니카라구아의 안보이익을 침해하는 것으로 주장하였다. 최근의 희토류 규제도 국가안보에 영향을 미치는 핵심 장비나 부품의 생산에 연결되어 있기 때문에 희토류에 대한 수출 제재는 국가 안보에 영향을 미친다고 할 수 밖에 없다.

GATT 제21조 제3항 국제평화와 안전유지를 위한 UN 헌장상의 의무이행에 따른 조치를 하는 경우에는 GATT상의 예외조치를 허용하고 있지만 그 이외에 정치적 목적을 위한 수출입통제를 허용하지 않는다. 그 뿐만 아니라 GATT 제21조 제1항은 전략물자나 기술임을 명시적으로 요구하지 않고, "체약국에 대하여, 발표하면, 자국의 안전보장상 필수적 이익에 반한다고 인정하는 정보의 제공을 요구하는 것"일 것을 요구하고 있으므로, 특정 기술의 공개가 자국의 필수적 안보이익에 반하는 경우에는 GATT 제21조 제3항을 근거로 그 정보의 수출을 금지할 수 있는 것이다.

결론적으로, 통상물자와 전략물자는 구별하기가 쉽지 않다. 그러나 GATT 제21조 제1항은 특정정보의 공개가 자국의 필수적 안보이익을 해치는 경우에는 그 수출을 금지할 수 있도록 하고 있으므로, 통상물자도 자국의 필수적 안보이익을 해치면 전략물자라고 할 수 있다고 보인다. 대부분 문제되는 것은 첨단기술인데 첨단기술은 대부분이 전략물자에도 사용할 수 있으므로 이중용도물품(dual use goods)이 될 것이다. 최근 미국이 중국에 대한 반도체 기술수출을 통제하는 것도 국가안보의 위협이 있다는 것을

근거로 한다.1299)

(라) 비회원국에 대한 수출통제에 대한 GATT 조항의 적용가능성

GATT/WTO 협정하에서 회원국에 대해서 국가안보를 이유로 수출통제를 하는 것이 가능하다. GATT/WTO 협정하에서 1994년 GATT 조항을 근거로 비회원국에까지 수출통제를 하는 것이 가능한지 문제가 된다. 비회원국에게 GATT 조항이 적용되는 것은 아니기 때문이다. 이러한 경우에 그 쟁점은 비회원국에 대해서도 국가안보를 이유로 한 수출통제가 국제관습법으로 비회원국에게 적용될 수 있는지 여부라고 할 것이다.

조약은 국가간의 계약이기 때문에 조약 당사국 간에만 적용되고 당사자가 아닌 비당사국에게는 조약의 효력이 없다. 많은 조약에 안보예외조항이 명시적으로 존재하기 때문에 그러한 명시적인 조항이 존재하지 않는 경우에 적용되는 법리인 국제관습법을 적용할 수 없다고 한다는 견해가 있다.1300) 그러나 국가안보는 조약에 참여하는 국가의 존립근거가 되어 조약의 유효성과 효력발생을 담보하는 기초가 된다. 조약당사국이 아니라고 하

1299) 동아일보, '반도체 사활' 美, 또 中 정조준하나 … "수출 허용 막을 도구 있다", 2022-07-18자.

    …

뉴욕타임스(NYT)는 5일 바이든 행정부가 수출통제 적용 대상으로 국가안보 외에 인권침해 등을 추가하는 방안을 추진 중이라고 보도한 바 있다. 신장 위구르 자치구와 티베트, 홍콩 등에 설치된 감시·추적 장비 등과 관련된 반도체 제조·부품 관련 기업들을 대거 수출통제 리스트에 올릴 근거가 마련되는 셈이다. 지나 러몬도 상무장관은 지난달 29일 "수출통제는 민주주의를 가장 잘 보호할 수 있는 방법"이라며 "중국 SMIC가 러시아에 반도체를 공급한다면 문 닫게 할 것"이라고 경고하기도 했다.

    …

    https://www.donga.com/news/Inter/article/all/20220718/114502537/1.

1300) H.Houtte, "Treaty Protection and Economic Sanctions", 18 Revue belge de droit international 34, 46 (1984-85).

더라도 국가안보의 예외를 주장할 수 있다고 생각된다. 그 뿐만 아니라 명문조약규정이 존재하다고 하더라도 관습법의 존재를 부인하는 근거가 될 수 없다고 생각된다. GATT의 비회원국에게도 GATT 제21조의 국가안보예외를 주장할 수 있다고 생각된다.[1301] 반대로 GATT 비회원국은 GATT 적용을 주장할 수도 없으므로 GATT 위반을 주장할 수도 없다.

다. 사례분석

(1) 미국-체코슬로바키아에 대한 금수조치

GATT 서명국으로서 창립멤버가 되었던 체코슬로바키아가 공산화되어 소련의 영향력 하에 들어가자 1948년 미국은 미국에서 체코슬로바키아에 수출하기 위해서는 수출면허를 취득하도록 하는 행정명령을 발동했다.

1949년 체코슬로바키아(Mr. Augenthaler)는 미국의 자국에 대한 수출통제가 GATT 제1조의 최혜국 대우의무, 제11조 제1항의 수출입금지 및 수량제한의 철폐 및 제13조 비차별적인 수량제한조치를 위반한 것이라고 주장하였다.[1302] 체코슬로바키아는 GATT 제1조의 최혜국대우조항은 모든 국가에 대하여 비차별적으로 적용되는 것이라고 주장했다. 따라서 수출통제를 하는 경우에는 미국으로부터 동일한 물품을 구입을 원하는 모든 국가에게도 체코슬로바키아에 적용된 동일한 수출통제가 적용되어야 한다고 하였다. 또한 미국은 군수품(war material)의 의미를 매우 광범위하게 해석하여 군수품의 의미가 어떤 경우에 적용되는지에 대하여 아무도 알 수 없다고 주장했다. 미국의 동유럽에 대한 수출통제가 수출금지품목이 군사적 중요성이 없으므로 GATT 제21조 안전보장예외에 해당하지 않는다고 하였다.

1301) 최승환, 전략물자 수출입통제에 따른 국제법적 문제, 국제법학회논총, 38권 1호, 159면.
1302) GATT Doc. CP.3/SR.22, pp. 4-10 (1949).

미국(Mr. Evans)은 석탄채굴기계가 우라늄채굴이라는 군사적 목적으로 사용될 수 있으므로 제한적 품목에 대한 수출통제가 국가안보에 적합할 뿐만 아니라 제1조의 최혜국대우원칙은 여러 국가들에 적용되는 것이므로 안보이유의 관점에서 모든 국가를 동일하게 적용할 것(비차별적)을 요구하지 않는다고 주장했다. 3000개의 품목중에서 200개만이 수출통제에 적용되므로 군수품(war materials)이 너무 광범위하다는 체코슬로바키아의 주장은 사실을 왜곡한 것이라고 하였다. 그리고 미국이 취한 수출면허의 요구는 미국수출업자만을 대상으로 하여 특별한 경우에 적용되는 것으로서 비차별적 적용이 요구되지도 않을뿐더러, 수출통제에 법적하자가 있다면 미국의 행정쟁송절차에 의하여 구제받을 수 있다고 하였다. 따라서 GATT 제21조의 필수적 안보이익에 근거한 수출통제에는 제1조의 최혜국대우원칙이 적용될 수 없다고 주장했다.

영국을 대표한 Shackle은 제21조는 자국의 안보에 대해서는 해당 국가가 최종적인 결정을 하여야 하므로 미국의 행위는 [미국이 최종적으로 결정한 것이므로] 정당화 되는 것으로 보인다고 했다.

1949년 6월 8일 GATT는 17대 1, 기권 3표[1303]로서 체코슬로바키아의 제소를 기각하였다.[1304]

(2) 아르헨티나의 수출통제에 대한 제소

본 사건은 수출통제가 아닌 수입금지가 문제가 된 사건이다. 1982년 영국과 아르헨티나가 포클랜드 전쟁을 벌이자, 이에 대한 보복조치로 영국을

1303) 제소국인 체코슬로바키아만이 유일하게 긍정표를 제시했다.

1304) 이는 체코의 주장이 사소해서가 아니라 GATT가 출범한지 얼마되지 않아서 냉전시대의 동구권에 대한 미국의 대응에 대하여 심사할 만큼 GATT 조직이 탄탄하게 구성되지 못하였기 때문인 것으로 보인다. Armand L. C. De Mestral, T. Gruchalla-Wesierski, Extraterritorial Application of Export Control Legislation : Canada and the U. S. A., 1990, p. 48.

포함한 EEC (유럽경제공동체), 호주 및 캐나다는 아르헨티나에 대하여 GATT 제21조를 근거로 수입금지 제재조치를 취하였다.

1982년 4월 30일 아르헨티나는 EEC 회원국, 캐나다, 호주가 취한 비경제적 이유로 한 아르헨티나로 부터의 수입제한에 대하여 1947년 GATT 제1조 최혜국대우, 제2조 양허표, 제11조 제1항 수입금지 및 수량제한의 철폐, 제13조 비차별적 수량제한 조치 등을 위반하였다고 제소하였다.[1305]

본 사건은 전시 또는 긴급상황에서 취한 금수조치가 GATT 제21조에 해당 하는지가 쟁점이 되었다. 1982년 EEC, EEC 회원국, 캐나다, 호주가 취한 군사적이고 정치적인 그리고 비경제적 이유로 한 아르헨티나로 부터의 수입제한조치에 대하여, 아르헨티나 정부는 위와 같은 수입제한 소치는 군사적이고 정치적인 조치이므로 GATT상 허용되지 않는 것이므로 EEC, EEC 회원국, 캐나다, 호주가 취한 무역거래에 대한 제한조치가 정당화되기 위해서는 무역거래제한 조치를 한 회원국이 제21조에 의하여 예외적으로 국가안보를 위해서 허용되는 근거를 제시하여야 하다고 하였다. 또한 통지, 토론 및 정당화 없이 적용될 수 있는 무역제한조치는 없다고 주장했다.

아르헨티나는 UN 결의에서 포클랜드는 이미 아르헨티나에게 영유권이 있다고 하였으므로[1306] 영국본토는 직접적인 피해가 없어 GATT 제21조 제2항의 예외가 영국에는 적용되지 않는다고 주장했다. 영국 본토는 영향을 받는 것이 아니기 때문이라는 것이었다.[1307]

EEC는 EEC와 회원국이 취한 조치는 국가주권이라는 근본적인 권리에 기반한 것으로서 GATT 제21조에 근거를 가지고 있고, 그러한 권리의 행사는 일반적인 예외조치로서 GATT의 32년 역사에 의해서 완성된, 통지나 정당화나 승인을 요구하지 않는 조치라고 주장했다. 또한 영국은 국제통상관

1305) GATT Doc. L/5317, GATT Doc. L/5426.
1306) UNSCR 2065 (XX), 3160(XXVIII),31/49(XXXI).
1307) GATT/L/5317 III-IV (1982.4.30.).

계를 위협받고 있으므로 1947년 GATT 제21조에 의하여 정당한 조치를 한 것으로서 모든 국가는 이러한 권리행사에 대하여 최후의 판단 권한이 있으므로 승인이나 통보도 필요하지 않다고 주장하였다.

캐나다 대표는, 캐나다의 주권은 정치적 분쟁에 대하여 정치적으로 답하는 것으로 표현되고, GATT는 제기된 정치적 분쟁을 해결할 권한이나 책임이 없으므로 캐나다는 특정 조치가 필요한 상황은 캐나다가 스스로 정한 적절한 행동에 의해서 만족스럽게 해결된다는 것을 확신한다고 언급했다. 그리하여 GATT를 위반하였다고 인정할 수 없다고 하였다.

호주대표도 호주의 조치도 통지나 정당화가 요구하지 않는 GATT 제21조 제3항에 일치한다고 주장했다. 미국도 GATT는 각 당사국에 안전보장을 보호하기 위한 조치인지에 대하여 판단권이 있고, 통상에 관련된 GATT 회원국은 국가안보에 근거하여 한 금수조치에 대하여 이의를 제기할 권한이 없다고 주장했다. 그 외 필리핀과 같은 나라들은 UN 안전보장이사회 결의 제502호[1308]는 아르헨티나와 영국에만 적용되는 것이므로 다른 국가들은 GATT 제21조에 의거하여 금수조치를 취할 권한이 있는지에 대하여 의문을 제기했다.

GATT 이사회는 금수조치가 (1) GATT상의 의무위반인지, (2) 금수조치에 대하여 통보, 정당성 및 승인이 필요한지, (3) EEC, 캐나다 및 호주가 취한 조치에 대하여 GATT가 판단권한을 가지는지에 대하여 검토하였다. 그러나 영국과 아르헨티나의 분쟁이 합의로 인하여 종결되어, 위 쟁점에 대한 판단없이 종결되었다.

아르헨티나의 노력은 우루구아이라운드의 협상 개시를 결정하였던 1982년 11월 30일 GATT 각료선언에서는 GATT 제21조에 대한 결정을 하도록

1308) 유엔안전보장이사회는 1982년 결의 502호를 채택하였다. 동 결의는 아르헨티나가 포클랜드섬에 침입하여 유엔헌장 제2조 제3항(분쟁의 평화적해결노력)과 동 제4항 위반(무력행사 억제의무) 했다고 규정했다.

하였다. 그리하여 다음과 같은 내용이 포함된 "GATT 제21조에 관한 결정 (Decision Concerning Article XXI of the General Agreement)"을 채택하였다.:

> GATT 제21조의 예외는 당사국이 국가안보가 문제되었음을 고려할 때 당사국의 권리에 대한 안전장치에 대한 중요한 요소를 구성하였음을 고려하고, 어떤 상황에서는 GATT 제21조를 주장 하는 것이 국제통상의 불확실성을 용인하거나 방해하는 요인이 되어서는 안되고, GATT 제21조의 요건에 따른 조치를 취할 때, 당사국은 동조치에 영향을 받는 제3 당사국의 이익을 고려하여야 하여야 한다는 점을 인식하고 제21조에 대한 공식적인 해석을 하기 전까지 당사국이 1947년 GATT 제21조를 주장하는 것은 절차적으로 타당하다.

그리하여 체약국단은 다음과 같이 결정하였다.

(1) 1947년 GATT 제21조 제1항을 근거로 한 무역조치에 대하여 가능한 한 모든 범위내에서 통보를 받아야 하고,[1309]
(2) GATT 제21조에 의한 조치의 영향을 받는 당사국은 1947년 GATT 의 모든 권리를 행사할 수 있고,[1310]
(3) GATT 제21조의 조치에 대하여 당사국은 이사회에 논의를 요청할 수 있다.[1311]

1309) "1. Subject to the exception in Article XXI:a, contracting parties should be informed to the fullest extent possible of trade measures taken under Article XXI." L/5426, 29S/23.
1310) "2. When action is taken under Article XXI, all contracting parties affected by such action retain their full rights under the General Agreement." L/5426, 29S/23.
1311) "3. The Council may be requested to give further consideration to this matter in due course". L/5426, 29S/23.

(3) 미국-니카라구아 수출통제 사건[1312]

1985년 5월 7일 미국은 니카라구아에 대하여 수출입통제를 발효시켰다.[1313] 미국의 레이건 정부는 니카라구아에서 생산된 상품과 서비스를 미국에 수입하는 것을 금지하였을 뿐만 아니라 모든 미국 상품과 서비스에 대하여 반정부민주세력을 제외하고 니카라구아로 수출을 금지하였다.[1314] 이에 니카라구아는 GATT 제21조 제1항을 근거로 미국에게 협의를 요청하였지만, 미국은 이에 응하지 않았다. 미국은 GATT 제21조의 국가안보를 근거로 한 조치는 최종적인 것으로서 이에 대해서는 GATT가 심사할 권한이 없다는 입장을 유지하고 있었기 때문이었다. 그러나 EC가 GATT 제21조가 문제되더라도 통상분쟁에 해당하므로 패널설치에 동의하고, 남미와 동구권 국가들도 패널설치를 요구했다. 최종적으로 미국도 GATT 제21조 제(2)항 (3)호에 대한 검토유보를 조건으로 패널설치에 동의했다.

미국은 GATT 제21조 제(2)항 (3)호, "전시 또는 기타 국제관계에 있어서의 긴급시에 취하는 조치"로서 정당한 것이라고 주장하였다. 니카라구아는 미국의 통상금지조치는 GATT 제1, 2, 5, 11, 13, 36, 37, 및 38조를 위반하였다고 주장했다.

니카라구아는 GATT 제21조 제(2)항 (3)호, "전시 또는 기타 국제관계에 있어서의 긴급시에 취하는 조치"조항을 충족하지 않고, 니카라구아 같은

1312) 1982년 미국은 니카라구아에 대하여 설탕수출로 취득한 금원을 바탕으로 군사력을 강화하여 중남미의 안전을 위협한다는 우려에 의해 설탕수입쿼터를 축소하여 니카라구아와 분쟁이 발생했다.
1313) C/M/188, pp. 2-16; C/M/191, pp. 41-46.
1314) WTO, Guide to GATT Law and Practice(6th ed. 1995). https://www.wto.org/english/res_e/booksp_e/analytic_index_e/analytic_index_e.htm, RAJ BHALA, NATIONAL SECURITY AND INTERNATIONAL TRADE LAW: WHAT THE GATT SAYS, AND WHAT THE UNITED STATES DOES, 19 U. Pa. J. Int'l Econ.L. 263, 269 (1998).

약소국은 미국과 같은 강국의 안보이익을 침해할 수 없고, GATT 제21조의 "전시"나 "긴급한 시기"에도 해당하지 않을뿐더러 GATT 제21조는 미국에 대한 직접적인 침입이나 무력이 있는 경우에만 적용될 수 있는 자위권 행사조항에 준하는 것이고, 국가안보에도 GATT가 적용되어야 한다는 주장을 하였다. 또한 미국의 금수조치는 1982년 각료선언(위에서 언급하였음)에 위반되는 정치적 목적의 조치라고 하였다.

1985년 5월과 7월, GATT 평의회(GATT Council)는 GATT 제21조를 근거로 한 조치에 대하여 GATT 회원국이 심사할 수 있는 국가안보의 범위에 대하여 논의하였다. 미국의 수출입 통제조치를 검토하기 위하여 설치된 패널은 미국이 취한 GATT 제21조 제(2)항 (3)호를 근거로 한 조치에 대하여 그 유효성이나 동기를 판단할 수 없다고 하였다.[1315] 평의회는 미국과 니카라구아의 분쟁에 대해서 판정할 권한은 있지만, 미국 결정의 타당성을 판단할 수는 없다고 하였다. 즉 관할권은 있지만, 미국의 수입 및 수출통제가 적정한지에 대해서 판단을 할 수 없다고 했다.[1316] 미국과 니카라구아의 분쟁을 해결하기 위해 설치된 평의회의 보고서는, 미국은 동의하였지만 니카라구아의 반대로 공식적으로 채택되지 않았다.

평의회 보고서는, 니카라구아와 미국은 수출금지가 무역진흥을 위한 GATT의 일반 규정에 배치된다는 점에는 동의하였지만, GATT 규정의 비준수가 GATT 제21조 제2항 3호에 의해 정당화되는지에 대해서는 미국과 니카라구아의 견해가 일치하지 않았다는 점을 지적했다.[1317] 보고서는, 니

1315) C/M/196 at p. 7.

1316) "[t]he Panel cannot examine or judge the validity or motivation for the invocation of Article XXI(b)(ⅲ) by the United States". C/M/196, p. 7.

1317) "The Panel noted that, while both parties to the dispute agreed that the United States, by imposing the embargo, had acted contrary to certain trade-facilitating provisions of the General Agreement, they disagreed on the question of whether the non-observance of these provisions was justified by Article XXI(b)(ⅲ) … "

카라구아 입장에서 보면, GATT 제21조는 기본적인 국제법원칙과, UN 및 ICJ(International Court of Justice)의 결정과 조화되어야 하는 관점에서 해석되어야 하므로 제21조는 단순히 GATT의 당사국들이 자기방어권에 의한 공격(an aggression with the right of self-defense)(예컨대 다른 당사국의 수출통제라는 공격에 따라야 한다는 의미)에 따라야 한다고 규정하는 것이라고 하였다. 미국의 입장에서 보면, 제21조는 당사국(미국)이 본질적인 안전보장을 하기 위해서 필요한 것이라고 판단하는 수출통제에 대하여 적용되는 것이고, 제21조의 의미는 미국의 제21조에 의한 것이라고 주장하는 수출통제에 대한 유효성 판단을 제외하는 것이라고 언급했다.[1318]

평의회는 권한에 의해(by its mandate)에 의하여 심사를 제외하는 것과 같이 미국이 제21조를 적용한 것이라고 주장을 하는 것에 대한 평의회의 유효성 심사를 배제하는지에 대한 문제를 고려하지 않는다고 했다. 평의회는 미국의 금수조치에 GATT 제21조 제2항 3호를 적용하는 것이 그 동기나 유효성에 대한 심사나 판단을 할 수 없다는 것을 규정하기 때문에 평의회의 활동에 대하여 엄격한 제한을 한다는 점을 상기시켰다. 평의회는 미국이 GATT상 의무에 대한 일반적인 예외를 적용하는 것에 대한 관할권에 대하여 평의회가 심사할 권한이 없으므로 미국이 GATT상 의무를 준수하

---

http://www.gpo.gov/fdsys/pkg/CREC-1995-11-01/html/CREC-1995-11-01-pt1-PgS16516.htm 에서 본문 발췌함. 이하 같음 (2022. 7. 12 마지막 방문).

1318) "The Panel further noted that, in the view of Nicaragua, this provision should be interpreted in the light of the basic principles of international law and in harmony with the decisions of the United Nations and of the International Court of Justice and should therefore be regarded as merely providing contracting parties subjected to an aggression with the right of self-defence. The Panel also noted that, in the view of the United States, Article XXI applied to any action which the contracting party taking it considered necessary for the protection of its essential security interests and that the Panel, both by the terms of Article XXI and by its mandate, was precluded from examining the validity of the United States' invocation of Article XXI."

거나 GATT상의 의무를 이행할 필요가 없다고 결론지었다.[1319]

즉 평의회는 미국의 수출입의 금지에 대하여 미국이 GATT 제21조에 의한 안전보장을 위한 조치임을 주장하는 이상 평의회가 안전보장을 위한 조치인지에 대한 판단을 할 수 없다고 한 것이다. 그러나 평의회는 미국과 같은 강대국의 금수조치가, GATT 제21조에 부합하는지 여부와 관련없이, GATT의 기본 목적인 비차별성 및 개방무역정책에 반하며, 니카라구아와 같은 최빈개도국의 발전을 저해한다고 평가했다. 이 건은 결국 1990년 니카라구아 집권당이 선거에 패배하면서, 미국이 금수조치를 철회하여 종결되었다.

본 사건에서는 GATT 제21조에 의한 조치를 내릴 경우에는 상대국의 경제상황을 고려할 것을 권고하였다는 점에서 그 의의가 있다. 그러나 그러한 의견은 구속력이 없다고 판단되고, 오히려 제21조에 의한 조치가, 상대국의 경제상황이 최빈국 등이 아니면, 정당화될 수 있음을 시사하고 있다.

(4) 결론

국제통상에서 수출입금지 조치를 취하는 국가는 대부분 GATT 제21조를 원용한다. 그러나 GATT 제21조는 순수한 경제제재를 목적으로 한 조치에는 적용되지 않는다고 할 수 있다. 예컨대, 1975년 스웨덴의 신발수입쿼터

1319) "The Panel did not consider the question of whether the terms of Article XXI precluded it from examining the validity of the United States' invocation of that Article as this examination was precluded by its mandate. It recalled that its terms of reference put strict limits on its activities because they stipulated that the Panel could not examine or judge the validity of or the motivation for the invocation of Article XXI:(b)(iii) by the United States ⋯ The Panel concluded that, as it was not authorized to examine the justification for the United States' invocation of a general exception to the obligations under the General Agreement, it could find the United States neither to be complying with its obligations under the General Agreement nor to be failing to carry out its obligations under that Agreement'."

사건에서 스웨덴은 자국의 신발산업을 보호를 위한 목적으로 국가안보를 위해 필요한 조치라는 이유로 신발에 대한 수입쿼터제를 실시하면서 그 근거로 1947년 GATT 제21조를 주장하였다. 그러나 GATT 이사회에서 대다수의 회원국은 순수한 경제적인 목적에 의한 수입쿼터는 제21조에 근거할 수 없다고 이의를 제기하여, 스웨덴은 스스로 수입쿼터제를 취소하였다.

아직 첨단기술의 해외수출금지가 쟁점이 된 사건은 없지만, 첨단기술의 경우에는 군사기술로 연결될 수 있으므로 안보관련성이 부인될 수 없을 뿐만 아니라 민간기술이더라도 군사나 국방기술로 연결될 수 있으므로 GATT 제21조를 원용하는 것은 어렵지 않아 보인다.

나아가 전통적으로 전략물자관점에서 기술의 해외이전 통제를 논하여 왔으므로 GATT 제21조도 같은 관점에서 논의하는 관점들이 많이 존재한다. 그러나 GATT 제21조 제1항의 경우에 자국의 안전보장상 필수적 이익에 반하는 경우에는 정보제공(기술제공)을 거절할 수 있는 바, 안전보장이라는 것이 반드시 국방이나 군사기술이라고 명시지는 않으므로, 국방이나 군사관련기술일 것을 요구하지 않는다고 보인다. 다만 군사나 국방기술의 경우에는 안보이익 관련성이 매우 높다고는 할 것이다.

이러한 점에서 보면 우리나라 산업기술보호법상 해외 수출이 제한되는 핵심기술인지 여부를 판단함에 있어서, 군사적, 국방기술로의 사용가능성이나 필수적 안보이익에 관련되는지에 대해서 검토하도록 하는 것이 바람직하여 보인다. 물론 현행법은 국가안보에 관하여 검토를 하도록 하고 있다. 첨단기술의 경우에는 국가의 경쟁력 자체를 위협할 수 있어 안보관련성이 높다고 할 것이다.

WTO 상의 일반원칙인 비차별원칙과 관련하여 특정국가에 대한 기술수출제한은 비차별원칙에 위반될 수 있지만, 특정기술을 국가핵심기술로 지정하고 그 기술에 대하여 해외이전을 제한하는 것은 비차별원칙과는 무관한 것으로 판단된다. 왜냐하면 특정국가에 대한 수출을 금지하는 것이 아

니라 특정기술에 대하여 특정국가를 불문하고 모든 국가에 대한 기술이전
을 금지하는 것이기 때문이다.

3. 서비스무역에 관한 일반협정
(GATs; General Agreement on Trade in Services)

가. 서비스 무역

우루과이라운드협상에서 서비스교역의 장벽을 제거하고 서비스교역의
자유화를 가속화하기 위한 다자간 규범으로 GATs가 제정되었다. GATs는
1980년 이후 급증하는 서비스교역에 대하여 포괄적으로 규율할 수 있는 다
자간 규범으로 탄생했다.

GATs는 서비스교역의 자유화를 기본이념으로 하여 총 6부 29개 조항과
8개의 분야별 부속서로 이루어져 있다. 다자간 항공분야 및 정부당국이 구
매 또는 판매하는 서비스 즉, 정부조달(government procurement) 등을 제외
한 모든 서비스를 규율하고 있다. GATs 협정은 상업적 상업적 영향력
(commercial presence)을 서비스거래형태에 포함시킴으로써 형식적으로는
투자에 관한 대표적인 협정이라고 할 수 있으나 아직은 불완전한 규율력을
갖는다고 평가된다. 한 가지 형태의 물품 공급 형태만이 가능한 상품 분야
와는 달리, 서비스 분야의 경우 국가간에 거래가 일어날 수 있는 방식을
GATs 협정에서 4가지 형태(mode)로 구분하고 있다.

이는 ⅰ) 국경간 공급형태(cross-border supply), ⅱ) 해외소비 형태로(con-
sumption abroad), ⅲ) 상업적 주재(commercial presence) 및 ⅳ) 자연인의
이동 (movement of natural person)이다.

나. 서비스 무역의 예외

GATs 제14조는 일반적인 예외를 규정하고 있고, 제14조의2는 안보상의 예외를 규정하고 있다. 제14조의2 제1항 가호는 "공개시 자기나라의 중대한 안보이익에 반하는 것으로 회원국이 간주하는 어떠한 정보"도 공개를 요구할 수 없도록 하고 있다. 이는 1994년 GATT 제21조 제1항과 같은 취지의 규정이다. 결국 제14조의2 제1항 가호도 제21조의 해석과 같은 원리가 적용된다고 할 수 있다.

4. OECD와 기술수출통제

가. 자본이동 및 경상무역외거래 자유화 규약

우리가 가입한 OECD의 경우, 1961년 12월 OECD 이사회의 결정으로 보다 자유로운 자본이동거래를 촉진하고 보장하여 국제 무역거래를 확보하기 위한 방법으로, 자유화규약인 '경상무역외거래 자유화 규약'(Code of Liberalization of Current Invisible Operations)과 '자본 이동자유화 규약'(Code of Liberalization of Capital Movements)을 제정하였다.

자본이동 자유화 규약은 본문에 일반적인 자유화 원칙을 규정하고, 부속서 형태로 직접 투자를 포함하여 단기 및 장기의 자본거래 등 국가 간의 가능한 모든 형태의 자본이동 의무적 자유화 대상을 16개의 대항목과 91개의 소항목으로 세분화하였다. 그 중에서 자유화 이후에 재유보가 불가능한 항목을 리스트 A로, 그리고 자유화한 후에도 경제사정에 따라 재유보 혹은 규제조치가 가능한 항목을 리스트 B로 각각 구분하였다.[1320] 외국인의 자

1320) 리스트 A에는 직접투자, 직접투자의 청산, 부동산의 매각, 주식 또는 채권의 거래,

본투자로 국내의 첨단기술업체나 방산업체에 대한 직간접 투자를 할 수 있는지가 문제가 되고, 이와 같은 투자를 국내법이 제한하는 경우에 OECD의 자본 자유화 규약을 위반하는지가 문제된다.

나. 자본이동 자유화 규약의 주요 내용[1321)]

(1) 점진적 자유화(principle of progressive liberalisation)

OECD 자유화 규약은 보다 자유로운 국제무역, 투자 및 자본이동을 가능하도록 유도하고 국제적인 자원의 효율적 배분과 경제발전에 이바지함을 목적으로 한다.[1322)] 이러한 자유화의 목적은 개별회원국의 경제발전 정도, 자유화 수용 능력 및 현재 직면 하고 있는 경제상황 등을 고려하여 점진적으로 자유화 할 것을 요구하고 있다.(best effort)[1323)] 점진적인 자유를 위해서 각 회원국들이 자유화 규약에 명시된 자유화 항목에 대하여 자국의 경제상황에 따라 일정기간 자유화 유보(reservation) 또는 적용면제(derogation) 등의 조치를 취할 수 있도록 하고 있다.[1324)]

(2) 내국민 대우(national treatment)

내국민대우는 시장접근까지 포함하는 사항으로 의미하여 외국인의 국내

생명보험 자본자산의 실물이동 등이 포함되어 있다. 리스트 B에 속하는 분야는 금융시장에서의 거래, 양도성 증서와 금융선물, 옵션, 스왑 등 소위 파생금융상품과 같은 비증권 권리의 거래, 금융상의 신용 및 대출, 외국환거래 등이다.

1321) OECD, Middle East and North Africa Investment Policy Perspective, 2021, p.76.
1322) Art. 1. General undertakings ("a. Members shall progressively abolish between one another, in accordance with the provisions of Article 2, restrictions on movements of capital to the extent necessary for effective economic cooperation.").
1323) Art. 1. General undertakings c.
1324) Art. 2. Measures of liberalisation.

시장 진입에 대하여 내국인이나 내국인 기업과 동등하게 대우할 것을 의미
한다. 내국민대우원칙은 자유화규약에 명시하지는 않지만 자본이동 규약의
대내 직접투자 자유화 항목에 포함된 회사 설립권 관련 사항과 경상무역외
거래 규약의 보험과 금융 서비스 공급기업의 해외 지사와 대리점의 설립
및 운영과 관련된 자유화 항목에 명기되어 있다.

　내국민 대우원칙은 대내 직접투자와 관련된 회사설립권의 주요내용은
외국인의 자회사는 물론 지점이나 사무소 등의 모든 형태의 시장접근 관련
상업적 주재의 설립시 설립조건의 부과 등에 있어서 거주자와의 동등한 대
우의 부여 및 일단 설립된 자회사나 지사 등의 영업범위에 대한 차별대우
의 철폐 등을 포함하고 있다.

(3) 무차별대우(non-discrimination)

　한 회원국의 자유화 조치는 다른 회원국의 자유화 정도와는 무관하게 모
든 회원국에게 무차별적으로 적용되어야 한다는 원칙이다.1325) 그러나 무
차별 대우원칙의 예외가 존재한다. 회원국이 관세나 통화동맹에 참여하여
해당 국가에 OECD 자유화 규약보다 더 높은 수준의 자유화 조치를 부여
하는 경우는 예외에 해당한다. 또한 금융 또는 보험서비스 분야 등 일부 분
야에서의 대내 직접투자(FDI)와 관련하여 상호주의를 적용하는 경우에도
무차별대우원칙에 대한 예외이다.

다. 자유화 규약상의 유보제도

　OECD는 각국의 경제상황, 안보, 공공질서 유지 등을 이유로 한 유보와
적용유보의 자유를 원칙적으로 인정한다. 그러나 유보할 내용에 대하여 구

1325) Art. 9. Non-discrimination

체적인 요건은 규정하고 있지 않으므로 회원국이 스스로 판단하여 필요한 조치를 취할 수 있다.[1326]

제3조는 회원국 안전보장에 관련된 필수적 안보이익 등을 보호하기 위하여 예외를 인정한다. 그 뿐만 아니라 제7조는 적용면제(Derogation)에 대하여 규정하고 있다. 회원국의 경제, 재정, 금융 상황에 비추어 정당하다고 인정되는 경우, 자유화 조치 전부를 이행할 필요는 없다. 이행중인 자유화 조치로 인해 경제 재정 금융상의 심각한 혼란을 초래할 경우, 자유화 조치 철회 가능하다. 또한 국제수지가 위험하다고 인정되는 정도로 악화되는 경우, 자유화 조치의 적용을 일시적으로 정지하는 것이 가능하다.

라. 공공질서 및 안전을 위한 규제조항

제3조는 회원국의 의무사항에 대한 공공질서와 안보에 의한 예외를 규정하고 있는데,[1327] 회원국은 (i) 공공질서의 유지, 공중보건, 도덕 및 안전의 보호, (ii) 당해국 안전보장을 위해 필수적인 이익 보호, (iii) 세계평

1326) 그러나 적용유보의 경우 OECD 특유의 성격에 따라 여타 회원국이 사후적으로 이를 인정 또는 승인하는 절차상의 규정을 준수해야 한다. 그리고 유보사항의 승인에는 모든 회원국이 인정할 만한 객관적인 사유가 있어야 한다. 회원국의 승인을 얻은 후에도 일정기간(6개월, 18개월 등) 마다 위원회와 협의를 통해 적용유보 조치의 타당성을 입증해야 한다. 규약에 대한 회원국의 유보를 인정하는 것은 예외보다는 원칙적인 자유화를 강조하는 것이라고 할 수 있다.

1327) Art. 3 Public order and security
The provisions of this Code shall not prevent a Member from taking action which it considers necessary for:
i) the maintenance of public order or the protection of public health, morals and safety;
ii) the protection of its essential security interests; or
iii) the fulfilment of its obligations relating to international peace and security.

화, 안전보장과 관련된 의무이행의 경우에는 자유화 규약의 적용을 배제할
수 있다.

여기서도 (ii) 항에 규정된 "당해국 안전보장을 위해 필수적인 이익 보호"
는 GATT 제21조에 규정된 것과 같은 것이므로 GATT 제21조의 해석에 따
르면 될 것으로 보인다. 또한 필수적 안보이익의 판단 주체도 해당 회원국으
로 해석된다. "it considers"에서 it은 회원국 ("a Member") 이기 때문이다.

마. 다자 조약상의 의무이행

자본이동자유화규약 제4조는 IMF 회원국이나 다른 다자간 조약에 의한
의무이행의 경우에는 적용되지 않는다고 하고 있다. 따라서 WTO/GATT
등의 회원국으로서 의무이행에 의한 경우에는 OCEC 자유화 조약이 적용
되지 않는다. 다만, GATT 제21조의 경우에는 OCED 자본이동자유화규약
제4조가 적용되는 의무이행이 아닌 예외사항이므로, 위에 언급한 OCED
자본이동자유화규약 제4조가 아닌 제3조가 적용된다고 하여야 할 것이다.

바. 대한민국의 유보

외국인은 원칙적으로 제한을 받지 않고 국내에서 외국인투자업무를 수행
할 수 있지만 외국인투자촉진법상 다음과 같은 경우에 투자가 제한된다.[1328)]

  ② 외국인은 다음 각 호의 경우 외에는 이 법에 따른 외국인투자를 제
     한받지 아니한다.
     1. 국가의 안정과 공공질서의 유지에 지장을 주는 경우
     2. 국민의 보건위생 또는 환경보전에 해를 끼치거나 미풍양속에 현

1328) 외국인투자촉진법 제4조 제2항.

저히 어긋나는 경우

　3. 대한민국의 법령을 위반하는 경우

　외국인투자촉진법과 별개로 우리나라는 OECD 가입시 투자제한의 유보를 하였으므로 일정한 경우, 외국인의 투자는 제한이 된다. 외국인투자가 제한되는 업종과 그 내용에 관해 「경제협력개발기구에 관한 협약」 중 '대한민국에 대한 경제협력개발기구에 관한 협약가입 초청협정 부속서 1(자본이동자유화규약에 대한 유보)'의 직접투자 부문에서 비거주자에 의한 국내 직접투자의 유보내용과 양자간 또는 다자간 투자에 관한 협약의 부속서에 규정하는 유보내용의 범위를 고려하여 산업통상자원부장관이 주무부장관과 협의해서 고시하는데,[1329] 그 고시내용은 외국인투자 및 기술도입에 관한 규정의 별표에 나열되어 있다.

　위 유보에 의한 투자제한은 국가안전보장을 이유로 한 투자제한과 별개이다. 결국 우리나라의 경우에는 OCED 자본이동자유화 규약의 준수여부가 문제될 소지는 거의 없다고 할 수 있다.

5. TRIPs 협정과 기술의 해외수출 및 통제

가. 서론

　기술이전과 관련하여 TRIPs 협정은 원칙조항에서 국제 기술이전에 부정적 영향을 미치는 관행들에 의존하는 것을 방지하기 위한 적절한 조치를 취할 필요가 있다는 선언적 규정을 두고 있다.[1330] 이는 기술이전의 자유

1329) 외국인투자촉진법 시행령 제5조 1항 1호.
1330) TRIPs 협정 제8조 제2항.

와 기술이전 제한에 대하여 적절한 조치를 취할 필요가 있다는 원칙적인 선언규정이다. 이는 권리자의 권리남용이나 원활한 기술이전을 제한하는 관행을 억제하기 위한 적절한 조치(appropriate measures)를 취할 수 있다는 것으로 TRIPs 협정 제2부 제8절(라이선스 계약에 있어서 반경쟁행위의 통제)과 관련이 있다.1331)

위 제8조 제2항은 제8조 제1항과 마찬가지로 개도국들의 주장에 의해 반영되었다. TRIPs 회원국은 "적절한 조치(appropriate measures)"를 취할 수 있다. 회원국은 적절한 조치로서 구체적인 조치를 취할 수 있는데 부당한 라이선스 계약 취소나 강제실시권1332) 등이 이에 해당한다고 할 수 있다. 제8조 제1항과 동일한 전제조건은 동조 제2항에도 적용된다.

위 조항의 제정 경과를 보면, 1990년 11월의 제7차 의장보고서에는 "본 협정상의 의무를 저해하지 않는 범위 내에서(provided that PARTIES do not derogate from the obligation arising under this Agreement)" 라고 되어 있었다. 그러나 선진국들은 더욱 강한 요건을 요구하였다. 최종적으로 1991년 11월의 소그룹 협의(Small Group Consultation)에서 "이 협정의 규정과 일치하는 범위 내에서(provided that such measures are consistent with the provisions of this Agreement)"라고 하여 현재의 조항으로 결정되었다. 두

1331) 이하 특허청, 우루과이라운드(Uruguay Round)와 TRIPs 협정의 성립, 2007, 54면 이하에서 발췌. 제8조는 제7조와 함께 선언적인 성격을 갖는 규정으로 전문(preamble) 및 푼타 델 에스테(Punta del Este) 각료선언문을 구체화한 조항이다. 이러한 내용은 원래 개도국 측에서 제시한 협정초안에 있던 내용으로 선진국의 강력한 반대에 부딪혔던 사항들이다. 특히 제8조는 비록 선언적인 내용이기는 하나, 제2부 및 제3부에 열거적으로 규정되어 있는 권리의 예외 규정 확대를 초래하는 근거규정이 될 수 있다는 우려 때문에 반대가 많았다. 선진국들은 제8조 제1항과 제2항에 같은 형태로 반영되어 있는 전제부('provided that' 이하)를 규정하여 위와 같은 우려를 회피하고자 강력하게 희망하였다. 선진국으로서도 제8조의 목적에 대해서는 반대할 이유가 적어 전제조건을 강화하여 그 적용범위를 제한하고자 했다.

1332) TRIPs 협정 제31조 참조.

내용은 가능한 모든 조치(measures)가 TRIPs 협정의 범위를 벗어나서는 안된다는 것을 구체화 하였다고 인정된다. TRIPs 협정 제30조, 제31조, 제40조 등에도 비슷한 조항들이 있다.

TRIPs 협정 제66조 제2항은 "선진국 회원국은 최빈개도국 회원국이 건전하고 자생력 있는 기술적 기초를 조성할 수 있도록 하기 위해 자기나라 영토내의 기업과 기관에게 최빈개도국 회원국으로의 기술이전을 촉진시키고 장려하기 위한 유인을 제공한다." 라고 규정하고 있다. 본 항은 선언적 조항으로 선진국 회원국은 최빈개도국의 자생적 발전의 기초마련을 위해 기술이전 등 여러 가지 지원을 해야 한다고 규정하고 있다.[1333]

제67조는 "이 협정의 이행을 용이하게 하기 위하여 선진국회원국은 요청시 및 상호 합의된 조건에 따라 개발도상국회원국과 최빈개도국 회원국을 위하여 기술 및 재정상의 협력을 제공한다. 이러한 협력은 지식재산권의 남용방지뿐만 아니라 지식재산권의 보호와 시행에 관한 법과 규정의 준비에 있어서의 지원을 포함하며, 인력의 훈련을 포함하여 동 사안과 관련된 국내기구 및 기관의 설립 또는 강화에 관한 지원을 포함한다." 라고 규정하고 있다. 본 조는 선진국의 개도국과 최빈개도국에 대한 기술협력 의무를 규정하고 있다.

나. TRIPs 협정상 국가안보 예외

TRIPs 협정에도 국가안보 관련 예외규정이 존재한다. TRIPs 협정이 WTO 설립협정의 부속서로 채택되어 GATT와는 관계없는 별개의 협정으

1333) 2003년 2월 TRIPs 이사회는 TRIPs 협정 제66조 제2항의 이행에 관한 결정문을 채택하여 선진국의 의무 이행을 재차 강조하였다. 본 결정문은 선진국이 본 항에 따라 조치하였거나 조치 예정인 사항들을 매년 TRIPs 이사회에 보고하고, 이를 TRIPs 이사회에서 검토하는 것을 주 내용으로 하고 있다. (특허청, 우루과이라운드 (Uruguay Round)와 TRIPs 협정의 성립, 2007, 344면).

로 성립되었으므로 GATT의 안전보장 관련 예외 규정인 제21조와 같은 규정이 TRIPs 협정에도 필요하게 되었다.

Article 73 Security Exceptions[1334]

Nothing in this Agreement shall be construed:

(a) to require any Member to furnish any information the disclosure of which it considers contrary to its essential security interests; or

(b) to prevent a Member from taking any action which it considers necessary for the protection of its essential security interests;

(i) relating to fissionable materials or the materials from which they are derived;

(ii) relating to the traffic in arms, ammunition and implements of war and to such traffic in other goods and materials as is carried on directly or indirectly for the purpose of supplying a military establishment;

(iii) taken in time of war or other emergency in international

---

1334) 제73조 국가안보 관련 예외조치

이 협정의 어느 조항도 다음사항을 요구하는 것으로 해석되지 아니한다.

(a) 공개 시 자기나라의 필수적 국가안보이익에 반한다고 회원국이 판단하는 정보의 제공

(b) 아래와 관련, 회원국의 필수적인 국가안보이익의 보호를 위해 필요하다고 간주되는 조치의 금지

(i) 핵분열 물질 혹은 이에서 추출되는 물질

(ii) 무기, 탄약, 전쟁장비의 거래와 군사시설에 대한 보급목적을 위하여 직접적 또는 간접적으로 수행되는 상품 및 재료의 거래관련조치

(iii) 전시 또는 국제관계에 있어서의 기타 비상사태에 취해진 조치

(c) 국제평화 및 안보의 유지를 위한 국제연합헌장하의 의무이행을 위한 회원국의 조치금지

relations; or

(c) to prevent a Member from taking any action in pursuance of
its obligations under the United Nations Charter for the
maintenance of international peace and security.

각 회원국은 자국의 필수적 국가안보이익을 위해 특별 조치를 취할 수
있다. 이러한 조치는 명시적으로 허용되는 것으로서 TRIPs 협정의 위반으
로 인정되지 않는다. 이러한 필수적 국가안보이익을 위해 인정될 수 있는
조치들로는 (a) 자국의 안전보장에 있어 중대한 이익에 반한다고 인정되는
정보의 제공 거부; (b) (i) 자국의 안전보장을 위해 핵분열성 물질 및 동
생산원료가 되는 물질에 대한 조치; (b) (ii) 무기, 탄약, 군수품 거래에 관
한 조치, (b) (iii) 전시 또는 국제관계에 있어서의 기타 비상사태에 취해진
조치 ; (c)호 국제연합헌장(UN)의 의무이행을 위한 조치(c)를 들고 있다.

TRIPs 협정의 위 조항이 중요한 이유는 필수적 국가안보이익을 판단할
수 있는 주체를 당해 국가로 명시하였다는 데 그 의의가 있다고 보인다. 이
는 1994년 GATT 제21조와 한미 FTA나 기타 같은 조항이 있는 국제조약
들과 같다. 즉 현대적인 경향은, 필수적 국가안보이익의 판단 주체를 당해
국가로 규정하고 있어, 앞으로 필수적 국가안보의 주체는 해당 조치를 취
하는 국가로 하는 것이 명백하다고 할 수 있다.

제2절 미국의 ITC에서의 영업비밀 침해와 관할[1335]

1. ITC의 지위

지적재산권의 국제무역 관련하여 일반적인 국제제도는 아니지만 지금까지 성공적으로 그 제도를 수행하는 기관으로 미국 국제무역위원회(U.S. International Trade Commission, 이하 "ITC")를 들 수 있다.[1336] ITC는 1916년 9월 8일 미국관세위원회(the U.S. Tariff Commission)로 창립되었고, 1974년 관세법(the Trade Act of 1974)에 의해 현재의 명칭을 갖게 된 행정부 소속의 준사법적 행정기관, 즉 행정위원회이다.

현행 미국 관세법이 제정되기 이전 1922년 관세법 제316조는 불공정한 경쟁이나 행위로 외국의 물품을 수입하는 것(unfair methods of competition and unfair acts in the importation of articles into the United States)을 불법으로 규정하였다.[1337] 1930년 관세법 제337조는 현재의 ITC로 하여금 지적재산권 침해물품의 수입이 불공정무역관행을 구성하는 경우, 그 침해물품의 미국내 수입에 대한 배제명령(exclusion order)을 행사할 수 있는 권한을 부여했다.[1338] ITC는 그 권한을 행사함에 있어 광범위한 재량권을 갖는

1335) 제2절은, 2021년 산업재산권에 게재된 본인의 "USITC의 지적재산권 침해 불공정 무역행위 사례 연구"를 수정한 것임.

1336) 이에 대응하는 우리나라의 정부기관으로는 무역위원회(Korea Trade Committee, 이하 "KTC")를 들 수 있다. 그 이외 이러한 기관을 설치한 나라는 없는 것으로 파악된다. 일본은 2000년대 초반에 KTC와 ITC를 벤치마킹을 하기 위해 조사연구를 하였다. 財團法人 知的財産研究所, 知的財産侵害物品に對する水際制度の在り方に關する調査研究報告書, (第1部, 第2部) (平城 18年 3月) 참조.

1337) the Tariff Act of 1922, ch. 356, § 316 (a), Pub.L. No. 67-318, 42 Stat. 858 (1922), 943.

다.1339) ITC의 최종판정에 대해서 정부가 60일 이내에 불승인을 하지 않으면 행정명령으로 확정된다.1340) 보통 미국 정부는 ITC 결정에 대해 승인을 하지만, 2013년 미국의 애플사와 우리나라의 삼성전자가 3G 통신기술에 대하여 다툰 사건에서 이례적으로 오바마 행정부가 ITC 결정의 집행을 거부하여 자국 회사인 애플사를 보호했다.1341)

미국은 1974년 관세법 제337조를 획기적으로 개정하여 사건처리 기간을 12개월 및 복잡한 사건은 18개월 이내로 종결하도록 했으나 1975년 5건 처리하였다. 산업구조의 변화에 따라 1988년 특허, 상표 등 연방법이 적용되고 등록을 하는 지적재산권에는 제337조의 적용요건 중에서 산업피해요건을 삭제했다. 1990년대에 ITC는 연간 평균 12건을 처리하였고, 2000년대에

1338) Suprema, Inc., v. ITC., 796 F.3d 1338, 1345 (2015).

1339) Spansion v. ITC, 629 F.3d 1331 (Fed. Cir. 2010) (19 U.S.C. § 1337(d)(1)를 인용, "If the Commission determines, as a result of an investigation under this section, that there is a violation of this section, it shall direct that the articles concerned, imported by any person violating the provision of this section, be excluded from entry into the United States, unless, after considering the effect of such exclusion upon the public health and welfare, competitive conditions in the United States economy, the production of like or directly competitive articles in the United States, and United States consumers, it finds that such articles should not be excluded from entry."); Viscofan, S.A. v. U.S. ITC, 787 F.2d 544, 548 (Fed. Cir. 1986).

1340) 2005년 대통령의 재심권한은 USTR(무역대표부)에게 위임이 되었다. 70 Fed. Reg. 43,251 (Jul. 21, 2005). USTR이 60일 이내에 ITC의 결정을 번복하지 않으면 ITC의 결정이 최종 결정이 된다. ITC 위원에 대한 로비는 금지되지만, 대통령 재심기간동안 USTR에 대한 로비를 금지하는 규정은 없다. 이 기간동안 당사자 뿐만 아니라 당사자가 아닌 경우에도 여러 가지 수단을 동원하여 USTR에 로비를 한다.

1341) Certain Electronic Devices, Including Wireless Communication Devices, Portable Music and Data Processing Devices, and Tablet Computers, Inv. No. 337-TA-794, Re: Disapproval of U.S. International Trade Commission's Determination (USITC Aug. 3, 2013). 본 사건 이전까지 대통령의 거부권은 5차례 행사되었다. 이러한 점은 사법절차와 다른데, ITC와 같은 행정위원회가 정치적 기관이라고 평가 받는 이유이고, ITC 결정은 법원의 판결과 달리, 정치적으로 결정되는 것으로 볼 수 있다.

는 연간평균 34건을 처리하였는데, 이는 구제요건을 낮추어 구제를 강화한 조치에 따른 것으로 분석되고 있다.

그 뿐만 아니라 산업구조의 개편으로 인하여 1975년과 1984년 사이에 약 60%가 유럽, 캐나다 및 일본 상품으로 기구(tools)나 소비재가 ITC 제소 대상물품의 주류 형성하지만, 그 이후에는 전자산업의 발전으로 한국, 대만, 홍콩, 싱가포르와 관련된 사건이 많은 부분을 차지했다. 2000년대에는 또 다른 특징이 있는데, 2007년부터 NPE(Non Practicing Etities)에 의한 제소가 증가하기 시작했다는 것이다. 2000년대 이후 NPE에 의한 특허침해제소는 ITC 뿐만 아니라 일반 법원에서도 증가했다. NPE에 의한 제소된 사건의 최근 통계를 보면 2020년에는 48건, 2019년에는 47건, 2018년에는 50건, 2017년에는 59건, 2016년에는 54건의 관세법 제337조 사건의 조사가 개시되었다.[1342]

ITC의 지적재산권 침해 구제에 있어 NPE의 역할은 2000년대 이후 특허괴물(patent troll)의 등장과 함께 최근 ITC 제소사건에서 특허사건의 증가로 이어진 것으로 판단된다. 특허침해사건은 최근 제소된 사건의 거의 90%에 도달하는 것으로 확인된다. 2018년의 경우 130건 중에서 119건, 2019년의 경우 127건 중에서 110건, 2020년의 경우 120건 중에서 103건이 특허침해사건으로 분류되었다. 2021년의 경우, 12월 중순까지 확인된 사건 중에서 특허침해사건은 총 135건 중 116건이다. 2021년의 경우, 상대적으로 영업비밀 사건이 증가한 것이 주목된다. 영업비밀사건은 최근에 증가추세이다. 보통 년당 1건이나 2건이 제소되었고 3번이 제소된 경우가 몇 해가 있었으나, 2019년에는 4건, 2020년에는 5건, 2021년에는 9건이 제소되어 조사 중인 것으로 확인되었다. 위 사건의 수에는 특허, 영업비밀, 저작권이나 상표 등이 복합되어 제소된 사건은 포함되지 않았다.[1343] 영업비밀침해사건의

1342) https://www.usitc.gov/intellectual_property/337_statistics_number_section_337_investigations.htm.

증가는 트럼프 행정부의 America First 정책으로 인하여 중국과의 기술전쟁과 보호무역의 확대 그리고 ITC의 관할확대정책으로 인한 결과 보인다.

2. ITC의 관할권

가. 지역관할 및 인적관할

ITC는 지적재산권 침해에 관련된 판정을 하지만, 그 집행은 미국 세관에서 한다.[1344] ITC의 판정에 대해서는 연방항소법원("CAFC", U.S. Court of Appeals for the Federal Circuit)에 불복소송을 제기할 수 있다.[1345] ITC는 관세법 제337조에 의하여 지적재산권 등의 침해물품의 수입(import)에 대한 배제명령 등을 할 수 있는 관할권을 행사할 수 있다. 물품의 수입(import)은 관세선을 통과하는 때에 이뤄지는데, 관세선과 국경선은 다른 개념이다. 소위 보세구역(관세보류지역)은 국경선 내이지만 관세선 밖이다. 미국은 제337조가 적용되는 지역, 즉 ITC가 물품의 수입이 지적재산권 등의 침해를 일으키는지를 판단하는 관할지역을 미국의 50개 주와 컬럼비아 지구(the District of Columbia) 및 푸에로토리코로 한정하고 있다.[1346]

미국에서 제조하여 외국에 수출하였다가 다시 재수입하는 물품은 수입하는 물품으로서 배제명령(exclusion order)의 대상이 된다. 그 수입의 주체

1343) 제소된 사건의 통계는 다음 사이트에서 확인할 수 있다.
 https://www.usitc.gov/intellectual_property/337_statistics_types_unfair_acts_alleged_active.htm.
1344) 이 점은 우리나라 무역위원회(KTC)와 세관과의 관계와는 다른 점이다. 우리나라에서는 세관이 집행을 하지 않고, KTC가 자신들의 행정처분으로서 집행을 하게 된다.
1345) KTC의 판정은 행정처분에 해당하기 때문에 KTC의 판정에 대해서는 일반적인 행정처분에 대한 불복절차에 따라 행정사건 관할 법원에 제소를 할 수 있다.
1346) 19 CFR §101.1.

가 미국인이건 미국의 기업이건 문제가 되지 않는다.[1347] Certain Sputtered Carbon Coated Computer Disk 사건에서 ITC의 행정법 판사("ALJ")는 수출물품의 재수입을 관세법 제337조의 대상이 되는 물품의 수입이 되지 않는다고 판단하였지만, ITC는 이를 취소하고 관세법 제337조가 적용되는 물품의 수입으로 인정했다.[1348]

나. 물적 관할

(1) 등록 지적재산권

ITC는 연방정부에 등록한 지적재산권에 대하여 관할권을 행사한다. 특허와 등록한 저작권[1349], 등록한 상표권[1350], 연방저작권법에 의해 등록한 반도체 마스크워크[1351], 연방저작권법에 보호받는 디자인[1352](선복과 선박 갑판 등을 포함한다)이다.[1353] 디자인의 경우에는 공중에 공개된 이후 2년 이내에 등록을 하여야 저작권법상 디자인으로 보호받는다.[1354]

그와 같은 등록된 권리에 대한 산업이 존재하거나 산업이 확립되는 과정에 있어야 한다. 다만, 비등록지적재산권과 같이 산업이 피해 받아야 한다는 요건은 필요하지 않다.[1355]

1347) Plastic Encapsulated Integrated Circuits, Inv. No. 337-TA-315 (1992).
1348) Certain Sputtered Carbon Coated Computer Disk, Inv. No. 337-TA-350 (1993).
1349) 19 USC § 1337 (a)(1)B.
1350) 19 USC § 1337 (a)(1)C.
1351) 17 USC § 9.
1352) 17 USC § 13.
1353) 19 USC § 1337 (a)(2).
1354) 17 USC § 1310 (b).
1355) 19 USC § 1337 (a)(2).

(2) 비등록 지적재산권 등

(가) 대상

실제로 제소된 사건은 많지 않지만, ITC는 영업비밀, 부정경쟁행위, 커먼로상의 상표[1356] 등 비등록상표와 같이 등록되지 않은 권리침해에 대하여 관할권을 행사한다. 그 뿐만 아니라 이러한 권리는 미국 세관에서도 등록대상으로 인정하지 않는다. 이러한 비등록 지적재산권이라고 불리는 권리에 대해서는 배제명령 등의 구제수단이 인정되기 위해서 등록하는 지적재산권과 달리 관련 산업의 존재 뿐만 아니라 산업피해가 발생할 것을 요구한다.

위에서 언급한 등록지적재산권을 제외한 상품의 미국내로의 수입 또는 그와 같은 상품의 판매에 있어서 소유자, 수입자 또는 수하인, 및 그 들에 대한 수하인/대리인[1357]에 의한 불공정한 방법에 의한 경쟁 또는 불공정한 행위가 있고, 그와 같은 행위가 산업에 피해를 입혀야 한다. 구체적으로 산업피해는 (ⅰ) 미국의 산업에 대한 파괴나 실질적인 손상을 일으키거나(to destroy or substantially injure an industry in the United States), (ⅱ) 그러한 산업의 확립을 방해하거나(to prevent the establishment of such an industry) 또는 (ⅲ) 미국내에서 상거래의 제한이나 독점화를 일으키는 경우(to restrain or monopolize trade and commerce in the United States)를 말한다.[1358]

원산지표시 위반 등 상품 정보를 허위로 표시하는 허위광고(misrepresentation/ false representation)의 경우에도 제337조의 관할대상이 된다.[1359] 병행수입

1356) Certain Automotive Measuring Devices and Products Containing Same, Inv. No 337-TA-494(2003); Certain Bearings and Packaging Thereof, Inv. No. 337-TA-469 (2004);Certain Aerospace Rivets and Products Containing Same, Inv. No. 337-TA-447 (Dec. 2000).

1357) 19 USC § 1337 (a)(4).

1358) 19 USC § 1337 (a)(3).

품임을 표시하지 않은 물품에 대해서도 제337조가 적용되었다. SKF USA, Inc. v. ITC 사건[1360])에서 ALJ는 병행수입된 물품이 상표를 침해하는지 여부에 대하여 실질적 차이(material difference) 테스트를 적용하여 적법한 상품과 병행수입상품사이에 물리적인 차이(physical difference)가 없다고 하였으나, ALJ는 실질적 차이를 인정함에 있어서 물리적인 차이를 요구하는 것은 아니라고 하였다. 본 사건은 SKF USA가 SKF Manufacturing이 생산한 베이링을 미국내로 수입판매하였는데, 미국 내 공식, 비공식 딜러들이 진정상품의 병행수입품을 미국내에서 판매하자 ITC에 14명의 피신청인을 상대로 관세법 제337조 위반을 이유로 수입금지를 명하는 배제명령을 신청했다. 피신청인들이 미국 상표법[1361])과 커먼로 상표법 및 연방상표법상 불공정경쟁,[1362]) 희석화,[1363]) 허위광고[1364]) 등을 하였다고 주장했다.

ALJ는 애프터 서비스에 있어서 미국판매제품과 병행수입제품이 차이가 실질적인 차이로서 물리적 차이와 구별하는 Gamut test[1365])를 만족한다고 하였다. 물론 Gamut test는 실질적 차이를 판단함에 있어 물리적이건 비물리적 차이를 구별하지 않는다. ALJ는 혼동가능성이 존재하고, 14명의 피신청인중에서 4명의 피신청인에 대하여 미국등록상표권과 커먼로상의 상표권침해와 출처의 허위표시(false representations of source)를 인정하고 관세법 제337조 위반을 인정하였다. 그러나 허위광고(falsly advertising)와 상표

1359) Certain Plastic Food Storage Containers, Inv. No. 337-TA-152 (1984); Certain Caulking Guns, Inv. No. 337-TA-139 (1984).

1360) SKF USA, Inc. v. ITC, 423 F.3d 1307 (Fed. Cir. 2005).

1361) 15 USC § 1114(1)(a).

1362) 15 USC § 1125(a)(1)(A).

1363) 15 USC § 1125(c).

1364) 15 USC § 1125(a)(1)(B).

1365) Gamut Trading Co. v. ITC, 200 F.3d 775 (Fed. Cir. 1999). (구보타 트랙터를 병행수입하였는데, 병행수입품에 상표태그, 영어경고문구와 영어설명서가 없는 것이 미국내 생산품과 수입품의 실질적인 차이라고 판단함).

희석화(trademark dilution)는 인정하지 않았다.

4명의 신청인은 ITC에 전면 재조사를 요청했다. ITC는 정보가 추가적으로 필요하다는 이유로 ALJ에게 재조사할 것을 요청했다. ALJ의 재조사 후에 ITC는 전체위원회에 송부했다. ITC는 ALJ의 예비판정을 취소하였다. ITC는 ALJ의 실질적 차이(material difference)가 있는지 의하여 판단하여야 한다는 점에 대해서는 동의했다. 그러나 ITC는 물리적인 차이를 실질적인 차이라고 할 수 없고, Gamut 사건에서 법원 판단도 이와 같다고 판시했다. ITC는 병행수입품 모두 또는 거의 모두(substantially all)가 실질적 차이가 있어야 한다고 했다. ITC는 애프터 서비스가 가능한 것은 상품에 합체된 것이 아니므로 실질적 차이의 판단요소가 아니라고 했다. 결론적으로 ITC는 상표침해를 인정하지 않았다. 그리하여 신청인이 CAFC에 ITC 결정을 취소하여달라고 소송을 제기했다.

본 사건에서의 쟁점은 실질적 차이를 판단함에 있어, 상품의 물리적 차이만을 판단할 것인지 아니면 상품에 부가되는 애프터 서비스 등 서비스 등도 포함할 것인지 였다. CAFC는 실질적 차이는 물리적 차이를 의미하지 않는다고 한 신청인과 ITC에 동의했다.[1366] 법원은 실질적 차이를 판단하는 기준은 높은 것은 아니라고 하면서, 그 이유는 상표권자의 goodwill에 대한 투자를 침해하거나 상품에 부가되는 서비스에 대하여 수요자를 잠재적으로 혼동시킬 수 있기 때문이라고 하였다. 법원은 물리적 차이나 비물리적 차이를 구별하지 않는다고 하면서, Gamut 사건 법원이 트랙터의 라벨링, 부품 및 상품구성의 차이를 물리적인 차이(physical differences)라고 하지 않고, 실질적인 차이(material differences)라고 그 용어를 사용한 것을 강조하고, 실질적 차이를 병행수입품의 상표권 침해여부를 판단하는 요소로 보았다. 실질적인 차이에 의해 상표권 침해를 판단하는 이유는 실질적 차

1366) SKF USA, Inc. v. ITC, 423 F.3d 1307 (Fed. Cir. 2005).

이가 수요자의 이익을 해하고, 상표권자의 goodwill에 대한 침해이기 때문이라고 하였다. 즉 수요자의 이익과 상표권자의 goodwill 침해가 없다면 상표권 침해라고 하지 않는다. 그러한 이유로 CAFC는 애프터 서비스도 실질적 차이를 결정하는 요소로 본 ITC의 결정을 지지하면서 관세법 위반을 인정하지 않았다.

독점금지법 위반(antitrust violation)에 의하여 생성된 물품을 수입하거나[1367] 안전기준 등을 위반한 물품의 수입에 대하여 ITC 관할권을 행사하는 것도 가능하다고 한다.[1368] 상표의 희석화에 의한 침해물품도 ITC는 관할권을 행사한다.[1369]

(나) 영업비밀침해와 역외적용의 문제
① 관할권

영업비밀침해물품도 ITC의 관할 대상인데, ITC의 구제요건으로서 산업피해가 존재하여야 한다. 2011년 TianRui Group Ltd. v. ITC 사건[1370]에서 CAFC는 ⅰ) 영업비밀이 침해된 경우 주별로 다양한 주의 커먼로(state common law)를 적용하는 것이 아니라 통일된 연방 커먼로(federal common

---

1367) ITC 공식홈페이지에서는 antitrust 위반과 관련된 물품의 수입도 주장가능하다고 한다. https://www.usitc.gov/intellectual_property/about_section_337.htm. (2022. 7. 20).
1368) Gary M. Hnath, Section 337 Investigations at the U.S. International Trade Commission: A Powerful Weapon Toy Companies Can Use to Block Unfair Imports, https://www.mayerbrown.com/files/Publication/c137549e-77b4-4d33-aa67-fef855ce681b/Presentation/PublicationAttachment/6bd77750-b94c-4ef3-927e-d43429a58637/Hnath_Toy-Book_June10.pdf; Kathryn L. Clune, TRADE SECRET PROCEEDINGS AT THE ITC: RECENT DEVELOPMENTS POST-TIANRUI, https://www.crowell.com/files/Trade-Secret-Proceedings-at-the-ITC-Recent-Developments-Post-TianRui.pdf
1369) Agricultural Vehicles, Inv. No. 337-TA-487(2004); Bearings, Inv. No. 337-TA-469(2004); Certain Cigarettes and Packaging Therefor, Inv. No. 337-TA-424(2000).
1370) TianRui Group Ltd. v. ITC, 661 F.3d 1322 (Fed. Cir. 2011).

law)[1371]를 적용하여야 한다고 하였고[1372], ii) 영업비밀의 침해행위가 미국외에서 발생하더라도, 영업비밀의 침해로 인하여 생산한 물품이 미국으로 수입되는 것에 대하여 관할권을 행사할 수 있고, iii) 해당 물품의 수입이 미국의 국내산업을 파괴하는 것을 입증하는데 있어서, 신청인이 해당 영업비밀을 미국에서 실시할 것을 요구하지 않는다고 판시했다.

TianRui 사가 Amsted 사로부터 기술을 라이센스 받고자 했는데, 협상에 실패했다. 이에 9명의 영업비밀유지 의무를 부담하는 Amsted 사의 중국라이센시의 전직 직원을 중국에서 고용해서 기차 휠(cast steel railway wheel)을 제조하였고, 그 휠이 미국으로 수입되었다. 피신청인은 영업비밀을 부정취득하여 미국으로 수입하였다는 이유로 ITC에 관세법 제337조 위반으로 제소되었다. 다만 Amsted 사가 ITC에 제소할 때, Amsted 사는 미국에서 제조하여 판매하지는 않고, 중국의 회사에 라이센스를 하여 주고 있었다.

피신청인(TianRui)는 영업비밀의 공개는 중국에서 발생하였으므로 제337조의 관할권이 없다고 주장하였다. 신청인(Amsted)은 영업비밀을 침해하여 생산된 물품(wheel)이 미국으로 수입되었으므로 영업비밀의 부정취득은 미국에서 발생한 것이므로 제337조의 역외적용 문제는 발생하지 않는다고 주장했다. 본 사건은 영업비밀의 보유자가 미국회사이고 미국회사의 영업비밀이 중국에서 침해되었고, 그 영업비밀을 침해하여 생산된 물품이 미국으로 수입된 점은 우리나라 회사 사이에서 문제가 된 LG화학과 SK 이노베이션 사이의 리튬배터리 영업비밀 분쟁사건이나 메디톡스사와 대웅제약사이에 문제된 사건과 비교대상이 된다.

이와 같은 피신청인의 주장에 대하여 ALJ는 제337조는 침해물품의 수입

1371) 연방커먼로(federal common law)에 대하여는 본서 "제3장 제1절 3. 다. (3) (라) ① Erie 원칙" 참조.
1372) ALJ는 일리노이 주법에 의한 영업비밀의 부정취득을 인정하면서, 일리노이 주법은 ITC가 그동안 적용했던 영업비밀보호법과 실질적으로 다르지 않다고 판단했다.

행위를 문제삼는 것이지, 행위가 어느 곳에서 발생하였는지를 문제삼는 것은 아니라고 하였다. 그 뿐만 아니라 ITC도 피신청인의 미국내로의 수입행위에 대하여 제337조의 관할권을 행사한 것이지 중국에서의 생산행위에 대하여 관할권을 행사한 것이 아니라고 하였고, 제337조는 영업비밀의 부정취득행위에 의하여 생산된 물품의 미국내로의 수입에 대하여 적용한 것이지, 미국 외에서 영업비밀을 공개한 행위에 적용한 것은 아니라고 하였다.

CAFC는 영업비밀의 부정취득이 해외에서 발생하더라도 미국에 그 물품의 수입이 존재하기 때문에 ITC가 관할권을 갖는다고 했다. 즉 단순히 해외에서의 영업비밀 취득행위에 대하여 관할권을 행사하는 것이 아니라, 영업비밀을 침해하여 생산한 물품을 미국으로 수입하는 것에 대하여 관할권을 행사한다.1373) 이와 같이 해석하는 것이 의회가 제337조를 제정한 목적과 일치하는 것이라고 하였다.

이러한 입장은 우리나라 회사 사이에 문제된 소위 "배터리 전쟁"에서도 확인되었다. 주지하다시피 본 사건은 SK 이노베이션(이하 "SK")이 LG화학의 직원들을 채용하면서 LG 화학의 영업비밀을 부정취득사용하여다고 주장된 사건이다. 본 사건에서 영업비밀이 침해된 지역은 우리나라였으나, 그 영업비밀침해물품이 미국으로 수입된 사건이다. 본 사건은 ITC 조사과정에서 SK가 증거인멸 등 디스커버리절차를 방해하였다고 인정되어 더 유명해진 사건이다. 절차 방해로 인하여 'default judgement'가 있었지만, 실체 사안에서도 영업비밀의 침해가 인정되었다.1374)

SK가 영업비밀을 침해하여 생산된 배터리에 대하여 10년간 미국 수입이 금지되었지만 공공의 이익(public interest)을 고려하여 몇 가지 예외가 인정되었다. ITC는 SK로 하여금 포드 자동차회사의 F-150 모델을 위하여 문제

1373) TianRui Group Ltd. v. ITC, 661 F.3d 1322, 1329 (Fed. Cir. 2011).

1374) Certain Lithium Ion Batteries, Battery Cells, Battery Modules, Battery Packs, Components Thereof, and Processes Therefor, Inv. No. 337-TA-1159 (2021).

된 리튬이온배터리의 수입을 4년간 미국수출을 허용하였고, 폭스바겐 미국
법인을 위해 2년간 배터리 수입을 허용했다. 이는 SK가 아닌 타사의 배터
리로 변경할 수 있는 특혜기간(grace period)을 제시한 것이라고 할 수 있
다. 그리고 ITC는 SK에게 2021년 2월 10일 이전에 미국에서 판매된 SK배
터리를 탑재한 기아자동차의 수리 및 교체용 부품을 위해 수입할 수 있도
록 했다. 본 사건은 위 판정 이후에 두 회사의 협상으로 최종 타결되었다.

Certain DC-DC Controllers, Inv. 사건[1375]은 반도체집적회로설계(integrated
circuit designs)에 관한 영업비밀 침해가 문제되었다. 본 사건에서 쟁점은
대만에서 영업비밀 침해 및 생산된 물품의 미국으로 수입한 행위에 대하여
ITC가 관할권을 갖는지가 문제되었다. 본 사건의 사안은 미국연방지방법원
에서 영업비밀침해소송과 병행된 사건으로 지방법원에서는 14명의 대만인
을 상대로 한 소송에서 관할권이 없다는 이유와 문제된 영업비밀에 대하여
도 관할권이 없다는 이유로 각하(dismiss) 되었다.[1376]

2010년 5월 ITC는 조사하여 피신청인(uPI)이 신청인(Richtek)의 집적회
로디자인(integrated circuit designs)에 관련된 영업비밀을 알고 있는 전직
종업원으로 고용하면서 신청인의 영업비밀이 기록된 파일을 가져오도록
교사하고, 영업비밀의 공개를 유도하고 부정취득하였다고 주장한 사실에
대하여 불공정무역행위조사개시 결정을 하였다.

2010년 7월과 8월 사이에 당사자들이 합의하거나 ITC의 동의명령이 내
려졌다. 그러나 피신청인이 동의명령을 위반하였기 때문에 2011년 9월 6일
집행절차가 시작되었다. 피신청인(uPI)이 동의명령 후에도 해당 반도체집
적회로설계를 이용하여 지속적으로 영업비밀을 침해하여 생산한 물품을
판매하고 미국으로 수입되는 물품에도 해당 기술을 실시하도록 다른 사람
들을 부추겼기 때문이다.

1375) Certain DC-DC Controllers, Inv. No. 337-TA-698 (2017).
1376) Richtek v. uPI, 3:09-cv-05659-WHA (N.D. Cal. Jan. 3, 2011), D.I. 212.

2012년 6월 8일 ITC는 피신청인(uPI)이 동의명령을 위반한 것을 확인한 최종판정을 집행했다. 본 집행에서 외국에서 미국의 영업비밀을 침해하고 이를 실시하여 생산한 물품을 미국으로 수입하는 경우에 관세법 제337조를 적용할 수 있다고 판정했다. ALJ는 하루 1만달러씩 75일간의 위반일수를 계상하여 75만달러의 벌금(civil penalty)을 부과하고 uPI가 영업비밀을 침해하지 않는 방법으로 새로운 물품을 생산할 것을 확인하도록 하는 동의명령을 발하였다. 신청인과 피신청인은 최종판정의 집행에 대해 재심을 구하였고, 2013년 1월 4일 ITC는 동의명령위반사실을 확인하고, 위반 일수를 62일로 계상하여 벌금을 감액하였다.

2019년 ITC에서 우리나라의 메디톡스와 대웅제약간의 보톡스라는 상품명으로 제조판매되는 보톨리눔 톡신에 관한 영업비밀 침해 분쟁이 있었다. 이 사건은 국내 법원에서 뿐만 아니라 ITC에서도 진행되었다. ITC는 2019년 3월 6일 불공정무역행위 조사개시결정을 했다.[1377]

메디톡스는 대웅제약이 메디톡스의 연구원을 고문계약으로 채용하면서 메디톡스의 균주를 훔쳐내어 보톡스를 제조하고 있다고 주장하였고, 본 사건은 국내에서 생산되는 모든 보톡스의 균주의 진실성 문제로 번져나갔던 것으로 화재가 되었다. 대웅제약은 용인의 한 마구간에서 자연상태의 균주를 발견했고 이를 배양해 만든 것이라며, 메디톡스 주장을 반박하면서, 메디톡스의 균주 자체는 비밀이 아니므로 영업비밀이 성립할 수 없다고 주장했다.

이 사건에서 문제된 보톡스는 대웅제약이 자신들의 Jeuveau 상표(국내에는 나보타 라는 상표)를 부착하여 미국의 에볼루스(Evolus)라는 회사를 통하여 성형용으로 미국에 수출판매하고 있었으므로 메디톡스가 대웅제약 등(이하 대웅제약)을 ITC에 제소하여 ITC가 관할을 하게 되었는데, ITC의

1377) Certain Botulinum Toxin Products, Processes for Manufacturing or Relating to Same and Certain Products Containing Same, Inv. No. 337-TA-1145 (2021).

관할권이 존재하는지부터 문제가 되었다. 영업비밀의 보유자가 우리나라 회사이고 우리나라에서 영업비밀침해가 발생하였기 때문에 ITC가 관할권을 행사하는 것이 문제될 수 밖에 없었다. 또한 대웅제약은 미국에 대한 산업피해가 없기 때문에 관세법 제337조가 적용될 수 없다고 주장하였다.

메디톡스는 대웅제약의 '미용용 보톡스'에 대한 수입회사인 에볼루스와는 합의했는데, 시장이 더 큰 '치료용 보톡스'의 수입회사인 에이온 바이오 파마(AEON BIO Pharma)를 별개로 제소하여 다수의 쟁송으로 문제가 되었다. 그 과정에서 메디톡스는 우리나라 식품의약안전청으로부터 보톡스에 대한 품목허가를 취소당하기도 했다.

2020년 12월 16일 ITC는 대웅제약이 제조방법을 불법적으로 취득하여 영업비밀을 침해한 것은 인정하여 수입을 금지하는 배제명령과 판매를 금지하는 중지명령을 내렸으나, 균주자체에 대해서는 영업비밀을 부인하면서 21개월의 수입금지를 명하는 최종판정을 했다.[1378] 그러나 2021년 2월 12일 대웅제약은 이에 불복하여 CAFC에 항소하였다. 그와 같이 항소한 후에 메디톡스와 에볼루스 및 에이온 바이오 파마는 대웅제약이 생산한 보톡스를 미국 내에서 판매하는 권리에 대한 배타적 라이센스를 허용하는 합의를 했고, 이에 따라 메디톡스는 대웅제약과 ITC의 최종판정에 대한 항소를 취소하는 것에 반대하지 않는다는 청원을 제출하였고, CAFC는 판단이익이 없는 한도내에서 대웅제약의 항소를 취소했다.[1379] 이에 2021년 10월 28일 ITC가 자신들의 판정을 취소했다.[1380]

1378) Id.

1379) Medytox v. ITC, No. 21-1653, Order at 2 (Fed. Cir. July 26, 2021).

1380) Certain Botulinum Toxin Products, Processes for Manufacturing or Relating to Same and Certain Products Containing Same, Inv. No. 337-TA-1145 (2021) (remand).

② 국내산업의 피해(destroy or substantially injure)의 입증

영업비밀과 같은 비등록지적재산권의 침해사건은 국내산업의 피해가 있음을 입증해야 한다. 위 TianRui Group Ltd. 사건에서 피신청인은, 제337조가 적용되기 위해서는 국내에서 해당 영업비밀을 실시하여야 하는데, 신청인이 국내에서 영업비밀을 실시하지 않았으므로 피신청인이 자동차 휠을 수입판매하였다고 하더라도 제337조의 적용요건인 국내산업에 대한 피해가 발생하지 않았다고 주장했다.

신청인은 비실정법상의 지적재산권(non-statutory intellectual property-영업비밀, 트레이드 드레스 등)의 경우에 관세법 제337조가 적용될 기술적(technical) 요건으로서[1381] 지적재산권의 침해요건을 충족할 것이 요구되지 않는다고 했다. 기술적 요건은 특허로 보호되는 물품과 관련된(with respect to the articles protected by the patent) 산업일 것이 요구된다. 기술적 측면은 해당 특허로 보호되는 물품이 존재하면 된다. 해당 물품에 의하여 특허청구항(claim)이 실시되고, 타인의 실시에 의해 침해되기 때문이다. 이 건의 경우에는 주물철도궤도바퀴제조 산업에 해가 될 것이라는 점만 입증하면 된다. ITC도 영업비밀과 같은 비실정법상 지적재산권의 경우에는 시장의 실체를 검토하는 것으로서 해당 영업비밀에 관련된 국내산업의 확립에 대한 기술적 요건을 요구하는 것이 아니라고 하였다.

CAFC는 비실정법상의 지적재산권 침해(non-statutory intellectual property)에는 기술적 요건을 요구하지 않는다고 했다. 제337조는 특허, 저작권, 상표권 등 실정법상의 지적재산권에 대해서는 보호되는 물품과 관련된 산업이 존재하거나 확립중일 것을 요구하고, 만일 해당 물품 관련한 상당한 국내투자나 고용이 존재하는 경우에는 산업이 존재하는 것으로 간주한다.

반대로 제337조(a)(1)(A)의 일반적인 불공정경쟁은 국내산업이 존재하는

1381) 경제적 측면(economical prong)에서의 요건은 산업에 대한 투자 또는 산업피해이다.

것만으로는 부족하고, 국내산업을 파괴하거나 실질적으로 손상(destroy or substantially injure)시킬 것을 요구한다. 그럼에도 불구하고 법원이나 ITC는 해당 지적재산권과 관련한 국내산업이 존재할 것을 요구하는 명시적 규정은 존재하지 않는다고 판시했다.[1382] 이와 같은 판결은 관세법 제337조의 조문과 명백히 어긋나는 것으로 ITC와 미국법원이 자국의 법을 적용하기 위하여 관세법 제337조의 해석을 왜곡하고 있는 것으로 판단된다.

본 판결 이후에 ITC에 영업비밀침해사건에 대한 제소가 급증한 것으로 판단된다. 왜냐하면 외국에서의 영업비밀침해행위에 대하여 미국 법원은 관할권을 행사하기 어렵기 때문에 영업비밀 침해구제는 제한적이기 때문이다. 그러나 ITC는 외국에서의 영업비밀침해에 대하여 적극적으로 관할권을 행사하고, 그 영업비밀침해물품이 미국으로 수입되고 ITC의 배제명령에 의하여 그 수입을 배제하는 것은 매우 효과적인 구제 수단을 제공하고 있으므로, 영업비밀침해에 대한 ITC 구제는 매우 유용하기 때문이다.

다. 물품성(articles)과 관련된 문제

(1) 유형물과 무형물: 인터넷을 통한 소프트웨어의 다운로드와 물품의 수입

인터넷과 전자상거래의 발전은 상거래의 패러다임을 변화시켰다. 상품의 개념 뿐만 아니라 상품의 유통 방법이 이전과 다르게 변화되었다. 컴퓨터를 구동시키거나 작동되는 소프트웨어는 이제 인터넷에서 다운로드 받아 사용하는 것이 보편화 되었다. 그러한 물리적인 물품이 아닌 전자적으로 기록된 것도 제337조의 관할대상인지가 문제가 되었다. 물론 전자적인 기록물이라고 하더라도 유체물인 CD 등의 기록매체에 의한 수입은 물품의

1382) TianRui Group Ltd. v. ITC, 661 F.3d 1322, 1335 (Fed. Cir. 2011).

수입이므로 제337조의 관할 대상이다.[1383)

인터넷을 통하여 다운받아 사용하는 소프트웨어의 수입과 관련하여 ITC
는 위와 같은 수입의 형태는 세관에서는 수입으로 인정하지 않지만, ITC에
서는 수입으로 볼 수 있다고 인정하고 있었다.[1384) 그러나 CAFC는 ITC 견
해에 대하여 반대되는 판결을 하였다.[1385)

ITC에서 중심적인 역할을 하는 판정은 지적재산권 침해물품의 수입배제
명령(exclusion order)인데, 이는 지적재산권 침해물품의 미국내 수입을 배
제(exclusion), 즉 금지하는 것이다. 그러나 소프트웨어의 경우에는 배제명
령을 할 수가 없는 문제가 발생한다. 왜냐하면 전자적으로 인터넷을 통해
이동되는 경우에는 '물품'의 수입이 이루어지지 않기 때문이다. 그러나
ITC는 중지명령(Cease and Desist Order; CDO)을 통해 수입과 미국내 유통
판매 등을 통한 사용을 중지시킬 수 있다는 이유로 전기통신회선을 통한
소프트웨어의 다운로드에 대하여 관할권을 행사했다.

간접침해에 대하여 규정하고 있는 미국 특허법 제271조(g)의 경우에도
수입에 의한 특허침해에 관하여 규정하고 있는데[1386), 이 조항은 관세법
제337조와 유사하게 규정되어 있다. 미국 특허법 제271조(g)의 방법특허
(process patent)에 의해 생산된 '물품(a product)'을 권한없이 수입하는 것을
침해로 인정하고 있다. 본 조항에서 '물품(a product)'은 유체물을 의미하는
것으로 판시하고 있다.[1387) 동 특허법 조항은 외국에서 방법특허를 실시하

1383) Certain Hardware Logic Emulations Sys., Inv. No. 337-TA-383 (1998).

1384) Id.

1385) ClearCorrect Operating, LLC v. ITC, 810 F.3d 1283 (Fed. Cir., 2015).

1386) 35 U.S.C. §271(g) ("Whoever without authority imports into the United States or
offers to sell, sells, or uses within the United States a product which is made by
a process patented in the United States shall be liable as an infringer, if the
importation, offer to sell, sale, or use of the product occurs during the term of such
process patent. …").

1387) Bayer AG v. Housey Pharmaceuticals, Inc.,, 340 F.3d 1367, 1377 (Fed. Cir. 2003).

여 물품을 제조하더라도 그 물품이 미국에 수입되지 않는 한 적용되는 것은 아니다.[1388]

위와 같은 특허법의 규정이 ITC의 관세법 제337조의 적용과 관할권의 행사에 어떠한 영향을 미치는 것인지가 쟁점이 되었다. 첫째로 간접침해에도 관세법 제337조가 적용되는지? 둘째 수입 후에 간접침해가 발생하는 경우에 이를 수입과 관련하여 불공정경쟁행위 내지 불공정거래라고 할 수 있는지이다.

Certain Hardware Logic Emulations Sys., Inv. 사건에서 행정판사(ALJ)는 일반적으로 미국 관세법하에서 소비를 위한 수입을 수입이라고 하였다. 그러나 수입은 형태를 불문하고 소프트웨어를 미국내로 전기적 송신(electronic transmission of software)과 그 송신을 통해서 소프트웨어를 판매하는 것을 포함한다고 결정했다.[1389] 인터넷을 이용한 다운로드 판매도 물품의 수입 판매와 같은 취급을 하였다. 본 사건에서는 파키스탄에 소재한 회사의 서버로부터 의치의 입체적 모델("a three-dimensional physical model of the dental appliance")을 구현하는 컴퓨터프로그램을 미국내로 다운로드 하는 행위가 문제되었다.

ITC는 ALJ의 결정을 지지하면서, 미국 세관이 전기통신회선을 통하여 송신하는 것에 대하여 아무런 규제를 하지 않는다고 하더라도 ITC의 관할권이 없는 것은 아니라고 하면서, 물리적인 물품의 수입은 없으므로 배제명령의 발동을 할 수 없다고 하더라도 미국에 소재한 피신청인에게 미국의 방법특허권을 침해하는 소프트웨어의 판매와 유통의 중지를 명하는 중지

("We, therefore, hold that in order for a product to have been "made by a process patented in the United States" it must have been a physical article that was "manufactured" and that the production of information is not covered.").

1388) Syngenta Crop Protection, LLC v. Willowood, LLC et al., 2017 WL 3088383 (Fed. Cir. 2019).

1389) Certain Hardware Logic Emulations Sys., Inv. No. 337-TA-383 (1998) p. 3.

명령을 내릴 수 있으므로 관할권을 행사할 수 있다고 결정하였다.[1390] ITC
는 관세법 제337조는 지적재산권 침해물품의 수입으로 인한 피해구제수단
은 미국 외에서 지적재산권 침해행위가 발생할 때 행사될 수 없는 것은 아
니라고 판시하면서, 미국내의 수입자나 소유자에 의하여 외국에서 미국의
지적재산권 침해물품이 생산되어 미국내로 수입된 후에 미국내에서 판매
행위(sale within the U.S. after importation)가 발생하는 경우에 관세법 제
337조에 규정된 불공정거래행위가 발생한다고 했다.[1391] 소프트웨어의 송
신에 대하여 아무런 조치를 취하지 못하는 경우라면 송신후에 매체
(medium)에 복제되어 유통되는 경우를 방지할 수 없다. ITC는 중요한 것은
전송에 대하여 관할권을 행사하지 않는 세관에서의 실무가 아니라 지적재
산권의 보호임을 강조했다.[1392] 따라서 이러한 행위에 의한 특허권의 침해
는 물품의 수입은 없지만, 미국내 판매 등 유통행위를 중지하는 중지명령
에 의하여 소프트웨어의 미국내로의 전기적 송신을 금지할 수 있다고 한
것이다.[1393]

중지명령은 미국내에서 판매용이 아니더라도 자가 사용(in-house use)을
위하여 외국의 판매자로부터 소프트웨어를 다운로드 하는 행위를 금지하
는 배제명령을 명할 수 있는지가 문제된다. 위 사건에서 피신청인은 자가
사용을 위한 소프트웨어는 신청인의 특허를 직접침해하지 않으므로 배제
명령의 대상이 아니라고 다투었으나, ITC는 수입되는 소프트웨어는 미국에
서 사용됨으로써 특허의 직접침해를 유도하고 있으므로 피신청인이 직접
자가사용을 하는 경우이거나 제3자 사용을 위한 것인지를 불문하고 중지명

1390) Id., p. 20.
1391) Id., p. 27.
1392) Id., p. 28.
1393) 우리나라 불공정무역행위조사에 관한 법률 제10조에 따라 무역위원회는 불공정무
역행위가 있다고 판정하는 경우에 시정조치를 명할 수 있는데, 그 시정조치 중에는
지적재산권 물품등의 수출·수입·판매·제조행위의 중지(제1항 제1호)가 있다.

령의 대상이라고 결정했다.[1394] 다운로드를 중지시키는 것은 배세명령과 동일한 효과를 가져온다. 참고로 1974년 ITC는 중지명령을 발동할 수 있는 권한을 취득했다.

그러나 2015년 ClearCorrect Operating, LLC v. International Trade Commission 사건에서 CAFC는 외국으로부터의 소프트웨어 다운로드에 대한 중지명령이 가능하다고 한 ITC의 결정을 취소했다.[1395] CAFC는 ITC의 관할권은 상품으로 제한되고, 물품성은 방법특허에는 인정되지 않으므로 외국에서 미국으로 전기통신회선(인터넷)을 통하여 데이터를 다운로드 받는 것, 즉 소프트웨어를 다운로드 받는 것에 대하여 ITC의 관할권이 없다고 판시했다.

법원은 관세법 제337조는 수입항에서 물품을 배제하는 것에 대한 규정이었으므로 동 조항의 적용을 받는 물품(articles)은 물리적으로 유체물(tangible)이어야 한다고 판단하였다.[1396] 관세법 제337조에 규정된 물품(articles)이 명시적으로 한정되어 있지 않은 것은 맞지만 물품(articles)의 보통이나 통상적인 의미는 여러 가지 사전적 증거로 볼 때 물리적인 물품(material things)이라고 하는 것이 적절하므로 제337조의 물품이란 압수나 압류에 관한 규정에 비추어 "material things"에 한정된 의미라고 판시했다. ITC는 물품의 의미는 입법취지를 고려하면 광범위하게 이해하여야 한다고 주장하였으나, 법원을 이를 기각하였다. 따라서 물리적인 물품의 수입이 동반되지 않은 행위에 대하여 ITC의 조사행위(investigation)도 인정되지 않는다. 이 사건 항소법원 판결에 대하여 ITC는 전원합의체에서 심리하여 줄 것을 신청하였지만, 이 신청도 기각되었다.[1397]

1394) Certain Hardware Logic Emulations Sys., Inv. No. 337-TA-383 (1998).

1395) ClearCorrect Operating, LLC v. International Trade Commission, 810 F.3d 1283 (Fed. Cir., 2015).

1396) Certain Hardware Logic Emulations Sys., Inv. No. 337-TA-383 (1998).

관세법 제337조는 물품을 대상으로 한다고 한 다수의견에 대해서 Newmann 판사의 반대의견이 있었다. Newmann 판사는 시대의 변화에 따라 전기통신회선을 통한 데이터의 이동도 중지명령의 대상이 되어야 한다고 하면서 본 사건의 쟁점은 파키스탄으로부터 다운로드 받아 수입된 데이터 셋(data set)이 치과에서 사용되는 의치의 입체적 모델(a three-dimensional physical model of the dental appliance)을 제조하는 것으로 이것이 특허를 침해하는 것보다는 침해를 배제를 할 수 있는지라고 하면서 ITC가 미국의 상업을 보호하는 목적에 비추어 볼 때 물품(article)은 유체물이 아닌 상거래 물품(articles of commerce)으로 해석하여야 한다고 한다고 해석하였다.[1398]

관세법 제337조의 "articles"라는 문구상의 의미나 특허법 제271조 (g)의 "product"라는 조문에 대한 법원의 해석을 볼 때, 당분간 관세법 제337조가 적용되는 대상은 유체물이라고 해석될 것으로 판단된다. 다만, 방법특허는 방법특허에 의해 생산된 물품의 수입에 의해서 침해될 수 있음을 인정하고 있다.[1399]

(2) 판매가 수반되지 않는 물품의 수입

(가) 의약품 등 미국 정부의 행정적 허가취득을 목적으로 수입된 물품

각 국 정부는 인증 등의 제도를 통해서 특정 상품이 품질기준이나 제조기준을 충족했는지를 평가하고 그 기준이 충족된 이후에 유통을 할 수 있

1397) ClearCorrect Operating, LLC v. International Trade Commission, 810 F.3d 1283 (Fed. Cir., 2015), rehearing en banc denied, ClearCorrect Operating, LLC v. International Trade Commission, 819 F.3d 1334 (Mem) (Fed. Cir., 2016).
1398) CAFC 판결에 대하여 항소법원판사의 전원합의체(en banc)의 심리를 구하는 신청을 하였으나, 2016. 3. 31. 그 신청은 기각됐다.
1399) Certain Blood Cholesterol Testing Strips and Associated Systems Containing the Same, Inv. No. 337-TA-1116 (2020).

도록 하고 있다. 특히 의약품의 경우에 미국내에서 유통되거나 처방을 받기 위해서는 미국 FDA의 승인은 필요조건이다. 따라서 판매나 유통에 앞서 행정기관의 승인을 위한 미국내 수입이 선행되어야 한다. 그러한 기준을 충족하였는지 등 그 적합성을 평가받기 위해서, 그리고 상거래에 유통시킬 목적이 아닌 경우에도 관세법 제337조의 수입에 해당하는지가 문제가 된다. 관세법 제337조는 특히 소유자, 수입업자, 수하인(수탁인)이 지적재산권 침해물품을 판매하는 행위(the sale of such articles by the owner, importer, or consignee)가 불공정경쟁행위를 구성하는 경우에 불법(unlawful)으로서 제337조가 적용된다고 규정하고 있기 때문이다.[1400] 여기에서 불공정경쟁행위란 지적재산권 침해를 의미한다. 그런데 본 조항에서 지적재산권 침해물품의 수입을 하여 판매나 이에 준하는 행위의 경우에만 관세법 제337조가 적용되는 것인지 그 이외 비판매목적으로 수입되는 경우에도 적용되는지 문제가 된다. 다만 비판매행위는 행위는 미국 정부의 승인 후에 장래의 판매와 연결되거나 판매를 위한 승인이 된다.

Amgen Inc. v. ITC사건[1401]에서 CAFC는 판매가 아닌 미국 행정기관인 FDA의 허가를 받을 목적으로 수입된 물건에 대해서도 ITC가 관세법 제337조에 의한 관할권을 가진다고 판시하였다.[1402] 그러나 그 판결에 대한 연방항소법원의 전원합의체 판결은 FDA 승인절차를 위한 경우는 safe harbor 조항[1403]이 적용되므로 ITC가 관할권을 행사할 수 없다고 판시했다.[1404] 다만, FDA를 승인을 위한 수입이 아닌 경우에는 ITC가 관할권을 행사하여 배제명령을 내릴 수 있다고 판시했다.

1400) 19 USC §1337.

1401) Amgen, Inc. v. ITC, Roche Holding Ltd., 519 F.3d 1343 (Fed. Cir. 2008), Amgen Inc. v. ITC, 565 F.3d 846 (Fed. Cir. 2009) (en banc).

1402) Amgen, Inc. v. ITC, Roche Holding Ltd., 519 F.3d 1343 (Fed. Cir. 2008).

1403) 35 USC §271(e)(1).

1404) Amgen Inc. v. ITC, 565 F.3d 846 (Fed. Cir. 2009) (en banc).

본 사건에서 미국 특허법 제271조(e)(1)에 해당하는 경우 관세법 제337조가 적용되는지가 문제되었다. 미국 특허법 제271조(e)(1)는 1984년 제정된 특허기간조정법(the Patent Term Restoration Act of 1984[1405])에 의해서 수정된 것이다. 본 조항은 소위 safe harbor 조항으로, 의약의 실험적 사용은 미국에 등록된 방법특허나 물질특허침해가 되지 않도록 규정하고 있다.[1406]

행정적인 승인 등을 취득할 목적의 의약품의 수입은 직접적인 판매 목적이 아니다. 그러나 FDA 허가를 위한 수입의약품의 경우에도 연방항소법원은 ITC는 의약품의 수입이 정부 승인 등을 받을 행정목적으로 수입되는지 여부를 판단하고, 그와 같은 목적이 아닌 경우에 배제명령을 내리기 위해 관할권을 행사할 수 있다고 판시했다.

본 사건에서 Amgen사는 유전자재조합 조혈촉진호르몬제(Recombinant Human Erythropoietin, "EPO")에 대하여 미국 특허권을 가지고 있었다. Roche와 그 관련회사(Roche Holding Ltd., F. Hoffman-La Roche, Ltd., Roche Diagnostics GmbH 및 Hoffman-La Roche Inc.)가 Amgen사의 특허를 침해하는 약품을 FDA에서 제약관련 허가를 받기 위해 수입하자 Amgen사는 ITC에 관세법 제337조 위반의 조사 신청을 하였다. 수입물품은 의약품의 허가에 관련되어 있었는데, 특허권 침해에 대한 예외를 규정하고 있는 safe harbor 조항인 특허법 제271조(e)(1)의 적용범위 여부가 문제가 되었다. 그동안 동 특허법 조항의 적용범위를 두고 많은 분쟁이 있었다. 연방대법원은 FDA의 승인에 앞서 실험결과를 취득할 목적으로 특허를 실시할 수 있고, 그 실험 결과를 FDA에 제출하는 것은 동 조항에 규정된 '개발과 정보 제출'(development and submission of information)에 관련된 것으로 상업적 판매가 아니라고 판단하였다.[1407] 연방대법원은 동 조항은 의약품 뿐만

1405) 원래의 명칭은 "the Drug Price Competition and Patent Term Restoration Act"이다.

1406) 우리 특허법 제96조 제1항 제1호에 해당하는 조항이다.

1407) Merck KGaA v. Integra Lifesciences I, Ltd., 545 U.S. 193, 207 (2005).

아니라 의료용 기구에도 적용된다고 판시했다.[1408]

ITC는 Amgen 사건을 조사한 후에 미국특허법 제271조(e)(1)[1409]에 해당한다고 판정했다.[1410] 이에 특허권자인 Amgen이 연방항소법원에 항소했다. Amgen은

   i) 관세법 제337조 사건에는 safe harbor (271조 (e)(1)) 조항이 적용되지 않는다.

   ii) 특허법 제271조(e)(1)조는 FDA 승인을 위한 모든 행위에 적용되지 않는다.

   iii) 관세법 제337조가 문제된 상품의 판매가 임박한 경우에는 ITC가 관할권을 갖는다.

라고 주장을 했다. Amgen 사건의 항소법원은 두 번째와 세 번째 쟁점에는 동의했으나, 다수의견은 첫 번째 쟁점에는 동의하지 않았다. 결론적으로, CAFC는 행정기관인 FDA의 허가를 받기 위해 수입된 물품에 대해서도 그 목적의 범위 외로 사용된다면 ITC가 관할권을 가지므로 수입배제명령을 내릴 수 있다고 판시하였다. 연방항소법원은 FDA에 제공할 정보를 개발하기 위한 합리적인 정보의 연구를 위한 것은 ITC의 배제명령의 대상은 아니

1408) Eli Lilly & Co. v. Medtronic, Inc., 496 U.S. 661, 667 (1990).

1409) 35 USC §271(e)(1), ("solely for uses reasonably relate to the development and submission of information under a Federal Rule which regulates the manufacture, use, or sale of drugs or veterinary biological products") 본 조항은 약품이나 동생물용 제품의 제조, 사용 또는 판매에 관련된 연방규칙에 따라 정보의 개발과 제공에 합리적으로 관련된 사용목적으로만 수입(제조, 사용, 판매청약 또는 청약)된 경우에는 특허침해를 구성하지 아니한다고 규정하고 있다. 본 조항은 2006년 개정된 the Bolar Amendment 라고 불리는 조항으로서 the Hatch-Waxman Act의 일부규정이다.

1410) Certain Products and Pharmaceutical Compositions Containing Recombinant Human Erythropoietin, Inv. No. 337-TA-568 (2006).

지만, FDA의 승인과 관련없는 수입품의 사용은 ITC의 배제명령의 대상이라고 판시했다.[1411]

이에 Amgen이 전원합의체(en banc)의 심리에 의한 판결을 하여 줄 것을 신청했다. 2009년 연방항소법원의 전원합의체도 기본적으로 기존의 판결을 유지했다. 전원합의체는 미국특허법 제271조(e)(1)는 ITC 절차에도 적용되는 것이라고 판시했다.[1412] 특히 Amgen은 제271조(g)가 적용되는 방법특허에 대해서는 제271조(e)(1)의 적용을 제한하려고 한 것이 연방의회의 입법취지로서 외국에서 미국의 방법특허침해에 대해서는 ITC가 관할권을 갖는 것이라고 주장했다. 그러나 전원합의체는 이러한 주장을 받아들이지 않았다. FDA에 정보를 제공하기 위한 목적범위내에서는 관세법 제337조의 배제명령을 할 수 없다고 하였다. 그러나 Roche의 EPO 관련 활동에 대한 Roche가 제출한 증거는 상세히 검토할 필요성이 있다고 하면서 그 사건을 ITC에 환송했다.

(나) 수리, 교체용 부품

배제명령은 수리용 부품에 대해서도 발해질 수 있다. 잠정조치의 배제명령에 수리용 및 교체용 부품은 제외되었으나, ALJ의 예비판정에는 수리용 및 교체용 부품도 배제명령의 대상이 되었다. ITC는 수리용 및 교체용 부품도 배제명령의 대상이라고 결정했다.[1413]

2021년 10월 4일 Balanced Armature Devices, Products Containing Same, and Components Thereof. 사건에서 ITC는 수리용 부품에 대하여도 일반적 배제명령을 내렸다.[1414] 이 사건에서 ITC는 중국의 음향변조기(electro-

1411) Amgen, Inc. v. Roche Holding Ltd., 519 F.3d 1343 (Fed. Cir. 2008).
1412) Amgen Inc. v. ITC, 565 F.3d 846 (Fed. Cir. 2009) (en banc).
1413) Certain Hardware Logic Emulations Sys., Inv. No. 337-TA-383 (1998).
1414) Balanced Armature Devices, Products Containing Same, and Components Thereof.,

acoustic transducer) 생산업체인 Shenzhen Bellsing Acoustic Technology Co., Ltd, 및 관계회사와 그 사장인 Liang Li에 대하여 신청인(Knowles)의 영업비밀침해를 인정하고 영업비밀을 침해하여 생산한 제품과 수리용부품에 대하여 일반적 배제명령과 중지명령을 내렸다. 본 사건에서 ALJ는 예비판정으로 영업비밀을 침해한 제품에 대하여 26년 동안 수입이 금지되는 일반적 배제명령을 추천했다.[1415] ITC는 예비판정의 일부를 인용하고 일부를 기각하면서, 영업비밀 침해를 이유로 26년의 일반적 배제명령과 중지명령을 내렸다.

(다) 장래의 물품, 무역박람회(trade show/trade fair)에 전시할 물품 등 비판매 목적

법원의 침해소송에 있어서는 금지명령(injunction)은 아직 제조되지 않은 미래의 상품에 대해서 발할 수 없다는 것이 연방항소법원의 판결이다.[1416] 그러나 ITC의 배제명령도 미래의 상품에 대해서 발할 수 있다고 한다.[1417] 배제명령은 금지명령의 일종으로 다른 금지명령과 같이 미래의 침해를 방지하기 위한 것임을 법원도 인정하고 있다.[1418] 즉 미국내에서 실제 판매

Inv. No. 337-TA-1186 (2021).

1415) 일반적 배제명령은 ⅰ) 관세법 제337조 위반여부에 대한 조사에 대하여 누구도 이의를 제기하지 않거나, ⅱ) 관세법 제337조 위반이 중대하고 신뢰할만하고 개연성이 입증된 경우, ⅲ) 제한적인 배제명령을 회피하는 것을 방지하는데 일반적 배제가 필수적인 경우, 및 ⅳ) 관세법 제337조를 반복적으로 위반하고 그 침해지를 파악하기 어려운 경우이다. 35 USC §1337(g)(e).

1416) KSM Fastening Systems, Inc. v. H.A. Jones Co., 776 F.2d 1522, 1526 (Fed.Cir. 1985).

1417) Certain Hardware Logic Emulations Sys., Inv. No. 337-TA-383 (1998).

1418) Suprema, Inc. v. ITC, 796 F.3d 1338, 1349 (2015) (en banc).("Those articles have already been imported, and thus cannot be excluded from entry into the U.S. Rather, like all forms of injunctive relief, an exclusion order prevents future illegal acts from occurring by, for example, preventing similar articles from entering the

가 없더라도 판매가 임박한(imminent) 물품의 수입에 대해서는 적용할 수 있다고 한다.[1419) Ride-On Toy Vehicles 사건에서 ITC는 미국내로의 수입 계약이면 물품의 수입으로 볼 수 있을뿐더러 그러한 계약이 외국에서 체결 된 경우에도 해당한다고 판정했다.[1420)

무역박람회(trade show)에 전시될 샘플 물품도 판매를 목적으로 한 것이 라면 ITC의 관할 대상이 된다.[1421) 트레이드 쇼에 전시되는 물품은 미국 특허법상 '판매의 청약'(offer for sale)으로 인정된다. 따라서 특허법상의 침 해가 인정되므로 관세법 제337조도 판매목적으로 수입하는 것을 금지하고 있다.[1422)

그러나 수입의 최종 목적이 판매로 연결될 수 있지 않으면 ITC의 배제 명령이나 중지명령을 발하지 않는다.[1423) Certain Ink Jet Print Cartridges and Components Thereof 사건에서 ITC는 소비에 한정해서가 아니라 모든 형태의 수입(section 337 authorizes it to exclude all types of entry, not just entries for consumption.)에 대하여 관할권을 가지고 있다고 언급했다. 동 사건에서 신청인 HP는 피신청인 Microjet이 과거 무역박람회에서 전시를 하고 미국에서 판매를 하여 미국 산업에 부정적인 영향을 주었다고 주장하

U.S." Id.).

1419) Certain Variable Speed Wind Turbines and Components Thereof, Inv. No. 337-TA-376 (1997).

1420) Ride-On Toy Vehicles, Inv. No. 337-TA-314 (1991).

1421) Acesulfame Potassium and Blends, Inv. No. 337-TA-403 (1999).

1422) 19 USC § 1337(a)(1)(A) ("Unfair methods of competition and unfair acts in …, in in the sale of such articles by the owner, importer, or consignee, (B) The importation into the United States, the sale for importation, or the sale within the United States after importation by the owner, importer, or consignee, of articles that — … (C) … sale …").

1423) Certain Ink Jet Print Cartridges and Components Thereof, Inv. No. 337-TA-446 (2002); Certain Devices for Connecting Comuters Via Telephone Lines, Inv. No. 337-TA-360 (1994).

면서 배제명령에 무역박람회에서 전시할 물품도 포함할 것을 주장했다. ITC는 제한적 배제명령에 의하여 피신청인이 상업적인 수량을 수입하지 못한다면 무역박람회에서 전시한다고 하더라도 이것이 미국에 어떤 영향을 미친다고 할 수 없다고 하면서, 제한적 배제명령에 무역박람회에서 전시할 물품을 수입하는 것을 포함하지 않았다. ITC는 배제명령의 대상은 미국에서 소비되는 물품을 대상으로 한다는 점을 확인했다.

(라) 침해물품의 해외수출

제337조는 불공정한 행위에 의하여 제337조를 위반하는 행위를 중지하도록 할 수 있으나, 침해물품을 판매를 위하여 수출하는 것은 제337조의 범위내로 규정되어 있지 않다. 따라서 침해물품의 수출을 중지시키는 중지명령을 할 수 없다.[1424) 그러나 앞서 본 바와 같이 그와 같은 물품이 역수입되는 경우에는 배제명령의 대상이 된다.[1425) Sputtered Carbon Coated Computer Disks 사건[1426)에서는 컴퓨터 디스크의 코팅방법에 관한 특허를 위반하여 제조된 물품이 외국에 수출되어, 다른 부품과 조립한 후에 미국에 수입되었다. 이 경우에 배제명령의 대상이 된다.

라. 관세법 제337조와 특허법상의 특허침해와의 관계

ITC와 연방항소법원은 관세법 제337조는 특허법과 독립적인 규정으로 이해한다. 즉 특허침해에 대한 방어방법이나 간접침해에 관한 특허법 규정은 관세법과는 별개라고 해석한다. 만일 관세법 제337조의 구제 절차에 비침해사유나 간접침해를 관할하기 위해서는 명시적으로 관세법 제337조에 규

1424) Certain Hardware Logic Emulations Sys., Inv. No. 337-TA-383 (1998).
1425) Sputtered Carbon Coated Computer Disks, Inv. No. 337-TA-350 (1993).
1426) Id.

정되어야 한다고 한다. 연방대법원의 Chevron 판시[1427])에 따라 명시적으로 그러한 규정이 없는 경우에는 ITC가 해석적용의 재량권이 있다고 한다.[1428])

(1) 특허법상 비침해 사유와 ITC 사건

특허법에 규정된 비침해 사유가 관세법 제337조에도 인정되는지 문제된다. Kinik Co. v. ITC 사건[1429])에서 연방순회법원은 미국 특허법 제271조(g)에 규정된 방어방법은 관세법에 따른 ITC의 판정절차에서는 적용되지 않는다고 한 ITC 판정을 지지했다.

외국에서 미국의 특허침해물품을 제조하여 미국으로 수입하는 경우에 미국 특허법에 의해 등록된 미국 특허권을 침해하게 된다.[1430]) 다만, 미국 특허법은 특허침해물품의 수입(importation)이 미국에 등록된 방법특허침해가 되지 않는 두 가지 예외를 인정하고 있다.[1431]) 특허방법에 의해 제조되었다고 하더라도 (ⅰ) 후속 공정에서 실질적으로 변경된 경우(is materially changed by subsequent processes) 또는 (ⅱ) 다른 물품의 사소하고 비필수적

1427) Chevron U.S.A., Inc. v. Natural Resources Defense Council, Inc., 467 U.S. 837 (1984). 쉐브론 사건은 미국 쉐브론 정유공장이 대기오염물질 배출을 하여 환경법을 위반한 사건인데, 연방대법원은 법 규정이 명확하지 않은 경우에 관할 행정청의 재량처분의 범위에 대하여 연방대법원의 판단을 말한다. 보통 본 사건은 사법소극주의에 기한 것으로 인정된다. 쉐브론 원칙은 행정부는 법률에 의하여 위임받은 규정 제정의 권한을 갖고 있으므로 1) 의회가 이를 행정부에 위임한 경우에는 그러한 위임입법이 자의적이거나 법률과 저촉되지 않는 한 결정적이라고 보고, 2) 의회가 위임한 것이 명시적이지 않을 때에는 법원이 독자적인 해석을 내리기보다는 행정청의 해석이 합리적인지 여부만 검토하면 된다는 것이다.

1428) Suprema, Inc. v. ITC, 796 F.3d 1338 (2015) (en banc).

1429) Kinik Co. v. ITC, 362 F.3d 1359, 1363 (Fed. Cir. 2004)("The Commission's interpretation of its statute is supported by the text of the statutes, by the legislative history, and by precedent. We affirm the Commission's ruling that the defenses established in § 271(g) are not available in §1337(a)(1)(B)(ⅱ) actions." Id.).

1430) 35 USC §271(g).

1431) 35 USC §271(g).

인 부품이 된 경우(becomes a trivial and nonessential component of another product)에는 특허침해를 구성하지 않게 된다.

그러나 ITC에 관할권을 부여하는 관세법 제337조는 미국 특허법 제271조(g)가 규정하는 특허침해주장에 대한 방어(비침해)와 같은 규정이 없다. 따라서 위와 같은 예외에 의해서 방법특허침해가 인정되지 않는 경우라도 ITC 절차에서는 관세법에 의한 특허침해에 대한 구제(배제명령, 중지명령 등)가 인정된다고 해석하고 있다.1432)

미국법원에서의 특허침해소송 절차와 ITC의 침해구제절차가 상호 차이나는 이유, 즉 미국 의회가 특허법 제271조를 제정하였지만 그 조항과 예외가 관세법 제337조에 영향을 미치지 않도록 한 것은 미국의회가 관세법 제337조의 영향으로 미국 특허법을 개정하면서 오히려 특허법상의 예외조항으로 인하여 관세법 제337조에서 규정하고 있는 특허권자의 권리를 박탈하는 것을 원하지 않았을 뿐더러1433) 특허권자가 ITC 절차를 이용할 권리를 박탈하는 것을 원하지 않았기 때문이라고 한다.1434)

1988년 미국의회가 유럽특허조약 등의 조약과 관세법 제337조와의 조화를 위해 미국 특허법을 개정하면서 수입행위를 특허침해행위에 포함시켰다.1435) 그렇지만 특허법이 관세법 제337조의 침해에 대한 예외를 확대하여 수입이 자유로워지는 것을 원하지 않았다는 것이다. 따라서 미국에 등

1432) Kinik Co. v. ITC, 362 F.3d 1359, 1363 (Fed. Cir. 2004).

1433) Id., 1362 ("[t]he amendments made by this subtitle shall not deprive a patent owner of any remedies available … under section 337 of the Tariff Act of 1930 …").

1434) Id., 1363 ("[n]either is there any intention for these provisions to limit in any way the ability of process patent owners to obtain relief from the U.S. International Trade Commission.").

1435) The Omnibus Trade and Competitiveness Act of 1988, Pub. L. No. 100-418, §§9001-9007, 102 Stat. 1107, 1563-1567 (1988)이 제정되면서 the Process Patent Amendments Act of 1988이 그 하부법으로 만들어지고, 이때 수입행위를 특허침해행위로 인정했다.

록된 방법특허를 실질적으로 변경(materially changed by subsequent processes)하여 제품을 생산하는 경우에 법원에서는 미국 특허법상 특허침해물품의 수입으로 인한 손해배상이나 금지명령은 인정되지 않지만,[1436) ITC에서는 관세법 제337조를 적용하여 배제명령이나 중지명령을 내리는 것은 인정된다. 다만, Kinik Co. v. ITC 사건에서 연방항소법원은 특허법상의 특허침해에 대하여 비침해를 인정하는 방어방법은 관세법에서는 인정되지 않는다고 했지만, 원고 Kinik의 특허침해사실은 인정하지 않았다.[1437)

(2) 간접침해

외국에서 제조한 미국 특허 침해 물품의 미국으로 수입에 의한 직접침해와 직접침해를 교사하는 간접침해에도 관세법이 적용되는지 문제된다. Suprema, Inc. v. ITC 사건[1438)에서 CAFC는 특허물품의 수입후에 발생하는 직접침해의 간접침해에도 ITC의 관할이 미친다고 판시했다. 2011년 미국의 크로스매치 테크놀로지스(Cross Match Technologies Inc.)는 지문인식과 관련된 자신들이 양도받은 4개의 특허를 멘탈릭스(Mentalix, Inc.)가 침해하고 한국 회사인 슈프리마(Suprema, Inc.)가 멘탈릭스가 특허침해하는데 기여, 즉 자신들의 특허에 대한 기여침해를 했다고 ITC에 제소했다.[1439) 크로스매치는 생체확인 관리시스템, 애플리케이션을 제공하는 첨단기술기업으로, 전세계 정부, 사법당국, 기업들에게 자신들의 기술을 제공하고 있다. 위

1436) Eli Lilly & Co. v. American Cyanamid Co.,. 896 F. Supp. 851 (SD Ind. 1995), aff'd, 82 F.3d 1568 (Fed. Cir. 1996); Genentech, Inc. v. Boehringer Mannheim GmbH, 47 F. Supp.2d 91 (D. Mass. 1999).

1437) Kinik Co. v. ITC, 362 F.3d 1359, 1367 (Fed. Cir. 2004).

1438) Suprema, Inc. v. ITC, 742 F.3d 1350 (Fed. Cir. 2013), reh'g denied, Suprema, Inc. v. ITC, 796 F.3d 1338 (2015) (en banc).

1439) Certain Biometric Scanning Devices, Components Thereof, Associated Software, and Products Containing the Same, Inv. No. 337-TA-720 (2013).

회사의 기술은 개인의 신원등록과 구별을 위해 개인들이 가진 독특한 신체적 특징들을 포착하고 처리한다. 그러한 기술에는 지문, 손바닥, 양손 스캐너, 얼굴 인식시스템, 홍채 스캐닝 기술, 문서 판독기, 생체 소프트웨어가 있고, 생체인식에 관련된 서비스 등을 무선, 모바일, 정지용으로 사용할 수 있는 다양한 생체 기술을 설계하고 이를 고객들에게 판매했다. 슈프리마 제품에는 멘탈릭스의 연방정부 소프트웨어와 공용되는 리얼스캔-10 컴팩트 지문 라이브스캐너와 리얼스캔-D 휴대용 이중 지문 라이브스캐너가 포함돼 있다.

2011년 6월 ITC는 특허침해물품의 제조자인 한국의 슈프리마와 그 침해물품의 수입자인 미 텍사스 주 플레이노에 소재한 멘탈릭스가 크로스매치의 하드웨어와 소프트웨어 특허를 침해했다는 ALJ의 예비판정을 승인했고, 슈프리마가 크로스매치의 특허를 침해하도록 기여침해를 하였다고 판정했다. ITC는 슈프리마가 멘탈릭스가 특허를 침해하는 사실을 의도적으로 무시(willfully blind)[1440]하여 침해를 부추겼다(had actively encouraged)고 판정했다.

ITC는 크로스매치가 주장한 특허가 모두 유효하며 특허권을 행사할 수 있다고 확정했고, 슈프리마와 멘탈릭스의 침해를 인정하며 최신 생체 기술과 관련한 하드웨어와 소프트웨어를 아우르는 크로스매치의 특허 No. 5,900,993의 10, 12, 15 특허청구항과 특허 No. 7,203,344(이하 "344") 특허의 19항[1441])을 침해한 슈프리마의 생체 스캔 기기, 부품, 관련 소프트웨어

1440) Global-Tech Appliances, Inc. v. SEB S.A., 563 U.S. 754, 131 S.Ct. 2060, 2070-71, 179 L.Ed.2d 1167 (2011)에서 의도적으로 무시한 것이 쟁점이 되었는데, 본 판정은 본 판결을 인용하였다.
1441) 344 특허의 19 청구항은 다음과 같다.:
A method for capturing and processing a fingerprint image, the method comprising:
(a) scanning one or more fingers;

와 제품의 미국 시장 진입을 금지하는 제한적 배제명령을 내렸다. ITC는 슈프리마의 침해 제품의 잔여 재고의 판매를 금지하는 행위 중지명령을 내렸다.[1442]

슈프리마는 CAFC에 ITC결정을 취소하여 달라는 소송을 제기하였고, CAFC는 슈프리마의 항소를 기각하는 판결을 내렸다. 슈프리마는 다시 불복하여 연방항소법원의 전원합의체(en banc)에서 심리를 하여달라는 소송을 제기하였다.[1443] 슈프리마는 ITC의 관세법 제337조에 의한 관할권은 특허권의 간접침해에 대하여는 행사할 수 없다고 주장했다.[1444] ITC는 특허권의 직접침해를 규정하고 있는 특허법 제271조(a)와 (c)에 의한 침해물품의 수입에 대하여만 관할권을 가지고 있다고 주장했다. 그 뿐만 아니라 제337조에 규정된 물품(article)은 침해물품(article that infringes)으로 규정되어 있으므로 제337조가 적용되는 '수입당시'에는 간접침해를 할 수 없으므로[1445] 간접침해를 포함하지 않는다고 주장했다. 따라서 특허물품의 수입

(b) capturing data representing a corresponding fingerprint image;

(c) filtering the fingerprint image;

(d) binarizing the filtered fingerprint image;

(e) detecting a fingerprint area based on a concentration of black pixels in the binarized fingerprint image;

(f) detecting a fingerprint shape based on an arrangement of the concentrated black pixels in an oval-like shape in the binarized fingerprint image; and

(g) determining whether the detected fingerprint area and shape are of an acceptable quality.

1442) Certain Biometric Scanning Devices, Components Thereof, Associated Software, and Products Containing the Same, Inv. No. 337-TA-720 (2013).

1443) Suprema, Inc. v. ITC, 796 F.3d 1338 (2015)(en banc).

1444) ITC는 간접침해(inducement)에도 관할권을 행사한 바가 있다. Certain Surveying Devices, Inv. No. 337-TA-68, USITC Pub. 1085 (July 1980); Young Eng'rs Inc. v. ITC, 721 F.2d 1305 (Fed. Cir.1983); Vizio, Inc. v. ITC, 605 F.3d 1330 (Fed. Cir. 2010) 등. 대법원의 Astrue v. Capato ex rel. BNC, 566 US 541 (2012) 판결 취지도 ITC의 해석을 뒷받침했다.

이 발생하지 않는 간접침해행위에 대하여는 ITC가 관할권이 없다고 주장
했다. 즉 수입 후에 그 물품의 사용에 의해서 직접침해가 발생할 때에 간접
침해(induce)가 발생하므로 수입시에는 간접침해가 발생하지 않는다.

그러나 CAFC는 특허법 제271조(a)와 (c)는 특허침해물품이 아닌 침해행
위에 관한 것이라고 판단하면서, Chevron 사건[1446]에서 확립된 원칙에 따
라 법에 명확히 규정되지 않은 것은 ITC가 그 해석 적용권한이 있다고 판
시했다. 따라서 ITC는 관세법 제337조의 해석권한에 따라 수입후에 미국내
에서 직접침해가 발생하는 경우 그 간접침해행위에 대해서 제337조를 적용
할 수 있다고 판시했다.

3. 국제무역과 지적재산권 침해에 대한 집행강화

미국 ITC는 행정부에서 지적재산권 침해구제를 하는 기관이다. 행정부
에서 지적재산침해에 대한 무역구제를 시행하는 나라는 현재까지는 미국
과 우리나라[1447]로 보인다. ITC의 결정은 1947 GATT나 WTO/TRIPs 협정
상의 내국민대우원칙의 위반의 소지도 있었지만 더 이상 이에 대한 문제제
기는 없어, 국제적으로 확립되어 가고 있는 것으로 보인다. 따라서 그와 같
은 제도를 운영하는 우리나라는 법원 이외에 지적재산권침해에 대한 구제
기관이 더 있고, 행정부 소속으로서 유연한 대처를 할 수 있다는 점에서 그

1445) 또한 배제명령은 다른 금지명령과 같이 미래의 침해를 방지하기 위한 것임을 법원
도 인정하고 있다. Suprema, Inc. v. ITC, 796 F.3d 1338, 1349 (2015)(en banc).

1446) Chevron U.S.A., Inc. v. Natural Resources Defense Council, Inc., 467 U.S. 837
(1984).

1447) 우리나라의 경우에는 무역위원회가 국제무역에 있어서 지적재산권 침해물품의 수
출입에 대한 관할권을 행사하고, 근거 법령은 '불공정무역행위 조사 및 산업피해구
제에 관한 법률'(약칭: 불공정무역조사법)이다.

의의가 있다고 보인다.

최근에는 미국의 영업비밀에 대한 외국인의 침해에 대한 미국 정부의 강경대응 방침과 더불어 영업비밀침해 관련한 ITC의 사건이 증가하기 시작하였다. 영업비밀사건의 증가는 트럼프 행정부의 보호무역정책을 바이든 행정부에서도 승계하였기 때문에 지속될 것으로 보인다. 그 뿐만 아니라 중국이라는 무역대국의 등장은 미국으로 하여금 대중국 강경정책을 지속하게 할 것으로 보이기 때문에 영업비밀사건의 확대는 지속될 것이다. 특히 국가안보를 이유로 한 중국 기술에 대한 미국정부의 견제는 더욱 강해질 것으로 전망된다. 예컨대 2020년 말, 드론 기술에 대한 미국정부의 통제로 인하여 미국의 실리콘 밸리에 위치한 중국의 'DJI' 사의 핵심연구인력들이 퇴사를 하고, 드론 기술을 활용해 중국 내 광범위한 인권 탄압을 부추기고 있다는 이유로 중국의 세계적인 개인용 드론 회사인 'DJI'를 거래금지 대상으로 무역블랙리스트에 올렸다.

나아가 미국의 중국의 견제책은 "Stopping and Excluding Chinese Rip-offs and Exports with United States Trade Secrets Act of 2021"라는 법안에서도 나타나고 있다. "SECRETS Act of 2021" 라고 알려진 위 법은 텍사스의 공화당 소속 상원의원인 존 코닌(John Cornyn), 델라웨어주의 민주당 소속 상원의원인 크르스토퍼 쿤스(Christopher Coons), 인디애나의 공화당 소속 토드 영(Todd Young) 의원에 의해 2021년 Senate Bill 2067로 입법이 제안되었다.[1448) 본 법안은 관세법 제337조를 개정하여 영업비밀침해에 대한 ITC의 권한을 강화하고, 불공정무역행위조사와 배제명령발동을 신속히 하도록 하고 있다. 또한 ITC로 하여금 국가안보에 근거하여 외국인이 부정한 방법 또는 부정취득한 영업비밀을 이용하여 또는 그로 인하여 생산되거나 그 영업비밀을 포함하는 물품을 미국에 수입하는 것을 배제할 수 있도록

1448) https://www.congress.gov/bill/117th-congress/senate-bill/2067/text. (2022. 7. 20.).

하고 있다.1449)

ITC는 관할영역과 그 구제수단의 강화에 따라 국제무역거래에서 막강한 지적재산권침해에 대한 구제수단을 제공하여주었다. 최근 ITC에서 취급하는 분쟁 건수가 증가하는 것은 기술발전에 따른 교역량증가가 한 몫을 했다고 보인다. 그러나 그러한 이면에는 관세법 제337조의 의미를 찾으려는 ITC 노력과 무역거래에서 지적재산권을 보호하고자 하는 미국 정부의 강력한 의지가 있었다고 보인다.

중요한 것은 ITC 제도의 성공은 그러한 외적인 요소 뿐만 아니라 ITC가 인력과 제도를 정비하는 내부적 노력에 의하여 강하고 효과적인 구제수단을 제공하고 있고, 특히 외국의 지적재산권사들에게 ITC 분쟁해결의 장점을 제공하고 있다. 결국 ITC에 의한 구제는 불공정무역관행과 지적재산권 침해행위에 대한 억제력이라는 두가지 목적을 달성하고 있는 것으로 평가할 수 있다.

1449) "direct the exclusion from the United States of, on the basis of national security, imports of articles that contain, were produced using, benefit from, or use any trade secret acquired through improper means or misappropriation by a foreign agent or foreign instrumentality."

참고문헌

본서를 저술함에 있어, 기존에 출간된 저술을 본인의 바탕으로 하였고,
특히 아래 나열한 본인의 기존 저술의 일부를 발췌하여 수정편집하여
본문의 내용을 삼았다.

불공정경쟁법의 철학적·규범적 토대와 현대적 적용, 2021.3.

미국상표법연구 (개정판), 2006.9.

영업비밀보호법의 규범적 본질, 산업재산권 심사중

USITC의 지적재산권 침해행위의 관할권에 관한 사례 연구, 산업재산권, 2022.1.

로크, 스펜서, 노직, 파레도, 및 칼도-힉스: 특허권에 대한 자연권적 정당성과
실용주의적 정당성의 합체, 산업재산권, 2021.1.

4차 산업혁명과 인간을 위한 지식재산보호제도 연구, 법학연구(연세대 법학연
구원), 2020.3.

특허제도와 신규성개념의 형성,그리고 특허권자의 수출할 권리, 산업재산권,
2018.4.

나쁜 지적재산권(Bad Intellectual Properties)의 재림(I) - 대법원 2013.3.28.선고
2011후835판결 -, 산업재산권, 2016.8.

특허권의 정당성에 관한 이론의 전개와 전망, 비교사법, 2010.3.

영업비밀보호가 과학기술발전에 미치는 영향에 관한 법제도 연구, 법조, 2009.6.

찾아보기

■ 저자약력

현, 연세대학교 법학전문대학원 교수
School of Law, Washington Univ. in St. Louis, J.S.D. 2001
School of Law, Univ. of Washington, LL.M. 1997
사법연수원 22기 수료
연세대학교 법과대학 졸업
제32회 사법시험합격
법무법인 세창 파트너 변호사, 한남대, 아주대 교수
한국지식재산학회 부회장
한국저작권법학회 감사
발명진흥회 이사
2021 홍진기법률연구상 수상(올해의 법률저서, 불공정경쟁쟁법의 철학적·규범적 토대와 현대적 적용)

유민총서 16

영업비밀보호법의 철학적·규범적 토대와 현대적 적용
- 존 로크의 재산권 철학을 바탕으로 -

초판 1쇄 인쇄   2022년 09월 08일
초판 1쇄 발행   2022년 09월 15일

지 은 이   나종갑
편   찬   홍진기법률연구재단
주   소   서울특별시 종로구 동숭3길 26-12 2층
전   화   02-747-8112   팩   스   02-747-8110
홈페이지   http://yuminlaw.or.kr

발 행 인   한정희
발 행 처   경인문화사
편 집 부   김지선 유지혜 한주연 이다빈 김윤진
마 케 팅   전병관 하재일 유인순
출판번호   제406-1973-000003호
주   소   경기도 파주시 회동길 445-1 경인빌딩 B동 4층
전   화   031-955-9300   팩   스   031-955-9310
홈페이지   www.kyunginp.co.kr
이 메 일   kyungin@kyunginp.co.kr

ISBN   978-89-499-6659-5 93360
값 44,000원